서울역사
중점연구
05

조선시대 다스림으로 본 성저십리

서울역사편찬원

발간사

조선시대 한양이라고 하면 사대문안이 떠오릅니다. 한양도성 안에 궁궐, 종묘, 사직 등 우리가 아는 조선시대 주요 시설들이 모두 있기 때문일 것입니다. 하지만, 도성 안 말고도 도성 밖에도 중요한 시설들이 있었습니다. 도성 밖은 성저십리라고 불렸는데, 이 성저십리는 성 밖 10리 지역을 의미합니다. 성저십리는 국가권위를 상징하는 산천 관련 시설과 제단이 위치했을 뿐만 아니라 조선시대 대외관계에 있어서도 중요한 외교적 공간이었습니다. 또한 주요지역에는 역원이 설치되어 지방과 도성을 연결해주는 가교 역할을 했습니다. 군사적 측면에서 보자면 이곳은 도성에 접근하기 직전 마지막 방어선을 의미하기도 합니다.

성저십리는 중요한 장소임에도 불구하고 그동안 명확하게 연구되지 않았습니다. 한양도성 안은 공간성이 뚜렷하여 연구가 많이 진행된 반면, 성저십리는 도성 밖이기 때문에 공간의 특성을 명확하게 구분하기가 힘들기 때문입니다. 서울역사편찬원에서는 이러한 연구의 공백을 메우고자 2018년 성저십리에 대한 논문을 공모 지원하고 그 결과물을 책으로 발간하게 되었습니다.

이 책은 성저십리 관련 총론과 8편의 논문들을 실었습니다. 총론에서는 기존 성저십리의 연구 경향과 서울 연구에서 성저십리가 갖는 위상을 설명하였습니다. 이어 조선의 통치관점에서 한양과 성저십리를 어떻게 인식하였는지를 알아보기 위하여 여러 가지 주제로 나누어 설명하고 있습니다. 먼저 성저십리의 지리적 영역을 구체화하였고, 이를 바탕으로 성저십리와 근교에서 설행된 국가제사, 군사, 문학작품에 나타난 성저십리, 그림에 나타난 성저십리의 주요 사적과 문화 공간, 조선시대 성저십리의 무속, 농업 등의 내용을 담았습니다.

이 책의 발간을 계기로 그동안 활발히 연구되지 않았던 성저십리 연구에 일조했으면 하는 바람입니다. 끝으로 이 책이 나오기까지 수고를 아끼지 않으신 집필자 선생님들과 서울역사편찬원의 연구원들, 그리고 관계자 여러분의 노고에 깊이 감사드립니다.

2019. 06.

서울역사편찬원장 이상배

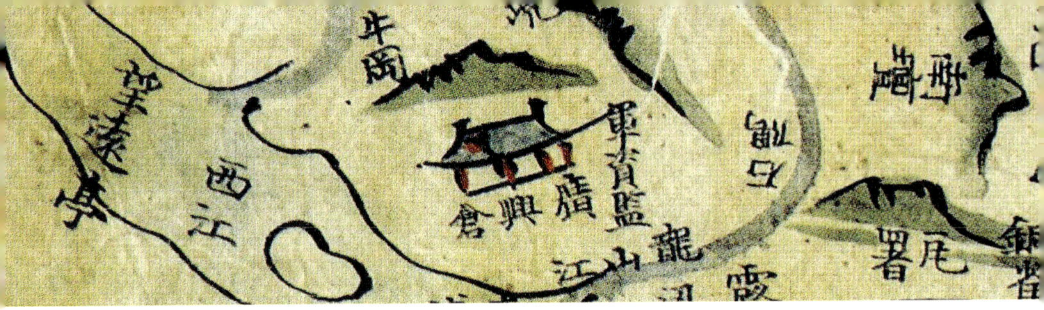

차 례

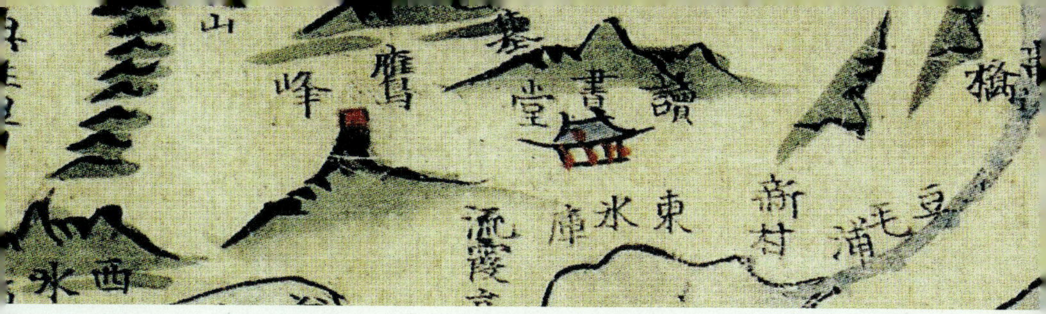
鷹峰
讀書堂
東氷庫
新村

총 론

조선시대 다스림으로 본 성저십리

김경록 군사편찬연구소 선임연구원

역성혁명으로 건국된 조선은 고려 말 사회혼란을 경험하고 새로운 국가경영에 대한 청사진을 고민했다. 혁명의 주도세력이었던 정도전은 "정치하는 요령은 禮樂에 있다."는 말로 표현되듯 새로운 국가의 통치방식에서 예악에 주목했다. 즉, 신유학을 근본으로 유교의 이상적 정치형태인 禮治에 입각한 통치방식을 효율적이라 인식하고 채택했다. 이때 禮는 동아시아 사회에서 국가이념적 성격을 강하게 내포하며 법보다 포괄적이고, 구체적인 규범으로 기능하여 습속, 도덕, 정치, 경제, 혼인, 사상의 법칙 등 사회생활의 모든 규범을 포함하였다. 예치뿐만 아니라 현실적으로 《조선경국전》에서 시작하여 다양한 법전을 마련하여 법치를 병행하고자 하였다. 조선은 예치와 법치를 통한 통치체계를 확립하고 보다 구체적으로 정치, 사회, 경제, 사상, 문화 등 제반 분야에서 백성을 다스림에 무엇보다 강압적인 제약보다 백성들이 공감하고 따라올 수 있는 방식을 선호하였던 것이다.

이러한 다스림[治]의 관점은 건국 직후 현안으로 떠오른 천도문제에서 찾아볼 수 있다. 정치, 군사적으로 고려의 수도 개경을 중심으로 새로운 국가경영은 어려운 측면이 많았기 때문에 한양이 새로운 도읍지로 고려되었다. 수도 한성을 건설함에 있어 예를 통치수단으로 하는 예치사회 지향은 직접적으로 영향을 주었다. 한성의 궁궐은 구조와 형태측면에서 기본적인 예치질서가 충분히 반영되었다. 조선의 위정자들은 한양의 입지조건, 건물배치, 조경 등 자신들이 지향하는 이상사회를 반영하였다.

조선은 수도 한양을 封境의 개념에서 국토의 한 가운데 육로와 수로가 조화로운 지점으로 위치시켰다. 한양은 동쪽으로 襄陽까지 540리, 서쪽으로 豐川까지 600리, 남쪽으로 해남까지 980리, 북쪽으로 閭延까지 1,470리, 동북쪽으로 慶源까지 2,190리, 동남쪽으로 東萊까지 870리, 서남쪽으로 泰安까지 390리, 서북쪽으로 義州까지 1,140리였다. 조선의 봉경 내에서 가장 중앙에 위치한 한양은 비록 도성 안과 성저십리를 한성부에서 관할하는 지역이었지만, 도성으로 둘러싸인 왕도로 건설된 도시였다.

건국 직후 한양천도론이 제기된 이후 한양은 지속적으로 조선왕조의 권위를 상징하고 유교적 통치이념이 반영된 왕도로서 발전했다. 조선시대 한양은 도성으로 둘러싸여 도성 안에 궁궐, 종묘, 사직을 비롯한 다양한 시설이 배치되어 있지만 도성만으로 한양의 공간적 구성이 완성되지 못한다. 도성을 둘러싼 배후지역으로 도성과 밀접하게 연관된 공간이 포함되어 한양이란 수도의 공간이 구성된다. 즉, 도성이란 공간적 한계는 정치, 사회, 경제적 변화에 따른 한양의 확대에 제약요소가 되자 이를 보완하는 공간으로 성저십리가 초기부터 주목되었다.

조선시대 성저십리는 王化가 가장 먼저 미치는 곳으로 인식되었다. 그러면서 한양도성과 차별되는 권역으로 인식함으로써 이중적인 성격이 있었다. 조선에 있어 한양도성과 성저십리는 한성부로 통합되며, 다스림의 대상으로 京外라고 하였을 때, '京'에 해당된다. 즉, 조선은 국왕을 정점으로 다스림에 있어 그 대상은 재경·재외로 구분되며, 재경은 다시 한양도성과 성저십리로 구분하여 인식했다. 이는 성저십리의 관점에서 보면 성저십리는 지방사회와 구분되어 한성부에 포함되지만, 한성부 자체에서 한양도성과 구분되었던 것이다.

조선 초기 한양도성과 구분되었던 성저십리는 도성 밖의 한성부 행정구역인 '城底五里', '城底十里'로 불리며, 한양천도 이후 행정제도로 1461년(세조 7)까지 66년간 존속하였다. 세종대를 기준으로 한성부의 행정구역은 〈표 1〉과 같이 편제되었다.

〈표 1〉 세종대 한성부의 행정구역

구분	坊	방 이름
동부	12방	崇信, 蓮花, 瑞雲, 德成, 崇教, 燕喜, 觀德, 泉達, 興盛, 彰善, 建德, 仁昌
남부	11방	廣通, 好賢, 明禮, 大平, 薰陶, 誠明, 樂善, 貞心, 明哲, 誠身, 禮成
서부	8방	仁達, 積善, 餘慶, 皇華, 養生, 神化, 盤石, 盤松
북부	10방	廣化, 陽德, 嘉會, 安國, 觀光, 鎮長, 明通, 俊秀, 順化, 義通
중부	8방	澄淸, 瑞麟, 壽進, 堅平, 寬仁, 慶幸, 貞善, 長通

출처 : 《세종실록》 지리지.

성저십리의 범위는 동쪽으로 楊州 松溪院 및 大峴에 이르고, 서쪽으로 楊花渡 및 高陽 德水院에 이르고, 남쪽으로 한강 및 露渡에 이른다. 이러한 성저십리의 범위는 대체로 유지되었다가 四山정책의 실시로 보다 넓어졌다. 그러나 대략적으로 성저십리는 한양도성 밖으로 북부는 북한산을 아우르는 지역에서 동부의 농업과 상업지대를 포괄하며, 남부로 한강변의 주요한 교통요지를 포함하고, 서부로 의주대로로 이어지는 넓은 지역이라 할 것이다.

조선 초기에 성저십리가 행정제도로 존속한 이유는 고려시대 屬縣과 유사한 특별행정구역으로 관할하였기 때문이었다. 1461년(세조 7) 2월, 한성부에서는 기존에 성저십리가 행정구역임에도 불구하고, 실제 행정분장이 없어서 勸農官·里正 등으로 하여금 다스리도록 하였지만, 권농관과 이정이 업무의 시비를 분별하지 못하여 혼란스러웠다는 이유로 성저십리를 한성부의 오부에 분속시켜 검찰하도록 하였다. 이는 성저십리를 직접적인 다스림의 범주로 포함시켰음을 의미한다.

조선은 역성혁명으로 건국 이후 한양천도로써 왕도에 대한 관심을 표명했으나, 조선 초기 국가제도의 정비 및 각종 국내외적 여건으로 인해 한양을 치밀하게 편제·운영하지 못했다. 한양은 도성으로서 정치·경제·행정적 한계 상황에 직면하자 성저십리로 확대하며 발전하였다. 조선은 한양천도를 단행하면서 철저히 계획도시로서 한양을 개발했다. 한양개발은 인접한 성저십리를 한성부의 배후지로서 포괄적으로 개발하면서 진행되었다. 왕조국가였던 조선은 王化의 구현대상지로 도성을 중시하면서 통치대상지를 京外로 구분하였는데, 성저십리는 경외로 이어지는 통로이자 도성을 보호하면서 완충지대로 기능하도록 하였다. 즉, 조선은 한양도성의 주변지로 성저십리를 도성과 구분하면서도 한양의 범위가 시대흐름에 따라 확대되자 한양에 포함시켜 인식했다.

한성부는 도성과 성저십리로 구성되며, 성저십리는 성 밑 또는 성 밖 10리의 지역을 의미한다. 성저십리는 漕運에 유리한 지형적 조건과 수로가 모이는 곳에 창고를 설치하여 산수의 기운이 모이게 한다는 도성 건설논리가 결합된 지리환경을 가졌다. 성문에서 출발하는 도로와 한강의 나루터로 연결되는 河運이 결합된 교통망이 발달하여 전국에서 한성으로 들어오는 물품의 집산지였다. 이러한 교통, 경제적 역할이 중시되면서 용산, 서강 등에 창고가 설치되었다. 이처럼 성저십리가 물품의 집산지가 되자 성저십리는 주택정책, 인구정책의 주 대상지가 되었다.

공식적인 주택 분배는 남대문과 돈의문 사이, 동대문·수구문, 창의문 밖의 순서로 이루어졌다. 성저십리는 위치, 자연환경, 인구분포, 사회경제적 환경 등에서 군사적 기능이 강한 북부를 제외하고 크게 서부, 남부, 동부 등으로 구분할 수 있다. 북부는 조선시대 한양도성의 보존을 위한 주맥의 보호 및 북방으로의 군사적 위협에 대한 대비차원에서 다른 지역과 달리 개발이 제한되었다. 동부는 많은 하천과 농경지가 있어 농업기능이 발달했으며, 陸運과 海運의 환경이 풍부한 남부와 서부는 상업기능이 발달했다.

본 공동연구는 방대한 서울관련 연구성과에도 불구하고 성저십리에 대한 구체적인 연구가 부족한 점에 주목하였다. 성저십리가 단순히 서울의 주변부로 학계의 주목을 받지 못한 점에 착안하여 성저십리에 대한 종합적인 검토를 하고자 한다. 조선시대 한양 연구는 국내외에서 방대하게 진행되어 한양의 역사상을 파악할 수 있도록 하였지만, 성저십리에 대한 연구는 매우 미흡한 수준이다. 이는 기존 연구에서 서울=한양도성으로 인식하는 연구경향에 영향을 받았던 점에 그 이유가 있으며, 성저십리의 특성을 구분하지 않고 성저십리까지 포함한 현재의 서울 관점에서 한양을 파악하였기 때문이다. 한편, 성저십리에 해당되는 지역별 역사를 분석하는 일련의 연구가 있어 성저십리의 부분적인 이해에 도움을 주지만 이 역시 서울의 지자체 차원에서 해당 지역의 역사를 정리하는 수준에서 이루어졌다.

서울특별시 시사편찬위원회로부터 현재의 서울역사편찬원에 이르기까지 정리한 자료 및 일련의 연구성과와 서울시립대 서울학연구소의 학술지《서울학연구》및 일련의 연구성과에서 서울관련, 한양관련 연구에서 부분적으로 성저십리에 대한 연구가 단편적으로 이루어졌다.

성저십리에 대한 주목되는 연구는 박경룡, 《한성부연구》, 국학자료원, 2000 ; 이존희, 《조선시대의 한양과 경기》, 혜안, 2001 ; 홍순민, 《한양도성 : 서울 육백년을 담다》, 서울특별시, 2016 등과 김영수, 〈지도를 통해 본 서울 한양도성 주변부 주거지 형성과 변화〉 《한국고지도연구》 5-1, 2013 ; 서성호, 〈조선초 한강의 위상과 연안지역의 현황〉 《서울학연구》 23, 2004 ; 윤경진, 〈조선 초기 한성부의 인구통제와 역제운영〉 《서울학연구》 21, 2003 ; 이경구, 〈법전을 통해 본 17~18세기 서울의 변화〉 《서울학연구》 25, 2005 ; 이현군, 〈조선 전기 한성부 성저십리의 지리적 특성에 관한 연구〉 《지리학논총》 30, 1997 ; 장지영, 〈조선시대 한양 서교지역의 방묘 조성과 피장자 신분〉 《한국학논총》 39, 2013 ; 정은주, 〈한양도성의 동문, 흥인지문과 주변 이야기〉 《미술사와 문화유산》 5, 2016 ; 조성윤, 〈조선 후기 서울의 주민 구성과 성곽의 의미〉 《향토서울》 83, 2013 ; 한동환, 〈조선 전기 한양 금산의 범위와 기능에 관한 연구〉 《지리학논총》 20, 1992 ; 고동환, 〈조선 후기 서울의 공간구성과 공간인식〉 《서울학연구》 26, 2006 ; 〈조선 후기 서울 三門 밖 지역의 특성〉 《서울학연구》 59, 2015 ; 김경록, 〈조선시대 서울의 외교활동 공간〉 《서울학연구》 16, 2008 ; 김웅호, 〈조선 후기 도성중심 방위전략의 정착과 한강변 관리〉 《서울학연구》 24, 2005 ; 김지현, 〈18세기 문화·예술 공간으로서의 般松坊〉 《서울학연구》 67, 2017 ; 유승희, 〈17~18세기 도성 밖 치안책의 확립과 한성부민의 역할〉 《향토서울》 74, 2009 등이다.

본 공동연구는 기존연구에서 간과하였던 조선시대 중앙정부의 한양 성저십리에 대한 정책을 정치·사회·군사·禮制·미술사·국문학사·민속학·경제사의 측면에서 분석하고 정리하여 한양 성저십리의 역사성을 조망한다. 연구가 집중되었던 한양도성의 한계를 벗어나 한양의 질적, 양적 변화과정을 종합적으로 연구하기 위한 시론적인 검토로 성저십리의 역사상을 밝혀본다.

일반적으로 성저십리는 한양도성에서 10리의 거리에 있던 지역을 의미한다는 제한된 사전적 의미를 넘어, 성저십리에 대한 보다 명확한 역사적 정의를 시론적이지만 구체적으로 제시함으로써 향후 서울 내지 서울학 연구에 시사점을 제공한다. 이를 위해 한양과의 관련성에 주목하여 서울과 지방의 중간지대로서 역사적 변화과정을 분야별로 살펴봄과 동시에 정치, 사회, 경제, 문화적 특성을 규명한다.

서울(한양)에 대한 방대한 연구성과에도 불구하고, 국가와 한양의 관련성에 대한 접근 및 연구는 미흡한 수준이다. 조선이 왕도 한양을 중시하였음은 당연하지만, 구체적으로 다스림의 관점에서 왜 중시하였으며, 그 역사적 변화과정이 어떠했는지는 명확하게 규명되지 않았다. 한양의 배후지이자 한양과 지방을 연결하는 성저십리는 한양의 발전과 함께 부침을 거듭하여 한양으로 포함되어 갔다. 성저십리의 변화과정을 한양과 연결시켜 정치, 행정, 경제, 문화 등 측면에서 살펴보면 국가차원에서는 한양의 인접지역이었던 성저십리의 작은 변화에도 많은 관심이 있었고, 정책이 시행되었음을 확인할 수 있다. 성저십리가 가지는 공간적 특징이 그러하기 때문이었다. 이러한 관점에서 성저십리는 국가차원의 다스림이란 관점에서 접근할 필요가 있으며, 본 연구는 이를 위한 출발점으로서 연구의의가 있을 것이다.

국가로서 조선의 다스림이란 관점에서 시대상황의 변화 및 정책변화를 종합하며, 이를 구체적으로 세 가지 측면에서 접근한다. 첫째, 본 공동연구는 다스림의 관점을 공유하면서 시대별로 조선 초기, 중기, 후기를 상호 비교·분석한다. 개별 연구원이 분야별로 집필하며 공통적으로 시대구분을 통해 변화양상을 정리함으로써 역사상을 살펴본다. 둘째, 학제간 연구의 성과를 제고하기 위해 분야별로 정치(외교), 사회(법제), 군사, 예제, 회화, 문학, 민속학, 경제사의 측면에서 전문연구원으로 팀을 구성하고 입체적인 접근을 시도한다. 셋째, 지역별로 한양도성과 관련성, 성저십리를 북부·서부·남부·동부권역으로 구분하여 상호 비교함으로써 비교분석의 방법론을 적용한다. 이러한 연구방법을 통해 기존에 한양의 일부분으로 조명되었던 성저십리의 역사성을 종합적으로 분석, 정리할 수 있을 것이다.

성저십리의 주요 포스트post(아문, 기관, 유적 등)를 정리하여 분야별로 해당 연구결과물에 포함시켜 그 설립, 변화, 기능, 의미를 종합한다. 자칫 통사적인 접근으로 성저십리의 특성을 간과할 수 있음에 유의하여 본 공동연구는 慕華館, 三角山, 木覓祠, 迎曙驛, 雩祀壇, 東方土龍壇, 先農壇, 馬步壇, 馬祖壇, 先牧壇, 馬社壇, 先蠶壇, 老人星壇, 圓壇, 靈星壇, 風雲雷雨壇, 南方土龍壇, 西方土龍壇, 北郊壇, 北方土龍壇, 厲壇, 東籍田, 漢江渡, 濟川亭, 龍山江, 軍資江監, 豐儲江倉, 西江, 廣興江倉, 豐儲江倉, 氷庫, 造紙所, 壯義寺, 東活人署, 西活人署, 歸厚所 등 주요 관서 및 위치의 특성을 세밀하게 반영한다.

본 공동연구는 정치외교사, 사회사, 군사사, 사상·예제사, 국문학사, 미술사·민속학, 경제사의 분야별 관점과 자료, 연구방법론을 공유하여 연구성과를 극대화한다. 구체적으로 성저십리를 다스림의 관점에서 분석하되 정치외교적인 측면, 행정·사회적 측면, 군사환경과 군대 주둔의 측면, 국가제사와 예제의 측면, 문학에 표현된 성저십리 주요 사적과 문화공간의 측면, 종교와 무속의 측면, 농업과 경제적 측면 등에 접근하였다.

첫째, 조선시대 한성부 성저십리 인식과 정책이다. 이를 위해 먼저 행정제도로서 성저십리를 정리하고, 성저십리의 구체적인 구분과 주요 공간을 제도 차원에서 분석했다. 성저십리는 한양도성과 연관되어 조선시대 시대별로 다양한 정책이 시행되었다. 이를 지역별로 살펴봄으로써 조선의 위정자들이 성저십리를 어떻게 인식하고 어떠한 정책을 펼쳤는가를 분석할 수 있다. 또한, 정치·외교적 측면에서 성저십리는 한양도성과 밀접하게 연관되어 외교공간으로 역할하였음을 정리했다.

성저십리는 조운에 유리한 지형조건과 전국으로 이어지는 교통로의 출발점이었기에 성저십리에는 많은 창고가 설치되어 조선의 다스림에 기반이 되는 각종 재원이 집중된 곳이었다. 이러한 재원을 효율적으로 운용하기 위해 성저십리의 창고 및 관아 주변에는 인구가 집중되고, 각종 사회문제 및 재난에 대한 통제와 구호정책이 실시되었다. 즉, 성저십리는 한양과 지방을 연결하는 다양한 교통망이 존재했으며, 전국에서 한양으로 들어오는 물품의 집산지였다. 이에 성저십리의 남부, 서부, 동부에 다양한 관아가 설치되어 정치, 군사, 경제, 대민정책의 기능을 수행했다.

한양은 도성의 제한된 공간으로 한계가 있었으며, 조선 초기부터 유입되는 인구의 거주지, 조운의 창고 소재지, 교통과 통신의 출발 및 종착지, 각종 재화의 집결지라는 점에서 성저십리는 점진적으로 확대되었다. 조선은 성저십리에 거주하는 백성들이 도성과 달리 하층민이라는 점에서 각종 재변이나 사회문제에 대해 보다 적극적인 구휼 및 사회안전망을 마련하고자 했다. 즉, 다스림의 차원에서 도성과 차이가 있지만, 한양과 유사한 수준에서 다스림이 시행되었다. 이는 자연스럽게 조선의 다스림이 보편적임을 지방사회에 알리는 효과도 있었다.

세종~세조대를 경과하면서 한양의 공간은 점차 성저십리를 넘어 사산 범주로 확대되었는데, 이는 사회경제적 변화로 인구가 점차 유입되고, 성저십리의 사회경제적 효용성이 높아졌음을 반영한다. 이에 조선은 성저십리의 지역별 공간에 다양한 국가기관을 설치하고, 문화공간으로 확대시켰으며, 무분별하게 국가의 다스림 범주에서 벗어나지 않도록 대민정책 및 제도를 마련했다. 행정공간으로 성저십리는 조선의 대민통치를 반영하여 조선 초기부터 다양한 변화과정을 거쳤다. 王政을 펼치고 이를 효과적으로 확산시키기 위해 조선은 도성에서 성저십리로 행정구역을 확대했다. 성저십리의 행정공간 확대는 조선의 국가제도 정비과정을 통해 확립되었으며, 조선 후기에 한양의 공간적 확대 및 상업발전에 따라 이루어졌다.

성저십리의 공간구성은 지역별로 특성을 가지는데, 북부는 주로 국가권위를 상징하는 산천이 존재하여 관련된 국가기관 및 제단이 위치했다. 물론 국가제사의 공간은 성저십리 전 지역에 다양하게 분포하였지만, 특징적으로 임진왜란 시기 명군에 의해 세워진 관왕묘는 초기 조성을 위한 과도한 赴役과 儀制측면에서 부정적이었지만, 현종대 이후 점차 再造之恩을 강조하는 공간으로 인식되고 국가차원에서 치제 및 관리가 이루어졌다. 또한, 조선 후기에 접어들면서 성저십리는 도성의 협소한 공간, 밀집된 인구의 분산 거주지, 사회경제적 발전에 따른 상업공간으로 발전했다. 특히 군사, 교통, 조운 중심지로 인식되고, 경강 중심의 상업공간으로 성저십리는 더욱 중시되었다.

성저십리에는 조선시대 대외관계와 관련하여 慕華館(慕華樓), 迎恩門, 淸水館, 天然亭 등이 자리했다. 따라서 외교의례의 공간, 중국사신의 유람공간 등 대중국관계에서 빼놓을 수 없는 외교공간이었다. 뿐만 아니라 성저십리는 한양과 지방의 가교 역할을 하여 迎曙驛, 盧原驛, 靑坡驛, 梨泰院, 普濟院, 弘濟院 등 북부, 서부, 남부에 주요 역원이 설치되었다. 조선시대 성저십리에 대한 다스림은 사산정책, 인구정책을 통해 확인할 수 있으며, 한양의 공간적 확대뿐만 아니라 성저십리 독자적인 상업공간으로 발전에 부응하여 각종 제도를 마련했다.

둘째, 조선시대 한성부 성저십리의 지역적 특성과 성저민의 실태이다. 성저십리에 대한 사회적 분석으로 한성부 성저십리의 경계와 기능, 행정체제와 운영, 주거대책과 거주양상을 중점적으로 살펴봤다. 한양도성과 비교하여 기존 연구에서 간략하게 정리하였던 성저십리에 대한 세밀한 범위 및 정의를 시론적으로 정리했다. 사전적으로 도성 밖 10리의 범주를 넘어 성저십리의 용례를 세밀하게 정리하고, 성저인을 살펴봤다.

성저십리 지역의 기능을 ① 금산 및 금표 지역으로서의 성저십리, ② 교통 결절지로서의 성저십리, ③ 경제 및 군사적 기능으로서의 성저십리로 솜씨좋게 정리했다. 이러한 성저십리의 행정체제가 가지는 시대별 특징을 그 운영과 연관시켜 분석하여 ① 건국이후 도성건설과 인접지로서 성저십리를 15~16세기로, ② 한성부와 경기의 이중적인 수취 및 부역제도에 편입되었던 실태와 행정체제의 변화를 17~18세기로 정리했다. 성저십리는 조선 전기부터 도성과 달리 이중적 통제하에 운영되었다. 17세기 이후 인구유입으로 새로운 방과 계가 신설되었지만, 이중적 통제는 18세기까지 지속되었다. 18세기 후반에 성저십리는 한성부의 행정체계에 편입되어 한성부의 일원적 관리가 가능했다.

성저십리 내 주거대책과 거주양상은 구체적인 주거책과 거주 실태를 통해 확인할 수 있다. 성저십리의 주거대책은 한양건설과 밀접하게 연관되어 변화되었는데, 15세기 중반 이후 인구증가로 도성 안이 포화상태가 되자 성저십리로 분산책이 시행되었다. 국가의 택지 분급이 성저십리를 중심으로 시행되면서 성저십리는 거주인구가 증가되었다. 지역별로 경강의 일부에 조선 초기부터 귀후소, 군자감 강창, 와서, 풍저창 등이 위치하여 인구가 점차 늘어났다.

조선 전기에도 성저십리는 우마의 절도, 도살, 강도, 방화 등이 발생하여 우범지대로 각종 사회정책이 필요했다. 성저십리는 조선 후기 국가의 시설확충과 그로 인한 모민 정책에 의해 형성된 마을이 많았다. 따라서 북부 산저 지역의 군병 거주지, 손가장의 동성촌, 성북동의 포역민 거주지 등 동일 직역을 가진 사람들이 집단으로 거주하는 경향이 강했다. 성저십리는 18세기 후반에 도성 안팎을 양분하는 경계의 공간에서 한성부 행정의 공간으로, 즉 완전한 서울의 공간으로 변화했다.

셋째, 성저십리의 군사문제이다. 성저십리에 대한 군사적 분석으로 군사환경, 주둔한 군영의 양상, 군사행동의 주요지점 등을 정리했다. 조선시대 한양은 왕실이 존재하는 군사적 중심지역이었기 때문에 방어성이 중요했다. 그러나 한양도성 자체만으로 군사적 방어력은 매우 한정되기 때문에 성저십리의 군사적 기능이 중시되었다.

성저십리의 군사환경을 보면 북부에는 북한산과 같은 산이 있고, 남부의 한강은 천혜의 군사경계로 매우 훌륭하다. 성저십리의 용산지역에 군량을 보관했던 軍資江監, 豐儲江倉, 三南大同倉 등이 있어 수도방어체계의 군수지원체계가 집중되어 있었다. 한강은 적병의 진출에 자연방어선으로 기능했으며, 수상방어를 위한 정해진 척수의 선박이 배정되었다.

성저십리의 군사환경은 교통체계와 밀접하게 연관되었다. 도성이 있어 성저십리는 전국으로 이어지는 도로의 기점으로서 기능했으며, 도성방어를 위한 군사력 배치에 도로는 주요 고려요소였다. 조선시대 도성에서 지방으로 이어지는 9大路의 사실상의 기점인 성저십리는 사방으로 군사방어력이 고려되어야 했다. 이들 도로망과 함께 정보전달의 주요 기능을 담당한 역, 원, 봉수 등이 성저십리에 거미줄처럼 포진하여 성저십리의 군사적 기능을 강화했다.

성저십리의 군사적 기능에 따라 성저십리에는 여러 군문의 公廨가 존재하였다. 포도청과 군영은 평시순찰을 통해 군사력을 강화했으며, 親閱이 시행된 모화관, 敎閱 장소였던 홍제원, 경강변의 모래밭[沙場]과 살곶이 등 성저십리는 군사훈련의 공간이었다.

양란의 전쟁경험은 조선 후기 성저십리의 방어체제 성립에 큰 영향을 주었다. 수도방위체계에 대한 중요성을 거듭 인식한 조선은 중앙군을 강화하여 성저십리에 포진시켰다. 한양의 인구증가, 도시화로 인한 변화에 부응하면서 수도의 보장처로 성저십리는 중시되었다. 숙종대 북한산성을 축성하여 보장처로 삼고자 하였으며, 숙종 후반기 도성수비론이 더욱 강화되면서 구체적인 도성 수비 전술 및 방략이 제시되었다. 영조대 도성방위를 위해 삼군문이 수성책을 구체화하여 〈守城節目〉을 반포했다. 〈수성절목〉 이후 성저십리의 군사적 역할은 명확해졌다. 영조는 도성 안의 백성들을 운명공동체로서 다스리겠다는 선언과 함께, 도성 바깥 성저십리를 군사적 다스림의 공간으로 명시하였다. 성저십리의 역사적인 군사충돌은 임진왜란시 용산창의 일본군 주둔, 인조대 이괄의 난과 병자호란시 각각 반란군과 청군의 군사위협, 개항기 청일전쟁과 일본군의 주둔 등이 있다.

넷째, 성저십리에서 설행된 국가제사이다. 성저십리에 대한 예제적 접근으로 한양도성과 구분하여 국가제사의 설행과 관련된 성저십리를 분석함으로써 국가제사의 성격을 살펴본다. 이에 앞서 국가 祀典체계와 祭場을 국가전례서·법전·地誌를 통해 정리했다.

조선시대 국가제사가 설행된 공간은 성저십리의 경우 삼각산, 한강단, 목멱산이며, 근교로 동교, 남교, 북교, 서교, 동북교 등이 있었으며, 기타 지역에서 설행된 제사는 악해독·명산대천·산릉 등이었다. 조선시대 제사는 혼이 깃든 신주를 봉안하는 공간과 체백을 모신 곳에서 음식을 바치며 정성을 다하는 행위로 先祖에게 효를 계속한다는 뜻이었다. 유교 국가를 천명한 조선에서 국가 제사는 매우 중요했다. 조선의 지배층은 국가 제사의 공간에 대해 비상한 관심을 가졌으며, 이를 국가전례서, 의궤 등에 圖說로 남겼다.

조선시대 국가제사는 吉禮, 嘉禮, 賓禮, 軍禮, 凶禮의 五禮체제에서 출발하여 오례 중 首位인 길례로 분류되었다. 길례는 제사의 대상과 비중, 규모에 따라 大祀, 中祀, 小祀로 구분되며, 세종대 오례에서 대사는 사직, 종묘이며, 중사는 風雲雷雨, 嶽海瀆, 先農, 先蠶, 雩祀, 文宣王, 朝鮮檀君, 後朝鮮始祖箕子, 高麗始祖이며, 소사는 靈星, 名山大川, 司寒, 馬祖, 先牧, 馬社, 馬步, 七祀, 禜祭 등이었다. 이러한 사전체계는 시대별로 변화되었지만 대체적인 구성은 유사했다.

조선시대 성저십리에 설행된 국가제사는 華山으로 불린 삼각산, 백악에서 중사, 목멱산의 木覓祠에서 소사, 漢江壇에서 지내는 중사 등이었다. 조선 초기에 길례로 정비된 국가제사는 후대에 점차 늘어나는 추세를 보였다. 물론 많은 제사가 도성 안에 설행되었지만, 성저십리와 근교에서 설행되기도 했다. 대체로 조선 후기에 예제가 정비되면서 성저십리와 근교에서 지내는 제사는 혁파되어 관왕묘, 선농, 선잠, 풍운뇌우(기우), 우사 등이 설행되었다. 이외에 여단, 북단, 山壇(南壇, 山川壇), 선농단, 동·남관왕묘 등의 설행 빈도가 높았다.

양란이후 사회혼란으로 제사가 제대로 설행되지 못하였지만, 18세기에 京鄕분리에 따라 각종 전례서, 법전류, 지지 등이 편찬되면서 성문화되었다. 성저십리 및 근교에 조성된 제장은 양란을 겪으면서 제대로 정비되지 못하였고, 그곳에서 지내는 제사도 반드시 준행되지 못했다. 성저십리의 백성들의 삶에 밀접한 선농, 선잠과 같은 제사와 관왕묘, 남단 등과 같이 정치·사상적으로 다스림과 밀접한 제사는 儀註와 圖說이 늘어났다.

성저십리 및 근교에서 지내는 제사는 국왕의 친행이 아닌 섭행으로 진행되었다. 이는 조선시대 국가의례의 주재자로서 국왕의 위상을 유지하면서도 친행이나 행행의 현실적인 어려움을 고려한 조처였다. 그럼에도 국왕은 선농, 관왕묘, 남단에 대해서는 행행하여 친행하곤 하였다.

다섯째, 조선시대 성저십리의 주요 사적과 문화 공간이다. 성저십리의 주요 사적은 북부, 동부, 서남부로 구분하여 기록화와 관련 사료를 연계하여 분석하였다. 기록화 이외에 도성도를 비롯한 각종 시각자료를 포괄적으로 수집, 정리하여 주요 사적의 분포 및 문화공간을 정리했다.

성저십리의 주요 사적은 지역별로 구분할 수 있는데, 북부는 연융대와 북한산성의 도성 방어를 위한 군사시설이 중심이 되었고, 동부는 개천의 수문과 武廟 숭배의 중심이 되었던 동관왕묘, 사복시에서 운영한 목장, 단종의 비 정순왕후의 사적이 대표적이다. 남부는 기로회나 중국사신의 전별연을 베풀던 숭례문 밖 南池와 정조가 현륭원을 행차할 때 이용한 한강의 노량진 舟橋, 서부는 중국사신을 영접하거나 배웅하던 서교의 盤松亭과 西池, 황제의 조서를 맞이하던 영은문과 모화관, 중국으로 왕래하는 의주대로의 첫 번째 역원인 홍제원 등이 존재했다.

이들 사적 이외에 자연적인 한강의 승경과 문화공간이 존재하여 실경산수화, 누정도, 별서도, 계회도 등 그림에 사실적으로 표현되었다. 문화공간 가운데 옛그림에서 주목되는 공간으로 중국사신 접대 장소였던 한강의 제천정, 양화진을 비롯하여 문신들에게 사가독서를 실시했던 두모포 東湖의 독서당 등이 있다.

성저십리는 王道의 구현공간이자 다스림의 핵심공간이었던 한양도성을 둘러싸고 다양한 주요 사적이 분포되어 문화공간으로서 역할하였다. 옛 그림과 고지도에 묘사된 성저십리의 주요 사적을 구체적으로 살펴보자. 북부에는, 높은 지세와 산천으로 북단과 望祈祭, 厲壇, 功臣會盟壇, 세검정과 조지서, 총융청과 연융대, 북한산성과 행궁 등이 상세히 묘사되어 있다. 동부의 경우는 지형적으로 농업이 발달하여 雩祀壇과 동방토룡단, 선농단, 선잠단 등 농업과 관련한 제단이 많이 분포하였다. 그림에 한성의 개천 수문, 武廟 숭배와 동관왕묘, 사복시 소속 살곶이 목장, 정순왕후와 정업원, 동문 앞 문인 전별 등이 묘사되었다. 서남부의 경우는 도성과 용산, 서강, 마포 등의 나루를 연결하는 도로와 남대문, 돈의문, 서소문에서 나와 사현, 홍제원을 거쳐 의주로와 연결되는 공간적 특징으로 정치외교공간이었다. 남부는 경복궁과 남대문을 연결하는 도성 안 도로망의 연장으로 청파역, 이태원, 전관원 등 역원을 매개로 형성되었다. 그림에 모화관과 영은문, 반송방과 서지, 남지의 기로회, 경강의 승경과 사신의 한강 유람, 한강의 계회 등이 화려하게 묘사되었다.

조선시대 성저십리는 옛그림과 고지도에 지역별 특성이 명확하게 반영되어 묘사되었다. 이는 국가 차원에서 성저십리를 그 특성에 따라 구분하여 인식하였음을 보여주며, 다스림의 차원에서 주요 정치, 외교, 군사, 경제, 문화적으로 활용하였음을 보여준다.

여섯째, 조선시대 성저십리의 무속이다. 조선시대 다스림의 대상은 백성들이며, 현실적인 공간과 시간 속에서 전개되는 백성들의 삶은 다스림의 지향점과 달리 매우 어려움이 많았을 것이다. 현실적인 어려움에 대해 백성들이 찾는 안식처는 종교적인 이상향과 동경이었을 것이며, 백성들에게 가장 친숙한 종교적인 기능은 무속이었다. 이에 조선은 무속을 국가체제에 포함시켜 다스림에 어긋나지 않도록 백성들을 안정시키는 한편, 의료정책의 일환으로 활인서에 무격을 두어 질병치유에 활용하였다.

그러나 조선은 무격을 통해 국행제를 시행하고, 질병을 치유하는 정책을 시행하면서도 무엇보다 무속이 가진 가장 근본적인 역기능에도 주목하였다. 사술로서 백성들을 현혹시켜 경제적 착취와 사회적 집단행동의 위험을 경계했다.

이러한 성저십리 무속에 대한 조선의 다가치적 시선은 복잡한 양상으로 전개되었다. 성저십리의 무속은 수도 천도에 각종 비기가 활용되었던 점에서 시작하여 조선시대 내내 국행제의와 淫祀, 치유와 規禁이 반복적으로 재생산되는 구조를 지녔다. 유교정치를 지향하였던 조선은 기본적으로 무속을 음사로 간주하여 유교의 공식종교와 차별적으로 대응했다. 특히, 다스림의 핵심지역인 도읍의 인접지에 무속이 번창할 경우, 자연스럽게 한양도성에 그 영향이 직접적으로 미친다는 점에 주목하여 무속을 철저히 단속했다.

유교는 제사를 중시하였으며, 이는 무속과 형식 측면에서 유사성이 존재했기 때문에 조선시대 성저십리에는 종교적인 의례를 설행할 祀祭處가 존재하였으며, 이곳에서 巫覡의 주재로 국행의례를 설행하였다. 유교와 달리 도교적인 성격이 강한 국행의례는 무격의 소속기관인 星宿廳에서 주관하였다. 이에 조선은 성수청 소속으로 정2품에서 정4품까지의 官巫를 두었다. 이러한 경향은 국가제사체계를 정비하는 과도기적 현상이라 할 것이다.

조선은 부족한 의료환경을 개선하고자 무격을 효율적으로 대민의료에 활용하였다. 활인서라는 국가기관에 무격을 두어 병자의 구료와 구휼에 활용하고, 한편으로 무격에 대한 통제도 시행하고자 했다. 그 결과 활인서 주변에 무격 거주촌이 형성되기도 했다. 이러한 성격은 활인서가 한양에 있었던 서민 의료기관인 혜민서와 다른 형태의 역할을 수행한 점에서 확인된다.

조선은 하늘의 명을 받은 정통성 있는 국가라는 점을 다스림의 명분으로 찾았다. 이에 어긋나는 각종 문제에 대해 국행제라는 제의를 시행했다. 조선시대 국행제는 祈恩祭, 別祈恩, 別祈恩祭 등으로 불린 祈恩과 가뭄, 질병, 전쟁, 불행 등 일상적 세계 질서를 무너뜨리고 삶을 위협하는 상황이 닥쳤을 때 거행하는 祈禳이 있었다. 기은제는 성저십리 안에 위치한 명산대천과 神祠에서 설행되었는데, 기은과 기양에 국가의 안녕과 번영을 기원하여 국무와 무녀를 제관으로 파견하였다. 무격의 국행의례 참여는 조선 중기까지 계속되었다.

구체적으로 성저십리 안에서 설행된 무속 주재 국행제에는 기우제, 별기은, 산천제, 성황제 등이 있다. 이 중 별기은과 기우제가 가장 비중이 높았다. 기우제의 경우 종묘사직, 산천, 소격, 僧巫祈禱의 순서로 진행되어 무격이 기우제에도 적극 참여하였다. 이러한 국행제의 장소가 성저십리에 祭場이란 이름으로 존재했다.

성저십리 안팎에 존재하였던 제장 중 무격이 국행제를 주재한 제의 공간은 명산대천(백악산, 삼각산, 한강), 神祠(木覓神祠), 祭儀壇(雩祀壇, 東方土龍壇, 南方土龍壇, 北方土龍壇, 西方土龍壇, 風雲雷雨壇, 東郊, 北郊壇, 南郊壇, 西郊壇, 厲祭壇, 馬步壇, 馬祖壇), 그 외의 공간으로 구분할 수 있다. 이들 제장들은 대부분이 성저십리에 산재하였으며, 방위상으로 사방이 모두 포함된다.

별도로 무격이 주재한 국행의례 가운데 馬祭도 있다. 주로 동부지역에 위치한 마조단, 선목단, 마사단, 마보단에서 설행되었는데, 말목장의 위치와 연관되어 시행되었다. 조선시대 馬政은 국가방위 및 경제, 통신연

락체계에서 매우 중요한 국가정책이었으며, 이를 무속을 활용하여 안정적으로 시행하고자 했던 것이다.

한편, 조선은 유교사상에 입각하여 家廟와 里社制를 권장하는 한편, 음사의 폐절을 의도했지만, 현실적으로 무속에 의한 민간신앙은 민심의 안정차원에서 묵인하였다. 물론 무속의 부정적인 현상을 철저히 근절하였기에 세종대 이후 성저십리에서 무격 주재 국행제의 설행 횟수는 급격하게 줄어든다. 그러나 민간신앙 차원에서 무속의 역할에 대해 인정하고 일정범위에서 민심의 안정을 위해 무속을 유지시켰다.

조선시대 성저십리는 무속과 이를 주재하는 무격에게도 다스림의 공간이었다. 국행제를 행했던 공간이 성저십리 안에 존재하였으며, 또한 정책적으로 신사를 금하는 규금의 지리적인 범주가 성저십리까지였다. 조선시대에 한양도성을 유지하기 위한 다스림 정책에 있어서 음사를 행하는 무속은 선도의 땅에 존재해선 안 될 대상으로 여겨졌다. 도성 안에서의 무속 신사를 규금하고 성 밖으로 쫓아내는 정책을 조선시대 내내 지속적으로 시행하였다. 이러한 다스림의 정책과 달리, 天災地怪의 상황에 처했을 때 무격에게 국행제를 주재하게 하고, 활인서에 소속하게 하여 병자치유 및 빈민들을 구휼하게 하는 일을 담당하게 하였다.

성저십리에서 무속은 왕실과 관청에서 신앙의 대상으로 삼기도 했지만, 대체적으로 음사로 규정하여 신사를 금지하고, 무속인은 성저십리에서 쫓아내야 할 대상이었다. 그러나 무속은 국가제례를 집행하고, 민심의 안정을 유지하는 데 활용되었을 뿐만 아니라 각종 대민의료와 구휼에 일익을 담당하기도 했다. 이는 정책적으로 무풍음사를 근절하기 위해 노력했던 음사의 논리에 반하는 다스림으로, 조선시대 내내 무속을 보는 다양한 시선이 반복되었다고 볼 수 있다.

일곱째, 조선시대 성저십리의 다스림을 농업의 측면에서 살펴봤다. 조선은 국가 차원에서 한양도성과 구분된 성저십리가 정치, 군사, 사회적으로 의미가 있지만 무엇보다 한양도성의 인접지역으로 농업조건이 구비되어 농업생산을 담당함으로써 다스림의 핵심적인 공간임을 인지하였다. 이를 분석하고자 먼저 성저십리의 농업조건을 살펴보고, 주요 농업지대로서 성저십리를 정리했다. 그 결과 성저십리는 도성에 근기농업의 일환으로 채소를 공급하는 역할이 강조되었다.

성저십리는 도성에 인접지역으로, 어느 정도 도시와 농촌적 성격을 포괄적으로 가졌다. 조선은 성저십리를 다스림의 입장에서 郊지역으로 파악하여 농업공간으로 경계를 설정했다. 교지역으로 성저십리는 조선 전기에서 후기에 걸쳐 한양 주변의 農形과 관련된다. 조선의 국왕은 농형을 살피기 위해 동교와 서교 지역으로 觀稼를 나섰는데, 그 범위가 성저십리와 동일하였다. 이는 조선이 다스림 차원에서 성저십리를 농업지대로서 인식하였음을 파악할 수 있다. 일례로 1753년(영조 29) 영조가 한양 교외를 동서남북 4교로 구분하여 각각 1명의 농민을 불러 각자 자신이 거주하는 지역의 농사 현황이 어떠한가를 물은 적이 있었다. 도성 안과 달리 성저십리는 농사의 공간으로 인식하였던 것이다.

조선시대 한양의 경제권역은 ① 종로와 운종가, ② 서소문 밖의 칠패장, ③ 용산, 마포의 유통기지, ④ 동대문 밖의 적전, ⑤ 서대문 밖의 菜田, ⑥ 성동 일원의 목장, ⑦ 성북 지역의 상가, ⑧ 송파장, ⑨ 강남과 영등포 등 9개 권역으로 구분할 수 있다. 이 가운데 도성 안의 ①과 성저십리 외곽지역의 ⑧과 ⑨를 제외한 ②~⑦까지가 성저십리 지역에 해당한다.

성저십리의 농업지역은 각종 농업이 발달한 서부 평야지대, 서강방, 용산방, 둔지방, 한강방 중심의 근거리 농업이 발달한 남부지역, 채소 중심의 농업이 발달한 동부지역으로 구분될 수 있다. 그러나 논농사를 중시하였던 조선의 농경정책이 성저십리에도 적용되었다. 채소, 과수농업이 일부 발달하기도 했지만, 전반적으로 성저십리에서도 일반적이었던 것으로 분석된다. 그러나 한양도성과의 근접성으로 인해 일반적인 농경지와는 다소 차이점이 존재했다.

조선시대 한양도성은 도읍으로서 국왕을 비롯한 지배층의 공간으로 논농사가 금지되었던 것에 반해 성저십리는 농경이 강조되었다. 채소를 비롯한 근거리 상업농경 중심으로 발전하였지만, 전문적인 농경지대라고 할 수는 없었다. 이러한 성저십리의 농경은 조선 초기부터 지속적으로 존재하여 발전했으며, 도성의 수요와 밀접하게 연관되었다. 성저십리의 농경도 지역별 특화과정을 거쳤는데, 본격화된 시점은 17세기 이후였다.

성저십리의 농경에 있어 특징적인 점은 채소재배를 예로 살펴보면, 상업적 성격보다 왕실과 국가기구가 밀집된 도성에 거주하는 지배관료층의 자족적 성격이 강하다는 점이다. 즉, 왕실과 지배층은 성저십리에 대규모 채소밭을 소유하여 자신들의 필요에 충당하고자 했다. 또한, 재배에 필요한 노동력은 주변 영세하고 빈한한 농민들이었다. 이들은 조선의 다스림 대상이었기 때문에 성저십리에 대한 정책에 농업이 밀접하게 연관되었음을 알 수 있다.

조선 후기 임진왜란과 병자호란 이후 사회변동은 성저십리에 큰 변화를 가져왔다. 18세기 이후 인구변동과 사회변화로 상업활동이 활발해지자 성저십리의 채소재배는 점차 상업적으로 변화되었다. 한편, 성저십리의 도시화는 전반적인 성저십리의 농업을 축소시키는 결과를 가져왔다. 즉, 유입인구가 증가하고, 상업화가 진행되면서 도시화가 강화된 반면, 농업의 영역은 축소되고 기존 채소재배마저 상업적 성격으로 전환되었다.

여덟째, 성저십리는 조선시대 문학작품을 통해 분석할 수 있다. 조선시대 지배층들의 문학작품에 표현된 성저십리는 지배층의 성저십리에 대한 인식을 잘 보여주는 소재라 할 것이다. 이러한 문학작품의 성격에 착안하여 성저십리의 주요 공간과 장소를 국가시설, 종교공간, 자연, 명소, 행정구역 등으로 분류하고, 문학작품에 나타난 성저십리를 용례 중심으로 검토했다. 문학을 통해 성저십리는 주요 국가시설의 경우, 왕도의 다스림을 펼쳐 백성을 평안하게 삶을 영위하도록 함을 강조하고, 종교공간과 자연, 명소에서 하늘의 도리가 인간세계에 표현된 공간이자 인간이 본받아 살아갈 지향점으로서 표현되었으며, 행정구역에서 주로 다스림과 백성의 삶이란 이중적인 측면이 공존하는 공간으로 표현되었다.

또한, 이들 문학에 나타난 성저십리는 북부, 남부, 서부, 동부로 구분하여 살펴볼 수 있는데, 주로 북부는 종교공간·자연·명소가 주로 표현된 반면, 남부·서부는 자연·명소뿐만 아니라 국가시설·행정구역이 종합적으로 표현되었다. 동부는 국가시설이자 종교공간으로 각종 예제공간이 집중되어 표현되었다. 이를 통해 공간적으로 북부와 동부는 국가이념·예제·자연관이 주로 표현되었다면, 남부와 서부는 백성들의 삶과 밀접하게 연관되거나 정치·외교적인 의미가 강조되는 경향이 있다. 뿐만 아니라 시기적으로 남부와 서부는 조선 초기 관학파 문인들을 중심으로 활발하게 주요 명승지를 중심으로 문집에 중기까지 집중적으로 표현되었던 반면, 조선 후기 시사문학이 발전하면서 북부의 주요 명승지가 문학작품의 소재지로 등장하기도 했다. 이는 조선 후기 조선중화주의적 자기인식이 강화되고, 중인문학의 등장과 같은 사회적 변화를 반영하는 것이라 할 것이다.

문학작품의 경우, 형식적인 분류를 살펴보면, 주로 문집에 수록된 詩, 策, 書 등이 있는 반면, 대표적인 한양 집경시인 《漢都十詠》, 《城市全圖詩》

등이 있다. 조선시대 한양도성과 성저십리를 표현한 주요 문학작품으로 조선 전기의《한도십영》, 조선 후기의《국도팔영》,《성시전도시》를 통해 성저십리의 모습을 정리할 수 있다. 서거정, 강희맹, 성현, 월산대군 등이 창작한 작품인《한도십영》은〈藏義尋僧[莊義寺의 승려를 방문]〉,〈濟川翫月[濟川亭에서 달구경]〉,〈盤松送客[盤松亭에서 벗을 전송]〉,〈楊花踏雪[楊花渡에서 눈을 밟음]〉,〈木覓賞花[木覓山에서 꽃을 완상]〉,〈箭串尋芳[살곶이에서 봄놀이]〉,〈麻浦泛舟[마포에서 배를 띄움]〉,〈興德賞蓮[興德寺에서 연꽃을 완상]〉,〈鐘街觀燈[종로 거리에서 관등]〉,〈立石釣魚[立石浦에서 낚시함]〉[1] 등으로 구성되어 있다. 이 가운데 종로거리에서 관등하는 모습을 제외하면 모두 성저십리를 서정적으로 표현하여 한양의 아름다움과 국도로서의 위상을 표현했다.

정조가 한양도성의 승경을 주제별로 지은 시작품인《국도팔영》, 정조의 명으로 이덕무, 박제가, 신광하, 서유구, 이만수, 유득공, 신택권, 이학규 신관호, 정동간, 이희갑, 김희순, 이집두 등 13인이 지은 시작품집인《성시전도시》등도 성저십리를 소재로 창작한 작품이 다수 포함되어 있다. 이들 문학작품은 비록 자연풍경, 백성들의 모습을 서정적으로 표현했지만, 그 저변에는 국왕의 다스림이 왕도로서 천리에 부응하여 백성들의 삶이 윤택함으로 표현한 것이다.

조선 후기 문학작품에서 소재로 삼았던 반송지, 세검정, 북둔, 적전을 살펴보면, 서대문 밖 정치·외교공간이었던 반송지에 대해〈盤松送客〉,〈盤池賞蓮〉,〈遊西池〉등이 있어 공간의 아름다움뿐만 아니라 馬上才, 연무장의 모습 등을 상세히 표현했다. 세검정의 경우, 북악과 인왕산의 자연지세와 관련하여 군왕의 다스림과 위엄 측면에서 세검정을 시로 읊었다.《국

1 이필영, 앞의 논문, 1993, 10쪽.

도팔영》의 〈洗劍冰瀑〉, 정약용의 〈遊洗劍亭〉, 이덕무의 〈紅亭繞〉 등의 시가 있다. 어영청의 북창이 있던 혜화문 밖 北寺洞은 도성민들의 복숭아 꽃 구경지였기 때문에 桃花洞으로 불렸는데, 이덕무와 박제가는 복숭아꽃과 아름다운 마을풍경을 서정적으로 표현하기도 했다. 국가에서 권농책으로 국왕이 친경하던 籍田은 이덕무, 신광하 등의 시에서 권농하는 국왕의 모습을 표현했다.

왕조국가 조선은 동아시아 역사전통에서 중시하였던 王化의 구현대상지로 도성을 중시하였으며, 통치의 대상지를 경과 외로 구분하였다. 왕조의 정통성을 현실적으로 구현한 종묘와 사직을 두고, 왕궁을 중심으로 도성을 구축하여 통치체계를 갖추었다. 조선은 왕도정치의 직접적인 대상지로 왕도 한양을 특히 중시되었으며, 세조대 한성부에 행정적으로 편제되기 전까지 성저십리는 다스림의 대상에 적극적으로 포함되지 못했다. 그러나 한양의 발전과 영역 확대가 이루어지면서 왕도와 지방을 연결시키는 중간위치의 성저십리는 조선의 주된 다스림의 대상이 되었다.

조선은 정치·외교적 관점뿐만 아니라 사회·법제 관점에서 증가하는 한양도성의 인구와 발전하는 경제적 비중으로 성저십리에 대한 규제와 발전을 강화했다. 예적 다스림[禮治]의 관점에서 한양도성의 확장된 범주로 성저십리를 이해했으며, 한양도성의 방어에서 완충지와 임진왜란·병자호란·청일전쟁 등에서 외국군의 주둔지로서 성저십리는 군사요충지였다. 이러한 성저십리에 대한 조선시대 인식과 모습은 고지도, 고회화, 고전문학을 통해 생생하게 살펴볼 수 있다. 성저십리의 특색은 무속과 신앙생활의 관점에서 매우 중요하며, 도성내에 금지되었던 농경이 성저십리에서 장려되어 수도 한양의 근교농업으로 경제적 기능을 수행하기도 했다.

제1장

조선시대 한성부 성저십리 인식과 정책

김경록(군사편찬연구소 선임연구원)

1. 머리말
2. 조선시대 왕도 한양과 성저십리 제도
   1) 행정제도로서 성저십리
   2) 성저십리의 구분과 주요 공간
3. 성저십리 정책의 변화과정
4. 외교공간으로서 성저십리
5. 맺음말

1. 머리말

1394년(태조 3) 10월에 한양 천도를 단행한 태조 이성계는 다음 해에 경복궁과 종묘를 완성한 뒤, 대규모로 백성을 징발하여 한양도성을 축조했다. 수도 한양은 조선의 국가통치에 있어 가장 핵심지역으로 단순한 행정도시의 의미를 넘어 국왕을 비롯한 지배층의 거주지이자, 정치·군사·행정·사상·경제·문화적 통치기반이었다.

왕조국가였던 조선은 동아시아 역사전통에 따라 王化의 구현 대상지로 도성을 중시하였으며, 통치의 대상지를 京과 外로 구분하였다.[1] 조선은 천명을 받은 왕조의 정통성을 현실적으로 구현한 종묘와 사직을 두고, 왕궁을 중심으로 관아와 관원의 거주지를 편제하여 도읍의 모습을 구축함으로써 통치체계를 갖추고자 했다.

이러한 이유로 조선은 건국 직후 왕도정치의 직접적인 대상지로 도읍 한양을 특히 중요하게 여겼으며, 태조대 한양 건설 이후 세조대 한성부에 행정적으로 편제되기 전까지 한양에 대한 다양한 정책을 수립하고 시행했다. 한양은 도성 안으로 한정되는 개념은 아니었다. 한양도성을 둘러싸고 펼쳐진 성저십리는 한양의 범주에 포함되어 시대별로 한양과 동일 개념으로 인식되면서도 한편으로 한양도성과 차이점을 보여준다.

서울에 대한 연구는 서울학이란 학문분야를 성립시킬 만큼 방대하다.

1 이는 조선뿐만 아니라 중국사의 여러 왕조에서도 확인되는데, 국가의 각종 전장을 밝혀둔 회전이나 법전에서 京外개념은 적용되었다.

분야별로 정치, 사회, 경제, 군사, 지리, 건축 등이 유기적으로 연결되어 서울의 전통적인 모습을 어느 정도 이해하는데 많은 도움을 준다.[2] 그러나 대부분은 도성에 집중하는 경향이다. 이는 기존 연구에서 서울=한양도성으로 인식하는 연구경향에 영향을 받았던 점에 그 이유가 있으며, 성저십리의 특성을 구분하지 않고 성저십리까지 포함한 현재의 서울 관점에서 한양을 파악하였기 때문이다. 한편, 성저십리에 해당되는 지역별 역사를 분석하는 일련의 연구가 있어 성저십리의 부분적인 이해에 도움을 주지만, 이 역시 서울의 지자체 차원에서 해당 지역의 역사를 정리하는 수준에서 이루어졌다.[3] 서울특별시 시사편찬위원회로부터 현재의 서울역사편찬원에 이르기까지 정리한 자료 및 일련의 연구성과와, 서울시립대 서울학연구소의 학술지 《서울학연구》 및 일련의 연구성과 중 서울관련, 한양관련 연구에서 부분적으로 성저십리에 대한 연구가 단편적으로 이루어졌다.

이러한 연구성과를 바탕으로 하면서 조선시대 성저십리를 다스림의 관점에서 접근하고자 한다. 일반적으로 성저십리는 한양도성에서 10리의 거리에 있던 지역을 의미한다는 제한된 사전적 의미를 넘어 성저십리에 대한 명확한 역사적 정의를 시론적이지만 구체적으로 제시함으로써 향후 서울 내지 서울학 연구에 시사점을 제공한다. 이를 위해 한양과의 관련성에 주목하여 서울과 지방의 중간지대로서 성저십리의 역사적 변화과정을

2 성저십리에 대한 연구는 총론 참조.

3 서울시사편찬위원회, 《서울육백년사》 1, 서울특별시, 1977 ; 손정목, 《조선시대 도시사회연구》, 일지사, 1977 ; 원영환, 《조선시대 한성부연구》, 강원대 출판부, 1990 ; 최영준, 〈조선시대 한양의 郊지역 연구〉 《문화역사지리》 1, 1989 ; 이우종, 〈중국과 우리나라 도성의 계획원리 및 공간구조의 비교에 관한 연구〉 《서울학연구》 5, 1995 ; 고동환, 〈조선 후기 서울의 공간구성과 공간인식〉 《서울학연구》 26, 2006.

분야별로 살펴봄과 동시에 정치, 사회, 경제, 문화적 특성을 규명한다.

또한 조선이 왕도 한양을 중시하였음은 당연하지만, 구체적으로 다스림[治]의 관점에서 왜 중시하였으며, 그 역사적 변화과정은 어떠했는지 명확하게 규명되지 않았다. 한양의 배후지이자 한양과 지방을 연결하는 성저십리는 한양의 발전과 함께 부침을 거듭하여 한양으로 포함되어 갔다. 성저십리에 존재한 다양한 공간을 분류하고 분석함으로써 다스림의 구체적인 목적과 방향성이 밝혀질 것이다. 이러한 관점에서 성저십리를 국가 차원의 다스림이란 관점에서 접근할 필요가 있으며, 그 출발점으로 연구 의의가 있다.

이를 위해 국가 조선의 통치관점에서 한양과 성저십리를 어떻게 인식하였으며, 한양과 성저십리는 어떻게 관련되었는가를 정리한다. 조선은 善政과 대민안정을 위한 다양한 정책을 입안하고 이를 시행하였는데, 그 대상은 지리적으로 중앙과 지방으로, 신분별로 구분할 수 있다. 이 가운데 지리적으로 중앙은 한양도성과 성저십리가 그 주 대상이었다. 성저십리의 범위는 시대상황을 반영하여 변화되었다.[4]

2. 조선시대 왕도 한양과 성저십리 제도

1) 행정제도로서 성저십리

고려말 사회혼란을 수습하고 사회경제적 모순을 극복하기 위해 조선은 개혁을 추진하였다. 고려세력의 단절 및 신흥 조선왕실의 권위를 새롭

4 《輿地圖書》上, 補遺篇(京畿道), 高陽郡輿地勝覽, 郡名.

게 정립하기 위한 정책의 일환으로 한양천도가 단행되었다. 건국의 주도 인물이었던 정도전은 "정치하는 요령이 禮樂에 있다."고 하여 신흥 조선의 통치방식을 예악에서 찾았다. 예악은 동아시아 전통적인 유학의 이상적 정치형태인 禮治이다. 이때 禮는 동아시아 사회에서 국가이념적 성격을 강하게 내포하여 법보다 포괄적이며, 구체적인 규범으로 기능하여 습속, 도덕, 정치, 경제, 혼인, 사상의 법칙 등 사회생활의 모든 규범을 포함하였다.[5]

예치와 병행하여 현실적인 범죄에 대해 건국 직후 《조선경국전》에서 《경국대전》에 이르기까지 다양한 법전을 제정하여 법치의 기반을 마련했다. 예치와 법치는 국왕에서 백성에 이르기까지, 왕궁에서 지방의 산골까지 일원적으로 적용되었다. 조선의 수도로서 한양 건설은 예치에 입각하여 구상되었으며, 궁궐과 도성 건설에 반영되었다. 이때 한양도성의 배후지로 성저십리가 고려되었다. 예제의 측면에서 왕실의 모든 제도는 도성을 벗어나면 안 되었다. 조선의 이러한 인식은 태조 이성계의 즉위교서에서 확인된다.

> 천자는 칠묘를 세우고, 제후는 오묘를 세우며, 왼쪽에는 종묘를 세우고 오른쪽에는 사직을 세우는 것이 옛날의 제도이다. 그것이 고려왕조에서는 소목의 순서와 당침의 제도가 법도에 합하지 아니하고 또 성 밖에 있으며, 사직은 비록 오른쪽에 있으나 그 제도는 옛 법에 어긋남이 있으니, 예조로 하여금 상세히 구명하고 의논하여 일정한 제도로 삼게 할 것이다.[6]

5 임민혁, 〈조선 초기 예치사회를 향한 수도 한성 건설계획〉《서울학연구》27, 2006, 85~87쪽.

6 《태조실록》 권1, 태조 원년 7월 28일(정미), "天子七廟 諸侯五廟 左廟右社 古之制也 其

조선은 한양을 예적 다스림의 관점에서 가장 중시했다. 이러한 한양의 발전과 영역 확대가 이루어지면서 도읍과 지방을 연결시키는 중간위치의 성저십리 역시 시대변화에 따라 조선의 주된 다스림의 대상이 되었다.

한성부는 도성과 성저십리로 구성되며, 성저십리는 성 밑 또는 성 밖 10리의 지역을 의미한다. 성저십리는 漕運에 유리한 지형적 조건과 수로가 모이는 곳에 창고를 설치하여 山水의 기운이 모이게 한다는 도성 건설 논리가 결합된 지리환경을 가졌다. 또한 성문에서 출발하는 도로와 한강의 나루터로 연결되는 河運이 결합된 교통망이 발달하여 전국에서 한성으로 들어오는 물품의 집산지였다. 이러한 교통, 경제적 역할이 중시되면서 용산, 서강 등에 조운의 창고가 설치되었다.

조선 초기와 달리 조선 후기에 왕궁을 포함한 도성의 밖에 위치하여 한성부 인구의 절반이 거주하였던 성저십리는 조선시대 지속적으로 주택정책, 인구정책의 주 대상지였다. 공식적인 주택 분배는 남대문과 돈의문 사이, 동대문·水口門, 彰義門 밖의 순서로 점차 확대되었다. 성저십리는 위치, 자연환경, 인구분포, 사회경제적 환경 등에서 군사적 기능이 강한 북부를 제외하고 크게 서부, 남부, 동부 등으로 구분할 수 있다. 북부는 조선시대 한양도성의 보존을 위한 주맥의 보호 및 북방으로의 군사적 위협에 대한 대비차원에서 다른 지역과 달리 개발이 제한되었다. 동부는 많은 하천과 농경지의 발달로 농업기능이 발달했으며, 陸運과 海運 환경이 풍부한 남부와 서부는 상업기능이 발달했다.

在前朝 昭穆之序 堂寢之制 不合於經 又在城外 社稷雖在於右 其制有戾於古 仰禮曹詳究擬議 以爲定制."

여말선초 역성혁명은 신생 조선의 지배층으로 하여금 대민통치에 큰 관심을 가지게 했다. 비록 부패상이 노출되어 사회불안과 혼란을 가져왔다고 하더라도 오랜 기간의 통치는 고려왕조에 대한 깊은 인상을 남겼다. 조선의 국왕을 비롯한 지배층은 민심의 안정과 사회체제의 정상화를 위해 대민정책을 지속적으로 시행하였다. 조선의 통치, 즉 다스림의 대상은 물론 백성이며, 공간적으로 한반도 전역을 포괄하지만 핵심은 수도인 한성부였다.

한성부는 실록을 통해 그 경계를 명확하게 규정할 수 있다. 《세종실록》 지리지의 京都 漢城府는 1308년(충렬왕 34)에 南京留守官에서 漢陽府로 고쳐져 府尹·判官이 두어지고, 1394년 조선 태조 3년에 도읍으로 정해지고, 이듬해 6월 漢城府로 명명되어 判事·尹 등 주요 관원이 설치되고 같은 해 9월에 宗廟와 宮室 등이 조성되어 10월 개경을 출발한 태조 일행은 한성부로 들어왔다.[7]

定都 초기에 구상한 한양의 도시공간구조는 도성을 중심에 두고, 성외구역 즉 성저십리를 인수봉에서 시작하여 좌측으로 비봉산에서 홍제천을 따라 한강에 이르고, 동쪽으로 중랑천을 경계로 삼았다.[8] 이러한 경계로 성외구역인 성저십리는 도성 안과 구분되었다. 한성부에 포함되면서

7 《태조실록》 권6, 태조 3년 10월 28일(갑오).

8 고동환, 앞의 논문, 2006. 저자는 공간구분의 유형을 6가지로 정리하였다. 첫째, 물리적 시설로서 도성을 기준으로 도성 안과 밖 성저십리로 구분하는 방식, 둘째, 행정편제에 의한 구분으로 5부로 구분하고 방을 아래에 두는 방식, 셋째, 도시기능을 기준으로 왕이 거주하는 궁궐, 관아가 자리한 육조거리, 시전과 운종가, 종묘와 사직 등 제사지역으로 구분하는 방식, 넷째, 거주하는 주민집단의 신분과 직업을 반영하여 북촌, 남촌, 중촌, 상촌, 하촌 등으로 구분하는 방식, 다섯째, 도성 외부공간을 연강지역과 내사산의 산저지역으로 구분하는 방식, 여섯째, 군사·치안 목적으로 순라구역, 도성 삼군문의 도성방어구역에 따른 구분방식 등이다.

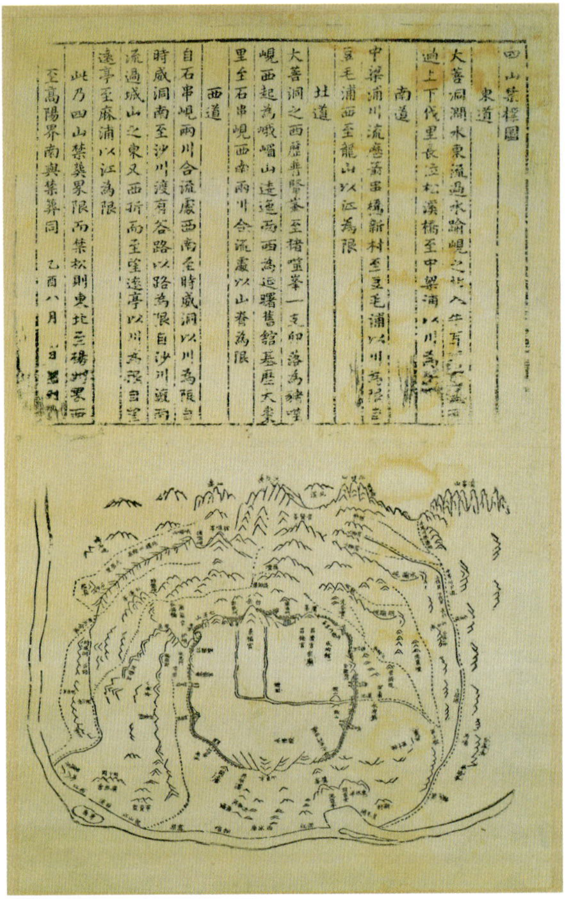

〈그림 1〉 사산금표도(국립중앙박물관)

도 도성과 성저십리를 구분한 것은 각종 행정이나 부역체계에서 차이를 내포한다. 정도 과정에 도성 안은 坊制로 구획한 반면, 성저십리는 지방 향촌과 동일하게 面里制를 적용했다. 이는 성저십리를 처음에는 5부에 소속시키지 않고, 한성부에 직할로 두었다는 말이다.

이는 한성부 오부의 주민들에 대해 각종 조세 및 군역, 요역에 면제가 많았던 반면, 지방 한성부의 직할 백성들은 도성안 주민의 坊役에 추가하여 향촌민이 부담하는 田稅, 군역, 공납 등이 부담됨을 의미한다. 도성 내 주민은 개성에서 이주시켜 각종 혜택을 주고, 무엇보다 지배층으로 구성되었기에 각종 면세, 면역이 있었지만, 성저십리 주민은 도성민과 향촌민의 이중 부담을 가졌던 것이다. 이에 실질적인 성저십리 인구증가는 기대하기 어려웠다.

행정공간으로서 성저십리를 살펴보기 위해서는 무엇보다 공간적 개념을 검토해야 한다. 앞에서 살펴본 바와 같이 部坊체계에서 성저십리는 한성부에 편제된 6개 공간 이외에 부수적인 공간이 존재했다. 이들 공간은 시대별 변화를 가져왔는데, 우선적으로 조선 초기는 한양도성 중심의 공간에 집중되어 성저십리는 한양도성을 둘러싼 공간으로서 한정된 기능에 머물렀다. 이에 반하여 임진왜란, 병자호란 등 국가전란을 경험하면서 한양에 대한 중요성이 더 강화되고 도성방위론이 강조되었으며, 조선 후기 사회경제적 발전은 한양의 공간적 확대를 가져와 성저십리의 중요성이 더욱 부각되었다.

먼저 성저십리의 공간을 살펴보기 위해 〈四山禁標圖〉를 참조할 필요가 있다. 한양도성과 달리 사산금표는 광위의 범주로서 한양을 의미하는 것으로 성저십리를 포괄적으로 포함하기 때문이다. 사산금표는 東道로 대보동 시냇물이 동쪽으로 흘러 수유의 북쪽을 지나 우이천 하류로 들어가고, 남쪽으로 내려가 상벌리, 하벌리와 장위의 송계교를 지나 중량포에 이르는데 시내를 한계로 삼았다. 南道는 중량포 시냇물이 전관교(살곶이다리)와 신촌을 지나 두모포에 이르는데, 시내로 한계를 삼고, 두모포에서 서쪽으로 용산에 이르러 강으로 한계를 삼았다. 北道는 대보동 서쪽에서 보현봉을 지나 저서봉에 이르는데, 한 줄기 묘락이 저서현을 이루며, 서쪽의 아미산으로부터 시작하여 굽이쳐 흘러 서쪽으로 가면 연서 구관의 터가 되며, 대조리를 지나 석관현 서남쪽의 두 시내가 합류하는 곳에 이르러 산등성이를 한계로 삼았다. 西道는 석관현의 두 시내가 합류하는 곳에서 서남쪽으로 시위동에 이르러 시내를 한계로 삼고, 시위동에서 남쪽으로 사천도에 이르면 골짜기 길이 있으니 이를 한계로 삼았다. 사천도에서 남쪽으로 흘러 성산의 동쪽을 지나 다시 서쪽으로 꺾이어 망원정에 이르러 시내를 한계로 삼으며, 망원정으로부터 마포에 이르러 강을 한계로 삼았다. 이러한 사산금표 내에는 禁葬이 실시되고, 북쪽으로 양주, 서쪽으로 고양, 남쪽으로 금장의 한계와 같이 禁松이 실시되었다. 사산금표는 단순히 내외사산을 경계로 하였지만, 〈그림 1〉에서 확인할 수 있듯이 성서십리의 범위를 넘어서까지 금장, 금송을 엄격히 시행하고자 했던 중앙정부의 의지를 파악할 수 있다.

한성부의 조성에서 핵심은 무엇보다 도성 안이며, 왕궁이라 할 것이다. 조선의 수도로서 한성부는 철저하게 계획도시의 성격을 가진다. 조선이 구상한 한성부의 규모는 도성과 성저십리라 할 것이다. 도성은 전체 둘레 9,975步로 북쪽 白嶽祠에서 남쪽 木覓祠의 지름 6,063보, 동쪽 興仁門에서 서쪽 敦義門까지 지름 4,386보의 규모였다. 세종 초반 한양도성 전체를 석성으로 개축할 때에 전국에서 총 32만 2,400명이 동원되었다. 한성부의 행정규모는 部坊제도를 통해 확인할 수 있다. 조선은 한성부를 五部로 나누고, 각 부 아래에 坊, 契, 洞 등 세부적인 행정구역으로 구분하였다. 오부는 전체 52방으로 구성되는데, 동부 12방, 남부 11방, 서부 11방, 북부 10방, 중부 8방 등이었다. 세종대 서부 3방을 폐지하여 49방이 되었다가 영조대 43방으로, 정조대 47방 등으로 변화되었다. 이 중에서 세종대 부방체계를 표로 정리하면 다음과 같다.

〈표 1〉 조선 세종대 한성부 部坊체계

구 분	도성내	성저십리
동부 (12방)	燕喜坊, 崇敎坊, 泉達坊, 彰善坊, 建德坊, 德成坊, 瑞雲坊, 蓮花坊, 觀德坊, 興盛坊	崇信坊, 仁昌坊
남부 (11방)	廣通坊, 好賢坊, 明禮坊, 大平坊, 勳陶坊, 誠明坊, 樂善坊, 貞心坊, 明哲坊	誠身坊, 禮成坊
서부 (8방)	仁達坊, 積善坊, 餘慶坊, 皇華坊, 養生坊, 神化坊	盤松坊, 盤石坊
북부 (10방)	廣化坊, 陽德坊, 嘉會坊, 安國坊, 觀光坊, 鎭定坊, 順化坊, 明通坊, 俊秀坊, 義通坊	
중부 (8방)	貞善坊, 廣幸坊, 寬仁坊, 壽進坊, 澄淸坊, 長通坊, 瑞麟坊, 堅平坊	

출처: 《세종실록》 권148, 지리지 京都 漢城府.

한성부의 부와 방 가운데 도성 안의 방에는 종묘, 궁궐, 관청 등 국가의 중요시설이 존재하여 다스림의 근원이자 권위로서 기능하였다.[9] 그럼 구체적인 성저십리의 범위는 어느 정도였는가 살펴볼 필요가 있다. 《세종실록》 지리지는 성저십리의 경우, 그 경계를 동쪽은 중랑천 근방의 楊州 松溪院과 大峴으로, 서쪽은 楊花渡와 高陽 德水院으로, 남쪽은 한강 및 노량진으로 규정해 두었다. 또한, 행정구역으로 위 표와 같이 동부의 崇信坊, 仁昌坊, 남부의 誠身坊, 禮成坊, 서부의 盤松坊, 盤石坊을 두었다. 이들 6개의 방은 성저십리에 존재하며 한성부의 행정체계에 포함된 것으로 조선이 성저십리를 한성부의 일부분으로 인식하고 편제했음을 보여준다.

조선은 처음 한양을 수도로 설정하면서 철저하게 계획도시로서 면모를 갖추도록 했다. 계획도시의 핵심은 전적으로 도성 안에 집중되었기 때

9 대표적인 사례가 종묘와 궁궐이다. 특히 종묘는 중부 貞善坊과 동부 蓮花坊 사이에 있으며, 永寧殿을 포함했다. 이외 社稷, 文昭殿, 文廟 등도 중요 국가시설이었는데, 모두가 백성들에게 왕실을 상징하는 시설물이었다.

문에 성저십리는 조선 초기부터 역마체제, 도로체계에 관련하여 주목되었다. 성저십리가 한양과 지방의 중간지대라는 특성으로 성곽의 건설, 범위, 제도, 도시계획, 취락과 교통로의 형성에 영향을 받기 시작한 시점은 세종대 이후로 보인다. 한성부의 청리업무에 있어 성저십리는 도성 안과 동일하게 한성부에서 관장했다. 특히, 형정에 있어 한성부는 다른 어느 아문보다 많은 업무량이 있었으며, 도성 안뿐만 아니라 성저십리에도 각종 범죄 발생과 이에 따른 형정이 펼쳐졌다.

조선 초기의 이러한 행정체계는 조선 후기에 한양의 공간적 확대 및 상업발전에 의해 개편되었다. 세종대 5부 49방체계는 17세기까지 유지되었다가 18세기 중엽인 1751년(영조 27) 5부 43방 328계로 재편되었다.[10] 행정체계 측면에서 당시 재편의 주목되는 점은 방 폐지와 신설이다. 동부는 12방에서 연희방, 천달방, 덕성방, 서운방, 홍성방, 관덕방 등 6개 방이, 남부는 11방에서 성신방, 정심방, 예성방 등 3개 방이, 서부는 8방에서 신화방이, 북부는 10방에서 명통방이 폐지되었다. 이와 별도로 남부는 두모방, 한강방, 둔지방 등 3개 방이, 서부는 용산방, 서강방이 신설되었다. 이들 신설된 5개의 방이 모두 성저십리인 경강변에 위치하여 마포와 서강 등 한강변의 거주지가 상업발달에 의해 번성하였음을 보여준다.[11]

행정체계의 변화는 18세기 말 북부에 상평방, 연희방, 연은방이, 동부에 경모궁방이 신설하여 5부 47방으로 개편되어 조선 말기까지 이어졌다.[12]

10 은기수, 〈조선 후기 서울의 호구〉《서울인구사》, 서울특별시사편찬위원회, 2005, 310~311쪽.

11 이존희, 《조선시대의 한양과 경기》, 혜안, 2001, 94~95쪽.

12 고동환, 《조선 후기 서울상업발달사연구》, 지식산업사, 1998, 62~64쪽.

2) 성저십리의 구분과 주요 공간

조선 초기 성저십리에 대한 지리적 인식은《세종실록》지리지를 통해 확인할 수 있다. 지리지의 경도 한성부를 보면 1394년(태조 3) 10월에 이곳에 도읍을 정하고, 1395년(태조 4) 6월에 한성부로 고치고, 판사·윤·소윤·판관·참군 등의 관직을 설치하였으며, 종묘와 궁실을 경영하여 9월에 준공되었다.[13]

도성은 남북으로는 白嶽祠로부터 木覓祠에 이르고, 동서로는 興仁門으로부터 敦義門에 이르며, 총인원 32만 2,400명이 동원되어 쌓았다. 5부로 구분되어 동부 12방, 남부 11방, 서부 8방, 북부 10방, 중부 8방 등 행정구역이 편제되었다. 도성 안에 종묘, 사직, 문묘, 경복궁, 궁성, 惠政橋, 雲從街, 通雲橋, 北廣通橋, 남광통교, 큰 저자[大市], 종루, 도성 좌우행랑, 태평관 등이 시설되었다. 모화루를 고쳐 지은 모화관은 돈의문 밖 서북쪽에 설치되어 중국사신을 영접하는 곳으로 활용되었다.

한편, 지리지에서 인식한 성저십리에는 도성 밖 정북에 있으며 華山으로 불렸던 三角山, 도성의 鎭山으로 中祀로 삼았던 白岳, 모화관 서쪽에 있으며 평안도와 황해도의 봉화에 응했던 毋岳, 무악 남쪽에 離宮으로 건립된 衍禧宮, 흥인문 밖 坪村의 雩祀壇·東方土龍壇·先農壇, 흥인문 밖 沙斤寺里의 馬步壇·馬祖壇·先牧壇·馬社壇, 동소문 밖 沙閑伊의 先蠶壇, 숭례문 밖 屯地山의 老人星壇·圓壇·靈星壇·風雲雷雨壇, 한강 북쪽의 南方土龍壇, 加乙頭의 西方土龍壇, 창의문 밖의 北郊壇·北方土龍壇·厲祭壇, 흥인문 밖에 설치되어 종묘·사직·산천 百神의 제미[粢盛]를 제공한 東籍田 등이 있

---

13 한양부를 한성부로 고치고 판사를 임명한 시기는 1394년 10월이 아닌 1395년 6월이다(《태조실록》권7, 태조 4년 6월 6일(무진); 13일(을해); 권8, 태조 4년 9월 29일(경신)).

다. 이외에도 漢江渡, 龍山江과 西江의 廣興江倉과 豐儲江倉, 加乙頭, 豆毛浦의 氷庫, 壯義寺洞의 造紙所, 壯義寺 洞口의 물방아[水轜], 동소문 밖의 東活人院, 서소문 밖의 西活人院, 용산강의 歸厚所 등이 있다.

성저십리의 주요공간은 철저하게 도성 중심의 관점에서 분석될 수 있다. 한양도성의 지리적 공간의 협소함과 인구밀집으로 인한 한계를 보완하는 입장에서 주요 시설을 활용하였다. 이들 성저십리에 설치되거나 존재한 주요 관서 및 그 위치는 조선이 성저십리를 어떻게 인식하고 성저십리에 어떤 정책을 펼쳤는가를 살펴볼 수 있는 기준점이 된다.

이들 주요 위치는 우선 楊州 松溪院 · 大峴, 楊花渡, 高陽 德水院, 露渡 등을 경계로 한 한성부의 경계를 명확히 한 것이다. 물론 도성을 벗어난 성저십리의 실질적인 범위를 나타낸다고 할 것이다. 그런데 이들 경계는 고정불변은 아니라 시기별로 변화하기도 했다. 그러나 대체적으로 사산금표와 일치하였다.

또한 龍山, 西江, 漢江渡, 龍山江, 三角山, 毋岳山, 東郊[살곶이벌], 仁王山 등 주요 산천은 성저십리에 포함된 것으로 주거위주의 도성과 달리 주변 자연지리적 중요 위치로 구성되었다. 이들 산천은 단순한 자연으로 인식되기보다 한성부의 주요 군사, 교통, 조운 중심지로 인식되어 조선에서 중시하였다. 한강을 통한 조운체계의 확립과정은 조선 후기에 이들 지역이 경강이라 하여 상업중심지로 발전하게 된 바탕이 되었다.

또한, 대외관계에 있어 도성 안에 주요 궁궐, 객관이 위치하여 외교정책, 의례, 활동이 전개되었지만, 慕華館, 慕華樓, 迎恩門, 淸水館, 天然亭 등도 조중관계에서 빼놓을 수 없는 중요 위치로 기능하였다. 東關王廟, 南關王廟, 纛所, 盤松亭, 濟川亭, 東門敎場, 壯義寺, 水轜 등의 주요 명승은 조선에서 중시하였던 민간의식의 핵심지역으로 성저십리에 존재했다. 迎曙驛, 盧原

〈표 2〉 조선시대 성저십리에 존재한 주요 시설·자연물

구 분	시설 · 자연물
경계	楊州 松溪院 · 大峴, 楊花渡, 高陽 德水院, 露渡
산천	龍山, 西江, 漢江渡, 龍山江, 三角山, 毋岳山, 東郊[살곶이벌], 仁王山, 昭格洞
대외관계	慕華館
	慕華樓, 迎恩門, 淸水館, 天然亭, 濟川亭, 望遠亭, 樂天亭, 華陽亭, 龍驤鳳翥亭
명승	纛所, 盤松亭, 濟川亭, 東門敎場, 壯義寺, 水輾
역원	迎曙驛, 盧原驛, 靑坡驛, 梨泰院, 普濟院, 弘濟院
의례	東關王廟, 南關王廟, 雩祀壇, 先農壇, 馬步壇, 馬祖壇, 先牧壇, 馬社壇, 先蠶壇, 老人星壇, 圓壇, 靈星壇, 風雲雷雨壇, 南方土龍壇, 西方土龍壇, 北郊壇, 北方土龍壇, 東方土龍壇, 厲壇, 東籍田, 白岳山(堂), 明通寺, 東郊, 南郊, 西郊, 北郊, 木覓山 國師堂, 三角山, 厲祭壇(司僕寺), 馬祖壇(司僕寺), 馬社壇(司僕寺), 城隍壇, 南壇
관아, 아문	京畿監營, 軍資江監, 豐儲江倉, 星宿廳, 廣興江倉, 氷庫, 造紙所, 東活人院(東活人署), 西活人院(西活人署), 歸厚所, 典牲署, 司畜署, 閱巫署, 萬里倉

출처: 《세종실록》 권148, 지리지, 《신증동국여지승람》, 《용재총화》.

驛, 靑坡驛, 梨泰院, 普濟院, 弘濟院 등 주로 북부, 서부, 남부에 집중된 역원은 성저십리가 한양과 지방의 가교역할을 하였음을 조선이 인식하였기 때문이었다.

중요 의례가 설행되었던 雩祀壇, 先農壇, 馬步壇, 馬祖壇, 先牧壇, 馬社壇, 先蠶壇, 老人星壇, 圓壇, 靈星壇, 風雲雷雨壇, 南方土龍壇, 西方土龍壇, 北郊壇, 北方土龍壇, 東方土龍壇, 厲壇, 東籍田, 白岳山(堂), 東郊, 南郊, 西郊, 北郊, 漢江, 三角山, 南方, 祭龍壇, 城隍壇, 南壇 등은 조선의 다스림에 있어 儀制적인 권위를 확보하고 민심을 안정시키는 중요 장소였다.

조선은 한양도성 안에 설치하기 어렵거나 성저십리와 직접적인 연관성이 많은 관아, 아문을 성저십리에 또는 이곳에 설치했다. 대표적인 사례가 京畿監營, 軍資江監, 豐儲江倉, 星宿廳, 廣興江倉, 氷庫, 造紙所, 東活人院(東活人署), 西活人院(西活人署), 歸厚所, 典牲署, 司畜署, 閱巫署, 萬里倉 등이다. 성저십

리에 설치된 관아, 아문은 조선의 성저십리에 대한 다스림을 구체적으로 시행하는 공간이었다. 경기감영이 서대문 밖에 인접하여 존재했던 것은 조선의 한양과 경기지방에 대한 다스림이 공유됨을 의미한다. 직접적으로 각종 부역체계가 긴밀하게 연관되었으며, 한성부와 경기감영의 업무상 관련성으로 성저십리에 존재하게 된 것이다.

성저십리에 호조, 공조, 병조의 속사들이 설치되었다. 예로 조지소는 대중국관계에서 사용되는 表·箋·奏·啓·咨文에 쓸 종이를 조달하여 조선의 대외관계 형성에 큰 역할을 하였다. 조선은 저화지, 사대·진헌지의 제조, 다양한 제지법의 실천 그리고 이들 종이의 품질제고를 위하여 1415년에 조지소를 설립하고, 1466년에 조지서로 개칭하였으며, 1882년에 폐지하였다. 사지서, 조지국이라는 별칭도 있었다. 조선시대 지방의 지소 등이 종이의 제조와 공물을 감당하였으나 중앙에서의 감독이 없었으므로 규격화가 이루어지지 않으며, 품질이 열악하고 進貢의 폐단이 점차 커지므로 이를 설립하게 되었다.

일반 행정관아와 달리 호조, 공조의 속사들은 구성원이 다르다. 조지서의 관원은 실제 종이를 뜨는 지장이나 목장 혹은 염장 등 종이를 뜨는데 필요한 도구를 제작하는 장인계통의 기술직, 기타 사무와 관리업무를 담당하는 관리직으로 구성되었다.[14] 종이와 관련된 조선의 최고 담당관아였던 조지서는 구체적으로 규격화되고 통일된 종이와 품질이 우수한 저화지, 사대지, 진헌지, 혹은 책지를 만드는 것 이외에 원료나 제지법에서 새로운 시도와 발전, 필요할 때 원하는 양과 질을 갖춘 각종 종이를 만들어 필요한 곳에 제공하였다. 즉, 조선시대 기술발전에 관련하여 최고의 장

14 정선영, 〈조지서의 관제와 관리〉《서지학연구》 50, 2011.

인들이 모여 업무를 보았으며, 조지서가 존재하는 주변에 관련 직업에 관련된 마을이 형성되고 기술의 전승이 존재했을 개연성도 있다.

조지서의 경우, 조선의 다스림을 잘 보여주는 관아였다. 1415년(태종 15) 외방에서 제화지를 만드는데 일어나는 여러 가지의 폐단을 막기 위하여 造紙所가 설치되었다.[15] 원래 태종 연간에 경중에 제지공장이 존재하여 필요한 종이를 만들었다. 그러나 화폐정책으로 저화를 권장하면서 저화지 수요가 많아지자 이를 충족하기 위해 조지소를 설치한 것이었다. 추가하여 사헌부에서 올린 상소에 司贍署에서 민간의 저화 가운데 찢어지거나 구겨진 것에 대하여 바꾸어주는데 매매할 때 두껍고 얇은 것을 가리는 경우가 많아 찢어져 못 쓰는 것을 제외하고는 바꾸지 않도록 하자고 청하였다.[16]

조지소의 위치 및 세종대 개편이유는 다음 기록을 통해 확인할 수 있다.

> 조지소는 장의사동에 있는데 전주와 남원에서 보내는 사대지 등의 종이류의 歲貢을 거의 쓸 수가 없었다. 세종이 2년(1420)에 특별히 명하여 조지소를 설치하여 이를 만들게 하였더니 그 품질이 매우 좋아 두 곳의 貢弊가 없어졌다.

세종은 종이의 품질 향상에 조지소가 매우 유용하다는 인식을 하고, 직조를 전적으로 담당할 織造司를 설치할 것을 의논케 하였다.[17] 특히, 세종은 각종 서적출판에 필요한 방대한 종이를 제작하기 위해 조지소에 관

15 《태종실록》 권30, 태종 15년 7월 25일(경신).
16 《태종실록》 권24, 태종 12년 11월 28일(기유).
17 《세종실록》 권49, 세종 12년 9월 11일(기유).

심을 가졌다. 예를 들면, 종이의 품질을 제고하기 위해 송엽, 고절, 포절 등을 사용하여 조지서의 지장에게 시험적으로 제지하게 하고, 《資治通鑑》을 인쇄하는 데 필요한 종이를 각 도에 분정하고 조지서에서도 대나무, 마골 등을 이용하여 5만 권을 만들도록 하였다.[18]

조지소는 1466년(세조 12)에 관서개혁으로 조지서로 개칭되었다. 1504년(연산군 10)에는 조지서가 장의사동에서 홍제원 위쪽으로 옮겨졌다.[19] 연산군은 장의사 및 조지서 근처의 인가와 사람을 모두 내보내고 동네 어귀에 목책을 두르며, 빨리 철거하도록 재촉했다.[20] 당시 연산군이 조지서를 홍제원으로 옮기도록 한 이유는 조지서가 왕궁에 인접하여 자신의 행차를 사람들이 엿보는 것을 방지하기 위해 왕궁 주변을 疏開하였기 때문이었다.

성저십리에 존재한 관아 중에는 대민정책의 최말단에서 구체적인 집행을 담당하는 기관이 많았다. 대표적인 사례가 활인원과 귀후소이다. 활인원은 원래 大悲院으로 불렸는데, 제조와 별좌의 관원을 두고, 의원과 무당을 두어 한양에 병들고 의지할 곳이 없는 사람을 모아 놓고, 죽·밥·국·약을 주며, 옷·이불·자리를 주어 편하도록 보호해 주고, 만일 죽는 이가 있으면 장례도 지내 주었다. 귀후소는 대민기관으로 제조와 별좌를 두고, 중들에게 일을 주장하게 하여, 관·곽을 만들어 팔아서 초상집의 급작스럽게 당한 일을 예비하였다.

이들 아문은 물론 중앙정부의 통제하에 운영되었지만, 주로 서부, 남부에 집중적으로 설치하여 조선의 다스림을 실무적으로 펼쳤던 곳이다.

18 《세종실록》 권25, 세종 6년 8월 2일(갑진).
19 《연산군일기》 권54, 연산군 10년 7월 14일(임인).
20 《연산군일기》 권54, 연산군 10년 7월 16일(갑진).

주요 관아와 위치를 방향에 따라 분류해 보면, 북부는 군사, 의례적 목적으로 구성된 반면, 남부는 한강과 연결되어 삼남지방으로 나아가는 교통의 요지라는 점과 상대적으로 거주에 유리한 평지가 많아 인구집중이 많을 수 있었다. 서부는 의주대로로 이어지는 교통의 요지였기 때문에 각종 역참이 출발하는 곳이기도 했다. 이로 인해 북부와 동부에 비해 남부와 서부가 인구가 밀집하고 발전의 속도가 빠를 수 있었다.

성저십리에 설치된 시설물 중에 누정은 별도의 의미가 있다. 한강과 한양도성 주변의 산에 존재하는 수많은 누정은 도성 안을 제외하면 대부분 성저십리에 존재한다. 이들 누정은 조선 초기에는 주로 왕실이나 특정 지배층이 지어 국가목적으로 운영된 반면, 조선 후기에는 주요 권력자들이 지어 개인목적으로 운영된 특징이 있다. 즉, 누정의 분포를 통해 성저십리의 지역적 특성을 찾아볼 수 있다.[21]

성저십리의 동부, 서부, 남부는 한강과 밀접하게 연관되어 있었다. 이는 한강을 세부적으로 東湖, 西湖, 南湖(龍湖) 등으로 불렀던 것과 일치한다. 이들 한강변에 다음과 같은 누정이 세워지고, 국가와 민은 이를 적극적으로 활용하였다.[22]

동호에는 태종이 세운 정자인 樂天亭, 중랑천 하류의 말목장에 세워진 華陽亭, 제안대군이 세운 流霞亭, 은천군의 별장인 洗心亭, 연산군이 지은 皇華亭, 인평대군의 戴恩亭, 능원대군의 綾原亭, 동빙고 안에 세워진 玉壺樓, 중국사신의 유관장소였던 濟川亭, 국왕의 군사훈련 참관장소였던 七德亭, 한평회의 鴨鷗亭, 홍석보의 夙夢亭, 김국광의 天一亭, 유희발의 月波亭, 정유

21 이상배,《서울의 누정》, 서울특별시 시사편찬위원회, 2012. 성서십리의 누정을 분석한 부분은 전적으로 이 연구를 참조하여 정리하였다.

22 김현정, 〈조선시대 한강변 명승의 향유 방식〉, 한국교원대 석사학위논문, 2015.

〈표 3〉 조선시대 한양 성저십리와 한강변의 주요 누정 현황

구분	누정
동호	樂天亭, 華陽亭, 流霞亭, 洗心亭, 皇華亭, 戴恩亭, 綾原亭, 玉壺樓, 濟川亭, 七德亭, 鴨鷗亭, 夙夢亭, 天一亭, 月波亭, 夢賚亭, 雙虎亭, 蒼檜亭, 二可亭, 夢鷗亭, 凌波亭, 鶴灘趙氏墅, 臨陽公子亭, 黃氏墅, 李氏庄, 宋氏亭, 黃學士庄, 李監役亭, 夢烏亭, 淸城墅, 金氏庄, 恩波亭, 水雲亭, 益平尉亭, 洪家亭, 徐相國亭子, 流霞亭, 雙湖亭, 四宜亭
서호	坪楚亭, 永恩亭, 樂水亭, 好仁亭, 淸漪亭, 岸柳亭, 濯纓亭, 淸運亭, 我笑堂, 小岳樓, 望湖亭, 岳陽樓, 二水亭, 逍遙亭, 春草亭, 莫如亭, 映碧亭, 在一亭, 相聞亭, 望遠亭, 淡淡亭, 伏波亭, 足閑亭
용호	八勝亭, 沐恩亭, 秋興亭, 三湖亭, 涵碧亭, 擇閑亭, 雙湖亭, 心遠亭, 閑月亭, 龍山江亭, 挹淸樓, 龍驤鳳翥亭, 孝思亭, 榮福亭, 喜雨亭, 淡淡亭, 保晩亭, 滄浪亭, 暎派亭, 萬休亭, 淸運亭, 水一樓

* 출처: 이상배, 《서울의 누정》, 서울특별시 시사편찬위원회, 2012; 김현정, 〈조선시대 한강변 명승의 향유 방식〉, 한국교원대 석사학위논문, 2015.

길의 夢賚亭, 신정왕후의 탄생지였던 雙虎亭, 수양대군과 권람이 관련된 蒼檜亭, 민씨 일가의 二可亭 그리고 夢鷗亭 등이 있었다. 용호에는 이숭인의 기문에 나타나는 秋興亭, 김덕희의 三湖亭, 涵碧亭, 擇閑亭, 홍양호의 雙湖亭, 조두순의 心遠亭, 閑月亭, 이지용의 龍山江亭, 군자감 별창의 挹淸樓, 정조의 행궁인 龍驤鳳翥亭, 노한의 孝思亭, 양녕대군 별장인 榮福亭, 효령대군 별장인 喜雨亭, 안평대군 별장인 淡淡亭, 이정구의 保晩亭, 금평위 정필성의 滄浪亭 이외에 暎派亭, 萬休亭, 淸運亭, 水一樓 등이 있었다. 서호에는 박제순의 坪楚亭, 내시의 별장이었던 永恩亭, 이외에 樂水亭, 好仁亭, 淸漪亭, 岸柳亭, 伏波亭, 濯纓亭, 淸運亭, 我笑堂 별장, 小岳樓, 望湖亭, 岳陽樓, 二水亭, 逍遙亭, 春草亭, 莫如亭, 映碧亭, 在一亭, 相聞亭 등이 있었다.

이들 누정은 조선이 인식한 성저십리의 공간적 특성을 반영한다. 정치, 경제, 사회적 중심지인 한양도성의 외곽지역으로 주요 자연경관과 연계하여 한양도성의 배후지로 인식하였다. 이에 따라 한강과 주변 산의 명

승에 누정을 세워 향유하였으며, 이를 정치, 외교활동 공간으로 적극 활용하였다.

앞에서 살펴본 바와 같이 성저십리는 한성부의 외관경계를 의미하였으며, 이후 四山禁標와 함께 더욱 명확해졌다. 새로운 국가의 계획도시이자 수도였던 한양은 철저히 禁山제도가 실시되었다. 즉, 도성으로부터 일정 거리까지 경작, 벌목, 분묘 조성이 금지되었다. 건국 직후에는 인구와 도시시설이 미미하여 개성에서 인구를 강제로 유입시킬 정도로 주거공간의 부족이 심각하지 않았다.

그러나 세종대 이후 점차 인구가 증가하면서 주거공간의 부족과 각종 사회문제가 발생하기 시작했다. 세종대까지 서울의 지역적 범위는 도성과 성저십리를 포함하였다. 사산금표는 실제 도성을 보호하고 도성 밖의 훼손을 방지하기 위한 목적이었다. 이를 통해 조선 초기에는 성저십리의 발전은 매우 제한적이었다고 할 것이다.

사산금표 정책은 그 주된 것이 경작의 금지와 禁松이라 할 것이다. 조선은 사산까지 벌채를 금하는 것으로 모자라 아차산까지 확대하고자 하기도 했으며,[23] 사산의 소나무를 벤 사람을 추핵하여 국문하기도 했다.[24] 만약 병충해가 있어 사산의 소나무가 말라죽으면 병충해에 강한 밤나무를 심기도 했으며, 벌채뿐만 아니라 돌을 깨는 것도 금지시켰다.[25]

사산의 금표로 인한 문제는 이후 지속적으로 발생했다. 중종대 한성부 우윤 尹喜孫이 四山의 금표 안의 지역임을 잘 살피지 못하여 땅을 민간

23 《세종실록》 권110, 세종 27년 11월 27일(무술).
24 《세종실록》 권114, 세종 28년 11월 16일(경진).
25 《문종실록》 권8, 문종 1년 6월 26일(계사).

에 떼어주어 죄를 받기도 했으며,[26] 경종대 한성부 판윤 沈檀이 사표의 일부 철거를 아뢰었지만 윤허하지 않았으며,[27] 순조대 금표지역 내에 偷埋하였다가 처벌되기도 했다.[28]

조선은 사산금표에 문제가 발생하자 시대별로 다양한 대응책을 시행했는데, 대표적인 사례가 성종대의 금표정책이었다. 사산금표정책은 분명 한양도성의 보좌지역으로 성저십리가 대상이었지만, 이의 선정기준은 철저히 풍수적이었다. 사산은 내외 사산이 있어 경작금지가 모두 어렵게 되자 조선은 한성부와 관상감에서 풍수를 따져 실제 경작을 금해야 할 땅에 표를 세우도록 했다.[29] 이와 같이 사산금표에서 엄격하게 금하였던 벌채와 경작은 결국 한양의 인구가 늘어나면서 발생하는 문제였기 때문에 조선은 한양으로 유입되는 인구를 조절하기 위해 노력했다.

명종대에는 특히 사산금표의 효력이 약화되면서 벌채, 경작이 보편화되기도 했다. 이에 명종은 한성부로 하여금 〈四山松木禁伐事目〉을 入啓시켜 시행하기도 했다.[30] 그러나 점차 유입되는 인구가 늘어나고 상업이 발전함에 따라 용산강, 서강, 마포강 등 경강에서 활발한 매매활동이 이루어졌다. 1727년(영조 3)에는 도성민들이 사산금표 지역의 조정을 요구하는 상소를 올리는 사태가 벌어지기도 했다. 이때 도성민들의 요구사항은 시신

26 《중종실록》 권16, 중종 7년 6월 10일(임자).

27 《경종실록》 권6, 경종 2년 3월 26일(신해). 심단은 성저십리 주위는 모두 금표지역으로 한성부에서 관할하는데, 掌苑署과 內局에서 새로 栗園을 정하여 安巖洞·祭基·淸涼·鼓巖·石串 등지를 이에 소속시켜 해당 지역의 백성들이 濫伐하자 이러한 건의를 한 것이었다.

28 《순조실록》 권32, 순조 32년 11월 23일(을미). 순조는 금표 내에 투매한 것이 너무 늦게 보고되었음을 지적하고, 금표정책에 대한 이완된 집행을 책망하기도 했다.

29 《성종실록》 권18, 성종 3년 5월 5일(신축).

30 《명종실록》 권8, 명종 3년 6월 17일(경신).

을 매장할 곳이 부족하다는 것으로 영조는 대신들의 반대에도 불구하고 이를 허락했다.[31]

조선은 한양의 주거를 철저히 통제하였는데, 한양의 도시행정에 관한 문제는 이미 태종대부터 발생했다. 1407년(태종 7) 한성부는 태종에게 都城事宜를 올려 윤허를 받아 시행했다.[32] 그 개요는 도성 5부의 各坊이 前에 坊名을 세워서 변별하도록 했지만, 퇴락하여 실체가 없으니 방이름, 다리이름, 거리이름을 다시 세우자는 것이었다. 그럼, 왜 방 이름, 거리이름이 중요하였는가? 이는 주거공간을 계획하고 통제하는데 필요했기 때문이었다. 처음 건국 직후 한양을 계획도시로 설계하면서 반듯한 도로를 두어 출입에 편리하게 하였지만, 점차 주거인들이 주거를 넓히며 길을 침범하여 울타리를 만들자 길이 좁고 구불구불해져 통행에 어려움이 발생했다. 즉, 도로를 원래의 모습대로 회복하기 위한 다스림이었다. 다음은 국가로부터 토지를 받아 집을 짓고 살면서 또 다른 사람의 명의로 집터를 분급받아 채소와 삼을 심는 등 경작을 일삼았는데, 이를 금지하려는 정책이었다. 또한, 인구가 증가하고 집들이 밀집하면서 화재의 위험이 발생하자 화재예방을 위한 물독[水甕]을 설치하기도 했다. 도성 안의 냇가에 제방을 쌓아 수재를 예방하고자 했으며, 인구밀집으로 인한 不孝·不悌, 분쟁, 싸움 등을 제어하기 위한 사회 안전책으로 시행된 것이다.

조선은 군사적 목적에서 한양도성을 수축한 뒤에도 세종대까지 도성 증축 및 외성 신축이라는 국론을 유지했다. 이때 도성 증축 및 외성 신축은 성저십리를 대상으로 한 것으로 성저십리의 군사적 효용성을 반영한

31 고동환, 《조선 후기 서울상업발달사연구》, 지식산업사, 1998, 58~60쪽.

32 《태종실록》 권13, 태종 7년 4월 20일(갑진).

다. 또한 조선 초기 도성 증축 논의는 다양한 원인으로 제기되었지만, 그 바탕에는 도성의 군사적 기능을 강화하고 늘어나는 인구를 도성 안으로 수용하려는 집권세력의 의지가 작용된 것으로 분석할 수 있다.[33]

한편, 한성부의 인구는 다스림의 대상이자 국가운영의 필수요소였다. 한성부의 인구는 자료에 따라 약간의 차이는 있는데, 일례로 1428년(세종 10) 한성부의 계본을 살펴보면, 京城 5부의 호수가 1만 6,921호, 인구는 10만 3,328명에 管領 46인이 두어졌다. 이에 반해 성저십리에는 1,601호, 6,044명, 관령 15명이 있었다. 당시 한성부는 백성에 대한 행정을 더 효율적으로 하고 백성을 休養하여 모여 거주하는데 불편이 없도록 하고자 周·唐의 제도를 모방하여 5부의 각 방에 5가를 比로 하여 長 1인을 두고, 100가를 里로 하여 正 1인을 두고자 하였다. 반면 성저십리에는 각 面의 30가를 里로 하여 勸農 1인을 두었다. 이들을 통해 계획도시의 변모를 갖추기 위해 리마다 모두 標識를 세워 분별하고, 모든 家口의 많고 적음과 貴賤·老幼, 모든 세금과 부역의 부과와 면제, 제사·혼인·喪事·農桑의 勸奬과 징계 등을 살펴 禮俗을 권장하고자 했다. 그러나 이러한 조치는 기존의 행정관원보다 더 많은 수효를 필요로 하여 시행되지는 못했다. 시행여부와 상관없이 국가 입장에서 한성부 백성을 대상으로 다스림을 더욱 강화하려는 시도가 있었음은 확인된다.[34]

한양과 성저십리에 대한 조선의 정책은 인구변화와 밀접한 관련성을 가진다. 1435년(세종 17) 7월에 등록된 호구를 살펴보면, 한성부 도성 안의 호구가 1만 9,552호이며, 성저십리의 호구는 2,339호였다. 1438년

33 김웅호, 〈조선 초 도성의 축조와 수도 경계기능〉《서울학연구》 47, 2012, 15쪽.

34 《세종실록》 권40, 세종 10년 윤4월 8일(기축).

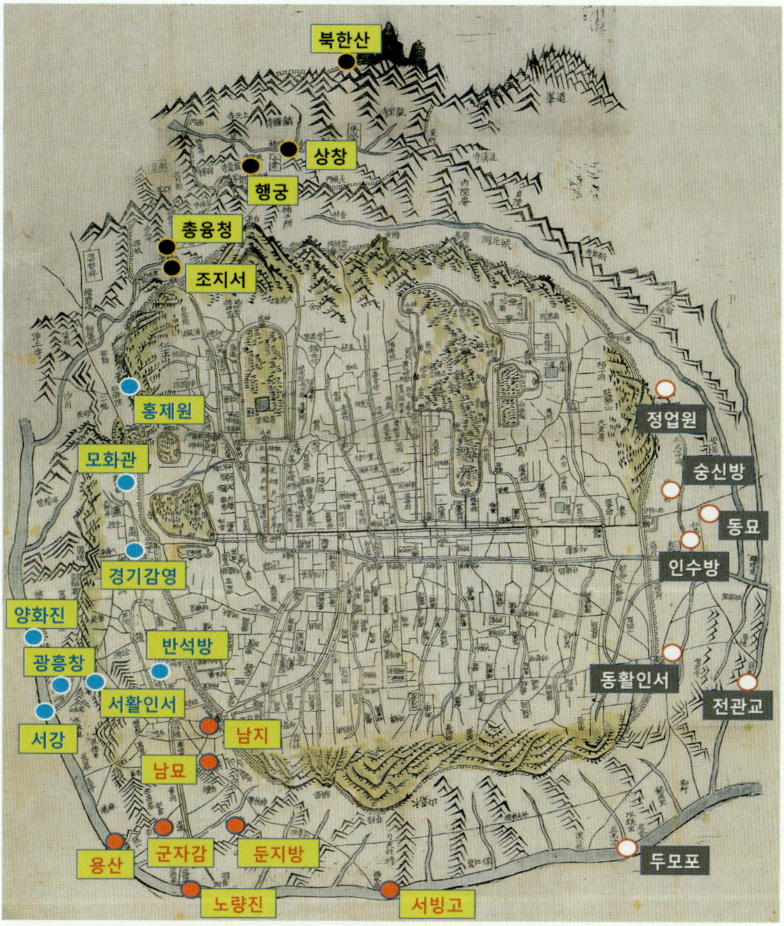

〈그림 2〉 한양 성저십리에 존재하는 주요 아문과 위치
비고: 검은색(북부), 파란색(서부), 붉은색(남부), 흰색(동부).

(세종 20) 12월, 이 해 호적에 경중에는 1만 8,422호이고, 성저십리에는 1,930호였다. 《세종실록》 지리지의 한성부 인구는 5부의 경우 戶數는 1만 7,015호, 성저십리의 경우 1,779호였다. 비록 조선 초기의 자료이지만, 이를 통해 조선 초기 성저십리의 인구는 한양도성과 비교하여 상대적으로 적었

으며, 사회기반 및 도시 인프라가 미흡하여 거주지로 적극 개발되지 못했음을 알 수 있다.

조선은 진휼정책에 있어 왕도 한양과 성저십리를 동일한 개념에서 시행하기도 했다. 태조~태종대 건국기의 국가제도 정비와 통치이념의 정립이 일정하게 완비되자 본격적으로 진휼정책을 강화했다. 전국에 재변이 있으면 鰥寡孤獨을 대상으로 전국에 敬差官을 파견하여 仁政을 베풀고자 하였지만, 현실적으로 한양과 전국을 모두 균등하게 진휼하지는 못했다. 이에 1404년(태종 14) 6월에 우선적으로 각도에 경차관을 순방시켜 노인과 어린이를 존휼하였지만, 정작 한양과 성저십리의 노약자는 혜택을 받지 못했다. 태종은 한양 성내와 성저십리의 90세 노인 3명과 부모가 없는 盲女에게 쌀을 각각 2석씩, 80세 이상인 57명에게 쌀을 각각 1석씩 하사했다.[35]

조선에서 성저십리를 어떻게 인식하였는가는 한성부 성저십리를 사례로 적용되었던 留後司제도 시행을 통해 확인할 수 있다. 조선은 수도 한성부를 유사시에 대신하거나 평시에 일부 기능을 보좌하는 곳으로 초기부터 개성부를 유후사로 삼았다. 실제 개성부는 조선이 건국된 곳이자, 중국(명·청) 사신이 왕래하는 곳으로 우대받아 유후사가 되었으며, 한성부의 성저십리를 사례로 삼아 인근의 縣을 예속시켜 사신접대 및 유후사 운영에 편의를 도모했다. 이때 경기감사가 유후 한 자리를 겸하였다.[36]

35 《태종실록》 권27, 태종 14년 6월 9일(경술).

36 《세종실록》 권31, 세종 8년 1월 17일(임자).

3. 성저십리 정책의 변화과정

조선시대 한양도성과 성저십리에 대한 구체적인 정책을 행정조직 변화, 기근구호, 인구정책, 조세정책, 교육정책, 문화정책 측면에서 정리한다. 성저십리에 대한 정책은 크게 조선 초기, 중기, 후기로 구분하여 살펴볼 수 있다. 조선 초기는 상대적으로 조선 후기에 집중적으로 발생하는 성저십리의 사회문제가 적어 비교적 국가통제가 원활하게 시행되었다. 성저십리에 대한 정책은 바로 앞에서 살펴본 바와 같이 사산금표정책과 일치한다. 사산금표정책의 시행으로 성저십리에는 현실적으로 인구가 유입될 수 없었다. 그러나 한양도성의 인구가 증가하면서 사산금표정책에 대한 충돌이 발생하고 이를 반영한 성저십리의 인구증가가 나타난다.

성저십리에 인구가 집중된 원인은 다양하지만, 대체적으로 조선 초기에는 재변으로 인한 생계를 위한 목적으로 인구가 한양으로 집중되자 이를 모두 수용하지 못하면서 성저십리에 호구수가 증가하는 경향이 있는 반면,[37] 조선 중기에는 임진왜란, 병자호란 등 전란으로 인하여 한양으로의 집중현상이 나타났다. 조선 후기에는 조선의 사회경제적 발전에 따라 한양을 중심으로 한 경제적 조건이 좋아지면서 성저십리가 활발하게 발전했다. 이는 앞에서 살펴본 바와 같이 행정체계의 확대과정과도 연관된다.

성저십리에 대한 국가의 관심이 높아진 시기는 세종연간이었다. 세종연간 성저십리에 대한 국가의 관심이 고조되어 각종 정책과 행정적 정비가 이루어졌다.[38] 조선정부는 한양도성과 달리 범죄자가 많이 거주하는

37 오종록, 〈15세기 자연재해의 특성과 대책〉《역사와 현실》 5, 1991, 31~34쪽.

성저십리에서 소와 말의 도살이 수시로 벌어지고 도둑과 강도 등 각종 범죄가 빈발하면 민심불안을 초래할 수 있다고 인식하여, 군사를 파견하여 제어하고자 했다. 15세기 중반까지 한성부의 낭청 7명 가운데, 환곡의 출납을 관장한 1명을 제외하면 6명이 5부와 성저십리를 나누어 관장하였다. 이들은 매 衙日에 순행하여 王都를 숙청하게 하고 각종 범죄를 예방했다. 이들 낭청이 담당한 주요 업무 가운데 잡송, 추징, 禁松 등이 있었다.[39] 이후 성저십리의 본격적인 개발과 확대가 이루어지면서 국가의 성저십리 정책은 다양하게 수립, 시행되었다.

먼저 조선은 성저십리에 대해 한성부와 동일하거나 한성부에 뒤이어 각종 정책을 시행했다. 한성부에 행정적으로 편입된 상황에서 한성부관원들이 각종 진휼정책을 시행했다. 일례로 1416년(태종 16) 기근이 심하자 성저의 飢民을 대상으로 호조에서 주관하되 한성부 관원들이 순행하며 各司의 창고에 남아 있는 묵은 米豆를 고루 주게 하고, 기근이 심한 지역의 백성들에게는 더 나누어주었다. 이 당시 李明德이 주장한 바에 의하면, 조선은 衣食이 풍족해야 예의를 다스릴 수 있다고 인식하여 각 고을의 鄕學生徒가 기근으로 양식을 가져오지 못하니 방학하고, 教授官과 수령으로 하여금 기근에 시달리는 백성을 賑濟하도록 했다.[40]

조선시대 기근은 백성들의 삶에 큰 영향을 미쳤다. 주요 도회지는 그런대로 기근구제책이 갖추어져 있었지만, 지방사회는 정부의 지원을 받기 어려웠다. 도회지와 지방의 이런 차이는 한양도성과 성저십리도 마찬가지였다. 이에 태종대 각종 재변이 거듭되자 재이를 직접 승정원에서 관

38 《세종실록》 권115, 세종 29년 3월 24일(병술).
39 《문종실록》 권10, 문종 1년 10월 12일(정축).
40 《태종실록》 권31, 태종 16년 3월 9일(신축).

장하도록 했다.[41] 승정원에서 직접 관장함으로 국왕이 京中과 성저십리를 동일하게 챙겼음을 의미한다. 이때 재이는 구체적으로 雷震과 화재와 怪異 등이었다. 즉, 조선은 성저십리를 한양의 일부로 인식하고 동일한 정책을 펼치기 시작했다. 그러나 여전히 도성 안을 우선시하는 것은 주요 지배층의 거주공간을 우선시하였기 때문이다.

한편, 조선은 성저십리에 대한 정책 및 제도를 경기와 연관시켜 시행했다. 일례로 1415년(태종 15) 경기도관찰사 許遲가 便民事宜를 올려 藏氷할 때, 경기도민으로 얼음 저장의 여러 일에 대비하고, 얼음을 떠내고 얼음을 들이는 일은 성저백성으로 담당하도록 하고, 繕工監에 속한 草亂은 별도로 사람을 불러 모아 베게 하여 그 값을 주고, 국용 외에 남는 것은 모두 팔아서 용도에 충당하고, 司僕寺의 馬草를 감하여 거두도록 건의하기도 했다.[42] 이처럼 성저십리를 경기도와 연관시키는 것은 행정적인 구역으로 서로 인접하였기 때문이기도 했다. 앞에서 본 바와 같이 비록 성저십리를 한양 도성과 동일시하지만, 여전히 도성 위주였기에 사안에 따라 각종 노역, 군역 등에 있어 필요하면 경기와 연결시켜 정책을 펼치기도 했다.

한성부와 성저십리는 행정통치에 있어 매우 밀접한 연관성을 가진다. 한성부의 경우는 管領과 5家의 長이, 성저십리는 勸農과 方의 別監 등이 각종 행정업무를 수행하여 업무결과를 한성부에 보고하면, 한성부에서 해당 중앙관부에 관련 사항을 移文하여 처리했다. 예를 들면, 표 없는 말과 소고기를 매매하면 이를 논죄하여 처벌했다. 이를 관령, 오가의 장, 권농, 별감 등이 담당했는데, 혹여 죄를 지으면 처벌되었다.[43]

41 《태종실록》 권31, 태종 16년 6월 26일(병술).
42 《태종실록》 권30, 태종 15년 9월 5일(기해).
43 《세종실록》 권48, 세종 12년 4월 13일(계미).

성저십리 백성의 행위에 대한 통제와 다스림은 범죄와 밀접하게 연관되었다. 국가의 통치에서 사회불안을 초래하는 각종 범죄에 대한 통제는 중요 사안이었다. 조선은 범죄의 발생을 최대한 억제하고 사회안정을 위해 무엇보다 덕치와 교화를 통해 사전에 범죄를 예방하고, 발생된 범죄에 대해 엄격한 刑律을 적용하고 法治의 본보기를 보이고자 했다. 이를 위해 명의 《大明律》을 도입하여 형률을 마련하고 각종 법제를 정비했다. 조선은 성저십리에 거주하는 민을 일반적인 민과 강도·절도의 민으로 구분하여 절도와 강도에 관련된 민으로 贓證이 명백한 자는 본죄보다 과하게 논하여 처벌하고, 三犯으로 죄의 정상이 깊고 중한 자는 赦宥에 제외시켜 엄하게 통제하고자 했다. 대표적인 사례로 세종대 전 형조판서 신개가 도적방지에 대해 건의하며, 전통적으로 범죄에 대해서는 刑으로써 刑을 그치게 하고, 죽이는 것으로써 죽이는 것을 그치게 한다고 주장한 것을 들 수 있다.[44]

또한 중앙정부 차원에서 성저십리는 경제정책과 관련하여 주목되었다. 특히, 매매에 관련하여 정부의 통제를 벗어나는 경우가 많아 이를 통제하기 위한 노력이 이루어졌다. 국가 차원에서 매매가 금지된 물품을 몰래 매매하는 경우, 통치체제의 불안을 초래할 수 있었다. 농경사회에서 소와 말은 중요 경작필수품이었기 때문에 비록 物故되더라도 입안하여 불법매매를 엄금했다.[45]

1428년(세종 10) 세종은 국가에서 필요한 각종 물자를 감당하기 위해 果木을 심도록 했다. 물론 그 건의는 上林園에서 했다. 상림원에서는 명에 보

44 《세종실록》 권68, 세종 17년 6월 14일(갑인).

45 《세종실록》 권48, 세종 12년 4월 13일(계미).

내는 表箋文의 用紙를 제조하기 위해 藏義洞에 닥나무를 심어 조달했다. 그러나 장의동은 지질 자체가 모래가 많아 적절하지 않았을 뿐만 아니라 닥나무 심은 숫자가 적어 재료 조달이 원활하지 않아 개선책이 필요했다. 상림원은 개성의 留後司에 주목했다. 유후사의 破毁한 寺社의 땅, 공유지로서 넓고 좋은 밭에 닥나무를 재배하고, 기타 다른 果木을 심어 국가의 需用에 충당하고자 했다. 이를 위해 상림원 관원 1명이 한양과 개성을 왕래하면서 유후사의 祿官과 함께 이를 살펴보도록 했다.

한편, 상림원은 외교문서의 용지를 조달할 뿐만 아니라 국가에서 필요로 하는 각종 과실을 조달해야 했기 때문에 한양도성의 여러 곳에 과목을 재배하였는데, 예를 들면 昌德宮 서쪽의 협착한 땅에 크지는 않았지만, 과수원을 운영하기도 했다. 국가의 수요가 점차 증가하면서 이를 보충하기 위해 상림원은 衍禧宮 · 長生殿 · 蓮花院 등의 터에 과목을 심고, 사면이 바다로 둘러싸여 있어 초목의 성장에 좋으면서도 한양과 매우 근접한 강화부에 대규모로 과목을 심었다. 이때 심었던 과목은 柑子 · 柚子 · 石榴 · 木瓜 등이었다.[46] 이와 같이 조선은 성저십리를 적극 활용하여 국가수요를 충족시키는 공간으로 활용하고자 했다.

성저십리의 백성들에 대한 구제정책은 조선 전 시기에 걸쳐 주요 다스림의 차원에서 시행되었다. 굶주림이 심하면 성저십리까지 포함한 5부 백성들에게 軍資米를 賑貸하여 구휼하고,[47] 성저십리 백성의 穀種을 軍資監의 곡식으로 題給하기도 했다.[48]

조선의 다스림에서 군자감은 특별한 의미가 있다. 군자감은 군수품

46 《세종실록》 권42, 세종 10년 12월 9일(병술).

47 《세종실록》 권107, 세종 27년 3월 7일(경진).

48 《세종실록》 권112, 세종 28년 4월 12일(기유).

의 저장과 출납에 관한 일을 관장하였던 관청으로 병조가 아닌 호조 소속이었다. 1392년(태조 원년) 軍旅糧餉을 관장하도록 설치된 이후 1413년(태종 13)에 한양도성의 本監과 별도로 龍山江에 分監이 설치되었다. 군수품을 총괄하여 관리하였던 군자감은 무엇보다 막대한 군량과 물품을 관리, 감독하였던 중앙관서이다. 즉, 군자감은 대규모의 창고시설을 운영하고, 각지에서 상납하는 쌀과 포목을 저장, 출납했기 때문에 한양도성 안에 두기에는 적절하지 않았으며, 무엇보다 운송에 유리한 곳에 설치되어야 했다. 이러한 점에서 군자감은 성저십리의 핵심적인 관서로서 역할하였다. 군자감의 주요 직무 가운데 하나는 한양도성과 성저십리에 대한 구휼과 還資穀을 담당하는 것이다. 그런데 이 직무가 한성부와 겹쳐 한성부에서 환자곡을 주관하도록 하면서 직제에서 注簿 한 자리가 혁파되기도 했다.[49]

조선은 건국 이후 농경지 확대와 寺社田의 혁파 등을 통해 확보된 농경지를 국가방위에 우선적으로 배정하여 軍資位田을 설정하기도 했다. 만약의 사태에 대비하여 중앙의 군자감을 비롯하여 전국의 軍倉에 상당한 군자곡을 비축하였다. 태종대 토지의 조세수입을 바탕으로 군자감 운영의 기틀을 마련한 조선은 국가통치의 기본으로 군자감을 중시하였다. 군자감의 지휘관리는 관원이 하였지만, 행정실무는 吏屬이 담당하고, 창고에서 노동은 노비가 담당했다.

군자감의 비축 곡식은 전쟁이 없으면 계속 늘어났기 때문에 창고가 늘어나 분감체제로 확대되었다. 조선 전기에 이미 군자감 本監과 송현 분감, 용산강 분감 등 세 곳에 창고가 있었으며, 용산강 분감은 그 중요성이 높아 江監이라 불렀다. 조선의 중앙 관청에서 사용하고 남은 곡식은 우선

49 《세종실록》 권123, 세종 31년 1월 29일(경술).

적으로 군자감에 들이도록 했기 때문에 군자감의 비축곡식은 계속 늘어났다. 비축곡식이 늘어나면 묵은 곡식의 처리가 문제가 되었는데, 조선은 이를 봄, 여름 민간에 대여하고 가을, 겨울에 회수하는 제도를 운용하여 처리했으며, 비축된 곡식을 국용, 녹봉, 진휼 등으로 전용하기도 했다.[50]

성저십리에 설치된 군자감은 임진왜란과 병자호란과 같은 전란을 경험하면서 군자곡의 중요성이 높아지면서 다시 중시되었다. 그러나 전란의 피해로 농경지의 회복이 늦어지고, 수취제도의 변화에 따른 三手米, 大同米 등 세목이 증가하자 군자감의 재정은 위축되었다. 숙종대를 지나며 군자감의 재정이 충실해지자 광흥창, 선혜청과 함께 국가재정의 중요한 역할을 담당했다. 무엇보다 이들 군자감의 경창, 광흥창, 선혜청 別倉庫였던 만리창 등이 모두 성저십리의 용산, 마포, 서강 등지에 분포하여 중요 경제제도의 중추기관으로 역할했다. 이러한 점에서 조선은 다스림의 차원에서 이들 성저십리에 분포한 창고 등을 중시하고 이곳을 경유하여 활발하게 발전하는 경제활동을 적극적으로 활용하고자 했다.[51] 군자감의 군자곡 운영이 원활하지 못하면 국가적인 변란을 초래하기도 했다. 일례로 조선은 흉년에 대비하여 비축곡식이 부족하자, 군자감에서 지급하던 급료를 13개월 동안 주지 않다가 한 달분을 분급하며 분량을 속이자 군졸의 반발로 임오군란이 발생하기도 했다.[52]

국가 통치질서를 문란스럽게 하는 각종 사회현상에 대해 통치자는 다스림의 차원에서 적극적인 조치를 취하여 사회를 안정시켜야 했다. 일례로 통치질서를 위협하는 도적의 횡행에 대해 강력하게 대응하고자 했

50 《세종실록》 권51, 세종 13년 3월 14일(무인).

51 이명화, 〈조선 초기 군자정책과 운영실태〉, 연세대학교 석사학위논문, 1985 참조.

52 《고종실록》 권19, 고종 19년 6월 5일(기미).

다. 조선의 지배층은 도적이 되는 자가 대체로 頑惡하고 게을러서 役事에 나가는 것을 회피하고, 오로지 도적질하는 것으로 업을 삼아 무리를 이루어 방지하기가 어렵고, 중외에 돌아다니며 부잣집을 도둑질한다고 인식했다. 특히 조정은 이들이 도성 안의 각 坊에 횡행하면 민심이 흉흉해지는 것을 걱정할 뿐 도성민을 도적으로 인식하지는 않았음에 비하여, 세종대 城底에 강도가 많이 발생하자 성저민에 대한 염려보다는 강도들의 근원을 살펴보는 자세를 보였다.[53] 즉, 도성에서 도적이 발생하면 민심의 불안을 걱정한 반면, 성저에서 강도가 발생하면 성저민과 강도를 분리하기보다 오히려 항상 절도질을 하던 자들로 이해하여 강력한 형벌의 적용을 강조했다. 성내에서 도적이 발생하면 성내의 민들이 어떻게 피해를 입고 이들 보호하기 위한 대책을 마련하려는 반면, 성저에서 도적이 발생하면 원래 도적질하던 악한으로 성저에서 발생할 수 있다는 소극적인 인식을 보였다. 물론 통치자의 입장에서 한양도성은 왕실과 지배층이 거주하는 공간으로 왕도정치의 직접적인 대상지였기 때문에 도적들과 엄격하게 분리하여 인식하였다. 이에 비하여 성저는 지배층과 달리 일반 민이 거주하는 공간으로 엄격한 치안통치가 상대적으로 소홀한 공간으로 도적이 횡행할 수 있는 지역으로 인식한 것이다.

이러한 차별적인 인식에도 불구하고 다스림의 차원에서 성저를 내버려 둘 수는 없었다. 도적을 근절하기 위한 방안이 모색되어 한양도성뿐만 아니라 성저를 포함한 경외에 엄격한 형벌을 보편적으로 적용시켰다. 이는 세종대 申槪가 도적방지책을 건의한 점에서도 확인할 수 있다. 신개의 도적방지책에서 전제로 내세운 것은 도적방지가 매우 어려운 일이란 점

53 《세종실록》 권68, 세종 17년 6월 14일(갑인).

을 감안하여 왕도정치를 펼쳐 형벌을 숭상하지는 않더라도 도적에 대해서는 엄중하게 적용할 것을 주장했다.[54]

조선의 다스림에서 민간의 각종 사건사고에 대한 해결은 국가의 몫이다. 민간의 각종 소송, 살인사건의 해결 등은 관이 반드시 명쾌하게 해결해야 했으며, 이를 외면하면 관에 대한 불신과 사회혼란이 초래된다. 조선은 이런 국가의 의무를 충실히 수행하기 위해 건국이후 형률과 검시 등에 대해 세밀하게 관심을 가졌다. 명에서 확립된《대명률》을 도입하되 조선의 상황에 맞도록 풀이한《대명률직해》로 조율하였으며, 검시에 필요한 각종 절차를 정립했다.[55] 세종대 사간원에서 송사와 검시에 관련하여 상소하여 한양의 오부와 성저십리의 시체에 대해 한성부 낭청과 관리가 친히 검시하도록 규정된 바를 엄격히 준수할 것을 건의한 사례도 있다. 이때 경외를 구분하면서 한양도성과 성저를 경으로 구분하고, 외방을 별도로 분류하기도 했다.[56]

성저십리를 경외에서 경으로 분류한 것은《續刑典謄錄》에 수록된 항목에서 확인할 수 있다. 예조가 경상도 관찰사의 關文을 따라 청하기를, 백성들 가운데 풀어놓은 가축들이 관이나 민간에 피해를 주면 해당 가축을 관에서 몰수할 것을 건의하였다. 의정부는 논죄만 하고 몰수는 하지 말자는 다른 의견을 제시하였는데, 세종은 의정부의 의견을 채택했다. 이때 경상도감영과 예조는《속형전등록》을 근거로 몰수를 주장한 반면, 의정부는《대명률》을 근거로 하면서도 경상도와 같은 외방은 성저십리와 상황이 다르므로 단지 율에 의하여 논죄할 것을 주장한 것이다.[57] 여기서 주목

54 《세종실록》 권68, 세종 17년 6월 14일(갑인).

55 김경록, 〈明初 홍무제의 국가통치 구상과 "대명률"〉《법사학연구》 53, 2016. 참조.

56 《세종실록》 권86, 세종 21년 9월 18일(계해).

되는 것은 실제 조선이 위 사례와 같이 성저십리를 대상으로 특별하게 형률의 적용을 구상했다는 점이다. 이는 조선의 다스림에 있어 성저십리를 별도로 인식했음을 반영한다.

다스림은 이러한 범죄관련 사항뿐만 아니라 천재지변에 대한 대비도 큰 비중을 차지한다. 예를 들어 수재로 인한 민가의 침수위험이 있을 것에 대비하여 규찰하고 예방하도록 하는 조치는 다스림에서 중요했다. 조선의 국왕은 한성부와 禁火都監으로 하여금 수재 우려지역에 대한 규찰과 예방을 강조하며, 한양도성뿐만 아니라 성저십리도 함께 규찰할 것을 지시하기도 했다.[58]

다스림에는 구체적인 기제가 필요한데, 이는 교통, 통신망을 통해 실현되기 때문에 조선은 적극적으로 驛傳제도를 마련하고 그 운영에 세밀한 관심을 가졌다. 물론 역전제도의 중심은 한양도성이며, 지방으로 연결되는 역전제도는 성저십리를 거쳐 전국으로 연결되어 있었다. 역전제도의 핵심사항 중 하나가 驛吏의 役을 꼼꼼하게 시행함이었다. 조선은 각 역에 있는 역리의 籍을 3년마다 작성했는데, 조선 초기 성저십리에 설치되었던 靑坡·盧原驛은 적을 만들지 않았다. 이후 이를 개정하여 補充軍 成籍의 사례에 의거하여 한성부에서 3년마다 역리와 助役百姓을 추쇄하여 檢覈하고, 도망하거나 物故된 사항을 적으로 만들어 한성부와 병조에서 보관하

57 《세종실록》 권87, 세종 21년 10월 18일(계사). 《대명률》에는 "관청과 사가의 가축을 놓아서 관이나 사사의 물건을 손상하거나 먹게 한 자는 笞 30에 처단하고, 중한 자는 장물죄로 논죄하며, 놓쳐서 나오게 한 자는 2등을 감하여 논하고 손상시킨 물건은 값의 갑절로 배상한다"라고, 《속형전등록》에는 "성저십리 안 사유지에 놓아두어 곡식을 손상한 자는 율에 따라 태형을 처결하고, 그 염소와 양과 돼지는 모두 다 관가에서 몰수하여 典廏署와 禮賓寺에 나누어 붙인다"라고 되어 있었다.

58 《세종실록》 권100, 세종 25년 5월 20일(갑술).

도록 했다.[59]

국가차원에서 중앙과 지방을 다스림에 있어 가장 중요한 기반시설은 통신과 도로망이다. 조선은 전 국토에 통신망과 도로망을 구축하여 국왕 중심의 일원적인 통치가 가능하도록 하였다. 이러한 차원에서 한양도성의 도로와 관련하여《경국대전》에 규정을 별도로 두었다.[60] 1422년(세종 4) 도성을 개축할 때 15척 규모로 길을 내도록 했다가, 1439년(세종 21) 10월에 도성 안쪽은 2軌 2尺(=18척), 바깥쪽은 2궤 4척(=20척)으로 다시 정하였다.[61] 즉, 성저십리의 도로는 공간적으로 비좁은 한양도성보다 넓어 중로의 노폭 16척보다 넓게 설정되어 만들어졌다. 이는 본격적으로 대상지로 출발하기에 편리하도록 도로를 넓힌 것으로 일반적인 지방도로의 성격을 갖는다고 할 것이다.

조선의 성저십리에 대한 인식과 제도에서 조선 후기의 京鄕分岐에 주목할 필요가 있다. 정치, 경제, 문화의 중심지로서 한양이 중시되면서 상공업이 발달하고, 많은 인구가 유입되어 광역화되었다. 또한 문물 정보가 수입되고 유통되면서 서울은 매우 역동적인 모습을 보여 지방과 큰 차이를 가져왔다. 이러한 역동성의 이면에는 통혼으로 인한 특권층이 대두하여 정치 참여층의 축소가 이루어지고, 지방 사족이 소외되었으며, 귀족적·사치적인 문화가 유행하여 비리풍조가 만연하는 등 많은 문제가 발생했다. 이를 조선에서는 다스림의 차원에서 적극적으로 대응해야 했는데, 현실적인 대응책이 별로 없는 상황에서 법제적인 제한을 두고자 했다.[62]

59 《세종실록》 권122, 세종 30년 12월 10일(임술).

60 《경국대전》 권6, 工典, 橋路, "都城內道路〈大路廣五十六尺 中路十六尺 小路十一尺 兩旁溝各二尺〉".

61 《세종실록》 권87, 세종 21년 10월 6일(신사).

인구의 급격한 증가는 서울의 영역을 팽창시켰으며, 공간적으로 도성 주변의 사산금표와 성저십리에 대한 인식을 확장시켰는데, 이것이 법전에 적절히 반영되었다. 앞 장에서 살펴본 바와 같이, 사산금표는 양란 이후 붕괴된 다스림의 중심지로서 한양의 범위와 경계선을 바로잡기 위한 노력이었다. 다시 말해 성저십리는 북부를 제외하고 대체로 하천과 강을 주요 경계로 삼아 조선 전기의 행정적·경제적 기민 진휼, 사법·역제에서 한성부의 관할하에 있었다면 조선 후기에는 구체적으로 入葬금지, 벌목, 벌석, 기경 등으로 범위가 확대되었던 것이다.

조선은 건국과 동시에 명의 법제를 받아들이고, 고려의 법제를 계승하여 각종 법제를 마련했다. 법제는 국가통치의 큰 틀을 밝힌 會典형식의 大典과 형률을 정리한 것으로 크게 구분할 수 있다. 그 가운데 일반 민의 입장에서 가장 관심사는 형률이었다. 형률은 《대명률》을 기본으로 하여 사건별 상황에 적용시켜 범죄를 처벌하였다. 이러한 법전은 조선의 중앙정부가 한양 성저십리를 어떻게 인식하고 정책을 펼쳤는지 살펴볼 수 있는 기준점이다.

조선의 다스림은 최종적으로 법제에 의해 표현되었다. 조선시대 편찬된 법제에서 성저십리는 《經國大典》, 《大典通編》, 《大典會通》, 《典錄通考》에 이르기까지 주로 〈호전〉과 〈예전〉에 수록되어 있다. 이는 조선에서 성저십리를 파악하는 관점이 賦役, 禮治에 관련되었음을 반영한다. 성저십리는 부역의 경우, 《경국대전》〈호전〉 '徭賦' 조항에 따라 京役을 부과하는 대상지로 인식되었고, 예치의 경우, 《경국대전》〈예전〉 '喪葬' 조항에 따라 喪禮와 葬禮에 있어 매장의 금지지역 즉, 墳墓定限으로 인식되었다. 조선 후기

62 이경구, 앞의 논문, 2005, 123~125쪽.

에 접어들면서 성저십리의 각종 사건과 국가정책을 반영하는 조항이 추가되어 성저십리에 대한 국가의 다스림을 보여준다.

이는 구체적으로 성저십리를 언급한 것이지만, 더 범위를 넓혀 법전별, 분야별로 정리해 보면 다음과 같다. 먼저 《경국대전》을 살펴본다. 호전의 요역 조항에 한양 성저십리의 백성들은 모두 京役을 부담한다고 규정했으며,[63] 예전에서 喪葬의 분묘조성 규정에 따라 성저십리와 인가에서 100보 이내에는 묘를 쓰지 못하도록 했다.[64] 공전의 院宇 조항에서 성저십리의 원우를 오부에서 정비하도록 하고, 濟川亭은 漢江渡丞이 살펴 관장하도록 했다.[65] 《대전통편》과 《대전회통》에는 《경국대전》과 동일한 내용이 포함되어 있다. 반면에 《大典續錄》의 공전에 성저십리에 존재하는 4개의 大院이 있으며, 각 부에서 院主를 정하여 부근 백성으로 하여금 살펴 지키도록 했다. 이에 대한 관리책임은 공조, 한성부, 경기도 관찰사가 매년 봄, 가을로 순찰하여 국왕에게 啓聞하고, 만약 파손된 곳이 있으면 看守人을 처벌하고, 재료로 사용되는 기와를 징수하도록 했다.[66]

63 《경국대전》 권2, 戶典, 徭賦, "凡田八結, 出一夫, 一歲不過役六日. 若路遠六日以上, 則準減翌年之役. 若歲再役, 則須啓乃行. 守令不均調發·領役官遲留過限者, 依律科罪(京城底十里內, 皆京役)."

64 《경국대전》 권3, 禮典, 喪葬, "墳墓, 定限禁耕牧. 宗親, 則一品四面各限一百步, 二品九十步, 三品八十步, 四品七十步, 五品六十步, 六品五十步. 文·武官, 則遞減一十步, 七品以下及生員·進士·有蔭子弟同六品. 女從夫職. ○ 耕墾在葬前者, 勿禁. ○ 京城底十里及人家百步內, 勿葬."

65 《경국대전》 권6, 공전, 院宇, "京城底院則五部, 外方院則守令, 定附近居民爲院主, 修葺. 濟川亭, 漢江渡丞考察看守. ○ 自京都至開城府·竹山·稷山·抱川爲大路, 定五戶, 自京都至楊根, 自竹山至尙州, 自鎭川至星州, 自稷山至全州, 自開城府至中和, 自抱川至淮陽, 爲中路, 定三戶, 餘小路, 定二戶, 除雜役. 漢城府·觀察使考察."

66 《대전속록》 권6, 공전, 원우, "京城底四大院, 各其部定院主, 并定附近居民看守, 本曹及漢城府, 京畿觀察使, 每年春秋, 巡審啓聞, 有破毁處, 則看守人科罪, 徵材瓦."

이상의 국가차원 법전 이외에 다양한 수교들이 있다. 수교는 국왕의 명령을 받드는 것으로 수교를 집성함으로써 차후에 법전이 만들어진다. 조선 후기에 삼법사의 금제와 관련된 많은 수교가 집중적으로 내려져 각종 금제조항을 포함했다. 예를 들면, 亂廛, 市廛 관련 수교, 禁松절목, 사치품의 규제, 인구증가로 인한 생활환경 관련 금제 등이다.

4. 외교공간으로서 성저십리

정치외교사의 측면에서 성저십리는 한양도성 및 왕궁에서 시행되는 정치외교활동의 배후지로서 기능했다. 서부의 모화관은 중국사신이 도성에 들어오기에 앞서 영접하고 돌아가기에 앞서 배송하는 공간이자, 조선사신이 發行하기 앞서 국왕이 직접 출래하면 拜辭하는 공간이었다. 한양도성과 성저십리를 포함한 한성부의 외교공간적 의미를 살펴보기에 앞서 외교공간에 대한 정의가 필요하다. 외교공간이란 외교행위가 펼쳐지는 유무형의 공간으로, 외교행위는 현대와 같이 만국체제에서 근대외교개념이 적용되지 않는 조선시대에 사신접대와 사행으로 이루어지는 모든 행위를 말한다.

계서적인 국제질서에서 조선과 같은 조공국이 책봉국을 대상으로 한 외교행위는 엄격하게 규정된 외교제도 즉, 조공제도에 의해 이루어졌다. 외교제도는 사행과 사신접대 2개의 큰 범주가 있다. 외교목적을 달성하고 외교이익을 획득하기 위해 파견하는 사행은 외교목적을 최적화한 외교문서를 지참하여 전달하고, 상대 국가의 외교문서를 수합하여 국왕에게 보고하는 것이다. 이 과정에서 다양한 의례행위가 수반되고, 사행과 접대관원 사이의 직접적인 외교활동이 펼쳐지기도 한다.

이러한 외교활동이 펼쳐지는 공간을 외교공간이라 하는데, 크게 외교와 정책의 연관성에서 나오는 외교정책 결정공간, 외교에서 가장 중요한 의례행위가 시행되는 의례공간, 실질적인 외교활동이 전개되는 활동공간 등이 있다.

여기서는 사신접대의 측면에서 한양도성과 성저십리를 살펴본다. 사행은 목적지까지 먼 거리를 왕복하고 비용이 높을 뿐만 아니라, 중국의 각종 절차와 규정 등에 구애된다는 점이 있다. 반면 사신접대는 파견된 중국 사신을 맞이하여 조선의 역량을 집중함으로써 외교목적을 달성할 수 있었다. 압록강을 도강한 사신을 처음 맞이한 의주에서 한양에 이르기까지 사행로뿐만 아니라 한양에서 행해지는 각종 행사를 통해 외교활동을 벌였다. 국제정세의 변화가 외교공간의 성격을 정한다는 점에서 조선시대 정치·외교공간으로서의 한성부는 시대에 따라 역동적으로 변화하는 공간이었다.

외교정책의 결정 공간으로 한성부는 대중국 외교활동에 있어 매우 중요하다. 외교교섭의 현장에서 조약이나 각종 의결서를 체결하는 현대적인 외교방식과 달리 조선시대 모든 외교는 외교문서의 전달과 접수라는 방식으로 이루어졌다. 외교문서의 전달과 접수의 시작점이자 종결점은 국왕이 존재하였던 궁궐이므로 외교정책 결정공간으로서 궁궐과 한성부는 매우 중요하다. 이러한 외교정책 결정공간으로서 궁궐의 면모는 역대 중국 왕조에서도 동일하였다.[67] 궁궐 이외에 비변사,[68] 예조, 승문원, 사역원, 영접도감 등이 관련 관아였으며, 이곳도 외교정책이 일정하게 결정

67 와타나베 신이치로 지음, 문정희·임대희 옮김, 《천공의 옥좌》, 신서원, 2002, 79~82쪽.

되는 공간이기도 했다.

성저십리는 대외관계에 있어서도 큰 역할을 하였다. 뒤에서 살펴볼 모화관은 중국사신 접대의 의례공간이다. 모화관은 조선국왕이 중국사신을 직접 대면하는 첫 공간이었기 때문에 조선은 모화관 공간을 넓게 만들어 근엄한 의전행사를 거행하고자 했다. 한편, 성저십리의 명승지는 중국사신의 유람장소로 활용되었는데, 중국사신이 성저십리를 경유하게 함으로써 도성에 대한 시각적 관점을 가지게 하였다.

사신접대의 핵심기구는 임시기구였던 영접도감이었다. 태평관과 남별궁 근처에 설치되었던 관아였다. 즉, 사신접대의 구체적이고 상황적인 측면에서 외교정책을 형성하는 공간이기도 하였다. 이때 영접도감의 고위관료는 정책결정에 참가하여 중요 사안을 다룬다. 이러한 측면에서 영접도감은 외교정책 결정공간에 포함될 수 있다.

영접도감은 京都監과 外都監으로 구성되었던 것으로 보인다. 외도감은 接伴使가 관장하였는데, 실무는 平安監司가 담당하였다. 외도감은 사신일행의 노정, 사신의 목적, 노정상의 접대, 각종 의례의 시행여부 등을 종합적으로 국왕에게 계청하여 시행하였으며, 경도감은 서울에서의 각종 접대 및 의례를 담당하였다.[69]

외교정책 결정에 관련된 공간은 궁궐을 중심으로 중요 관청(의정부, 예조, 사역원) 등이 밀집한 육조거리를 통하여 형성되며, 창덕궁 근처의 승문원은 정책결정에 큰 참조가 되는 공간이었으며, 태평관과 남별궁에 위치한 영접도감도 중요 외교정책 결정공간에 포함된다. 전체적으로 서울의 북쪽

68 반윤홍, 〈비변사의 외교정책 의정연구〉《조선시대사학보》 8, 1999, 131쪽.
69 김경록, 〈조선 후기 사신접대와 영접도감〉《한국학보》 30, 2004.

에 위치한 궁궐을 중심으로 중부의 일부까지 포함되는 동선에서 외교정책은 결정되었다.

유가적 관점 하에서 宗法과 位階라는 신분관계의 물리적 구현은 禮라는 질서개념을 통하여 이루어진다. 궁궐이라는 건축형식은 禮論의 틀을 통해 하위 신분의 공간과 차별적인 위계를 확보할 수 있어 물리적 실체로 구현된다.[70] 이러한 점에서 외교의례는 자연스럽게 궁궐에서 행해졌으며, 조선의 국가의례가 근본적으로 중국의 의례체계를 바탕하였다는 점에 의해 조선과 중국의 의례체계 상호간의 복합적 관계를 가진다.

의례의 수립과 반포는 유교정치의 근간인 禮治의 실행에 가장 우선되어야 할 과제로서, 다수의 의례조항이 시간의 흐름에 따라 생성, 변화, 소멸하였고, 각 왕조는 신분적 조건, 근거할 수 있는 禮說, 設行의 공간적 조건 등에 의거하여 나름대로의 의례규정을 제정하였다. 조선과 중국의 의례규정과 관습·부지조건 등 다양한 요소에 영향을 받은 외교관련 의례는 오례 가운데 다른 의례와 구별되는 특징을 가진다.

조선시대 의례관련 도감이 설치되면 都提調, 都廳郎廳, 各房郎廳, 監造官, 別工作郎廳 등이 1房·2房·3房·別工作을 나누어 맡아 업무를 시행하는 3房체제였다. 그러나 영접도감은 6色체제였다. 영접도감의 구성이 다른 도감의 구성과 차이를 보이는 것은 사안의 중요성, 업무의 다양성에 기인한다. 일반 도감에서 행하는 의례는 국왕이 주재자로 최고의 위치에서 총괄하지만, 영접은 국왕의 상위에 존재하였던 천자에 대해 시행하는 의례이므로 격식과 개념이 달랐으며, 물품의 제조, 연회와 행사의 시행, 접대 등이 복합적으로 이루어져야 했기 때문이다.[71]

70 조재모, 〈조선시대 궁궐의 의례운영과 건축형식〉, 서울대 박사학위논문, 2003, 4쪽.

경복궁, 창덕궁, 창경궁, 경희궁, 경운궁 등 다수의 궁궐 공간을 활용하였던 조선시대의 대중국 외교의례는 正宮에서 시행하였다. 조선 전기에는 주로 경복궁에서, 조선 후기엔 주로 창덕궁에서 외교의례가 시행되었다. 의례에 있어 고려해야 할 점은 누가 주재하고 누구를 대상으로 하는가이다. 대중국 외교의례는 조선국왕, 왕세자, 대신 등이 주재하는데, 주로 국왕이 주재하였으며, 대상은 천자의 명의를 대신한 중국사신이었다. 앞에서도 살펴본 바와 같이 주재자가 주재자보다 높은 지위의 대상을 상대로 한 의례이기에 엄격한 절차와 격식이 요구되었다. 또한, 다른 의례가 조선적인 변용이 일정하게 허용된 반면 외교의례는 철저히 중국의 의례를 준용하여 시행되었다.

중국사신이 서울에 들어오면서 이루어지는 절차는 弘濟院大臣迎慰, 人京日至慕華館節次, 都監堂上以下各務差備官, 請留, 勅使回發時擧行條件 등이 있으며,[72] 세부적으로 郊迎及宣勅, 正殿接見茶禮及宴禮, 館所下馬宴, 郊餞, 百官迎勅書, 國王受誥命, 王世子受誥命, 迎皇帝喪傳訃, 皇帝喪正殿接見茶禮, 傳訃後成服, 除服, 迎册誥及諡祭, 受賜弔, 迎賜祭, 國恤時正殿接見茶禮, 便殿受勅, 便殿接見, 館所見官禮, 大臣茶禮, 勅使望闕禮 등이 있다.[73] 외교의례는 지참한 외교문서의 종류에 따라 구분된다.[74] 외교의례는 대부분 한양도성 안에서 시행되었지만, 성저십리에 위치한 모화관에서 시행된 의례가 있다. 외교의례와 시행 공간을 도표로 정리하면 〈표 4〉와 같다.

71 김경록, 앞의 논문, 2004, 93~97쪽.

72 《儐禮總覽》(奎 1344) 卷1, 儐禮總覽目錄.

73 《빈례총람》(奎 1344) 卷2, 儀註.

74 김경록, 〈조선 후기 사대문서의 종류와 성격〉《한국문화》 35, 2005, 185~188쪽.

〈표 4〉 외교관련 의례 시행 공간

분류	의례명	공간
嘉禮	正至及聖節望闕行禮儀	景福宮
	皇太子千秋節望宮行禮儀	景福宮
	迎詔書儀	慕華館, 景福宮, 太平館
	迎勅書儀	慕華館, 景福宮, 太平館
	拜表儀(拜箋儀)	景福宮
賓禮	宴朝廷使儀	太平館
	王世子宴朝廷使儀	太平館
	宗親宴朝廷使儀	太平館
	議政府宴朝廷使儀	太平館
	六曹宴朝廷使儀	太平館
	受隣國書幣儀	景福宮
	宴隣國使儀	景福宮
	禮曹宴隣國使儀	東平館

출처: 《세종실록》 오례.

성저십리에서 행해진 외교의례를 살펴보면 迎詔書 儀式이 있다. 迎詔書儀,[75] 즉 조서를 맞이하는 의례는 빈례에서 가장 중요한 의례였다. 조선시대 대외관계의 기본적인 형식은 외교문서의 전달과 접수를 통해 이루어졌기 때문이다. 중국으로부터 접수되는 문서는 황제의 명의로 발급된 문서와 관아 명의로 발급된 문서로 구분할 수 있다. 특히 황제문서 가운데 조서는 가장 등급이 높은 문서로 조중관계에서 황제의 권위를 대변하는 의미가 있다.

구체적으로 조서를 맞이하는 의례를 절차별로 구분해 보면 준비절차, 행사절차, 퇴장절차 등으로 구성되며, 세부적인 의례가 규정되어 있다. 조

75 《세종실록》 권132, 五禮, 嘉禮儀式, 迎詔書儀.

서가 서울에 도착하기 3일 전에 예조에서 내외의 관원에게 迎詔書儀를 宣攝하는데, 이는 담당관원으로 하여금 의례에 따른 직책상 임무를 철저히 준비하도록 선포하는 것이다.

중요 의례는 근정전 뜰에서 거행되는데, 하루 전에 의례에 관련된 제반 案, 位 등을 설치하였다. 忠扈衛, 攸司, 掖庭署 등에서 帳殿, 紅門, 結彩, 闕庭, 詔案(物案), 香案, 使者位, 國王受詔位 등을 설치하였다. 장소는 勤政殿, 慕華館 등이다.(세부 조항은 〈표 5〉 참조) 근정전보다 규모는 작지만 모화관에 帳殿, 紅門, 國王幄次, 王世子次, 黃屋龍亭, 香亭, 國王祇迎位, 王世子位, 宗親百官位 등을 설치하고 結彩하며, 숭례문, 街巷, 景福宮門 등에 結彩하였다. 행사 당일에 兵曹正郎이 金鼓와 黃儀仗을, 典樂署 典樂이 鼓樂을 帳殿 앞에 진열하고 迎引을 기다린다.

조서를 맞이하기 위해 국왕은 모화관까지 행차하여 황제 명의의 조서를 엄정하게 접수했다. 황제 명의의 조서를 조선국왕이 처음으로 접하는 공간이 모화관이었다. 조선국왕은 근정문 밖으로 이동하여, 輦을 타고 광화문 밖으로 이동, 말을 타고 모화관으로 행차하였다. 이때 왕세자와 종친·백관들이 차례대로 시위하였으며, 모화관 남문에서 연에서 輿로 바꿔 타고 악차로 이동하는데, 왕세자와 종친·백관이 막차로 이동하였다.

중국사신이 도착하면 국왕은 冕服을 입고, 왕세자와 종친·백관들은 각각 조복을 입었다. 副知通禮가 왕세자를, 봉례랑이 종친과 백관들을 인도하여 祇迎位로 나아가고, 판통례가 국왕을 악차에서 지영위로 인도하였다. 조서가 도착하면 국왕이 국궁하고, 왕세자와 종친·백관도 국궁하였다. 사신이 조서를 龍亭 안에 안치하면 국왕·왕세자·종친·백관이 몸을 바로 한다.

조서는 용정에 안치되어 장황한 행렬 속에서 경복궁으로 이동하는데, 지속적으로 사향 2인(內直別監)이 향정을 시위하여 上香한다. 이동순서는 金

鼓, 기병대, 백관·종친, 왕세자, 大駕鹵簿, 국왕, 黃儀仗·鼓樂, 향정, 용정, 사신의 차례였다. 의례가 종료되면 국왕이 악차로 이동(翼善冠, 곤룡포)하고, 사신이 耳房으로 이동하며, 왕세자가 막차로 이동하는데, 이때 종친·문무백관이 조복을 벗고, 掖庭署에서 闕庭·案을 치웠다. 이후 茶禮(사신-동쪽, 국왕-서쪽, 국궁·再拜·平身)가 행해진 뒤 국왕이 내전으로 돌아가고, 사신은 태평관으로 돌아갔다. 왕세자·종친·문무백관이 태평관에서 頓首再拜禮를 행하는데, 국왕이 태평관에서 연회를 베풀었다. 解嚴이 울리면 병조에서 교지를 받들어 의장을 해산시켜 모든 공식 의례가 파하였다. 이상의 내용을 표로 정리하면 다음과 같다.

〈표 5〉 모화관에서의 迎詔書儀 節次

분류	시기	의례 내용
準備節次	행사 3일전	內外官에게 宣攝
	행사 1일전	○ 慕華館 : 帳殿, 紅門, 國王幄次, 王世子次, 黃屋龍亭, 香亭, 國王祇迎位, 王世子位, 宗親百官位 등 설치, 結綵
	행사 당일	○ 金鼓, 黃儀仗, 鼓樂을 帳殿 앞에 진열
行禮節次	初嚴	
	二嚴	
	三嚴	○ 국왕(翼善冠, 곤룡포)이 근정문, 광화문, 모화관으로 이동 ○ 왕세자와 종친·백관들이 차례대로 시위 ○ 국왕이 모화관 남문에서 이동 ○ 사신이 도착하면 국왕(冕服), 왕세자·종친·백관(조복) ○ 국왕이 악차에서 지영위로 이동 ○ 조서가 도착(국왕이하 국궁) ○ 사신이 조서를 龍亭 안에 안치함(국왕이하 平身) ○ 조서가 용정에 안치되어 경복궁으로 이동(上香)
退場節次	茶禮	
		○ 국왕이 내전으로 이동 ○ 사신이 태평관으로 이동 ○ 왕세자·종친·문무백관이 태평관에서 頓首再拜禮를 행함
宴會節次		○ 국왕이 태평관에서 연회를 베품
解散節次	解嚴	○ 병조에서 교지를 받들어 의장을 해산함

출처: 《세종실록》 오례.

조선은 오례의 가운데 빈례가 외교관련 의례라는 점에서 중국의 의례를 철저히 준용하였으며, 중국의 의례변화에 주목하였다. 이러한 외교관련 의례는 도성 밖의 성저십리에 위치한 모화관에서 시작되어 궁궐, 태평관으로 이어지는 공간에서 이루어졌다. 외교에서 의례는 단순한 의례의 차원을 넘어 조선과 중국의 외교관계를 상징적으로 현실적으로 반영하는 행위로 외교절차에 있어 중요한 부분이라 할 것이다.

외교정책의 결정 공간이 근본적인 외교활동의 공간이라면, 외교관에 해당되는 사신을 접대하여 구체적인 교섭과 같은 활동을 전개하는 외교활동의 공간은 객관이라 할 것이다. 서울에서 이루어진 외교활동은 공간적으로 궁궐, 태평관, 남별궁, 모화관, 북평관, 동평관, 도성 밖의 한강, 양화진 등을 중심으로 이루어졌다.[76]

서울의 객관체제는 조선 초기 許稠가 견문한 명의 회동관체제를 근간으로 이를 모방하여 구상되었다.[77] 특히 태평관은 영접도감의 관리 하에서 사신이 머무는 공간으로 활용되고 실제 외교활동이 활발하게 전개되었던 공간이다. 태평관은 중국사신을 접대하기 위한 객관으로 개성의 태평관은 고려시대 征東行省에서 기원하였는데,[78] 한양 천도이후 養生坊에 설치되었다.[79] 태종대에 증축하였으며,[80] 세종대에 이전 논의가 있었지만 무산되었다.[81]

76 김경록, 앞의 논문, 2008 참조.
77 《세종실록》 권64, 세종 16년 6월 24일(기사).
78 《태조실록》 권3, 태조 2년 1월 2일(을해).
79 《태조실록》 권8, 태조 4년 윤9월 19일(경진).
80 《태종실록》 권17, 태종 9년 4월 13일(을유).
81 《세종실록》 권5, 세종 1년 8월 5일(정축).

일반적으로 館所라고 불렸던 태평관은 구체적인 규모와 모습을 알 수는 없지만, 관련자료를 통해 대략적인 형태는 상정할 수 있다.《增補文獻備考》에서는 崇禮門의 안에 있으며, 조선 초에 세워서 中國使臣을 接待하던 곳이었는데, 뒤에는 使臣이 올 때 儺禮를 준비하던 곳으로 되었다고 하였으며,[82]《東國輿地備考》에 의하면 숭례문 안의 養生坊에 있다고 하였다.[83] 태평관의 구조는 董越의《朝鮮賦》에 "태평이라는 館이 있고, 숭례문 안에 있는데, 가운데는 殿이고 앞은 中門이며, 뒤에는 누각이 있고 동서에 廊廡가 있다. 天使를 기다리는 곳이다."라 하였다.[84]

성저십리에 위치한 의례공간이자 실제 외교활동 공간이기도 하였던 모화관은 중국사신을 영접하던 객관으로 고려시대 영빈관을 모방하여 돈의문 밖에 건립되었는데, 사신접대와 관련하여 각종 의례가 행해진 공간이다. 모화관의 외교의례는 명·청 중심 국제질서에서 조선의 국제의례가 준행된 것이다. 중국사신이 조선에 입국하여 평안도, 황해도를 경유하면서 조선의 의전을 받지만, 무엇보다 入京은 전혀 새로운 의미가 있다. 입경하여 조선국왕이 주관하는 첫 공식 외교의례가 성저십리의 모화관에서 거행되었다. 이는 도성으로 들어오기 전 황제문서를 조선국왕이 직접 접수함을 의미하며, 이후 조선국왕은 황제의 권위와 명령을 의미하는 황제문서에 대한 준행을 추진해야 한다. 외교의례 공간이면서 모화관은 기본적으로 객관의 기능을 함께 수행했다. 그러나 조선은 도성 안에 실질적인 중국사신의 객관을 마련하여 사행의 피로를 위로했다.

한편, 객관 이외에 유희의 공간으로 양화도는 한강의 여러 나루 중에

82 《증보문헌비고》 권38, 輿地考26, 宮室2.

83 《동국여지비고》 권2, 宮室.

84 동월 지음, 윤호진 옮김,《朝鮮賦》, 까치, 1994, 60쪽.

서도 그 주변 경관이 특히 빼어나, 선유의 명소로서 중국 사신들이 좋아했던 장소였다. 조선은 중국 사신들이 오면 대부분 이곳으로 안내하여 환대하면서 교유하여 이를테면 국제적 외교 모임이었던 곳이다. 한강도 인근 제천정에서 연회를 시작, 흥이 오르면 배를 타고 즐기면서 내려오다가 양화도에 이르러 하선하여 다시 시회를 즐겼는데 중국사신 倪謙은 천하의 절승지라 칭찬하였다.[85]

이들 객관의 위치를 중심으로 서울의 외교활동 공간을 정리하면 대중국 관련 외교활동 공간은 도성내의 태평관과 남별궁에 집중되어 있으며, 수시로 궁궐과 모화관으로 연결되는 동선을 따라 외교활동이 전개되었다. 또한 중국사신의 유희공간으로 양화도와 한강이 활용되었다. 한편, 대일 외교활동은 남산 북쪽의 동평관을 중심으로 이루어졌으며, 대여진 외교활동은 동부의 북평관을 중심으로 이루어졌다. 개별 객관의 확장 및 폐쇄는 외교관계의 진전에 따라 다르겠지만, 기본적인 원칙은 궁궐이나 시전과 일정한 거리를 두고 형성되어야 한다는 점이었다. 이는 조선의 내부 사정을 비밀로 하기 위한 목적으로 판단되며, 정치뿐만 아니라 경제적으로 이들 사신들이 서울에 머무는 동안 형성되는 교역을 국가에서 일정하게 통제하기 위한 목적도 있었던 것으로 보인다.

조선 건국과 동시에 조명관계는 요동문제를 중심으로 긴장감이 고조되었다. 요동의 영향력을 두고 중국과 대립하였던 것은 이미 고려 말에 시작되었으며, 고려 공민왕은 원 중심 조공체제에서 명 중심 조공체제로 전환되는 과정에서 국내적으로 국왕 중심의 정치통합을 달성하고, 요동에 대한 영향력을 확대하였다.[86] 조선 태조대에 긴장이 고조되었던 조명관

85 《세종실록》 권127, 세종 32년 윤1월 16일(신유).

계는 태종대 漫散軍 처리문제, 세종대의 여진정벌 등을 거치면서 점차 전형적인 조공체제를 형성하게 되었다.[87] 조공체제가 고착화되면서 외교활동은 사행과 사신접대의 형식으로 표출되는데, 조선의 사행파견과정 및 명·청 사신의 접대는 서울을 중심으로 전개되었다. 또한, 중국의 요동관원이 사신으로 오는 경우, 일본사신이 오는 경우, 여진의 내조 등에 있어 선별적으로 입경을 허락하였던 사례를 통하여 서울이 가지는 외교공간으로서의 위상을 살펴볼 수 있다.

조명관계뿐만 아니라 조일관계도 왜구문제를 중심으로 한 다원적이며 계층적인 구조를 이루었다가 일본이 명으로부터 책봉을 받아 명 중심 조공체제에 편입되면서 대등관계의 교린이 이루어졌다. 이러한 세부적인 변화과정은 있었지만, 근본적으로 기미관계의 중화적 교린체제를 형성하였다.[88] 기미관계란 조선국왕과 일본장군의 위상이 다른 점에서 발생하였다. 조일관계는 조명관계처럼 중앙정권 상호간의 일원적인 관계가 아니라 다원적이며 계층적인 구조를 갖고 있기 때문에 일본장군은 통교자의 하나일 뿐이었다. 이 때문에 나온 것이 조선의 입장에서 일본으로부터 내항하는 통교자를 기미질서에 편입시키는 行狀, 圖書, 書契, 文引制度, 釣魚收稅規定 등과 같은 효율적인 통제책이 필요하였다.

이러한 통제책은 기본적으로 국왕의 명의 내지 국왕의 대리인의 명의로 발급되는 증빙문서를 필요로 하였다. 증빙문서의 지참 여부에 따라 사신의 종류가 구별되었으며, 이에 대한 외교적 접대의 수준도 달라졌다. 특히, 일본 사신이 서울에 상경하여 조선국왕을 알현하는 것은 외교적 목

86 김경록, 〈공민왕대 국제정세와 대외관계의 전개양상〉《역사와 현실》 64, 2007 참조.
87 전해종, 《한중관계사연구》, 일조각, 1970, 50~54쪽.
88 손승철, 《조선시대 한일관계사연구》, 지성의샘, 1994, 51~90쪽.

적을 달성하는 중요한 절차로 인식되었기에 일본 사신은 최대한 서울로 상경하고자 하였다. 이에 비하여 조선은 접대경비, 조일관계의 특수성 등을 고려하여 부산왜관에서 대부분의 대일외교활동을 전개하고자 하는 등 적극적인 통제책을 강구하였다. 이러한 조일관계에서 사신접대라는 분야에 대한 조선의 입장은 엄격한 규정으로 시행되었으며, 일부 일본사신의 강경한 요구로 인하여 임시로 변통하기도 하였다.[89]

임진왜란으로 전통적인 교린체제는 붕괴되었다가, 국교회복과 함께 중화적 교린체제가 부활하였지만, 명청교체를 비롯한 국제정세의 변화는 중화적 교린체제의 변화를 초래하여 조선 후기 탈중화의 교린체제를 형성하게 되었다.[90] 이러한 교린체제의 변화과정은 외교문서와 밀접한 관련성을 가지며, 외교문서는 사신의 등급을 결정하고, 사신의 외교활동 범주를 규정한다. 교린체제 하에서 각종 사행의 왕래에 있어 일본은 적극적으로 상경하여 외교활동을 전개하고자 한 반면에, 조선은 일본사신의 상경을 최대한 억제하고자 하였다.

이를 종합적으로 보면, 조선시대 동아시아의 외교네트워크가 조선의 입장에서 한양도성과 성저십리를 중심으로 운영되었다. 이러한 전통시대 외교공간은 청 중심 국제질서에서 근대 개화적인 국제질서로 변화되면서 근대 외교공간으로 바뀌게 된다. 국제질서는 국제체제의 특정 행위양식으로 전근대 동양의 국제질서는 그 사상을 유교적 세계관에 두고 있으며, 이를 그 당시로 기준한다면 하나의 세계질서라고 할 것이다. 또한 중화질서란 개인 간의 관계를 규율하는 예에 기반한 위계적 원리를 천하를 구성

89 《경국대전》 권3, 예전, 待使客.

90 손승철, 앞의 책, 1994, 3~4장 참조.

하는 복합적 행위 주체간의 관계로 확대 적용한, 이념적으로 형상화된 세계이다. 조공체제와 달리 만국체제에서는 상주 외교관의 공간으로 대사관이 설치되고, 이를 중심으로 자국의 외교적 입장 및 요구를 전개하여 활발한 외교활동을 전개하였다. 특히, 개항 이후 조선의 근대적 외교활동은 이들 대사관 지역을 중심으로 이루어졌다. 조일수호조약이 체결된 이후 제국주의 열강은 치열한 대한정책을 전개하였는데, 무엇보다 전통적인 조공체제를 변형시켜 속국개념으로 조선에 대한 영향력을 강화하고자 하였던 청은 강압적인 외교정책을 실시하였다.

전통 동아시아의 국제질서에서 천자국으로 행사하였던 청은 유럽 열강의 東亞經略으로 인하여 屬領地를 상실하게 되자 조선에 대한 영향력을 강화하고자 하였다.[91] 이 과정에서 임오군란, 갑신정변, 청의 종주권 강화, 거문도사건, 동학농민전쟁, 청일전쟁 등이 발생하면서 서울의 외교공간은 급속하게 서울 북부에서 서울 남부로 옮겨졌다.

기존의 사신접대 지역을 중심으로 근대 서구 대사관이 들어서고, 고종이 전통적인 국왕 거주공간이었던 경복궁·창덕궁에서 태평관과 남별궁으로 대변되는 객관의 거리로 이동한 것은 조공체제에서 만국체제로 전환됨을 상징적으로 반영하며, 기존의 권위주의적·계서적인 외교개념에서 탈피하는 모습을 보여준다. 조선은 이 과정에서 조공체제 하에서 외교정책의 결정에 큰 영향을 미치는 외교문서의 정리를 1881년(고종 18)으로 종결하고, 새로운 만국체제에 적합한 외교문서 체계를 지향하였다.[92]

이 과정에서 주목되는 외국공관이 있으니 일본공관이다. 서구가 아니

91 김경창, 《동양외교사》, 집문당, 1995, 204~246쪽.

92 김경록, 〈조선 후기 '동문휘고'의 편찬과정과 성격〉《조선시대사학보》 32, 2005. 209~210쪽.

라 기존 교린관계의 일본공관 설치에 대해 조선은 초기에 매우 부정적인 입장을 취하였다. 이에 일본은 도성 안이 아닌 서대문 밖 경기감영터 근처의 淸水亭에 임시공관을 설치하였다. 이후 정국변화를 틈타 도성 안으로 공관을 진입시켰다. 또한, 조선정부를 강압하여 강점하기 위한 다양한 불법적 노력을 경주하였으며, 결국 청일전쟁을 계기로 조선을 군사강점하였다.[93]

조선은 전통적인 외교관계에서 외교정책, 외교의례, 외교활동을 한양도성 중심으로 전개하였으며, 성저십리는 모화관과 유명 유람지를 중심으로 도성의 왕궁을 보좌하여 외교관계의 공간으로 기능했다. 조선시대의 외교공간은 분명 의주대로에서 시작하여 한양 궁궐에서 완성되었으며, 성저십리의 무악재, 구파발, 모화관, 양화진 등 서부, 북부가 포함되었다. 그러나 전통시대에서 근대로 전환되면서 도성 안과 밖의 경계가 무너지면서 점차 성저십리는 용산, 마포, 서강 등지가 일본군의 주요 주둔지 및 작전지역으로 확대되어 중요성이 높아졌다.

5. 맺음말

이상과 같이 조선시대 성저십리에 대한 다스림을 정치, 외교적 측면에서 정리했다. 성저십리는 한양천도이후 도성과 밀접한 관계 속에서 확대 발전했으며, 시대적 변화과정에서 조선 위정자의 관심과 다스림을 받

93 김경록, 〈청일전쟁기 일본군의 경복궁 침략에 관한 군사사적 검토〉《군사》93, 2014 ; 〈청일전쟁 초기 조일맹약의 강제체결과 일본의 군사침략〉《한일관계사연구》51, 2015.

았다. 본문을 간략하게 정리하고, 향후 성저십리 연구에 대한 의견을 제시하는 것으로 맺음말을 대신하고자 한다.

조선 초기 도성과 구분된 성저십리는 도성 밖의 한성부 행정구역인 '성저오리', '성저십리'로 불리며, 한양 천도 이후 행정제도로 1461년(세조 7)까지 66년간 존속했다. 범위는 동쪽으로 楊州 松溪院 및 大峴, 서쪽으로 楊花渡 및 高陽 德水院, 남쪽으로 한강 및 露渡에 이르렀다. 조선 초기 성저십리가 행정제도로 존속한 이유는 고려시대 속현과 유사한 특별행정구역으로 존재했기 때문이었다. 그러나 세조대 성저십리는 행정 분장이 부재하다는 이유로 한성부로 편입됨으로써 직접적인 다스림의 범주에 포함되었다. 즉, 조선은 역성혁명으로 건국 이후 한양 천도로 왕도에 대한 관심을 표명했으며, 조선 초기 국가제도의 정비 및 각종 국내외적 여건으로 인해 한양을 치밀하게 편제·운영하지 못했다. 한양의 발전은 도성이란 공간의 한계가 있었기 때문에 성저십리의 확대 및 개발로 이어졌다.

한양은 도성의 제한된 공간으로 점차 유입되는 인구의 거주지, 조운의 창고 소재지, 교통과 통신의 출발 및 종착지, 각종 재화의 집결지라는 점에서 성저십리는 점진적으로 확대되었다. 조선은 성저십리에 거주하는 백성들이 도성과 달리 하층민이라는 점에서 각종 재변이나 사회문제에 대해 좀 더 적극적인 구휼 및 사회안전망을 마련하고자 했다. 즉, 다스림의 차원에서 도성과 차이가 있지만, 한양과 유사한 수준에서 다스림이 시행되었다. 이는 자연스럽게 조선의 다스림이 보편적임을 지방사회에 알리는 효과도 있었다.

세종, 세조대를 경과하면서 한양의 공간은 점차 성저십리를 넘어 사산범주로 확대되었는데, 이는 사회경제적 변화로 인구가 점차 유입되고, 성저십리의 사회경제적 효용성이 높아졌음을 반영한다. 이에 조선은 성저십리의 지역별 공간에 다양한 국가기관을 설치하고, 문화공간으로 확대시켰으며, 무분별하게 국가의 다스림 범주에서 벗어나지 않도록 대민 정책 및 제도를 마련했다. 행정공간으로 성저십리는 조선의 대민통치를 반영하여 조선 초기부터 다양한 변화과정을 거쳤다.

조선시대 한양도성과 연관되어 성저십리에 다양한 정책이 시행되었다. 이는 예치와 법치를 조화시켜 국가를 다스리고자 하였던 조선의 입장에서 성저십리에 대한 인식변화를 반영한다. 성저십리는 조운에 유리한 지형조건과 전국으로 이어지는 교통로의 출발점이었기에 성저십리에는 많은 창고가 설치되어 조선의 다스림에 기반이 되는 각종 재원이 집중된 곳이었다. 이러한 재원을 효율적으로 운용하기 위해 성저십리의 창고 및 관아 주변에는 인구가 집중되고, 각종 사회문제 및 재난에 대한 통제와 구호정책이 실시되었다. 즉, 성저십리는 한양과 지방을 연결하는 다양한 교통망이 존재했으며, 전국에서 한양으로 들어오는 물품의 집산지였다. 이에 성저십리의 남부, 서부, 동부에 다양한 관아가 설치되어 정치, 군사, 경제, 대민정책의 기능을 수행했다.

조선시대 성저십리는 도성을 제외하면 王化가 가장 먼저 미치는 곳으로 인식되었다. 그러면서 한양도성과 차별되는 권역으로 인식함으로써 이중적인 성격이 있었다. 조선에 있어 한양도성과 성저십리는 한성부로 통합되며, 다스림의 대상으로 京外라고 하였을 때, '京'에 해당된다. 즉, 조선은 국왕을 정점으로 다스림에 있어 그 대상은 재경, 재외로 구분되며, 재경은 다시 한양도성과 성저십리로 구분하여 인식했다. 이는 성저십리의 관점에서 보면 성저십리는 지방사회와 구분되어 한성부에 포함되지만, 한성부 자체에서 한양도성과 구분되었다.

王政을 펼치고 이를 효과적으로 확산시키기 위해 조선은 도성에서 성저십리로 행정구역을 확대했다. 성저십리의 행정공간 확대는 조선의 국가제도 정비과정을 통해 확립되었으며, 조선 후기에 한양의 공간적 확대 및 상업발전에 따라 이루어졌다. 성저십리는 도성과 비교하면 분명 큰 중요성과 관심에 있어 차이가 있지만, 조선 후기에 국왕이 궁궐을 벗어나 민과 소통하는 경향을 보이는 점에서 성저십리는 그 주요 공간이 되었다. 국왕의 신병을 이유로 피접하는 경우에도 주요 경로는 성저십리를 통과하였으며, 이 과정에서 백성들의 각종 신원을 청취하고 소통하였다.

성저십리의 공간구성은 지역별로 특성을 가지는데, 북부는 주로 국가권위를 상징하는 산천이 존재하여 관련된 국가기관 및 제단이 위치했다. 물론 국가제사의 공간은 성저십리 전 지역에 다양하게 분포하였지만, 특징적으로 임진왜란 이후 성저십리의 민심을 수습하고자 관왕묘가 남부, 서부, 동부에 설치되기도 했다. 조선 후기에 접어들면서 성저십리는 도성의 협소한 공간, 밀집된 인구의 분산 거주지, 사회경제적 발전에 따른 상업공간으로 발전했다. 특히 군사, 교통, 조운 중심지로 인식되고, 경강 중심의 상업공간으로 성저십리는 더욱 중시되었다.

성저십리는 조선시대 대외관계에 있어 모화관, 모화루, 영은문, 청수관, 천연정 등 외교의례의 공간, 중국사신의 유람공간 등 대중국관계에서 빼놓을 수 없는 외교공간이었다. 뿐만 아니라 성저십리는 한양과 지방의 가교역할을 하여 영서역, 노원역, 이태원, 청파역, 보제원, 홍제원 등 북부, 서부, 남부에 주요 역제가 설치되었다. 조선시대 성저십리에 대한 다스림은 사산정책, 인구정책을 통해 확인할 수 있으며, 한양의 공간적 확대뿐만 아니라 성저십리 독자적인 상업공간으로 발전에 부응하여 각종 제도를 마련했다.

제2장

조선시대 한성부 성저십리의 지역적 특성과 城底民의 실태

유승희(서울역사데이터센터 연구원)

1. 머리말

조선시대 한성부는 京中, 城中으로 일컫는 도성 안과 城底十里라는 도성 밖 공간으로 양분되었다. 성저십리는 城外十里, 都底十里라고도 칭했다.[1] 이러한 성저십리의 용례는 조선 전기에 집중되어 나타났다. 조선 후기의 경우 '성저십리'라는 표현보다는 '도성 밖 4郊[城外四郊]', '경강 변[沿江]'[2] 등으로 구분되어 성저십리의 지역성이 분할, 확대되는 양상이 나타난다. 《大東地志》에서도 동부의 숭신방과 인창방, 서부의 반석방과 반송방은 '城外'로 표현한 반면, 서부 용산방과 서강방은 '三江'으로, 남부의 둔지방, 두모방, 한강방은 '上江'으로 표현해 한성부 성저십리 지역을 도성 밖과 경강으로 구분했음을 알 수 있다.[3] 한성부민을 '都下之民', '都下坊民'의 京民과 '沿江之民', '江上之民'의 江民으로 구분하는 것도 이 같은 양상을 보여준다고 할 수 있다.[4]

그렇다면 이러한 한성부 영역의 인식 변화는 무엇을 의미하는 것일까. 본 논문은 이 같은 문제의식에서 출발했으며, 그 해법을 한성부 영역을 구성한 성저십리에서 찾고자 하였다. 한성부 성저십리에 대해서는 '郊'의 관점에서 검토되었으며,[5] 고려 개경의 '四郊'에서 그 전례를 찾고 있다.

1 《세종실록》 권15, 세종 4년 2월 26일(계축) ; 《세종실록》 권108, 세종 27년 5월 1일(갑술).

2 《비변사등록》 179책, 정조 15년 7월 18일.

3 《大東地志》 漢城, 坊里條.

4 유승희, 〈조선 후기 京江지역 실태와 江民의 특성〉 《서울과 역사》 98, 2018.

5 조선시대 한양의 郊에 대해서는 최영준, 〈조선시대 한양의 郊地域 연구〉 《문화역사지

고려 개경은 성종과 현종대 5部坊里制를 정비하는 과정에서 '京城'과 성 밖 지역인 '郊'로 편제되었다. 이때 10리를 범위로 한 고려의 4교 운영이 조선의 성저십리 형성에 영향을 주었다고 이해했다.[6]

또한 성저십리를 한성부 관할구역이지만 도성 안과 달리 도성과 지방의 중간지대에 해당하는 지리적 성격을 지닌 지역으로 파악했으며, 이러한 지역성은 성저십리의 범위, 행정체제, 인구, 교통 및 취락의 형성에 영향을 주었다고 보았다.[7] 조선 전기 성저십리의 행정운영에 대해서는 도성 안과 밖이 동일한 행정체제하에 운영되었다는 연구[8]와 도성 안 5부제와 달리 면리제로 운영되어 도성 안과의 차별성을 강조한 연구가 있다.[9] 성저십리 내 면리제 시행에 대해서는 두 연구가 다른 견해를 보이고 있지만 성저십리 지역이 도성 안과 차이를 드러내고 있다는 점에서는 같은 견해를 보였다.

성저십리 주민의 役에 대해서는 한성부 관할하에 역제가 운영되지만, 일반 坊役과는 다른 성격을 띠었다고 파악하였다. 조선 초 성저십리 주민

리》 창간호, 1989를 참조할 것. 최영준은 근교지역을 성저십리를 포함하여 도성으로부터 50리 이내의 지역으로, 원교지역을 100리 권역으로 파악하였다.

6 고려 개경의 四郊에 대해서는 개성부 관할 赤縣과 畿縣의 일부로 파악하거나, 도성과 적현, 기현과의 경계지역으로 파악하기도 하였다(신안식, 〈고려 개경의 '都內'와 '郊'〉 《역사민속학》 18, 2004). 구체적인 4교의 범위는 나성과 대략 10리 정도 떨어진 지역으로, 東郊는 천수원, 西郊는 開城大井, 南郊는 진봉산 남쪽 일대까지로 파악하였다(김창현, 〈고려 개성부와 조선초 한성부의 직제와 영역〉 《서울과 역사》 95, 2017, 91쪽).

7 이현군, 〈조선 전기 한성부 성저십리의 지리적 특성에 관한 연구〉 《지리학논총》 30, 1997.

8 원영환, 〈제2절 한성부의 기능과 행정업무〉 《서울행정사》, 서울특별시사편찬위원회, 1997 ; 이존희, 《조선시대의 한양과 경기》, 혜안, 2001.

9 고동환, 〈조선 후기 한성부 행정편제의 변화-坊, 里, 洞, 契의 변동을 중심으로-〉 《서울학연구》 11, 1998 ; 〈조선 후기 서울 三門 밖 지역의 특성〉 《서울학연구》 59, 2015.

의 경우 요역 부과의 주체가 불분명해 공식적인 요역이 아닌 다양한 잡역이 부과되었지만, 세조~성종대 성저십리가 한성부 5부의 관할로 귀속되어 도성 안 주민과 동일하게 京役을 부담했다고 파악하였다.[10] 한편 조선 초 도성의 수도 경계기능을 밝히는 과정에서 성저십리에 대한 한성부의 관할권이 강화되는 양상을 살펴보기도 하였다.[11]

이처럼 조선시대 성저십리 연구는 시기적으로 조선 초에 집중되었으며, 성저십리에 연구의 초점을 맞추기보다는 한성부의 행정체제 및 역제 운영, 도성의 기능 등을 검토하는 과정에서 부분적으로 파악된 경향이 있다. 본 논문에서는 이러한 선행연구를 토대로 '다스림[治]'의 관점에서 한성부 영역을 구성하는 성저십리의 변화과정을 지역적 특성과 성저민의 실태를 통해 살펴보고자 한다. 성저십리 지역은 조선 초부터 한성부의 관할하에 있었지만, 도시와 향촌의 성격이 혼재되는 이원적이면서 이중적인 양상을 드러내며 도성 안과 차별성을 보였다. 이와 같은 조선 전기 성저십리의 특성이 조선 후기에 어떻게 변화해 가는지 성저십리의 지역적 특성, 행정체제의 변동, 성저민의 실태와 거주양상 등을 통해 파악해보고자 한다. 이를 통해 조선 후기 한성부 영역에 대한 인식의 변화가 무엇을 의미하는지 살펴보고자 한다.

10 윤경진, 〈조선 초기 한성부의 인구통제와 역제운영〉《서울학연구》 21, 2003.

11 김웅호, 〈조선 초 도성의 축조와 수도 경계 기능〉《서울학연구》 47, 2012.

2. 한성부 성저십리의 경계와 기능

1) 성저십리의 형성과 지역적 경계

'성저십리'는 말 그대로 도성 밖 10리에 이르는 지역을 의미한다. 여기에는 '도성'이라는 기준점과 '10리'라는 지리적 거리가 함께 존재했다. 따라서 이러한 개념이 나오기 위해서는 기준점인 도성의 존재가 중요한 역할을 했다. 도성은 1396년(태조 5) 정월에 축성되기 시작하여 8개월의 공역 끝에 완성되었으며, 도성 축조작업과 함께 한성부 5부 52방의 행정체제가 마련되었다.[12] 이때 성저십리인 돈의문과 서소문 밖 일대 지역이 서부 11방 중 반석방과 반송방으로, 동대문 밖 일대가 동부 12방 중 숭신방, 창인방으로 한성부 행정체제에 편제되었다. 따라서 성저십리는 5부의 행정구역이 확립되고, 도성의 축조가 완성된 1396년 이전에 이미 그 범위가 구획되었다고 할 수 있다. 이와 관련해서 다음의 사료를 주목할 수 있다.

> 예조에서 留後司에서 상신한 바에 의거하여 아뢰기를, "本司는 태조 강헌 대왕께서 국가의 기초를 세운 땅이오며, 조정의 사신이 경과하며 유숙하는 곳입니다. 천도한 후에 칭호를 留後라 하고, 한성부 城底十里의 예에 의하여, 개성과 松林의 두 현을 예속시키고, 경기 감사로 하여금 유후를 겸임하게 하였습니다…[13]

1395년(태조 4) 태조는 한양부를 한성부로 개칭함과 동시에 개성부의

12 《태조실록》 권9, 태조 5년 4월 19일(병오).

13 《세종실록》 권31, 세종 8년 1월 17일(임자).

명칭을 開城留後司로 바꾸었다.[14] 개성부를 유후사로 한 것은 태조 이성계가 개국한 땅일 뿐 아니라 명을 왕래하는 조정 사신의 유숙지로서의 중요성이 컸기 때문이다. 이때 개성유후사의 강역은 한성부 성저십리의 예에 따라 개성, 송림의 두 현을 예속시키면서 마련되었다. 이는 역으로 한성부 성저십리 또한 도성을 보호하는 배후지로서의 역할을 강화하기 위해서 도성 주변의 군현이나 촌락을 예속시켜 만들었다고 할 수 있다.

이때 新都 한양의 성저십리로 예속된 군현 중 하나가 富原縣이다. 《대동지지》에는 한성부의 古邑으로 부원현이 기록되어 있다. 부원현은 고려 1284년(충렬왕 10) 광주목의 果州 龍山處가 승격된 것으로,[15] 1394년(태조 3) 행주에 소속되었다가 이후 한성부로 편입되었다.[16] 숭례문과 서소문 밖에서부터 서강, 흑석리, 용산, 한강진에 이르는 지역이 부원현의 범위였다.[17] 《신증동국여지승람》에는 부원현을 廢縣으로 기록하며, '지금은 성저십리로 한성부에 속하였다.'고 부연설명을 하고 있다.[18] 부원현의 성저십리 편입 시기는 알 수 없다. 하지만 1395년(태조 4) 6월 6일 한양부가 한성부로 개칭되고 아전들과 백성들이 見州로 이주된 점, 일주일 뒤 한성부 성저십리의 예에 따라 개성유후사의 강역이 조정된 점 등으로 미루어 보아 부원현 또한 이 시기에 한성부 성저십리 지역으로 편입된 것이 아닐까 생각된다.

이러한 성저십리는 1414년(태종 14) 한성부의 가뭄으로 도성 안과 성저십리 이내에 거주하는 80세 이상의 노인을 진휼하는 과정에서 그 용례를

14 《태조실록》 권7, 태조 4년 6월 6일(무진) ; 6월 13일(을해).
15 《고려사》 권56, 지리지 양광도 광주목 과주.
16 《대동지지》 漢城府, 古邑.
17 《일성록》, 정조 10년 2월 25일.
18 《新增東國輿地勝覽》 권11, 경기 고양군 고적.

처음 확인할 수 있다.[19] 1415년(태종 15)에는 경기도 관찰사 許遲가 便民事宜를 아뢰면서 성저십리의 주민을 '城底人'으로 표현하였다.[20]

성저십리의 범위와 관련해서는 1416년(태종 16) 사형수의 처벌 장소에 대한 선정 논의과정에서 예조에 의해 언급되었다. 예조는 '社에서 죽인다.'라는 《書經》의 말에 따라 오른쪽에 위치한 사직의 방향대로 사형장소도 도성의 오른쪽 지역으로 변경할 것을 요청하였다. 이에 따라 동대문 밖에서 시행된 사형수의 처벌은 서소문 밖 성저십리인 孔巖 북쪽으로 변경되었다.[21] 공암은 경강 하류 양화진 인근에 위치한 지역으로, 《세종실록》 지리지의 서쪽 성저십리 경계 주변이었다. 태종대에도 이 지역이 성저십리의 범위였음을 알 수 있다.

한성부 성저십리의 범위는 동쪽은 楊州 松溪院 및 大峴, 서쪽은 楊花渡 및 高陽 德水院, 남쪽은 한강 및 露渡에 이르는 지역이다.[22] 한성부 도성을 기준으로 이들 지역의 거리를 살펴보면 먼저 성저십리 동쪽 경계인 양주 송계원은 실제거리가 15리가 넘었다. 송계원과 도성 사이의 정확한 거리를 알 수 없지만, 인근의 송계교가 中梁浦 인근에 위치했기 때문에 이를 토대로 추정하였다. 《신증동국여지승람》에는 도성 동쪽 15리로,[23] 《동국여지비고》에는 도성 동쪽 13리 지점으로 중량포의 위치를 설명하였다.[24] 이를 토대로 보면 송계원은 적어도 도성 밖 13리가 넘는 지역에 위치한다고

19 《태종실록》 권27, 태종 14년 6월 9일(경술).

20 《태종실록》 권30, 태종 15년 9월 5일(기해).

21 《태종실록》 권32, 태종 16년 7월 17일(병오).

22 《세종실록》 권148, 지리지, 경도 한성부.

23 《신증동국여지승람》 권3, 한성부, 山川 中梁浦.

24 《동국여지비고》 권2, 한성부, 산천, 중량포.

할 수 있다. 송계원은 국가에서 주요 교통로의 길목에 세워 운영하던 여관의 하나이다. 이 지역 마을을 송계동이라고 했는데 현재 서울 중랑구 묵동 일대이다.[25] 이곳은 주변에 健元陵이 위치해 있어 국왕 능행 시 晝停所로 사용되었다.[26]

대현은 수철리 지역의 고개를 말한다. 주위의 여러 고개 가운데 가장 크기 때문에 큰고개 즉, 대현이라 했으며, 이곳에 솥과 농기구 등을 주조하는 야장들이 모여 살아 무쇠막 고개, 무수막 고개, 무시막 고개라고도 불렸다. 현재 성동구 금호동 1가에서 옥수동으로 넘어가는 고개이다.[27] 수철리의 경우 豆毛浦 바로 인근에 있으므로 이를 통해 거리를 살펴보면, 도성에서 동남쪽으로 5리 떨어진 지역이다.[28]

성저십리의 서쪽 경계인 양화도는 '도성 서쪽 10리가 양화도인데'라는 김종직의 말에 따라 10리에 이르고 있음을 알 수 있다.[29] 고양의 덕수원은 '그 위치가 덕수천 南岸에 있다.'[30]고 하므로 덕수천을 근거로 위치를 추정했다. 덕수천은 고양군 동쪽 10리 지점에 있으며,[31] 고양군의 위치가 도성과는 37리 거리이므로[32] 서울과 약 27리 떨어진 지점에 있다고 추정할 수 있다. 또한 〈그림 1〉에서 보듯이 덕수천은 삼각산과 평행한 위치에 있다. 삼각산은 도성과 30리 떨어진 지점이다.[33] 그러나 이 30리는 서울에

---

25 서울특별시사편찬위원회, 《서울지명사전》, 2009, 483쪽.

26 《태종실록》 권17, 태종 9년 5월 21일(임진) ; 《태종실록》 권33, 태종 17년 5월 1일(병술).

27 서울특별시사편찬위원회, 앞의 책, 1039쪽.

28 《신증동국여지승람》 권3, 한성부, 산천, 豆毛浦.

29 《신증동국여지승람》 권3, 한성부 산천, 蠶頭峰.

30 《신증동국여지승람》 권11, 경기, 고양군, 驛院 德水院.

31 《신증동국여지승람》 권11, 경기, 고양군, 산천 덕수천.

32 《신증동국여지승람》 권11, 경기, 고양군.

서 行人이 통행하는 거리이며, 도성 북쪽에서 삼각산 밑 직선거리는 10리가 못되었다. 숙종대 한성부가 삼각산의 금산 관할권을 두고 양주와 대립하는 과정에서 삼각산을 '직선거리 10리'로 정해 성저십리 지역으로 파악했다.[34] 이를 통해 덕수원 또한 직선거리를 이용해 성저십리의 경계가 된 것으로 볼 수 있다.

성저십리의 남쪽 경계인 한강은 '조선 도성에서 남쪽으로 10리 되는 거리에 물이 있는데 한강이라 한다.'[35]고 하며, 노량 또한 '도성 남쪽 10리 되는 곳에 있다.'[36]고 하여 모두 도성 남쪽 10리 지점에 위치해 있음을 알 수 있다.

이처럼 조선 초 성저십리는 도성을 중심으로 그 주변에 위치한 하천, 강, 산의 능선을 경계로 삼았다. 10리를 한계로 했지만 직선거리와 실제 통행거리가 혼용되어 10리가 넘거나 못되는 곳도 있었다. 조선 초 성저십리의 특징은 그 경계에 모두 院이나 渡가 위치해 있어 한성부로 들어오는 주요 교통로를 기점으로 삼았다고 할 수 있다. 동쪽 경계 송계원은 동대문을 지나서 가평, 양근으로 가는 길목이며, 북서쪽 경계 덕수원은 고양로로 이어져 개성, 의주로 가는 길목이다. 또한 남쪽 경계인 한강과 노량은 각각 용인로와 시흥로로, 서남쪽 경계인 양화도는 서소문을 지나 인천간로로 가는 지점이었다. 아울러 한성부 인근 군현과의 접경이기도 했다. 노량은 과천현과 경계를 이루는 지역이었으며, 양화도는 양천현과의 경계였다.[37]

33 《동국여지비고》 권2, 한성부, 산천, 三角山, "도성 북쪽 30리 楊州 땅에 있다."

34 《비변사등록》 34책, 숙종 4년 6월 9일.

35 《신증동국여지승람》 권3, 한성부, 산천, 漢江.

36 《신증동국여지승람》 권3, 한성부, 산천, 露梁.

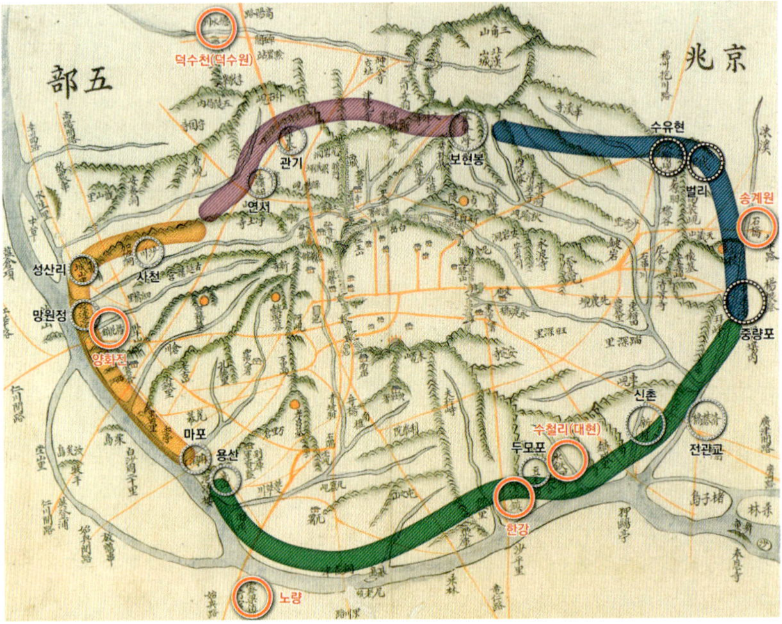

〈그림 1〉〈경조오부도〉에 나타난 조선시대 성저십리의 범위(서울대학교 규장각한국학연구원)

그렇다면 조선 전기 성저십리와 조선 후기 사산금표 범위와는 어떤 관련성이 있을까. 〈그림 1〉은 세종대의 성저십리 경계와 《속대전》의 사산금표 범위를 제시한 것이다. 붉은 색 원 표시가 세종대 성저십리 경계이다.

《속대전》 형전 금제조에 나타난 사산금표의 범위는 다음과 같다.

> 東道-大菩洞, 水踰峴, 牛耳川, 上伐里, 下伐里, 長位里, 松溪橋~中梁浦
>
> 南道-중량포, 箭串橋, 新村, 豆毛浦~龍山

37 《신증동국여지승람》 권8, 경기 과천현 ; 권10, 경기 양천현.

北道-대보동, 普賢峯, 猪噬峴, 峨嵋峴, 延曙舊館基, 大棗里~石串峴 서남쪽 물이 합류하는 곳

西道-석관현, 時威洞, 沙川渡串, 城山, 望遠亭~麻浦

위의 사산금표는 1704년(숙종 30)에 논의를 거친 후 1705년에 경계를 정한 것이다. 1704년 한성부는 도성 금표 내 犯葬이 만연하자 금표의 경계를 개정하기 위해 5부 소속의 땅을 기준으로 四山을 분배하였다. 특히 서도의 경우 북도와 혼입되어 있을 뿐 아니라, 금표 범위가 40리에 이르러《경국대전》의 '성저십리 이내는 禁葬한다.'는 규정과 상충하였다.[38] 따라서 숙종대 한성부에 의해 사산금표의 재조정 작업이 시행되었으며, 그 결과 10리를 기준으로 동도, 서도, 남도는 하천과 강 등 물을, 북도는 산등성이를 경계로 하는 금표범위가 조정되었다.[39]

북도는 개경에서 한양으로 들어서는 경계임과 동시에 한성부와 고양, 양주가 만나는 접경이다. 북도는 경계를 정할 때에 지형으로 인해 삼각산 산허리를 한계로 삼았으므로 동도, 서도, 남도의 경계에 비해 도성에서 가까웠다.[40]

동도는 대보동에서 수유현, 우이천을 지나 중랑포에 이르는 지역이다. 세종대의 경우 동도의 북쪽 한계가 송계원인데 반해,《속대전》의 사산금표에서는 그 위쪽 지역인 장위리, 벌리, 수유현, 대보동까지로 확장되었다. 반면, 남쪽의 한계가 대현이었던데 비해《속대전》에서는 중랑포로 대폭 축소되었다. 그 대신 남도의 범위가 중랑포, 전관교에서 용산에 이르는

38 《승정원일기》 숙종 30년 1월 29일(기사).

39 《승정원일기》 영조 3년 5월 25일(경진) ;《승정원일기》 영조 3년 6월 15일(경자).

40 《승정원일기》 영조 3년 6월 15일(경자).

지역으로 세종대 한강과 노량의 범위보다 확장되었다. 서도는 석관현, 시위동, 사천도관, 성산리, 망원정에서 마포에 이르는 지역으로 세종대 경강 하류인 양화도가 경계인 것에 비해 마포까지 확장된 반면, 山底 구간은 세종대 덕수원보다 축소된 양상을 볼 수 있다.

이를 통해 알 수 있는 사실은 조선 후기 사산금표의 범위와 조선 초 성저십리의 경계가 일치하지 않았다는 것이다. 다시 말해 사산금표의 범위와 성저십리의 경계는 달랐다고 할 수 있다. 조선 후기 한성부의 범위는 동쪽은 양주 경계까지 15리, 동남은 광주 경계까지 20리, 남쪽은 과천 경계까지 10리, 서남은 시흥 경계까지 15리, 서쪽은 양천 경계까지 15리, 서북은 고양 경계까지 20리, 북쪽은 양주 경계까지 20리, 동북은 15리에 이르는 지역이었다.[41] 성저십리가 의미하는 것이 한성부의 강역이었기 때문에 오히려 위의 범위가 한성부 성저십리의 경계였다고 할 수 있다. 10리를 기준으로 한 사산금표는 말 그대로 벌채와 목석채취 및 入葬을 금지하는 범위였던 것이다.

2) 성저십리 지역의 기능

(1) 금산 및 금표 지역으로서의 성저십리

국가는 산림자원의 보호, 국용 및 造船에 쓸 목재의 확보, 소나무 보호를 위해 조선 초기부터 전국적으로 금산제도를 시행하였다. 한성부의 경우 목재 확보 및 송목 보호 외에 왕도의 지맥을 보호하기 위해 四山 즉 백악, 인왕산, 낙산, 목멱산에 금산제도를 실시했다. 사산 내 식목작업 뿐 아니라 벌채와 목석채취 및 入葬을 금했다. 세종대에는 금벌 구역의 관리를

41 《대동지지》, 경도 한성부, 疆域條.

강화해 한성부에서 성저십리의 송목 금벌을 관장하도록 하였다. 또한 도성 내 사산에서 아차산까지 금산구역으로 지정해 벌채를 금하던 것을 삼각산, 淸涼洞, 重興洞 이북, 도봉산까지로 확대하였다. 이 지역이 금산으로 지정되지 않아 민간의 벌채, 벌목행위로 산이 황폐해졌기 때문이다. 이와 함께 伐兒峴 주변도 경작 및 벌초 금지구역으로 지정하였다. 문종대에는 성저십리까지 토석의 채취를 금지하였다. 동으로는 普濟院, 蘆原驛, 남으로 벌아현, 靑坡驛, 서로는 沙峴까지였다.[42] 이 구역은 성종대에도 경작을 금지하고 잡목을 심어 산맥을 보호하고 있어 한성부의 주요 금산처임을 알 수 있다.[43]

성저십리 내 송목 금벌 정책은 17세기 이후 사산금표구역을 설정하고 참군을 두는 등 강화되었다. 1666년(현종 7) 국가는 도성 안 전 지역 및 성저십리를 금표로 한정하였다. 백악의 경우 산 외곽에서부터 낙산 釋迦站 안쪽 沙乙河, 狄踰嶺, 광평대군 집의 북참을 지나 선잠제단에 이르는 구역과 보제원 서쪽에서 안암동, 저방동을 지나 동대문 밖에 이르는 구역을 금표로 한정하였다. 인왕산의 경우는 인왕산과 함께 모화관, 모래재[沙峴], 사축서참을 지나 청파 뒤편에 이르렀으며, 남산의 경우 남대문 밖에서 전생서를 거쳐 벌아현, 두모포, 왕십리 뒷산을 지나 수구에 이르는 지역을 금표로 한정하였다.[44] 이러한 국가의 사산금표 정책은 영조대에 이르러 더 강화되어 〈그림 2〉에서 보듯이 금표의 범위가 현종대보다 확장되었다.

또한 종래 한성부에서 담당하던 금송의 일을 삼군문과 총융청에서

42 유승희, 〈조선 후기 한성부의 사산 관리와 금송정책〉《이화사학연구》 46, 2013, 225~230쪽.

43 《성종실록》 권7, 성종 원년 9월 26일(신축).

44 《受教輯錄》, 刑典, 禁制.

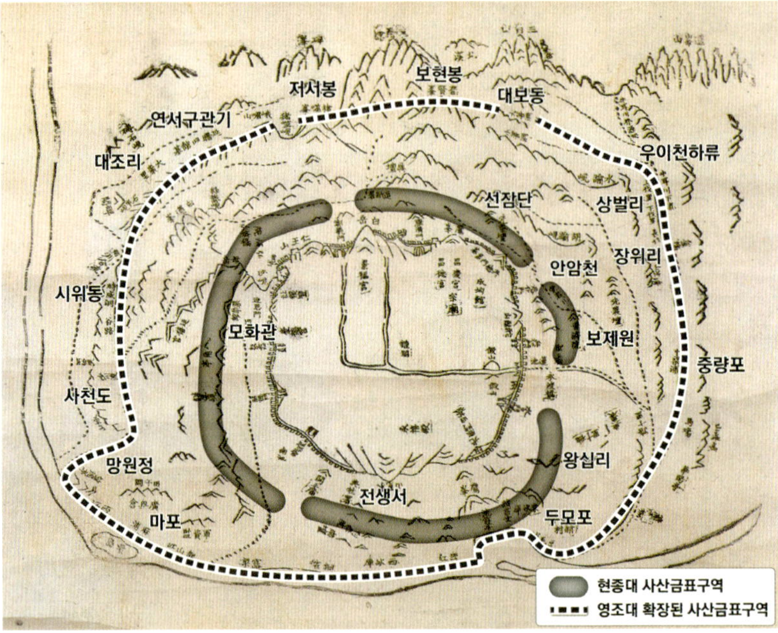

〈그림 2〉 조선 후기 한성부 사산금표 구역(《사산금표도》)(서울대학교 규장각한국학연구원)

전담하도록 하였다. 삼군문과 총융청의 禁松字內는 다음의 〈표 1〉과 같다. 훈련도감은 백악에서 창의문 대로, 沙峴, 안현, 홍제원, 양철평, 말흘산, 가좌동, 성산리 일대인 서도 지역의 금송을 담당하였다. 어영청은 광희문 북쪽에서 숙정문 일대와 혜화문과 동대문 밖, 안암, 차현, 호유현, 수유현 일대로 동도 지역의 금송을 담당하였다. 금위영은 돈의문 남쪽에서 만리창, 한강, 두모포, 院峴 일대로 남도를 담당하였고, 총융청은 북도의 금송을 담당하였다.

이처럼 국가에 의한 금산정책은 사산금표를 세우고 군문으로 하여금 금송의 임무를 맡게 하는 등 강화되었다. 그러나 금표가 연속적인 선으로 구획된 것이 아닌 나무로 만든 標나 標石을 배치해 표시했기 때문에 금

〈표 1〉 삼군문과 총융청의 성저십리 내 禁松字內

<table>
<tr><th colspan="2">군문 / 패</th><th>훈련도감</th><th>금위영</th><th>어영청</th><th>총융청</th></tr>
<tr><td rowspan="2">1패</td><td>내</td><td>숙정문, 삼청동천 서쪽,
북악~창의문 대로 동쪽</td><td>돈의문 남쪽~
承傳路</td><td rowspan="2">광희문 안 북쪽~
숙정문 남쪽</td><td rowspan="9">북산전체</td></tr>
<tr><td>외</td><td>沙峴~西曲城
沙峴~鞍峴의 제1,2,3봉 경내</td><td>만리창~
高山寺基洞 서쪽</td></tr>
<tr><td rowspan="2">2패</td><td>내</td><td>창의문 대로 서쪽~돈의문
북쪽</td><td>승전로~
兄弟井洞 서쪽</td><td rowspan="2">혜화문 밖 남쪽~
胡蹄峴</td></tr>
<tr><td>외</td><td>사현 서쪽~弘濟院橋의
大川 동쪽</td><td>寺垈洞 동쪽~
한강로 서쪽</td></tr>
<tr><td rowspan="2">3패</td><td>내</td><td></td><td>형제정동 동쪽~
광희문 남쪽</td><td rowspan="2">홍인문 밖 북쪽~
안암동, 車峴 대로</td></tr>
<tr><td>외</td><td>홍제원교의 대천 서쪽~
梁鐵坪, 末屹山, 淨土, 加佐洞,
城山里</td><td>한강로 동쪽~
두모포 서쪽</td></tr>
<tr><td rowspan="2">4패</td><td>내</td><td></td><td></td><td rowspan="2">안암동, 제기현~
호유현 삼거리</td></tr>
<tr><td>외</td><td></td><td>두모포 동쪽~
院峴 서쪽</td></tr>
<tr><td colspan="2">5패</td><td></td><td></td><td>小墨兒~伐里,
수유현 동쪽</td></tr>
</table>

출처: 《만기요람》 군정편2, 훈련도감 금송자내; 《만기요람》 군정편3, 금위영 금송자내, 어영청 금송자내, 총융청 금송.

산의 관리자를 제외한 관원이나 주민들은 금산의 구체적 범위를 쉽게 식별하기가 어려웠다. 따라서 금산의 범위는 금표 경계에 대한 문제가 발생할 때마다 한성부와 관상감의 답사에 의해 확인되었다. 한성부민 또한 금표의 범위를 변경해 줄 것을 한성부에 요청하기도 했다. 이들의 금표 변경 요구는 대부분 入葬과 관련이 있었다.

1727년(영조 3) 한성부민들은 瓮岩 서쪽의 沙川(모래내)을 경계로 금표의 변경을 요청했다. 그러나 한성부는 옹암천의 발원지가 도성과 인접해 있기 때문에 북도의 금표개정 요구를 받아들일 수 없었다. 창의문부터 옹암

〈그림 3〉 영조대 북도의 금표개정 요구지역

천 발원지까지는 3리가 넘는 거리이고 옹암천에서 저서현 禁界까지는 5리가 조금 넘었기 때문이다. 대신들도 이미 10리를 한도로 잡았기 때문에 변경이 불가하다고 주장했으나 영조는 사천을 금표의 한계로 변경하도록 했다.[45]

그러자 사헌부는 성저십리의 금표제정은 國都를 중시하고 도성을 존숭하기 위함임을 강조하며 금표개정의 명을 철회할 것을 주장하였다.[46] 북

45 《승정원일기》639책, 영조 3년 5월 25일(경진) ;《비변사등록》87책, 영조 3년 5월 27일.

도의 경계를 사천으로 변경한다는 논의가 있자 사천 북쪽으로 300여 개의 虛墓가 조성될 정도로 북도의 금표개정은 한성부민의 환영을 받았다. 상황이 이러하자, 한성부는 도성 서쪽 5리가 무덤으로 가득찰 것을 염려해 예전처럼 저서현을 경계로 삼고 허묘를 만들어 둔 사람들을 偸葬한 규례에 따라 논죄하도록 요청하였다.[47] 영의정 이광좌 또한 저서현의 사산 금표 경계가 24년 동안 지속된 점, 도성의 금장 지역을 3리 이내의 경계로 할 수 없다는 점 등을 들어 반대하자, 영조는 이들의 의견을 따라 북도의 금표를 예전대로 유지하도록 하였다.[48]

북부 龜山里와 葛古介에서는 주민들이 멋대로 明陵과 翼陵의 금표를 변경한 후 솔밭을 경작하고, 벌목과 장례를 치르자, 인근 佛光里의 주민들이 이를 그대로 좇아 한성부에 보고하지 않은 채 임의로 금표를 세운 후 산지기 및 군문 나졸이 순찰하지 못하도록 했다. 이에 한성부에서는 주민들이 금표지역을 훼손하는 폐해가 없도록 불광리 주민이 세운 표석을 뽑아버리고 예전의 금표대로 군문과 산직이 순찰하도록 하였다.[49]

정조대에는 館基峴 및 옹암천 주민의 금표 변경 요구가 있었다. 이 지역의 경우 도성민들이 入葬하는 곳으로 자주 이용되었는데 총융청의 산지기가 본청의 字內라는 이유로 금표를 설정해 입장을 금지했기 때문이다. 이 지역은 1756년(영조 32)에도 주민의 상언이 있어 한성부에서 다시 측량해 경계를 조정한 곳이었다.[50] 측정 결과 도성 밖 15리에 해당하는 지역이었

46 《승정원일기》639책, 영조 3년 5월 29일(갑신).

47 《승정원일기》640책, 영조 3년 6월 15일(경자).

48 《승정원일기》657책, 영조 4년 3월 5일(을묘).

49 《비변사등록》87책, 영조 6년 3월 13일.

50 《일성록》, 정조 11년 2월 6일(갑진).

지만 한성부는 이를 무시하고 그대로 입장을 금지하였다. 그러자 주민들은 결과에 불복하고 측량의 오류로 설정된 금표의 경계라며 돈의문 正路에서부터 거리를 측량해 경계를 다시 세울 것을 요청하였다. 그러나 영조대와 마찬가지로 한성부는 이 지역의 입장을 허락하지 않았다.[51]

위의 사례에서 보듯이 한성부민들은 입장을 하기 위해서 금표경계의 변경을 자주 요구하였다. 이것이 여의치 않을 경우는 偷葬이라는 형태로 불법을 행하였다. 그들은 대부분 고관대신이나 양반들이었다. 전 포도대장 신대겸은 부친의 묘를 북부 末屹山 금표 이내로 이장했으며,[52] 판돈녕부사 김지묵과 首醫 강명길 또한 입장하기 위한 표식을 세워두었다. 이곳은 延曙川에서 명릉의 香嶺 화소까지의 구간으로, 연서천 가에 명릉의 경계를 정하는 표지가 있음에도 이들은 부친의 묘를 이장해 정조로부터 유배의 처벌을 받았다.[53]

이처럼 성저십리는 주요 금표지역으로 국가의 보호대상이기도 했지만, 한성부민에게 있어서는 조상을 모시는 입장처였다. 따라서 주민들은 성저십리의 금표에 불만을 품고 한성부에 이의를 제기하기도 하였다.

(2) 교통의 결절지로서의 성저십리

도성 안에서 성저십리를 연결하는 길은 사방에 위치한 7개의 도성문에서 시작되었다. 도성문에서 시작된 도로는 거미줄처럼 얽혀 아래로는 한강을 건너 인천, 시흥, 과천, 용인, 광주, 광진으로 가는 길과 연결되었으며, 위로는 서북로, 양주, 포천, 가평, 양근으로 가는 길과 연결되었다.

51 《일성록》, 정조 13년 2월 16일(계묘).

52 《일성록》, 정조 18년 11월 17일(신축)·19일(계묘).

53 《일성록》, 정조 18년 11월 20일(갑진).

〈경조오부도〉에는 빨간 실선으로 성저십리 내 도로망이 자세하게 표시되어 있다.〈그림 1〉 통해 도로의 분기 상황을 살펴보면, 돈의문에서 시작된 도로는 남지에서 세 갈래로 나뉜다. 북으로는 모화관, 홍제원을 거쳐 녹번현에 이르러 다시 양철평을 거쳐 삼각산으로 가는 길과, 館基, 박석현, 검암참을 지나 고양, 파주로 가는 길, 연서역을 지나 香峴에서 아래쪽으로 沙川, 성산리, 수색리, 행주로 가는 길로 갈라진다. 서쪽으로는 서소문에서 시작된 도로와 아현에서 만나 倉川, 臥牛山을 넘어 양화진에 이르러 인천과 강화로 가는 길과 연결되었다. 남쪽으로는 서소문, 숭례문에서 시작되는 길과 만나 南壇, 이태원을 거쳐 서빙고에서 용인로로 연결되었다. 이태원에서 동쪽으로 뻗어나간 길은 선농단, 전농리 부근을 지나 鼓巖에서 흥인문에서 시작된 도로와 만나 沙河里, 수유현을 넘어 양주, 포천으로 가는 길과 연결되었다.

숭례문에서 시작된 도로는 만리현과 청파에서 여러 갈래로 나뉜다. 만리현에서는 서활인서, 공덕리, 수철리를 거쳐 고양간로와 연결되는 도로와 만난다. 청파역에서는 石隅站, 瓦窯峴을 지나 동작진을 거쳐 과천로와 연결되는 길과 서빙고를 지나 용인로와 연결되는 길로 나뉜다. 또한 숭례문, 돈의문, 서소문에서 시작된 길은 용인로와 개성부로 가는 남북방향 도로와 만나 창의문까지 연결되는데 중국사신이 올 경우 홍제원과 모화관에서 맞이하여 남대문을 거쳐 도성 안으로 들어왔다.[54]

흥인문에서 시작된 도로는 동묘에서 양주, 포천, 가평, 양근의 동북방면과 광진, 광주의 동남방면으로 나뉘었다. 동북방면은 동묘를 지나 안암천, 제기현, 고암, 사하리, 수유현을 넘어 양주 포천로로 연결되었으며,

54 이현군, 앞의 논문, 1997, 55쪽.

고암에서 다시 석관천, 尼舍, 천장산을 넘어 가평로와 연결되었다. 또한 고암에서 안악현을 지나 중량포로 연결되었다. 홍인문에서 동묘, 선농단, 전농리, 동적전, 청량사를 지나 중량포에 이르는 길도 마련되었다. 동남방면은 영도교를 지나 광희문에서 시작되는 도로와 만나 王深里, 車峴, 살곶이다리를 지나 광진, 광주로 가는 길과 연결되었다. 홍인문에서 시작된 길은 길 주변에 健元陵, 貞陵, 泰陵, 懿陵이 있을 뿐 아니라 선농단과 동적전이 위치해 왕의 주요 행행로이기도 했다.

광희문에서 시작된 도로는 동활인서에서 두 갈래로 나뉘는데 하나는 위에서 언급했듯이 홍인문 남쪽 도로와 만나 광진, 광주로 가는 길과 연결되었으며. 하나는 남쪽으로 安定寺를 지나 한강진에서 沙平里로 연결되었다. 동소문인 혜화문에서 시작된 도로는 적유현을 지나 수유현에서 양주 포천으로 가는 도로와 연결되었다.

이처럼 성저십리의 교통망은 외방지역과 도성 안을 연결하는 결절지 역할을 하였다. 특히 조선 후기 유통경제가 활성화되자 사람과 물자의 왕래가 왕성하였다. 따라서 성저십리에는 각 방면에서 도성 안으로 들어오는 교통망이 그물처럼 형성되었으며, 이러한 교통망의 교차점에 원과 역참이 설치되었다. 성저십리 지역의 院으로는 서대문 밖 홍제원, 동대문 밖 보제원, 남대문 밖 이태원, 광희문 밖 전관원, 수유리 밖 누원, 노량원, 광진원, 양화도원, 명일원이 있었다. 홍제원은 연서역에 이르러 서북 제1로와 연결되었으며, 그 길목에 黔岩站이 있었다. 동대문 밖 3리 지점에 위치한 보제원은 안암동천, 제기현, 고암을 거쳐 수유현을 지나 동북 제2로에 연결되었다. 이태원은 서빙고로 가는 지름길이자 동북 제2로를 연결하는 고암으로 가는 길과 연결되었다. 주변에 청파역과 석우참이 있었다. 전관원은 살곶이 다리 서북쪽에 위치하며 송파를 건너 광주, 충주에 이르는 도로와 연결되었다.[55] 이러한 각 원은 지방에서 도성으로 들어오는 길목에 위치해 많은 사람들이 왕래했기 때문에 조선 전기부터 동, 서 활인서와 함께 飢民을 구호하는 진제장으로 운영되기도 하였다.

(3) 경제 및 군사적 기능으로서의 성저십리

교통로의 발달과 조운의 기능을 담당하는 京江의 존재로 성저십리 지역의 경제적 역할은 조선 초부터 강조되었다. 경강 주변에는 조선 초기 조운제의 정비에 따라 조세, 공물 등 각종 물류를 하역, 보관하는 시설이 마련되었다. 태조대 두모포, 둔지산에 동빙고와 서빙고가, 태종대 용산에 군자감 강창이, 서강에 풍저창 창고가 건설되었다. 이 밖에 용산 주변으로 도성 내 棺槨을 조달하는 歸厚所와 벽돌과 기와를 제조, 판매했던 瓦署가 자리하였다.[56]

성저십리의 남쪽 경계인 용산은 조선 초기부터 경기, 충청, 경상, 강원 4도의 세곡선이 도착해 군자감 江倉과 만리창에 세곡을 저장하였다. 조선 후기에는 훈련도감 군병의 급료를 지급하는 別營과 호조의 貢價와 원역의 급료를 보관하는 別庫가 설치되었다. 또한 대동법 시행 이후 선혜청의 江倉庫, 舊賑倉庫도 용산에 설치되어 경강에 하역된 세곡의 대부분이 선혜청 창고로 운송되었다.[57] 성저십리의 서쪽 경계인 마포에는 병선을 제조하는 造船場과 옹기마을이 형성되었다. 서강은 경기, 충청, 황해, 전라의 조운선이 도착하던 장소로, 광흥 광창과 풍저 강창이 있었다.[58]

55 서울시사편찬위원회, 《서울교통사》, 2000, 108~112쪽.

56 박평식, 〈조선 전기의 도성상업과 한강〉 《서울학연구》 23, 2004, 79~80쪽.

57 최주희, 〈조선 후기 왕실, 정부기구의 재편과 서울의 공간구조〉 《서울학연구》 49, 2012, 153~154쪽.

한편 인조대 이후 5군영이 설립되고 수도방위체제가 형성되면서 북부 성저십리 지역인 북한산성 내에도 선혜청 창고를 두어 군량미를 비축하였다. 숙종대 강창곡의 일부를 북창으로 옮겨 보관했으며, 총융청 평창을 선혜청으로 소속시킨 후 경기의 대동미를 보관하였다.[59]

또한 성저십리 지역은 군사훈련 및 閱武의 장소였다. 조선 전기에는 모화관이나 살곶이벌에서 열무를 진행하였다. 그러나 조선 후기 군병의 증가로 장소가 협소해 지자, 노량의 모래사장이 군문의 군사조련장이 되었다. 신관호는 〈성시전도시〉에서 '도성 남쪽 10리 노량진 조련에는 삼군사명 깃발 이리저리 펄럭이네.'라고 하며 노량진내 군사들의 진법 조련 장면을 묘사하였다.[60]

沙河里, 살곶이, 梁鐵坪 일대에서도 소규모 열무가 진행되었다. 특히 사하리는 국왕이 건원릉, 태릉, 강릉, 정릉, 의릉, 목릉 등 한성 동쪽의 능을 참배할 때 주정소로 이용되었으므로 이곳에서 소규모 열무나 군사훈련이 자주 시행되었다. 효종대에는 어영청의 습진 장소로 조성되었으나, 숙종대 열무의 시행은 陰에 속하기 때문에 서쪽이나 북쪽에 위치하는 것이 좋다는 대신들의 의견에 따라 혁파되었다.[61] 그리고 홍제원 뒤 양철평

58 서성호, 〈조선초 한강의 위상과 연안지역의 현황〉《서울학연구》 23, 2004, 10~14쪽.

59 최주희, 앞의 논문, 2012, 154~155쪽.

60 박현욱, 〈성시전도시의 유형과 18세기 서울의 경관 - 13종 성시전도시를 중심으로〉《향토서울》 90, 2015, 80쪽.

61 《숙종실록》 권10, 숙종 6년 8월 3일(기미). 사하리 교장은 숙종 6년 혁파되었지만 이후에도 왕릉 알현 후 교장으로 계속해서 이용되고 있음을 살펴볼 수 있다. 숙종은 숭릉, 목릉, 건원릉, 정릉 등을 알현하고 사하리 교장에 이르러 열무를 행하였으며(《숙종실록》 권17, 숙종 12년 3월 16일(경오) ; 권23, 숙종 17년 2월 26일(임오)), 영조 또한 의릉을 배알하고 사하리에서 열무를 하고 시상을 하였다(《영조실록》 권94, 영조 35년 9월 30일(정축)).

에 교장을 설치하였다.[62]

이러한 성저십리는 한성부 '山底'와 '沿江' 지역이라는 지형적 특징을 가지고 있다. 이곳에는 도성의 효율적 운영을 위한 활인서, 와서, 귀후서, 전생서, 사축서, 조지서, 빙고, 광흥창, 군자감강창, 살곶이 목장 등이 위치해 있어 군사훈련, 조세곡 및 군량미의 수송, 기우제의 실시 등 국가의 공적 장소로서의 역할을 수행하였다. 또한 금산정책을 실시하여 도성을 보호하는 완충지 역할도 했으며, 지방과 도성을 연결하는 교통의 결절지로서의 특성을 가지고 있었다. 아울러 경강 주변 상업발달로 연강지역에는 각종 시전이 신설되고 상권을 둘러싼 다양한 상업세력이 형성되는 등 사적 기능의 역할도 수행하였다.[63] 조선 초 정도전의 8경시 가운데 4교의 모습, 즉 '東門敎場', '西江漕泊', '南渡行人', '北郊牧馬'는 조선 초 성저십리의 도성 배후지로서의 지역성 및 기능을 상징적으로 보여주는 것이다.

3. 성저십리의 행정체제와 운영

1) 15~16세기 성저십리 행정체제의 특징

조선 초 한성부의 행정구역은 1396년(태조 5)에 마련되었다. 한성부를 개성부의 예처럼 5부로 나누고 각 부는 52방, 즉 동부 12방, 남부 11방, 서부 11방, 북부 10방, 중부 8방으로 구획하였다.[64] 이들 坊里는 정종의 개성

62 《숙종실록》 권10, 숙종 6년 9월 13일(무진).

63 경강변 상업발달 양상에 대해서는 고동환, 《조선 후기 서울상업발달사연구》, 지식산업사, 1998을 참조할 것.

64 《태조실록》 권9, 태조 5년 4월 19일(병오).

환도로 방치되었다가 태종대 재천도 이후 다시 관리되었다. 1407년(태종 7) 국가는 예전에설치한 52방의 방명표가 훼손되거나 떨어져 새로 방명, 橋名, 가로명을 세우는 한편, 도로와 주택도 새롭게 정비하였다.[65] 도성 안 도시정비와 함께 성저십리 지역에 대한 관리도 수반되었다. 태종은 성저십리의 飢民에 대한 진휼을 한성부로 하여금 시행하게 했으며,[66] 雷震, 화재와 같은 災異에 대해서는 京中과 성저십리가 직접 승정원에 고하도록 했다.[67]

하지만 국가에 의한 성저십리의 운영은 도성 안 경중과는 다른 양상을 보였다.

(1) 한성부에서 아뢰기를, "州郡의 丁口의 수효는 호적에 실려 있어 徭役을 차정할 때마다 상고하고 조사하기가 쉬운데, 한성부 성저십리는 人丁과 경작지가 얼마나 되는지 모두 문안이 없습니다. 東江과 西江의 두 강은 풍저창과 군자감을 守護하는 등 부역을 차출할 일이 자못 많은데, 管領과 正長이 人情의 좋고 싫음에 따라 공평하지 못하게 부역을 차출하니 더욱 적절하지 못합니다. 청컨대, 지금부터는 10리의 민호를 모두 다 점고하고, 인정과 경작지의 많고 적음을 조사하여 부역을 고루 시키십시오."[68]

(2) 한성부가 아뢰기를, "병오년 호적이 지금에 이르러 완성되었습니다. 京

65 《태종실록》 권13, 태종 7년 4월 20일(갑진).

66 《태종실록》 권27, 태종 14년 6월 9일(경술) ; 《태종실록》 권31, 태종 16년 3월 9일(신축).

67 《태종실록》 권31, 태종 16년 6월 26일(병술).

68 《세종실록》 권14, 세종 3년 11월 28일(정해), "漢城府啓 州郡丁口之數 載在戶籍 每當差役 易以考驗 府城底十里人丁及所耕多少 竝無文案 若東西兩江則豐儲倉軍資監守護等項差役頗多 管領正長以人情好惡 不公差役 尤爲未便 請自今十里民戶 悉皆點考 竝驗人丁所耕多少 以均差科."

城 5부의 호수는 16,921호, 인구는 103,328인이며, 管領은 46인입니다. 성저십리는 호수가 1,601호, 인구가 6,044인, 관령은 15명으로 休養하며 生聚하는 모습이 홍성하다 말할 수 있습니다. 비옵건대 周와 唐나라의 제도에 따라 5부의 각 坊은 5家를 比로 하여 장長 1인을 두며, 100가를 里로 하여 正 1인을 두고, 성저의 각 面은 30가를 里로 하여 勸農 1인을 두며, 매 1里마다 모두 標識을 세워 분별하고, 모든 家口의 多寡, 貴賤, 老幼, 모든 세금과 부역의 부과, 제사·혼인·喪事·農桑의 권장과 징계 등을 매번 명령을 시행할 때를 당하여 집집마다 가서 보고 호마다 깨우쳐서 제때에 봉양하게 하여, 도망한 자로 하여금 숨을 곳을 없게 하고, 옮겨 간 자로 하여금 용납할 곳이 없게 하여, 서로 보호하고 서로 지켜서 禮俗을 이루게 하소서." 하니, 이조에 내려 의정부, 諸曹와 함께 의논하라고 명하였다.[69]

사료(1)은 성저십리 주민의 부역차출이 공평하지 못함을 지적하는 한성부의 계이며, 사료(2)는 호적 작성의 완료를 통해 周唐의 제도에 의거하여 한성부에서 인보법을 실시하자고 주장하는 한성부의 계이다. 두 사료에서 알 수 있는 사실은 첫째, 1421년(세종 3)까지 성저십리 주민에 대한 호구와 토지파악이 이루어지지 못했다는 것이다. 도성 안 5부의 경우 호구파악을 통해 방역이 정해지는데 반해, 성저십리의 경우 호구를 파악한 장적이 없기 때문에 민의 부역차출이 관령과 정장의 임의대로 이루어졌음을 알 수 있다. 이는 조선 초까지 성저십리 지역에 대한 국가의 인구파악 및 통제가 제대로 이루어지지 못했음을 의미하며, 태종대부터 논의되었

69 《세종실록》 권40, 세종 10년 윤4월 8일(기축).

던 5家에 의한 인보법의 시행이 불가했음을 의미하였다. 이 시기 한성부 인구통제의 실무를 담당한 관부는 5부였다. 5부는 호적과 별도로 주민의 내역을 파악하는 統紀를 작성, 이를 토대로 이주해 오는 인구를 관리할 수 있었다.[70] 그러나 조선 초 성저십리의 경우 서부 반석방, 반송방, 동부 崇信坊, 昌仁坊, 남부 禮成坊, 誠身坊을 제외하고는 5부에 편입되지 않았기 때문에 그 외 지역에서는 5부에 의한 인구통제가 불가했다고 할 수 있다. 그 결과 성저십리의 호구와 토지에 대한 파악이 이루어질 수 없었다. 성저십리의 호구와 토지의 수효는 1421년(세종 3) 이후에서야 조사되기 시작했는데, 이는 도성 안 경중과는 다른 모습으로 성저십리 지역의 특이성을 드러낸 것이라고 할 수 있다.

이러한 양상은 사료(2)에서 알 수 있듯이 1428년(세종 10)에 병오년(1426년, 세종 8) 호적이 완성됨에 따라 해결되었다. 이때 한성부의 호구는 경성 5부의 경우 1만 6,921호, 10만 3,328인이며, 성저십리는 1,601호, 6,044인이었다. 전체 한성부 호수 가운데 8.6%만이 성저십리에서 살고 있었으며, 거주인구는 5.5%에 불과하였다. 성저십리의 호구는 이후 3년 단위로 파악되어 1435년(세종 17)에는 2,339호,[71] 1438년(세종 20)에는 1,930호였다.[72] 이는 1421년(세종 3) 한성부의 건의가 받아들여진 결과로 성저십리에 대한 국가의 통제가 이전시기보다 강화된 양상을 살펴 볼 수 있다.

성저십리에 대한 호구파악과 함께 행정체제의 변동도 수반되었다. 1424년(세종 6) 도성 안 인구증가로 주택이 포화상태가 되어 주민 간 택지 쟁송이 빈번하자, 국가는 증가된 인구를 도성 밖 성저십리로 분산시키고

70 윤경진, 앞의 논문, 2003, 8~9쪽.

71 《세종실록》 권69, 세종 17년 7월 10일(기묘).

72 《세종실록》 권83, 세종 20년 12월 18일(무진).

자 했다. 대상 지역은 동대문 수구문 바깥으로, 국가는 이 지역을 한성부의 관리체계하에 놓기 위해서 5부방제의 행정체제로 흡수시켰다. 동대문 수구문 밖 북쪽은 동부 崇信坊과 昌仁坊에, 남쪽은 남부 禮成坊, 誠身坊에 편입되었다.[73] 한성부 행정체제가 태조대 5부 52방에서 세종대 49방으로 축소되는 양상은 이 같은 도성 내 인구변화에 따른 국가의 행정 조치가 수반된 결과라고 할 수 있다.

또한 성저십리의 촌락편제와 운영이 도성 안과 다름을 알 수 있다. 사료(2)에서 5부는 '各坊'으로, 성저는 '各面'으로 표현되었다. 그리하여 한성부는 5부는 방의 家戶를 기준으로 5가를 1比로 100가를 1리로, 성저는 면의 가호를 기준으로 30가를 1리로 구성할 것을 주장했다. 성저십리 운영의 담당층인 관령, 正長, 권농관 등의 존재를 통해서도 도성 안과의 차이를 파악할 수 있다.

이러한 양상은 1430년(세종 12) 한성부가 우마 절도의 예방책을 건의하는 과정에서도 확인할 수 있다. 서울 안 5부 및 성저십리에서 우마 절도범이 극성하자, 한성부는 우마의 생가죽에 표를 붙인 후 府의 火印을 받게 했다. 상거래를 할 경우에는 경시서로 하여금 표의 첨부여부를 조사한 뒤에 매매를 허가하게 하였다. 이때 표가 없는 가죽을 매매한 자는 경중에서는 관령 및 五家長이, 성저십리는 勸農과 方別監 등이 한성부에 보고하였다.[74]

1430년 기사에서 알 수 있는 사실은 동일 사무의 처리에서 경중과 성저십리의 담당자가 달랐다는 점이다. 이는 두 지역의 행정 운영체제가 다

73 《세종실록》 권26, 세종 6년 11월 14일(을유).

74 《세종실록》 권48, 세종 12년 4월 13일(계미).

르다는 것을 말해주는 것이다. 성저십리의 사무를 맡아보는 권농관, 이정, 방별감은 면리제 운영담당자였다. 《경국대전》에는 지방 모든 군현의 각 面마다 행정을 담당하는 운영층으로 권농관을 차정할 것을 규정하였다. 면의 하급단위인 里에서는 里長, 里正, 正長, 方別監 등이 행정을 담당하였다.[75] 따라서 성저십리 내 권농관과 방별감의 존재는 이 지역이 면리편제 하에서 운영되었음을 말해주는 것이다.

그러나 성저십리의 면리제 운영과 관련해 한 가지 의문점은 성저십리 내 관령의 존재이다. 사료(1)에서 성저십리 주민의 요역은 관령과 정장이 배정하였다. 관령은 5부에는 46인이, 성저십리에는 15인이 있었다. 《경국대전》의 '京에는 1坊마다 관령을 둔다.'[76]는 규정에 따르면 5부 46인의 관령은 46방에 차정된 것이라고 할 수 있다. 이러한 양상은 한성부 행정체제가 태조대 52방에서 세종대 49방으로 축소되는 과정에서 또 다른 행정편제의 변동이 있었는지, 아니면 관령이 없는 방이 존재했는지 의문이 들게 하는 점이다.

도성 밖 성저십리 또한 15인의 관령이 존재하여 성저십리가 면리의 행정조직을 갖추었지만 5부의 방리제와 혼합된 양상을 보이고 있었다. 관령, 권농관, 방별감의 혼재 양상은 성저십리의 지역적 특징에서 살펴볼 수 있다. 조선 건국 후 태조는 도성 안에 거주하는 한양의 원주민들을 강제로 경기도 양주에 옮기고 이 지역으로 개성부의 관료, 시전인, 개성부민 등을 이주시켰다. 이때 성저십리 지역의 원주민까지 양주로 이주시켰다고 볼 수는 없기 때문에 성저민들은 옛 한양의 원주민으로 파악할 수 있다.[77] 앞

75 이존희, 〈조선 전기의 外官制〉《국사관논총》8, 1989, 87~89쪽.

76 《경국대전》, 戶典, 戶籍.

77 고동환, 〈조선 초기 한양의 형성과 도시구조〉《지방사와 지방문화》8, 2005, 92~95쪽.

서 2장에서 언급했듯이 한양으로 천도하기 전 서대문과 남대문 밖에서 용산, 한강진에 이르는 지역은 광주목 부원현에 소속되어 있었다. 국가는 이러한 향촌적 기반의 성저십리를 초기에는 예전체제 그대로 면리제로 운영하다가 점차 한성부 방리제의 체제로 전환시켰다고 할 수 있다. 즉 세종대 성저십리 내 관령, 권농관, 방별감의 혼재 양상은 성저십리의 행정편제가 한성부 방리제의 체제로 전환되는 과도기적 양상이라고 파악할 수 있다.

이처럼 성저십리는 관령, 권농관, 방별감 등을 통해 운영되었지만, 성저십리 지역을 관장하는 중간 부서가 없었다. 사망한 관노비의 파악도 도성 안은 5부의 관리가 한 것에 반해, 성저십리의 경우 한성부 관리가 직접 수행하였다.[78] 성저십리민의 부역 또한 관령이 토지와 인정의 다소에 따라 차출해야 하는데 이들이 멋대로 하자 한성부 관리가 직접 성저민의 부역을 배정하였다.[79] 성저십리의 권농관과 里正 등도 관할 지역에 일이 생길 때마다 임의대로 한성부에 직접 보고하는 상황이었다. 이러한 양상은 성저십리가 5부에 소속되지 않았기 때문에 생긴 결과였다. 따라서 한성부에서는 이 같은 폐해를 시정하기 위해 1461년(세조 7) 성저십리를 인접해 있는 5부에 각각 분속시켜 5부 행정체제로 흡수하였다.[80]

이와 같이 성저십리는 1461년에 이르러서야 5부에 분속되었지만 1473년(성종 4)에 다시 양주와 고양군에 편입되었음을 알 수 있다.

한성부에서 성저십리민의 狀告에 의거하여 아뢰기를, "성저십리 안에 사

78 《세종실록》 권1, 세종 즉위년 8월 19일(병신).

79 《세종실록》 권95, 세종 24년 1월 27일(기축).

80 《세조실록》 권23, 세조 7년 2월 27일(무술).

는 백성들은 실로 이쪽도 아니고 저쪽도 아니므로 서로 미루게 되어 요역에 쓸 수 없습니다. 典牲署, 司畜署의 糟糠, 造紙署의 猛灰, 궐내의 掃雪, 瓦署의 築瓮, 司圃署의 沈藏, 氷庫의 藏氷, 司僕寺의 生草, 田稅, 雜物을 수레로 실어 보내고 실어 들이는 일과 無時로 行幸할 때의 도로, 교량을 修治하는 등 여러 가지 잡일을 다 시켰습니다. 그런데, 이제 호조에서 성저십리 안에 사는 백성을 양주, 고양 두 고을에 나누어 붙이므로, 京外의 兩役을 마침내 지탱할 수 없으니 청컨대 舊例에 의하여 4部에 還屬시켜서 田稅와 生穀草 외에는 雜役에 부리지 말게 하소서."하니 그대로 따랐다.[81]

위의 사료는 성저십리민이 올린 소장을 근거로 한성부가 성종에게 아뢴 것이다. 성저십리가 5부로 분속된 이후 성저민은 궐내의 눈 청소 외에 도성 밖에 위치한 관사의 잡일과 국왕 행행 시 도로와 교량의 修治 등에 동원되었다. 그러나 1473년(성종 4) 호조에서 성저십리 지역을 다시 고양과 양주에 분속시키자 성저민은 한성부의 방역뿐 아니라 고양, 양주의 역도 지게 되는 상황이 발생했다. 이에 한성부는 성저민을 5부로 환속시키고 田稅와 生穀草 이외의 잡역에 동원되지 못하게 하였다.[82] 중종대 용산이

81 《성종실록》 권37, 성종 4년 12월 28일(갑신), "漢城府據城底居民等狀告啓 十里居民等 實非彼此 相推不供徭役 如典牲署司畜署糟糠 造紙署猛灰 闕內掃雪 瓦署築瓮 司圃署沈藏 氷庫藏氷 司僕寺生草 田稅 雜物 輸入車子等役 及無時行幸道路 橋梁修治等 雜事供役 而今戶曹以十里居民 分屬楊州高陽等邑 京外兩役 終不能支 請依舊還屬四部 田稅及生穀草外 勿差雜役 從之."

82 고동환은 조선 초기 도성 안과 성저십리를 차별의 관점에서 파악하였다. 방제에 편제된 도성 안 주민과 면리제로 편제된 도성 밖 공간의 차별성으로 파악했으며, 이러한 공간의 차별은 개경에서 강제로 이주된 자들이 거주한 도성 안 거주민들과 도성 밖 城底十里로 쫓겨난 고려시대 남경 주민들 사이의 차별로 이어졌다고 검토하였다. 이러한 차별성은 행정 편제에서 지는 부역 부과에서 드러났고, 성종 초 성저십리 주민

한성부 5부의 관할 하에 있는 것은 이러한 정책의 결과였다. 1515년(중종 10) 용산에 화재가 발생하자 중종은 이재민 30호에게 쌀을 내려 진휼하였는데, 이때 용산은 이미 서부에 편입되어 있었다.[83]

2) 17~18세기 성저십리의 실태와 행정체제의 변화

성종대 역제 운영에서 보인 성저십리의 이중성은 17세기에도 지속되었다. 해당 시기를 살고 있던 반계 유형원은 17세기 성저십리의 모습을 다음과 같이 지적했다.

> 지금 한강의 여러 리는 비록 경성 땅이지만 또한 양주와도 관계가 있으므로 양주에서 세금을 거둔다. 용산이 고양에 대하여도 또한 그러하다. 인호와 전세를 두 곳에서 나누어 맡으니 그 타당함을 알지 못하겠다. 이러한 땅은 마땅히 모두 한성부에 넣어야 한다. 양주는 西山밖 淨土 등지 및 樓院, 蘆原, 康陵, 泰陵, 茁洞, 乾元陵에서 王山川에 한하고, 廣津, 三田渡를 도는 이내의 땅을 잘라 넣는다. 고양군의 昌陵, 敬陵, 鴨島, 행주 근처 등지 또한 넣는다. 압구정, 沙平坪에서 狐峴에 이르는 안쪽의 땅과 동작에서 楊花渡에 이르는 강 남쪽 10리의 땅을 잘라 넣으니 곧 과천 북면의 반과 금천의 동쪽 경계이다. 노량 등지는 강 밖의 지면에 매어 있으나 경성에 지극히 가까우니 대개 땅을 나누어 고을을 세움에 비록 산천으로 경계를 삼는 것이라 하

에게 京役을 지게 함으로써 그러한 차별은 해소되었다고 파악하였다(고동환, 《조선시대 서울 도시사》, 태학사, 2007, 86~89쪽).

83 《중종실록》 권23, 중종 10년 11월 5일(정해), "西部龍山居民失火 三十餘家延燒 賜米賑之."

더라도 실로 인사의 편의한 바를 위주로 삼아 한성에 붙이는 것이 옳다.[84]

위의 사료에서 유형원은 한강진과 용산이 한성부 성저십리의 땅이지만 양주목과 고양군과도 관계가 있음을 지적하였다. 그것은 다름 아닌 이 지역의 전세수취 때문이다. 한강진과 용산 주민의 호구파악에 따른 坊役 수취는 한성부 5부가 담당한 반면, 전세 징수의 경우 한강은 양주군에서, 용산은 고양군에서 담당하였다. 유형원은 행정관청의 이중적 관리를 받는 이 지역을 모두 한성부에 편입해 일원적 통제를 시행해야 한다고 주장하였다. 유형원이 지목한 지역은 양주목의 누원, 노원, 강릉, 태릉, 줄동, 건원릉에서 왕산천, 광진, 삼전도이내의 땅, 고양군의 창릉, 경릉, 압도, 행주 근처 등지, 압구정, 사평평에서 狐峴 안쪽과 동작에서 양화도에 이르는 땅이다. 주요 위치를 지도상에 표시하면 다음 〈그림 4〉와 같다.

먼저 양주목과 고양군 편입지역의 경우 성저십리 외곽으로, 유형원은 이곳에 위치해 있는 왕릉과 인근 마을을 한성부에 편입해야 한다고 주장하였다. 해당 왕릉의 경우 한성부 인접지역으로, 해자 이내는 금표구역으로 지정되어 금산에 대한 한성부의 제재를 받았다. 고양군 압도는 조선 초부터 선공감에 소속되었으며,[85] 압도계공인이 형성되어 이 지역에서 생산되는 억새풀로 만든 발[簾]과 비[箒]를 공물로 바쳤다. 삼전도, 동작, 양화도는 津渡가 설치된 지역들이다. 결과적으로 유형원이 한성부 편입을 주장한 지역은 한성부의 영향력이 미치는 지역임과 동시에 양주, 고양군의 관리를 받는 이중성을 지닌 곳이라고 할 수 있다. 유형원은 이러한 지역을

84 《磻溪隧錄補遺》 권1, 郡縣制 歷代制 漢城府.

85 《신증동국여지승람》 권11, 경기, 산천, 鴨島.

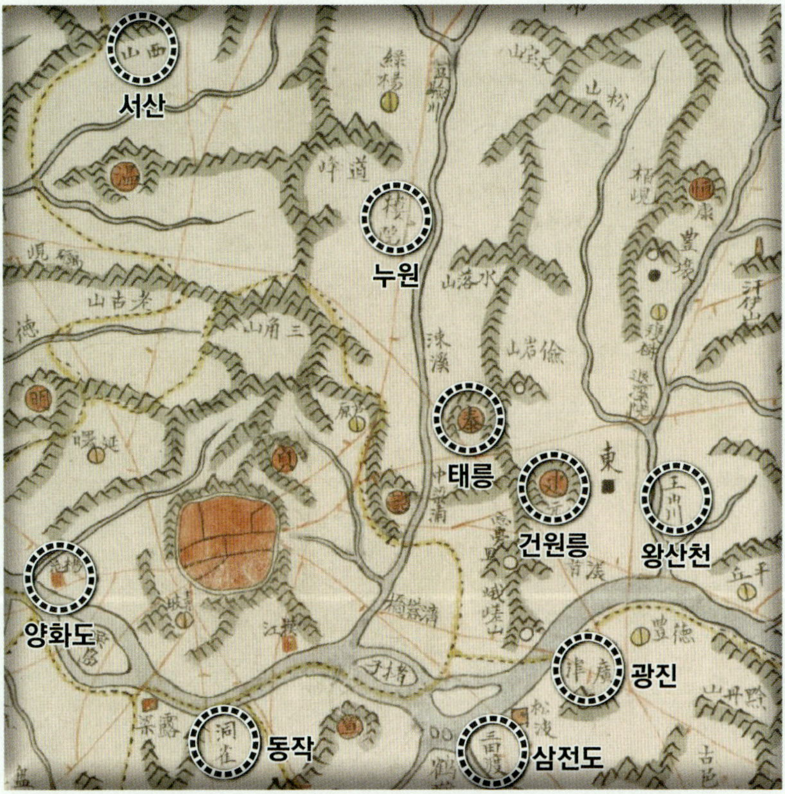

〈그림 4〉 유형원이 주장하는 한성부 편입지역(《大東方輿全圖》)(서울대학교 규장각한국학연구원)

인사의 편의에 따라 한성부에 편제할 것을 주장했는데, 이때 인사의 편의란 부세수취의 일원화를 의미한다고 할 수 있다.

성저십리 남쪽 경계인 경강지역의 이중적 관리는 18세기 중반까지 지속되었다.

> 고양군수 柳曾養이 아뢰기를, "한강에서 玄石과 渚江, 숭례문과 소의문 두 문밖에 이르기까지는 모두가 고양군의 옛날 富原面입니다. 땅은 본군에 소

속되어 있고 백성은 한성부에 소속되어 있는데, 특히 都下에 있다고 하여 그들의 三稅를 면해 주어, 단지 結錢과 草米만 바칩니다. 세 명의 書員을 차출하여 수납을 나누어 관장하도록 하였으나, 江民들이 게을러서 갖추어 납부하지 않고 관리들을 내쫓아 발을 붙일 수가 없습니다. … 부원면을 한성부에 소속시켜 해당 각 部로 하여금 京司로 수납하게 하면, 일이 매우 편리하고 마땅하겠으므로 감히 이에 말씀드립니다."하였다.[86]

위의 사료에 따르면 한강진에서 현석리, 저강에 이르는 지역과 숭례문과 소의문 밖의 경우 토지는 고양군에 소속된 반면, 호구는 한성부에 소속되었다. 이 일대는 고려 후기 부원현 소속으로, 성저십리에 위치했기 때문에 주민들은 三稅가 면제되고 結錢과 草米만 고양군에 납부하였다. 이는 앞에서도 언급했듯이 15세기 성저십리 지역이 5부에 소속되었지만 田稅와 生穀草는 부과했던 양상이 17세기에 이르러서도 지속되었음을 말해준다. 그러나 이 시기에 이르면 경강의 주민들은 한성부민으로서의 인식이 강했기 때문에 결전과 초미를 제때에 납부하지 않는 경우가 많았다. 그러므로 고양군에서는 이러한 폐를 시정하기 위해 옛 부원현 지역인 한강진에서 현석리에 이르는 지역과 숭례문과 소의문 밖의 지역을 한성부로 소속시켜 부세수취를 일원화하도록 정조에게 요청하였다.

성저십리 지역의 이중적 통제는 비단 경강 일대에만 한정되지 않았다. 성저십리 북쪽 경계인 삼각산 주변지역 또한 양주목과 접경지대라는

86 《일성록》, 정조 10년 2월 25일, "高陽郡守柳晉養啓言 自漢江至玄石渚江及崇禮昭義兩門外 皆是本郡舊日富原面也 地屬本郡 民屬京兆 而特以都下之 故免其三稅 只納結錢與草米矣 差出三書員 分掌收納 而江民輩慢不備納 歐逐官吏 … 富原一面屬之京兆 使該各部 收納京司 事甚便當 故敢此仰達矣."

이유로 한성부와 양주목 간 마찰이 빚어졌다.

> 한성부에서 아뢰기를 "근래 나라의 기강이 해이해져 禁山의 소나무를 임의로 베니 매우 놀라운 일입니다. 삼각산 아래 神穴里의 금산에 있어서는 과거부터 양주목과 번번이 시비가 있는 곳입니다. 대체로 신혈리는 서울에서 行人이 통행하는 길로 따지면 거의 30리에 달하고, 城北 모퉁이에서 산 밑 직선거리를 계산하면 10리가 채 안됩니다. 또《輿地勝覽》에 실린 것을 보면 삼각산은 서울의 鎭山이라 하였고 佛宇에 관한 기록에도 重興寺 밑의 주에 삼각산에 있다고 하였으며, 古跡에 대한 기록 가운데 神穴寺 밑의 주에도 삼각산에 있다고 하였습니다. 그러므로 본부에서는 이를 서울에 속한 산이라 하고, 양주목에서는 신혈리 주민이 본 고을의 役에 응하고 있으므로 마땅히 본 고을에 속해야 한다고 합니다. 이로써 다투어 비국에 보고한 지 1년이나 되었습니다. 일찍이 임자년(1672년)에 비국에서 회계하여 田結의 경우는 양주에 역을 나가도록 하고, 산판에 있어서는 옛부터 경계를 정한 바에 따라 본부에서 단속하되 해도의 산지기 등이 폐단을 빚고 뇌물을 받는 폐단도 조사하여 다스리도록 하였습니다. 그리하여 이에 의하여 시행한 지도 몇 해 되었습니다…"[87]

87 《비변사등록》34책, 숙종 4년 6월 9일, "漢城府啓曰 近來國綱解弛 禁山松木 任意斫伐 已極可駭 而至於三角山下神穴里禁山處 則自前與楊州牧每每相爭 蓋神穴里面 距京城 以行人作路計之 則幾至三十里 自城北隅 直計山下步數 則未滿十里 且以輿地勝覽所載觀之 則三角山 爲京城鎭山 佛宇所錄重興寺下 亦註云在三角山 古跡所錄神穴寺下 亦註云在三角山 故本府則以此爲京城屬山 而楊州牧則以神穴面居民 應本州之役 故以爲當屬於本州 以此爭報備局 積有年所 曾在壬子年分 自備局回啓 田結則令楊州出役 山麓則依自古定界本府禁斷 而該道山直輩 作弊受賂之弊 亦令查治 故依此施行 亦有年矣…."

1678년(숙종 4) 한성부는 양주에서 역을 부과하며 관할하던 삼각산 밑 신혈리에 대해 '성저십리'까지 한성부에 속한다는 규정을 내세워 이 지역의 금산관할권을 관리하고자 했다. 신혈리는 도로를 기준으로 하면 한성부에서 30리 떨어진 지역이었다. 그러나 한성부는 신혈리를 직선거리로 측정해 성저십리로 파악, 이 지역의 관할권을 행사하려고 했다. 더욱이 한성부는 《신증동국여지승람》에서 '삼각산은 서울의 진산'이라고 한 점, 불우와 고적에 관한 기록 중 중흥사와 신혈사의 각주에 '삼각산에 있다.'고 한 점 등을 들어 삼각산을 서울에 속한 산이라 인식했다. 하지만 양주에서는 신혈리의 주민이 양주민으로서의 역을 지고 있다는 점을 들어 본 군의 관할을 받아야 한다고 주장했다. 이 같은 논쟁이 지속되자 비변사는 신혈리 지역의 전결에 대한 수세는 양주목에서 관장하도록 하고, 금산과 관련해서는 성저십리 지역임을 인정하고 한성부에서 관리하도록 하였다.

이러한 성저십리에 대한 한성부와 경기도의 이중적 관리는 1788년(정조 12)에 이르러서야 해소되는 양상을 보인다. 정조가 모든 성저십리 지역에 대해 坊과 契의 명칭을 부여하여 정식으로 한성부 행정체제 안에 포함시켰기 때문이다.

성저십리 지역의 한성부 행정체제로의 편입은 1751년(영조 27)에 반포된 〈都城三軍門分界摠目〉에서 살펴 볼 수 있다. 이 시기에 성저십리 중 연강지역에 해당하는 촌락들이 새로이 남부 두모방, 한강방, 둔지방과 서부 용산방, 서강방으로 편제되었다.[88] 아울러 坊名은 없지만 契의 명칭으로 한성부 5부 행정체제에 편입된 많은 성저십리 지역이 있었다.

88 고동환, 앞의 책, 1998, 61쪽.

북부 성저십리의 경우 1663년(현종 4) 작성된 《康熙貳年癸卯式年北部帳戶籍》에는 阿耳古介契, 望遠亭契, 合掌里契, 弘濟院契, 延曙契, 梁哲里契, 新寺洞契, 細橋里契, 末屹山契, 城山里契, 衍禧宮契, 加佐洞契, 甑山里契, 水色里契, 汝義島新契 등 16계가 있었다. 이러한 16계는 1751년(영조 27)에 宣惠廳契, 經理廳契, 私契, 佛光里契, 葛峴契, 鷓巖里契, 舊里契, 望遠亭二契 등 8계가 신설되어 24계로 증가했다.[89] 정조대에 이르면 訓倉契, 禁倉契, 御倉契, 細橋里二契, 嘉佐洞二契, 望遠亭三契 등 6계가 신설되어 30계로 증가하였다.[90] 이는 성저십리 북쪽 경계인 삼각산 주변으로 계가 형성되고 세교리계와 망원정계가 분화되었기 때문이다.

이처럼 삼각산 주변지역으로 행정적 변화가 일어난 시기는 북한산성이 축조된 18세기부터이다. 이 지역은 원래 양주목 소속이었으나 《북한지》를 편찬한 1745년(영조 21) 한성부로 이속되었다.[91] 宣惠廳契, 經理廳契는 숙종대 북한산성의 관리를 위해 신설된 경리청의 창고와 선혜청 창고가 조성되면서 형성된 마을이었다. 정조대에 이르면 북한산성 안에 새로이 訓倉契, 禁倉契, 御倉契의 마을이 조성되어 북부에 편제되었다.[92]

동부 성저십리 지역에는 1751년(영조 27) 祭基里契, 典農里契, 伐里契, 中浪浦契, 沙阿里契, 牛耳里契, 陵洞契, 長位里契, 加五里契, 安巖里契, 淸凉里契, 水踰村契, 往十里驛契, 往十里私契, 馬場里契, 踏十里契, 新設契 등 17계가 있었

89 《御製守城綸音》, 都城三軍門分界總錄(奎 3756).

90 《정조실록》 권26, 정조 12년 10월 16일(갑진).

91 《北漢誌》, 道里, "북한산성은 동쪽으로 양주목까지 거리가 60리이고, 서쪽의 고양군까지 거리가 30리이며, 남쪽의 한성부까지는 10리, 북쪽의 홍복산까지는 20리의 거리를 두고 있다. 이 북한산성은 원래 양주목 소속이었으나 지금은 한성부에 소속되어 있다."

92 《정조실록》 권26, 정조 12년 10월 16일(갑진).

다.[93] 이후 정조대에 이르면 왕십리역계가 1, 2계로 나뉘며, 御倉契, 鍾巖里契가 신설되어 20계로 증가하였다.[94]

이들 북부와 동부 성저십리의 계는 모두 坊制에 편입되지 않은 채 한성부 5부에 소속되어 있었다. 이러한 성저십리의 無坊有契 지역과 有坊無契 지역에 대해 정조는 1788년에 坊과 契의 명칭을 부여하여 한성부 전 지역을 部-坊-契의 행정체제로 일원화시켰다. 정조의 이와 같은 결정은 1788년(정조 10) 고양군수 유증양이 숭례문과 소의문 밖에서 흑석리, 한강에 이르는 옛 고양군의 부원면 지역을 한성부로 소속시켜 부세수취를 일원화할 것을 요청한 것에 대한 결과라고 파악된다.

정조는 방에 편제되지 않았던 동부 흥인문 밖 驛一契, 驛二契, 私契, 마장리계, 답십리계, 전농리계, 청량리계, 제기리계, 중랑포계, 장위리계를 인창방에 소속시켰으며, 신설계, 안암리계, 어창계, 종암리계, 가오리계, 수유촌계, 능동계, 사하리계, 번리계, 우이리계는 숭신방에 소속시켰다.

북부의 경우 방이 없는 조지서계, 경리청계, 선혜청계, 훈창계, 금창계, 어창계 등 북한산성과 연결되는 지역에 대해서는 상평방을 신설하여 한성부 부-방-계의 행정체제로 흡수하였다. 또한 양철리계, 역계, 홍제원계, 사계, 갈현계, 불광리계, 말흘산계, 신사동계 등에는 연은방을 새로 만들어 편입하였다. 경강 하류주변인 아현계, 연희궁계, 성산리계, 증산리계, 세교리 1계와 2계, 가좌동 1계와 2계, 구리계, 수색리계, 휴암리계, 망원정 1계와 2계와 3계, 합정리계, 여화도계 등에는 연희방을 신설해 한성부 5부-방-계의 행정체제로 편제하였다.[95]

93 《어제수성윤음》, 도성상준문분계총록(奎 3756).

94 《정조실록》 권26, 정조 12년 10월 16일(갑진).

95 《정조실록》 권26, 정조 12년 10월 16일(갑진).

이상과 같이 성저십리는 조선 전기부터 도성 안과 다른 이중적 통제하에 운영되었다. 17세기 이후 성저십리로 많은 촌락이 형성되어 새로운 방과 계가 신설되었지만, 이중적 통제양상은 18세기까지 지속되었다. 18세기 후반에 이르러서야 성저십리는 한성부 5부-방-계의 행정체제 안에 편입됨으로써 도성 안과 같이 한성부의 일원적인 관리가 가능했다.

4. 성저십리 내 주거대책과 거주양상

1) 조선 전기 성저십리의 주거책과 거주 실태

한양에 거주할 민의 택지 분급 규정은 1395년(태조 4) 정월에 마련되었다. 이에 따라 동년 6월 개성부의 관료, 왕실 종친, 상인, 개성부민은 한성부로 이주해 거주지를 마련할 수 있었다.[96] 이때 한성부 거주민에게 분급된 택지의 조건은 도성 안 지역이었다. 도성 안의 빈 땅을 백성들이 자유로이 점령하되 한성부의 심사를 통해 지급해 주는 것이 원칙이었다. 한성부민은 택지를 분급받기 위해서 자신이 거주하고 싶은 땅의 四標를 기록해 한성부에 소지를 올리면 해당 택지가 있는 곳의 부장과 관상감이 현지조사를 실시해 거주지로 확정했다.[97] 택지가 있는 5부의 부장이 심사를 한다는 것은 역으로 한성부의 행정체제에 들어가 있지 않으면 택지 분급이 불가능하다는 것을 말해준다.

이러한 양상은 1415년(태종 15) 돈화문 서쪽 경상도 군영의 화재처리과

96 《태조실록》 권7, 태조 4년 6월 6일(무진).

97 유승희, 〈15~16세기 한성부의 주택 문제와 정부의 대응〉《사학연구》 94, 2009, 41~48쪽.

정에서도 알 수 있다. 경상도 군영에서 불이 나 행랑 27칸이 소실되는 일이 발생하자, 한성부에서는 화재의 위험소지가 있는 내자시, 사복시, 군자감, 풍저창, 제용감 등의 관사 주변 인가를 철거하였다. 철거민들에게는 집을 짓고 남은 땅, 도성 안 관사 및 사원, 射廳, 沈藏庫 등의 채소밭, 반송방, 반석방의 토지를 나누어 주었다.[98] 이때 철거민의 주택 분급지역으로 반석방과 반송방이 있는 것은 성 밖 지역 중 5部坊制가 시행된 곳이었기 때문이다. 1431년(세종 13) 외성을 쌓는 일에 대한 논의에서 한성부가 도성 밖 청파 등지에 한성부민의 집터를 분급할 수 없다고 한 이유도 5부방제가 실시되지 않은 지역이기 때문이었다.[99]

조선 초 한성부민의 택지분급은 이처럼 한성부의 행정력이 미치는 방제 편입지역으로 한정되었다. 그러나 15세기 중반 이후 인구증가로 도성 안이 포화상태가 되어 부민 간 택지문제로 인한 쟁송이 빈번하자, 국가에서는 도성 밖 성저십리로 주민들을 분산시키고자 하였다. 이에 동대문 수구문 바깥이 주거 공간으로 확정되어 동부와 남부에 편입되었다. 한성부는 수구문 밖 개천 하류의 이북을 동부 숭신방과 창인방에 편입시켰으며, 이남을 남부 예성방, 성신방에 분속시켰다.[100]

이와 같이 조선 전기 국가의 택지 분급은 도성 밖 성저십리를 중심으로 시행되었다. 특히 풍수상 도성 동쪽의 지기가 부족했기 때문에 이를 보완하기 위해 동대문 밖 수구문으로 택지를 분급하였다. 풍수학 제조들은 城東지역의 지기를 북돋기 위해 수구문 지역으로 인가와 창고가 조밀해야

98 《태종실록》 권30, 태종 15년 9월 21일(을묘).

99 《세종실록》 권54, 세종 13년 10월 9일(경자).

100 《세종실록》 권24, 세종 6년 4월 18일(계해) ; 《세종실록》 권26, 세종 6년 11월 14일(을유).

된다고 지적하며, 그 방책으로 거주인구가 적은 남부 예성방으로 택지를 분급해 사람들이 살도록 하였다.[101] 수구문 이외에도 집이 없는 철거민들에게 노원역이나 청파 지역의 땅을 분급해 이주시키기도 했다.[102]

중종대에는 성저십리의 북부 지역으로도 한성부민의 거주지가 마련되었다. 도성 밖 북부지역은 조선 전기의 경우 한성부에 포함되었지만 거의 개발이 되지 않은 상태였다. 그러나 16세기 들어 한성부의 地狹民稠 현상이 두드러지자 국가는 도성 밖 지역으로 인구를 분산, 거주할 필요성을 인지하였다. 이에 넓고 빈 땅이 많은 창의문 밖 지역이 집터로 분급되었다. 다만 국왕의 거둥이 빈번한 곳이라 도로의 장애가 되는 곳을 제외하고 모두 택지로 분급해 주었다.[103]

경강의 일부, 즉 용산, 서강에는 귀후소, 군자감 강창, 와서, 풍저창 등이 위치했기 때문에 조선 초부터 많은 인구가 거주하였다. 이 지역의 거주인구는 조선 전기 발생한 화재양상을 통해서 대략 짐작할 수 있다. 1525년(중종 20) 용산에 화재가 발생해 40여 호가 불에 탔으며, 1539년에는 60호가 소실되었다.[104] 1501년(연산군 7)에는 서강, 마포에서 화재가 발생해 103호가 소실되었으며, 1505년에는 서강 주민 100여 호를 쫓아내어 많은 수의 인구가 경강 주변에 거주했음을 알 수 있다.[105]

그러나 성저십리가 주거지로 적합하지만은 않았다. 이곳은 우마의 절도, 도살, 강도, 방화 등이 발생하여 사람들의 왕래가 없는 우범 지역이었

101 《문종실록》 권12, 문종 2년 3월 3일(병신).
102 《연산군일기》 권54, 연산군 10년 7월 20일(무신).
103 《중종실록》 권87, 중종 33년 6월 21일(임술).
104 《중종실록》 권56, 중종 20년 윤12월 22일(병자) ; 권89, 중종 34년 3월 19일(정해).
105 《연산군일기》 권40, 연산군 7년 3월 27일(을해) ; 권60, 연산군 11년 10월 8일(기미).

다. 왕십리 지역에서는 소를 끌고 가는 사람이 강도에게 살해당하고 소를 빼앗겼으며,[106] 수구문 밖은 도둑의 소굴이 되어 밤에는 사람들이 통행할 수 없었다.[107] 대신들조차 성저십리 지역으로 사람들을 살게 하는 것은 이들을 죽음으로 내모는 것이라고 생각했다.[108]

1554년(명종 9) 원각사지 주변 인가에 화재가 발생해 가옥 100여 채가 불에 타자, 명종은 화재의 원인을 가옥 밀집으로 보고 이재민들을 수구문 밖으로 이주시킨 후 공지를 지급하게 하였다.[109] 하지만 대신들은 이주시기가 추운 겨울인 점과 수구문 주변이 우범 지역이라는 이유로 이재민의 이주를 반대했다.[110] 1565년(명종 20)에 다시 원각사 화재로 인가 200여 호가 소실되자 명종은 아예 터를 비우고 이재민들을 南伐原으로 옮겨 살도록 지시했다.[111] 이때에도 승정원과 사헌부의 반대의견이 제기되었으나 명종은 성저십리 지역도 사람이 거주하는 곳임을 강조하며 원각사 터 안의 거주민을 남벌원으로 이주시키는 자신의 의견을 관철시키고자 했다.[112]

이처럼 조선 전기 성저십리는 5부에 편입된 지역과 경강 일부를 제외하고는 해당 시기를 살고 있는 사람들에게 좋은 거주지는 아니었다. 그러나 국가는 도성 안 인구밀도 해소를 위해 지속적으로 도성 밖 성저십리로 거주지를 마련해 인구의 분산을 시도하였다.

106 《연산군일기》 권47, 연산군 8년 12월 20일(무오).
107 《명종실록》 권17, 명종 9년 9월 2일(경자).
108 《명종실록》 권17, 명종 9년 9월 2일(경자).
109 《명종실록》 권17, 명종 9년 8월 30일(무술), 9월 1일(기해).
110 《명종실록》 권17, 명종 9년 9월 2일(경자).
111 《명종실록》 권31, 명종 20년 3월 9일(병오).
112 《명종실록》 권31, 명종 20년 3월 10일(정미).

2) 조선 후기 성저십리의 주민구성과 실태

조선 후기 제작된 〈都城圖〉 속 한양의 모습을 보면 성저십리 지역의 거주 양상을 대략적으로 살펴 볼 수 있다. 도성 밖은 서대문, 소의문, 숭례문 밖으로 인가가 밀집해 있으며, 서대문 밖 京營橋, 소의문 밖 新橋, 남대문 밖 焰硝橋, 舟橋 주변으로도 초가와 기와집이 조밀하게 형성되었다. 또한 북동부 山底 지역으로는 정릉 위쪽 孫家庄과 수유현에 마을이 형성되었으며, 동대문 밖 왕십리, 전농 등지도 마찬가지였다. 남쪽 경강 주변으로는 강줄기를 따라 공덕, 서강, 동막, 마포, 용산, 둔지산, 이태원, 두모포, 신촌에 오밀조밀 가옥이 그려져 있다.

북부 산저 지역의 경우 1663년(현종 4) 작성된 《북부장호적》을 통해 구체적으로 살펴볼 수 있다. 《북부장호적》에는 도성 밖 북서부 산저 지역과 경강 하류 주변 16개의 契 총 683호의 호구가 기록되었다. 그 가운데 북서부 산저 지역은 홍제원계, 연서계, 양철리계, 말흘산계, 조지서계 등 5계 146호로, 주민구성은 〈표 2〉와 같다.

《북부장호적》에 나타난 북서부 산저민의 직역은 다양하지 않았다. 관료 및 종친, 유학 및 출신 등의 양반, 군병, 역리, 吏隷, 노비, 양인 등이었다. 마병, 포수, 겸사복, 호위군관 등 무관 및 군병이 55호 37.9%로 가장 많고, 역리 및 이례가 35호 24.1%를 차지하였다. 양인은 1호 뿐이었다.

각 계별로 살펴보면, 홍제원계의 경우 노비 3호, 양반 및 종친 2호, 무관 및 군병 11호가 거주하였다. 전체 16호 가운데 약 70%가 군병이었다. 대부분 훈련도감의 포수, 마병, 사수 등이다. 홍제원계 위쪽 연서계는 전체 96호 가운데 무관 및 군병, 역리가 각각 33호로 전체 호수의 68.8%를 차지해 군병과 역리의 집단촌임을 알 수 있다. 군병 중 포수가 11호, 마병이 8호로 대부분 훈련도감 소속 군병이다. 역리가 다수 거주하는 이유는

〈표 2〉《북부장호적》에 나타난 북서부 산지 지역 주민의 구성 (단위: 호)

신분직역 / 계	양반 및 종친	노비	무관 및 군병	역리 및 이례	양인	기타	합계
홍제원계	2	3	11	0	0	0	16
연서계	10	18	33	33	1	1	96
양철리계	6	0	3	2	0	0	11
말흘산계	8	3	8	0	0	1	20
조지서계	0	2	0	0	0	1	3
합계(%)	26(17.2)	26(17.2)	55(37.9)	35(24.1)	1(0.7)	3(2.1)	146(100)

이 지역에 延曙驛이 위치하고 있었기 때문이다.

양철리계에는 양반 및 종친 6호, 무관 및 군병 3호, 역리 2호, 총 11호가 거주하였다. 특히 양철리계에는 종친들이 거주하였다. 양반호 6호 가운데 5호가 종친이었다. 이들은 중종의 후손인 海安君 李峅의 자손들로, 해안군의 아들인 오천군 이굉의 아들 海城副守 李元忠과 손자 이철순, 이순성, 이철명, 이순현이다. 양반 6호를 제외하면 훈련도감 마병과 역리가 모여 살았다. 백련산 서쪽 성 밖 마을인 말흘산계에는 20호가 모여 사는데, 양반 및 종친이 8호, 노비 3호, 무관 및 군병이 8호, 기타가 1호이다. 이 지역의 경우 내시가 2호 살고 있으며, 노비 3호가 내시들의 농막지기이다.

특히 이 일대 지역을 당대 사람들은 '포수촌'이라고 부르고 있어 훈련도감 군병의 집단 거주지로 파악된다. 전 포도대장 신대겸이 자기 부친의 묘를 말흘산 금표지역에 이장하는 과정에서 "西郊의 砲手村에 사는 金壽甲의 집 뒷산의 땅이 가장 좋다는 말을 들은 지 이미 오래되었습니다."라고 하는데서 말흘산계, 연서계, 양철리계 일대가 일명 포수촌으로 불린 것을 알 수 있다. 17세기 20호에 불과하던 말흘산 지역은 "묘를 조성하기 위해 가호 44호를 이전시키려 했다."는 말을 통해서 1794년(정조 18)에는 적어도

44호 이상으로 증가한 듯 보인다. 이 과정에서 이 지역에 거주하는 훈련도감 포수들과 대립하는 일이 있어 훈련도감의 장교가 내왕하기까지 하였다.[113]

도성 북쪽 지역은 산이 많은데다 높아 민이 산거해 살고 있었다. 더욱이 이 지역은 도성의 주맥으로 관리가 필요한 곳인데 동부 거주민들의 벌목으로 산이 황폐해질 위기였다. 따라서 1765년(영조 41) 국가는 주맥의 보호를 위해 屯田 및 창고의 설치와 함께 募民 대책을 논의하였다.[114] 그 결과 숙정문과 혜화문 사이인 城北洞에 토지 조성 작업을 거친 후 둔전을 설치하고 백성을 거주하도록 하였다. 그러나 지리적 특성상 산과 계곡이 많아 농사가 쉽지 않았으며, 시장도 멀었기 때문에 마을을 형성했지만 주민의 생계를 마련할 수 없었다. 따라서 영조는 거주민의 생계를 위해 무명, 베, 모시 등의 점포에서 曝白할 물건과 개경의 모시를 주어서 曝役을 하게 하였다. 1768년(영조 44)에는 이곳에 훈조막을 설치하여 동리의 거주민에게 燻業도 하게 하였다.[115]

한편 삼각산 동쪽 淸潭洞에는 '孫家庄'이라는 마을이 조성되었다. 〈도성도〉, 〈鍊戎臺圖〉, 〈都城鍊戎北漢合圖〉 등을 보면 삼각산 부근에 '孫家庄'이 표시되어 있다. 孫家庄은 '손씨 집안의 농장'이라는 의미로, 이곳의 풀과 나무조차 모두 孫氏의 집안에서 대대로 전해 온 것이라 '손가장'으로 명명되었다고 한다.[116] 손씨의 집성촌임을 알 수 있다. 〈도성도〉에 초가가

113 《일성록》, 정조 18년 11월 19일(계묘).

114 《승정원일기》 1242책, 영조 41년 4월 17일(임술) ; 《비변사등록》 147책, 영조 41년 4월 18일.

115 〈城北洞曝白燻造契完文節目〉(서울역사박물관 서3732).

116 《승정원일기》 1665책, 정조 13년 9월 19일(임인), "孫德奉等所告內 以爲此庄之一草一木 皆是孫哥世傳之物 而至有孫家庄名之稱矣."

조밀하게 그려진 것으로 보아 어느 정도 규모가 있는 마을임을 확인할 수 있다.

손가장에 거주하는 주민의 실태는 1789년(정조 13) 손가장 주민들과 김계연 사이에 일어난 토지분쟁을 통해서 살펴 볼 수 있다. 狀頭인 손덕봉이 소장에 거주지를 동부라고 기입해 손가장이 동부지역에 소속된 곳임을 알 수 있다.

> 손덕봉이 고하기를, "이 莊園의 풀 한 포기나 나무 한 그루도 모두 손씨 집안에서 대대로 전해 온 물건입니다. 중간에 故 奉朝賀 金尙翼이 정자의 터를 매입하기를 원했기 때문에 어쩔 수 없이 허락하기는 하였으나, 이 외에 동네의 터에서는 전과 똑같이 경작해 왔습니다. 그런데 김상익의 養孫 김계연이 자기 집 立案 중에 들어 있는 토지라고 하면서 新舊 개간한 땅을 막론하고 종을 풀어 위협해 모두 세금을 거두었습니다. 그리하여 대대로 전해 온 땅을 난데없이 잃게 되었으니 원통합니다." 하였습니다. 김계연은 고하기를, "저의 할아비 김상익이 터를 매입해 정자를 세운 뒤에 주인이 있는 땅은 값을 주고 매입하고 빈 땅에 대해서는 입안을 발급받았습니다. 다만 저의 할아비가 새로 점유한 땅을 보호하려는 뜻에서 奴屬이나 洞民을 막론하고 그들이 먹고 살도록 맡겨 두고 토지세를 거론하지 않았습니다. 그런데 근년 이래로 孫哥 등이 정자 부근의 노속들과 부화뇌동하여 정자 앞뒤의 땅을 점차 개간하여 서로 매매하였습니다. 그래서 어쩔 수 없이 관아에 呈訴하고 세금을 거두었습니다." 하였습니다.[117]

117 《일성록》, 정조 13년 9월 19일(임인).

앞의 사료에서 보면 김상익이 매입한 손가장 토지에 대한 수세문제가 소송의 원인이었다. 김상익이 매입할 당시에는 토지세를 거두지 않았던 것을 그의 손자 김계연이 한성부의 입안을 받은 손가장 내 신구 개간지에 모두 토지세를 거두었기 때문이다.

한성부에서는 손가장이 누대에 걸쳐 손씨가 거주해 온 지역이라는 점, 소송을 낸 김씨 집안에서 정자를 지은 뒤 한 번도 賭稅를 거둔 적이 없었다는 점 등을 들어 입안 문서상의 소유권보다 손씨 동성 마을 토지에 판결의 무게를 두었다. 이에 입안 문서 안의 토지는 모두 손가장 주민들에게 주었으며, 김씨 집안에서 징수한 도세도 돌려줄 것을 명해 손가장 주민이 경작하고 있는 토지에 대한 권리를 계속 유지해 나갈 수 있도록 했다. 그러나 김상익이 값을 주고 매입한 곳은 김씨 집안에 주었다.[118]

이러한 판결에 대해 이듬해인 1790년(정조 14) 손양택이 다시 격쟁을 하는 일이 발생하였다. 입안 안에 있는 토지를 다시 농민들에게 돌려주라는 정조의 판결이 이행되지 않아 손양택의 아버지 孫義大가 분함을 못 이기고 자살했으며, 아들의 죽음을 애통히 여긴 조모 또한 자살했기 때문이다. 이 분쟁의 판결에 대해 김씨 집안이 수용했는지의 여부는 파악할 수 없지만 정조가 소송의 처리를 제대로 하지 못한 형조판서와 관계된 당상관을 중죄로 다스리겠다고 경고한 데서 손가장 주민의 격쟁이 받아들여졌을 것으로 추측된다.[119]

동부 성저십리의 新村 中里는 국가에 의해 형성된 마을로 사복시 牽夫가 집단으로 거주하였다. 1652년(효종 3) 임진왜란으로 강변에 거주하던 마

118 《일성록》, 정조 13년 9월 19일(임인) ; 《승정원일기》 1665책, 정조 13년 9월 19일(임인).
119 《승정원일기》 1672책, 정조 14년 2월 14일(을축).

부들이 흩어지자 국가는 국용물자의 운송에 필요한 牽夫 100여 명을 지방민 중에서 뽑아 箭串坪에 거주시키고 마을 이름을 중리라고 하였다.[120] 1702년(숙종 28)에는 사복시 제조 申琓이 거주지가 없는 제원 40여 호를 화양정 근처에 거주하게 하였다. 이들을 살곶이 마장 내에 집단적으로 거주하게 한 이유는 난을 당했을 때 마부를 책임지고 차출하기 위해서였다.[121] 이처럼 신촌 중리는 견부들의 집단거주지로 이들은 별도의 계를 형성하여 방역을 지지 않았다. 그러나 점차 견부 외에 양반 및 한잡인들이 이 지역으로 들어와 거주하게 되어 1708년(숙종 34) 중리의 호수는 견부호가 61호, 양반 및 한잡인 호는 155호에 이르렀다.[122] 18세기 후반에 작성된 것으로 보이는 〈사복시 살곶이 목장지도〉에는 면목리 62호, 장리 70호, 화양정 인근 9호 등 마장 내 마을의 호수가 기재되어 있다. 그 가운데 면목리는 배봉산 아래 살던 백성들을 이주시킨 곳으로 사복시가 관할하였다.[123]

성저십리 거주민 가운데에는 무당도 있었다. 무당은 조선 초부터 국가의 정책에 의해 도성 안에서 거주할 수 없었다. 국가는 이들을 도성 밖에서 멀리 떨어진 곳에 모여 살게 했으며, 이들의 거주지를 '巫覡里'라고 하였다. 조선 후기에 이르면 노량진에 수백 호가 넘는 무당촌이 생겨나는데, 이들이 노량진에 집거한 이유는 인근에 새남굿을 하는 새남터와 금성당이 있었기 때문이다. 하지만 노량진의 무당들은 정조에 의해 다시 경강 이남으로 축출되어 더 이상 한성부 안에서 거주할 수 없었다.[124]

120 고동환, 〈조선 후기 경강지역 행정편제의 변동과 인구추세〉《서울학연구》 24, 2004, 6~7쪽,

121 《승정원일기》 781책, 영조 10년 6월 10일(갑인).

122 《승정원일기》 441책, 숙종 34년 윤3월 5일(임오).

123 《정조실록》 권37, 정조 17년 2월 15일(무인).

이상과 같이 성저십리 지역에는 조선 후기 국가의 시설확충과 그로 인한 모민 정책에 의해 형성된 마을이 많았다. 따라서 동일 직역을 가진 사람들이 집단으로 거주하는 경향이 강했다. 북부 산저 지역에 군병들이 많이 거주했던 사례나 손가장의 동성촌, 성북동 주민의 포역, 신촌 중리나 면목리의 견부 등은 이를 말해주는 것이다.

5. 맺음말

〈경조오부도〉, 〈도성도〉, 〈한양도〉, 〈自都城之三江圖〉 등 조선시대 고지도 속에 나타난 서울의 모습을 보면 두 층의 경계가 명확하게 그려져 있다. 하나는 궁궐과 종묘사직, 시전 등 왕도의 주요 시설물들을 둘러싸고 있는 한양도성의 경계이며, 다른 하나는 경강의 거대한 물줄기다. 이러한 두 층의 지역을 조선 전기에는 '경중'과 '성저십리'의 지역으로 양분하였고, 조선 후기에 이르면 '경중', '도성 밖 4郊', '경강 변'으로 구분하였다. 이러한 한성부 영역의 세분화는 해당 지역의 물리적 변화가 있었기에 가능한 것이다. 그것은 바로 조선시대 성저십리 지역의 변화, 발전이라고 말할 수 있다.

한성부는 4산의 자연지형과 지세를 따라 도성을 쌓아 경계를 정했으므로 성 밖 지역으로 도시를 확장하는데 제한적 조건을 가지고 있었다. 따라서 조선 전기에는 도성이 한성부를 양분하는 경계선이 되어 이를 중심

124 김태우, 〈경강지역의 민속신앙과 풍속〉《경강: 광나루에서 양화진까지》, 서울역사박물관, 2017, 167~168쪽.

으로 경중과 성저십리를 엄격히 구분하였다. 즉 도성은 도시와 비도시적 삶의 경계였다.

이러한 특성으로 성저십리 지역은 조선 초부터 한성부의 영역이었지만 행정 운영과 주민 관리에 있어서 이원적이면서 이중적인 양상을 드러냈다. 행정 운영 상에 있어서 방리의 편제와 면리편제가 혼재하는 양상을 보였으며. 성저십리를 관장하는 중간 부서 없이 한성부가 직접 관리하였다. 도성 안 경중과는 상이한 성저십리의 행정운영은 15세기 후반에 이르러서야 한성부 5부로 편제되기 시작했으나 완전한 한성부 행정체제의 기반으로 흡수되지는 못했다.

17세기에 이르러서야 중앙 군제의 변화에 따른 군병의 도성 집중, 상경 이농인의 서울 유입, 경강 변 상업발달로 인구가 증가하면서 도성 밖 인근과 경강 변으로 거주공간이 확산되어 많은 촌락이 형성되자 국가는 성저십리 지역을 한성부 5부방제로 편입하였다. 이들 지역 가운데에는 국가의 시설확충과 그로 인한 모민 정책에 의해 형성된 촌락이 많았다. 북부 산저 지역 군병촌의 형성, 손가장의 동성촌, 성북동 주민, 신촌 중리나 면목리의 견부 등은 그 예로 동일 직역을 가진 사람들의 집단촌이었다.

이처럼 성저십리 지역이 한성부 5부제에 모두 편입되었지만 17~18세기에도 여전히 북부 산저나 경강 지역에서는 인근의 고양군, 양주목과 주민의 부세수취나 금산관할을 둘러싸고 갈등을 빚고 있었다. 이러한 성저십리의 이중적 관할은 18세기 후반 성저십리 지역을 한성부 5부-방-계의 행정체제로 완전히 편입해 일원화시킴으로써 해소되었다. 이로써 조선 전기 도성의 배후지로 형성되어 조선왕조실록에 집중적으로 나타났던 성저십리의 개념은 조선 후기 이 지역을 한성부 행정체제로 일원화시킴으로써 점차 사라지게 되었다. 성저십리는 18세기 후반에 이르러서야 도성 안팎을 양분하는 경계의 공간에서 한성부 행정의 공간으로, 즉 완전한 서울의 공간으로 변화할 수 있었다.

제3장

성저십리의 군사문제

김경태(고려대 CORE사업단 연구교수)

1. 머리말

조선의 한양을 둘러싼 도성은 곧 수도의 범위를 규정한다. 그러나 도성 안쪽만이 수도의 공간은 아니었다. 도성 밖의 일정한 공간도 도성이 수도로 유지되기 위해 경제·군사 등 제반의 역할을 하는 필수적인 지역으로 인식·인정되었다. 그 범위는 대략 도성 아래 10리 정도의 공간을 포함했다. 일면 인위적인 범위 설정으로 여겨질 수 있으나, 실제로는 경강과 같은 큰 하천과 그보다 작은 하천, 산성을 포함한 산과 그보다 작은 언덕을 포함한 자연적인 범위로도 경계가 만들어질 수 있었다. 동쪽에서 서쪽으로 흐르는 京江과, 동북쪽에서 내려와 경강으로 이어지는 中梁川은 성저십리 동, 남, 서의 자연적 경계를 형성했다. 북쪽은 산지로 안과 밖이 일정하게 구분되었다. 이 일정한 지역을 도성을 지키기 위한 군사적 공간으로 설정하는 일은 자연스러운 수순이었다.

자연적인 경계는 그보다 안쪽에 있는 중요한 도성을 방어하기 위한 방어선이기도 했다. 군사시설 역시 도성이라는 인공적인 공간, 그리고 성저십리를 구성한 자연 환경에 맞게 배치·관리되었다. 이곳은 항상 생활공간인 동시에, 禁制와 군사적 공간으로도 기능하였으며, 정부는 전쟁과 반란 등의 군사적 상황을 겪으며 방어 형태와 군사시설 관리에 변형을 가하고 있었다.

수도 한양의 군사문제는 성저십리의 공간을 함께 염두에 두어야만 온전한 형태의 복원이 가능할 것이다. 한성부와 도성에 대해서는 그동안 도시사·법제사 외에도 지리학 등에서 다양한 연구가 진행되었다.

건국 직후의 조선은 중앙군 편제 자체에 도성 경비를 담당하는 기능을 부여할 만큼 평시에도 도성 방어에 만전을 기했다. 그러나 국제 정세가 안정을 찾아가자 가급적 도성에서 먼 지역에서 적을 방어하는 형태의 도성 방어 전략이 만들어졌다.[1] 조선 전기에는 북쪽의 변경 지역 수비에 더 많은 관심을 기울였기에 도성과 내지의 방어는 상대적으로 약한 모습을 보였다는 시각이 일반적이다. 한양에 도성이 만들어지고 병사를 주둔시키고는 있었으나 특별한 방위책이 마련되지는 않았던 것이다. 그러나 임진왜란을 거치면서 중앙 권력은 변방보다는 중앙의 방위에 관심을 두고 왕실과 중앙 정부를 보호하기 위한 방책을 시행하기 시작하였다.[2]

조선 후기 도성 방어론의 등장 이유에 대해서는 크게 두 가지의 견해가 제기되고 있다. 먼저 18세기 초 도성 내 상업이 발달하면서 도성 방어를 군영에 전적으로 의지하기보다는 도성 내에 재산과 이권을 가진 도성민에 기대를 두고 그들을 동원하는 방어책을 모색한 결과라는 의견이 있다. 영조대에 이르러서는 도성의 '市民'을 직접 방어력으로 편성하였는데, 이것은 곧 '시민'의 재산보호의식을 매개로 한 것으로 평가하였다.[3] 이는

1 오종록, 〈조선 초엽 한양 定都 과정과 수도 방위〉《한국사연구》 127, 2004.

2 오종록, 〈조선후기 수도방위체제에 대한 일고찰 —오군영의 삼구병제와 수성전〉《사총》 33, 1988 ; 조선 전기 한양의 방어체제 수립 및 전개과정과 그에 수반한 군사제도 운영에 대해서는 윤훈표, 〈조선 전기 한양방어체제의 논의와 군사제도 운영의 실상〉《향토서울》 83, 2013을 참고하길 바란다. 이 논문에서는 한양의 변화에 비해 군사제도 내지 체제의 대응 속도가 빠르지 못했기에 수도 방어 체제는 일정한 한계를 노정할 수밖에 없었다고 보았다. 정해은, 〈조선 초기 도성의 위상과 도성방어론〉《서울학연구》 49, 2012에서는 기존의 연구에서 조선 전기의 도성 방어책이 후기에 비해 약했던 이유로 전통적인 방어체제가 도성 주변의 지세나 산성을 활용하여 대처하는 방식이었던 것에 두는 경향을 재고해야 한다는 입장이다. 조선 초 국방의 관심이 도성보다는 북쪽 국경지역에 집중되었다는 부분을 염두에 두지 않고 도성 방어론의 흐름을 이해하기 어렵다는 것이다.

도성 축성론을 포함한 도성 방어론의 등장을 대외적인 요인보다는 대내적인 정치·불안요소로부터의 방어 필요성, 곧 '왕권 강화'에서 찾는 경향과 필연적으로 관련된다.[4]

한편 도성민을 동원하여 도성을 방어한다는 것은 실현 가능성이 거의 없다고 보면서, 도성 중심 방어론의 등장 원인이 보장처로 믿어온 지역에 대한 국왕과 대신들의 회의와 불만에 있었다고 보는 의견이 제기되고 있다. 이 연구에서는 조선 후기 평시체제와 전시체제가 일치하면서 국왕과 지배층이 평소 자신들이 거주하고 있는 도성과 도성 외곽 방어체제에 몰두하였기 때문이라는 부분을 비판적으로 강조하고 있다.[5]

도성 내부와 외부의 인구 구성이 가지는 신분적·사회적 차이를 대비하여, 도성 내외의 구분을 지배와 피지배의 구도로 확대한 연구도 있다.[6] 이 연구에서는 조선 후기의 성곽 및 도성 방위론이 도성 안에 거주하는 왕실과 양반 관료, 부유한 상공인들을 포섭하는 선에서 이루어진 논의였을 뿐, 도성 밖의 거주민들까지 적극 고려한 국방론은 아니었다고 하였다. 그 근거로는 〈守城節目〉을 포함한 《守城冊子》에는 도성 안에 거주하는 도

3 이태진, 《조선후기의 정치와 군영제 변천》, 한국연구원, 1985, 236쪽.

4 이태진, 〈삼군문도성수비체제의 확립과 그 변천〉《한국군제사 : 근세조선후기편》, 육군본부, 1977 ; 이태진, 앞의 책, 1985, 232~236쪽.

5 김종수, 《조선 후기 중앙군제연구》, 혜안, 2003 ; 김종수, 〈숙종대 경기지역 군사체제의 정비〉《숙종시대의 군사체제와 훈련도감》, 한국학중앙연구원출판부, 2018.
김종수의 연구에서는 그와 함께 한양도성주민 가운데 군인가족이 다수 존재하게 된 것도 또 다른 원인이었다고 보았다. 이전처럼 국왕과 지배층이 도성을 버리고 피난하는 것이 어렵게 되었다는 것이다. 그리고 "성 안에 부모와 자식이 있으면 군인들이 죽을 각오를 하고 싸우게 된다."는 정부의 견해가 이를 대변하고 있다고 하였다(김종수, 앞의 책, 2018, 112~113쪽).

6 조성윤, 〈조선 후기 서울의 주민 구성과 성곽의 의미〉《향토서울》 83, 2013.

성민만 보호 대상으로 규정하고 있으며, 평시 치안의 대상도 도성 안으로 한정되고 있었다는 점을 들고 있다. 근래의 연구에서도 조선 후기 도성방위체제의 정비는 외부세력 침입에 대한 대비보다는 국내 통치체제 강화라는 내부적 성격이 강했다고 보거나,[7] 내적인 위협요소에 대처하기 위한 측면, 즉 정권 안보를 위한 정치적 측면을 강조하는 경향을 보이고 있다.[8]

노영구는 임진왜란 이후 외침에 대한 방어대책으로 제기되기 시작하여 영조대에 일단락된 도성 방어 전략의 추이를 살피고 이를 일목요연하게 정리하여 제시하였다. 그는 특히 도성 수비 논의 과정이 국제 정세와 밀접한 관계가 있음을 강조하였다. 한편 기존의 연구에서 영조대에 확립된 도성 수비 체제가 기본적으로 외부 세력의 침입에 대한 대비보다는 국내 통치 체제 강화라는 관점에서 이루어진 것으로 이해하는 경우가 대부분이고, 도성 수비의 실행을 위한 구체적인 현실이 수반되지 못했다는 점도 일리가 있으나, 급격히 커지는 도성과 주변 일대의 안전 필요성을 고려하였다는 점이나, 국왕이 직접 〈守城綸音〉을 반포하는 등 강한 사수의지를 보였다는 점, 그리고 강가의 창고를 도성으로 이동하는 등의 현실 조치가 수반되었다는 점을 감안할 때, 단순히 국가 방위의 가상적 이념체계로만 보기는 어렵다고 하였다.[9]

영조대의 도성 수비 논의 전개 과정은 원영환의 연구에서 상세히 소개된 바 있다. 1742년(영조 18) 江都 축성 당시부터 대두되기 시작한 도성

7 이왕무, 〈조선 후기 수도권 방위체제의 정비와 군사도시화 경향〉《군사》 90, 2014.

8 백종오, 〈조선 후기 북한산성의 축성과 운영체계〉《한국사학보》 50, 2013.

9 노영구, 《영조 대의 한양도성 수비 정비》, 한국학중앙연구원출판부, 2013 ; 노영구, 〈17~18세기 동아시아 정세와 조선의 도성 수비체제 이해의 방향〉《조선시대사학보》 71, 2014에서는 국제 정세와 조선의 도성 수비체제의 상관관계에 대해 좀 더 상세히 논증하였다.

수비론과 반대론은 1747년(영조 23)부터 만들어지기 시작한 〈수성절목〉이 1751년(영조 27)에 영조의 사수론과 함께 반포되면서 일단락되었다고 하였다. 이후 수비를 위한 일련의 건설 및 훈련이 진행되었으나, 미처 실현되지 않거나 훈련이 중지되는 등 한계를 보였다고 하였다.[10]

근래의 연구에서도 앞선 연구와 마찬가지로 영조에 의해 강조된 도성 사수론이 이후 도성 수비 논의의 핵심이 되었다고 보고 있으나, 영조대의 도성 수비론 역시 대외적인 요인과 대내적인 요인, 즉 국내 정세의 불안을 함께 고려해야 한다는 점을 강조하고 있다. 이 연구에서는 영조대 중반 이후 논의가 도성사수론과 강화 외성 축성론으로 나뉘기도 하나, 도성을 수비한다는 대전제는 바뀌지 않았으며, 이후 도성수축이 진행되면서 도성사수론은 탄력을 받아 〈수성절목〉 제정까지 이어진다고 하였다.[11]

한편, 정조대에 이르러서는 영조대의 도성사수론을 유지하였으나, 다시 강화도를 군사 요충지로 활용하려는 움직임이 나타났다고 한다. 그러나 그 성격은 도성의 수비를 외곽에서 지원하는 것으로 역할과 비중이 변화했다. 군사 요새로서의 역할이 축소되었다는 것이다. 더 나아가 화성이 건설되면서 도성 방어 내지 군사적 중심축이 이른바 화성체제로 옮겨갔다고 하였다.[12]

조선시대 도성 수비론 추이와 변화 과정에 대해서는 그 요인으로서

10 원영환, 〈조선 후기 도청수축과 수비에 대한 고찰 – 영조시대를 중심으로–〉《향토서울》 33, 1975 ; 차문섭은 조선 후기의 중앙 군제가 세 가지 차원으로 재편되었다고 보았다. 즉, 삼군문은 수도 방어, 摠戎廳과 守禦廳은 수도 외곽 방어, 그리고 扈衛廳과 龍虎營은 왕권 호위의 역할을 담당했다는 것이다(차문섭, 〈조선 후기 중앙군제의 재편〉《韓國史論》 9, 국사편찬위원회, 1981).

11 이근호, 〈영조대 도성 수비 논란의 검토〉《향토서울》 83, 2013.

12 정두영, 〈정조대 도성방어론과 강화유수부〉《서울학연구》 51, 2013.

위와 같이 왕권 강화, 군제의 변화와 인구증가의 상관관계, 그리고 국제 정세 등이 제시되고 있으며, 이를 통해 논의가 확장되고 있다. 그리고 이러한 제반의 연구 과정 속에서 성저십리의 성격과 실상에 대해서도 접근이 이루어졌다. 그러나 평시의 군사적 활동, 수비 전략 그리고 전시의 군사활동 양상에 대해서는 규정과 구체적인 실상 및 변화상에 대한 연구가 함께 이루어져야만 할 것이다. 또한 조선 후기 도성의 인구 증가와 생활권역의 확대가 도성 수비론과 가지는 상관관계에 대해서도 여러 각도의 접근이 필요하다. 실질적으로 도성 내부만을 수비하는 전략을 세우기 어려운 상황에서, 국왕 및 지배층의 '선언'과 실제의 수비 전략이 어떤 형태의 타협점을 찾아가고자 했는지 살펴볼 필요가 있다. 성저십리 지역에 대한 주목은 여러 논의들의 접점을 찾는 일에 도움을 줄 수 있을 것이다. 본 연구에서는 우선 법전류의 사료를 통해 성저십리의 규정과 시대에 따른 변용의 과정을 살펴보고, 이어서 연대기 사료를 통해 군사 활동의 실상이 어떠했는지 함께 고찰해볼 것이다. 이를 통해 성저십리의 군사적 실상과 군사적 의미의 다스림에 대해 접근해보고자 한다.

2. 성저십리의 군사환경

1) 자연적 경계와 군사환경

한양도성은 총 4차례의 공사를 거쳐 완성되었다. 한양 천도 후 시작된 공사는 세종대인 1421년(세종 3) 전면 개수를 통해 일단락되었다. 초기의 도성은 수도의 안과 밖을 분명히 구분하기 위한 물리적 실체로서 파악되었다. 이처럼 가시적인 구조물을 통해 수도의 범위가 정해졌으나, 한양의 인구에 비해 도성 안의 대지가 부족해지자 곧 도성 외부에도 坊을 설치하여 수도의 범위에 포함했다.[13] 이 지역은 점차 넓은 범위를 포함하게 되어 성저십리를 이루게 되었다. 성저십리는 도성 밖의 일정 범위를 한성부의 관할 하에 두어 도성과 지방 사이의 완충 지역으로 설정하고 도성을 보좌하도록 한 것이었다.[14] 군사적으로는 도성에 접근하기 직전의 마지막 방어선을 의미했다.

한양의 인구증가는 자연히 도성의 경계를 표시하는 기능을 약화시켰다. 이는 수도의 집중도 상승으로 이어졌고, 한성부 역할 및 기능 강화와 연결되었다.[15] 경계 기능의 약화가 반드시 수도의 방어능력 하락과 이어지는 것은 아닐 것이다. 수도의 실질 범위가 확장되면서 그에 걸맞는 방어 대책이 논의되기도 하였다. 또한 성저십리는 도성과 함께 한성부의 행정력에 포함되면서도 수도와도, 지방과도 구분되는 지리적 특성을 형성하고 있었고,[16] 이는 자연히 군사적인 특성과도 연계되었다.

성저십리의 범위는 도성의 바로 바깥에서 남쪽의 경강과 북쪽 산악 지역까지를 포함했다. 《세종실록》 지리지 단계에서 도성의 둘레는 9,975步였다. 그리고 도성의 문은 8개의 방향으로 설정되었는데, 正東은 興仁門, 正西는 敦義門, 正北은 肅淸門, 東北은 弘化門(東小門), 東南은 光熙門(水口門), 西南은 崇禮門, 小北은 昭德門(昭義門, 西小門), 西北은 彰義門이었다.[17]

13 고동환, 《조선시대 서울도시사》, 태학사, 2007, 69~70, 74~75쪽 ; 김웅호, 〈조선 초 도성의 축조와 수도 경계기능〉 《서울학연구》 47, 2012.

14 이현군, 〈조선 전기 한성부 성저십리의 지리적 특성에 관한 연구〉 《지리학논총》 30, 1997, 53쪽.

15 김웅호, 앞의 논문, 2012.

16 이현군, 앞의 논문, 1997, 2쪽.

17 《세종실록》 권148, 지리지, 京都 漢城府.

한양의 인구는 지속적으로 늘어났다. 조선 후기에 인구가 증가한 지역은 대부분 도성 밖이었다. 따라서 이곳에는 방이 신설되었는데 주로 경강 인근 지역이었다.[18] 조선시대에 한성을 중심으로 동쪽에서 남쪽을 거쳐 서쪽으로 돌아서 서해로 나가는 한강 지역을 경강이라고 불렀다. 경강은 세곡을 비롯한 전국의 물자가 집중되는 해운 교통의 중심지였기에, 외부에서 많은 사람들이 모여 살게 되었다.[19] 경강의 임진도, 삼전도, 양화도, 노량도, 한강도 등은 경강의 주요 津渡로서 五津으로도 불리었다. 원래는 渡丞이 관리하였으나,[20] 이후 인구의 집중으로 인한 폐단 감시와 군사적 중요도를 감안하여 別將을 파견하기로 하였다.[21]

용산은 경강의 주요지역 중 하나로 군량을 보관했던 군자감[軍資江監], 豐儲江倉, 三南大同倉 등의 창고가 많이 설치된 곳이었다.[22] 17세기 중엽 용산방이 새로운 방으로 설치되기도 했으며, 1789년(정조 13)의 인구수는 4,617호에 이르러 도성 안의 중부를 능가하기도 하였다.[23] 고종대에는 군제개혁과 더불어 부평부에 설치되었던 畿沿海防衙門이 용산 만리창으로 옮겼

18 고동환, 앞의 책, 2007, 144쪽, 300~303쪽.

19 고동환, 위의 책, 2007, 184쪽. 경강은 18세기 이전에는 삼강(한강·용산강·서강)으로 불렸다. 18세기 중엽에는 마포·망원정을 포함한 오강으로, 18세기 후반에는 두모포·서빙고·뚝섬이 추가되어 팔강으로 불렸고, 19세기 초에는 포도청 순라 구역을 중심으로 십이강으로 구분되었다고 한다(고동환, 위의 책, 2007, 388~389쪽). 좌·우 포도청의 각 六江 순라구역은 한강, 두모포, 뚝섬, 왕십리, 안암, 전농(이상 좌포도청) 서빙고, 용산, 마포, 서강, 망원정, 연서(이상 우포도청)였다(3장 1절 참조).

20 광진은 삼전도 승이 겸하여 관리했으며(《세조실록》 권12, 세조 4년 3월 24일(신해)), 濟川亭은 한강도 승이 관리했다(《경국대전》, 工典, 院宇).

21 《숙종실록》 권38 숙종 29년 5월 3일(정미) ; 《속대전》 兵典, 外官職, 京畿道.

22 고동환, 앞의 책, 2007, 184쪽.

23 고동환, 위의 책, 2007, 299쪽 ; 《세종실록》 권148, 지리지, 경도 한성부.

고,[24] 이곳에 있던 군자감 창고는 度支部의 典圜局 자리로 바뀌었다.[25] 서강에는 廣興江倉과 풍저강창이 있었다.[26]

경강 각 津渡에는 정해진 척수의 선박이 배정되어 있었는데, 숙종대 이래 선박을 군영에 소속시켰다. 군영에서는 별장을 파견하여 선박을 감독하였다. 광진에는 4척, 송파에는 9척, 삼전도진에는 3척, 신천에는 2척, 한강진에는 15척, 노량진에는 15척, 양화도진에는 9척, 공암진에는 9척, 철곶에는 1척을 두었다. 수어청에 소속된 송파의 별장은 광진, 삼전도, 신천의 선박을 관리하였고, 어영청에 소속된 양화도 별장은 공암, 철곶의 선박을 관리하였다. 한강진의 별장은 훈련도감에, 노량진의 별장은 금위영에 소속되었다.[27]

구체적인 선박의 종류와 수량은 《萬機要覽》에 보이는데, 훈련도감의 경우 水下船(待變船)이 10척으로 이들 선박은 가을과 겨울에는 강화에서 비상에 대기하며 봄여름에는 삼남의 세곡을 수송하여 그 운임을 군수에 보충하도록 되어 있었다. 水上船은 14척, 使喚船 1척이고 앞에서 언급한 津船은 15척(동작진 1척, 서빙고 6척, 한강진 8척)으로 기재되어 있다.[28] 어영청의 선박은 津船이 15척(양화진 10척, 間浦 2척, 동작진 2척, 공암진 1척), 運餉船이 8척(汪濟屯 2척, 양주둔 1척, 경강

24 《승정원일기》 2934책, 고종 22년 3월 24일(계해) ; 2936책, 고종 22년 5월 28일(병인).

25 《승정원일기》 3098책, 고종 35년 6월 28일(경술) ; 《고종실록》 권37, 고종 35년 8월 15일.

26 《세종실록》 권148, 지리지, 경도 한성부.

27 《속대전》 공전, 舟車. 《대전통편》에서는 한강진과 노량진에 각 10척, 서빙고에 5척, 동작에 5척을 두는 것으로 변경되었다. 《萬機要覽》, 財用編3, 海稅에는 송파진의 字內(관할경호구역)가 광주 · 동잠실 · 광진 · 禿音으로, 한강진의 자내가 압구정 · 두모포 · 纛島(뚝섬) · 夢賚亭 · 한강 · 서빙고로, 노량진의 자내가 과천 · 신촌리 · 沙村里 · 栁契 · 兄弟亭契 · 마포로, 양화진의 자내가 玉亭里 · 瓮里上下契 · 玄石里 · 栗島(밤섬) · 多人里 · 下中里 · 合井里 · 水溢里 · 望遠亭一二契 · 始興 · 新井里로 나타나 있다.

28 《만기요람》 軍政編2, 訓鍊都監, 舟車.

에 흩어져 있는 5척은 영에서 사용하는 숯과 땔나무를 나름)으로 기록되어 있다.[29] 《만기요람》에는 금위영 소속의 선박은 확인되지 않는다.

자연적인 경계는 성저십리라는 공간을 규정하는 중요한 요소였다. 인구의 증가와 거주 공간의 확대 양상 역시 자연적 경계가 일정한 기준이 되었다. 물자는 강을 통해 운송되었고 사람들은 이곳으로 모여들었다. 도성 밖 성저십리는 위와 같은 역할을 가지고 한성부의 일부를 구성하고 있었으며, 성저십리에는 교통을 위한 시설과 교통수단이 위치해 있었다. 이 시설들 역시 언제든지 군사적 기능을 수행할 수 있었다.

2) 성저십리와 교통체계

한양도성의 성저십리는 도로 기점으로서의 의미를 지닌다. 성저십리는 도성 방어를 위해 군사를 배치하기 위한 중요한 지점인 것이다. 조선시대 수도에서 지방으로 통하는 도로는 크게 9大路로 구성되었는데, 제1로인 의주로는 돈의문이나 서소문, 숭례문을 통과하여 홍제원으로, 제2로 경흥 서수라로는 혜화문을 통과하여 水踰峴, 다락원으로, 제3로 평해로는 흥인문에서 중랑포로, 제4로 동래로는 광희문을 나와 한강진, 판교참으로, 통영으로 향하는 제5로와 제6로 중 제5로는 광희문을 나와 한강진으로, 제6로는 숭례문을 나와 노량진으로, 제7로인 제주로와 제8로인 충청 수영로는 숭례문을 나와 청파와 동작진, 노량진으로, 제9로인 강화로는 서소문을 나와 양화도, 양천을 경유하였다.[30] 당연히 모든 길은 성저십리의 거점을 거쳐야했고 이 거점은 육지의 주요한 역과 원, 강의 주요한

29 《만기요람》 군정편2, 御營廳, 舟車.

30 《東國輿地備考》 권1, 京都, 道路(고동환, 앞의 논문, 2015, 172쪽).

津渡로 기능했다. 아래에서는 성저십리의 도로·교통·정보전달의 실상을 알려주는 驛, 院, 烽燧 등에 대해 살펴보겠다.

역 중에서 청파역(숭례문에서 노량 사이)과 노원역(홍인문 밖)은 성저십리에 위치하여 한성부에 소속되었으며 명단은 병조에서 관리했다.[31] 청파와 노원 두 역에는 288명(馬戶 200명, 走戶 88명)이 배치되어 있었고, 세 등급의 말을 합하여 160필이 준비되어 있었다. 매일 두 역의 말 25필이 창덕궁 금호문 밖 馬軍營에 번을 서며 여러 사역에 충당하도록 하였다. 국왕이 능에 거둥할 때에는 이 외에 경기의 역마 27필을 보충하여 사복시의 것과 더불어 배정하기도 했다.[32] 두 역은 국왕의 명령 전달이 시작되는 지점으로, 임무가 끊이지 않았다. 임진왜란과 병자호란 때에도 큰 피해를 입었으나,[33] 위급한 시기였기에 임무는 줄어들 리가 없었다. 이처럼 운영이 고되어 여러 혜택을 부과하기도 했으나 조선 후기까지 해결이 되지 못한 듯하다.

원은 역의 기능을 보조하는 시설로 역을 이용할 수 없는 일반 여행객들이나 공물 및 노비 신공 운반자들의 숙식을 위해 필수적이었다.[34] 사현 북쪽의 홍제원, 목멱산 남쪽의 이태원, 箭串橋 서북쪽의 전관원, 홍인문 밖

31 정요근, 〈고려·조선초의 역로망과 역제 연구〉, 서울대 박사학위논문, 2008, 부표 참조 ; 《경국대전》, 병전, 成籍. 노원역은 홍인문 밖 4리, 청파역은 숭례문 밖 3리에 있었다(《新增東國輿地勝覽》 권3, 한성부, 역원). 《세종실록》 권122, 세종 30년 12월 10일(임술), "議政府據兵曹呈啓 諸道驛吏 每三年一成籍 靑坡·盧原兩驛 以城底十里 獨不成籍 實爲未便 今後依補充軍成籍例 令漢城府每三年推刷驛吏 及助役百姓子枝年歲 詳加檢覈 并錄其逃亡物故之數成籍 一件置漢城府 一件送兵曹."

32 《만기요람》 군정편2, 兵曺, 馬色.

33 임진왜란 때에는 역마와 역리를 모두 잃었으며(《선조실록》 권43, 선조 26년 10월 3일(계미)), 병자호란 때에는 강화와 남한산성으로 피난하기 위해 역마를 사용하여 전쟁 직후에는 14필만이 남아 있었다(《승정원일기》 56책, 인조 15년 2월 17일(정해)).

34 정요근, 앞의 논문, 2008, 258쪽.

에서 청량리 사이의 보제원 등은 성저십리에 위치한 원이었다.[35] 홍제원은 숭례문에서 沙峴을 거쳐 沙川을 건너 의주로 가는 도로 상에 위치했고, 보제원은 흥인문에서 나와 함경도(누원을 거쳐 서수라)와 강원도(망우리를 거쳐 평해) 방면의 길이 갈라지는 곳에 위치하였다. 보제원은 이 방면으로 가는 사신을 전송하는 장소이기도 했다. 이태원은 도성에서 동작진·서빙고진·한강진으로 연결되는 지점에 위치하여 이 방면으로 가는 사신을 전송하는 장소였다. 전관원은 흥인문과 수구문에서 왕십리를 거쳐 송파로 연결되었고 동래로로 이어지는 도로 상에 위치했다.[36]

한편 임진왜란을 겪으며 변경 정보 전달의 중요성이 제기되자, 1597년(선조 30)에 파발을 설치하였다. 騎撥은 25리마다 1站(각 참에 撥將 1인, 군졸 5인, 말 5필)을 두었고, 步撥은 30리마다 1참(각 참에 발장 1인, 군졸 2인)을 두었다. 한성을 중심으로 서·북·남쪽에 출발(내지 도착) 참을 두었는데, 西撥은 기발로, 경기 京營站(慕華館에 위치)에서 황해도를 거쳐 평안도 소곶참(의주)에 이르는 경로이며, 北撥은 보발로, 경기 豆險川站(양주)에서 강원도를 거쳐 함경도 아오지참에 이르렀다. 南撥은 보발로, 경기 新川站(廣州)에서 충청도를 거쳐 경상도 草梁站(동래)에 이르렀다.[37] 또한 급한 일로 파견되는 관원의 경우 우선 서울에서 군영의 말을 타고 출발하되, 경기역 初站에서 역의 파발마로 바꾸어 타고 가야했다.[38]

봉수는 조선 전기부터 작동했던 경보 장치였다. 평상시에는 하나(一炬), 적이 나타나면 두 개, 경계에 접근하면 세 개, 경계를 범하면 네 개, 접전

35 《신증동국여지승람》 권3, 한성부, 驛院.

36 이현군, 앞의 논문, 1997, 56쪽.

37 《만기요람》 군정편1, 驛遞 附 撥站.

38 《속대전》 병전, 驛馬.

하면 다섯 개를 올리게 되어있었다. 한성의 봉수는 목멱산에 있었는데, 동쪽으로부터 첫 번째 봉수대는 함경도, 강원도에서 오는 양주 아차산의 봉화에 준하고, 두 번째 봉수대는 경상도에서 오는 광주 천천령(天臨山) 봉화에 준하고, 세 번째 봉수대는 평안도에서 육로로 오는 毋岳 동쪽 봉화에 준하고, 네 번째 봉수대는 평안도와 황해도 해로에서 오는 무악 서쪽 봉화에 준하고,[39] 다섯 번째 봉수대는 충청도, 전라도에서 오는 양주 개화산의 봉화에 준하였다.

목멱산에는 五員을 배치하고, 매 봉수대에 군사 4인, 伍長 2인을 배치하였는데 모두 봉수대 근처의 거주민이었다.[40] 이후 목멱산 봉군장에 충순위군을 임명하는 것을 폐지하고, 금군 중에서 고액 녹봉자를 윤번으로 입직하게 하였으며, 목멱산과 무악의 봉군과 보인은 각각 120명이 24번으로 나누어 번을 서며, 매 호에 보인 3인을 지급하였다.[41]

경강은 운송을 위한 교통망이 수도 앞에 도착하는 지점이었다. 따라서 많은 창고들이 경강변에 위치하였다. 성저십리 근방에 위치한 창고는 다음과 같다. 호조의 창고로는 용산의 軍資監, 臥牛山 아래의 광흥창, 용산의 別營(훈련도감 군병에게 放料하는 곳), 서강의 豊儲倉, 남소영의 鑄錢所(庫)가 있었다. 선혜청의 창고로는 용산창 뒤의 舊賑倉庫, 만리현의 新倉庫, 탕춘대의 平倉庫, 이현의 東倉庫, 玄石里의 司僕寺江倉庫가 있었다. 군문의 창고로는 훈련도감의 경희문 밖 新營庫, 苑洞의 軍餉庫, 훈련원 동편의 下都監庫, 금위

39 무악은 모화관 서쪽에 있었는데 이곳에는 두 개의 봉수대가 있었다. 동쪽은 평안도와 황해도로부터 육로로 온 高陽 所達山 봉화에 응하고, 서쪽 봉우리는 평안도와 황해도로부터 해로로 온 迎曙驛 西山 봉화에 응했다(《세종실록》 지리지, 경도한성부).

40 《경국대전》 병전, 烽燧.

41 《대전통편》 병전, 봉수 ; 《만기요람》 군정편1, 봉수 ; 《만기요람》 군정편2, 兵曹各掌事例, 武備司.

영의 창고로는 남산 기슭의 南倉庫와 下南倉庫, 火藥庫, 어영청의 창고로는 이현의 新營庫, 남소동의 남창고와 남소영고,[42] 총융청의 창고로는 창의문 밖 鍊戎臺의 신영고와 평창고, 양화진의 江倉庫가 있었으며, 북한산성과 강화부에도 총융청 소속의 창고가 있었다.[43]

삼군문은 각기 公廨를 소유하고 있었다. 공해는 진영과 부속 건물을 포함한 관청 건물을 지칭하기도 했고 단일한 창고이기도 했다.[44] 훈련도감은 苑洞의 北營, 북영 남쪽의 軍餉色, 돈화문 밖의 南營, 응봉 아래의 廣智營, 경희궁 홍화문 밖의 新營, 훈련원 동쪽의 下都監, 마전교 옆의 焰硝廳, 경희궁 무덕문 밖의 北一營, 경희궁 숭의문 밖의 西營, 銅峴 밖의 藥房, 돈화문·금호문·홍화문 밖과 경모궁 근처의 直房에 있었다. 보제원에는 양어소를 가지고 있었다.[45] 금위영의 건물은 대개 도성 내에 있었고, 왕십리에 붕어를 키우는 양어소가 있었다.[46]

어영청은 梨峴의 신영, 남소동의 남소영과 南倉, 남소영 안의 火藥庫, 선인문 아래와 경희궁 개양문 아래의 동영 2개소, 집춘문 밖의 集春營, 경희궁 무덕문 밖의 北二營, 苧廛洞의 약방, 금호문 밖과 경희궁 홍화문 밖의 直房 2개소가 있었다. 어영청 소속으로 붕어를 기르던 양어소는 흥인문 밖에 있었다.[47] 삼군문 외에도 총융청의 창고가 도성 근교에 존재했는데,

42 남소영고는 어영청 소속으로 원래는 강변에 있었으나 1747년에 도성 안으로 옮긴 창고 중에 하나이다(《승정원일기》 1012책, 영조 23년 1월 15일(을사)).

43 창고의 위치는 《만기요람》 재용편6, 諸倉을 참고하였다.

44 정정남, 〈조선 후기 도성 내 삼군영의 주둔지와 훈련 시설의 위치〉《조선 후기 중앙 군영과 한양의 문화》, 한국학중앙연구원출판부, 2018에는 《만기요람》과 《訓局摠要》 등에 나타난 삼군영의 공해 위치를 도표로 정리한 후, 지도상에도 표시하여 제공하고 있다.

45 《만기요람》 군정편2, 훈련도감, 公廨.

46 《만기요람》 군정편3, 禁衛營, 공해.

연융대에 있던 平倉, 양화진에 있던 江倉이 그것이다. 강창은 주교사에 속한 蠶豆倉이었는데 주교사가 폐지된 후에 李曙가 얻어내어 총융청 소속으로 하였다.[48]

교통과 운수의 출발지와 도착지는 당연히 군사적으로 중요한 지점이었다. 도로와 수로를 따라 대규모 적군이 쉽게 도성으로 접근할 수 있었다. 따라서 도성으로 접근하는 도로나 수로를 적절히 통제하지 않을 경우 도성 방어도 실패할 가능성이 매우 높았다.[49] 교통과 운수에 관련된 시설물들은 도성 바깥쪽과 자연적으로 만들어진 경계 안쪽의 공간에 만들어져 군사가 배치되었다. 이는 곧 성저십리의 군사 공간이기도 했다. 그리고 이 지역은 조선 후기에 이르러 군영의 관리 구역에 포함되었다.

아래의 군영의 활동 양상에서도 부연하겠지만, 성저십리의 군사적 공간으로서의 범위는 자연적 범위와 그에 따라 설치된 군사 관련 시설로 가시화되었고, 조선 후기에 이르러 군사의 주둔에 필요한 시설을 포함한 군영의 주둔 상황 및 활동 범위로서 명확해지는 양상을 보이고 있었다.

3. 성저십리에 주둔한 군영의 양상

1) 포도청과 군영의 평시 순찰

도성과 주변을 포함한 지역의 군사 동향과 추이, 구체적으로는 포도청의 순라구역, 숙종-영조대에 걸친 도성 수비론, 사산금표와의 관련성,

47 《만기요람》 군정편3, 어영청, 공해.
48 《만기요람》 군정편3, 摠戎廳, 諸倉.
49 노영구, 앞의 책, 2013, 132쪽.

물리적 군사 시설로서의 도성 수축, 도성 내외에 설치된 군사시설, 군사의 훈련 장소 등에 대해서는 이미 많은 연구에서 법전, 실록 등을 인용하여 사실 관계를 서술하였으며, 도표와 지도 등을 이용하여 가시성을 확보하여 설명한 바 있다. 본 장에서도 성저십리의 군사 상황을 설명하기 위해 일정 부분에서는 사료를 열거하는 방식을 사용하였으나, 성저십리라는 지점과 연관되는 지역을 좀 더 부각하는 방식을 취하여 최소한의 차별성을 확보하고자 하였다.

중종대 무렵 전문 치안기구로 창설된 포도청은 수도의 치안을 전담하고 있었다. 임진왜란 이후 도성수비체제가 강조되면서 군영이 설치되었고 군영은 포도청과 긴밀한 관계하에 도성 내외를 순찰했다. 조선 후기에는 도성 안 뿐 아니라 도성 밖의 구역도 순찰 구역에 포함하게 되었다.[50] 포도청과 삼군문의 주요한 임무 중 하나는 도성 내외의 순찰이었다.[51] 먼저 포도청은 좌포도청과 우포도청으로 나뉘어 있었는데, 좌포도청은 把字橋 동북쪽, 우포도청은 惠政橋 남쪽에 있었다. 좌우 포도청은 각각 七牌(두 번째 패가 上二牌와 下二牌로 나뉘어 있어 실제로는 8개의 패)와 八牌로 나누어 도성 내외를 순라하였고, 경강 중 六江도 각각 구역을 나누어 순찰했다.[52]

도성 내외의 구역은 이와 같이 순찰을 위해 구획되기도 했다. 이때 참여한 기관은 도성의 치안 기관인 포도청과 수도 방어가 주요 임무 중 하

50 차인배, 〈조선 후기 포도청 치안활동의 특성 연구〉《사학연구》 100, 2010.

51 《속대전》 병전, 행순. 포도청과 삼군문이 함께 도성 내외를 순라하는 제도는 1670년(현종 11) 이래 정해졌다.

52 《만기요람》 군정편1, 捕盜廳, 總例, 巡邏字內. 三江 구역에 대한 치안망 확대는 숙종대부터 시작되었다. 금군 가운데 20명을 가설하여 좌우포청에 각 10명씩 나누어 기찰하도록 했고, 加設軍官도 《대전통편》 단계에서 정착되어 성 밖과 三江 유역의 순찰을 강화했다(차인배, 앞의 논문, 2010, 629쪽).

나였던 삼군문이었다.[53] 포도청은 삼강과 도성 문 밖의 禁軍을 좌우 양청에 소속시켜 사찰하는 임무를 띠고 있었다.[54] 삼군문도 좌우 포도청과 같이 8패로 나누어 정해진 구역을 순찰하였는데, 삼군문에서는 일자를 다르게 하여 돌아가면서 담당하였다. 삼군문과 포도청의 순찰 구역은 다음과 같았다.[55]

〈표 1〉 훈련도감의 순찰 구역

훈련도감 : 初日(寅·申·巳·亥)에 패장 8명, 군사 80명이 순찰 (성내는 장교 1명에 군졸 12명, 성외는 장교 1명에 군졸 8명씩 순찰)	
1패	館峴에서 주자동
2패	장원서에서 남산동
3패	돈의문 남쪽에서 종각
4패	돈의문 북쪽에서 종각
5패	숭례문 밖에서 서강
6패	숭례문 밖에서 한강
7패	홍인문 밖에서 종암
8패	숭례문 밖에서 大峴 서쪽 마포까지

〈표 2〉 금위영의 순찰 구역

금위영 : 中日(子·午·卯·酉)에 패장 8명, 군사 78명이 순찰[56]	
1패	홍인문 북쪽에서 삼청동
2패	홍인문 남쪽에서 남산 아래
3패	돈의문 남쪽에서 남산 아래
4패	돈의문 북쪽에서 삼청동
5패	홍제원에서 三門[57] 밖을 거쳐 이태원
6패	마포에서 서빙고
7패	土亭에서 망원정
8패	東郊部 구역 전부

53 고동환, 앞의 책, 태학사, 2007.
54 《속대전》 병전, 경관직, 포도청.

〈표 3〉 어영청의 순찰 구역

어영청 : 終日(辰·戌·丑·未)에 패장 8명, 군사 64명이 순찰[58] (성 내는 장교 1명에 군졸 10명, 성 외는 장교 1명, 군졸 6명씩 순찰)	
1패	오간수문 북쪽에서 삼청동
2패	오간수문 남쪽에서 숭례문
3패	廣惠橋에서 돈의문
4패	광통교에서 水閣橋
5패	돈의문 밖에서 아현
6패	흥인문 밖에서 水踰峴
7패	숭례문 밖에서 이태원
8패	大峴에서 양화진

〈표 4〉 좌포도청의 순찰구역

좌포도청(좌변칠패) : 군관 8명, 군사 22명이 순찰	
1패	숭례문 남쪽에서 타락동 (伏處는 회현동 어귀)
上2패	타락동 동쪽에서 永禧殿(南別殿) 서쪽 담 바깥 (복처는 남산동)
下2패	주자동에서 生民洞 (복처는 筆橋)
3패	생민동 동쪽에서 수구문 (복처는 청량교)
4패	把字橋 동쪽에서 흥인문 (복처는 오의동)
5패	파자교 서쪽에서 典洞 (복처는 재동)
6패	종각 및 銅峴에서 오간수문 (복처는 수표교)
7패	흥인문 밖에서 관왕묘 (복처는 동대문 바깥)

55 《만기요람》 군정편1, 포도청, 순라자내, 순라 총례. 담당구역은 《만기요람》 군정편2, 훈련도감, 城內外巡邏字內에 자세하다.

56 담당구역 및 각 패 장병의 수는 《만기요람》 군정편3, 금위영, 城內外巡邏字內에 자세히 나와 있다.

57 三門은 숭례문(남대문), 소의문(서소문), 돈의문(新門)을 가리킨다(고동환, 〈조선 후기 서울 三門 밖 지역의 특성〉 《서울학연구》 59, 2015, 164쪽).

58 담당구역은 《만기요람》 군정편3, 어영청, 성내외순라자내에 좀 더 자세하다.

〈표 5〉 우포도청의 순찰구역

우포도청(우변팔패) : 군관 8명, 군사 16명이 순찰	
1패	六曹 동쪽에서 삼청동(立廛屛門) (복처는 의정부 앞)
2패	육조 서쪽에서 彰義門 바깥 (복처는 보민사 앞)
3패	工曹 뒤 남쪽에서 소의문 (복처는 송기교)
4패	소의문과 종각에서 숭례문 (복처는 석정동)
5패	돈의문 밖 북쪽 모화관에서 대현 (복처는 京營 창고 앞)
6패	돈의문과 藥峴에서 숭례문 (복처는 서소문 바깥)
7패	숭례문 밖에서 萬里峴와 石隅 (복처는 남대문 바깥)
8패	里門洞에서 外南山(남묘, 전생서 앞) (복처는 桃楮洞)

한편, 좌·우 포도청의 각 六江 순라 구역은 다음과 같았다. 六江은 포도청 소속인 외에 별도로 군관과 군사를 배정하여 관리하였다.[59] 六江 지역은 사실상 전 구역이 성저십리에 속한다.

〈표 6〉 좌포도청 六江字內

加設 軍官 6명 (구역 내에 거주하는 금군 중에서 선발 임용. 주야간 순찰) 都掌 軍士 9명 (왕십리·두모포·纛島(뚝섬)에 각 2명, 한강·안암·전농에 각 1명 배정)	
한강	남벌원 서쪽에서 夫餘峴의 목로정
두모포	남벌원 동쪽에서 수철리
뚝섬	신촌 및 두모포 북쪽에서 전관리 다리의 현암까지
왕십리	영도교 아래에서 아차산 전농리
안암	신설리에서 中浪浦
전농	청량리에서 筱里

59 《만기요람》 군정편1, 포도청, 순라자내.

〈표 7〉 우포도청 六江字內

加設 軍官 6명 (구역 내에 거주하는 금군 중에서 선발 임용. 주야간 순찰) 都掌 軍士 29명 (서빙고 4명, 용산 7명, 마포 8명, 서강 6명, 망원정 2명, 연서 2명 배정)	
서빙고	鑄城里에서 이태원
용산	擲契에서 만리창
마포	공덕리에서 현석리
서강	창전리에서 신수철리
망원정	細橋에서 양화진
연서	正禧坊에서 礴石里

이처럼 평시의 순라 구역은 포도청 및 삼군문이 서로 일정 부분이 겹치도록 배치되었음을 알 수 있다. 반면 3절에서 다룰 〈수성절목〉하의 수성 담당 구역이나 四山禁標, 擲奸 지역의 경우 훈련도감은 서쪽에서 북쪽, 금위영은 남쪽, 어영청은 동쪽에서 북쪽을 담당하기로 지정되어 있었다. 강변을 포도청에서 전담한 부분도 특이하다. 이는 평시 순찰의 전담 기구가 포도청이었으며, 삼군문에게는 순환하며 이를 보완하는 역할이 주어졌기 때문으로 생각된다. 그에 비해 도성 내외의 수성은 물리적으로 존재하는 구역에 대한 사용과 관리 책임을 명확히 부여하기 위해 지역을 분명히 지정한 것으로 보인다.

한편 용호영(금군청)에서도 도성 주변을 경호하는 임무를 맡았다. 도성의 8문(四正門으로 숭례문 · 흥인문 · 혜화문 · 돈의문, 四維門으로 창의문 · 숙정문 · 소의문 · 광희문), 목멱산 봉수, 오간수문이었다. 四正門에는 護軍 1명과 부장 1명, 四維門에는 부장 2명, 목멱산 봉수와 오간수문에는 부장이 1명씩 번을 섰다.[60]

60 《만기요람》 군정편2, 龍虎營, 各處入直.

2) 훈련 장소로서의 성저십리

훈련도감을 포함한 삼군문은 정기적으로 훈련에 임했다.[61] 敎閱은 원래 매월 초 2일과 16일에 陣法을 연습하는 것으로, 왕이 親閱하지 않은 경우에는 병조의 上申으로 왕의 지명을 받은 장수가 장병들을 모아 교외에서 연습을 시킨 후 보고하게 되어 있었다.[62] 그리고 4계절의 끝 달에 병조와 도총부 당상관 및 군기시의 제조 한 사람씩 교외에서 화포 연습을 시켰다. 이때 자주 친열한 곳은 모화관이었으며 홍제원, 경강변의 모래밭[沙場][63]과 살곶이[64] 등도 교열 장소 중 하나였다.[65] 모화관에서 과거가 있을 경우에는 연습을 정지하기도 하였다.

조선 후기에는 삼군영이 매월 3회씩 교외에서 훈련하였는데, 훈련도감은 9일과 19일(29일에도 훈련하였으나 폐지), 금위영은 10일, 20일, 30일, 어영청

61 閱武(習陣)는 개인이 아닌 무리로서의 군사들을 대상으로 한 집단훈련의 일종이다. 陳法을 익히는 집단훈련은 陳圖·習陣·閱武·親閱 등 여러 용어로 표현되었다(김웅호, 〈조선 초기 중앙군 운용 연구〉, 서울대학교 국사학과 박사학위논문, 2017, 253쪽). 조선 초기 군사훈련의 운영과 변천에 대해서는 김웅호, 위의 논문, 2017, 참조. 《만기요람》에는 훈련을 크게 練習과 試藝로 구분하였는데, 연습 아래에 私習·習陣이 속하였다. 삼군영의 훈련 규정은 《만기요람》에 자세하며, 조선 후기 군영이 행한 훈련의 구체적인 양상은 《訓局謄錄》 등의 군영 등록을 통해 접근할 수 있다.

62 국왕이 열무에 친림했다는 사실을 강조하는 용어인 '親閱'은 문종이 열무에 친림한 이후 본격적으로 쓰이기 시작했는데, 친열 자체가 반드시 열무를 의미하는 것은 아니었다(김웅호, 위의 논문, 2017, 254쪽).

63 특히 노량과 동작의 沙場이 주요한 훈련장소로 사용되었다(《訓局謄錄》; 원창애 외 역주, 《국역 훈국등록》 1·2, 한국학중앙연구원 출판부, 2017).

64 《중종실록》 권82, 중종 31년 11월 2일(갑인)·10일(임술).

65 閱武는 많은 군사들이 다양한 형태의 진을 구성하는 진법훈련이 핵심으로 넓은 공간을 필요로 했다. 모화관은 궁궐과 가까우며 넓은 공간이 마련되어 있어 조선 초기부터 열무를 자주 거행한 장소였다. 이외에도 조선 전기에는 箭串坪이나 樂天亭 일대 등 너른 들판이 있는 東郊, 한강변의 七德亭 등이 열무장소로 등장하고 있다(김웅호, 앞의 논문, 2017, 256쪽).

은 1일, 11일, 21일에 행하였다.《만기요람》에는 習陣으로 기재되어 있으며, 練習에 속했다. 훈련도감은 노량에서 실시하였는데, 2·4·8·9·10월에는 1개월에 두 차례씩, 정월과 5월에는 한 차례씩 했으며, 6·7·11·12월, 즉 여름과 겨울에는 정지하였다.[66]

훈련도감의 私習은 마군과 보군의 각 부·사·초에서 1개월에 3차례 실시하고, 10월에 좌·우 마병과 좌·우 보군이 각기 성적이 우수한 자를 뽑아 시상하였다. 보병의 경우 처음과 마지막 연습은 모두 돈의문 밖의 비파정에서 했는데 기술을 시험하였다. 중간 연습은 모화관에서 했는데, 布陣이었다. 보병 중에서 난후초·7색군, 부·사의 취수는 세 차례 모두 연미정에서, 장막군은 가좌동에서 했다. 마병의 경우 騎射는 동소문 밖에서, 처음과 마지막 射布는 남소문[67] 밖, 중간 射布는 모화관에서 실시했다. 11월부터 1월까지 3개월은 연습을 정지했다.[68]

試藝는 군사 기술을 시합하여 시상 혹은 처벌하는 제도였다. 훈련도감의 시예는 마병의 경우 모화관에서, 보병은 洗馬坪에서 실시했다. 원래 해마다 4차례씩 시행하였으나, 점차 시행 간격이 넓어져 몇 년에 한 차례

66 숙종대는 습진 장소로 혜화문 바깥의 沙河里가 등장하며, 11월과 12월에도 습진을 하는 모습이 확인되기도 한다(《訓局謄錄》; 원창애 외 역주, 앞의 책, 2017). 사하리는 원래 훈련장소가 아니었는데, 효종이 이곳이 훈련장소로 적합하다고 판단하여 어영청의 습진 장소로 정하였다. 훈련도감에서도 습진 장소로 사용하였던 듯하다. 1680년(숙종 6)에 김석주가 사하리 교장 혁파를 건의하고 세 군영이 노량에서만 습진하게 하였으나(《숙종실록》 권10, 숙종 6년 8월 3일(기미)), 세 군영의 군사들이 함께 훈련을 하다 보니 시일이 겹치기도하여 홍제원 뒤 창의문 서쪽 들판에 교장을 설치하자는 건의를 올리기도 했다(《숙종실록》 권10, 숙종 6년 9월 13일(무진)). 한편 사하리에서는 이후로도 閱武가 행해졌다는 기록이 확인된다.

67 남소문에 대해서는 이현진, 〈조선시대 한양도성에 조성한 南小門의 역사적 변천〉《조선시대사학보》 83, 2017을 참조.

68 《만기요람》 군정편2, 훈련도감, 鍊習.

실시하는 지경에 이르렀다. 1788년(정조 12)에 수년을 넘기지 못하게 하였다. 우수한 점수를 받은 이는 상품으로 시상하거나 급료를 올려주었으며, 성적이 좋지 않은 자는 벌칙으로 노역을 하게 하거나, 번수를 늘리기도 하였다.[69] 1845년(헌종 11) 작성된 《訓局摠要》에 따르면 習陣 장소로서 노량의 모래밭, 試藝 장소로 남산의 비파정, 砲放 장소로 동대문 밖 연미정, 布陣 장소로 모화관이 특정되어 있다.[70]

어영청의 습진은 1일 · 11일 · 21일에 행하였다. 사습은 1625년(인조 3)에 시작하였는데 매월 초일(인 · 신 · 사 · 해)과 중일(자 · 오 · 묘 · 유)마다 시행했다. 장소는 南小營이었다. 남소영의 시예 중 中旬은 5년마다 훈련도감에서 먼저 실시한 후에 왕의 특명으로 시행하였는데, 양화진의 군병도 참여하였다.

금위영의 습진은 10일 · 20일 · 30일에 행하였다. 사습은 1682년(숙종 8)부터 시작하였는데, 초일(인 · 신 · 사 · 해)과 중일(자 · 오 · 묘 · 유)마다 행했다. 금위영의 시예 중 中旬은 5년 기한으로 훈련도감에서 먼저 실시한 후에 왕의 특명에 의해 시행하였다. 노량진 군병도 참여하였다.[71]

중국의 사절이 왕래할 때에는 금위영과 어영청이 번갈아가며 傳語軍의 역할을 수행했는데, 대궐문 밖에서 追慕峴까지 경군 30명과 지방군 100명이 범위를 설정하여 서서 대기하였다. 외국 사절이 남별궁에 들어간 뒤에는 문 밖의 군을 문 안으로 철수시켰다. 또한 총융청과 수어청에서 홍제원에서 장단까지 사절 일행을 호위하거나, 도성 내로 인도하는 일을 담

69 《만기요람》 군정편2, 훈련도감, 試藝.

70 정정남, 앞의 논문, 2018, 102~105쪽 ; 이 연구에서는 〈경기감영도〉를 토대로 모화관 훈련의 구체적인 장소로 天然亭 주변을 꼽고 있다. 《訓局謄錄》에 따르면 賞格詩才가 수구문 밖 南伐院에서 행해지기도 했다(《훈국등록》 1679년(숙종 5) 11월 26일 ; 원창애 외 역주, 앞의 책, 2017).

71 《만기요람》 군정편3, 금위영, 시예.

당하기 위해 차출된 군병을 軍威軍, 禁辟軍으로 부르기도 했다.[72]

국왕이 도성 밖에 거둥할 때에는 길을 닦는 일은 오부의 호방에서 관리했는데, 영조대 이후에는 熏造契에서 이를 도맡았다.[73] 교외에서 훈련을 친열할 때 御幕所 및 훈련장 안은 지방부관이 담당하고 지정된 지역의 경작을 금했다. 과녁과 대를 쌓고 눈을 그리는 일은 오부의 방민이 맡았는데,[74] 훈련원은 青寧尉契 방민이, 모화관은 池下契 방민이 담당했다.[75]

용호영에서도 진법 연습을 하였는데 장소는 마찬가지로 넓은 모래밭을 선택하였다. 《만기요람》에 의하면 용호영은 매월 18일에 노량진 沙場에서 습진을 하였다. 이때 사용되는 藥丸은 삼군문에서 돌아가며 진상하도록 했다.[76]

훈련일에는 훈련 외에도 군인에 대한 처벌이 공개적으로 이루어졌다. 다수의 군인뿐만 아니라 일반 백성인 구경꾼들이 모인 자리였기에 경계의 효과를 거둘 수 있었을 것이다. 법전에는 "武藝 別監으로 도망한 자는 진법 연습일에 沙場에서 조리돌린 후[回示] 곤장 50대를 치고 외딴 섬에 充軍한다. 훈련을 기피한 자도 엄형에 처한 후 海島에 충군한다."고 하였다.[77] 실제 정묘호란 직후, 전쟁시 도망쳤던 군병 吳立이라는 자를 모화관 훈련장에 군병을 모아 놓은 앞에서 효시하였으며,[78] 동료를 조총으로 쏘아 죽

---

72 《만기요람》 군정편3, 총융청, 調發 ; 《순조실록》 권33, 순조 33년 7월 15일(계미) ; 《訓局謄錄》에는 훈련도감의 군사들이 傳語軍으로 동원되고 있는 사실을 확인할 수 있다.

73 《영조실록》 권30, 영조 7년 7월 22일(계미).

74 서울특별시사편찬위원회, 《국역 경조부지》, 1992, 63~64쪽.

75 서울특별시사편찬위원회, 위의 책, 1992, 69쪽.

76 《만기요람》 군정편2, 용호영, 習陣.

77 《대전통편》 병전, 用刑.

78 《훈국등록》 1627년(인조 5) 5월 8일(원창애 외 역주, 앞의 책, 2017, 109쪽).

인 兒童右哨軍 申海龍을 습진하는 날 효시한 일도 있었다.[79]

3) 조선 후기 삼군문의 성저십리 방어체제 성립

본 절에서는 군병으로 구성된 군영이 성저십리의 수비를 위해 맡은 임무에 대해 고찰해보고자 한다. 우선 앞선 연구를 토대로 인조대 이래의 방어 전략이 어떤 과정을 거쳐 영조대의 도성 수비론으로 이어지는지 살펴보겠다.

임진왜란 이후 인조반정과 이괄의 난을 연이어 겪으면서 조선의 방어 전략에는 변화가 나타났다. 이 시기부터 기존의 국경, 내지 중심의 방어 전략이 도성 중심의 방어 전략으로 변하기 시작했다고 보기도 한다. 다만 인조대까지는 한양으로 적을 끌어들여 결전을 벌인다는 전략은 아니었고, 국왕의 피난 예정지인 보장처와 도성 주변을 정비하는 군사 정책이 채택되었다.[80] 효종대에 이르러 보장처로서 강화도를 정비하면서 한양 주변 주요 군영의 군사력 증강을 함께 도모하였으며, 현종대에는 한양에 모인 유민을 상대로 군병 모집을 시행하는 등의 조처로 인해 중앙군영의 군사수가 획기적으로 늘어나면서 도시 규모에도 영향을 주게 되었다.[81]

한양의 인구증가와 군사 도시화로 인해, 이곳의 주민들은 자신의 생명과 재산 보호를 위해 한성의 수비 강화를 주장했고, 조정도 이를 의식하지 않을 수 없었다.[82] 숙종대에 이르러, 국왕이 유사시에 보장처로 피난하지 않고 도성에서 방어하기 위한 논의가 나타나기 시작했다. 동시에 제

79 《훈국등록》 1643년(인조 21) 11월 3일(원창애 외 역주, 앞의 책, 2017, 181쪽).

80 노영구, 앞의 책, 2013, 21~22쪽.

81 노영구, 위의 책, 2013, 23~35쪽 참고.

82 이근호, 〈18세기 전반의 수도방위론〉《군사》 38, 1998, 63쪽 ; 노영구, 위의 책, 2013,

기된 의논이 북한산성을 축성하여 그곳을 새로운 보장처로 삼자는 논의였다.[83] 숙종 후반기의 도성 수비 논의는 크게 두 단계로 나눌 수 있는데, 1704년(숙종 30) 신완이 건의한 북한산성 중심 수비론과 1710년(숙종 36) 북한산성 수축론에 대한 반대 논리로 제기된 도성 수비론이었다. 후자는 도성 수축이 끝난 직후에 건의된 것으로 이 시기부터 좀 더 구체적인 도성 수비 전술 및 방략이 제시되었다는 점에서 특기되고 있다.[84] 요컨대 숙종대까지의 도성 수비론은 전쟁 발발 시 도성 수비 가능성에 대한 회의론이 적지 않았다는 측면에서 불완전하나, 영조대 확립된 도성 수비 체제의 시원적 성격을 갖는다는 점에서 의미가 있다고 여겨진다.[85]

영조대 초반 戊申亂은 도성 방어론이 본격화되는 계기가 되었다. 일련의 조치 이후 1742년(영조 18) 강화성의 개축 문제가 제기되면서 이전까지의 보장처 중심 방위 전략과 도성 중심 방위 전략이 충돌하였다. 그러나 영조가 도성 수비에 대한 강한 의지를 드러내면서, 삼군문이 도성의 수축과 수비를 담당하는 조치가 시행되기에 이르렀다.[86]〈그림 1〉

1751년(영조 27) 삼군문이 도성을 세 구역으로 나누어 守城하도록 정하였다. 〈수성절목〉은 1746년(영조 22) 초안이 마련되어 1751년에 반포되었

47쪽.

83 노영구, 위의 책, 2013, 47~64쪽 참고.

84 노영구, 위의 책, 2013, 65~69쪽 참고 ; 김종수, 〈숙종대 경기지역 군사체제의 정비〉 《숙종시대의 군사체제와 훈련도감》, 한국학중앙연구원출판부, 2018.

85 노영구, 위의 책, 2013, 72쪽.

86 노영구, 위의 책, 2013, 77~86쪽 ; 노영구는 삼군문 주도의 도성 수축이 "단순한 도성 수축에 그친 것이 아니라 구역 내의 구체적 방어 구역까지 명시함으로써 실질적인 도성 방어의 핵심으로 삼군문 도성 수비 체제가 정착되었다는 점에서 의미가 크다"고 하였다. 이어지는 《守城節目》 반포 등에서도 바로 이 '명시'라는 사실이 가지는 의미가 적지 않다고 생각된다.

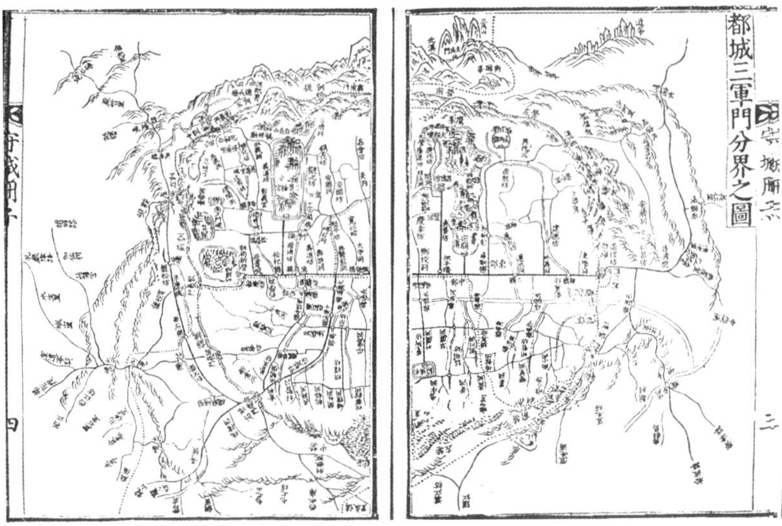

〈그림 1〉《수성책자》〈도성삼군문분계지도〉(서울대학교 규장각한국학연구원)

다.[87] 영조는 〈守城綸音〉을 내리면서 6부의 士庶들이 각각 어느 구역에 속하는지 상세히 알게 하라고 하였다. 영조가 도성수비를 강조하고 제도를

87 1728년(영조 4)의 戊申亂은 수도방위체제 성립에 큰 영향을 주었다. 정부는 숙종대부터 이어진 도성 수축을 완료하였고 삼군문이 도성을 나누어 수비·관리하는 규정을 마련하였다. 1746년 7월 도성 수축이 일단락되자 그해 12월에《수성절목》을 속히 작성하라고 하였고, 이듬해 2월에 작성되었다. 1747년에 이를 더 보완하여 1751년에《守成册子》를 간행·반포하였다.《守成册子》는 〈御製守成綸音〉과 〈都城三軍門分界之圖〉〈都城三軍門分界總錄〉〈수성절목〉을 합본하여 편집한 것이다(노영구, 위의 책, 2013, 91~102쪽) ; 영조대《수성절목》의 반포와 도성중심수비 전략의 전모에 대해서는 조준호, 〈영조대 〈수성절목〉의 반포와 수도방위체제의 확립〉(이근호·조준호·장필기·심승구,《조선 후기의 수도방위체제》, 서울시립대 서울학연구소, 1998) ; 김웅호, 〈조선 후기 도성중심 방위전략의 정착과 한강변 관리〉《서울학연구》24, 2005 ; 나각순, 〈서울 한양도성의 기능과 방위체제〉《향토서울》80, 2012 ; 이근호, 〈영조대 도성수비 논란의 검토〉《향토서울》83, 2013 ; 노영구, 위의 책, 2013 ; 신효승, 〈영조대 도성 방위의 수성전술 체계〉《역사와 실학》56, 2015 등을 참조.《수성절목》은《(御製)守城綸音》(서울대 규장각한국학연구원 소장)에서 원문을 확인할 수 있다.

개편한 이유는 "옛적에 蜀漢의 昭烈皇帝는 한 조그마한 성의 백성도 오히려 차마 버리지 못하였는데, 더구나 도성의 累十萬의 사서들은 바로 옛날에 애휼하던 백성이니, 어찌 차마 버리고 홀로 갈 수가 있겠는가. 이것으로 생각을 한다면 모든 백성과 더불어 마음을 같이 한다."에 있었다. 즉, 도성을 결코 버리지 않겠다는 의지를 표명한 것이다. 이는 "도성을 지키려는 뜻은 저 푸른 하늘에 질정할 수 있으니, 설혹 이런 일이 있다면 내가 먼저 기운을 내서 성위의 담에 올라가 백성을 위로할 것이다. 만일 근거 없는 의논으로 인하여 그 지키는 바가 흔들린다면 이는 다만 우리 백성들을 속이는 행위일 뿐만 아니라, 이것은 내 마음을 속이는 것이니, 어찌 차마 이런 짓을 할 수가 있겠는가? 그 印頒한 바는 늘 신실함이 符信과 같으니 아! 우리 사서들은 寡人의 뜻을 헤아려 달라."라는 문구로 약속되었다.[88] 영조는 무신란 이래의 '都城死守' 의지를 제도와 간행물로 밝힌 것이다.[89]

〈수성절목〉은 아홉 개의 항목으로 구성되었는데, 내용을 간략히 제시하자면 ① 반포의 이유(도성을 수비하는 임금의 큰 계획을 백성에게 미리 전파해야만 위급할 때 힘이 될 수 있다) ② 5부의 민호를 거리에 따라 삼군문에 분속할 것 ③ 호구파악의 기준과 관리 강화 ④ 삼군문이 맡은 성곽은 前·左·中·右·後로 나누어 돌에 새겨 표시할 것 ⑤ 각 군문을 5部, 5司, 5哨로 구분 ⑥ 小地圖 제작 ⑦ 5

88 《(어제)수성윤음》(서울대 규장각한국학연구원 소장) ; 《영조실록》 권74, 영조 27년 9월 11일(갑술).

89 '都城死守論'은 숙종대 申琓의 건의(《숙종실록》 권37, 숙종 28년 8월 11일(경인))에서 비롯되었다고 보고 있다. 그러나 당대에는 이에 대해서도 비판적인 의견이 있었고, 임진왜란 당시 명군의 지적(江華留守李思永曰 壬辰之亂 麻貴楊鎬謂都城難守云 臣則以爲決不可守)이 재론되기도 했다(《숙종실록》 권38, 숙종 29년 1월 20일(병인)). 그러나 도성수축은 결국 실행되었고, 북한산성도 축조되었다. 세 군문이 함께 도성 수비에 임하는 체제도 이때부터 시작되었다.

부 各契의 깃발 제작(훈련도감은 黃色, 금위영은 靑色, 어영청은 白色이며 깃발 내에 '某部某契' 및 소속 군영과 소속 방면을 표기) ⑧ 위급시 傳令과 軍令 ⑨ 위급시에는 노약자를 제외하고 총동원하여 성첩을 지킬 것이었다.[90]

삼군문은 각각 이에 따라 5구역(전·좌·중·우·후)으로 나누어 성의 내외 지역을 수비하였다. 한성부 5부 중 각 군영 담당 지역에 속한 방과 계는 군영에 분속되었고, 각 부는 식년마다 분속된 방계의 호구 총수를 대장으로 만들어 해당 군문 및 병조에 보고하게 하였다. 속한 지역의 성벽도 색을 칠하고 글씨를 새겨 나누어 지키게 하였다.[91]

한편 이 절목의 시행을 전후하여 강변에 위치한 호조와 선혜청 및 여러 군문의 창고를 성 안으로 옮기는 조치가 행해졌다.[92] 1747년(영조 23)에는 "각 군영에서 나서서 강변의 창고를 도성 안이나 도성 근방으로 옮겼다."는 기사를 확인할 수 있다.[93] 이는 '城廊'의 설치로 이어졌다. 영조대 도성 중심의 수비책이 본격화된 후 경강변의 창고들을 도성 내로 옮기는 조치와 함께 도성에 성랑이라는 구조물을 설치했다.[94] 단위는 '庫'였는데, 도성에는 도합 75고가 설치되어 있었다. 이를 각 군영 및 4개 道[95]에서 관리

90 《(어제)수성윤음》; 조준호, 앞의 논문, 1998, 138~139쪽 참조.

91 《만기요람》 군정편2, 훈련도감, 守城字內; 〈지도 1〉의 〈都城三軍門分界地圖〉 참고; 각 군영의 담당 구역은 성벽뿐만 아니라 산지와 강변을 포함하고 있다.

92 《영조실록》 권64, 영조 22년 12월 6일(정묘); 《승정원일기》 1011책, 영조 22년 12월 6일(정묘). 도성 수비를 위해 강변의 창고를 성 안으로 옮기자는 의견은 숙종대 이광적이 제기한 바 있다(《숙종실록》 권49, 숙종 36년 10월 3일(갑자)); 1711년(숙종 37) 전후에 만들어진 李萬葉의 《備禦五條》에도 강가의 여러 창고를 도성 안으로 옮기는 방안이 제시되고 있다(노영구, 앞의 책, 2013, 71쪽).

93 《승정원일기》 1012책, 영조 23년 1월 15일(을사); 1015책, 영조 23년 4월 17일(병자)·18일(정축)·20일(기묘).

94 《영조실록》 권65, 영조 23년 2월 5일(을축).

95 이때의 4道는 四山禁標의 기준이 되는 동서남북의 道를 가리킨다(서울특별시사편찬

했다.[96]

창고 이전은 중요한 군사시설이기도 한 창고의 수비 효과를 높이기 위해 도성 안 혹은 도성 아래의 군영 직속으로 옮기는 조처였다. 그런데 당대의 史論에서는 이를 비판적으로 바라보기도 했다. 사론의 대략적인 내용은 다음과 같았다.

위원회, 앞의 책, 1992, 77~78쪽). 아래는 사산 禁葬 한계이며, 禁松은 동북쪽으로 양주 경계에, 서쪽으로는 고양 경계에 이른다. 남쪽은 금장 한계와 같다.

〈표 8〉 사산금표 4개 道의 범위

北道	대보동 서쪽에서 普賢峯을 지나 猪噬峯에 이르는데, 한줄기 卯落이 猪噬峴을 이룬다. 서쪽의 峨嵋山으로부터 시작하여 구불구불 서쪽으로 가면 延曙 舊館 터가 되며, 大棗里를 지나 石串峴 서남쪽의 두 시내가 합류하는 곳에 이른다. 산등성이를 한계로 삼는다.
西都	석관현의 두 시내가 합류하는 곳에서 서남쪽으로 時威洞에 이르러 시내를 한계로 삼고, 시위동에서 남쪽으로 沙川渡에 이르면 골짜기 길이 있으니 이를 한계로 삼는다. 사천도에서 남쪽으로 城山 동쪽을 지나 다시 서쪽으로 꺾어 望遠亭에 이르러 시내를 한계로 삼는다. 망원정에서 마포에 이르러 강을 한계로 삼는다.
東道	大菩洞 시냇물이 동쪽으로 흘러 水踰 북쪽을 지나 牛耳川 하류로 들어가고, 남쪽으로 내려가 上伐里·下伐里와 長位의 松溪橋를 지나 中梁浦에 이른다. 시내를 한계로 삼는다.
南道	중량포 시냇물이 箭串橋와 新村을 지나 豆毛浦에 이른다. 시내를 한계로 삼는다. 두모포에서 서쪽으로 龍山에 이른다. 강으로 한계를 삼는다.

96 훈련도감의 성랑 중 돈의문~창의문의 14고는 서도, 창의문~숙정문의 13고는 북도에서 담당했다. 금위영의 성랑 중 숭례문~흥인문 표석까지의 20고는 남도에서 담당했다. 어영청의 성랑 중 남소동~흥인문의 4고는 남도에서, 흥인문~응봉까지의 18고는 동도에서 담당했다. 응봉~숙정문의 4고는 북도에서 담당했다.《경조부지》에는 합계 75고라고 하였으나 제시된 성랑의 수를 합하면 73개이다. 성랑의 '소유'는 군영, 관리는 각 道에 속한 지역에 사는 (성 아래) 주민과 산지기에게 맡겨진 것으로 보인다(서울특별시사편찬위원회, 앞의 책, 1992, 52~53쪽).《만기요람》에는 훈련도감의 성랑이 24개소로(군정편2, 훈련도감, 도성분수자내), 금위영의 성랑은 24개소(군정편3, 금위영, 도성분수자내)로 기재되어 있다.

도성을 지키는 것은 중요하다. 그러나 형세는 상황에 따라 다른 것이니 도성을 지킬 것인지 포기할 것인지를 미리 정할 수는 없다. 더구나 한양도성은 지키기 어렵다는 논란이 이전부터 있었다. 하지만 강변의 창고는 3백년이 지나는 동안 아무런 이의가 없었다. 성이란 높고 작으면 견고하고 평평하고 넓으면 지키기 어려운 반면, 강변의 창고는 평상시에 백성들이 의지하여 생계를 이어왔는데, 난이 생기면 성 안으로 물건을 실어들일 수도 있고 배에 실어 보낼 수도 있다. 실제로 이 때 도성 수축이 꾸미는 데만 힘쓰고 창고를 헐고 옮기느라 손실이 많아 실효성은 없고 손해만 있었다.[97]

그러나 이 조치는 미래에 있을지 모를 침략에 대비하기 위한 대책임과 동시에 "백성들을 버리지 않겠다는 뜻"을 밝혀 민심을 안정시키고자 하는 의도를 강하게 내포하고 있었던 것으로 보인다.[98]

성저십리의 창고는 실제로 도성 방어에 부정적인 영향을 주는 시설이었을까. 조선은 전쟁시 방어 상황에서 아군의 식량과 군기를 적에게 빼앗기는 일을 최우선으로 방지하고자 하였다. 임진왜란 당시에도 관아를 포기할 경우 창고의 식량과 군기를 불태워 적에게 넘어가지 못하게 한 바 있었다. 그러나 이는 근본적으로 아군의 자원을 손상시키는 일이기도 했다. 따라서 정유재란 직전에는 산성을 방어시설로 정비하여 그곳으로 자원을 옮겨놓는 조치를 강구하기도 했다. 창고를 도성 안으로 미리 옮기는 행위는 귀중한 자원을 버리는 상황을 방지하기 위해 유효할 수 있었다. 그러나 한성의 고도화된 교통·유통 상황에서 경강변의 창고를 모두 도성

97 《영조실록》 권64, 영조 22년 12월 6일(정묘).

98 《승정원일기》 1011책, 영조 22년 12월 6일(정묘).

내부로 옮긴다는 것은 현실적이지 않았다. 그럼에도 불구하고 〈수성절목〉 반포 후에는 강변의 모든 창고를 도성 안으로 이동하라는 조치가 내려졌다. 이로써 어영청장계 민호들이 생계를 이을 방도가 없어져 정부에서 이들을 다른 계에 분속시키는 조치가 이루어지기도 했다.[99] 군영의 몇몇 창고를 제외하고 실제로 옮겨진 창고는 많지 않았던 것으로 보인다.[100] 즉 창고 이동 명령은 영조대 '도성사수' 기조에 수반한 상징적인 조처였을 것이다.

한편 擲奸의 경우 매년 봄과 가을에 병조의 당상관이 공조와 한성부 당상관 및 낭관들과 궁성과 도성을 순찰하였고, 문제가 있을시 궁성은 호조 및 紫門監에서, 도성은 각 군영에서 분담하여 수축케 하였다.[101] 이후 도성의 城堞에 대해서는 삼군영의 대장이 봄과 가을에 조사하되 그 외에도 매달 군관을 배치하여 척간하도록 하였다.[102] 훈련도감에서는 수문군과 금송군이라는 병종을 설정해두기도 했다.[103]

《경조부지》에는 봄과 가을 척간시의 절차가 보이는데, 병조에서 주관

99 고동환, 앞의 책, 2007, 334쪽.

100 창고를 도성 안으로 옮기자는 건의는 1796년(정조 20)에도 있었다. 비변사는 "창고가 강변에 있고 선박이 창고 앞에 있는 것은 유사시를 염려하여 헤아려 보면 허술한 것 같아도 옮기고 수송하는 방도로 볼 때 실로 편리합니다. 만약 성안으로 옮겨 설치하게 되면 두 종류의 비용을 더 마련해야 하므로 필시 세를 내는 백성에게 폐해가 돌아갈 것입니다. 또한 강변의 백성들이 이익을 잃게 되는 것도 도성을 막아 지키는 뜻이 아닙니다"라고 하며 반대의 뜻을 표했다(《일성록》, 정조 20년 4월 26일(신축)).

101 《속대전》 병전, 擲奸. 《경국대전》, 병전, 城堡에는 또한 매년 봄과 가을에 병조가 공조·한성부 및 修城禁火司와 함께 조사하여 국왕에게 상주하는 것으로 정하였다. 공조에 속한 수성금화사와 典涓司는 《대전통편》에서 폐지되었다. 수축할 때에는 각 영에서 집행하고 물자는 호조에서 지출했다(《만기요람》 군정편2, 兵曹各掌事例, 武備司).

102 《대전통편》 병전, 척간.

103 수문군은 28명이었는데 돈의문과 창의문에 각 6명, 숙정문에 2명이 배치되며 매월 14명씩 돌아가며 번을 섰다. 금송군은 20명으로 내산에 4명, 외산에 6명이 배치되었다(《만기요람》 군정편2, 훈련도감, 軍摠).

하여 거행하되 병조의 당상관과 낭관, 한성부의 당상관과 낭관, 공조의 당상관과 낭관, 사산참군과 오부의 관원이 대궐 아래에서 회동한 후 궁성을 먼저 巡審하고, 廣智營에서 모인 후 병조에서 길을 나누어 순심하는 것으로 되어있다. 이후 병조는 단독으로, 한성부와 공조 및 참상부관이 함께, 참하부관 및 참군은 도성 밖으로 나가 순심한 후 남산에서 모였다.[104] 봄과 가을의 도성 내외 순찰과 방어시설로서의 도성 순찰 및 수축을 분리하여 시행한 것으로 보인다.

《속대전》에 의하면, 도성의 주위는 14만 935보로 정하며, 주척으로 하면 8만 9,610척이라고 하였다. 동서남북은 지형의 험이를 고려하여 삼군문이 분담하여 파손되는대로 수축하며 근방에 사는 사람들이 평소에 지키게 하였다. 분담 지역은 숙정문 동변의 舞砂石으로부터 돈의문 북변에 이르는 4,850보는 훈련도감, 돈의문 북변의 무사석에서 광희문 남변 남촌 집 뒤까지의 5,042보 반과 돈의문·소의문·숭례문은 금위영, 광희문 남변 남촌 집 뒤에서 숙정문 동변까지의 5,042보 반과 흥인문·광희문·혜화문·오간수문은 어영청이었다. 동·남 관왕묘는 1787년(정조 11) 이래 삼군문에서 수리를 담당하도록 하였다.[105] 《훈국사례촬요》, 《금위영등록》, 《금위영사례》, 《어영청성역등록》 등에는 실제로 군영이 담당구역을 지속적으로 修補하였으며, 그 비용이 적지 않았다는 사실을 알 수 있다고 한다.[106]

104 서울특별시사편찬위원회, 앞의 책, 1992, 51~52쪽. 《경조부지》에는 '巡審' 절차로 기재되어 있다.

105 《속대전》 공전, 雜令 ; 《만기요람》 삼군문의 도성분수자내 조항 참조.

106 유현재, 〈조선 후기 군문과 상평통보〉 《조선 후기 중앙 군영과 한양의 문화》, 한국학중앙연구원출판부, 2018.

금위영과 어영청은 주요 담당 구역을 정하여 자체적인 摘奸을 하였다. 금위영은 매월 20일에 동·남 관왕묘, 매 5일에는 궁성의 담, 매월 초에는 南壇·雩祀壇·(土)龍壇·司寒壇에 장교를 보내 적간하였다.[107] 어영청은 매월 27일에 도성, 그믐에는 동·남 관왕묘, 매월 5일에는 궁성의 담 및 경모궁 案山, 매월 10일에는 先農壇, 매 中日에는 鷹峰에 장교를 보내 적간하였고, 先蠶壇은 城北屯監에서 검찰하게 하였다.[108]

다음으로는 도성을 둘러싼 四山에 규정된 禁標와 군영의 역할에 대해 살펴보겠다. 四山은 대개 백악, 목멱, 인왕, 타락산을 가리키며 네 개의 개별적 봉우리뿐만 아니라 이에 연결된 주변의 산인 四方의 산이라는 의미도 포함한다.[109] 한성부에서는 도성 10리 내에 四山禁標를 정하고 금표지역의 개간을 금지했다.[110] 그러나 서울로 집중된 사람들이 거주지를 마련하기 위해 산을 개간하였고 18세기 중반 이후 급격하게 진행되어 정부로서도 원상회복이 어려운 상황에 이르렀다.[111]

이를 담당한 이들은 4명의 四山監役官이었다. 이들은 사산의 松林盜伐을 감시하는 역할을 맡아 네 구역을 나누어 맡았는데, 이후 이름을 四山參

107 《만기요람》 군정편3, 금위영, 摘奸.

108 《만기요람》 군정편3, 어영청, 적간.

109 한동환, 〈조선 전기 한양 금산의 범위와 기능에 관한 연구〉 《지리학논총》 20, 1992.

110 '禁山'은 지정 범위 전체를 포함하는 것이 아니라 일정 범위 내에서 山이라고 인식되는 지역만이 규제되었다고 볼 수 있다. 성저십리 역시 모든 범위가 개간, 매장, 벌목, 경작이 금지된 것이 아니라 해당 지역에 포함된 산맥에 대해서만 금지되고 있었다(한동환, 위의 논문, 1992, 22~23쪽 참조).

111 고동환, 앞의 책, 2007, 157~158쪽. 도성 10리 안에 장사를 지내는 자는 '園陵의 樹木을 盜伐한 자를 처벌하는 律'에 의거해 논죄되었고, 매장한 것은 기한을 정해 파서 옮기게 하였다. 이 역시 삼군문과 4道에서 담당했다(서울특별시사편찬위원회, 《국역 경조부지》, 1992, 45쪽).

軍으로 바꾸었다. 네 구역 중 서쪽은 훈련도감, 동쪽은 어영청, 남쪽은 금위영, 북쪽은 총융청에 속하였다.[112] 《만기요람》에 의하면 1754년(영조 30) 이래 한성부의 禁松山直을 폐지하고 동·서·남의 3道로 나누어 參軍 1명씩을 두어 삼군문에 예속시키고, 북산은 총융청에 예속시킨 것으로 나타난다. 제 군영에는 모두 금송군을 설치하였다고 한다.[113]

〈속대전〉에 의하면 금표를 세우는 범위는 우선 북쪽으로는 玄武主山이었다. 이어서 동쪽을 가리키는 긴요한 곳[緊關]인 外靑龍은 석가재의 內沙乙閑 남변으로부터 狄踰峴을 거쳐서 廣平大君家 북쪽 고개와 先蠶祭壇에 이르는 곳 및 普濟院 서쪽 건너편의 安巖洞·猪房洞과 동대문 밖에 이르기까지 모두 산등성이 안팎으로 표를 세우고, 서쪽을 가리키는 긴요한 곳인 外白虎 즉 慕華館 뒤에서 沙峴과 司畜署 고개를 거쳐 靑坡뒤에 이르는 곳은 산등성이 내면에 표를 세웠다. 마지막으로 朱雀案山인 남산 외면 즉 남대문의 성 밖에서 典牲署 뒤를 거쳐 伐兒峴에 이르는 곳과 벌아현 동쪽으로 가서 豆毛浦 뒷산과 왕십리 뒷산을 돌아서 水口에 이르는 곳에는 산등성이 내외면 모두에 표를 세우도록 되어있었다.[114]

112 《대전통편》 병전, 경관직, 四山參軍. 이들은 삼군문과 분담하여 내외산의 벌목과 부석을 관리하였다. 창의문 외편은 총융청에서 관리하게 하였다(《대전통편》 공전, 栽植). 다만 도성 내외에 송림이 밀집하여 城堞의 보전을 방해하는 경우에는 경내는 다섯 보 거리까지, 성 밖은 열 보 거리에 한하여 송림을 벌채했다(《대전통편》 병전, 城堡).

113 《만기요람》 군정편2, 훈련도감, 禁松字內, 〈四山禁標圖〉 참고.

114 《속대전》 공전, 잡령. 17세기 중반 이후 북쪽은 산천이 경계이고 동·서·남은 하천을 경계로 한다는 성저십리가 사산금표와 동일한 의미라는 인식이 지배적으로 되었다고 한다. 성저십리와 사산금표를 동일시하는 《四山禁標圖》가 나온 것도 그러한 배경이라고 보았다(이경구, 〈법전을 통해 본 17~18세기 서울의 변화〉 《서울학연구》 25, 2005, 127쪽).

〈표 9〉 훈련도감 禁松字內[115]

內山	숙정문, 三淸洞川의 서쪽, 북악에서 창의문 대로의 동쪽	1패
	창의문 대로의 서쪽에서 돈의문 북쪽	2패
外山	沙峴에서 북쪽으로 西曲城까지, 남쪽으로 鞍峴의 1·2·3봉 경내	1패
	사현 서쪽에서 弘濟院橋의 大川 상하 동쪽	2패
	홍제원교 대천의 상하 서쪽에서 梁鐵坪·末屹山·淨土·加佐洞·城山里	3패

〈표 10〉 금위영 禁松字內[116]

內山	돈의문 남쪽에서 承傳路	1패
	승전로에서 兄弟井洞 서쪽	2패
	형제정동 동쪽에서 광희문 남쪽	3패
外山	萬里倉에서 高山寺基洞 서쪽	1패
	寺垈洞 동쪽에서 한강로 서쪽	2패
	한강로 동쪽에서 豆毛浦 서쪽	3패
	한강로 동쪽에서 豆毛浦 서쪽	4패

〈표 11〉 어영청 禁松字內[117]

광희문 안 북쪽에서 숙정문 남쪽	1패
혜화문 밖 남쪽에서 胡踰峴	2패
홍인문 밖 북쪽에서 安巖洞과 車峴 대로	3패
안암동과 祭基峴에서 호유현 삼거리	4패
小墨兒에서 伐里와 水踰峴 동쪽	5패

115 《만기요람》 군정편2, 훈련도감, 禁松字內. 훈련도감의 담당구역은 훈련도감이 혁파된 후인 1882년에 금위영과 어영청이 나누어 맡게 되었다(《고종실록》 권19, 고종 19년 10월 21일(갑술)).

116 《만기요람》 군정편3, 금위영, 禁松字內.

117 《만기요람》 군정편3, 어영청, 금송자내.

삼군영 및 사산참군은 工曹의 濬川司와 함께 도성의 水溝, 暗渠, 橋梁의 관리 및 수리도 담당했다.[118] 이처럼 삼군문은 구역을 나누어 평시의 순찰, 성벽의 관리 및 수축, 금산의 관리 등 다양한 임무를 부여받고 있었던 것이다. 한편 삼군문이 담당한 지역의 성벽과 산림을 제대로 관리하고 있는지는 1795년(정조 19)부터 용호영에서 파견된 장교들이 적간하였다.[119]

〈수성절목〉 간행 및 반포로 조선 후기 도성 방어를 위한 논의는 하나의 결말을 맺었다. 이후에도 그 기조에 따른 도성 내외부에 대한 수축 및 추가 시설 설치가 행해졌으며, 도성 외성을 축조하자는 의견도 꾸준히 제기되었다. 새로운 도성 방어 전략을 강화하기 위한 건의도 있었는데, 앞선 연구에서는 1773년(영조 49) 宋奎斌의 건의에 주목하였다. 그의 도성 수비론은 크게 도성 자체 방어 체계로 나눌 수 있으며, 도성 자체 방어 체계는 강안 방어, 도성 외곽 방어, 도성 방어 3단계로 구분된다. 그는 도성 방어를 강화하기 위해 도성 안팎으로 추가적인 축성과 성곽 시설을 보강하는 방안을 강구하고 있었다.[120] 성저십리 구역까지 물리적으로 감싸는 적극적인 방어책도 제시되고 있었던 것이다.

영조대 〈수성절목〉 및 '사산금표'와 연계된 세 군영의 배치 구도는 곧 평시의 성벽 및 성을 방어하기 위한 지역, 즉 성저십리의 관리 구도를 의미한다. 세 군영의 군인들은 담당한 구역에 일정 시간 거주하면서 생활해야만 했다.[121] 이는 군영으로 하여금 자연스럽게 해당 구역의 비상시 방어

118 《대전통편》 공전, 橋路.

119 《만기요람》 군정편2, 용호영, 各處摘奸.

120 노영구, 앞의 책, 2013, 108~120쪽 참고. 그의 건의는 〈風泉遺響〉에 실려 있다.

121 조선 후기 군제개편으로 인한 한성의 군인 인구 증가와 그들의 생활 및 상업 활동에 대해서는 김종수, 〈17세기 훈련도감 군제와 도감군의 활동〉《서울학연구》 2, 1994 ; 박희진, 〈군제 개편이 17세기 서울의 인구와 상업 발전에 미친 영향〉《역사와 현실》

를 담당하도록 만들었다. 조선 후기 수도 방어의 외곽 범위는 곧 군영이 담당한 구역이 되는 것이다. 1663년(현종 4) 작성된《康熙貳年癸卯式年北部帳戶籍》에 의하면 도성 밖 16개의 契 총 683호가 기록되어 있다. 이곳은 도성 밖 산 밑과 경강 주변의 일부로 곧 성저십리 지역이다. 성 안의 군병 거주처의 경우 유사시 신속하게 도성을 수호하기 위한 목적을 띠기도 했듯이, 성저십리의 군병 거주지 역시 군사적 역할을 자연스레 가지게 되었을 것이다.[122] 요컨대 수도방어를 위한 부대가 주둔하고 부대의 관련 시설이 설치되어 있으며, 그들이 순찰하고 생활하는 범위가 곧 조선 후기의 성저십리였고,[123] 군사들의 거주와 생활, 그들의 근무 자체가 군사적 효과를 발휘하고 있었다.

〈수성절목〉 이후 성저십리라는 공간의 군사적 역할은 더 명확해졌다. 물론 '도성사수' 제창 및 〈수성절목〉 반포가 곧 성저십리의 군사적 역할의 실질적 약화를 의미하는 것은 아니었다. 군영이 규정에 따라 그곳을 담당한다는 전제 하에서, 성저십리 공간의 군사적 방어태세는 약화될 수 없었다.[124] 요컨대 영조는 도성 안의 백성들을 운명공동체로서 다스리겠다는

94, 2014 ; 이왕무, 〈조선 후기 수도권 방위체제의 정비와 군사도시화 경향〉《군사》 90, 2014 ; 최주희, 〈18세기 중후반 훈련도감의 立役 범위 확대와 도감군의 상업활동〉《한국사학보》71, 2018 ; 유승희, 〈17세기 한성부 내 軍兵의 실태와 거주 공간〉《진단학보》130, 2018 등을 참조.

122 유승희, 위의 논문, 2018 참조.

123 17~18세기를 거치며 경강변에 대한 치안책도 강화되었다. 먼저 주요 津渡에 별장을 설치하였고, 이어서 군영에 진도를 배속시켰다. 또한 앞서 살펴보았던 한강변을 포함한 순라구역 설정도 영조대 이래 이루어졌을 것으로 추정하고 있다(김웅호, 앞의 논문, 2005). 이후 성저십리는 고정된 방어선이 아닌, 군영이 항상 주둔하는 유기적-유동적 방어 단위로서의 성격을 더욱 진하게 가지게 된 것으로 생각된다.

124 규정과 실천에는 괴리가 있을 수 있다. 도성과 성저십리 구역을 담당할 군영이 정해졌고, 평시 순라 및 정기적 점검에 대한 규정도 만들어졌으나, 정조대 姜游의 상소문

선언과 함께, 도성 바깥 성저십리도 군사적 다스림의 공간으로 명시하고 있었던 것이다.

4. 군사 활동의 주요지점으로서의 성저십리

1) 임진왜란과 용산창의 일본군

성저십리의 수비 전략에 대한 고찰은 도성 수비에 대한 연구와 연계하여 함께 진행되는 예가 많았다. 이러한 연구를 통해 도성과 이를 둘러싼 구역에 대한 수비 전략과 변화 과정에 대한 고증은 이미 신뢰할 만한 결론에 이르렀다고 생각된다. 본 장에서는 성저십리라는 공간을 주어로 두고 이 지역에서 벌어졌던 실제 군사 활동에 주목해보고자 하였다.

조선이 경험한 최초의 국제 전쟁이라고 할 수 있는 임진왜란에서 조선은 전쟁이 시작한지 보름 남짓 만에 수도를 포기하였다. 1592년(선조 25) 4

에서 확인되듯이 '문은 지키면서 성벽은 순찰하지 않는' 현실이 지적되기도 했던 것이다(《정조실록》 권6, 정조 2년 9월 10일(병신)). 1788년(정조 12)에는 다섯 군문에서 배분하여 도성을 지키고, 三門 밖까지 8江의 백성들로 하여금 나누어 지키게 하자는 崔挺鳳의 도성수비론에 대해, 병조가 비현실적인 것이라며 비판한 예도 있다(《정조실록》 권25, 정조 12년 4월 21일(계축) ; 《일성록》 정조 12년 4월 21일(계축)). 1789년(정조 13)에는 도성 주위에 나무를 심어 목책으로 삼고 제방을 쌓아 담으로 삼자는 상소가 올라온 데 대해 비변사에서는 이미 사산참군의 절목이 있으니 새로운 제도를 창출할 것 없이 군영에 다시 신칙하여 금송 규정을 단속하여 사표 안을 울창하게 하면 될 것이라고 하였다(《일성록》 정조 13년 4월 23일(기유)). 이러한 사실들로 인해 당대의 영조대의 도성 방어론이 단지 국가 방위의 이념체제로서의 의미가 강할 뿐이라는 지적도 있으나, 국왕의 도성사수 선언과 실제 현실화된 도성 방어책에도 주목한다면 이를 "단순히 국가 방위의 가상적 이념 체계로만 보기는 어려울 것"(노영구, 앞의 책, 2013, 145~147쪽)이며 이에 동의하는 바이다.

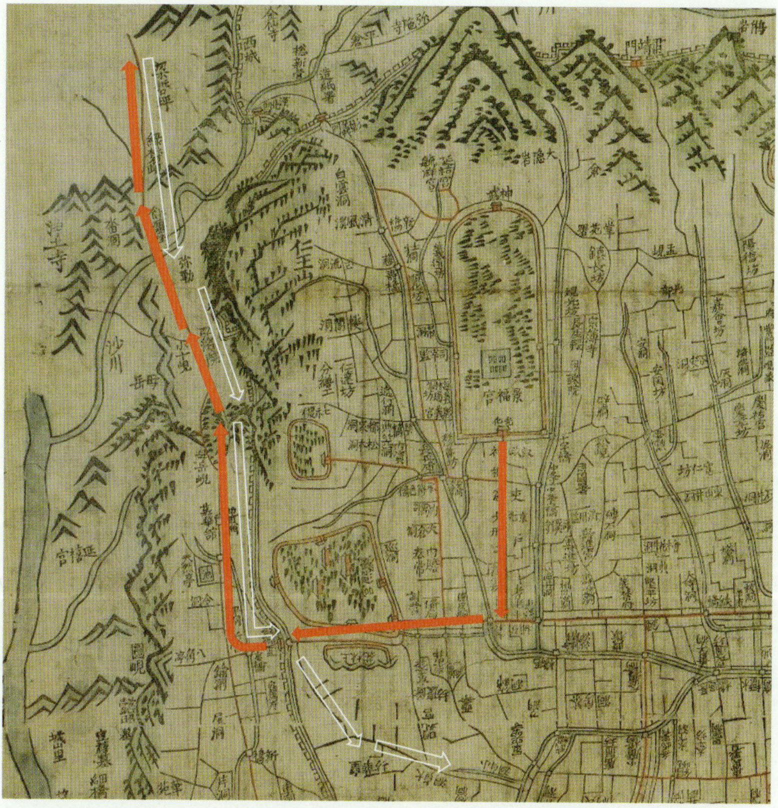

〈그림 2〉 임진왜란 시기 선조의 파천(붉은색)과 환도(흰색)(《수선전도》)(서울대학교 규장각한국학연구원)

월 30일 새벽, 선조는 경복궁 인정전을 나와 敦義門을 통해 서북쪽으로 방향을 잡았다. 沙峴을 지나 홍제원을 거쳐 벽제관에서 점심을 먹었다. 惠陰嶺을 지나 이날 저녁에 임진강에서 배에 올랐다. 이날 밤 東坡館에 이르렀다. 다음날 板門에서 점심을 먹고 저녁에 개성에 도착했다.[125] 건국 이래 도

125 《선조실록》 권26, 선조 25년 4월 30일(기미), 5월 1일(경신) ; 李肯翊, 《燃藜室記述》 권15, 宣祖朝故事本末.

성과 도성 주변에 마련되었던 수비 전략은 시험하지 못한 채 포기되고 말았다. 이후 도성은 지키기에 지나치게 넓다는 지적이 明軍뿐만 아니라 내부에서도 제기되었다.

도성은 1592년 5월 2~3일, 일본군에 의해 점령되었다. 일본군 제1군은 여주를 거쳐 5월 2~3일 새벽에 흥인문을 통해 한성에 들어왔으며, 제2군은 5월 3일에 숭례문을 통해 진입했다. 이후 1593년(선조 26) 4월 18일 일본군이 도성에서 물러날 때까지, 도성 주변은 조선의 의병과 명의 구원군이 일본군과 싸운 주요 전투 지역이 되었다. 벽제역 등 성저십리 지역에서 벌어진 여러 전투와 선릉·정릉 도굴 사건에 대해서는 자세한 연구가 이루어진 바 있다.[126]

이여송이 이끄는 명의 구원군이 벽제에서 일본군으로부터 일격을 당한 후, 명군은 강화교섭으로 노선을 바꾸었고 도성을 둘러싼 지역에서의 전투를 금지했다. 조선은 수군을 이용하여 경강을 오르내리며 도성 내외의 일본군을 정탐하면서 때로는 포를 쏘기도 하였다.[127] 일본군은 도성 내의 주요지점을 이미 군사시설로 이용하고 있었으며, 도성 밖의 창고 등도 진영을 만들고 장악하고 있던 상태였다.[128] 용산창에는 포루를 설치하였고 도성 둘레에는 牛馬墻(羊馬墻)처럼 담을 쌓되 상부에는 대총통의 구멍을 하

126 김경록, 〈조선시대 벽제관의 군사, 외교적 의미〉《군사》 106, 2018 ; 손승철, 〈임진왜란과 선정릉 도굴사건〉《향토서울》 71, 2008.

127 《선조실록》 권35, 선조 26년 2월 25일(경술). 충청수사 정걸 등이 수군을 이끌고 이곳을 정탐하였는데 강변에 진을 친 일본군이 2만 명이나 되었다고 한다. 이 수치를 전적으로 신뢰할 수는 없지만, 일본군이 강변을 주요 지점으로 인식하고 군영을 만들고 있었다는 사실은 확인할 수 있다.

128 《선조실록》 권35, 선조 26년 2월 17일(임인). 용산에 12개 처의 진이 있다는 소문도 있었다(《선조실록》 권35, 선조 26년 2월 23일(무신)).

부에는 소총통의 구멍을 뚫어 1천 보에 하나씩 만들어 일제히 발사하게 하였다고 한다. 또 壕를 두어 적이 쉽게 접근하지 못하게 해두었다.[129] 일본식 성의 구조를 도입한 것으로 보인다.

도성에서 도망쳐 나온 조선인을 통해서도 여러 정보를 얻을 수 있었다. 당초에는 일본군이 숙정문, 莊義門(창의문), 동소문은 지키지 않고 남쪽 일대만 수비병을 두었으나 명군의 구원이 본격화된 이후 북쪽으로 갔던 일본군이 모두 돌아와, 도성 안은 물론 남대문 안에서 모화관 근처까지 진을 쳐서 용산창을 잇는가 하면, 한강에 부교를 걸쳐놓고 沙平院·穿峴까지 출몰한다고 하였다.[130]

특히 용산창에는 비축미가 많이 쌓여있으며, 각 창의 곡식을 小公主洞宮에 옮겨 비치하였다는 소문이 돌고 있었다.[131] 군량 공급 및 수송에 어려움을 겪고 있던 조선으로서는 용산창의 군량을 회수할 수만 있다면 더할 나위가 없었겠지만,[132] 도성에 웅거한 일본군의 전의를 꺾기 위해 용산창 등을 불태우는 방략도 입안하고 있었다.[133]

129 《선조실록》 권43, 선조 26년 10월 22일(임인).

130 《선조실록》 권36, 선조 26년 3월 9일(갑자). 임진왜란 때 강화교섭이 진행되는 동안 조선은 한강 주변의 방어를 강화하고자 하였다. 한강 좌측으로 제천정에서 산록을 따라 宜春令 정자 뒷산에 우뚝 솟은 곳에 하나의 진영을 설치하고, 한강 우측으로 伐兒峴 줄기가 남쪽으로 뻗은 곳인 枕流亭 산록은 위로는 楮島, 아래로는 용산과 통하는데 이곳에도 별개의 진영을 설치하자는 것이었다. 이곳은 일본군이 목책을 설치한 곳이기도 했다. 위의 방어 시설 구상은 용산을 중심으로 한 일본군의 진영 구성에 영향을 받은 것이었다. 일본군의 용산 진영(토굴)은 북쪽으로는 목멱산 국사당 토굴과 호응하고, 남쪽으로는 沙平院·穿川 진영을 연결하고 있었다(《선조실록》 권65, 선조 28년 7월 2일(계유)).

131 《선조실록》 권34, 선조 26년 1월 11일(병인), 권35 선조 26년 2월 21일(병오).

132 《선조실록》 권34, 선조 26년 1월 30일(을유).

133 《선조실록》 권35, 선조 26년 2월 28일(계축) ; 유성룡, 《辰巳錄》, 1593년 3월 5일 ; 임

실제로 1593년 3월 중순 명군이 용산창 방화를 시도하였다. 후일 일본군이 한성에서 물러간 후 용산창에서 확보된 군량은 2천 석, 도성 내 왜관에 있던 곡식은 1천 석에 불과했다.[134] 당초에 저장된 양도 많지 않았고 명군의 방화 작전으로 많은 양이 소실되었을 것이다.[135]

강화교섭은 고니시 유키나가가 한강을 오르내리던 조선 수군에게 교섭을 요청하는 서신을 보내면서 재개되었다. 명군에서 강화교섭을 위해 일본군 진영으로 파견한 심유경도 조선의 배를 타고 용산에 상륙하여 고니시 유키나가, 가토 기요마사 등과 회합하였다.[136] 명군과 일본군 사이의 강화교섭은 1593년 4월 18일 일본군의 한성 철수와 함께 본격화되었다.

이때 부상당한 일본군들은 바로 철수하지 않았는데, 이들이 모여 있던 곳이 또한 용산창이었다. 경략 송응창은 조선으로 하여금 이들의 양식을 제공하게 하였다.[137] 이들은 50명 정도였는데, 이후로도 계속 머물다가 9월이 되어 나이토 타다토시(小西飛)(나이토 조안, 고니시 조안으로도 불렸다)와 함께 북경으로 들어간 것으로 보인다. 그 외에도 이른바 降倭 중에서 한성으로 불려온 이들이 있었는데, 함경도 지역으로 보내지는 경우가 많았으나 일부는 용산에 머물면서 화포 훈련·염초 제조 등의 일을 맡기도 하였다.[138] 용산

진왜란 시기 용산창 방화 작전을 포함한 용산 지역의 역사와 위상, 관련 사건에 대해서는 김용국, 〈용산고〉《향토서울》34, 1976에서 선구적인 연구가 이루어진 바 있다.

134 유성룡,《진사록》, 1593년 6월 12일 ;《진사록》, (1593년 6월 20일경으로 추정) 軍糧形止狀.

135 《直茂公譜考補》8 〈高麗軍記〉(《佐賀縣近世史料》1-1, 686~687쪽) ;《經略復國要編》권7 1593년 3월 3일 報王趙張三相公書(김경태, 〈임진왜란기 강화교섭 연구〉, 고려대 박사학위논문, 2014).

136 《선조수정실록》권27, 선조 26년 4월 1일(을유).

137 《선조실록》권38, 선조 26년 5월 12일(을축).

138 《선조실록》권48, 선조 27년 2월 29일(무인), 권49 선조 27년 3월 21일(기해).

창은 이후로도 가장 중요한 군량 창고로 기능했으며, 이 때문에 성벽을 쌓자는 의견이 제기되기도 했다.

선조는 오랜 파천을 마치고 1593년 10월 1일에 도성으로 귀환했다. 10월 1일 아침 벽제역을 출발하여 彌勒院에서 晝停한 후, 저녁 때 정릉동 행궁으로 들어갔다. 모화관에서 황제에게 감사를 표하였으며, 벽제에서 희생된 명군의 제사를 지내도록 명하였다.[139] 또한 도성으로 복귀하고 며칠 후 바로 용산으로 행행하여 飢民을 진휼하는 행사를 열기도 했다.[140]

1598년(선조 31) 11월 말 일본군이 조선에서 완전히 퇴각한 후에도 명군은 한동안 조선에 주둔했다. 명군이 본국으로 귀환한 것은 1600년(선조 33) 9월의 일이었다. 이후에도 委官 자격으로 명에서 파견된 장교들이 조선에 머무르곤 했는데, 이들의 임무는 혹시 있을지 모를 일본의 재침 소식에 대비하기 위한 변방 순찰, 조선군 훈련 그리고 명군 도망병 체포 및 압송이었다. 1601년(선조 34) 李承寵은 적극적으로 도망병을 체포하였는데, 이에 반발하여 도성 내에서 폭력 행위를 일으키는 자들이 발생했다. 명군 도망병들은 수십 명씩 몰려다니며 감옥에 갇힌 동료를 탈출시킨 후 데리고 도성을 빠져나갔다. 도성에서는 추격전이 벌어졌고 탈출한 도망병들이 동대문 밖과 같은 곳에 수십 명이 모여 있기도 했다. 이때 이승총은 뇌물을 받고, 잡은 도망병을 다시 놓아주는 등의 행위를 하다가 도망병들에게 사로잡히는 처지가 되었다. 사건 직후에도 이승총의 家丁이라는 자가 동대문

139 《선조실록》 권43, 선조 26년 10월 1일(신사). 실록에 따르면 같은 날에 모화관에서 황제의 은혜에 감사하는 四拜禮를 올렸다고 한다. 이것이 환도 전의 일이라면 선조는 돈의문을 통해 도성으로 들어온 것이 분명하다. 한편 《亂中雜錄》과 《연려실기술》에는 선조가 10월 4일에 환도한 것으로 기록되어 있다.

140 《선조실록》 권43, 선조 26년 10월 4일(갑신).

을 넘어 들어와 편지를 전하기도 했다. 도성문의 방어가 유명무실해진 것이다.

조선은 평소보다 도성 사대문의 금령을 더욱 엄격히 하기로 했고, 훈련도감군 6백 명을 소집하여 대응 작전을 세웠다. 우선 이들을 타이르는 임무를 띤 역관은 동대문으로 나가고, 哨軍 1백 명은 수구문을 통해 내보내 잠복하자는 의견이 제안되었다. 소집된 군사 중 일부는 국왕과 세자를 경호하기로 하였고, 부대를 나누어 동소문 鼓岩 근처와, 동대문을 파수하고, 왕십리에 출진하여 이승총 탈환 및 도망병 진압 작전을 펼쳤다.[141] 다행히 인명피해 없이 사건은 해결되었다. 변양걸은 관왕묘 앞으로 진군하여 도망병 25명을 체포했다. 체포된 도망병의 공초에 의하면, 도망병들의 난동은 사실 이승총 등의 농간에서 비롯된 것이었다. 이승총이 자신들의 말과 은냥을 빼앗아 갔기에 붙잡아 갔던 것이고, 서로 화해하고 이를 서약하기 위해 관왕묘에 갔던 것이라고 하였다.[142] 이때는 범죄를 저지른 자이기는 하나 어디까지나 '上國'의 사람이었기에 사건 초반 원활한 작전이 이루어지지 못했던 면도 있었다. 그러나 이 사건은 평시 수준의 도성 문 방비로는 불의에 발생하는 비상시에 대응하지 못한다는 사실을 깨닫는 계기가 되었을 것이다.

명군 주력이 철수한 후, 조선군 훈련을 명목으로 남아있던 葉靖國이라는 자가 모화관을 훈련장소로 사용한 일이 있었다. 엽정국은 풍수를 잘 본다는 소문이 있는 자였는데, 선조는 그에게 왕비의 묘소와 궁궐 터 등을 문의하기 위해 그를 남겨두고자 하면서, 공식적으로는 훈련이라는 명분

141 《선조실록》 권133, 선조 34년 1월 3일(임인)·4일(계묘).

142 《선조실록》 권133, 선조 34년 1월 4일(계묘)·5일(갑진).

을 들었다. 엽정국은 모화관에서의 조선군 훈련에 더 열심이었는데, 그 훈련은 도술적인 내용이 가미된 황당무계한 모습이었다고 한다.[143]

한편 250여 년이 지난 19세기 후반, 용산은 다시 일본군의 주둔지가 되었다. 1894년(고종 31) 동학농민혁명이 일어나자 일본은 공사관과 일본인 보호를 명목으로 조선에 출병했다. 앞서 조선에 요청에 의해 출병한 청군은 아산에 주둔하여 출병목적이 동학농민전쟁에 대한 것임을 분명히 한 반면, 일본군은 인천에 상륙하여 용산 및 서울에 진입함으로써 조선 정부에 대한 정치, 군사적 목적을 명확히 했다.[144] 조선에 파견된 혼성 제9여단의 주력은 용산에 주둔하며 서울 및 경복궁을 점령하여 고종의 신병 확보와 조선군 무장해제를 행하고자 했으며, 독립 지대는 청군 및 조선군을 견제하기 위해 임진강과 동로에 배치되었다. 그 외 경성, 부산, 인천 등지에 군사를 배치했다. 용산은 서울로 향하는 육로·수로의 중심지였으며, 용산의 배후에 위치한 남산을 통해 서울을 조망하고 포를 설치하여 포격을 하기에도 좋은 위치였다. 물론 용산의 넓은 공간은 대규모 군사 주둔지로서도 적합했다.[145]

용산에 주둔한 혼성여단은 곧 서울을 포위하고 경복궁을 점령하기 위한 작전을 개시했다. 서울을 둘러싼 산지에 포를 설치하였고, 길목을 장악하여 감시활동을 실시했다. 그리고 병력을 도성 안으로 진입시켜 행군했다. 그리고 청군이 추가 파병된다는 소식이 전해지자 서울 내외 군사 시

143 《선조실록》 권130, 선조 33년 10월 22일(임진) ; 《선조실록》 권136, 선조 34년 4월 3일(경오).

144 김경록, 〈청일전쟁기 일본군의 경복궁 침략에 관한 군사사적 검토〉 《군사》 93, 2014, 251쪽.

145 김경록, 위의 논문, 2014, 258쪽.

설을 추가 설치하고 순찰을 강화했다. 7월 23일 새벽 경복궁 점령 작전이 실행되었다. 일본군은 고종의 신병을 확보하고 조선군을 제압한 후 무력화시켰다. 경복궁 점령 직후 일본군 혼성 9여단의 부대 배치 상황을 살펴보면, 주력 부대를 비롯한 많은 병력이 용산에 주둔하고 있었다는 사실을 알 수 있다. 그리고 즉시 주력을 아산방향으로 전진시켜 청군과의 전투를 준비했다.[146] 용산은 조선의 수도를 제어하기 위해 파견된 외국의 대규모 부대가 주둔하기에 가장 적합한 공간으로 선택되었던 것으로 보인다. 그리고 용산은 이 시기 이후 오랜 기간 동안 외국군의 주둔지로서의 역할에서 벗어나지 못하게 되었다.[147]

2) 인조대 성저십리의 군사 활동

임진왜란으로 도성이 함락되었던 경험을 얻은 조선은 한양 주변의 군사력 강화를 시도했다. 주변의 성곽을 축조하고 도성을 방위할 병력을 확보하고자 한 것이다. 그러나 縱深에 대한 방어의 중요성이 부각되어 내지의 방어에 대한 관심도 높아졌다.[148]

임진왜란과 정유재란 이후 도성 주위가 군사 행동의 중심지가 된 것은 인조반정 때였다. 인조반정 당시 반정군의 주요 집결지는 도성의 서북쪽이었다. 반정군은 원래 홍제원에서 모이기로 하였는데, 김류 등의 합류가 늦어졌다. 이귀, 김자점 등이 먼저 홍제원으로 갔으나 병사가 수백 명밖에 되지 않아 군중이 불안해했다. 이귀가 이괄을 대장으로 삼자 안정되

146 이상의 내용은 김경록, 위의 논문, 2014와 김경록, 〈청일전쟁 초기 조일맹약의 강제 체결과 일본의 군사침략〉《한일관계사연구》 51, 2015를 참고하여 작성하였다.

147 이재범 외, 《한반도의 외국군 주둔사》, 중심, 2001 등 참고.

148 노영구, 앞의 책, 2013.

었다. 인조는 친병을 거느리고 연서역에서 이서의 군사를 맞이했다. 연서에는 인조의 別墅가 있었는데 사람들은 연서를 奇讖으로 여겼다고 한다. 김류와 장단의 군사가 합류하자 1천여 명 이상의 군사가 창의문으로 진입하여 창덕궁으로 향했다.[149] 이후 공신 녹훈시에도 "홍제원에서 모인 사람"이 기준이 되었다.

인조대에는 이괄의 난, 정묘·병자호란 등 수도가 직접 위협을 받는 위기 상황이 자주 발생했다. 먼저 이괄의 난 때에는 임진왜란 이래 국왕이 도성을 떠나는 사태가 또다시 일어났다. 조정은 도성을 방어하기 위해 성벽 둘레를 살펴보고, 禁火司 제조로 하여금 무너진 곳을 살피게 하였다. 도성 방어를 위해 중요한 것을 炬煒(횃불)로 꼽고 이를 제조하기 위해 서두르기도 했다.[150] 1624년(인조 2) 2월 8일, 반란군이 벽제에 이르자 국왕 일행은 도성을 떠나기로 하였다. 어가는 남대문을 통해 한강에 이르렀다.[151] 남녀노소 모두 도성에 올라 도성을 방어해야 한다는 건의가 올라왔으나 인조는 이를 포기했다.[152] 국왕 일행이 한강에 배를 띄우자 난민들에 의해 궁궐

149 《광해군일기》 권187, 광해군 15년 3월 12일(임인) ; 《인조실록》 권1, 인조 1년 3월 13일(계묘) ; 《동국여지비고》 권2, 한성부. 창의문은 이후로도 반정시의 의미가 강조되었다. "훈련대장 구성임이 아뢰기를, 창의문은 바로 인조반정 때 의군이 경유하여 들어 왔던 곳이니 마땅히 개수하여 표시해야 합니다.라고 하니, 임금이 내년 봄에 개수하라고 명하였다."(《영조실록》 권52, 영조 16년 8월 1일(기해)). 이듬해에는 哨樓도 설치되었다(《영조실록》 권53, 영조 17년 1월 22일(무자)). 영조는 北郊에서 기우제를 행하고 돌아오는 길에 창의문 누각에 올라 시를 짓고 靖社功臣(인조반정의 공신)의 성명도 기록하게 했다(《영조실록》 권58, 영조 18년 5월 7일(기축)).

150 《비변사등록》 인조 2년 2월 6일.

151 《연려실기술》 권24, 인조조고사본말.

152 《비변사등록》 인조 2년 2월 8일, "引對時 領相所啓欲守城 無論男女老少 登陴嬰堞可也 不然守城節次 頗擾都民 宜早定計 上曰 守城則勿爲可也."

〈그림 3〉 이괄의 난(《수선전도》)(서울대학교 규장각한국학연구원)

이 불에 타는 장면이 왕이 탄 배에서 목격되었다고 한다.[153] 국왕이 도성을 나서자 도성에 남은 백성들은 반군과 싸워 도성을 지킬 뜻을 보이지 않았다. 2월 9일 오후에 반란군 기병이 도성에 들어왔고, 다음날 이괄이 한명련과 함께 도성에 들어올 때는 이괄의 아우 邃가 李忠吉과 李時言의 아들 李煜 등을 데리고 모집한 군사 수천여 명을 거느리고 무악 북쪽에서 영접

153 《인조실록》 권4, 인조 2년 2월 8일(임진).

하여 길을 인도했다.[154]

그러나 도성이 함락된 지 며칠 후 도원수 장만이 정충신, 남이흥 등과 함께 鞍峴에 진을 먼저 친 후 2월 11일, 도성에서 나온 반란군과 맞서 싸워 대승을 거두었다. 반란군은 민가에 달아나 숨기도 하고 혹은 길을 나누어 흩어져 달아났는데, 마포나 서강으로 달아나다가 물가에 닿아 죽는 자도 있었다. 백성들이 돈의문과 서소문을 닫고 막아 반란군이 들어오지 못하게 하자 숭례문으로 향하는 자들도 있었다. 이괄을 비롯한 반란군은 11일 밤 수구문을 통해 달아나 12일에 삼전도를 거쳐 광주로 향했으나 이천에서 최후를 맞이했다. 인조는 2월 22일에 도성으로 돌아왔다.[155] 환도하는 날, "父老士民이 길을 메우며 환영"하였다고 한다.[156] 도성을 떠날 때와는 상반되는 장면이었다.

한편 도성 주위에서 관군과 반란군의 전투가 벌어지던 때에 晉原府院君 柳根이 노량에서 三江의 거주민을 300명이나 모아 나루를 수비하면서 적에 붙은 자들을 처치하여 '三江號召使'라는 칭호를 하사받은 일도 있었다. 도성 밖 서쪽에서 남쪽 강변에 이르는 지역에서는 치열한 전투가 벌어졌던 것으로 보이며, 비록 도성은 함락되었으나 성저십리 지역민들로 구성된 일종의 의병이 반란군에 저항하기도 했던 것이다.[157]

154 《연려실기술》 권24, 인조조고사본말.

155 《인조실록》 권4, 인조 2년 2월 11일(을미)·12일(병신) ; 이긍익, 《연려실기술》 권24, 인조조고사본말 ; 《비변사등록》 인조 2년 2월 14일. 《연려실기술》에서는 장만의 군사가 2월 10일 새벽에 혜음령에 진을 치고 작전을 짰으며, 정충신이 무악재를 선점하여 반란군에 대응하자는 의견을 제시했다고 한다. 무악재는 곧 안현을 가리킨다.

156 《인조실록》 권4, 인조 2년 2월 23일(정미) ; 《비변사등록》 인조 2년 2월 23일.

157 《인조실록》 권4, 인조 2년 2월 12일(병신) ; 《비변사등록》 인조 2년 2월 12일. 《인조실록》의 史論에서는 유근이 적세가 한창일 때는 한양 근교에 숨어 있으며 호종하지 않다가, 관군이 승리한 후에야 의병을 모았다는 장계를 올린 것이라며 비난하고 있다.

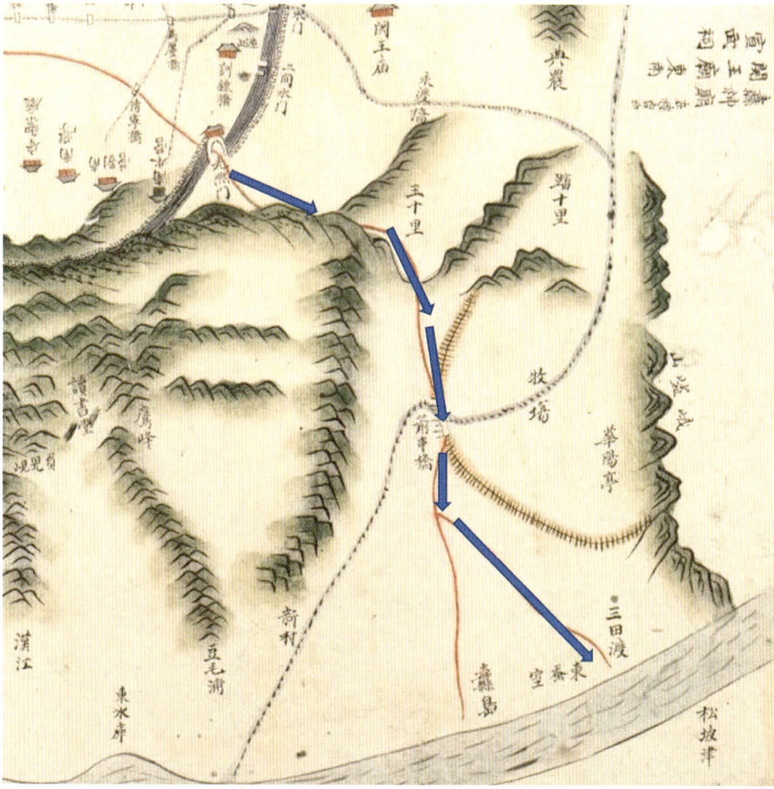

〈그림 4〉 이괄 반란군 탈출 경로(〈京都〉《海東地圖》)(서울대학교 규장각한국학연구원)

이후 정부는 고변이 들어오면 대궐문의 수비를 강화하는 한편으로, 도성의 주요 지점에 군사를 증강시켰다. 1628년(인조 6)의 李友明의 역모 모의가 발생하였 때에는 홍제원의 전생서 근처, 수구문 등에 군관과 병사를 파견하였고, 실제로 적도를 포박하는 성과를 거두기도 했다.[158] 이 때 수구

158 《인조실록》 권18, 인조 6년 1월 3일(을축) ; 《승정원일기》 20책, 인조 6년 1월 3일(을축) ; 《훈국등록》 1책, 1628년(인조 6) 1월 3일(원창애 외 역주, 앞의 책, 2017, 130~131쪽).

문은 훈련도감의 병사가 파수하고 있었는데, 순찰임무를 맡았던 포수 鄭守라는 이가 남산 바깥쪽의 伏兒嶺[159]에서 賊徒 2명을 사로잡았으며, 이우명의 친척인 五衛將 李廷哲이 포도청과 호위청 군관 및 도감 포수와 함께 淸凉에서 이우명을 체포하여 동대문 별장에게 이송해오기도 했다. 이와 같이 서북과 동남쪽은 인조반정과 이괄의 난 이래 군사 행동이 반복되고 있었다.

1627년(인조 5) 정묘호란이 발발하자 인조는 다시 파천을 결정했다. 1627년 1월 21일 먼저 인목대비와 왕비가 수도를 떠나 衿川에 도착했다. 조정은 도성 수비에 전력할 뜻을 밝히고 分朝를 결정했다. 그러나 패배 소식이 연이어 이르자 1월 25일 파천을 논의하기 시작했다. 조정은 도성과 강을 함께 수비하고자 했지만 쉽지 않은 일이었다. 다음날 인조는 융복으로 갈아입고 말을 탄 후 노량으로 행차했고 곧 배를 타고 강을 건넜다.[160] 이후 양천과 김포, 통진을 거쳐 강화로 들어갔다. 유도대장 김상용에게 도성을 지키는 임무를 주었으나, 인조가 도성을 떠난 후 백성들은 물론 삼궐의 위장도 사라져버렸다.[161] 적이 가까이 접근하자 유도대장은 급히 御庫와 병조·호조·太倉·宣惠廳·京營 등의 모든 창고를 불태우고 강화로 피신했다. 노량진에 있던 천여 석의 양곡도 모두 잃어버렸다고 한다.[162]

조정은 적이 경강에 정박한 배를 이용하여 강화로 들어올까 우려하

159 《수선전도》에는 夫於峙로 기재되어 있다. 夫兒峴, 버티고개, 설마현 등으로도 불렸다(서울특별시사편찬위원회, 《서울지명사전》, 2009).

160 《인조실록》 권15, 인조 5년 1월 26일(갑오).

161 《인조실록》 권15, 인조 5년 1월 27일(을미). 이후 후금군이 임진강을 건넜다는 소식을 듣자 유도대장은 성을 버렸다. 곧 도성이 혼란해져 선혜청과 호조가 불에 탔다(《인조실록》 권15, 인조 5년 2월 11일(무신)).

162 《연려실기술》 권25, 인조조고사본말.

〈그림 5〉 정묘호란시 인조의 파천 1(《수선전도》)(서울대학교 규장각한국학연구원)

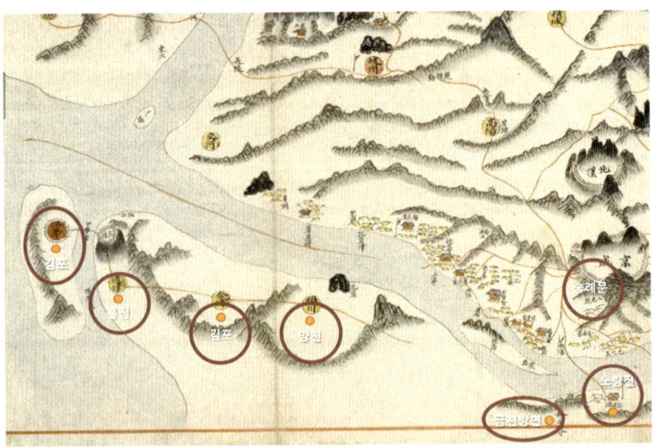

〈그림 6〉 정묘호란시 인조의 파천 2(〈京江附臨津圖〉 《東國輿圖》)(서울대학교 규장각한국학연구원)

여 정박한 배는 모두 불태우도록 했고, 柳琳으로 하여금 수상에 떠 있는 배들을 감시하도록 했다.[163] 강화교섭 중에는 남한산성의 병사들은 한강 상류의 여울을, 柳琳의 병사들은 노량 이하를 지키게 했다.[164] 후금군은 도성에 진입하지 않고 교섭을 진행하고 있었으나, 혹시 후금군이 강을 통해 강화로 진입하려는 시도가 있을지 우려하고 있었던 것으로 보인다. 인조는 강화교섭이 맺어진 후 후금군의 퇴각을 기다려 4월 10일 강화를 떠났다. 인조는 귀환길에 毓慶園을 들른 후 양천을 거쳐 노량을 통해 강을 건너, 4월 12일 숭례문으로 환도했다.[165]

1636년(인조 14) 12월 13일, 병자호란이 발생하고 청군이 안주에 이르렀다는 소식이 전해지자 조정의 신하 중 늙고 병든 이를 먼저 강화로 보내기로 하였다.[166] 다음날 적병이 개성을 지났다는 치계를 받은 후 파천을 정하였고, 심기원이 유도대장이 되었다. 그날 저녁 국왕이 출발하였다. 大駕가 숭례문에 이르렀을 때 청군이 良鐵坪에 이르렀다는 소식이 전해졌다.[167] 인조는 도로 성 안으로 들어와 숭례문 누각에 올라 고민에 빠졌다. 이때 이조판서 최명길이 자신은 단기로 적에게 가서 담판을 지을 것이니, 국왕 일행은 수구문을 통해 남한산성으로 가기를 권했다. 인조는 대가를 돌려

163 《인조실록》 권15, 인조 5년 1월 28일(병신).

164 《인조실록》 권15, 인조 5년 2월 7일(갑진).

165 《인조실록》 권16, 인조 5년 4월 12일(무신) ; 이긍익, 《연려실기술》 권25, 인조조고사본말.

166 《인조실록》 권33, 인조 14년 12월 13일(계미).

167 《연려실기술》에 인용된 《병자록》에 의하면, 대가가 숭례문을 나가려할 때 探卒이 와서 "적이 이미 연서역을 통과했으며, 馬夫大가 鐵騎 수백을 거느리고 이미 홍제원에 도착하여 한 부대로 양천강을 차단하여 강화로 가는 길을 끊었다."는 소식을 전했다고 한다.

수구문[168]을 통해 남한산성으로 향했고 酉時에 新川과 松坡를 건너 그날 初更이 지나 산성에 도착했다.[169] 강을 통해 강화로 들어가려면 숭례문, 남한산성으로 향하려면 수구문을 통했음을 알 수 있다.

훈련도감 대장 신경진에게는 모화관에 진을 치도록 하였다. 이에 앞서 훈련도감의 장관 이흥업이 기마부대 80여 기를 이끌고 적을 막고자 하였으나 昌陵 건너편에서 모두 전사했다. 최명길은 沙峴(혹은 모화관)에서 적군을 만나, 맹약을 어기고 군사를 일으킨 것을 힐문하며 해가 질 때까지 시간을 끌었고, 덕분에 국왕이 세자와 신하들을 이끌고 남한산성에 들어갈 수 있었다고 한다.[170]

이날 김류 등은 다시 강화로 향하자는 의견을 내었는데, 말을 타고 과천과 금천을 경유하면 빨리 도착할 수 있다는 것이었다. 다음날 새벽, 실제로 출발하였으나 눈보라가 몰아치고 산길이 얼어붙어 포기하고 돌아왔다. 청군 사신은 12월 15일 남한산성 아래에 도착했다. 청군 선봉의 진격에 조선 조정은 신중한 판단을 할 시간을 미처 확보하지 못했던 것으로 보인다.[171]

168 원문에는 '水溝門'으로 표기되어 있다.

169 《인조실록》 권33, 인조 14년 12월 14일(갑신) ; 이긍익, 《연려실기술》 권25, 인조조고사본말.

170 《인조실록》 권33, 인조 14년 12월 14일(갑신) ; 이긍익, 《연려실기술》 권25, 인조조고사본말.

171 조선의 대청 방어 전략이 실패했다는 의미는 아니다. 조선이 국경에서 도성에 이르는 지점에 건설한 방어거점과 근왕군의 집결은 모두 어느 정도의 효과를 거두어 청의 전력이 남한산성에 집중되지 못하게 하였다. 남한산성 역시 강화와 함께 조선이 만들어놓은 조정 피난처였고, 결국 강화가 먼저 함락되기도 하였으므로 남한산성으로의 파천이 실패였다고 보기는 어렵다. 조선의 대후금(대청) 방어전략의 수립과 실상에 대해서는 장정수, 〈병자호란 이전 조선의 對後金(淸) 방어전략의 수립 과정과 그 실상〉《조선시대사학보》 81, 2007 ; 허태구, 〈인조대 대후금·대청 방어책의 추진

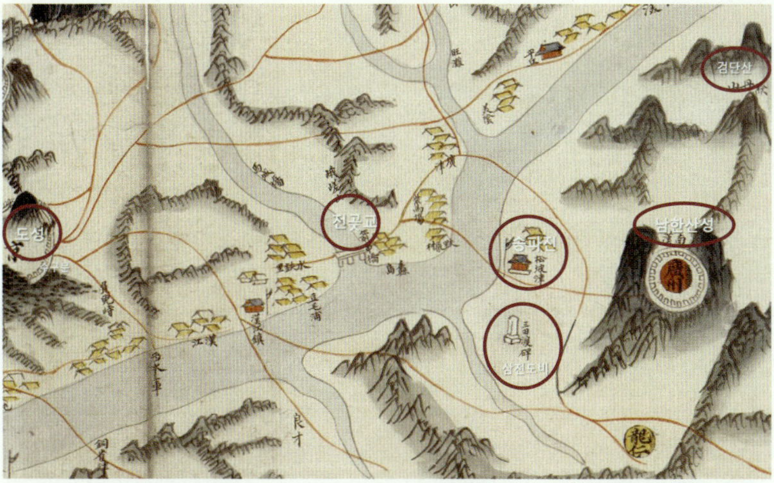

〈그림 7〉 도성에서 남한산성까지의 경로 1(〈京江附臨津圖〉《東國輿圖》)(서울대학교 규장각한국학연구원)

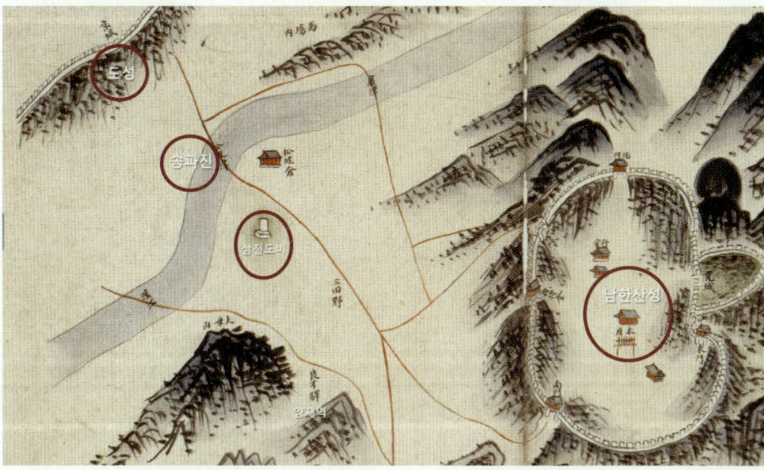

〈그림 8〉 도성에서 남한산성까지의 경로 2(〈南漢山城圖〉《東國輿圖》)(서울대학교 규장각한국학연구원)

과 한계〉《조선시대사학보》 61, 2012 참조.

청군 일부는 板橋로 향하였는데 이는 三南에서 오가는 길을 끊으려는 의도로 추정된다.[172] 청군은 이후 수원 등지도 공격하였고 남한산성을 향해 오던 勤王軍과 전투를 벌였다.[173] 청군은 도성도 포위하고 있었다.[174] 도성은 심기원 이하 270명의 병사가 수비하고 있었는데 500~600명의 적이 공격하였으나 물리치기도 하였다.[175] 그러나 끝내 도성을 지키지 못하고 이를 버린 후 光陵에 물러나 주둔하였다. 훈련도감의 천총 이정길이 落後한 포수 수백 명을 거느리고 그와 함께하고 있었다.[176] 청군은 도성의 사방을 포위한 것이 아니라 동쪽 방면을 중심으로 부대를 배치하였을 것이므로, 심기원은 다른 방면을 통해 북쪽 광릉으로 퇴각한 것으로 보인다.[177]

1637년(인조 15) 1월 22일 강화가 함락되었다. 적은 수십 척의 배에 무기와 병사를 싣고 건너와 강화에 진영을 만들었고, 강화에 있던 조선군은 이를 이겨내지 못했다.[178] 남한산성에 주둔한 많은 대신과 군사의 가족이 인질로 잡히자 남한산성의 사기는 크게 떨어졌다. 인조는 마침내 남한산성 출성을 결심했다. 1월 30일, 인조는 남한산성에서 나와 三田渡에 나아가

172 《인조실록》 권33, 인조 14년 12월 17일(정해).

173 병자호란시 근왕군에 대해서는 장정수, 〈병자호란시 조선 근왕군의 남한산성 집결 시도와 활동〉《한국사연구》 173, 2016 참조.

174 청군이 수구문을 파수하고 있다는 정보는《승정원일기》 54책, 인조 14년 12월 18일(무자) 참조.

175 《인조실록》 권33, 인조 14년 12월 29일(기해).

176 《인조실록》 권34, 인조 15년 1월 4일(갑진).

177 《연려실기술》에 인용된《병자록》에 의하면 심기원이 호조참의 남선과 어영별장 이정길과 함께 밤에 阿古介(애오개) 서경우의 집 근처에 주둔한 적 400~500명을 공격하였다는 보고를 올려, 그 공로로 下四道都元帥가 되기도 하였는데, 전공에는 의심되는 점이 있다고 하였다. 이후 형세가 불리해지자 걸어서 광릉으로 갔다가 楊根의 彌原에 들어가 피신한 채 나오지 않았다고 한다.

178 《인조실록》 권34 인조 15년 1월 22일(임술).

청의 황제 홍타이지 앞에서 항복의 예를 표하였다. 청의 명령에 의해 50명만을 거느렸다. 항복의 예를 표한 후 그곳에서 조선의 신하는 강요에 의해 여진식의 활쏘기를 하기도 했다. 행사가 끝난 후 인조는 밭에 앉아 진퇴를 기다렸다. 청측은 해질 무렵(酉時)이 되어서야 도성으로 돌아가게 했다.[179] 이미 항복을 한 이후였기에, 정묘호란 때와 같이 청군의 철수를 기다릴 필요가 없었을 것이다.

인조는 所波津(松坡津)을 경유하여 강을 건넜다. 津卒은 모두 죽고 빈 배 두 척만이 있었다. 인조가 건넌 뒤에 홍타이지가 말을 타고 달려 와 얕은 여울로 군사를 건너게 했다. 강 건너편 桑田에 진을 친 후 군병을 이끌고 인조를 인도하여 도성으로 향했다. 인조는 人定 때가 되어서야 도성에 도착하여 동문으로 들어왔고, 창경궁 通化門을 통해 養和堂으로 들어갔다. 2월 2일 인조는 東郊에 나가 철수하는 청군을 전송했다. 홍타이지는 箭串을 경유하여 양주로 향했다. 2월 6일에는 인조가 서강 蠶頭에 가서 九王을 만났다. 그는 8일에 군사를 거두어 떠났는데 세자와 빈궁, 대군과 대군의 부인을 데리고 떠났다. 인조는 昌陵에 나가 전송하였다. 2월 25일, 인조는 哀痛 교서를 내리면서 모화관에 임하여 장수와 사졸을 犒饋하고 상을 주었다.[180]

인조대에 있었던 전란에서 조선은 도성을 중심으로 하여 성저십리 및 한강을 방어할 필요성을 충분히 인지하고 있었다. 그러나 도성은 방어 시설로의 기능을 완전히 수행하지는 못했다. 강화와 남한산성은 도성의

179 《인조실록》 권34 인조 15년 1월 30일(경오) ; 《승정원일기》 55책, 인조 15년 1월 30일(경오).

180 《인조실록》 권34, 인조 15년 1월 30일(경오) ; 《승정원일기》 55책, 인조 15년 1월 30일(경오) ; 《연려실기술》 권25, 인조조고사본말.

수비적 약점을 보완하기 위해 마련된 공간임이 분명하다. 위급시 도성 방어가 어렵다고 여겨질 때에는 강화와 남한산성으로 조정을 옮기는 계획이 수립되어 있었다. 그러나 국왕의 연이은 파천은 도성민들을 비롯한 백성들의 불안과 실망을 야기하였고, 이는 국가 자체의 통치 명분과도 연관될 수 있었다. 숙종대 이래의 도성 수축과 영조대의 '도성사수론'은 왕조에 대한 지지를 이끌어 내기 위해 효과적인 방법이었다. 그러나 강변의 창고를 도성 안으로 옮기는 등의 조치는 성저십리의 수비적 역할을 상대적으로 약화시키는 결과로도 이어질 수 있었다.

5. 맺음말

조선은 건국과 함께 수도를 둘러싸는 도성을 건설하였다. 그러나 도성 주위의 일정 공간은 수도를 보호하기 위한 지역으로 군사적 지점들이 설정되어야만 했다. 성저십리의 공간에 설치된 시설과, 그곳을 관리하거나 그곳에서 거주하기 위해 존재했던 사람들은 한성부의 행정력에 속하면서 수도의 유지를 위해 경제·군사적으로 특수한 임무를 부여받아 이를 수행하고 있었다.

조선 전기부터 성 바깥 공간의 군사적 역할은 강조되고 있었다. 도성은 네 차례에 걸쳐 수축되었으며 한성부 내부 및 성 바깥의 주민들이 이에 대한 관리 임무를 부여받았다. 도성에 만들어진 8개의 문은 방어의 중요한 거점이었다. 8개의 문은 4개의 대문과 4개의 소문으로 구성되었으나, 군사적 중요도는 크기보다는 방향에 의해 좌우되었다. 해당하는 방향의 역과 원은 군사 행동이 벌어질 때마다 주요한 지점으로 등장했다. 도성 동쪽에서 남쪽을 돌아 서쪽으로 흘러나가는 경강은 수운 유통의 중심지였다. 한양 인구의 증가는 주로 이곳을 중심으로 진행되었다. 이곳에 건설된 여러 창고 역시 주요 방어 포인트였다. 성저십리의 방어 구상은 남쪽으로 더 넓은 공간을 상정하여 만들어져야만 했다.

여러 전란을 거치며 수도를 지키기 위한 군영들이 설치되었다. 그 중 훈련도감·금위영·어영청 삼군문은 도성을 중심으로 성저십리 지역을 배분하여, 평시의 순찰, 정기적 시설·근무상태 점검을 행했다. 도성 안팎의 산림 환경을 관리하는 역할도 맡았다. 이는 여러 형태의 규정으로 만들어졌고, 평시 순라를 제외하면 훈련도감은 서쪽~북쪽, 금위영은 남쪽, 어영청은 동쪽~북쪽을 맡아 관리했다. 그러나 각 임무에 따라 구체적인 관리 지점은 조금씩 달랐다. 또한 순라는 포도청의 책임 아래 서로 중복되는 지역을 일자를 나누어 관리했다.

군영의 담당 구역에는 군영관아, 창고, 방어시설들이 조성되어 도성 외에 인접한 방어시설의 역할도 하였다. 경강에 면한 남쪽 방면은 금위영의 관리 지역이기는 했으나, 물자 유통의 중심지이자 거대한 방어 구역이기도 했기에 이곳에는 다른 군영의 창고와 선박도 존재했다. 또한 경강변의 沙場은 모화관 등지와 함께 중요한 훈련 장소였다.

도성 주변의 군사시설과 인적자원은 실제 전란에서 어떤 역할을 하였을까. 여기서는 임진왜란과 인조대의 군사적 사건을 살펴보았다. 임진왜란은 조선이 예상치 못한 규모와 속도의 침략이었다. 조선 조정은 도성을 일찍 포기하였고, 명군의 구원과 강화교섭을 통해 일본군이 한성에서 물러난 후에야 환도했다. 그러나 1년 6개월여 일본군의 주둔지가 된 도성 및 주변지역에 설치된 방어시설 등은 조선의 도성 방어 전략 구상에 일정한 역할을 하였다고 생각된다. 조선은 정유재란시에는 도성을 포기하지 않았다.

인조대에는 이괄의 난으로 인조가 도성을 떠나 남쪽으로 피신한 이후, 정묘호란과 병자호란에도 파천을 결정해야만 했다. 정묘호란시의 강화와 병자호란시의 남한산성은 위급시에 조정이 피난할 장소로 마련된 곳이었으며, 피난시의 행로도 성저십리의 주요한 군사 지점을 계획대로 이용한 것으로 보인다.

그러나 국왕의 연이은 파천은 도성민들을 비롯한 백성들의 불안을 야기하였음이 분명하다. 이는 조선 왕조의 통치 명분에 손상을 가할 수도 있었다. 숙종대 이래의 도성 수축과 영조대의 '都城死守論'은 왕조에 대한 지지를 이끌어 내기 위해 효과적인 방법일 수 있었으나, 성저십리라는 지점의 방어 전략에는 변화를 불러왔다. 그러나 성저십리의 방어태세에 근본적인 손상을 초래한 것은 아니었다. 오히려 각 군영의 담당 구역이 규정되면서 성저십리의 군사 공간으로서의 성격이 어느 때보다 명확해졌다고 볼 수 있다.

본 연구에서는 조선 조정이 군사적 상황의 변화에 따라 어떤 규정을 만들었는지 살피고, 조선이 경험한 군사적 상황에서 규정이 적용되어 있던 지역이 어떠한 군사적 활동의 장이 되었는지 알아보았다. 그러나 본 연구에서는 규정이 만들어지는 과정을 비롯하여 실제의 운용 양상을 연대기 사료를 통해 구체적으로 살피지 못했고, 군사 상황에 대한 분석 역시 대표적 사례에 그쳤다. 또한 공간적인 면에서 성저십리와 경기의 군사적 연관관계와 시간적인 면에서 19세기 이후의 변용 양상에 대해서도 충분히 살펴보지 못했다. 추후의 연구를 통해 미진하였던 점을 보완하고자 한다.

제4장

성저십리 및 근교에서 설행한 국가제사

이현진(서울시립대학교 서울학연구소 연구교수)

1. 머리말

'孝', '禮', '樂'을 강조하는 유교문화권에서 이를 가장 잘 보여 주는 것은 제사의 설행과 그 공간이었다. 제사를 지내는 것은 바로 살아 있을 때처럼 돌아가신 뒤에도 先祖에게 효를 계속한다는 뜻이다.[1] 이러한 제사는 사당과 무덤에서 주로 행해졌으나 '壇'이라는 곳에서도 지냈다.

단은 《설문해자》에서 祭壇場이라고 풀이되어 있다.[2] 《禮記注疏》 〈祭法〉에 "封土曰壇", "起土爲壇"이라고 하여, 七廟 외에 따로 만든 祭場이라고 되어 있다.[3] 문종대 朴堧은 "祀享은 나라의 큰 일이요, 壇廟는 신이 의지하는 바이므로 제왕은 모두 이를 중하게 여겼습니다."라고 한 말에서도 입증된다.[4]

500년 가까이 국세를 유지하던 고려에서 1392년 조선이 건국되면서 수도가 개경에서 한양으로 옮겨갔다. 천도의 단행으로 새로운 나라의 수도에 걸맞는 국가 의례의 정비와 이를 시행할 공간의 조성이 무엇보다 시급했다. 고려의 수도 개성을 중심으로 오랫동안 형성된 종교문화에서 벗어나 유교 이념에 의한 새로운 공간과 문화를 형성해야 하기 때문이

1 《논어》 팔일, 12장(宋 朱熹 註).

2 《說文解字注》 제13편(下), 文六 重二 (上海古籍出版社 영인본, 1988. 漢 許慎 撰 ; 淸 段玉裁 注) "壇 祭壇場也".

3 《예기주소》 권46, 祭法23 (十三經注疏 整理本, 2000, 北京大學出版社. 漢 鄭玄 注 ; 唐 孔穎達 疏).

4 《문종실록》 권4, 문종 즉위년 11월 22일(임술).

다.[5] 국가 의례 중에서는 무엇보다 제사와 그 의례를 설행하는 공간이 이에 해당된다고 볼 수 있다.

조선의 위정자들은 한양을 수도의 위상에 걸맞게 정비해 나가는 가운데 1395년(태조 4)에 태묘와 새 궁궐을 준공했고,[6] 그 이듬해인 1396년 四神砂가 모두 갖춰진 산세에서 그 산세를 따라 都城[7]을 축조했다.[8] 조선시대 한양의 지리적 공간은 도성이라는 물리적 시설을 기준으로 도성 안과 도성에서 십리까지인 성저십리를 포함하는 지역이었다.[9] 이는 곧 지리지에서 행정구역상 도성과 성저십리로 구성된 漢城府를 의미한다.[10] 성저십리는 이처럼 한성부의 관할 구역이지만 그 범위는 시기에 따라 조금씩 달랐고,[11] 그 때문에 본고에서는 성저십리에서 설행된 제사를 다루고자 하나 동교, 남교, 서교, 북교 등 도성 밖 근교까지 아우른 지역을 대상범위로 삼았다.

조선의 국왕을 비롯한 위정자들은 이 도성을 기준으로 하여 안팎으로 제사의 공간을 마련해 나갔다. 그간 조선시대 국가 제사에 대한 연구는 김해영, 한형주, 이욱, 최종성 등 역사학과 종교학에서 주로 진행되어 왔다.[12] 이처럼 국가 제사와 관련한 연구는 국가 제사를 전반적으로 다루든

5 이욱, 《조선시대 재난과 국가의례》, 창비, 2009, 144~145쪽.

6 《태조실록》 권8, 태조 4년 9월 29일(경신).

7 이때 도성은 성곽으로, 성곽은 중국을 비롯한 동아시아에서는 도시를 구성하는 필수 요건이었다. 최재영, 〈《周禮》考工記의 도시계획원리와 隋唐長安城의 구조〉 《역사문화연구》 35, 2010, 5쪽.

8 장지연, 〈개경과 한양의 도성구성 비교〉 《서울학연구》 15, 2000, 82쪽.

9 고동환, 〈조선 후기 서울의 공간구성과 공간인식〉 《서울학연구》 26, 2006, 8~9쪽.

10 《新增東國輿地勝覽》 권3, 漢城府.

11 성저십리의 범위에 대해서는 본서 제2장 참조.

개별적으로 연구하든 상당히 진척되어 왔음을 보여준다.

이러한 기존 연구는 향후 조선시대 국가 제사를 연구하고자 할 때 큰 도움이 됨은 의심할 여지가 없다. 다만, 주로 역사학과 종교학 방면에서 연구가 진행되어 상대적으로 공간에 대한 관심이 덜한 측면이 없지 않다. 이는 자연스레 도성 안과 도성 밖 성저십리, 근교라는 공간의 구분이 없이 연구가 이루어지는 원인이기도 했다.

유교 국가를 천명한 조선에서 국가 제사의 중요성은 두말할 나위가 없었다. 그리고 그에 따라 국왕을 비롯한 위정자들은 그 제사를 지내는 공간에 대한 관심 또한 지대했다. 그런 까닭에 그곳을 국가전례서 혹은 관련 의궤 등에 圖說로 남기기도 했다.

문제는 현실에서 실제로 行禮할 때 국가전례서나 여러 자료에 기록된

---

12 조선시대 국가 제사에 대한 연구 성과는 다음과 같다(연도순). 저서에 재수록한 논문은 제외했다.
〈저서〉 최종성, 《조선조 무속 國行儀禮 연구》, 일지사, 2002 ; 한형주, 《조선 초기 국가제례 연구》, 일조각, 2002 ; 김해영, 《조선 초기 제사전례 연구》, 집문당, 2003 ; 이현진, 《조선 후기 종묘 전례 연구》, 일지사, 2008 ; 이욱, 《조선시대 재난과 국가의례》, 창비, 2009 ; 한형주 외, 《조선의 국가 제사》, 한국학중앙연구원, 2009 ; 이욱, 《조선 왕실의 제향 공간: 정제와 속제의 변용》, 한국학중앙연구원 출판부, 2015.
〈논문〉 이욱, 〈조선 전기 유교국가의 성립과 국가제사의 변화〉《한국사연구》 118, 2002 ; 이영춘, 〈조선 후기의 祀典의 재편과 국가제사〉《한국사연구》 118, 2002 ; 김철웅, 〈조선 초기 祀典의 체계화 과정〉《문화사학》 20, 2003 ; 이욱, 〈조선시대 공간 상징을 통한 王都 만들기-風雲雷雨壇을 중심으로-〉《종교문화비평》 3, 2003 ; 한형주, 〈15세기 祀典體制의 성립과 그 추이 -《국조오례의》 편찬과정을 중심으로-〉《역사교육》 89, 2004 ; 이욱, 〈근대 국가의 모색과 국가의례의 변화-1894~1908년 국가 제사의 변화를 중심으로-〉《정신문화연구》 27-2, 2004 ; 한형주, 〈조선시대 국가제사의 시대적 특성〉《민족문화연구》 41, 2004 ; 최종성, 〈한국 祈晴祭 연구〉《역사민속학》 20, 2005 ; 한형주, 〈성종-중종대 農桑 관련 국가제례의 변화양상과 親祭〉《역사와 실학》 43, 2010 ; 이현진, 〈경모궁 제례의 위상 변화〉《사도세자 李愃》, 수원화성박물관, 2015 ; 한형주, 〈조선시대의 선잠제와 친잠의식〉《한국사학보》 58, 2015.

규정대로 지키기 어려운 상황이 발생할 가능성이 있다는 사실이다. 특히 임진왜란과 병자호란처럼 조선 사회에 크나큰 영향을 끼친 전란은 국가 제사에도 그 여파가 미쳤을 것이라고 추정하기 어렵지 않다. 조선 건국과 천도, 수도 정비, 도성 축조, 축조된 도성 안팎의 祭場 조성, 양란 이후의 祭場 상황 등 이러한 시대적 흐름에서 도성 안이 아닌 성저십리 및 동·서·남·북 四郊에서 설행한 국가 제사를 살펴보는 것이 본고의 주요 목적이다.

이를 위해 본고에서는 우선 2장에서 국가 祀典 체계와 그에 따라 조성된 祭場의 위치를 조선 전 시기에 걸쳐 편찬된 국가전례서와 地誌를 중심으로 검토하고자 한다. 국가 제사로 어떠한 종류가 있으며, 이들이 어디에 조성되어 있는지부터 파악해야 성저십리 및 사교에서 지내는 제사를 알 수 있기 때문이다.

3장에서는 2장에서 정리한 국가 제사 중 성저십리 및 4교에서 설행하는 것을 중심으로 정리하고자 한다.[13] 특히 기존 연구에서 주목하지 못한 각 제사를 지내는 공간의 장소성, 그리고 각 제사의 역사적 변천 등도 고려하고자 한다. 마지막 4장에서는 2, 3장의 검토를 통해 이곳에서 설행된 국가 제사의 성격이 어떠한지를 짚어보고자 한다.

본고는 도성 밖에서 설행된 국가 제사를 살펴보는 것이 주된 목적이다. 그렇다고 해서 도성 안에서 지낸 제사를 언급하지 않는다면 그곳에서 지낸 제사의 성격이 제대로 부각되지 않을 것이라는 판단하에 이 또한 염두에 두고 서술하고자 한다. 이러한 작업은 국가 제사 각각에 대한 심도깊은 연구 및 도성 안을 제외한 도성 밖에서 설행한 제사라는 한계는 있으

13 기존 연구에서 조선 초기에 한정하여 大祀, 中祀, 小祀에 속한 각 제사를 전반적으로 검토한 연구가 있다. 한형주, 앞의 책, 2002 ; 김해영, 앞의 책, 2003, 2~3장 참조.

나 적어도 조선시대 국가 제사 전체 중 절반 정도는 종합적으로 보여주는 성과를 거둘 수 있을 것으로 기대한다.

2. 국가 祀典 체계와 祭場

1) 사전 체계: 국가전례서·地誌

(1) 국가전례서

조선의 국가전례는 태종대부터 정비하기 시작하여 세종대에 본격적으로 정리되었다. 이때 국가의 전례는 吉禮, 嘉禮, 賓禮, 軍禮, 凶禮의 순서로 된 五禮 체제를 갖추고 출발했다. 조선에서는 이렇듯 국가 제사를 오례 중 首位인 길례로 분류했다.

길례는 자연과 人事를 주관하고 보호하는 여러 天神·地祇·人鬼에게 각각의 위상과 신격에 맞는 크고 작은 규모의 제사를 올려 신령들의 은혜에 보답하려는 의례이기 때문에 유교 禮文化의 정수를 가장 잘 드러낸다고 할 수 있다.[14] 국가전례서에는 이러한 여러 천신과 지기, 인귀 등 제사지내는 대상에 따라 제사를 달리 지칭했다. 곧 제사의 명칭 자체를 구별해서 일컬었다. 천신에게 지내는 것을 '祀', 지기에게 지내는 것을 '祭', 인귀에게 지내는 것을 '享', 文宣王에게 지내는 것을 '釋奠'이라 하여 구분지었다.[15]

14 박봉주, 〈조선시대 국가 제례와 尊·罍의 사용〉《조선시대사학보》58, 2011, 174쪽 ; 박봉주, 〈조선시대 국가 제례와 籩豆의 사용〉《동방학지》159, 2012, 177쪽.

15 《세종실록》권128, 五禮, 吉禮序例, 辨祀 ;《國朝五禮序例》권1, 吉禮, 辨祀 ;《大韓禮典》(藏 귀 K2-2123) 권2, 序例, 길례, 辨祀. 이하 한국학중앙연구원 장서각(이하 장서각) 소장 자료는 모두 '藏'자를 붙여 소장처를 밝혔다.

길례에 속해 있는 제사와 관련한 모든 의례를 국가에서 다시 제사의 대상과 비중, 규모에 따라 大祀, 中祀, 小祀로 구분했다.《大韓禮典》에는 儀物의 多少에 따라 대·중·소사로 구별된다고 했다.[16] 이러한 제사의 등급은 국가전례서의 辨祀條에 정리되어 있다.

조선시대에 편찬된 국가전례서는《세종실록》오례(1451, 문종 1),《國朝五禮儀》(1474, 성종 5),《國朝續五禮儀》(1744, 영조 20),《國朝續五禮儀補》(1751, 영조 27),《國朝五禮通編》(1788, 정조 12),《春官通考》(1788, 정조 12) 등이 있다.[17] 이상의 국가전례서 길례 변사조에 규정된 대사·중사·소사를 차례로 정리하면 다음과 같다.

먼저《세종실록》오례 변사조에 규정된 대사·중사·소사이다

〈표 1〉《세종실록》오례 대사·중사·소사[18]

제사의 규모	제사의 범주별 해당 제사
大祀	社稷, 宗廟
中祀	風雲雷雨(山川·城隍 附), 嶽海瀆,[19] 先農, 先蠶, 雩祀, 文宣王, 朝鮮檀君, 後朝鮮始祖箕子, 高麗始祖
小祀	靈星, 名山大川,[20] 司寒, 馬祖, 先牧, 馬社, 馬步, 七祀, 禜祭

16 《대한예전》(藏 귀 K2-2123) 권2, 서례, 길례, 변사.

17 조선시대에 편찬된 국가전례서의 편찬 양상에 대해서는 김문식, 〈조선시대 국가전례서의 편찬 양상〉《장서각》21, 2009 ; 이현진, 〈정조대 국가전례서의 편찬과 그 성격 -《국조오례통편》과《춘관통고》의〈흉례〉를 중심으로-〉《영·정조대 문예중흥기의 학술과 사상》, 한국학중앙연구원 출판부, 2014 참조. 단, 본고에서는 조선시대에 편찬된 국가전례서로 한정하므로 1897년 대한제국을 선포한 뒤 편찬한《대한예전》은 제외했다.

18 《세종실록》권128, 오례, 길례서례, 변사.

19 《세종실록》권128, 오례, 길례서례, 변사. 嶽海瀆의 이름과 위치는 다음과 같다.
* 4악: 南 智異山(전라도 南原) / 中 三角山(漢城府) / 西 松嶽山(開城府) / 北 鼻白山(永吉道 定平).
* 3해: 東 東海(강원도 襄州) / 南 南海(전라도 羅州) / 西 西海(豊海道 豊川).

《세종실록》 오례를 바탕으로 1474년(성종 5)에 《국조오례의》가 편찬되었다. 《국조오례의》의 체제는 《세종실록》 오례가 오례마다 序例와 儀註를 묶어서 찬집한 것과 달리, 그 둘을 분리시켜 의주는 의주끼리, 서례는 서례끼리 묶어서 편집했다. 그리하여 《국조오례의》는 의주를 모아 기록한 《국조오례의》(8권 6책)와 서례만을 묶은 《국조오례서례》(5권 2책)라는 각각의 책자로 편찬되었다.[21] 변사조는 《국조오례의》가 아닌 《국조오례서례》에 들어가 있다.

《국조오례서례》의 변사조에 규정된 대사·중사·소사를 정리하면 다음과 같다.

* 7독: 南 熊津(충청도 燕岐), 伽倻津(경상도 梁山) / 中 漢江(한성부) / 西 德津(경기 臨津), 平壤江(평안도 平壤府), 鴨綠江(평안도 義州) / 豆滿江(咸吉道 慶源).

20 《세종실록》 권128 오례, 길례서례, 변사. 名山大川의 이름과 위치는 다음과 같다.

* 명산: 南 雉岳山(강원도 原州의 동쪽), 鷄龍山(충청도 公州), 竹嶺山(충청도 丹陽), 亐弗山(경상도 蔚山), 主屹山(경상도 聞慶), 全州城隍(전라도), 錦城山(전라도 羅州) / 中 木覓(한성부) / 西 五冠山(松林), 牛耳山(豊海道 海州) / 北 紺嶽山(경기 積城), 義館嶺(강원도 淮陽), 영흥 성황(永吉道). 참고로 우불산에서 "우"는 원문을 따라 "亐"로 썼다.

* 대천: 南 楊津溟所(충청도 忠州), 楊津(경기 楊州) / 西 長山串(풍해도 長淵), 阿斯津松串(풍해도 安岳), 淸川江(평안도 安州), 九津溺水(평안도 평양부) / 北 德津溟所(강원도 淮陽), 沸流水(永吉道 永興府).

21 《세종실록》 오례와 《국조오례의》의 편찬 양상에 대해서는 김문식, 앞의 논문, 2009, 3장 1~2절 ; 이현진, 앞의 논문, 2014, 145~147쪽 참조.

〈표 2〉《국조오례서례》 대사 · 소사 · 중사[22]

제사의 규모	제사의 범주별 해당 제사
大祀	社稷, 宗廟, 永寧殿
中祀	風雲雷雨, 嶽海瀆,[23] 先農, 先蠶, 雩祀, 文宣王, 歷代始祖
小祀	靈星, 老人星, 馬祖, 名山大川,[24] 司寒, 先牧, 馬社, 馬步, 禡祭, 禜祭, 酺祭, 七祀, 纛祭, 厲祭
祈告	社稷, 宗廟, 風雲雷雨, 嶽海瀆, 名山大川, 雩祀
俗祭	文昭殿, 眞殿, 懿廟, 山陵
州縣	社稷, 文宣王, 酺祭, 厲祭, 禜祭

《국조오례의》 단계에서는 《세종실록》 오례, 길례서례 변사조에 수록된 제사 체계에 비해 祈告, 俗祭, 州縣이 추가되면서 성격면에서 세분화되었음을 알 수 있다.

《국조오례의》는 조선에서 편찬된 대표적인 국가전례서였다. 기본적

22 《국조오례서례》 권1, 길례, 변사.

23 《국조오례서례》 권1, 길례, 壇廟圖說, 風雲雷雨山川城隍壇. 악해독의 이름과 위치는 다음과 같다.

* 4악: 南 智異山(전라도 南原) / 中 三角山(都城北) / 西 松嶽山(경기 開城府) / 北 鼻白山(永安道 定平).
* 3해: 東海(강원도 襄陽) / 南海(전라도 羅州) / 西海(황해도 豊川).
* 7독: 南 熊津(충청도 公州), 伽倻津(경상도 梁山) / 中 漢江(都城南) / 西 德津(경기 長湍), 平壤江(평안도 平壤), 鴨綠江(평안도 義州) / 北 豆滿江(영안도 慶源).

24 《국조오례서례》 권1, 길례, 壇廟圖說, 靈星壇. 名山大川의 이름과 위치는 각각 다음과 같다.

* 명산: 東 雉嶽山(강원도 原州) / 南 鷄龍山(충청도 公州), 竹嶺山(충청도 丹陽), 亐弗山(경상도 蔚山), 主屹山(경상도 聞慶), 錦城山(전라도 羅州) / 中 木覓山(都城內南) / 西 五冠山(경기 장단), 牛耳山(황해도 海州) / 北 紺嶽山(경기 積城), 義館嶺(강원도 淮陽). 참고로 우불산은 원문을 따라 '亐'로 썼다.
* 대천: 南 楊津溟所(충청도 忠州), 楊津(경기 楊州) / 西 長山串(황해도 長淵), 阿斯津松串(황해도 安嶽), 淸川江(평안도 安州), 九津溺水(평안도 평양) / 北 德津溟所(강원도 淮陽), 沸流水(영안도 永興).

인 국가전례서로 그 지위를 계속 유지해 오다가 임진·병자 양란을 겪으면서 변화한 조선 사회에 맞는 국가전례의 수정이나 보완이 불가피한 상황에 직면하면서 마침내 1744년(영조 20)에 《국조속오례의》가 편찬되었다. 《국조속오례의》 역시 의주와 서례가 분리된 《續五禮儀註》(5권), 《序例》(1권), 《考異》(1권)로 각각 편찬되었다.

변사조는 《국조속오례의》가 아닌 《國朝續五禮儀序例》에 들어가 있다. 《국조속오례의서례》의 변사조는 《국조오례서례》의 사전 체계에 새롭게 추가된 제사들을 수록했다. 《국조속오례의》가 《국조오례의》에 변화가 있거나 새롭게 추가된 전례를 정리한 예서였기에 《국조속오례의서례》의 성격도 마찬가지였다.[25]

《국조속오례의서례》의 변사조에 규정된 대사·중사·소사를 정리하면 다음과 같다.

〈표 3〉 《국조속오례의서례》 대사·중사·소사[26]

제사의 규모	제사의 범주별 해당 제사
大祀	祈穀社稷
中祀	-
小祀	祈穀社稷(攝行), 啓聖祠, 關王廟, 宣武祠
俗祭	永禧殿, 長寧殿, 世子墓

조선시대 국가 제사에서 大祀는 앞서 보았듯이 종묘와 영녕전, 사직이 해당되었다. 그중 국왕이나 왕후가 승하하면 종묘와 영녕전에 봉안되므로 이들에 대한 제사는 자연스럽게 '대사'에 편입되었다. 국왕과 왕후

25 《국조속오례의》의 체제와 성격에 대해서는 김문식, 앞의 논문, 2009, 91~92쪽 ; 이현진, 앞의 논문, 2014, 147~150쪽 참조.

26 《國朝續五禮儀序例》 권1, 길례, 변사.

다음의 위계인 세자·세자빈도 국가전례서에 式例가 기록되지만 이들에 대한 제사는 국가의 사전 체계에 들어가지 않았다가 이때 속제로 편입되었다.

특히 영조와 정조대에 대사와 중사에 편입되는 제사들이 집중적으로 생겼다. 영조대에 이르러서 祈穀社稷이 《국조속오례의서례》에 들어갔다. 기곡제는 천자국에서 지내는 제사이지만 1683년(숙종 9)에 비로소 시행하기 시작한 제사였다. 그 관행이 영조대에 들어와서 국가전례서를 편찬하면서 사전 체계에 편입된 것이었다.[27] 그러다가 정조대에 祈穀攝事가 추가로 대사에 포함되었다. 기곡사직은 영조대 대사에 편입되었지만 섭행할 경우에는 소사가 되었는데,[28] 정조대에 이르러 기곡섭사도 대사로 편재된 것이었다.[29]

그 밖에 祈雨와 景慕宮도 대사로 편입될 때가 있었지만 조건이 필요했다. 기우는 정조대 대사로 편입되지만 섭행할 경우는 소사로 분류되었다.[30] 경모궁은 정조대 중사로 편입되지만 親享할 경우는 대사에 들어갔다.[31]

경모궁에서 지내는 제사는 세자의 신분인 私親[莊獻世子]에게 아들인 국

27 기곡제의 시행 배경, 논의, 사전 체계로의 편입은 이현진, 앞의 책, 2008, 233~234쪽 참조. 조선 후기 기곡사직제의 전반적인 흐름은 이욱, 앞의 책, 2009, 4장 3절 참조.

28 《국조속오례의서례》 권1, 길례, 변사.

29 《春官通考》 권1, 길례, 社稷, 변사 ; 《승정원일기》, 정조 11년 12월 28일(신유) ; 《정조실록》 권24, 정조 11년 12월 28일(신유) ; 《승정원일기》, 정조 11년 12월 30일(계해) ; 《정조실록》 권24, 정조 11년 12월 30일(계해). 《춘관통고》는 성균관대학교 대동문화연구원 영인본(이하 성대본)과 서울대학교 규장각한국학연구원 소장본(이하 규장각본)을 참고하는데, 규장각본을 인용할 때에만 '奎'자를 쓴 청구번호를 붙이고 그렇지 않을 경우에는 성대본을 참고했음을 밝혀둔다.

30 《춘관통고》 권1, 길례, 사직, 변사.

31 《춘관통고》 권14, 길례, 景慕宮, 변사.

왕[정조]이 지내는 제사이다. 이처럼 국왕의 사친을 봉안한 사당에서 지내는 제사가 국가의 사전 체계에 편입된 것은 毓祥宮 제례에서부터 비롯되었다. 육상궁은 영조의 사친인 숙빈 최씨의 神位를 봉안한 사당이다. 육상궁에서 지내는 제사를 국가의 제사 체계에 편입시킨 이는 바로 정조였다.[32] 정조의 이와 같은 조치는 경모궁을 염두에 둔 것으로 이해된다.

이러한 정황이 1788년(정조 12) 이후에 편찬된 것으로 추정되는 《국조오례통편》 변사조에 정리되어 있다.[33] 다음은 《國朝五禮通編序例》의 변사조에 규정된 대사·중사·소사이다

〈표 4〉《국조오례통편서례》 대사·중사·소사[34]

제사의 규모	제사의 범주별 해당 제사
大祀	(增) 祈雨社稷宗廟, 祈穀社稷攝事, 景慕宮(親享)
中祀	(增) 景慕宮(攝行), 儲慶宮, 毓祥宮, 延祜宮
小祀	(增) 祈雨社稷宗廟(攝行), 懿昭廟, 文禧廟, 四賢祠
俗祭	(增) 肇慶廟, 顯隆園, 順康園, 昭寧園, 綏吉園, 孝昌墓, 懿昭墓

32 육상궁 제례의 中祀 편입에 대해서는 이현진, 〈영·정조대 육상궁의 조성과 운영〉 《진단학보》 107, 2009, 3장 1절 참조.

33 《국조오례통편》의 편찬 시기는 적어도 1788년 이후에 수정·보완된 것으로 추정된다. 이현진, 앞의 논문, 2015, 307쪽, 각주 23 참조.
현재 《국조오례통편》은 이화여자대학교 도서관(청구번호 181.214 이89)과 장서각(청구번호 K2-2122), 서울대학교 규장각한국학연구원(이하 규장각, 청구번호 奎 4773)에 각각 분산되어 있는데, 세 기관에 소장된 필사본을 합하면 완질본을 이룬다. 본고에서 검토하는 길례는 이화여자대학교 도서관 소장본과 장서각 소장본에 들어가 있다. 길례는 모두 권1~7이 해당하는데, 이화여자대학교 도서관 소장본에는 권1~6이, 장서각 소장본에 권7이 실려 있다.

34 《국조오례의서례》 권1, 길례, 변사.

《국조오례통편》은 《국조오례의》와 《국조속오례의》를 합하고 1744년 이후 늘어난 의례를 추가하여 편찬된 국가전례서이다.[35] 따라서 기존 국가전례서처럼 의주와 서례가 분리되어 있으며, 변사조는 별도 항목으로 잡혀있다. 《국조오례통편서례》 변사조에는 맨 앞에 《국조오례서례》 변사조를 기록한 뒤[36] '續', '增'을 차례로 수록했고, 위 도표의 대사·중사·소사에는 '增'에 해당되는 제사들만을 제시했다.[37]

그런데 1788년에 편찬된 국가전례서로 《국조오례통편》과 성격이 다른 전례서가 있다. 바로 《춘관통고》이다. 《춘관통고》는 《국조오례의》와 《국조속오례의》, 《國朝喪禮補編》(1758, 영조 34) 등에 수록된 각 예제의 왕대별 故實과 의절에 필요한 기물의 圖說, 의주를 항목별로 집대성해 놓은 책이다.

《춘관통고》는 크게 '吉', '凶', '軍', '賓', '嘉' 오례의 순서로 나누고 그에 해당하는 각각의 항목(사직, 종묘, 경모궁 등)을 배치하는 방식이었다. 그에 따라 변사조가 별도로 존재하지 않고 각 항목(사직, 종묘, 경모궁 등)마다 들어가 있어서 제사 체계를 한눈에 파악하기 어렵게 되어 있다.[38] 그 때문에 다음의 《춘관통고》 대사·중사·소사에는 기존 제사 체계에서 추가로 편입된 것만을 정리했다.

35 이현진, 앞의 논문, 2014, 174쪽.

36 《국조오례통편서례》 변사조에서 《국조오례서례》 변사조를 기록할 때 변사의 범주에서 '州縣'을 '州祭'라고 써 놓았다. 주현에서 지내는 제사가 실제로는 州에서 지내기 때문에 그와 같이 기록한 것인지 분명하지 않다.

37 《국조오례통편》에는 《오례의》는 '原', 《속오례의》는 '續', 《보편》은 '補', 늘어난 의례[增儀]는 '增'으로 표기하여 각 전례서 및 새로 증보한 의례를 구별했다(《국조오례통편》 범례).

38 《춘관통고》의 체제에 대해서는 이현진, 앞의 논문, 2014, 4장 2절 참조.

〈표 5〉《춘관통고》 대사 · 중사 · 소사[39]

제사의 규모	제사의 범주별 해당 제사
大祀	(原儀)社稷, (續儀)祈穀, (今儀)祈雨, (今儀)祈雨攝行, (今儀)祈穀攝事, 景慕宮(親享)
中祀	毓祥宮, 景慕宮攝行
小祀	(原儀)祈告, (續儀)祈穀攝行

이상으로 국가전례서를 중심으로 제사의 체계에 대해 살펴보았다. 사실 《국조속오례의》가 편찬된 뒤 《국조속오례의》를 보완하기 위해 길례와 가례의 내용만 있고 나머지 빈례, 군례, 흉례에 해당하는 내용이 없는 《국조속오례의보》가 1751년(영조 27)에 편찬되었다. 《국조속오례의보》 또한 의주와 서례가 분리되어 있는 체제이나 《국조속오례의보서례》에 변사조가 항목으로 잡혀 있지 않는 것으로 보아, 그 사이에 추가된 제사는 없었던 것으로 이해된다. 길례에 종묘, 영녕전, 永禧殿, 문선왕, 사직 등에 관해 11개의 의주가 추가되어 있을 뿐이다.

(2) 지지

국가전례서 이외에도 제사와 祭場에 대해 살펴볼 만한 대표적인 자료로 地誌가 있다. 조선시대에 편찬된 대표적인 지지로 《世宗實錄》 地理志(1454, 단종 2), 《新增東國輿地勝覽》(1530, 중종 25), 《漢京識略》(1830~1834 추정) 등을 참고하고자 한다.

먼저 《세종실록》 지리지이다. 국가 제사를 지내는 장소의 대부분이 京都 한성부에 포진해 있으므로 이를 중심으로 검토하고자 한다. 이 책이

39 《춘관통고》에서 原儀는 《국조오례의》, 續儀는 《국조속오례의》, 今儀는 《국조속오례의》(1744) 이후 새로이 추가된 의례를 가리킨다(이현진, 앞의 논문, 2014, 199~200쪽).

'지리지'이기 때문에 祀典 체계에 대해서는 그다지 관심이 두어져 있지 않다. 곧, 壇廟를 대사·중사·소사로 분류하고 있지는 않다는 뜻이다.

그럼에도 개별적으로 몇 제사를 표시한 것은 있다. 일명 華山이라 불리우는 도성 밖 正北에 위치한 삼각산은 그 신의 제사를 도성의 鎭山인 白嶽의 산 꼭대기에 있는 祠宇에서 백악과 함께 지내면서 중사가 된다고 했다.[40] 그 밖에 도성 南山 정상에 있는 木覓祠에서 지내는 제사는 소사,[41] 漢江壇에서 지내는 제사는 중사가 된다는 등이 그것이다.[42]

삼각산과 한강은 嶽海瀆에 속하므로 중사, 목멱산은 名山大川에 들어가므로 소사에 해당하여,《국조오례서례》변사조의 분류에서 벗어나지 않음을 알 수 있다.

다음은 1481년(성종 12)에 편찬된《東國輿地勝覽》을 수정하고 보안하여 1530년(중종 25) 편찬된《신증동국여지승람》이다.《신증동국여지승람》도《세종실록》지리지처럼 국가 제사를 지내는 장소의 대부분이 경도 한성부에 집중되어 있기에 이를 중심으로 정리하고자 한다.

《신증동국여지승람》에는 壇廟條를 별도로 두어서 각 단과 묘에 대한 정보를 한눈에 파악하기에 용이하게 편집되어 있다. 다만, 단묘조라는 항목명에서 보듯 '壇'을 먼저 서술한 뒤 '廟'를 기술하여 소위 제사의 典籍인 祀典의 분류라는 면에서는[43] 약간의 불편함이 없지 않다. 그럼에도《신증동국여지승람》경도 단묘조를 중심으로 대사·중사·소사를 정리하면 다

40 《世宗實錄》권148, 地理志, 경도 한성부, 三角山.

41 《세종실록》권148, 지리지, 경도 한성부, 木覓祠.

42 《세종실록》권148, 지리지, 경도 한성부, 漢江渡.

43 祀典을 "제사의 典籍"이라고 한 해석은《禮記集說大全》(元 陳澔)의 주석을 따랐다(이현진, 〈종묘 제례〉《조선의 국가 제사》, 한국학중앙연구원, 2009, 119쪽, 각주 11 참조).

음과 같다.

〈표 6〉《신증동국여지승람》 대사·중사·소사[44]

제사의 규모	제사의 범주별 해당 제사
大祀	社稷, 宗廟, 永寧殿
中祀	風雲雷雨(山川城隍), 嶽海瀆, 先農, 先蠶, 雩祀, 文宣王
小祀	靈星, 老人星, 馬祖, 先牧, 馬社, 馬步, 禡祭, 司寒, 名山大川, 厲祭

《국조오례서례》 변사조와 비교해보면, 대사는 차이가 없다. 중사는 '역대시조'가 들어가 있지 않은데, 아마 단묘조가 경도에 소재한 것을 중심으로 정리되어 지방에 있는 역대시조묘는 들어가지 않은 듯하다. 소사는 영제, 포제, 칠사, 둑제가 누락되어 있다.

그 밖에 제사의 체계로 분류하지 않은 문소전, 延恩殿, 孝思廟, 纛神廟 등이 있다. 문소전과 연은전은 原廟이고,[45] 효사묘는 연산군의 생모 폐비 윤씨의 신주를 봉안한 사당이다.[46] 《국조오례서례》 변사조를 고려하면 이

44 《신증동국여지승람》 권1, 京都上, 壇廟.

45 * 문소전: 처음 이름이 仁昭殿이었다. 인소전은 태조의 첫번째 妃인 神懿王后 韓氏의 畵像을 봉안하고 제사를 지낸 眞殿이었다. 그 뒤 태조가 승하하여 태조의 魂殿으로 사용되면서 1408년(태종 8)에 문소전으로 殿號를 고쳤다. 태조와 신의왕후의 신주를 종묘에 부묘한 뒤에는 그들의 眞容을 이곳에 봉안했다. 이후 1433년(세종 15)에 새 문소전을 건립하여 태조·태종의 神位版을 봉안했다. 이때 구 문소전은 봉안하고 있던 어진을 璿源殿으로 옮기면서 사라졌으며, 새 문소전은 임진왜란으로 불타버린 뒤 중건하지 않았다. 문소전에 대한 설명과 기존 연구 성과는 이현진, 앞의 책, 2008, 14쪽, 각주 11 참조.
* 연은전: 《신증동국여지승람》에 따르면, 성종이 명 조정에 주청하여 덕종을 추존하여 懷簡王으로 삼고, 종묘에 부묘한 뒤 연은전을 건립하여 神御를 봉안했다고 한다(《신증동국여지승람》 권1, 京都上, 壇廟, 延恩殿).

46 《연산군일기》 권22, 연산군 3년 4월 9일(경진). 연산군대 폐비 윤씨의 追封尊崇 과정에 대해서는 한희숙, 〈연산군대 폐비윤씨 追封尊崇 과정과 갑자사화〉《한국인물사연

들 사당은 俗祭로 분류할 수 있겠다. 둑신묘는 이곳에서 둑제를 지냈을 터, 그럼에도 둑신묘를 설명하는 가운데 '소사'가 언급되어 있지 않았는데 이는 실수로 누락한 것이 아닌가 추정된다.

다음은《京都雜誌》를 편찬한 柳得恭의 아들 柳本藝가 1830~1834년 사이에 편찬한 것으로 추정되는《漢京識略》이다.[47]《한경지략》은 수도 한성을 보여주는 대표적인 지지이므로 이곳에 마련된 祭場을 중심으로 기록되어 있다.《한경지략》은 지지인 만큼 祀典의 분류가 용이하지 않다. 그럼에도 본고와 관련되는 壇壝, 廟殿宮, 祠廟, 항목을 중심으로 大祀·中祀·小祀를 정리하면 다음과 같다.

〈표 7〉《한경지략》 대사·중사·소사[48]

제사의 규모	제사의 범주별 해당 제사
大祀	社稷, 宗廟, 永寧殿
中祀	風雲雷雨山川城隍, 嶽海瀆, 先農, 先蠶, 雩祀
小祀	靈星, 老人星, 馬祖, 先牧, 馬社, 馬步, 禡祭, 司寒, 名山大川, 漢江, 厲祭

2) 제장: 국가전례서·지지

(1) 국가전례서

《세종실록》 오례에는 도성 안 및 성저십리, 근교에서 설행하는 제사 장소가 구체적으로 기록되어 있지 않다. 곧, 단묘의 위치가 吉禮序例 및 儀

구》 10, 2008, 3장 참조.

47 《한경지략》의 편찬 연대는 대전대학교 장지연선생님의 도움으로 서문의 마지막에 나오는 "庚寅仲春"이라는 네 글자와 순조를 가리키는 '當宁' 두 글자를 통해 1830~1834년 사이인 것으로 추정했다.

48 《한경지략》(서울대학교 규장각한국학연구원 소장, 청구번호 가람古 915.11 Y9h. 이하 같음) 권1, 壇壝·廟殿宮.

註에 적기되어 있지 않다는 뜻이다. 의주는 각종 의식을 거행할 때 시간 순서에 따른 의식의 구체적 절차에 대한 규정이므로 여기에는 해당 神 및 祭場에 대한 정보를 알려주는 것이 적지 않다. 그러나 《세종실록》 오례에는 길례서례만이 아니라 의주에도 각 제장이 도성 안인지 도성 밖인지조차 명시되어 있지 않다.

그중 악해독과 명산대천은 제장이 성저십리 및 근교에 있는 것도 있지만 대부분 지방에 있다.[49] 전자는 그 위치가 한성부라고 되어 있는 삼각산, 한강, 목멱산 등이 해당된다. 나머지 지방에 마련된 제장은 그 지역적 위치만 기록하여 구체적인 위치가 분명하지 않다. 지리산을 예로 들면, "전라도 남원의 남쪽에 있다."라는 정도의 정보만 알려준다.[50]

성저십리 및 근교에서 제사를 지내는 단묘는 구체적으로 그 자리를 명시하지 않는 한 위치를 비정하기가 쉽지 않다. 그럼에도 길례서례 壇壝條에 각 단의 규모가 정해져 있는 것으로 보아 제장의 조성은 이루어진 듯하다.[51]

《세종실록》 오례와 달리, 《국조오례서례》에는 적어도 도성 안인지, 도성 밖 성저십리 혹은 근교인지 정도는 구분이 가능하도록 기술되어 있다. 뿐만 아니라 제장에 대해 〈壇廟圖說〉이라고 하여 도설을 수록함으로써 실제 행례를 위해 좀 더 유용하게 해 놓았다는 점이 《세종실록》 오례와 눈에 띄게 달라진 점이다.

예에 의한 통치를 표방한 조선에서 국가 제사를 강조함은 의심할 나위가 없다. 그렇다면 이를 설행하기 위한 공간에 대한 관심 또한 지대할

49 《세종실록》 오례의 악해독은 각주 19, 명산대천은 각주 20 참조.

50 《세종실록》 권128, 오례, 길례서례, 변사 "嶽海瀆[(註) 智異山全羅道南原南]".

51 《세종실록》 권128, 오례, 길례서례, 단유.

수밖에 없다. 국가전례서에 제사를 지내기 위한 공간인 壇과 廟를 도설로 제시한 것은 이러한 관심의 반영이다. 《국조오례서례》 〈단묘도설〉에 기록된 도성 안, 도성 밖 성저십리 및 근교에 형성된 주요 祭場을 정리하면 다음과 같다.

〈표 8〉 《국조오례서례》 단묘[52]

도성 안 / 도성 밖 (성저십리 및 근교)	祭 場
도성 안[53]	社稷壇, 禜祭, 宗廟, 永寧殿, 文昭殿, 纛神廟, 文宣王廟
東郊	先農壇, 先蠶壇, 雩祀壇, 馬祖·先牧·馬社·馬步壇, 酺祭
南郊	風雲雷雨山川城隍壇, 靈星壇, 老人星壇, 司寒壇
北郊	厲祭壇
東北郊	禡祭壇
기타[54]	嶽海瀆壇, 名山大川壇, 眞殿, 懿廟, 歷代始祖, 山陵

52 《국조오례서례》 권1, 길례, 단묘도설.

53 도성 안 각 단의 구체적인 위치는 다음과 같다.
사직단: 도성 안 서쪽 / 영제: 도성 四門 안 / 종묘: 도성 안 동쪽 / 영녕전: 종묘 서쪽 / 문소전: 宮城 안 동쪽 / 둑신묘: 도성 안 동향[都城內東向] / 문선왕묘: 도성 안 동쪽.

54 기타에 속한 각 단의 구체적인 위치는 다음과 같다.
* 악해독단: 각주 23 참조.
* 명산대천단: 각주 24 참조.
* 진전.
- 태조 睟容: 穆淸殿(경기 開城府), 濬源殿(永安道 永興), 永崇殿(평안도 평양), 慶基殿(전라도 전주), 集慶殿(경상도 경주).
- 세조 수용: 奉先殿(경기 楊州).
* 의묘: 廟北.
* 역대시조
- 평안도 평양: 前朝鮮檀君(高句麗始祖 附), 後朝鮮箕子廟.
- 경상도 경주: 신라 赫居世廟.
- 충청도 稷山: 백제 溫祚廟.
- 경기 麻田: 고려 太祖廟(현종·문종·충경왕 附).

《국조오례서례》 단묘를 통해 성저십리 및 근교에서 지내는 제사가 명확해졌다. 여기에서도 嶽海瀆壇은 악해독의 위치에 따라 다르고, 名山大川壇은 명산대천의 위치에 따라 다르다. 그중 악해독에서는 도성 북쪽에 위치한 삼각산과 도성 남쪽에 위치한 한강이, 명산대천에서는 도성 안 남쪽에 자리한 목멱산이 본 글의 취지에 부합한다.

진전 역시 각 진전의 위치에 따라 다른데 그마저도 구체적이지 않다. "경기 楊州"라고 하여 세조의 睟容을 봉안한 奉先殿을 제외하면 모두 태조의 수용을 봉안한 진전으로 경기 개성부, 영안도 영흥처럼 지방에 있다.[55]

다음은 영조대에 편찬된《국조속오례의서례》〈廟祠圖說〉과《국조속오례의보서례》〈眞殿圖說〉이다. 〈묘사도설〉에는 진전에서 영희전이, 그 밖에 산릉에서 능·원·묘 등이 추가되었다.[56] 영희전은 도성 안에 있지만 능·원·묘는 도성 밖 성저십리 및 근교를 벗어나는 것으로 보아 제외했으나 그중 능의 위치는 좀 더 구체적인 고찰이 필요하다. 〈진전도설〉에는 도성 안에 있는 영희전만을 싣고 있다.[57]

다음은 정조대에 편찬된《국조오례통편서례》〈단묘도설〉이다. 도성 안, 도성 밖 성저십리 및 근교에 형성된 주요 祭場 중 '壇'에 해당하는 것을 중심으로 정리하면 다음과 같다.

* 산릉: 德安陵(영안도 咸興) / 智陵(영안도 安邊) / 淑陵(영안도 文川) / 義陵·純陵·定和陵(영안도 함흥) / 健元陵(경기 楊州) / 齊陵·厚陵(경기 豊德) / 獻陵(경기 廣州) / 英陵(경기 驪州) / 顯陵·光陵(경기 양주) / 敬陵·昌陵(경기 高陽) / 恭陵(경기 坡州).

55 《국조오례서례》 권1, 길례, 壇廟圖說, 眞殿(懿廟歷代始祖廟纛神廟附) ; 위의 각주 54 참조.

56 《국조속오례의서례》 권1, 길례, 廟祠圖說, 永禧殿·山陵(附世子墓).

57 《國朝續五禮儀補序例》 권1, 길례, 眞殿圖說.

《국조오례통편서례》 단묘[58]

* 도성 안: (增) 親蠶壇, 採桑壇, 景慕宮, 儲慶宮, 毓祥宮, 延祜宮, 文禧廟, 懿昭廟.[59]

《국조오례통편서례》〈단묘도설〉에서 추가된 祭場 중 위에서 보듯 도성 안에 있는 것을 제외한 나머지는 도성 밖 성저십리 및 근교를 벗어나는 것으로 보아 제외했다. 진전에서 강화부 성 안에 있는 長寧殿, 전라도 전주부 성 안에 있는 肇慶廟 및 산릉에서 추가된 능·원·묘 등이 그에 해당한다.

(2) 지지

지지는 편찬 목적에 걸맞게 장소 파악에 가장 유력한 자료이다. 먼저 《세종실록》 지리지이다. 지리지인 만큼 각 단묘의 위치에 대한 정보는 매우 구체적으로 제공하고 있다. 《세종실록》 지리지 경도 한성부조에 보이는 도성 안 및 성저십리, 근교에 형성된 주요 제장을 정리하면 다음과 같다.

58 《국조오례통편서례》 권2, 길례, 단묘도설.

59 도성 안 각 단묘의 구체적인 위치는 다음과 같다.
친잠단: 景福宮 康寧殿 옛 터[舊基]의 동쪽 / 채상단: 蠶壇의 서쪽 / 경모궁: 도성 안 동부 景慕宮坊 / 저경궁: 도성 안 南ㅇㅇㅇ坊 / 육상궁: 도성 안 西ㅇㅇㅇ坊 / 연호궁: 육상궁 동쪽 / 문희묘: 도성 안 北ㅇㅇㅇ坊 / 의소묘: 창의궁 안. 참고로 경모궁방은 원래 崇教坊이었다가 當宁 7년(1783)에 고쳤다고 한다(《국조오례통편서례》 권2, 길례, 壇廟圖說, 眞殿·景慕宮). 당저는 정조로 보았다.

〈표 9〉《세종실록》 지리지 단묘[60]

도성 안 / 도성 밖 (성저십리 및 근교)	祭場
도성 안[61]	宗廟, 永寧殿, 社稷, 文昭殿, 文廟
東郊[62]	雩祀壇·東方土龍壇·先農壇, 馬步壇·馬祖壇·先牧壇·馬社壇, 先蠶壇
南郊[63]	木覓祠, 人老星壇·圓壇·靈星壇·風雲雷雨壇, 南方土龍壇, 漢江壇
西郊[64]	西方土龍壇
北郊[65]	白嶽祠,[66] 北郊壇·北方土龍壇·厲祭壇

60 《세종실록》 권148, 지리지, 경도 한성부. 이욱, 〈조선시대 공간 상징을 통한 王都 만들기 -風雲雷雨壇을 중심으로-〉《종교문화비평》 3, 2003, 99쪽, 〈표Ⅱ-1〉을 참고하되 수정 보완했다.

61 도성 안 각 단묘의 구체적인 위치는 다음과 같다.
* 종묘: 중부 貞善坊과 동부 蓮花坊 중앙.
* 영녕전: 종묘의 담 안 서쪽[在宗廟周垣內西].
* 사직: 仁達坊.
* 문소전: 문소전(창덕궁 서북), 廣孝殿(창덕궁 동북) → 原廟(경복궁 성 안 동북).
* 문묘: 崇敎坊.

62 동교 안 각 단의 구체적인 위치는 다음과 같다.
* 우사단·동방토룡단·선농단: 興仁門 밖 坪村.
* 마보단·마조단·선목단·마사단: 흥인문 밖 沙斤寺里.
* 선잠단: 東小門 밖 沙閑伊.62

63 남교 안 각 단묘의 구체적인 위치는 다음과 같다.
* 목멱사: 도성 남산 정상.
* 노인성단·원단·영성단·풍운뢰우단: 崇禮門 밖 屯地山.
* 남방토룡단: 한강 북쪽.
* 한강단: 목멱산 남쪽에 있는 漢江渡의 북쪽.

64 서방토룡단은 加乙頭에 위치.

65 북교 안 각 단묘의 구체적인 위치는 다음과 같다.
* 백악사: 백악의 산 정상.
* 북교단·북방토룡단·여제단: 彰義門 밖.

66 백악이라는 산은 도성 안팎을 걸쳐 있고 도성은 그 능선에 조성되어 있다. 백악사는 그 백악의 산 정상에 자리잡고 있다. 백악·백악사의 위치가 그러함에도 도성 북쪽에 위치해 있기에 북교에 포함시켰다.

《세종실록》 지리지 단묘에서 주목할 것은 국가전례서의 사전 체계에 들어가 있지 않은 단묘가 있다는 점이다. 특히 土龍壇이 눈에 띄는데, 이는 祈雨祭와 관련되는 공간이다.[67] 동서남북 사방에 단을 설치했다는 것은《세종실록》 지리지가 편찬되기까지 기우제의 중요성을 단적으로 보여준다.[68]

다음은《신증동국여지승람》 경도 단묘조에 드러난 도성 안과 성저십리(근교)에 형성된 주요 제장이다.

〈표 10〉《신증동국여지승람》 단묘[69]

도성 안 / 도성 밖 (성저십리 및 근교)	祭 場
도성 안[70]	社稷壇, 宗廟, 永寧殿, 文昭殿, 延恩殿, 孝思廟, 文廟, 纛神廟
東郊	先農壇, 先蠶壇, 雩祀壇, 馬祖·先牧·馬社·馬步壇
南郊	風雲雷雨山川城隍壇, 嶽海瀆壇[71], 靈星壇, 老人星壇, 司寒壇
北郊	厲壇
東北郊	禡祭壇
기타	名山大川壇[72]

67 祈雨祭龍에 대해서는 최종성, 앞의 책, 2002, 4장 1절 참조.

68 기우제에 대해서는 최종성, 앞의 책, 2002, 4장 ; 이욱, 앞의 책, 2009, 3장 참조.

69 《신증동국여지승람》 권1, 京都上, 壇廟. 장지연, 〈조선 후기 都城圖를 통해 본 壇廟 인식〉《조선시대사학보》 45, 2008, 270쪽, 〈표 1〉을 참고하되 수정 · 보완했다.

70 도성 안 각 단묘의 구체적인 위치는 다음과 같다.
* 사직단: 京城 안 서쪽 仁達坊.
* 종묘: 경성 안 동쪽 蓮花坊.
* 영녕전: 종묘 서쪽.
* 문소전: 경복궁 성 안 동쪽.
* 연은전: 경복궁 성 안 서북쪽 모퉁이.
* 효사묘: 북부 鎭長坊.
* 문묘: 성균관 明倫堂 남쪽.
* 둑신묘: 예조 서쪽.

각 단은 사직단과 명산대천단을 제외한 나머지는 모두 '동교', '남교', '북교', '동북교' 이런식으로 위치를 제시할 뿐이다. 반면, 각 묘의 위치는 '단'보다는 상대적으로 구체적으로 기록되어 있다. 이러한 기술 방식은 《국조오례서례》〈단묘도설〉과 흡사하다.

마지막으로 《한경지략》이다. 단유, 묘전궁, 사묘 항목을 중심으로 단묘를 정리하면 다음과 같다.

〈표 11〉《한경지략》 단묘[73]

도성 안 / 도성 밖 (성저십리 및 근교)	祭場
도성 안	社稷壇, 宗廟, 永寧殿, 永禧殿, 璿源殿, 儲慶宮, 毓祥宮, 景慕宮, 永慶殿, 懿昭廟, 藏譜閣, 文禧廟, 延祐宮, 大嬪宮, 宣禧宮, 景祐宮, 於義宮(上於義宮), 龍興宮(下於義宮), 壽進宮, 明禮宮, 彰義宮, 龍洞宮, 梨峴宮, 孝思廟, 慶壽宮, 壽城宮, 文廟, 啓聖祠, 崇節祠(四賢祠), 宣武祠, 纛神廟, 德興大院君祠[74]
東郊	先農壇, 先蠶壇, 馬祖·先牧·馬社 ·馬步壇, 東關王廟
南郊	風雲雷雨山川城隍壇, 嶽海瀆壇,[75] 雩祀壇, 靈星壇, 老人星壇, 司寒壇, 木覓神祠, 南關王廟, 讓寧大君祠[76]
西郊	愍忠壇[77]

71 《신증동국여지승람》 권1, 경도 상, 단묘, 嶽海瀆壇. 악해독의 이름과 위치는 다음과 같다.
* 4악: 南 智異山(南原) / 中 三角山 / 西 松嶽(개성) / 北 鼻白山(定平).
* 3해: 東海(襄陽) / 南海(羅州) / 西海(豊川).
* 7독: 南 熊津(公州), 伽倻津(梁山) / 中 漢江 / 西 德津(長湍), 平壤江(平壤), 鴨綠江(義州) / 北 豆滿江(慶源).

72 《신증동국여지승람》 권1, 경도 상, 단묘, 名山大川壇. 명산대천의 이름과 위치는 다음과 같다.
* 명산: 東 雉岳山(原州) / 南 鷄龍山(公州), 竹嶺山(丹陽), 亏弗山(蔚山), 主屹山(聞慶), 錦城山(羅州) / 中 木覓山 / 西 五冠山(장단), 牛耳山(海州) / 北 紺嶽山(積城), 義舘山(淮陽). 참고로 우불산은 원문을 따라 "亏"로 썼다.
* 대천: 南 楊津溟所(忠州), 楊津(楊州) / 西 長山串(長淵), 阿斯津松串(長連), 淸川江(安州), 九津溺水(평양) / 北 德津溟所(淮陽), 沸流水(永興).

73 《漢京識畧》 권1, 壇壝·廟殿宮·祠廟.

北郊	厲壇, 白嶽神祠
東北郊	禡祭壇
기타	名山大川壇,[78] 漢江壇[79]

74 도성 안 각 단묘의 구체적인 위치는 다음과 같다. 延祐宮의 '祐'는 '祜'의 오기이다. 사직단: 京城 안 서부 仁達坊 / 종묘: 경성 안 동부 蓮花坊 / 영녕전: 종묘 서쪽 / 영희전: 남부 薰陶坊 / 선원전: 창덕궁 안 仁政殿 서쪽 / 저경궁: 남부 會賢坊 松峴 / 육상궁: 북부 順化坊 / 경모궁: 동부 崇敎坊 / 영경전: 彰義門 남쪽(예전) / 의소묘: 북부 순화방 / 장보각: 彰義宮 안 / 문희묘: 북부 安國坊 / 연호궁: 북부 순화방 / 대빈궁: 중부 慶幸坊 / 선희궁: 북부 순화방 / 경우궁: 북부 陽德坊 / 어의궁(상어의궁): 중부 경행방 / 용흥궁(하어의궁): 동부 숭교방 / 수진궁: 중부 壽進坊 / 명례궁: 서부 皇華坊 / 창의궁: 북부 순화방 / 용동궁: 서부 황화방 / 이현궁: 동부 蓮化坊 / 효사묘: 북부 鎭長坊(뒤에 폐해짐) / 경수궁: 동부 연화방 / 수성궁: 서부 인달방 사직단 북쪽 / 문묘: 동부 숭교방 / 계성사: 문묘 서북쪽 / 숭절사(사현사): 문묘 동쪽 / 선무사: 도성 南門 안 太平館 서쪽 / 둑신묘: 도성 안 서북쪽 → 도성 안 禮曹 곁[傍] / 덕흥대원군사: 社稷洞.

75 《한경지략》 권1, 단유, 嶽海瀆壇. 악해독의 이름과 위치는 다음과 같다.
* 4악: 南 智異山(南原) / 中 三角山(京城北) / 西 松嶽(개성) / 北 鼻白山(定平).
* 3해: 東海(襄陽) / 南海(羅州) / 西海(豊川).
* 7독: 南 熊津(公州), 伽倻津(梁山) / 中 漢江(京城南) / 西 德津(長湍), 平壤江(平壤), 鴨綠江(義州) / 北 豆滿江(慶源).

76 양녕대군 사당은 숭례문 밖 남관왕묘와 서로 바라보는 지역에 있다(《한경지략》 권1, 祠廟, 讓寧大君[(註) 太宗大王長子]祠).

77 《한경지략》에는 민충단이 弘濟院 남쪽에 있다고 되어 있다(《한경지략》 권1, 壇壝 "案芝峰類說 愍忠壇在弘濟院南 天朝賜祭戰亡東征將士之所"). 그러나 다른 문헌에는 西郊 홍제원 곁에 있다고 기록되어 있기에(《춘관통고》 권44, 길례, 愍忠壇 ; 《增補文獻備考》 권63, 禮考10, 諸壇3, 附愍忠壇) 민충단을 서교에 넣었다.

78 《한경지략》 권1, 단유, 名山大川壇. 명산대천의 이름과 위치는 다음과 같다.
* 명산: 東 雉岳山(原州) / 南 鷄龍山(公州), 竹嶺山(丹陽), 亐佛山(蔚山), 主屹山(聞慶), 錦城山(羅州) / 中 木覓山(경성) / 西 五冠山(장단), 牛耳山(海州) / 北 紺嶽山(積城), 義館山(淮陽). 참고로 "亐佛山(蔚山)"은 다른 자료에는 "亏弗山"으로 되어 있다.
* 대천: 南 陽津溟所(忠州) / 中 楊津(楊州) / 西 長山串(長淵), 阿斯津松串(長連), 淸川江(安州), 九津溺水(평양) / 北 德津溟所(淮陽), 沸流水(永興).

국가전례서와 지지에서 조선의 국가 제사 체계 및 그 제사를 지내는 장소에 대해 살펴보았다. 각 문헌들이 편찬될 때마다 추가되는 제사들이 있으나 이는 주로 도성 안에서 지내는 제사들이었다. 도성 안에서 지내는 제사를 제외한 성저십리 및 근교에서 지내는 제사는 대부분 중사와 소사에 속해 있음을 알 수 있다.

성저십리 및 근교에 있는 제장을 동교, 남교, 서교, 북교, 동북교에 따라 나누어 각 제장에서 지내는 제사를 다음 3장에서 다루고자 한다. 단, 《세종실록》 지리지에 수록된 祭壇 중 토룡단이나 원단 등은 기타 문헌에서는 보이지 않고, 그 밖의 제단은 다른 문헌에서도 대부분 공통적으로 다루고 있기에 차이를 드러낸 제단이나 사당은 3장에 넣지 않았다. 특히 국가전례서의 사전 체계에 들어가 있지 않아 제사지내는 날짜, 주관하는 獻官, 의식 절차를 진행하기 위한 의주 등을 파악하기 어려운 제사와 제단은 간략하게 설명하거나 제외했다.

3. 성저십리 및 近郊에서 설행한 국가제사

1) 동교, 남교, 서교, 북교, 동북교에서 설행한 제사

(1) 동교: 선농단, 선잠단, 마조·선목·마사·마보단, 우사단, 포제, 동관왕묘

문헌별로 동교에 해당하는 단묘를 재정리하면 〈표 12〉와 같다.

79 한강단은 "한강 북쪽에 있다."고 하여 그 위치가 막연하므로 기타로 분류했다(《한경지략》 권1, 단유, 漢江壇).

〈표 12〉 문헌별 동교에 위치한 단묘

문 헌	단 묘
《세종실록》 지리지	雩祀壇·東方土龍壇·先農壇, 馬步壇·馬祖壇·先牧壇·馬社壇, 先蠶壇
《국조오례서례》	先農壇, 先蠶壇, 雩祀壇, 馬祖·先牧·馬社·馬步壇, 酺祭
《신증동국여지승람》	先農壇, 先蠶壇, 雩祀壇, 馬祖·先牧·馬社·馬步壇
《한경지략》	先農壇, 先蠶壇, 馬祖·先牧·馬社·馬步壇, 東關王廟

《국조오례서례》, 《신증동국여지승람》, 《한경지략》 등에서 동교에 마련된 제장의 기록이 일치하지 않았다. 그 때문에 세 문헌에서 일치하는 선농단, 선잠단, 마조·선목·마사·마보단을 차례로 정리한 뒤 우사단, 포제, 동관왕묘를 순서대로 살펴보고자 한다.

① 선농단

선농단은 帝神農氏와 后稷氏를 향사하는 제단이다. 그 위치는 대개의 문헌에는 '동교'라고 표기되어 있는데 반해, 《세종실록》 지리지에는 興仁門 밖 坪村이라고 하여 좀 더 구체적으로 기록되어 있다.

단의 규모는 풍운뢰우산천성황단과 같으며, 이러한 정황은 《국조오례서례》 〈단묘도설〉에 잘 나타나 있다.〈그림 5〉[80] 다만, 주의할 점은 단의 규모에서 "제도가 어떤 것과 같다."고 하더라도 실제로 그러했을까 하는 의문이다. 《세종실록》 오례, 길례서례 壇壝條, 《국조오례서례》 〈단묘도설〉에 기록된 규정과 실제 조성했을 때의 그것에 차이가 난다고 본 연구가 있어서이다.

가령, 선농단과 후술할 선잠단의 경우 국가전례서에 규정된 수치와

80 《국조오례서례》 권1, 길례, 단묘도설, 風雲雷雨山川城隍壇(先農先蠶雩祀嶽海瀆附).

일제시기 사진과 조사서 등을 근거로 비교해 본 결과, 두 단이 조선 초기에 조성된 이후 크게 변화하지 못하여 전례서 규정과 실제 단 사이에 규모면에서 괴리가 있다는 사실이 밝혀졌다.[81] 그렇다면 그 밖의 단이나 묘 역시 그것의 규모나 공간에 대한 조사가 이루어질 필요가 있다.

《세종실록》 오례에는 驚蟄 후 길한 亥日[吉亥]에 제사를 지내며,[82] 국왕이 親祭를 지내기도 하고 다른 사람을 보내어 대신 지내기도 했다. 직접 제사에 참여할 때 亞獻官은 영의정이, 終獻官은 議政이 담당했고, 섭행할 때의 헌관은 풍운뢰우와 같아서 初獻官은 정2품, 아헌관은 정3품, 종헌관은 종3품이 맡았다.[83] 의식 절차에서 친제는 〈親享先農儀〉, 섭행할 때에는 〈享先農攝事儀〉를 따랐다.[84]

《국조오례서례》에도 경칩 후 길한 해일에 제사를 지내며,[85] 국왕이 친제를 지내기도 하고 다른 사람을 보내어 대신 지내기도 했다. 친행할 때 아헌관은 왕세자, 종헌관은 영의정이 맡았으며, 섭행할 때의 헌관은 풍운뢰우와 같아서 초헌관은 정1품, 아헌관은 3품 당상관, 종헌관은 정3품이 맡았다.[86] 의식 절차는 〈享先農儀〉·〈享先農攝事儀〉가 있다.[87]

《국조오례통편》에는 제사지내는 시기 및 절차에서 바뀐 부분을 '增'이라고 하여 세주에서 고친 부분을 표시하고 있으나 전반적으로 《국조오

81 장지연, 〈조선시대 선농단과 선잠단의 실제 형태 고찰〉 《조선시대사학보》 63, 2012 참조.

82 《세종실록》 권128, 오례, 길례서례, 時日.

83 《세종실록》 권128, 오례, 길례서례, 獻官.

84 《세종실록》 권131, 오례, 吉禮儀式, 親享先農儀·享先農攝事儀.

85 《국조오례서례》 권1, 길례, 시일.

86 《국조오례서례》 권1, 길례, 齊官.

87 《국조오례의》 권2, 길례, 享先農儀·享先農攝事儀.

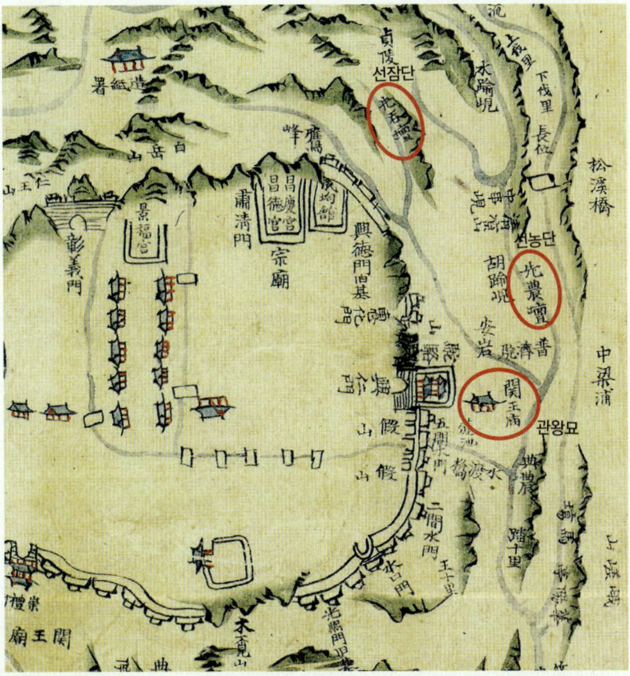

〈그림 1〉 선농단 · 선잠단 · 관왕묘(〈都城〉《輿地圖》)(서울대학교 규장각한국학연구원)

례서례》 및 《국조오례의》와 동일한 내용이 수록되어 있다.[88] 단, 〈향선농의〉에서 《국조속오례의》에 실린 勞酒儀가 부기되었다. 그 밖에 《국조속오례의》에 실린 〈親享先農祈雨儀〉와 〈親臨觀刈儀〉가 수록되었고, 새로 추가된 〈親受刈穀儀〉가 부기되어 있다.[89] 친경, 관예와 관련한 도설이 추가되었는데[90] 여타의 문헌과 달리 '길례'가 아닌 '가례'로 분류되어 있다.

88 《국조오례통편서례》 권1, 길례, 時日 ;《국조오례통편》 권5, 길례, 향선농의(原 勞酒儀 附 續) · 享先農攝事儀(原).

89 《국조오례통편》 권5, 길례, 親享先農祈雨儀 · 親臨觀刈儀(續 附續勞酒儀 增親受刈穀儀).

90 《국조오례통편서례》 권4, 嘉禮, 親耕圖說(續) · 親耕籍田之圖(續) · 觀刈圖說(續) · 親臨觀刈之圖(續).

《춘관통고》에도 절차에서 바뀐 부분을 '今儀'라고 하여 세주에서 고친 부분을 표시하고 있으나 전반적으로 《국조오례서례》 및 《국조오례의》와 동일한 내용이 수록되어 있다. 여기에 더해 '續儀', '今儀'라 하여 여러 의주가 추가되었다.[91] 추가된 의주만큼 도설도 더 재록되었다.[92] 의주·도설의 추가는 《국조오례통편》보다 많음을 알 수 있다. 齊官은 섭행할 때 초헌관은 2품, 아헌관은 參外, 종헌관은 參議로 바뀌었다.[93] 그 밖에도 선농과 관련하여 부분부분 바뀐 곳이 있으나 지면의 한계상 본고에서는 생략하며, 뒤에 서술할 나머지 동교와 남교, 서교, 북교, 동북교에서 거행하는 제사도 마찬가지이다.

② 선잠단

선잠단은 처음으로 누에를 친 西陵氏를 향사하는 제단이다. 그 위치는 대개의 문헌에는 '동교'라고 표기되어 있는데 반해, 《세종실록》 지리지에는 東小門 밖 沙閑伊라고 하여 좀 더 구체적으로 제시되어 있다. 단의 규모는 풍운뢰우산천성황단과 같으며, 이러한 정황은 《국조오례서례》 〈단묘도설〉에 잘 드러나 있다.〈그림 5〉[94]

《세종실록》 오례에는 '季秋'의 길한 巳日[吉巳]에 제사를 지내며,[95] 국왕

91 《춘관통고》 권41, 길례, 享先農儀(原儀)·親享先農儀(續儀)·享先農攝事儀·親耕儀(續儀)·親耕後勞酒儀(續儀)·親臨觀刈儀(今儀)·親受刈穀儀(今儀)·觀刈後勞酒儀(今儀).

92 《춘관통고》 권41, 길례, 原儀先農軒架圖說·原儀登歌圖·原儀文舞圖·原儀武舞圖·原儀親享先農及配位設饌圖說·原儀先農攝事設饌圖說·續儀親耕圖說·續儀親耕籍田之圖·今儀觀刈器械圖說·續儀親臨觀刈之圖·今儀親刈後勞酒之圖(正宗辛丑 行此儀).

93 《춘관통고》 권41, 길례, 先農(附籍田親耕勞酒省耕觀稼觀刈).

94 선잠단의 실제 형태에 대한 고찰은 장지연, 앞의 논문, 2012 참조.

95 《세종실록》 권128, 오례, 길례서례, 시일.

을 대신한 초헌관은 정2품, 아헌관은 정3품, 종헌관은 종3품이 맡았다.[96] 그 의절은 〈享先蠶儀〉를 따라 진행되었다.[97] 《국조오례서례》에는 '季春'의 길한 사일에 제사를 지내며,[98] 국왕을 대신한 초헌관은 정1품, 아헌관은 3품 당상관, 종헌관은 정3품이 행례한다고 재록되어 있다.[99] 의주는 〈향선잠의〉가 있다.[100]

《국조오례통편》에는 제사지내는 시기 및 절차에서 바뀐 부분을 '증'이라고 하여 세주에서 고친 부분을 표시하고 있으나 전반적으로 《국조오례서례》 및 《국조오례의》와 동일한 내용이 수록되어 있다.[101] 그 밖에 새로 추가된 의주가 2개 더 있다.[102] 도설도 추가되었는데, 선농단에서처럼 '가례'에 들어가 있다.[103]

《춘관통고》에도 절차에서 바뀐 부분을 '금의'라고 하여 세주에서 고친 부분을 표시하고 있으나 전반적으로 《국조오례서례》 및 《국조오례의》와 동일한 내용이 수록되어 있다. 여기에 더해 '속의', '금의'라 하여 여러 의주가 추가되었다.[104] 추가된 의주만큼 도설도 더 재록되었다.[105] 추가된

96 《세종실록》 권128, 오례, 길례서례, 獻官.

97 《세종실록》 권131, 오례, 길례의식, 享先蠶儀.

98 《국조오례서례》 권1, 길례, 시일.

99 《국조오례서례》 권1, 길례, 齊官.

100 《국조오례의》 권2, 길례, 享先蠶儀.

101 《국조오례통편서례》 권1, 길례, 시일 ; 《국조오례통편》 권5, 길례, 享先蠶儀(原).

102 《국조오례통편》 권5, 길례, 王妃獻種儀(藏種儀附 增)·親蠶儀(增).

103 《국조오례통편서례》 권4, 가례, 親蠶器械圖說(增).

104 《춘관통고》 권41, 길례, 王妃獻種儀(今儀)·王妃藏種儀(今儀)·享先農儀(原儀)·王妃親蠶時詣景福宮儀(今儀)·王妃酌獻先蠶儀(今儀)·親蠶儀(今儀)·親蠶後朝見儀(今儀)·王妃受繭儀(今儀).

105 《춘관통고》 권41, 길례, 親蠶壇圖·採桑壇圖·先蠶軒架圖說·原儀登歌圖·原儀文舞圖·原儀武舞圖·原儀先蠶設饌圖說·今儀親享先蠶圖說·今儀親蠶器械圖說·親蠶位次之圖.

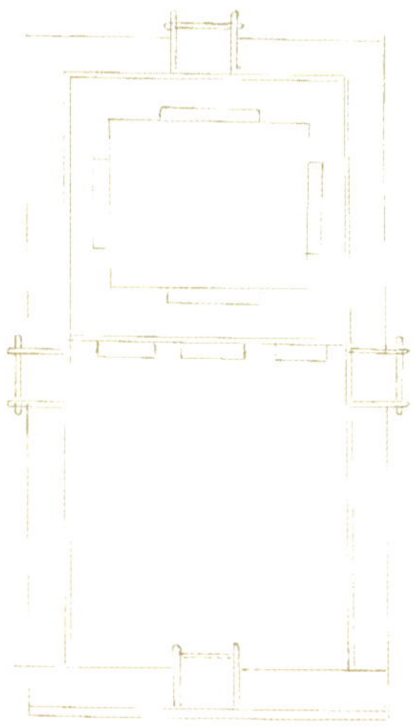

〈그림 2〉 친잠단(경복궁 강녕전 옛 터에 위치)[106]
《춘관통고》(奎 12272) 권41, 길례, 〈친잠단도〉
(서울대학교 규장각한국학연구원)

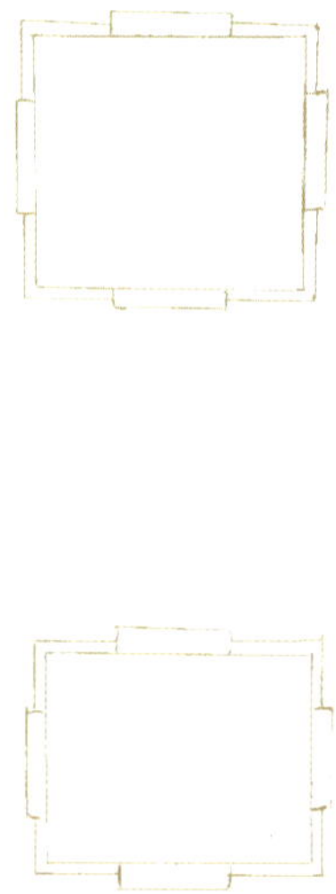

〈그림 3〉 채상단(잠단 서쪽에 위치)[107]
《춘관통고》(奎 12272) 권41, 길례, 〈채상단도〉
(서울대학교 규장각한국학연구원)

의주와 도설은 '금의'라 하여 친잠단·채상단과 유관한 것이기도 했다.

③ 마조·선목·마사·마보단

사전 체계에서는 마조, 선목, 마사, 마보를 각각의 제사로 서술한 반

목차에는 '原儀親蠶壇圖', '原儀採桑壇圖', '原儀先蠶軒架圖說'이라고 되어 있으나 본문에는 '原儀'가 모두 빠져 있고, 또 목차에는 '原儀親蠶設饌圖說'이라고 되어 있으나 본문에는 '原儀先蠶設饌圖說'이라고 되어 있다. 본문 속 목차를 따랐다.

106 《춘관통고》 권41, 길례, 親蠶壇圖. 《국조오례통편서례》에 동일한 내용이 수록되어 있다(《국조오례통편서례》 권2, 길례, 壇廟圖說, 親蠶壇(增)).

107 《춘관통고》 권41, 길례, 採桑壇圖. 《국조오례통편서례》에 동일한 내용이 수록되어 있다(《국조오례통편서례》 권2, 길례, 壇廟圖說, 採桑壇(增)).

면, "마보단·마조단·선목단·마사단"이라고 한《세종실록》지리지를[108] 제외한 단묘를 기록한 여타의 문헌에는 "마조·선목·마사·마보단"이라고 하여 묶어서 마치 하나의 단처럼 기재되어 있다.《燃藜室記述》과《증보문헌비고》에는 마조만 분리하고 선목·마사·마보는 묶어서 기술되어 있다.[109]

이렇듯 묶어서 기록되어 있다는 것은 하나의 단에서 마조·선목·마사·마보 네 신 혹은 선목·마사·마보 세 신을 제사지낸 것처럼 오해할 수 있다. 그러나 마조단은 마조를, 선목단은 처음 말을 기른 사람을, 마사단은 처음 말을 탄 자를, 마보단은 말을 해롭게 하는 신을 향사하는 곳이었다.[110] 실제로 조선왕조실록,《승정원일기》등을 보더라도 마조단, 선목단, 마사단, 마보단이 각각 조성되었음이 확인된다.[111]

그 위치는 대개의 문헌에는 '동교'라고 표기되어 있는데 반해,《세종실록》지리지에는 모두 흥인문 밖 沙斤寺里라고 하여 좀 더 구체적으로 제시되어 있다. 단의 규모는 영성단과 같으며, 이러한 정황은《국조오례서례》〈단묘도설〉에 보인다.〈그림 6〉

108 《세종실록》권148, 지리지, 경도 한성부, 〈馬步壇馬祖壇先牧壇馬社壇〉.

109 《연려실기술》(別集) 권4, 祀典典故, 諸壇 ;《증보문헌비고》권63, 禮考10, 諸壇3, 馬祖·先牧馬社馬步.

110 《춘관통고》권43, 길례, 馬祖·先牧·馬社·馬步 ;《연려실기술》(別集) 권4, 祀典典故, 諸壇 ;《증보문헌비고》권63, 禮考10, 諸壇3, 馬祖·先牧馬社馬步.《국조오례서례》에서 선목은 처음으로 사람에게 牧放을 가르친 자, 마사는 마굿간 속 土祇라고 하여 그 뜻이 조금 다르게 기록되어 있다(《국조오례서례》권1, 길례, 壇廟圖說, 靈星壇(老人星馬祖先牧馬步禡祭司寒名山大川厲祭禜祭酺祭附)).

111 조선왕조실록이나《승정원일기》에 마보단, 마조단, 선목단, 마사단은 개별적으로 확인된다. 조선왕조실록과《승정원일기》에서의 검색은 국사편찬위원회에서 제공하는 사이트를 참조했고 이하 동일하다(조선왕조실록 홈페이지(sillok.history.go.kr),《승정원일기》홈페이지(sjw.history.go.kr)).

《세종실록》 오례에는 仲春 中氣 후 剛日에 마조를 제사지내고[祀], 仲夏 중기 후 강일에 선목을 제향하고[享], 仲秋 중기 후 강일에 마사를 제사지내고[祭], 중춘 중기 후 강일에 마보를 제사지내며[祭],[112] 국왕이 아닌 3품 헌관이 대신 행례한다고 되어 있다.[113] 그 절차는 〈祀馬祖儀〉에 선목과 마사·마보 의주가 부기되어 있다.[114] 마조는 '祀', 선목은 '享', 마사·마보는 '祭'라고 하여 제사지내는 대상에 따라 제사를 달리 지칭한 것을 볼 수 있다.

《국조오례서례》에는 중춘 중기 후 강일에 마조를[祀], 중하 중기 후 강일에 선목을[祀], 중추 중기 후 강일에 마사를[祭], 仲冬 중기 후 강일에 마보를 제사지내며[祭], 국왕을 대신하여 3품 헌관이 제사를 지낸다고 규정되어 있다.[115] 의식 절차의 경우 마조는 〈祀靈星儀〉와 같고, 마사와 마보는 〈享先牧儀〉와 같아서 각 제사를 지낼 때에는 두 의주를 따랐다.[116]

《국조오례통편》에는 제사지내는 시기 및 절차에서 《국조오례서례》와 《국조오례의》의 내용과 다르지 않다.[117] 《춘관통고》에도 제사지내는 시기 및 절차에서 《국조오례서례》와 《국조오례의》의 내용과 동일하다.[118] 문제

112 《세종실록》 권128 오례, 길례서례, 時日.

113 《세종실록》 권128 오례, 길례서례, 獻官.

114 《세종실록》 권131, 오례, 길례의식, 祀馬祖儀(享先牧祭馬社馬步儀附).

115 《국조오례서례》 권1, 길례, 齊官.

116 《국조오례의》 권2, 길례, 祀靈星儀(老人星馬祖同)·享先牧儀(馬社馬步禡祭酺祭同).

117 《국조오례통편서례》 권1, 길례, 時日 ; 《국조오례통편》(藏 K2-2122) 권7, 길례, 祀靈星儀(老人星馬祖同 原)·享先牧儀(馬社馬步禡祭酺祭同 原).

118 《춘관통고》 권43, 길례, 馬祖·先牧·享先牧儀(馬社馬步禡祭酺祭同 …○原儀仍舊)·馬社·馬步. 원의잉구는 《국조오례의》의 全文을 수록하되 《국조오례의》에서 변화된 곳에 변화의 내용을 '금의'라고 쓴 뒤 주석으로 처리한 곳이 있는 '원의'와 달리, 그야말로 《국조오례의》의 전문을 그대로 수록했고 '금의' 등의 주석을 단 곳이 없다는 의미이다(이현진, 앞의 논문, 2014, 202쪽).

는《춘관통고》에서 마조에 관한 의식 절차인데,〈사영성의〉에 '원의'라는 것 이외에 '老人星馬祖同'이라는 세주가 부기되어 있지 않다.[119]《국조오례서례》와《국조오례의》의 내용과 달라진 곳이 거의 없는 것으로 보아, 의주 또한 변화가 없지 않았을까 추정된다.

주목되는 것은 네 제사가《국조오례통편》에는 '今廢', '今罷'라고 되어 있으며,[120]《춘관통고》에는 '금파'라고 되어 있다.[121] 이보다 앞서 편찬된《國朝五禮儀考異》에도 영성·노인성·마조·선목·마사·마보·마제는 '금파'라고 되어 있다.[122]《국조오례의고이》의 편찬 시기는 정확하지 않지만 "詳見續儀序例", "詳見續儀"라는 세주를 통해 적어도《국조속오례의》,《국조속오례의서례》가 편찬된 이후에 편찬되었음을 알 수 있다. 그런데 영조를 가리키는 '今上'이라는 단어가 함께 등장하는 것으로 보아 1744년《국조속오례의》,《국조속오례의서례》가 편찬된 이후의 영조 재위 시기 정도로 추정된다.

《연려실기술》에도 '금파'라고 되어 있다.[123] 그런데《증보문헌비고》에는 1669년(현종 10)에 "마조 등의 제사를 어느 시점부터 폐지했는지 잘 모른다."고 한 기사가 눈에 띈다. 그렇다면 그 전부터 이들 제사를 지내지 않았다는 뜻인데, 이 기사를 포함하여 바로 다음에 1732년(영조 8)과 1796년(정조 20)에 마조제를, 1749년(영조 25)에 선목제를 지낸 기록이 나오는 것은 馬疫이나 牛疫이 생겨 일시적으로 지낸 것으로 이해된다.[124]

119 《춘관통고》 권43, 길례, 祀靈星儀(原儀).
120 《국조오례통편서례》 권1, 길례, 시일.
121 《춘관통고》 권43, 길례, 馬祖·先牧·馬社·馬步.
122 《국조오례의고이》 권1, 序例考異, 辨祀條.
123 《연려실기술》(別集) 권4, 祀典典故, 諸壇.

④ 우사단

우사단은 句芒氏·祝融氏·后土氏·蓐收氏·玄冥氏·后稷氏를 향사하는 제단으로 '雩壇'이라고도 한다.[125] 6신에게 모두 氏자를 붙인 것은 1767년(영조 43) 2월부터였다.[126] 그 위치는 《한경지략》에만 남교에 있다고 되어 있고, 대개의 문헌에는 '동교'라고 표기되어 있다. 《세종실록》 지리지에는 '흥인문 밖 평촌'이라고 하여 좀 더 구체적으로 기록되어 있다. 단의 규모는 풍운뢰우산천성황단과 같으나 사방이 4丈이라는 차이가 있으며, 이러한 정황은 《국조오례서례》 〈단묘도설〉에 잘 드러나 있다.〈그림 5〉

《세종실록》 오례에는 孟夏에 제사지내며,[127] 국왕을 대신한 초헌관은 정2품, 아헌관은 정3품, 종헌관은 종3품이 맡는다고 되어 있다.[128] 그 의절은, 〈雩祀儀〉와 〈雩祀壇祈雨儀〉를 따라 진행되었다.[129] 《국조오례서례》에도 맹하에 제사를 지내나[130] 국왕을 대신한 초헌관은 정1품, 아헌관은 3품 당상관, 종헌관은 정3품이 행례하고, 祈雨報祀를 지낼 때에는 2품 헌관이 한다고 기재되어 있다.[131] 의주는 〈우사의〉와 〈우사단기우의〉가 있다.[132]

124 《증보문헌비고》 권63, 禮考10, 諸壇3, 馬祖·先牧馬社馬步.

125 《연려실기술》(別集) 권4, 祀典典故, 諸壇.

126 《증보문헌비고》 권63, 禮考10, 諸壇3, 雩. 《영조실록》에는 우사제와 사한제의 설명이 《증보문헌비고》와 반대로 기술되어 있다(《영조실록》 권108, 영조 43년 2월 21일(을묘)).

127 《세종실록》 권128, 오례, 길례서례, 시일.

128 《세종실록》 권128, 오례, 길례서례, 獻官.

129 《세종실록》 권131, 오례, 길례의식, 雩祀儀·雩祀壇祈雨儀(報祀同 唯飮福受胙 與正祭同). 〈우사의〉를 보면, 제사지내는 날짜에 대해 맹하 상순에 택일한다고 되어 있다.

130 《국조오례서례》 권1, 길례, 시일.

131 《국조오례서례》 권1, 길례, 齊官.

132 《국조오례의》 권2, 길례, 雩祀儀·雩祀壇祈雨儀(報祀同 唯飮福受胙).

《국조오례통편》에는 제사지내는 시기 및 절차에서 '증'을 표기하여 세주에서 고친 부분을 표시하고 있으나 전반적으로 《국조오례서례》 및 《국조오례의》와 동일한 내용이 수록되어 있다. 그리고 《국조속오례의》에 실린 〈親享雩祀壇祈雨儀〉가 더 재록되어 있다.[133] 《춘관통고》에도 절차에서 바뀐 부분을 '今儀'라고 하여 세주에서 고친 부분을 표시하고 있으나 전반적으로 《국조오례서례》 및 《국조오례의》와 동일한 내용이 수록되어 있다. 그리고 《국조속오례의》에 실린 〈친향우사단기우의〉가 실려 있다.[134]

⑤ 포제

포제는 인물을 해치는 신에 대한 향사이다. 《세종실록》 오례에는 포제와 관련한 규정이 실려 있지 않다. 《국조오례서례》에 포제는 마보단에서 제사를 지낸다고 되어 있다.[135] 그렇다면 포제단은 따로 조성하지 않고 마보단에서 행례했으며, 따라서 제장을 동교에 포함시켰다. 단의 규모는 영성단과 같으며, 이러한 정황은 《국조오례서례》 〈단묘도설〉에 보인다.〈그림 6〉

《국조오례서례》에는 螟螟이 발생할 때 포제를 지낸다고 하여 일정한 날짜가 정해져 있지 않으며,[136] 국왕을 대신하여 3품 헌관이 제사를 지낸다고 되어 있다.[137] 의식 절차는 〈향선목의〉와 같았다.[138] 포제는 지방에서

133 《국조오례통편서례》 권1, 길례, 시일 ; 《국조오례통편》 권5, 길례, 雩祀儀(原)·雩祀壇祈雨儀(報祀同 唯飮福受胙 原)·親享雩祀壇祈雨儀(續).

134 《춘관통고》 권42, 길례, 雩祀儀(原儀)·親享雩祀壇祈雨儀(續儀)·雩祀壇祈雨儀(報祀同唯飮福受胙○原儀).

135 《국조오례서례》 권1, 길례, 壇廟圖說, 靈星壇(老人星馬祖先牧馬步禡祭司寒名山大川厲祭禜祭酺祭附).

136 《국조오례서례》 권1, 길례, 시일.

도 지냈으므로, 〈州縣酺祭儀〉라는 의주를 별도로 마련했다.

《국조오례통편》에는 제사지내는 시기 및 절차에서 '증'을 표기하여 세주에서 고친 부분을 표시하고 있으나 대체로 《국조오례서례》와 《국조오례의》의 내용과 다르지 않다.[139] 《춘관통고》에도 제사지내는 시기 및 절차에서 《국조오례서례》와 《국조오례의》의 내용에서 거의 달라진 곳이 없다.[140]

⑥ 동관왕묘

관왕묘는 중국 송나라 때 武安王으로 추증된 壽亭侯 關羽를 향사하는 사당으로, 남관왕묘는 숭례문 밖에, 동관왕묘는 흥인문 밖에 있다. 남관왕묘는 1598년(선조 31)에, 동관왕묘는 1602년(선조 35)에 각각 창건했다.[141] 그러나 정작 관왕묘 제사의 성문화는 《국조속오례의서례》가 편찬될 때 이루어졌다.

제사의 등급은 小祀이며, 경칩·霜降日에 국왕을 대신한 무관 종2품 헌관이 제사를 지내며,[142] 제사상은 봄·가을에 제사지낼 때 및 고유할 때의 도설이 실려 있다.[143] 문제는 의주가 수록되어 있지 않다는 사실이다.

《국조오례통편》에는 제사지내는 시기는 변화가 없고, 祭官 중 配位

137 《국조오례서례》 권1, 길례, 齊官.

138 《국조오례의》 권2, 길례, 享先牧儀(馬社馬步禡祭酺祭同).

139 《국조오례통편서례》 권1, 길례, 시일 ; 《국조오례통편》(藏 K2-2122) 권7, 길례, 享先牧儀(馬社馬步禡祭酺祭同 原)·州縣酺祭儀(原).

140 《춘관통고》 권43, 길례, 酺 ·享先牧儀(馬社馬步禡祭酺祭同 … ○原儀仍舊)·州縣酺祭儀(原儀).

141 《춘관통고》 권44, 길례, 關王廟 ; 《증보문헌비고》 권64, 禮考11, 諸廟, 關帝廟..

142 《국조속오례의서례》 권1, 길례, 辨祀·時日·齊官.

143 《국조속오례의서례》 권1, 길례, 饌實尊罍圖說, 關王廟春秋·關王廟告由.

〈그림 4〉 남단(풍운뢰우산천성황단) · 남관왕묘 · 목멱산 (《都城》《輿地圖》)(서울대학교 규장각한국학연구원)

에는 무관 4품 헌관이 담당한다는 규정이 추가되었다.[144] 도설도 변화가 없으나[145] 의주는 〈幸關王廟奠酌儀〉와 〈春秋享關王廟儀〉가 추록되어 있다.[146]

《춘관통고》에는 관왕묘에 대한 故實과 도설, 의주 등을 한눈에 파악할 수 있도록 모두 수록되어 있다. 《국조속오례의서례》의 규정을 비롯하여 《국조오례통편》과 다르면서 더 많은 내용이 '今儀'라 하여 수록되어 있다. 제사지내는 날짜는 변함없고, 제관은 헌관이 무관 종2품에서 武將으로 교체되었고, 도설과 의주는 더 추가되었다.[147]

144 《국조오례통편서례》 권1, 길례, 시일 · 齊官.

145 《국조오례통편서례》 권2, 길례, 饌實尊罍圖說(原), 關王廟春秋(續) · 關王廟告由(續).

146 《국조오례통편》(藏 K2-2122) 권7, 길례, 幸關王廟奠酌儀(增) · 春秋享關王廟儀(增).

147 《춘관통고》 권44, 길례, 關王廟 · 續儀關王廟春秋 · 續儀關王廟告由 · 今儀關王廟春秋 · 今儀關王廟配位 · 春秋享關王廟儀 · 酌獻關王廟儀(今儀) · 展拜關王廟儀(今儀) · 王世子酌獻關王廟儀(今儀) · 王世子展拜關王廟儀(今儀) · 王世孫展拜關王廟儀(今儀).

(2) 남교: 풍운뢰우산천성황단, 영성단, 노인성단, 사한단, 남관왕묘, 한강단

문헌별로 남교에 해당하는 단묘를 재정리하면 〈표 13〉과 같다.

〈표 13〉 문헌별 남교에 위치한 단묘

문헌	단묘
《세종실록》 지리지	木覓祠, 老人星壇·圓壇·靈星壇·風雲雷雨壇, 南方土龍壇, 漢江壇
《국조오례서례》	風雲雷雨山川城隍壇, 靈星壇, 老人星壇, 司寒壇
《신증동국여지승람》	風雲雷雨山川城隍壇, 嶽海瀆壇, 靈星壇, 老人星壇, 司寒壇
《한경지략》	風雲雷雨山川城隍壇, 嶽海瀆壇, 雩祀壇, 靈星壇, 老人星壇, 司寒壇, 木覓神祠, 南關王廟, 讓寧大君祠

《국조오례서례》, 《신증동국여지승람》, 《한경지략》 등에서 남교에 마련된 제장의 기록이 일치하지 않는다. 그 때문에 세 문헌에서 일치하는 풍운뢰우산천성황단, 영성단, 노인성단, 사한단을 차례로 정리한 뒤 남관왕묘를 검토하고자 한다. 이어서 《세종실록》 지리지의 목멱사·한강단, 《한경지략》의 목멱(신)사 및 기타로 분류한 한강단을 그 다음에 다루고자 한다. 우사단은 동교에서 설명했으며, 악해독단은 제장을 기타 지역으로 분류한 3장 2절에서 설명하고자 한다.

《한경지략》에만 등장하는 양녕대군사는 위치로 본다면 남교에 들어갈 수 있으나[148] 국가전례서에 나오지 않기에 여기서는 거론하지 않고자 한다.

148 《한경지략》 권1, 祠廟, 讓寧大君[(註) 太宗大王長子]祠.

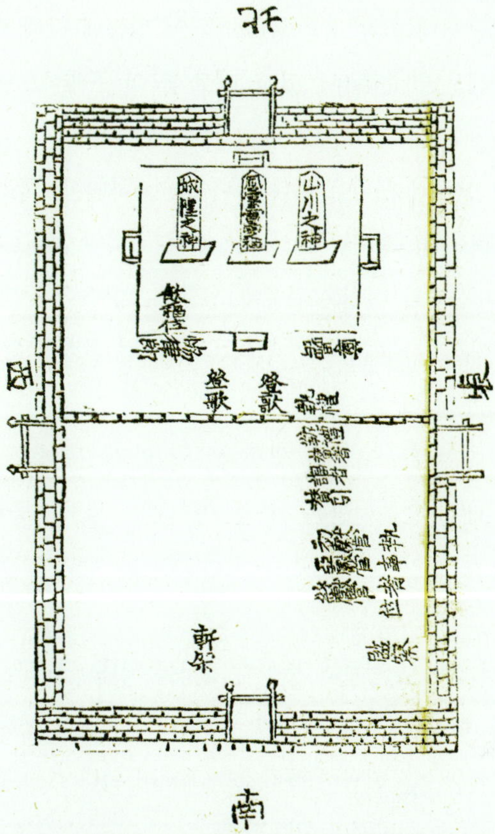

〈그림 5〉 풍운뢰우산천성황단(선농·선잠·우사·악해독 附),
《국조오례서례》(奎 2277) 권1, 길례, 단묘도설, 〈풍운뢰우산천성황단〉.
(서울대학교 규장각한국학연구원)

① 풍운뢰우산천성황단

풍운뢰우산천성황단은 풍운뢰우와 산천, 성황을 향사하는 제단이다.[149] 《증보문헌비고》에는 나중에 山川壇이 된 것으로 기술되어 있다.[150] 그

149 조선시대 풍운뢰우단에서 거행하는 의례를 제외한 치폐와 성격 등에 그 전반에 대해서는 이욱, 앞의 논문, 2003 참조.

위치는 대개의 문헌에는 '남교'라고 표기되어 있는데 반해, 《세종실록》 지리지에는 "숭례문 밖 屯地山에 있다."라고 좀 더 구체적으로 적기되어 있다.

풍운뢰우에 산천과 성황을 하나의 단에 合祀하면서 《국조오례서례》에서부터 "풍운뢰우산천성황단"이라 지칭했다.[151] 다만, 神座는 단의 한가운데에 풍운뢰우 신좌를, 산천은 왼쪽에, 성황은 오른쪽에 두되 모두 북쪽에서 남쪽을 향하도록 배치했다.[152] 단의 규모와 각 신좌의 위치는 《국조오례서례》 〈단묘도설〉이 참조된다.〈그림 5〉

《세종실록》 오례에는 중춘과 중추에 풍운뢰우(산천성황)를 제사지내며[153] 국왕을 대신한 초헌관은 정2품, 아헌관은 정3품, 종헌관은 종3품이 행례했다.[154] 그 의절은 〈祀風雲雷雨山川城隍儀〉, 〈風雲雷雨壇祈雨儀〉를 따랐다.[155]

《국조오례서례》에도 중춘과 중추에 제사를 지내나[156] 국왕을 대신한 초헌관은 정1품, 아헌관은 3품 당상관, 종헌관은 정3품이 행례하고, 기우보사를 지낼 때에는 2품 헌관이 한다고 기재되어 있다.[157] 의주는 〈祀風雲雷雨儀〉와 〈風雲雷雨壇祈雨儀〉가 있다.[158]

150 《증보문헌비고》 권61, 禮考8 諸壇, 風雲雷雨[續]今爲山川壇.

151 풍운뢰우와 산천·성황의 합사 논의에 대해서는 한형주, 앞의 책, 2002, 161~164쪽 참조.

152 《국조오례서례》 권1, 길례, 壇廟圖說, 風雲雷雨山川城隍壇(先農先蠶雩祀嶽海瀆附).

153 《세종실록》 권128, 오례, 길례서례, 시일.

154 《세종실록》 권128, 오례, 길례서례, 헌관.

155 《세종실록》 권130, 오례, 길례의식, 祀風雲雷雨山川城隍儀·風雲雷雨壇祈雨儀(報祀同唯飮福受胙 與正祭同).

156 《국조오례서례》 권1, 길례, 時日.

157 《국조오례서례》 권1, 길례, 齊官.

《국조오례통편》에는 제사지내는 시기 및 절차에서《국조오례서례》와 《국조오례의》의 내용과 다르지 않다. 다만,〈親祀風雲雷雨壇祈雨儀〉라는 의주가 하나 더 생겼다.[159]《춘관통고》에도 절차에서 바뀐 부분을 '금의'라고 하여 세주에서 고친 부분을 표시하고 있으나 전반적으로《국조오례서례》와《국조오례의》와 동일한 내용이 수록되어 있다.〈親享風雲雷雨山川祈雨儀〉라는 의주가 추가되었다.[160]

② 영성단

영성단은 龍左角을 天田으로 삼아 곡식을 주관하는 영성을 향사하기 위해 조성한 단이다. 그 위치는 대개의 문헌에는 '남교'라고 표기되어 있는데 반해,《세종실록》지리지에는 "숭례문 밖 둔지산에 있다."라 하여 좀 더 구체적으로 비정되어 있다. 단의 규모는《국조오례서례》〈단묘도설〉이 참조된다.〈그림 6〉

《세종실록》오례에는 立秋 후 辰日에 제사를 지내며,[161] 국왕을 대신한 3품 헌관이 지낸다고 한다.[162] 의식 절차는〈祀靈星儀〉를 따랐다.[163]《국조오례서례》에도 입추 후 진일에 제사를 지내며,[164] 국왕을 대신하여 3품 헌

158 《국조오례의》권1, 길례, 祀風雲雷雨儀(山川城隍附)·風雲雷雨壇祈雨儀(報祀同 唯飮福受胙).

159 《국조오례통편서례》권1, 길례, 時日 ;《국조오례통편》권4, 길례, 祀風雲雷雨儀(山川城隍附 原)·風雲雷雨壇祈雨儀(報祀同 惟飮福受胙 原)·親祀風雲雷雨壇祈雨儀(山川城隍附 增).

160 《춘관통고》권40, 길례, 祀風雲雷雨儀(山川城隍附○原儀)·親享風雲雷雨山川祈雨儀(今儀)·風雲雷雨壇祈雨儀(報祀同 惟飮福受胙○原儀).

161 《세종실록》권128 오례, 길례서례, 시일.

162 《세종실록》권128 오례, 길례서례, 헌관.

163 《세종실록》권130, 오례, 길례의식, 祀靈星儀.

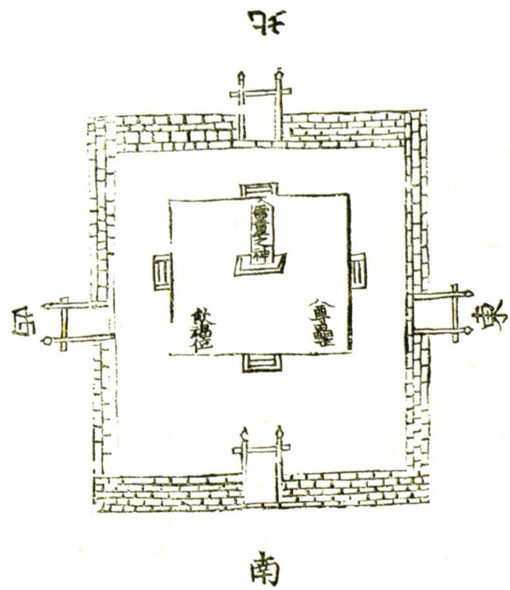

〈그림 6〉 영성단(노인성·마조선목마보·마제·사한·명산대천·여제·영제·포제 附)
《국조오례서례》(奎 2277) 권1, 길례, 단묘도설, 〈영성단〉.(서울대학교 규장각한국학연구원)

관이 제사를 지낸다고 규정되어 있다.[165] 의주는 〈사영성의〉가 있다.[166]

《국조오례통편》에는 제사지내는 시기 및 절차에서 《국조오례서례》와 《국조오례의》의 내용과 다르지 않다.[167] 《춘관통고》에도 제사지내는 시기 및 절차에서 《국조오례서례》와 《국조오례의》의 내용과 동일하다.[168]

164 《국조오례서례》 권1, 길례, 시일.

165 《국조오례서례》 권1, 길례, 齊官.

166 《국조오례의》 권2, 길례, 祀靈星儀(老人星馬祖同).

167 《국조오례통편서례》 권1, 길례, 시일 ; 《국조오례통편》(藏 K2-2122) 권7, 길례, 祀靈星儀(老人星馬祖同 原).

주목되는 것은 이 제사도 앞서 언급했듯이 조선 후기에 '今廢', '今罷'에 포함되어 있다는 사실이다.

③ 노인성단

노인성단은 노인성 곧, 壽星을 향사하기 위해 조성한 제단이다. 그 위치는 대개의 문헌에는 '남교'라 하여 표기되어 있는데 반해, 《세종실록》 지리지에는 "숭례문 밖 둔지산에 있다."라 하여 좀 더 구체적으로 알려준다. 단의 규모는 영성단과 같으며, 이러한 정황은 《국조오례서례》 〈단묘도설〉에서 확인된다.〈그림 6〉

노인성 제사와 이를 위한 단의 조성은 태종대부터 보이고, 세종대까지도 제사를 지낸 기록이 조선왕조실록에서 볼 수 있으며, 《세종실록》 지리지에는 단의 위치까지 명시되어 있다. 그럼에도 《세종실록》 오례의 국가 제사 체계에 편입되어 있지 않아서 노인성 제사와 관련한 전반적인 규정을 일목요연하게 파악하기가 쉽지 않다.

먼저 제사지내는 시기는 태종대에 처음 규례를 정할 때에는 春分·秋分에 지내다가 추분에만 지내기로 결정했다.[169] 세종이 1423년 8월에 노인성 제사를 위해 친히 香祝을 전하는 기사라든가[170] 본국에서는 추분 아침에 남교에서 노인성을 향사한다는 기사에서 볼 수 있다.[171] 그리고 후자의 기사에서 영성과 노인성 제사가 모두 小祀가 되며, 노인성 제사를 위한 의주도 마련되었음을 볼 수 있다. 기존 연구에서는 이러한 점에 주목하지 못

168 《춘관통고》 권43, 길례, 靈星·祀靈星儀(原儀).
169 《태종실록》 권21, 태종 11년 1월 11일(임신).
170 《세종실록》 권21, 세종 5년 8월 8일(병진).
171 《세종실록》 권32, 세종 8년 5월 19일(임자).

하여, 노인성 제사에 대해서는 추후의 연구가 필요하다.[172]

노인성 제향은 《국조오례서례》에 소사로 편입되면서 제사지내기 위한 여러 규정이 마련되었다. 추분에 노인성에 제사지내며,[173] 국왕을 대신하여 3품 헌관이 제사를 지낸다고 되어 있다.[174] 의주는 〈사영성의〉와 동일하다.[175]

《국조오례통편》에는 제사지내는 시기 및 절차에서 《국조오례서례》와 《국조오례의》의 내용과 다르지 않다.[176] 《춘관통고》에도 제사지내는 시기라든가 여러 규례가 《국조오례서례》와 《국조오례의》의 내용과 달라진 것이 거의 없다.[177] 단, 《춘관통고》에서 노인성에 관한 의식 절차가 문제인데, 노인성 제사를 위한 의주가 따로 마련되어 있지 않으면서 의주 〈사영성의〉에 "原儀"라는 것 이외에 "노인성도 같다."라는 세주가 부기되어 있지 않다.[178] 《국조오례서례》와 《국조오례의》의 내용과 달라진 곳이 거의 없는 것으로 보아, 의주도 〈사영성의〉를 그대로 활용했을 것으로 상정된다.

노인성도 영성처럼 '금폐', '금파'에 들어갔다. 《춘관통고》 '노인성'조에 1769년(영조 45)에 지사 李益炡이 箚子를 올려 星壇의 복설을 청했으나 영

172 기존 연구에는 노인성 제사에 관해 태종·세종대 실록을 정리한 정도이고, "《세종실록》 오례의 小祀 항목에는 보이지 않으나 《국조오례의》에는 소사로서 등재되었다." 라고 하여, 사전 체계에 편입되는 과정도 설명되어 있지 않다(한형주, 앞의 책, 2002, 188~191쪽).

173 《국조오례서례》 권1, 길례, 시일.

174 《국조오례서례》 권1, 길례, 제관.

175 《국조오례의》 권2, 길례, 祀靈星儀(老人星馬祖同).

176 《국조오례통편서례》 권1, 길례, 시일 ; 《국조오례통편》(藏 K2-2122) 권7, 길례, 祀靈星儀(老人星馬祖同 原).

177 《춘관통고》 권43, 길례, 老人星.

178 《춘관통고》 권43, 길례, 祀靈星儀(原儀).

조가 윤허하지 않았다는 내용이 마지막에 수록되어 있다.[179] 동일한 날짜에 《영조실록》에는 이익정이 '영성단'에 제사지낼 것을 청하고 있어,[180] 두 기록이 차이를 보인다고 볼 수도 있다. 《춘관통고》의 성단이라는 표현이 영성, 노인성을 포괄한다고 보면 무난할 듯하다. 결국 성단에서 지내는 제사는 이미 그 전부터 지내지 않고 있다는 점은 확실하다.

④ 사한단

사한단은 사한, 곧 현명씨를 향사하는 제단이다. 《세종실록》 지리지에는 사한단이 아예 나오지 않는다. 그 위치는 '남교'라고만 제시한 문헌도 있지만 《국조오례서례》에는 "남교의 氷室 북쪽에 있다."라고 하여,[181] 좀 더 구체적으로 명기되어 있다. 《증보문헌비고》에도 《국조오례서례》와 동일한 내용이 수록되어 있으나 남교 대신 '동교'라고 되어 있다.[182] 다른 문헌에 비추어볼 때 사한단이 동교에 있다는 것은 오류라고 판단된다. 단의 규모는 영성단과 같으며, 이러한 정황은 《국조오례서례》 〈단묘도설〉에 보인다.〈그림 6〉

《세종실록》 오례에는 季冬에 얼음을 저장하고 춘분에 얼음을 꺼낼 때 향사하며,[183] 국왕을 대신한 5품 헌관이 행례한다고 한다.[184] 의식 절차는 〈享司寒儀〉를 따랐다.[185] 《국조오례서례》에도 계동에 얼음을 저장하고 춘

179 《춘관통고》 권43, 길례, 老人星.

180 《영조실록》 권112, 영조 45년 4월 12일(갑자).

181 《국조오례서례》 권1, 길례, 壇廟圖說, 靈星壇(老人星馬祖先牧馬步禡祭司寒名山大川厲祭禜祭酺祭附).

182 《증보문헌비고》 권63, 禮考10, 諸壇3, 司寒.

183 《세종실록》 권128 오례, 길례서례, 時日.

184 《세종실록》 권128 오례, 길례서례, 獻官.

분에 얼음을 꺼낼 때 향사하나,[186] 국왕을 대신하여 3품 헌관이 제사를 지낸다고 규정되어 있다.[187] 의주는 〈향사한의〉가 있다.[188]

《국조오례통편》에는 제사지내는 시기 및 절차에서 '증'을 표기하여 세주에서 고친 부분을 표시하고 있으나 전반적으로 《국조오례서례》와 《국조오례의》와 동일한 내용이 수록되어 있다.[189] 《춘관통고》에는 제사지내는 시기 및 절차에서 《국조오례서례》 및 《국조오례의》의 내용에서 바뀐 곳이 거의 없다.[190]

⑤ 남관왕묘

동관왕묘와 위치만 다를 뿐 나머지 내용은 차이가 없다.

⑥ 木覓(神)詞[목멱산]

목멱산은 명산대천에 속하므로 여기에서 지내는 제사는 소사에 들어간다. 《세종실록》 오례에는 한성부에, 《국조오례서례》에는 도성 안 남쪽에, 《세종실록》 지리지에는 제사지내는 장소인 목멱사가 도성 남산의 정상에, 《한경지략》에는 경성에 위치해 있다고 되어 있다. 《신증동국여지승람》에는 목멱산의 위치가 표기되어 있지 않다.[191]

185 《세종실록》 권131, 오례, 길례의식, 享司寒儀.

186 《국조오례서례》 권1, 길례, 시일.

187 《국조오례서례》 권1, 길례, 齊官.

188 《국조오례의》 권2, 길례, 享司寒儀.

189 《국조오례통편서례》 권1, 길례, 시일 ; 《국조오례통편》(藏 K2-2122) 권7, 길례, 享司寒儀(原).

190 《춘관통고》 권43, 길례, 司寒祭(附祈寒祈雪) · 享司寒儀(原儀).

191 《세종실록》 지리지 경도 한성부를 제외한 목멱산의 위치를 제공한 여러 문헌은 "名

《세종실록》 오례에는 중춘과 중추에 제사를 지내며,[192] 국왕이 직접 주관하지 않고 3품 헌관이 대행했다.[193] 그 절차는 〈祭木覓儀〉가 참조된다.[194] 《국조오례서례》에도 중춘과 중추에 제사를 지내고[195] 국왕을 대신하여 3품 헌관이 제사를 지내며,[196] 祈告報祀를 지낼 때에는 정3품이 지낸다고 되어 있다.[197] 의주는 〈제목멱의〉가 참조된다.[198]

《국조오례통편》에는 제사지내는 시기 및 절차에서 '증'을 세주에서 고친 부분을 표시하고 있으나 전반적으로 《국조오례서례》 및 《국조오례의》와 동일한 내용이 수록되어 있다.[199] 《춘관통고》에도 절차에서 바뀐 부분을 '今儀'라고 하여 세주에서 고친 부분을 표시하고 있으나 전반적으로 《국조오례서례》 및 《국조오례의》와 동일한 내용이 수록되어 있다. 제사의 등급은 소사라고 되어 있으며, 제사지내는 날짜는 중춘·중추에 날을 점쳐서 정한다고 되어 있다.[200]

⑦ 한강단

한강은 악해독에 속하므로 여기에서 지내는 제사는 中祀로 분류된다.

山大川" 조항을 참고했다.

192 《세종실록》 권128, 오례, 길례서례, 시일.

193 《세종실록》 권128, 오례, 길례서례, 獻官.

194 《세종실록》 권130, 오례, 길례의식, 祭木覓儀. 여기에는 제사지내는 날짜에 대해 중춘과 중추 上旬에 擇日한다고 되어 있다.

195 《국조오례서례》 권1, 길례, 시일.

196 《국조오례서례》 권1, 길례, 齊官.

197 《국조오례서례》 권1, 길례, 齊官.

198 《국조오례의》 권1, 길례, 祭木覓儀.

199 《국조오례통편서례》 권1, 길례, 시일 ; 《국조오례통편》 권4, 길례, 祭木覓儀(原).

200 《춘관통고》 권40, 길례, 祭木覓儀(原儀).

한강은《세종실록》오례에는 한성부에,《국조오례서례》에는 도성 남쪽에,《세종실록》지리지에는 예전에 沙平渡, 俗號로 沙里津渡라고 한 '漢江渡'가 목멱산 남쪽에,《한경지략》에는 경성 남쪽에 위치해 있다고 되어 있다.[201]《신증동국여지승람》에는 그 위치가 표기되어 있지 않다.

한강단은《세종실록》지리지에는 한강도의 북쪽에,[202]《한경지략》에는 한강의 북쪽에 있다고 한다.[203]《세종실록》지리지에 나루 머리[渡頭]에 濟川亭이 있다고 한 내용도 한강단의 위치 추정에 도움이 된다. 그러나《한경지략》을 보면 제천정이 효종대까지는 확인되나 그 이후는 "今廢"라고 한 것을 통해[204] 한강단의 위치 비정이 쉽지 않음을 알 수 있다.

《세종실록》오례에는 중춘과 중추에 제사를 지내며,[205] 국왕이 직접 주관하지 않고 2품 헌관이 섭행했다.[206] 의주는 따로 마련되어 있지 않고 삼각산에서 제사지내는 의주에 부기되어 있다.[207] 곧,〈祭三角山儀〉에서 삼각산과 다른 부분만 별도로 표시되어 있다는 뜻이다. 가령, 삼각산 제사를 廟에서 지내고 한강 제사는 壇에서 지내므로, 廟가 나오는 곳에 壇으로 표기하고 그 공간에 맞게 서술되어 있다.《세종실록》지리지에는 북쪽에 있는 단에서 봄·가을에 나라에서 제사[國祭]를 지낸다고 되어 있다.[208]

201 《세종실록》지리지 경도 한성부를 제외한 한강의 위치를 제공한 여러 문헌은 '嶽海瀆' 조항을 참고했다.

202 《세종실록》지리지 권148, 경도 한성부, 漢江渡.

203 《한경지략》권1, 단유, 漢江壇.

204 《한경지략》권1, 宮室, 濟川亭.

205 《세종실록》권128, 오례, 길례서례, 시일.

206 《세종실록》권128, 오례, 길례서례, 獻官.

207 《세종실록》권130, 오례, 길례의식, 祭三角山儀(祭漢江儀附). 여기에 따르면 한강에서 제사지내는 날짜도 삼각산처럼 중춘과 중추 상순에 택일한다고 보아야 할 것이다.

208 《세종실록》지리지, 권148, 경도 한성부, 漢江渡.

《국조오례서례》에도 중춘과 중추에 제사를 지내나[209] 국왕을 대신하여 정3품 헌관이 제사를 지내며, 祈告報祀를 지낼 때에도 정3품이 지낸다고 되어 있다.[210] 《국조오례의》에는 《세종실록》 오례와는 달리 〈祭漢江儀〉라고 하여 독립된 의주가 마련되었다.[211]

《국조오례통편》에는 제사지내는 시기 및 절차에서 '증'을 표기하여 세주에서 고친 부분을 표시하고 있으나 전반적으로 《국조오례서례》 및 《국조오례의》와 동일한 내용이 수록되어 있다.[212] 《춘관통고》에도 절차에서 바뀐 부분을 '今儀'라고 하여 세주에서 고친 부분을 표시하고 있으나 전반적으로 《국조오례서례》 및 《국조오례의》와 동일한 내용이 수록되어 있다. 단, 제사의 등급이 중사가 아니라 소사이며, 제사지내는 날짜는 중춘·중추에 날을 점쳐서 정한다고 되어 있다.[213]

(3) 서교: 서방토룡단, 민충단

서교에는 서방토룡단과 민충단이 있다. 먼저 서방토룡단은 加乙頭에 있다고 한 《세종실록》 지리지 이외의 문헌인 《국조오례서례》, 《신증동국여지승람》, 《한경지략》 등에는 단묘 기록이 재록되어 있지 않다. 또 토룡제사가 앞서 언급했듯이 국가전례서의 사전 체계에 들어가 있지 않아, 제사를 진행하기 위한[時日, 齊官, 儀註, 祝文 등] 여러 규례를 파악하기가 어렵다.

다음은 민충단이다. 민충단은 《춘관통고》, 《연려실기술》, 《한경지략》,

209 《국조오례서례》 권1, 길례, 시일.
210 《국조오례서례》 권1, 길례, 齊官.
211 《국조오례의》 권1, 길례, 祭漢江儀.
212 《국조오례통편서례》 권1, 길례, 시일 ; 《국조오례통편》 권4, 길례, 祭漢江儀(原).
213 《춘관통고》 권40, 길례, 祭漢江儀(原儀).

《증보문헌비고》 등에 그 내용이 간략하게 정리되어 있다. 민충단은 임진왜란 때 명나라의 征東官軍을 제향하는 제단으로, 그 위치는 서교 弘濟院 곁 혹은 남쪽에 있다고 한다.[214] 이렇듯 이들 문헌에는 단의 위치와 제사 대상, 역사적 고실을 주로 다루고 있을 뿐, 시일이나 제관, 의주, 축문 등의 내용은 수록되어 있지 않다.

(4) 북교: 厲(祭)壇, 白嶽(神)祠[삼각산]

문헌별로 북교에 해당하는 단묘를 재정리하면 〈표 14〉와 같다.

〈표 14〉 문헌별 북교에 위치한 단묘

문헌	단묘
《세종실록》 지리지	白嶽祠, 北郊壇·北方土龍壇·厲祭壇
《국조오례서례》	厲祭壇
《신증동국여지승람》	厲壇
《한경지략》	厲壇, 白嶽神祠

《국조오례서례》, 《신증동국여지승람》, 《한경지략》 등에서 북교에 마련된 祭場의 기록이 일치하지 않았다. 그중 일치하는 壇이 여(제)단과 백악(신)사이다. 그런데 백악(신)사는 거기서 삼각산 신에 대한 제사를 지냈다는 것과 국가전례서 중 《국조오례의》에 삼각산을 제사지내는 의주에 백악산을 부기한다는 기록이 있다.[215] 《한경지략》에는 "백악신사는 백악

214 * 홍제원 곁: 《춘관통고》 권44, 길례, 愍忠壇 ; 《연려실기술》(別集) 권4, 祀典典故, 諸壇 ; 《증보문헌비고》 권63, 禮考10, 諸壇3, 附愍忠壇.
* 홍제원 남쪽: 《한경지략》 권1, 壇壝 "案芝峰類說 愍忠壇在弘濟院南 天朝賜祭戰亡東征將士之所."

215 《국조오례의》 권1, 길례, 祭三角山儀(白岳山附).

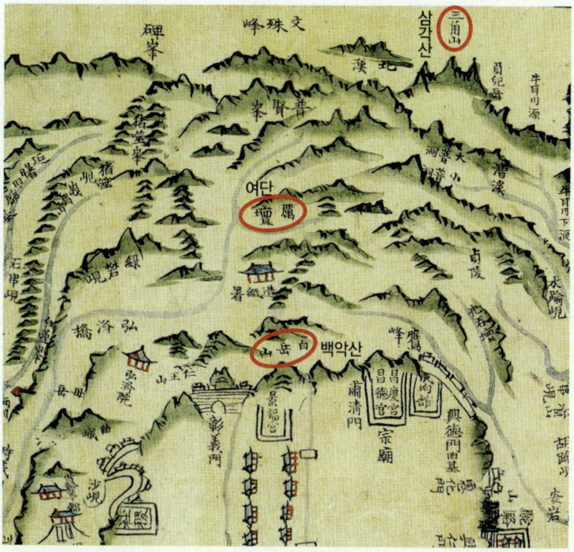

〈그림 7〉 여단 · 백악산 · 삼각산(〈都城〉《廣輿圖》, 서울대학교 규장각한국학연구원)

정상에 있으며, 봄·가을마다 醮祭를 행한다. 삼각산도 여기에서 제사를 지내는데, 삼각산 신위는 북쪽에서 남향하고, 백악 신위는 동쪽에서 서향한다."라고 한 정도의 간략한 내용이 수록되어 있다.[216] 따라서 북교에서는 여(제)단과 삼각산을 정리하고자 한다.

① 여(제)단

여단 혹은 여제단은 성황과 無祀鬼神을 향사하는 제단이다. 그 위치는 대개의 문헌에는 '북교'라고 표기되어 있는데 반해, 《세종실록》 지리지에는 "彰義門 밖에 있다."라고 하여 좀 더 구체적으로 알려준다. 단의 규모는

216 《한경지략》 권1, 祠廟, 白嶽神祠.

영성단과 같으며, 이러한 정황은《국조오례서례》〈단묘도설〉에서 볼 수 있다.〈그림 6〉

신좌는 성황은 단 위 북쪽에서 남향하고, 무사귀신은 단 아래에서 좌우가 서로 마주보게 배치했다. 무사귀신은 여러 종류가 있는데, 가령 水火나 도적을 만나서 죽은 자는 왼쪽에, 전투에서 죽은 자는 오른쪽에 신좌를 두어서 서로 바라보게 설치한다는 뜻이다.[217]

《세종실록》 오례에는 여제와 관련한 규정이 실려 있지 않다.《국조오례서례》부터 국가 사전 체계에 편입되었다.《국조오례서례》에 봄 淸明과 가을 7월 15일, 겨울 10월 초1일에 여제를 지내되 모두 3일 전에 성황에 發告한다고 규정되어 있다.[218] 국왕을 대신하여 무사귀신을 주관하는 獻官은 한성부 庶尹이, 성황을 맡은 헌관은 發告祭의 제관이 그대로 맡았다. 성황발고 헌관은 한성부 당상이다.[219]

의절은 〈厲祭儀〉가 있다. 발고는 성황단에서, 行祭는 북교단에서 거행했다.[220] 성황단은 남교에 있는 風雲雷雨山川城隍壇이다.[221] 지방에서도 여제를 지냈으므로, 〈州縣厲祭儀〉라는 의주를 따로 마련했다.[222]

《국조오례통편》에는 제사지내는 시기 및 절차에서 '증'을 표기하여 세주에서 고친 부분을 표시하고 있으나 대체로《국조오례서례》와《국조

217 무사귀신의 종류 및 왼쪽에 두는 무사귀신의 신좌와 오른쪽에 두는 무사귀신의 신좌의 구별은《국조오례서례》 권1, 길례, 단묘도설 靈星壇(老人星馬祖先牧馬步禡祭司寒名山大川厲祭禜祭酺祭附), 厲祭壇 참조.

218 《국조오례서례》 권1, 길례, 시일.

219 《국조오례서례》 권1, 길례, 齊官.

220 《국조오례의》 권2, 길례, 厲祭儀(發告城隍壇 行祭北郊壇).

221 《춘관통고》 권43, 길례, 城隍發告祭(附州縣城隍).

222 《국조오례의》 권2, 길례, 州縣厲祭儀.

오례의》의 내용과 다르지 않다.[223] 《춘관통고》에도 제사지내는 시기 및 절차에서 전반적으로 《국조오례서례》와 《국조오례의》의 내용에서 거의 달라지지 않았다.[224]

② 삼각산

삼각산은 악해독에 속하므로 여기에서 지내는 제사는 중사에 속한다. 《세종실록》 오례에는 한성부에, 《국조오례서례》에는 도성 북쪽에, 《세종실록》 지리지에는 도성 밖 정북에, 《한경지략》에는 경성 북쪽에 위치해 있다고 되어 있다. 《신증동국여지승람》에는 삼각산의 위치가 표기되어 있지 않다.[225] 그러나 정작 삼각산 神을 제사지낼 때에는 삼각산이 아니라 백악의 산 꼭대기에 있는 祠宇에서 백악과 함께 지냈다.[226]

《세종실록》 오례에는 중춘과 중추에 제사를 지내되[227] 국왕이 직접 주관하지 않고 2품 헌관이 행례한다고 되어 있다.[228] 이는 곧 섭행한 것이며, 그절차는 〈제삼각산의〉가 참조된다.[229] 《국조오례서례》에도 중춘과 중추에 제사를 지낸다고 되어 있으나[230] 국왕을 대신하여 정3품 헌관이 제사를

223 《국조오례통편서례》 권1, 길례, 시일 ; 《국조오례통편》(藏 K2-2122) 권7, 길례, 厲祭儀(發告城隍壇 行祭北郊壇 原)·州縣厲祭儀(原).

224 《춘관통고》 권43, 길례, 城隍發告祭(附州縣城隍)·厲(附州縣厲祭)·厲祭儀(發告城隍壇行祭北郊壇○原儀)·州縣厲祭儀(原儀).

225 《세종실록》 지리지, 경도 한성부를 제외한 삼각산의 위치를 제공한 여러 문헌은 '嶽海瀆' 조항을 참고했다.

226 《세종실록》 권148, 지리지, 경도 한성부, 三角山 ; 《한경지략》 권1, 祠廟, 白嶽神祠.

227 《세종실록》 권128, 오례, 길례서례, 시일.

228 《세종실록》 권128, 오례, 길례서례, 獻官.

229 《세종실록》 권130, 오례, 길례의식, 祭三角山儀(祭漢江儀附). 여기에는 제사지내는 날짜에 대해 중춘과 중추 上旬에 擇日한다고 되어 있다.

지내며, 기고보사를 지낼 때에도 정3품이 행례한다고 되어 있다.[231] 《국조오례의》에 실려 있는 〈제삼각산의〉는 각 일의 담당자 및 그 순서에 있어서 《세종실록》 오례의 그것에서 변화가 있다.[232]

《국조오례통편》에는 제사지내는 시기 및 절차에서 '증'을 표기하여 세주에서 고친 부분을 표시하고 있으나 전반적으로 《국조오례서례》 및 《국조오례의》와 동일한 내용이 수록되어 있다.[233]

《춘관통고》에도 절차에서 바뀐 부분을 '今儀'라고 하여 세주에서 고친 부분을 표시하고 있으나 전반적으로 《국조오례서례》 및 《국조오례의》와 동일한 내용이 수록되어 있다. 단, 제사의 등급이 중사가 아니라 소사이며, 제사지내는 날짜는 중춘·중추에 날을 점쳐서 정한다고 되어 있다.[234]

(5) 동북교: 마제단

마제단은 蚩尤를 향사하기 위해 조성한 제단이다. 문헌에 모두 동북교에 있다고 기재되어 있다. 단의 규모는 영성단과 같으며, 이러한 정황은 《국조오례서례》 〈단묘도설〉에서 확인된다.〈그림 6〉

《세종실록》 오례에는 마제와 관련한 규정이 실려 있지 않다. 이보다 앞서 마제와 관련한 기록이 세종대부터 나오고 제관, 의주 등이 마련되었으나 《세종실록》 오례의 사전 체계에는 등재되지 못했다. 《국조오례서례》

230 《국조오례서례》 권1, 길례, 시일.

231 《국조오례서례》 권1, 길례, 齊官.

232 《국조오례의》 권1, 길례, 祭三角山儀(白岳山附).

233 《국조오례통편서례》 권1, 길례, 시일 ; 《국조오례통편》 권4, 길례, 祭三角山儀(白岳山附 原).

234 《춘관통고》 권40, 길례, 祭三角山儀(白岳山附 ○原儀).

와 《국조오례의》부터 국가 사전 체계에 편입되면서 여러 규례가 성문화되었다.[235]

《국조오례서례》에 講武 하루 전에 마제를 지내며,[236] 국왕을 대신하여 3품 헌관이 제사를 지낸다고 되어 있다.[237] 의주는 〈향선목의〉와 같았으나 차이가 없지 않았다. 그 차이는 마제의 신위에는 熊席을 깔고, 활과 화살은 앞에 두고 활고자[弰]는 뒤에 세우며, 大旗 2개는 남문 밖에 세우되 문과의 거리는 10보로 한다는 것이었다.[238]

《국조오례통편》에는 제사지내는 시기 및 절차에서 《국조오례서례》와 《국조오례의》의 내용과 다르지 않다.[239] 《춘관통고》에도 제사지내는 시기 및 절차에서 《국조오례서례》와 《국조오례의》의 내용에서 거의 달라진 곳이 없다.[240] 주목되는 것은 이 제사도 앞서 언급했듯이 조선 후기에 '今廢', '今罷'에 속한다는 사실이다.

2) 기타 지역에서 설행한 제사: 악해독·명산대천·산릉

각 문헌에서 기타로 잡은 제사를 재정리하면 〈표 15〉와 같다.

《국조오례서례》, 《신증동국여지승람》, 《한경지략》 등에서 祭場의 기록이 일치하지 않았다. 그중 세 문헌에서 일치하는 명산대천단, 그 나머지

235 조선 초 마제 논의는 한형주, 앞의 책, 2002, 204~207쪽 참조.

236 《국조오례서례》 권1, 길례, 시일.

237 《국조오례서례》 권1, 길례, 齊官. 《증보문헌비고》에는 祀官이 "무관 3품"이라고 되어 있다(《증보문헌비고》 권63, 禮考10, 諸壇3, 〈禡〉).

238 《국조오례의》 권2, 길례, 享先牧儀.

239 《국조오례통편서례》 권1, 길례, 시일 ; 《국조오례통편》(藏 K2-2122) 권7, 길례, 享先牧儀.

240 《춘관통고》 권43, 길례, 禡·享先牧儀.

〈표 15〉 문헌별 기타로 분류한 단묘

문 헌	단 묘
《세종실록》 지리지	–
《국조오례서례》	嶽海瀆壇, 名山大川壇, 眞殿, 歷代始祖, 山陵
《신증동국여지승람》	名山大川壇
《한경지략》	名山大川壇, 漢江壇

악해독단, 산릉 순으로 살펴보고자 한다. 진전과 역대시조 사당의 祭場은 앞서 보았고,[241] 한강단은 남교에서 다루었다.

명산대천과 악해독은 제장이 성저십리에 있는 것도 있지만 대부분 지방에 있다. 그런 까닭에 둘의 공통점은 각 단의 위치가 구체적이지 않다는 점이다.

명산대천단과 악해독의 각 위치는 앞서 《세종실록》 오례 辨祀조, 《국조오례서례》 '단묘도설', 《신증동국여지승람》 壇廟조, 《한경지략》 壇壝조 등에서 확인했다. 《세종실록 지리지》에는 악해독단과 명산대천단의 존재조차 언급되어 있지 않고, 《국조오례서례》에는 명산대천단과 악해독단에서 지내는 제사 대상과 제장의 위치, 각 단의 규모 정도가 제시되어 있다. 명산대천단은 명산대천의 위치에 따라, 악해독단은 악해독의 위치에 따라 조성되었기 때문이다. 그 때문에 기타로 분류했다. 그런데 문제는 악해독단이다.

악해독단이 《신증동국여지승람》과 《한경지략》에는 '남교'에 있다고 되어 있다. 또 "壝는 하나이며 壇은 없고, 廟 3칸이 있다."라는 점은 두 문헌에서 공통적으로 발견된다.[242] 그 뒤에 곧바로 4악 3해 7독을 나열하고

241 각주 54 참조.

242 《신증동국여지승람》 권1, 京都上, 壇廟, 嶽海瀆壇 ; 《한경지략》 권1, 壇壝, 嶽海瀆壇.

있다. 이는 祭場이 지역마다 다름을 의미하는데, 그럼에도 두 문헌에는 왜 남교에 있다고 한 것인지 그 이유가 분명하지 않다.

다만, 명산대천단에서 그 해답의 실마리를 얻을 수 있지 않을까 한다. 명산대천단을 설명하는 가운데 "만약 가뭄이 들어 기도를 해야 한다면 북교에 나아가 악해독 및 여러 산천의 神位를 각 방위에 따라 설치하되 모두 內向한다."라고 규정한 부분이 바로 그것이다.[243] 이 또한 두 문헌에 공통적으로 기록되어 있다. 기우제를 지낼 때 명산대천의 신위만이 아니라 악해독의 신위까지 모두 북교에서 지낸다는 사실이다.

그렇다면 악해독단도 남교가 아니라 기우제를 지낼 때만이라도 임시로 북교에서 지낸다고 해야 맞지 않을까. 명산대천단을 통해 악해독단이 남교에 있다는 점이 더욱 의심스럽다. 참고로 기우제를 지낼 때 악해독과 명산대천은 《국조오례서례》 변사조를 본다면 기고(祈告)에 해당된다.

마지막으로 산릉이다. 국왕과 왕후의 무덤은 '王陵' 혹은 '山陵'이라 하여, 흔히 이 둘을 구별하지 않고 혼용하는 경우가 많다. 의궤에 따르면, 능이 처음 조성되어 국왕이나 왕후의 國葬이 진행되는 동안에는 '산릉'이라 일컫고, 이후부터는 능호를 사용하거나 '陵'이라 일컬어 두 용어를 구분짓고 있다.[244] 그런데 《국조오례서례》의 변사조에는 '능'과 '산릉'을 구별하지 않은 것으로 보았으며, 이는 《국조오례서례》 단묘도설의, 산릉조를 보면 '능'과 '산릉'을 구별하지 않은 채 '산릉'으로 항목명을 표기한 것에서 유추했다.[245]

243 《신증동국여지승람》 권1, 京都上, 壇廟, 名山大川壇 ; 《한경지략》 권1, 壇壝, 名山大川壇.

244 조선시대 왕릉과 산릉의 용어 구별에 대해서는 이현진, 〈조선의 왕릉 의례〉 《문헌과 해석》 81, 2017, 67쪽, 각주 3 참조.

245 《국조오례서례》 권1, 길례, 壇廟圖說, 山陵.

능이든 산릉이든 조선의 왕릉은 조선 초 태조의 繼妃 神德王后의 능인 貞陵을 처음 조성했을 때 도성 안에 있다가 나중에 밖으로 옮긴 것을 제외하고[246] 이후에는 모두 조성 당시부터 도성 안이 아닌 그 밖에 마련되었다. 다만, 왕릉들이 도성 밖에 조성되었다고 하더라도 성리십리 안에 자리하고 있는지 밖에 위치해 있는지, 그것에 대해서는 일일이 확인이 필요하다.[247]

4. 맺음말: 성저십리 및 근교에서 설행한 국가제사의 성격

본 연구는 성저십리 및 근교에서 설행한 제사를 살펴보기 위해 작성되었다. 이를 위해 국가전례서, 지지 등에서 국가 사전의 체계 및 그것을 설행하는 제장의 위치를 파악하는 자료로 활용했다. 이를 다시 정리해서 성저십리 및 근교에서 설행한 제사의 성격을 살펴보면서 본고를 마무리하고자 한다.

길례에 해당하는 국가 제사는 조선 초에 정비된 후 시간이 흐를수록 늘어나는 추세였다. 이러한 경향은 주로 도성 안에서 지내는 제사에 국한되었고, 성저십리 및 근교에서 설행한 제사는 그 반대였다. 양란을 겪으면

246 정릉은 처음에는 도성 안 聚賢坊 북녘 언덕에 있다가 1409년(태종 9) 도성 밖 沙乙閑 산기슭으로 遷葬했다. 정릉의 천릉에 대해서는 이현진, 〈조선시대 신덕왕후 부묘론의 의의〉《人文論叢》(서울대학교) 54, 2005, 318쪽(이현진, 앞의 책, 2008, 102쪽. 재수록하면서 수정 · 보완) ; 신재훈, 〈조선 전기 遷陵의 과정과 정치적 성격〉《조선시대사학보》 58, 2011, 39쪽 ; 황정연, 〈조선 태조비 신덕왕후 정릉의 조성과 봉릉 고찰〉《서강인문논총》 46, 2016, 246~247쪽 참조.

247 조선시대 주요 왕릉의 위치를 지도에 표시한 연구는 김지영, 《길 위의 조정: 조선시대 국왕 행차와 정치적 문화》, 민속원, 2017, 340쪽 참조.

서 조선 사회는 여러 면에서 정비가 필요했고, 국가 제사도 예외가 아니었다. 심지어 大祀에 해당하는 종묘제사조차 제대로 지내지 못하다가 숙종대에 재정비가 이루어지면서 비로소 다른 제사들도 점차 제자리를 찾아갔다.

문제는 그러한 정비조차 도성 안에서 지내는 제사부터였고, 성저십리 및 근교에서 지내는 제사는 그와는 비교할 수 없었다. 선조대에 처음 마련된 관왕묘, 기존의 선농, 선잠, 풍운뢰우(기우), 우사 등 의주나 도설을 추가로 마련하는 몇몇 제사를 제외하면 《국조오례서례》 단계에 머물러 있고, 영성·노인성·마조·선목·마사·마보·마제 등의 제사는 혁파되었다. 이는 곧 양란 이후부터 성저십리 및 근교에서 지내는 제사를 과연 제대로 지냈을까 하는 의문이 들게 한다.

3장에서 성저십리 및 근교에서 지낸 각 제사들을 국가전례서를 중심으로 정리했으나 조선 후기에 편찬된 지지까지 보더라도 이러한 상황은 크게 달라지지 않았다. 이는 또 현재의 관심이 반영되었다고 보여지는 都城圖에서도 그러한 추세를 보였다. 곧 여단, 北壇, 山壇(南壇, 山川壇), 선농단, 동·남관왕묘의 표기 빈도가 높게 나타났던 것이다.[248]

축소되거나 사라진 제사들은 조선왕조실록이나 《승정원일기》를 보더라도 양란 이전부터 제사를 제대로 지내지 않다가 마침내 조선 후기에 국가전례서, 지지 등이 편찬될 때 그러한 상황이 성문화된 것으로 이해된다. 18세기에 접어들면서 京鄕分岐가 심화되고 도성과 그 주변이 확장되지만 도성 밖에서 설행하는 국가 제사는 전반적으로 이러한 양상을 띤 것으로

248 이찬·양보경, 《서울의 옛 지도》, 서울학연구소, 1995를 활용하여 연구한 장지연, 앞의 논문, 2008 참조.

보인다.

결국 성저십리 및 근교에 조성된 祭場은 양란 이후 제대로 정비되지 못했고, 그곳에서 지내는 제사도 반드시 준행한 것 같지 않다. 국왕부터 서민에 이르기까지 일상생활과 불가분의 관계에 있는 제사(선농, 선잠), 정치 사상적 혹은 통치와 밀접한 제사(관왕묘, 남단) 등은 의주와 도설이 늘어나거나 都城圖에까지 그 단의 명칭이 표기되지만 그렇지 않은 제사는 필요성이 적어지고 관심에서 멀어지면서 점차 제사를 지내지 않고 제장도 정비하지 않았던 것이다.

다음으로 성저십리 및 근교에서 지내는 제사의 특징이다. 이곳에서 지내는 제사는 주로 국왕의 친행이 아닌 섭행이었다는 점을 들 수 있다. 조선시대에는 왕후가 주관하는 선잠을 제외한 대부분의 국가 의례의 주제자는 국왕이었다. 그런데 국왕이 도성을 벗어나 행행하기가 쉽지 않고, 따라서 성저십리나 그 근교에서 지내는 제사에 친행하기란 더더욱 힘들었다. 국왕이 친행, 친림, 친향한 선농, 관왕묘, 남단 등을 제외한 제사에는 주로 섭행했다. 제관과 의주를 통해서도 충분히 엿볼 수 있었다.

다음으로 국가전례서, 지지 등에 규례가 있더라도 실제 행례할 때에는 반드시 지키지 않는 경우가 있다는 점이다. 가령, 조선 초기 선농제를 지낼 때 길해가 아닌 날에도 제사를 지낸 것을 볼 수 있다.[249] 이는 의례를 행할 때 담당자 혹은 날씨 등 변수가 있을 수 있으며, 다른 의례도 예외가 아니었다.

본 연구는 성저십리 및 근교에서 설행한 국가 제사를 위주로 검토했으며 도성 안에서 지낸 제사 및 그 위치도 함께 살펴보았다. 조선시대 국

249 조선 초기 선농제의 실제 행례 시기는 한형주, 앞의 책, 2002, 153쪽, 〈표 13〉 참조.

가 사전 체계에 들어가 있는 제사 전반을 짚어볼 수 있는 계기가 되었다. 다만, 각 제사마다 심도있는 연구를 수행하지 못한 한계가 있다.

제5장

조선시대 성저십리의 주요 사적과 문화 공간 - 기록화와 명승도를 중심으로-

정은주(한국학중앙연구원 선임연구원)

1. 머리말

조선시대 한양의 지리적 공간은 도성과 도성에서 10리까지 거리에 해당하는 성저십리를 포함하는 지역이었다. 한양의 성저십리는 고려 개성부의 도성 주변을 각 방위에 따라 四郊로 구분한 郊制에서 영향을 받은 것이라 할 수 있다.[1]

조선시대 도성 주변을 '城底十里'라고 명명하여 도성 내외를 구분한 것은 1414년(태종 14) 6월 9일 노약자 진휼을 위한 논의에서 비롯되었다.[2] 성저십리는 강이나 하천, 그리고 산을 기준으로 설정된 것으로 동쪽 경계는 양주의 송계원, 대현, 서쪽 경계는 양화도와 고양의 덕수원, 남쪽 경계는 한강 노량진이었고, 북쪽 경계는 북한산 주변을 경계로 삼았으나,[3] 1727년(영조 3)에 서쪽 경계가 공암의 서쪽 사천까지 확대되었다.[4] 이러한 성저십리는 한양이 수도로서 기능하기 위해 필요한 제단, 창고, 역원 등이 설치된 공간이며, 도성 거주민의 일상을 지원하는 배후 공간으로 도성 내부와 상호 불가분의 관계였다.

성저십리에 대한 학계 논의는 역사학, 도시학, 지리학계에서 도성을 중심에 두고 그 저변 확대를 논하면서 자연스럽게 대두되었다. 그러나 미

1 최영준, 〈조선시대 한양의 郊지역 연구〉《문화역사지리》 1, 1989, 3~22쪽.

2 《태종실록》 권27, 태종 14년 6월 9일(경술).

3 《세종실록》 권148, 지리지, 경도한성부.

4 이현군, 〈조선시대 한성부 성저십리의 지리적 특성에 관한 연구〉《지리학논총》 30, 1997, 51~68쪽 ; 고동환, 〈조선 후기 서울의 공간구성과 공간인식〉《서울학연구》 26, 2006, 9~11쪽.

술사학계에서 성저십리 연구는 아직 본격화되지 못하였고, 한양의 실경을 중심으로 한 명승도와 진경산수화에 대한 내용에 한정되었다.[5]

따라서 이 글에서는 성저십리의 주요 사적을 북부, 동부, 서남부로 구분하고 이를 기록화 관련 사료와 연계하여 분석하려한다. 또한 보조 자료로 도성도를 부분 활용하면 각 지역적 특성을 확인할 수 있을 것이다. 북부는 연융대와 북한산성의 도성 방어를 위한 군사시설이 중심이 되었고, 동부는 흥인지문 밖 개천의 수문과 武廟 숭배의 중심이 되었던 동관왕묘, 사복시에서 운영한 목장,[6] 단종의 비 정순왕후의 사적이 대표적이다. 남부는 기로회나 중국사신의 전별연을 베풀던 숭례문 밖 南池와 정조가 현륭원을 행차할 때 이용한 한강의 노량진 舟橋, 서부는 중국사신을 영접하거나 배웅하던 서교의 盤松亭과 西池, 중국 황제의 조서를 맞이하던 영은문과 모화관, 중국으로 왕래하는 의주대로의 첫 번째 역원인 홍제원 등 주요 사적이 중심이 되었다.

한편 한강의 승경과 문화공간은 실경산수화와 연계하여 누정도, 별서도 및 계회도 등을 중심으로 성저십리 공간의 문화사적 의의를 검토하려 한다. 중국사신 접대 장소였던 한강의 제천정, 양화진을 비롯하여 문신들에게 사가독서를 실시했던 두모포 東湖의 독서당 등이 대표적이다. 이렇듯 기록화와 실경산수화 등 시각적 사료를 적극 활용하여 성저십리의 사

5 주요 논문은 나혜영, 〈조선 후기 한양명승도 연구〉, 이화여대 석사학위논문, 1999 ; 김지희, 〈조선시대 한강도 연구〉, 이화여대 석사학위논문, 2006 ; 이순미, 〈조선 후기 정선화파의 한양실경산수도 연구〉, 고려대 박사학위논문, 2012 등이 있고, 주요 저서로는 이태호, 《그림으로 본 옛 서울》, 서울학연구소, 1995 ; 최완수, 《겸재의 한양진경》, 동아일보사, 2004 ; 최열, 《옛 그림 따라 걷는 서울길》, 서해문집, 2012 등이 있다.

6 흥인지문 주변의 역사 유적에 대해서는 정은주, 〈한양도성의 동문, 흥인지문과 주변 이야기〉《미술사와 문화유산》 5, 2016 참조.

적과 문화공간을 파악해보는 것은 서울학 연구의 지평을 확대하는데 의미 있는 결과를 도출할 수 있을 것이다.

2. 성저십리의 주요 사적

1) 성저십리의 북부

도성 밖 성저십리 북부는 삼각산, 인왕산, 백악, 안산이 연결되어 지형적으로 고지대이기 때문에 조선 전기부터 이 지역에는 행정구역 단위인 坊이 별도로 설치되지 않았다. 또한 고양, 양주로 나가는 통로로 북한산의 높은 지세를 활용하여 산성을 쌓고 행궁과 삼군영의 留營을 두어 유사시에 대비하였다. 또한 이를 보완하는 西城을 중심으로 총융청, 연융대와 같은 군사적 요지가 분포하였다. 도성의 북문인 숙정문은 풍수적 이유로 폐쇄하여 통행을 금지하였기 때문에 북소문인 彰義門을 도성과 성저십리 북부의 주요 관문으로 사용하였다. 성저십리 북부의 지형과 이곳에 위치한 주요 사적을《여지도》의 〈도성도〉를 통해 확인할 수 있다.〈그림 1〉

(1) 북단과 망기제

北壇은 中祀壇으로 가뭄 시에 악해독과 산천의 신주를 모시는 기우단이다. 소사단인 厲壇과 구분되었지만, 가뭄이 심할 때 비 오기를 기원하는 望祈祭儀를 지낸 '北壇'은 獅子項 동쪽 평창 뒤쪽에 위치하였다.[7] 북교의

7 남교에서도 嶽海瀆壇이 있었는데, 축대는 하나이며, 壇은 없고 사당은 3칸이었다. 남교의 악해독단에서는 봄 2월, 가을 8월 상순에 제의를 행하였다.

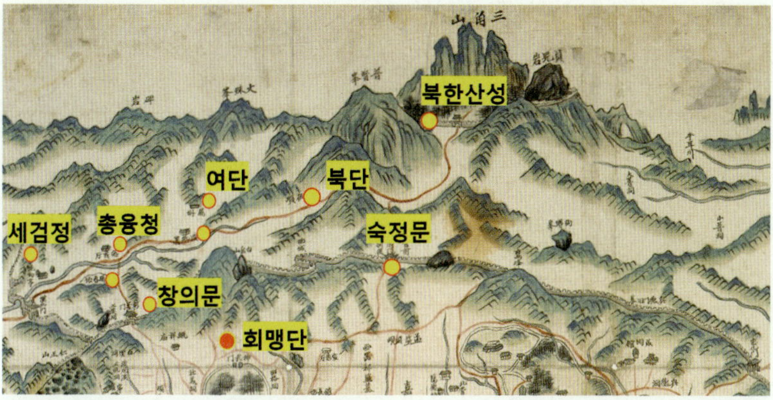

〈그림 1〉 성저십리 북부 주요 사적, 〈도성도〉 부분, 《여지도》, 18세기 후반(서울대학교 규장각한국학연구원)

제의는 악·해·독 및 모든 산천의 신위를 五方에 각각 설치하고 그 방위에서 모두 안쪽을 향하여 망제를 하였다.[8] 제사 대상이 되는 嶽은 남쪽 지리산·중부의 삼각산·서쪽 송악산·북쪽 定平의 鼻白山이다. 海는 양양 동해·나주 남해·풍천 서해이다. 瀆은 남쪽 공주의 웅진과 양산의 伽倻津, 중부에는 한강, 서쪽 장단의 德津과 평양의 평양강과 의주 압록강, 북쪽 경원의 두만강이다. 명산대천은 동쪽 원주 치악산, 남쪽 공주 계룡산·단양 죽령산·울산 亐弗山·문경 主屹山·나주 금성산, 중부의 목멱산, 서쪽 장단의 五冠山과 해주의 牛耳山, 북쪽 積城의 紺嶽山과 淮陽 義館嶺이다. 이외에 서쪽 강화 마니산, 남쪽 제주 한라산, 북쪽 갑산 백두산을 더 포함하기도

8 향로, 향합, 초를 신위 앞에 설치하고, 方色에 맞는 폐백으로 진설하였다. 신위마다 鹿脯를 담은 籩, 鹿醢를 담은 豆, 벼를 담은 簠와 기장을 담은 簋를 변과 두 좌우에 놓고, 돼지기름을 담은 俎를 보와 궤 앞에 놓고, 爵을 조 앞에 놓았다. 酒尊을 설치하되, 악해독에 각각 明水를 담은 上尊과 단술을 담은 준을 1개씩, 산천에는 명수를 담은 상준과 泛齊를 담은 준을 1개씩 놓고, 罍·洗·篚·冪을 설치하였다(《세종실록》 권130, 五禮, 吉禮儀式, 〈時旱北郊望祈嶽海瀆及諸山川儀〉). 1679년에는 北壇 祈雨祭의 헌관 靈豐君 李漋이 악·해·독·산천 19신위의 제물로 돼지 한 마리를 나눠 향사한 사례도 보인다.

〈그림 2〉 정선, 〈북단송음도〉 부분(리움미술관)

하였다.[9]

한편 厲祭를 지낸 '厲壇'은 북교 사자항 서쪽 조지서 위쪽에 위치하였다.[10] 여단의 신좌는 성황신이 단 위 북쪽에서 남향으로 있고, 厲鬼는 단 아래 좌우에 있어 서로 마주 향하게 된다. 여제는 청명일, 7월 15일, 10월 초 1일에 小祀로 행하였다.[11]

그밖에도 경복궁의 神武門 밖과 백악산 사이에 있던 功臣會盟壇을 '북단'이라고 칭하였다. 이곳은 회맹제를 올리던 제단으로, 정선이 그린 〈北壇松陰圖〉는 백악을 배경으로 인물들 주위에 회맹단이 보이고, 그 앞으로

9 이긍익, 《연려실기술》(별집) 권4, 祀典典故, 諸壇 ; 嶽海瀆山川.

10 《신증동국여지승람》에서는 북교의 厲壇 옆에 북단이 따로 있었다고 기록하였다. 여단은 小祀壇으로 조선시대 厲祭는 疾疫에 대응하기 위해 1년에 3회 지냈다(장지연, 〈조선 후기 도성고를 통해 본 단묘 의식〉《조선시대사학보》 45, 2008, 282~283쪽).

11 유본예, 《한경지략》 권1, 壇壝, 厲壇.

경복궁의 무성한 소나무의 일부가 보인다.〈그림 2〉 회맹제는 공신녹훈 후 왕이 공신들과 그 적장자들을 거느리고 충성을 다하고 자자손손 친목을 다질 것을 맹세하며 올리던 제사였다.[12] 중종, 명종, 선조, 광해군, 인조, 숙종, 경종, 영조 등이 회맹단에서 회맹제를 친행하였다. 1728년 7월 17일 영조는 遠遊冠에 絳紗袍를 갖추고 輦을 타고 왕세자와 함께 거둥하여 회맹제를 거행하였다.[13] 회맹제를 지낸 뒤에 음복하는 잔치로 회맹연을 베풀었다.

(2) 洗劍亭과 造紙署

세검정은 창의문 밖 북쪽으로 5리 거리이고, 蕩春臺 주변에 있던 정자이다. 도성에서 세검정에 이르는 길은 백악과 인왕산 사이에 있던 창의문을 지나 武溪洞과 三溪洞을 넘어 漢北門을 통하는 길이었다. 摠戎西城에는 계곡을 가로지르는 오간수문 옆 한북문이 위치하였다. 權爕의 뜻을 따라 1753년 그의 손자 권신응이 세검정부터 옥류동과 삼청동에 이르는 명승지를 그린 것으로 추정되는《북악십경》의 〈삼계동〉은 부암동과 석파정 일대를 그린 것이고, 〈水門樓〉에서 우측 아래로 보이는 문이 한북문이다.

세검정은 遮日巖 위에 있고, 洞嶺瀑布의 폭포수가 바위 앞을 지나 매년 장마철 물이 불어날 때 도성 사람들이 나가 구경하였다.[14] 세검정의 시원한 폭포, 즉 洗劍氷瀑은 國都八詠에 포함될 만큼 명승으로 꼽혔고,[15] 朴誾, 윤선도, 이덕무, 徐榮輔, 尹愭, 홍직필 등 많은 문인이 이곳을 찾아 피서하

12 《선조실록》 권180, 선조 37년 10월 28일(갑술).

13 《영조실록》 권18, 영조 4년 7월 17일(병인).

14 유본예,《한경지략》 권2, 명승, 〈세검정〉.

15 정조가 꼽은 국도팔영은 洗劍氷瀑, 通橋霽月, 盤池賞蓮, 淸溪看楓, 紫閣觀燈, 三淸綠陰, 押鷗泛舟, 弼雲花柳이다. 조선 전기부터 이어져온 漢陽十詠과 京都八景의 연장선상에 있었다(《홍재전서》 권2, 春邸錄 2, 詩, 國都八詠).

〈그림 3〉 정선, 〈창의문〉《장동팔경첩》, 18세기(국립중앙박물관)

〈그림 4〉 권신응 傳稱, 〈세검정〉《북악십경》, 1753년(개인)

였다. 세검정은 인조반정 때 거사한 李貴, 金瑬 등이 이곳에서 광해군 폐위 문제를 모의하고 거사 후 칼을 씻었기 때문에 붙여진 이름이다. 창의문은 인조반정을 일으킬 때, 1623년 3월 12일 밤 군대를 이끌고 홍제원에서 세검정을 지나 도성으로 진입하며 통과한 문이다. 정선이 그린 장동팔경 중 〈창의문〉은 훈련대장 具聖任의 건의에 따라 임진왜란 때 소실된 문루를 1741년(영조 17) 영조가 개수하고 문루 안쪽에 인조반정 정변공신의 이름을 새긴 현판도 걸어두게 하는 등 창의문 현창작업의 연장으로 그린 것으로 추정된다.〈그림 3〉[16] 창의문은 그림과 같이 인왕산과 백악 사이에 도성의 서

16 《영조실록》 권53, 영조 17년 1월 22일(무자) ; 《승정원일기》 958책, 영조 19년 5월 7

북문으로, 이 일대가 개경의 송악산 아래 자하동과 비슷하다고 하여 한양의 자하동으로 불렸기 때문에 紫霞門이란 별칭으로 더 잘 알려져 있다.

또한 세검정 일대는 북한산과 백악 사이에 위치하여 서울의 咽喉가 되는 요충지로, 영조 때 摠戎廳을 이곳에 옮겨 한성과 북한산성의 방비를 담당하게 하고, 1747년(영조 23)에 중수하였다.[17] 《북악십경》의 〈세검정〉과 정선이 그린 〈세검정〉은 같은 구도로 그려져 주목된다.〈그림 4〉 세검정 주위에는 북악에서 흘러내린 물이 양쪽으로 늘어진 盤石 사이를 세차게 흘러가고, 널찍한 차일암 위에 세워진 세검정은 T자 형태의 정자로 매우 독특한 구조이다. 정자 뒤 마당을 둘러싼 담장 전면 중앙에 대문이 있고, 정자 한쪽 끝에 작은 옆문이 있다. 한북문을 지나 조지서로 이어지는 고개 위에 나귀를 탄 선비 일행이 지난다. 사자항과 형제봉 양쪽에서 발원한 물이 세검정 앞을 지나 오간수문으로 흐르기 때문에 이 지역의 水源은 매우 풍부하였음을 알 수 있다. 세검정 왼쪽 立石에는 '鍊戎臺'라 새겨져 있었는데, 그림 속 정자 왼쪽 뒤편에 서있는 두 바위가 바로 입석이다.

세검정에서 노닐며 가장 많은 시와 기문을 남긴 이가 바로 정약용일 것이다. 폭포수가 장관이기 때문에 주로 여름에 이곳을 찾았는데, 지인들과 明禮坊에 모여 술을 마시고 비가 내리면 세검정을 찾아 쏟아지는 폭포수를 감상하곤 하였다.[18] 서울을 중심으로 활동했던 윤기가 1785년 세검정에서 읊은 시에는 세초하는 광경이 잘 묘사되었다.

세검정에 올라가 옷깃 헤치니　　披襟洗劍亭

일(기축).

17 金尙彩, 《蒼巖集》.

18 《다산시문집》 권14, 記, 〈游洗劍亭記〉.

강개하여 비장한 노래 나오네. 慷慨悲歌起
흐르는 물 깨끗하고 바위는 희어 泉潔復石白
곳곳에서 종이를 많이들 만든다네. 處處多造紙
반나절 한가한 틈을 냈더니 偸得半日閑
그윽한 경치 끝이 없구나.[19] 幽賞殊未已

세검정에서는 역대 실록편찬을 마치고 정자 아래 차일암에서 초본을 잘게 찢고 먹물을 빼는 세초를 하였다. 이렇게 세초를 마친 종이는 인근의 조지서로 보내 제지 원료로 재활용되었다.[20] 1415년 외방에서 楮貨紙를 만드는데 그 품질이나 두께의 편차로 인한 폐단을 막기 위해 장의동에 造紙所를 설치하였으나, 이후 1466년(세조 12)에 조지서로 개칭되었다. 1431년(세종 13) 호조에 예속되었으며, 1504년(연산군 10) 장의동에서 홍제원 위쪽으로 옮겼으나 1882년(고종 9)에 혁파되어 그 기능은 공조로 이속되었다.[21]

세초를 마치고 실록찬수에 참여한 이들을 포상한 후 세검정에서는 총재관 이하 실록청 관원들이 임금이 내린 宣醞을 받드는 의식 후 연회를 가졌다.[22] 세초연은 실록청 관원들의 노고를 위로하기 위한 賜宴으로 국왕이 내린 선온에 대한 의식 절차가 진행되었고, 선온례를 마치면 국왕이 장악원 樂生을 보내 음악을 연주하는 연회가 열렸다. 그러나 현종연간 편찬된 《효종실록》의 세초연부터 가뭄으로 사연은 제외하고 선온만 내려 절차가 축소되었고, 숙종연간 《현종실록》 편찬 세초연에도 사연과 음악을

19 윤기, 《무명자집》, 시고 제1책, 僧伽寺.
20 《효종실록》 권11, 효종 4년 7월 1일(갑자).
21 정선영, 〈조지서의 관제와 관리〉 《서지학연구》 50, 2011, 92~96쪽.
22 《신증동국여지승람》 권3, 비고편 ; 《동국여지비고》 권2, 한성부.

생략하고 선온만 내리는 약식으로 축소되면서 이후 관례가 되었다.[23] 정조가 승하한 이듬해인 1801년에 실록의 편찬을 위해 실록청을 설치하였는데, 윤기는 1803년 8월에 편수관으로 참여하였다. 실록의 찬수가 끝난 후 실록의 완성을 종묘에 고하고, 바로 세초하는 것이 관례였다.[24]

(3) 총융청과 연융대

총융청은 1624년(인조 2)에 설치되었다.[25] 完豊府院君 李曙를 摠戎使로 삼고, 수원·廣州·양주·長湍·남양 등 5개 營을 설치하여 순회 조련하는 제도를 정하였다. 사직동의 北二營에 영을 개설하였다가 1669년(현종 10)에 三淸洞으로 옮겨 廳을 처음 설치하였다.

1747년(영조 23)에 新營은 창의문 밖 탕춘대로 옮겨 세우고 經理廳을 대신하여 北漢山城을 관할하였다.[26] 총융청이 탕춘대로 出鎭하면서 1754년 영조는 탕춘대의 명칭을 鍊戎臺로 개칭하였다.[27] 연희 공간 이미지가 강한 '蕩春'에서 군사를 단련한다는 의미의 '鍊戎'으로 명실상부하게 바꾸었던 것이다.[28]

23 1653년(효종 4) 7월 3일《인조실록》의 세초연부터 1838년(헌종 4) 윤4월《순조실록》의 세초연 관련 내용은 장서각 소장《세초연등록》(K2-3090) 참조.

24 1805년 5월에 龍虎營에서《정조실록》의 찬수가 끝났으나, 세초를 주관할 이조 판서 徐邁修의 개인 사정으로 인해 3개월이 늦춰진 8월 8일에야 비로서 세초하게 되었다(《無名子集》文稿5, 〈書實錄廳題名記後〉;《승정원일기》1898책, 순조 5년 8월 7~8일).

25 임진왜란 이후 도성의 방위를 위해 세운 5군영은 훈련도감에 이어 총융청, 1626년 守御廳이 설치되었고, 1642년 御營使가 처음 설치되었고, 1652년 御營廳이 비로소 설치되었다. 禁衛營은 1682년에 훈련 軍摠을 줄여서 설치하였다(《經世遺表》권2, 夏官兵曹 제4, 政官之屬).

26 이긍익,《연려실기술》(별집) 권8, 官職典故.

27 《영조실록》권82, 영조 30년 9월 2일(무인).

28 탕춘대는 창의문 밖 삼각산과 백운산 사이 莊義寺의 옛 터에 있었는데, 水石의 경치

〈그림 5〉 권신응 傳稱, 〈총융영〉《북악십경》 1753년, (개인)

권신응의 《북악십경》 중 〈총융청〉에는 총융영의 동북쪽에 조지서가 있고 서남쪽의 높은 곳에 '탕춘대'라고 기록하였다.〈그림 5〉 따라서 탕춘대에서 연융대로 명칭을 변경하기 이전 상황을 반영하고 있다. 총융청의 모습은 〈연융대사연도〉에 나타난 건축과 매우 유사하다.〈그림 6〉이 그림은 1760년(영조 36) 4월 영조가 군민의 이름이 적힌 成冊을 세초한 후 준천 공사 후 연융대에 나아가 준천소의 당상과 낭청을 대상으로 試射를 행한 뒤에 잔치를 베풀어 주고, 준천소 당상부터 준천에 부역한 軍民에 이르기까지 준천 공사를 마친 것을 기념하여 총융청에서 베푼 사연을 그린 것이다.[29] 따라서 연융대는 높은 지대를 이루는 자연지명이며, 그 인근

가 좋아 燕山君 때에 그 남쪽에 水閣을 설치하고 궁녀들과 놀며 잔치하였다. 후에 수각은 헐리고 그 남쪽에 摠戎新營이 되었고, 造紙所를 개천 동쪽에 설치하였다(《신증동국여지승람》 권3, 비고편 ; 《동국여지비고》 권2 ; 이긍익, 《연려실기술》(별집) 권16, 地理典故, 山川形勝).

29 《영조실록》 권95, 영조 36년 4월 16일(경인).

〈그림 6〉〈연융대사연도〉《준천계첩》, 1760년(버클리대학교 동아시아도서관)

의 총융청을 통칭해 불렀음을 알 수 있다.

총융청 옆의 射亭은 국왕이 친림하여 총융청 군사들을 대상으로 試取가 행해졌고, 병조 및 훈련원, 총융사의 고관들도 試射에 참여하였다. 또한 총융청이 들어선 후 국왕이 도성 밖으로 行幸할 때 도성문인 창의문과 탕춘대 성문인 한북문을 총융청의 군사들이 지키게 하였다.[30]

蕩春臺城은 탕춘대 서쪽 水口에 있다. 축성은 1702년(숙종 28) 申琓에 의해 처음 제기되었고, 1713년(숙종 39)에 知敦寧 金鎭圭가 常平廳에 防守 시설의 필요성을 啓請하여 한북문을 세우고 좌우 翼城을 쌓았다.[31] 주위가

30 이은주, 〈조선 후기 탕춘대성 축성과 연융대 공간의 성격 변화〉, 명지대 석사학위논문, 2016, 28~30쪽.

31 《만기요람》 군정편 3, 摠戎廳, 開營始末.

1,110보이며 높이는 10척인데, 좌의정 李濡가 감독하여 쌓았다. 그 안에 총융청의 軍倉과 宣惠廳의 別倉이 있었다. 전교에 의하여 守門部將은 春坊 서리 姜孝元의 자손이 임명되었다.[32] 平倉庫는 북한산성이 설치된 뒤 군향에 대비하기 위해 1713년 탕춘대에 창고를 설치하여 탕춘창이라 하였다. 이후 북한산성의 배후 창고가 완성되었고, 선혜청 창고가 완성되자 그 일대의 낮은 수구 지역이 방비에 문제가 되면서 1715년 탕춘대성 1차 축성이 시작되었다. 2차 공역은 1718년(숙종 44)에 시작되어 오간수문 북쪽 좌성 끝에서 향로봉까지 구간이 일부 축성되었다. 1747년(영조 23) 총융청이 북한산성과 연융대를 주관하면서 본래 경리청 소속이던 평창의 上倉을 선혜청에 소속시켰다.[33] 선혜청 소속 탕춘 하창과 경리청 소속 중창은 총융청에 이속시켰다.[34] 新營庫는 군향, 군기, 公貨 등 각색의 군물을 저장하는 곳으로 연융대에 있었다. 이후 1753년(영조 29)부터 1756년까지 추가 공역이 진행되었다.[35]

영조연간 총융청 친림 試射와 관련하여《의주등록》에 〈親臨鍊戎臺試射時出還宮儀〉의 儀註가 마련되었고, 북교 친제 시에 창의문을 통과하는 행행 경로를 개설하여 연융대 일대는 도성 수비의 배후 기지이자 의례적 중요성이 부각되었다.[36] 이 일대는 영조가 연잉군 시절 자주 왕래하던 곳으로 그가 거처하던 彰義宮이 북부 義通坊에 있었기 때문에 도성 밖으로 나갈 때는 창의문이 가장 가까운 통로가 되었고, 친모 숙빈 최씨의 毓祥宮이

32 《신증동국여지승람》 권3, 비고편 ;《동국여지비고》 권2, 한성부.

33 《만기요람》 재용편6, 諸倉, 宣惠廳各倉庫.

34 《비변사등록》 117책, 영조 23년 5월 7일.

35 이은주, 앞의 논문, 2016, 4~12쪽.

36 《승정원일기》 597책, 영조 원년 7월 22일(정사).

창의문 가까이 있었기 때문에 영조에게는 심리적으로 친숙한 공간이었다. 정조연간에도 연융대는 영조의 전례에 따라 국왕의 행행이 빈번하였고, 도성의 방위체제에서 중요한 역할을 하였으며, 성저십리 지역 중에서도 탕춘서성 내에 존재하는 지역으로 주목되었다.

(4) 북한산성과 행궁

삼각산은 한성부와 楊州의 경계에 있다. 華山이라고도 하며, 신라 때에는 負兒岳이라고 하였다. 平康縣의 分水嶺에서 잇닿은 봉우리와 산봉우리가 겹겹이 고저를 이루었다. 道峯山과 삼각산은 京城의 鎭山이다. 북한산성의 경계는 북문에서 達峴 입표, 원효봉에서 老姑山 단봉 입표, 水口門에서 紙匠里 노고산 등성 입표까지는 훈련도감에 속하였고, 대성문 동쪽에서 정릉리 앞 입표, 동문 동쪽에서 수유현 입표, 동장대에서 장현 입표, 용암봉에서 우이천 입표까지 금위영에 속하였다. 또한 女妓淵에서 지장리 馬墳 입표까지는 어영청에 속하였다.

〈그림 7〉 김석신, 〈도봉도〉 《도봉첩》, 1805년(개인)

〈그림 8〉〈북한도〉《북한지》, 1745년(서울대학교 규장각한국학연구원)

김석신이 그린 〈도봉도〉는 1805년 형조판서 李在學과 좌의정 徐龍輔가 도봉산을 산책하고 詩會를 가진 것을 기념한 《道峯帖》에 포함된 작품이다.〈그림 7〉 원경의 좌측부터 백운봉, 인수봉, 만경대, 도봉산은 암산으로 묘사되었고, 그 앞에 노적봉으로 보이는 큰 암산 좌측에는 훈련도감의 留營이 보인다. 그 우측으로 露積寺와 중흥사가 있고, 그 옆의 토산 전면에 행궁이 자리 잡고 있다. 계곡은 산줄기를 따라 세차게 흘러간다. 이는 정선이 인수봉을 배경으로 노적봉 일대와 그 앞의 노적사와 중흥사를 묘사하고, 화면 근경에 中城門을 묘사한 것과 비교할 수 있다.

《북한지》의 〈북한도〉에 의하면 북한산성의 행궁, 삼군영의 유영, 장대, 창고, 태고사와 중흥사 등 사찰과 암자, 주요 성문의 배치 상황을 상세히 파악할 수 있다.〈그림 8〉 1711년에 쌓은 북한산성은 행궁을 짓고 군량과 군기를 저장하여 유사시에 保障하는 장소였다.

석성으로 주위가 7,620보, 성가퀴 2,797개, 장대 3곳, 못 26곳, 우물 99

곳이고, 대문 4곳, 暗門 10곳 규모였다.

산성 내의 軍倉은 행궁 우측 경리청 상창, 중흥사 앞 중창, 탕춘대 평창, 임금에게 제공하는 쌀을 보관하는 호조창이 행궁 앞에 있었다. 또한 삼군영의 유영은 노적봉 아래 훈련도감 유영, 보광사 아래 금위영 유영, 성문 내 어영청 유영이 있었다. 管城將을 두고,[37] 숯 1,100석은 동문 안에 묻고, 1,020석은 龍巖寺 앞에 묻어 두었다. 1760년(영조 36)에 大城門 길

37 1711년(숙종 37)에 성을 쌓은 뒤에 병사나 수사의 경력을 가진 사람으로 계청 임명하여 처음에는 行宮所衛將이라 하였고, 뒤에는 都別將이라 하였으며, 1722년(경종 2)에는 관성장이라 개칭하였다. 1747년(영조 23)에는 경리청을 폐지하여 본청에 合屬한 뒤에 중군이 정례로 겸임하였고, 1764년(영조 40)에 군제를 고쳐 5개 영으로 만들 때 防禦使의 경력이 있는 사람으로 擇差하여 中部千摠을 겸임하여 항시 본성에 머물게 하였다. 1771년(영조 47)에 총융사 金孝大의 계청에 의하여 관성장은 종전대로 중군이 겸임하도록 하였다. 1792년(정조 16)에 군제를 고쳐 3개 영으로 만들 때에 牙兵千摠兼管城將으로 명칭을 고쳤다(《만기요람》 군정편3, 摠戎廳, 北漢山城).

이 도성의 主脈에 방해된다고 하여 폐쇄하고, 大南門으로 출입하게 하였다.[38]

管城所의 각 창고는 1711년(숙종 37)에 건치되었다. 上倉·中倉·下倉·別庫·훈창·금창·어창 등 창고 7곳에 군향, 은화, 군기, 잡물, 소금과 釜鼎 등이 보관되었고, 僧倉 11곳은 中興寺·鎭國寺·祥雲寺·西巖寺·國寧寺·普光寺·輔國寺·聳巖寺·扶旺寺·圓覺寺·太古寺 등으로 여기에는 주로 군기를 보관하였다.[39] 승병을 둔 緇營은 중흥사에 있었는데, 이곳에 거주하는 승려 1명을 摠攝으로 임명하였으나, 1797년(정조 21)에 수원유수 趙心泰의 계청에 의하여 龍珠寺의 승려를 번갈아서 임명하게 하였다. 中軍僧 1명, 將校僧 47명이 유급이었고, 승군 372명 중 73명은 유급이었다. 태고사는 太古臺 아래에 136칸 규모로, 經書·通史·古文·唐詩의 판목을 저장하였다. 치영이 있는 중흥사는 登岸峰 아래에 149칸, 보국사는 금위영의 창고 아래에 76칸, 진국사는 露積峰 아래 中城門 안에 104칸, 부왕사는 鵂巖峯 아래에 111칸, 국녕사는 義相峯 아래에 70칸, 보광사는 대성문 아래에 75칸, 원각사는 甑峰 아래에 81칸, 용암사는 日出峰 아래에 88칸, 상운사는 靈鷲峰 아래에 89칸, 서암사는 水口門 안 閔漬庵의 옛 터에 107칸 규모로 지어졌다. 이상 11개 사찰에는 각각 승장 1명, 首僧 1명, 番僧 3명을 두었다.[40] 奉聖庵은 龜巖峯 아래에 25칸, 元曉庵은 원효봉 아래 10칸, 文殊庵은 문수봉 아래에 있었는데, 이 세 암자는 관성소의 창고로 활용되었다.

산성 내 행궁의 건설은 유사시에 御駕를 북한산성에 옮기고 적을 방어하기 위한 것으로 중요한 부분을 차지했다. 행궁은 산성 안 上元峯 아래

38 《신증동국여지승람》 권3, 한성부 비고편 ; 《동국여지비고》 권2, 한성부, 관방.

39 《만기요람》 재용편6, 諸倉, 摠戎廳各倉庫.

40 《만기요람》 군정편3, 摠戎廳, 北漢山城.

있다. 1711년에 內殿은 28칸으로 좌우 行閣房 9칸, 廳 5칸, 중문 1칸, 대문 3칸, 水刺所 5칸, 중문 1칸, 측간 2칸이고, 외전은 28칸으로, 대문 3칸, 북협문 1칸, 외북장 중문 1칸, 외행각방 12칸, 山映樓 4칸, 廳 4칸, 헛간 2칸, 中門 2칸, 외대문 3칸, 북변 외대문 1칸 규모로 조성하였다.[41] 중흥사 아래 위치한 산영루는 T자형 구도로 이정귀, 이익, 이덕무, 김정희, 정약용 등 많은 문인들이 이곳을 찾아 시문을 남겼다.[42] 북한산 행궁의 史庫 목록에는 의궤·綸音·册文·條例 등 다양한 종류의 책이 기록되어 있는데 대체로 왕실에 관련된 책들로 대부분 서울대학교 규장각한국학연구원으로 이관되었다.〈그림 9〉[43]

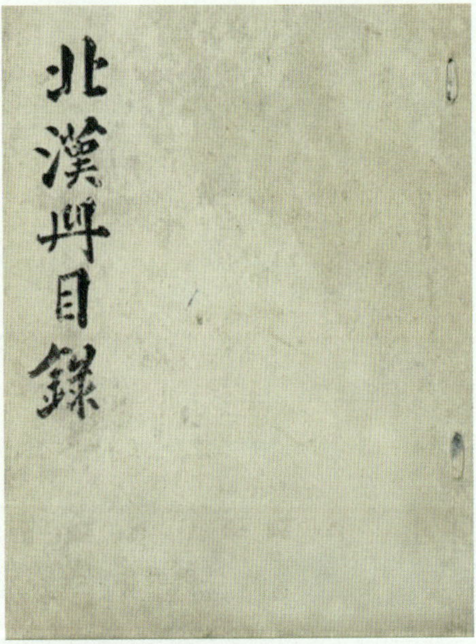

〈그림 9〉《북한책목록》, 1909년
(서울대학교 규장각한국학연구원)

2) 성저십리의 동부

성저지역의 동부는 그 경계를 이루는 중량천이 정릉천과 만나 도성

41 《북한지》 궁전, 행궁.

42 이익은 삼각산 일대의 팔경을 山映樓霽月을 비롯하여 白雲臺白雲, 露積峯朝日, 祥雲洞瀑流, 西巖寺盤石, 龍巖寺烟花, 國領(寧)寺石門, 元曉菴落照 등을 들었다(《성호전집》 권5, 次三角八景韻.

43 《北漢册目錄》은 1909년 작성된 북한산 행궁사고의 장서목록이다.

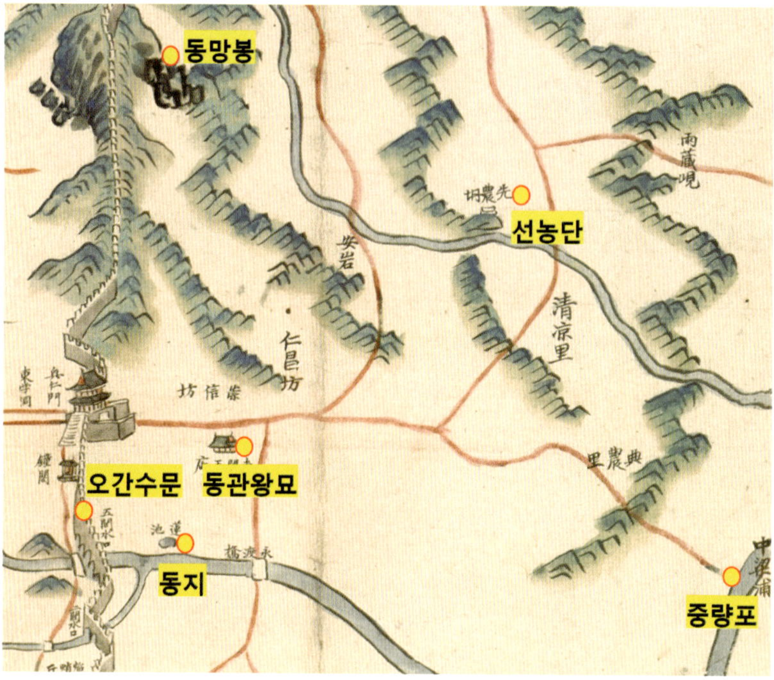

〈그림 10〉 성저십리 동부의 주요 사적, 〈도성도〉 부분 《여지도》, 18세기 후반(서울대학교 규장각한국학연구원)

을 가로질러 동서로 흐르는 개천과 만나 한강으로 유입되는 지역이다. 동부는 지형적으로 농업이 발달하여 조선 초부터 동교의 기우단인 雩祀壇과 동방토룡단, 신농씨와 후직씨에 제사하는 선농단, 蠶神인 선릉씨에 제사하던 혜화문 밖 선잠단 등이 있어 농업과 관련한 제단이 다른 지역에 비해 많이 분포한 것이 특징이다. 중량포 너머에는 사복시 목장이 있었기 때문에 맨 처음 말을 탄 사람에게 제사하는 馬社壇·맨 처음 말을 기른 이를 제사하는 先牧壇·말을 해치는 귀신을 향사하는 馬步壇 등 말과 관련한 제단도 다수 있었다.[44] 1749년(영조 25) 牛疫의 전염이 심할 때, 전관(살곶이)목장 안에 단을 쌓고 제사지냈다. 동부는 동대문과 수구문 근처의 지대가 낮아 토사가 쌓여 범람하는 일이 많아 영조연간에는 대규모 준설도 있었다. 또한 한강 두모포, 한강진과 연결되어 한강이남 지역과 연계되었다.〈그림 10〉

(1) 한성의 개천 수문

〈도성도〉 동쪽 부분의 낙산이 끝나는 곳에 흥인지문이 있고 그 아래에 開川이 지나는 五間水門과 二間水門이 있다. 수문 위로는 성곽을 쌓아 올렸고, 성벽을 따라 길을 만들어 수문을 관리하는 군졸들의 순라길이 있었다. 또한 도성에 잠입하거나 탈출하는 사람들의 암문처럼 이용되기도 하였는데, 중종 때 임꺽정의 무리가 도성에 들어와 전옥서를 부수고 오간수문으로 탈출을 시도한 사례도 있었다.[45]

한성부로 수도를 정한 이후 면밀한 도시계획에 따라 도시 기반시설을 만드는 작업이 진행되면서 도성 내 배수 문제를 해결하기 위해 개천 공사가 태종 대 본격적으로 수행되었다. 한성부 개천 공사가 이루어진 이후 유지 관리는 기본적으로 한성부와 공조가 맡았으며, 실제로 공사의 노역은 천변 거주민에게 부여되었다.

17세기 후반 이래 한성부 인구가 급증하면서 도성 내 배수시설의 정비가 시급히 해결되어야할 과제로 대두되면서 영조 대에 이르러서야 본격적인 개천의 준천사업이 시행되었고, 이것이 전범이 되어 철종연간까지 계승되었다. 개천은 도성을 둘러싼 주변 산에서 내려오는 물줄기가 도성 안으로 흘러가도록 하는 배수의 기능을 담당하였고 도성에서 발생하는 생활하수를 수문 밖으로 처리하는 역할을 담당하였기 때문에 개천에 투하

44 이긍익, 《연려실기술》(별집) 권4, 祀典典故, 諸壇.
45 《명종실록》 권26, 명종 15년 11월 24일(병술).

된 오물의 증가로 본격적인 하천 바닥의 준천이 요구되었다. 또한 개천 양안의 제방을 보수하고 물을 배수시키기 위한 수문을 정비하는 작업도 병행되었다. 이러한 배경에서 시행된 것이 1760년 개천의 준천사업이었다. 이 사업을 위한 본격적인 논의는 1759년 10월부터 진행되었고, 10월 6일 홍봉한, 홍계희 등을 준천 당상으로 임명하고, 한성부 좌윤 구선복에게 준천 시행에 대한 형편을 살피게 하여 다음날 영조에게 濬川圖가 올려졌다.[46]

10월 29일 濬川司를 설치하고, 준천사업은 도성의 수문 바깥부터 시작되었다. 1760년 2월 18일 역사를 시작하면서 오간수문에서 영도교까지 5개소로 나누어 3월 4일 이전 준설을 완료하였다. 이후 3월 4일부터는 수문 안쪽 준천을 시작하여 총 8개소로 나누어 대천, 소천, 세천의 준천과 함께 수문의 철문을 개수하고 양안의 제방 일부를 석축으로 바꾸는 작업과 새로운 교량을 축조하는 작업을 진행하였다. 이때 공사 기간은 총 57일로 준천에 동원된 역군은《준천소좌목》에 의하면 총 21만 5,380명에 이르는 대규모 역사였다. 여기에는 방민, 각 군문 군병, 각사 원역, 각전 시민, 각공인, 각색 장인, 승군, 각 방민, 외방자원군, 募軍 등으로 구성되었다. 준천사업을 모두 마친 후 영조는 홍계희로 하여금 공사의 모든 과정을《준천사실》로 편찬하게 하여 후대 참고토록 하였다. 공사 이후 준천사는 하천의 수위를 체크하는 水標를 확인하여 예조에 보고하는 일을 담당하였다. 영조의 입장에서 개천의 범람이라는 위험 요소를 제거한다는 점에서 준천은 민본을 최우선으로 표방하는 왕정의 상징적 작업이었다.[47]

1760년(영조 36) 세종 이후 거의 돌보지 않던 개천의 준천은 20만 명을

46 《영조실록》 권94, 영조 35년 10월 9일(병술).

47 염정섭, 〈조선 후기 한성부 준천의 시행〉《서울학연구》 11, 1998, 83~111쪽.

〈그림 11〉〈수문상친림관역도〉《준천계첩》, 1760년(부산박물관)

동원하여 행한 大役事였던 만큼 영조의 관심은 온통 여기에 쏠려 있었다. 〈水門上親臨觀役圖〉는 1760년 4월 9일 오간수문에 영조가 친림하여 幕次에 들어 간 후 준천 역사를 시찰하는 장면을 그린 것이다.〈그림 11〉 막차 중앙에는 임금의 御座가 그려져 있고 그 왼쪽에 흥인지문의 2층 문루 일부가 보인다. 오간수문 옆에 造山은 1760년 2월 18일부터 4월 15일까지 57일 동안 양쪽으로 개천의 바닥을 준설한 토사를 쌓아 인공적으로 조성된 것이다. 채제공의 《번암집》에 실린 〈준천가〉 중에는 준설 동안 가산이 조성된 내용과 영조가 친림하여 살뜰하게 살피는 내용이 자세히 서술되어 있다.

(2) 임진왜란 이후 武廟의 숭배, 동관왕묘

중국에서 관우의 명성은 한나라 헌제 때 壽亭侯로 봉해지고, 당나라 중기부터 武神으로서 官祭의 하나가 되었다. 송나라 때 황제가 관우를 '顯

烈王', '義勇武安王'에 봉하면서 그 지위가 격상되었다. 이후 원말명초 나관중의 소설《삼국지연의》가 나오면서 민간에서 명성은 더욱 높아졌다. 명나라 때 관우는 '協天護國忠義帝', '三界伏魔大帝神威遠鎭天尊關聖帝君' 등에 봉해졌고, 청 황제가 '忠義神武靈佑仁勇威顯護國保民精誠綏靖翊贊宣德關聖大帝'라는 26자에 달하는 긴 칭호를 내리면서 황제와 동등한 '關帝'로 지위가 격상되었다.

조선에 관왕묘가 건립된 계기는 임진왜란에서 비롯된다. 명대에는 공자를 제사하는 사당인 文廟와 함께 한나라 壽亭侯 贈武安王 關羽를 제사지내는 사당을 무묘로 숭배하였다.[48] 1597년(선조 30) 겨울 명군이 울산의 왜구 진루를 공격하다 유격장군 진린이 도중에 탄환을 맞았다. 이에 1598년(선조 31) 한양에서 조섭하면서 숭례문 밖 산기슭에 남관왕묘를 건립하고 사당 중앙에 흙으로 만든 관왕의 소조상을 봉안하고 장수 關平과 周倉의 소상이 대검을 들고 좌우로 시립하였다. 이때 경리 楊鎬를 비롯하여 조선 조정에서도 은자를 내어 경비를 도왔으며, 사당이 준공되자 선조가 친림하여 참관하였다. 사당 앞에는 두 개의 당간을 세우고 두 폭의 깃발을 달았는데, 한 폭에는 '協天大帝', 다른 한 폭에는 '威振華夏'라 썼다. 이로부터 명

48 관왕묘는 강진현의 고금도에도 있었는데, 1597년(선조 30)에 명나라의 都督 陳璘이 창건한 것으로 1684년(숙종 10)에 개수하였으며, 그 옆에 사당 하나를 세워서 도독 진린을 主享으로 하고 충무공 이순신을 여기에 配享하였다. 1597년(선조 30) 명나라 장수 茅國器가 성주목의 성 동문 밖에 관왕묘를 세워 塑像을 봉안하였고, 이후 1727년(영조 3)에 南亭 아래로 옮겨 세웠다. 1598년(선조 31)에는 안동부에도 세웠는데 명나라 眞定營都司 薛虎臣이 창건한 것으로 石像을 봉안하였다. 처음에는 안동府城의 성문 안에 있는 북산 정상에 돌로 비석까지 세우고 왜구의 戰役에 관한 기록을 남겼는데, 1606년(선조 39)에 西嶽의 東臺로 옮겨 봉안하였다. 1599년 남원부성의 서문 밖에도 명나라의 도독 劉綎이 탄보묘를 세웠는데, 廟庭碑가 있었다. 1716년(숙종 42)에 다시 고쳐 짓고 명나라의 李新芳, 蔣表, 毛承先을 배향하였으며, 따로 사당 하나를 세우고 도독 유정을 제사 지냈다.

나라의 여러 장수가 조선에 출입할 때마다 참배하면서 '조선국을 위하여 神助를 받아 왜적을 물리치기 바란다.'고 기도하고 관왕의 탄일인 5월 13일에 사당에서 大祭를 올렸다.

명나라 장수 진린에 의해 남관왕묘가 지어지자 예조의 낭관 허균이 廟庭碑를 지어 올렸다. 그러나 심희수가 이 관왕묘의 건립은 사실 황제의 뜻에서 나온 것으로, 비문을 지은 허균의 벼슬이 미약하여 너무 소홀하다는 혐의가 있을 것이라 주청하여 결국 비를 세우지 못하였다.

이후 1600년에 신종황제가 經理 萬世德에게 4천 금을 교부하면서, 한양에 관왕묘를 건립하고 제사를 드리도록 하였으니, 이는 조선에 파견된 명나라 여러 장수들이 "평양대첩, 島山 싸움, 三路에서 왜적을 몰아낼 때 관왕이 갑자기 顯聖하여 싸움을 도와주었다."고 말한 때문이었다. 이에 만세덕이 가져온 신종황제의 조서에는 "關公의 혼령은 본디 중국에서 나타났는데 왜구를 평정하는 싸움에도 현성하여 조선국을 위해 수고하였으니, 당연히 제사를 지내 숭배해야 한다."고 하였다. 이에 흥인지문 밖 동편 영도교 옆에 터를 정하고 대신에게 공사 감독을 명하여 1602년에 비로소 준공되었는데, 금동상과 초상, 殿堂, 廡宇, 門廠, 鍾鼓樓 등 백여 간을 모두 중국의 건축양식에 따르게 하고, 대제를 올려 낙성식을 하였다.[49] 이어 명 신종황제에게 賜額을 청하자 '勅建顯靈昭德關公之廟'로 題牓하라고 하였다. 관왕묘의춘하추동 제사와 초하루 보름의 香火는 禮官이 엄수하되 校尉 1명을 파견하여 이를 지켜보게 하였다.[50] 흥인지문 밖에 있는 동관왕묘의 관우상은 구리쇠로 만들어 도금한 금동상이고, 북관왕묘의 관우상은 흙

49 허균, 《성소부부고》 권16, 文部 13, 勅建顯靈關王廟碑.

50 《오주연문장전산고》 경사편5, 논사류2, 人物(중국), 〈關壯繆에 대한 변증설〉(고전간행회본 권29).

〈그림 12〉 동관왕묘 정전의 금동 관우상(좌), 동관왕묘에 합사된 북관왕묘의 소조 관우상(우)

으로 빚은 소조상이다.〈그림 12〉[51]

1695년(숙종 21)에 숙종이 어제시 2수를 지어 御筆로 써서 현판에 새겨 나누어 걸었으며, 1747년(영조 23)에는 어필로 "顯靈昭德王廟"라는 여섯 글자를 써서 나누어 걸었다. 이때 중국의 기술자와 조선 장인 등 총 2,400명이 투입되어 국제 협력에 의한 禮祭 공간 조영이라는 특성을 반영하였다.

동관왕묘의 동무와 서무에는 중앙에 《삼국지연의》 내용을 묘사한 그림을 벽에 부착하였고, 어필비각에는 어필비가 있었다.〈그림 13〉 정조는 1785년 四朝御製의 武安王廟碑를 東廟와 南廟에 2좌의 비로 세우도록 하였다. 동무에 1695년 숙종대왕어제 〈大漢朝忠節武安王贊揚銘〉과 음기에

51 남관제묘 정전 중앙에 관우 塑像과 小本塑像, 北龕室에 있는 御眞, 좌우벽에 걸린 御眞이 있었고, 普淨大師의 塑像도 봉안되어 있었다. 관우 소상 앞의 네 명의 장수 소상은 1899년 소실되었다(《고종실록》 권39, 고종 36년 2월 14일). 동묘로 합사 이후 남묘는 관성묘유지재단에 의해 매각되었으나, 6·25 전쟁 때 폭격으로 소실되었다가 1956년 재건되어 관우 초상을 모시고 있다.

〈그림 13〉 동관왕묘 서무

는 1746년 영조대왕어제 〈顯靈昭德武安王廟〉를 한 비에 새기고, 서무에는 1752년 景慕宮의 睿製 〈武安王廟碑銘〉, 음기에는 1784년 정조 자신의 어제 〈무안왕묘비명〉을 한 비에 새기도록 한 것이다. 대체로 숙종의 어제는 동묘의 벽화에 대한 圖像銘으로서 동묘에 봉안한 어필 족자를 摸刻하였고, 영조의 御製廟記는 어필을 集字하였다. 한편 경모궁의 예제는 숙종의 圖像銘韻을 次韻한 것으로 역시 예필을 집자한 것이었다. 정조의 廟碑銘은 영조의 原韻을 차운하여 지은 것으로서 모두 규장각에서 摸寫하여 올리게 하고 奉常寺에 보내어 迎送神 奠獻의 樂歌로 삼게 하였다.[52]

선조 때 동묘를 건립한 직후 국왕이 한차례 배례한 이래 광해군 대에 와서 관왕묘의 치제는 국가의 小祀로 정비되었고, 숙종대에 국왕이 친림하여 제례를 올리게 되면서 본격적으로 수리가 이루어졌다. 이후 영조 대

52 《영조실록》 권64, 영조 22년 8월 22일(을유) ; 《정조실록》 권20, 정조 9년 11월 15일(신유).

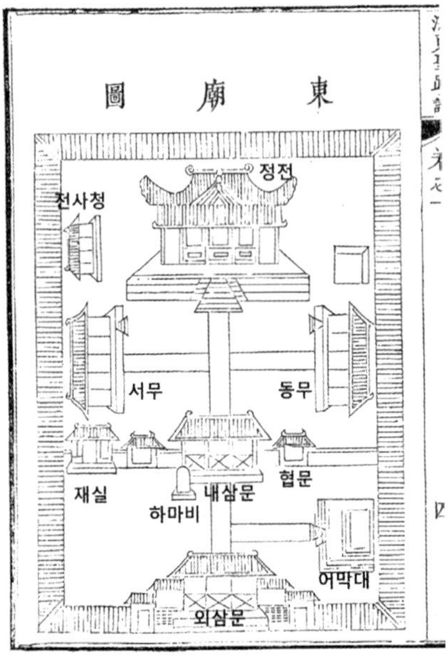

〈그림 14〉〈동묘도〉《해동성적지》, 1876년(서울대학교 규장각한국학연구원)

에는 무려 17차례 친림하여 치제하였고, 정조 대에 관왕묘의 제례를 中祀로 승격시켜 관왕묘 제례가 정립되었다. 정조는 1785년 동묘와 남묘에 4조의 어제묘비를 건립하면서 관왕묘 제례에 쓸 악장을 만들도록 했다. 이후 1871년 본격적인 수리가 이루어졌고, 1876년부터 1884년에 걸쳐 다양한 관우 관련 경전이 간행되었다. 1876년《關聖帝君聖蹟圖誌》,《南宮桂籍》, 1879년《過化存神》, 1880년《三聖訓經》, 1882년《敬惜字紙文》, 1883년《關聖帝君明聖經》, 1884년《關聖帝君五倫經》 등이 한글로 번역되어 출간되었다.[53]

동관왕묘의 입지는 낙산이 낮고 수구가 벌어져 조산을 만들고 버드나무를 심었던 곳으로 이곳에 사당을 세워 풍수적으로 비보하려는 목적이 컸다. 1876년《海東聖蹟誌》 속 동관왕묘 배치도에 의하면 외삼문, 중삼문 사이 우측 하단에는 御幕臺가 있어 왕의 행차 시에 大次를 설치한 공간으로 장대석을 5단으로 쌓은 석단 위에는 翠屛을 놓아 왕의 친림 공간의 위상을 표현하였다.〈그림 14〉, 〈그림 15〉 이때 취병은 소연목으로 기둥을 만들고

53 손숙경, 〈19세기 후반 관왕 숭배의 확산과 관왕묘 제례의 주도권을 둘러싼 동래지역 사회의 동향〉《고문서연구》 23, 2003, 224~225쪽.

〈그림 15〉 동관왕묘 전경, 20세기 초

외목, 진장목, 중죽 등으로 틀을 짜서 향나무로 결속한 것이었다. 중문을 들어서면 정전을 중심으로 동무와 서무에 각각 숙종과 영조, 경모궁과 정조의 어필로 새긴 비석이 있다. 동무와 서무의 어제 비각과 별실 사이 중앙의 3칸에는《삼국지연의》내용을 근거로 그린 벽화가 3면에 붙어 있었다.[54] 관우상을 모신 정전은 전면 5칸, 측면 6칸의 규모이며, 옥우는 '工'자 모양으로 제례를 위한 전실이 있고, 그 앞으로 등롱석, 盥洗石 등 석물이 있다. 후실은 관우와 관평, 조루, 주창, 왕보 등 부하 장수 4명의 조각상을 모시고 있다. 정전 서쪽에는 제사음식을 준비하는 전사청이 있고 동쪽에

54 권준형, 〈고종 36년(1899) 남관왕묘의 중건과 건축 특성 연구〉《건축역사연구》22-4, 2013, 78~80쪽. 2016년 4월 29일부터 7월 4일까지 국립민속박물관의 기획전시 '신이 된 관우 그리고 삼국지연의도'에서 과거 동관왕묘의 벽화 그림에 대한 전시가 진행되었다.

는 연지가 있으며, 중삼문 서쪽에는 재실이 있다.[55]

임오군란 이후 명성황후가 1883년 송동(현 종로구 명륜동)에 북묘를 세웠고, 1884년 갑신정변 당시 고종이 이곳으로 피신하였다. 이후 1887년 고종의 어제로 북묘비를 세웠고, 1901년 관왕묘를 관제묘로 격상시킴에 따라 1902년 악장도 새로 제정되었으며, 1902년 정월 북묘의 편액을 '顯靈昭德義烈武安聖帝廟'로 바꾸었다. 서묘는 1904년 엄비에 의해 서대문구 천연동에 세워졌는데, 청나라 三義祠를 모방하여 유비를 주신으로 관우와 장비를 배향하였기 때문에 崇義廟로 불렸다. 숭의묘에는 관우를 중심으로 유비와 장비가 함께 목조 한 세트로 조각되었는데, 독자적으로 등장하는 관우상과는 차별된다.〈그림 16〉

그밖에 관성묘는 한양 종로의 중묘 및 중구 방산동의 성제묘, 중구 장충동 등에 새로 건립되었다. 전국적으로 1874년 동래 관왕묘, 1883년 평양 관왕묘, 1884년 강화 남관제묘, 1885년 강화 동관제묘, 1892년 강화 북관운묘, 1894년 전라도 지도군 관왕묘, 1895년 전주 관성묘, 1897년 개성에 건립되었다. 各道에 있는 사당들의 제사 의식은 宣武祠의 예에 따라서 매년 경칩과 상강에 香祝을 내려 보내면 각도에서 제사를 지냈다.[56] 이렇듯 19세기 후반 새롭게 건립된 관왕묘는 모두 읍치, 군진, 감영의 소재지에 세워졌으며, 제례의 주도는 武任이나 서리, 지방관원들의 적극적 호응에서 가능하였다. 이는 관왕 신앙의 영험이 19세기 후반 이후 반일 감정 및 위기의식과 맞물려 재창출되었다고 볼 수 있으며, 지역 지배집단의 관왕 제례 주도권 확보를 통한 자신들의 위치를 재확인하는 계기가 되

55 김형석 · 정우진 · 심우경, 〈서울 동관왕묘의 공간구성 및 원형경관 해석〉《한국전통조경학회지》 31-4, 2013, 33~50쪽.

56 이유원, 《임하필기》 권16, 文獻指掌編, 關王廟.

〈그림 16〉 동관왕묘에 합사된 서관왕묘의 유비, 관우, 장비 목제좌상

었다.[57]

그러나 1908년 일제의 통감부 주도하에 국가 祀典이 개정되면서 관왕묘의 국가제사가 철폐됨에 따라 도성의 관왕묘 제례는 동관왕묘로 합사되었다. 현재 동관왕묘에 관우상 관련 여러 조상과 현판이 있는 이유도 여기서 유래한 것이다. 이후 관왕묘의 위상은 현저하게 약화되었고 민간 신앙화하는 계기가 되었다. 동묘는 1963년에 보물 제142호로 지정되어 오늘에 이르고 있다.[58]

57 손숙경, 앞의 논문, 2003, 226~229쪽.

58 장장식, 〈서울의 관왕묘 건치와 관우신앙의 양상〉《민속학연구》 14, 2004, 403~429쪽 ; 이경미, 〈동관왕묘 정전의 건축특징과 중국 건축과의 관계〉《향토서울》 81, 2012, 207~243쪽.

(3) 사복시 소속 살곶이 목장

살곶이[箭串]는 한성의 東郊로, 땅이 평평하고 넓으며 물과 풀이 매우 넉넉하여 울타리를 둘러쳐서 조선시대 國馬를 기르는 목장으로 넓이가 34리였다.[59] 병조에 소속된 정3품 기관으로 말 사육 및 궁중의 목장, 왕의 가마 등을 관장하던 사복시 소속 목장이다. 아차산 서쪽으로 동대문구 답십리동을 거쳐 성동구의 살곶이다리[箭串橋]에 이르고 남쪽으로 한강에 이르는 넓은 목장이었다. 서울시립대학교박물관 소장 〈사복시 살곶이 목장 지도〉는 지대가 가장 높은 동쪽을 위로 그려 지도 우측이 북쪽이고 나무와 목책이 그려진 좌측이 한강 방향으로 남쪽이다.〈그림 17〉 목장 안에 있는 마을과 산세, 하천과 나무 목책 등의 모습이 자세한 산수화풍으로 그려졌다. 지도의 제작연도는 1798년 永祐園 옛터에 설치된 拜峯鎭이 나타나 있어 1802년 배봉진이 폐지되기 이전으로 추정된다.[60] 지도 위에는 방목을 감독하고 국왕의 열무, 강무, 점가 검열을 하던 화양정의 모습도 보인다.

흥인지문 밖에서 무엇을 보았는가.	興仁門外何所見
적묘의 농부가 푸른 따비를 잡고	籍畝農人秉青耟
화양정은 높고 석책은 오래 되었는데	華陽亭迥石柵古
푸르른 풀빛 하늘에 접했고 준마가 뛰논다.	碧草粘天騰騄駬

청장관 이덕무는 정조연간 규장각의 초계문신 중 한 사람으로 1792년 4월 성시전도를 주제로 글을 짓도록 하는 시험에서 신광하, 박제가, 이

59 《신증동국여지승람》 권3, 한성부.

60 《정조실록》 권28, 정조 13년 11월 27일(기유) ; 〈사복시 살곶이 목장지도〉《지도로 본 서울의 시간과 공간》, 서울시립대학교박물관, 2011.

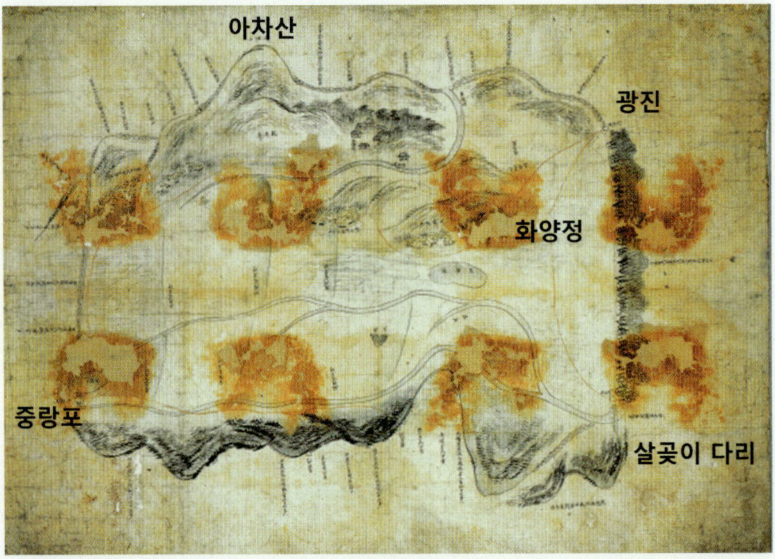

〈그림 17〉〈사복시 살곶이 목장지도〉, 1798~1802년(서울시립대학교 박물관)

만수, 윤필병, 유득공, 김효건, 홍득유, 이집두, 서영보, 이증련, 이백형, 서유문 등이 뽑혔다. 그 중 우등인 6명의 시권에는 御考가 있는데, 이덕무의 시권에는 '雅'자를 썼다.[61] 위의 시는 이덕무의 〈성시전도〉 중 흥인지문 밖의 살곶이 목장에 대한 부분이다.

《목장지도》 제1폭은 조선시대 살곶이 목장을 그린 것으로 목장의 자연환경을 배경으로 진헌마 21필의 다양한 생태를 자연스럽게 보여주고 있다.〈그림 18〉[62] 다른 화폭과 같이 회화식 지도로 작성하지 않고 한 폭의 산수영모화로 제작한 점이 특이한데, 아차산 서쪽에 위치한 살곶이 목장은 도성까지 서쪽으로 불과 15리 떨어져 있어 지도형식보다 실경산수형식으

61 이덕무, 《청장관전서》 권20, 雅亭遺稿12, 應旨各體, 城市全圖.

62 정은주, 〈17세기 목장지도의 제작경위와 화풍〉 《한국고지도연구》 1-2, 2009, 49~77쪽.

〈그림 18〉〈진헌마정색도〉《목장지도》, 1678년(국립중앙도서관)

로 제작한 것으로 보인다. 목장 내 주요 시설물로는 華陽亭이 선명하게 묘사되었다. 화양정은 1432년(세종 14) 지어졌고, 《서경》의 戰馬를 풀어 화산의 남쪽으로 돌려보낸다는 평화의 메시지를 담아 편액을 달았다.

살곶이목장은 수도를 정하면서 국초에 왕실 목장으로 설치하였으며, 이곳에서는 국왕이 참여하는 나라의 무예검열과 군사훈련, 그리고 사냥 등에 동원되는 말을 사육하거나 지방 목장에서 국왕에게 바친 세공마를 거두어 길렀다. 1555년(명종 10) 둘레 30리에 이르는 석책을 설치하고 감목관을 두었고 1846년(헌종 12) 천장산에 있던 익종대왕 능인 수릉을 살곶이 목장으로 천봉하면서 폐지되었다. 1855년(철종 6) 수릉을 동구릉으로 옮기면서 목장으로 복구되었지만 1904년 결국 폐지되었다. 살곶이 목장은 동쪽 아차산, 남쪽으로 광진, 북쪽으로 중랑포, 서쪽으로 뚝섬과 한강을 경계로 석책이 에워싸고 있다.

1483년(성종 14) 흥인지문 밖의 살곶이와 왕심리평에 각기 다리를 하나씩 놓았는데 살곶이에 있는 다리를 濟盤橋 또는 箭串橋라 하였고, 왕심리평에 있는 다리를 永渡橋라 하였다. 두 다리는 모두 돌을 쌓아 만들었다.[63]

영도교는 흥인지문 밖 동관왕묘 남쪽에 있던 석교로, 곧 청계천 하류의 다리이다. 영도교는 단종이 노산대군으로 강봉 당하고 영월로 귀양 갈 때 그의 妃 송씨와 이별했던 곳으로 알려져 있다.

(4) 정순왕후와 淨業院

조선 초에는 개경의 정업원을 천도한 한양으로 옮겨 鷹峰 아래 창경궁의 서쪽에 건립하였다. 1408년(태종 8) 주지로 있던 공민왕의 후비가 죽자, 昭悼君의 처 沈氏를 정업원의 주지로 삼았다. 정업원의 비구니들은 대부분 士族이었고, 주지는 왕족이었다. 이 때문에 조선 초기에는 노비, 임금이 특별히 하사한 別賜田, 향불을 피우고 도를 닦는 데 드는 焚修料가 지급되는 등 국가로부터 비호를 받았다. 그러나 태종 때부터 유생들에 의해 정업원을 폐지하자는 논의가 일어났으며, 1448년(세종 30) 척불정책에 의해 폐지되었다. 1457년(세조 3) 다시 정업원 복건이 결정되고, 1459년 중창되자 세조는 사원의 비용으로 貢布價를 특별히 내렸고, 이듬해에는 왕이 두 차례 행차하는 한편, 200구의 노비를 지급하였다.

정업원에 대한 국가적인 비호는 예종 때까지 계속되었으나, 성종 때에는 다시 정업원을 폐지하자는 유생들의 논의가 여러 차례 대두되었다. 그 뒤 1505년(연산군 11) 혁파되고 비구니들은 성 밖으로 축출되었다. 그 뒤

63 이규경,《오주연문장전산고》경사편5, 논사류1, 論史.

〈그림 19〉 淨業院舊基碑

〈그림 20〉 〈淨業院圖〉 《장릉사보》, 1796년(서울대학교 규장각한국학연구원)

정업원은 讀書堂으로 사용되다가, 독서당을 頭毛浦로 옮긴 1517년(중종 12) 이후에는 빈 절로 남게 되었다. 중종은 정업원을 다시 세우고자 했지만 유생들의 반대에 부딪쳐 뜻을 이루지 못하다가, 1550년(명종 5) 3월에 재건하였다. 이때에도 유생들의 강한 반발이 있었기 때문에 정업원을 후궁들의 별처로 삼는다는 구실을 붙여 '仁壽宮'이라고 하였다. 선조가 즉위한 이후에는 유생들의 정업원 폐지 주장은 더욱 격심해졌다. 결국 1612년(선조 40)에 정업원은 폐지되고 다시 복건되지 못하였다.[64]

단종의 비 송씨 즉 정순왕후가 1457년 단종의 사망 이후 폐서인되어 낙산의 東望峰 아래 위치한 정업원에 머물며 날마다 동방봉에 올라 영월 쪽을 바라보며 애도하였다고 전한다. 1771년(영조 47)에 영조가 이 사찰 내

64 현창호, 〈정업원의 치폐와 위치에 대하여〉 《향토서울》 11, 1961.

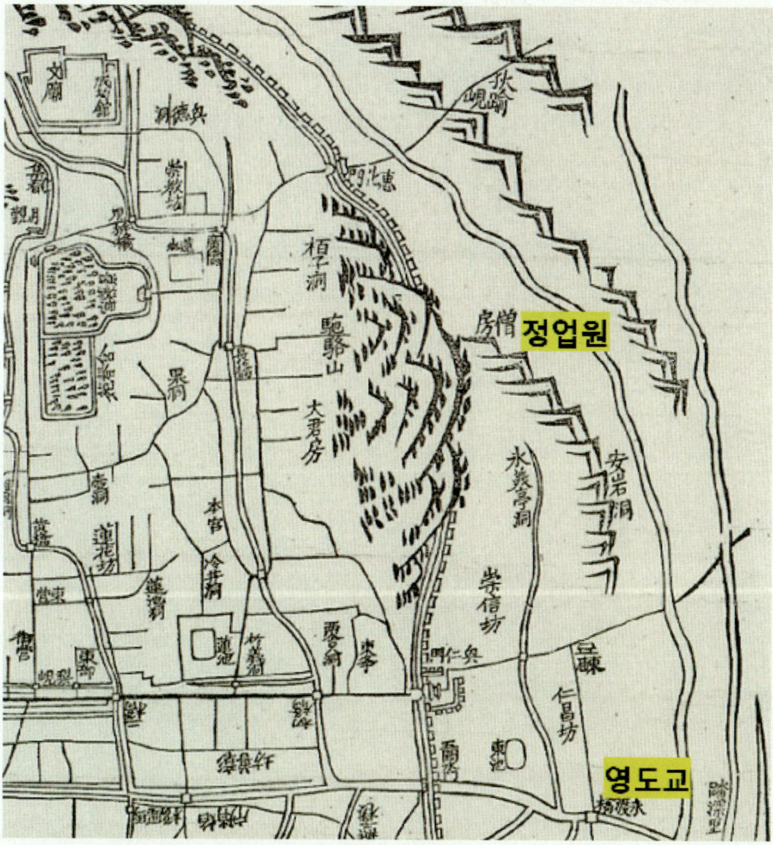

〈그림 21〉 〈수선전도〉 부분, 1840년대, 목판본(서울역사박물관)

에 淨業院舊基라는 비석을 세우고,〈그림 19〉 동망봉이라는 친필 표석을 세워 단종과 정순왕후를 기렸는데, 이때부터 이 절을 정업원이라 불렀다. 1796년 편찬된 《장릉사보》에는 〈淨業院圖〉가 포함되었는데, 동망봉 아래 영조가 세운 비각이 뚜렷하게 묘사되었다.〈그림 20〉 〈정업원도〉에 대한 내용에는 "정업원은 京都 흥인지문 밖 연미정동에 있다. 정순왕후가 일찍이 이곳에 거처하며 정업원 동쪽에 있는 동망봉에 올라 여기서 영월을 바라다보았으니 1771년(영조 47)에 정업원 구지에 비를 세워 비각을 건립하고 동망봉 위에 각석하여 그것을 표시하였다. 동망봉 아래에는 해평부원군 鄭眉壽가 받은 賜田이 있다."고 하였다. 창경궁 서쪽 정업원이 폐지된 지 160여년 후 동망봉 아래 절을 정업원이라 부르게 된 것이다.

1813년(순조 13) 화재로 소실된 정업원을 이듬해 승려 妙湛이 중수하였다. 1823년(순조 23)에는 純元王后의 병세가 깊어지자 부원군 김조순이 이곳에서 기도를 올렸는데, 왕후의 병이 나은 뒤 김조순은 이곳의 이름을 '靑龍寺'로 바꾸었다. 1853년(철종 4) 김조순의 아들 김좌근이 중창하였다. 19세기 중반 〈수선전도〉 우측 상단에 '僧房'이라고 쓰여 있는 곳 바로 아래가 정업원의 옛터이다.〈그림 21〉

(5) 동문 앞 문인 전별

〈東門送別圖〉는 1682년(숙종 8) 7월 공부좌시랑 俞瑒이 永平의 白雲山 아래 서실을 지어 놓고 병으로 벼슬에서 물러나려 하자, 벗인 예조판서 南龍翼과 이조참판 李翊相이 흥인지문 밖 관제묘에서 송별연을 열어준 것을 그린 일종의 기록화이다.〈그림 22〉 그림은 긴 횡권으로 제작되었고, 남용익의 서문이 그림 뒤에 있다.

술이 수차례 돌자 남용익이 이익상에게 沈約의 〈送友北上〉을 선면에 써줄 것을 청하였고, 고사에 의거하여 〈동문송별도〉를 제작하였던 배경을 남용익이 서문에 남겼다. 서문에는 유창이 말한 것을 인용하였는데, "인간이 진퇴, 출처 그 사이에 적의에서 귀하게 되면 족함을 알고 그치는 것보다 어려운 것이 없고, 인간이 헤어질 때를 자연 싫어하니 노년의 이별이 가장 어렵다네. 지금 공이 鐘漏를 경계하여 위욕의 경지를 벗어나게 하니 二疏의 그림을 계승하지 않을 수 없구나.[65] 지금 우리 나이가 거의 임박

〈그림 22〉〈동문송별도〉 부분, 1682년(서울대학교 규장각한국학연구원)

해 있어 이별의 때는 다시 오지 않으리니 심약의 시를 읊어 화합하지 않을 수 없네. 이 그림과 시를 짓는 것은 후인을 위함이니 朝衣를 입고 가마를 탄 이는 伴食宰相이 아니요, 野服을 입고 巾車를 타는 이는 현대부가 아니다."고 하였다.[66] 남용익은 공의 이번 행차는 登仙과 다르지 않으니 우리들은 부끄러워 죽고 싶다고 적고 있다. 그 뒤에 심약의 시운에 맞춰 유창이 〈次沈休文送友詩留別朝隱壺谷〉을 짓고, 심약의 〈송우북상〉 원운을 옮겨 적었다.

따라서 〈동문송별도〉에서 남용익과 이익상은 조복을 입고 있고, 밖에

65 鐘漏는 시간을 알리는 종은 울리고 물시계의 물방울은 다 떨어졌다는 '鐘鳴漏盡'의 준말로 老境을 비유하는 말이다. 二疏는 漢 宣帝 때 사람인 疏廣과 疏受의 叔姪을 가리킨다. 소광은 太子太傅가 되고 소수는 小傅가 되었는데, 사람마다 영화롭게 여겼다. 벼슬을 버리고 고향에 돌아갈 때 임금과 태자가 하사한 금으로 전답을 사지 않고 날마다 친척과 친구를 불러 잔치를 베풀었다.

66 伴食宰相은 당나라 玄宗연간에 개혁 정책의 선두에 항상 姚崇이란 어질고 현명한 대신이 있었는데, 요숭이 공석인 때 黃門監 盧懷愼이 그의 업무를 대행하면서 요숭의 가치를 비로소 깨닫고 이후부터 모든 일을 요숭에게 의지하여 결정한 것을 사람들이 풍자한 것이다. 賢大夫는《淮南子》,〈原道訓〉에 현대부 蘧伯玉이 나이 오십에 49년 동안의 잘못된 것을 깨달았다는 고사에서 유래한 것이다.

〈그림 23〉 정선, 〈동문조도〉, 18세기(이화여자대학교 박물관)

는 그들이 타고 온 초헌이 있다. 그리고 유창은 야복을 입은 모습으로 그가 타고 갈 가마는 관제묘 안에 세워져 있다. 화면의 중심을 이룬 동묘 뒤에는 이층 문루가 있는 흥인지문과 그 앞으로 옹성의 일부가 보인다. 동묘와 흥인지문은 이렇듯 조선 후기 문인들의 전별 장소로 종종 등장하였다.

정선이 그린 〈東門祖道〉의 '東門'은 흥인지문을, '祖道'는 먼 길 떠나는 이에게 베푸는 전별연을 의미한다.〈그림 23〉 흥인지문의 안쪽에서 청계천 五間水口로 이어지는 성곽을 근경으로, 노송림이 숲을 이룬 낙산 줄기와 한양의 외청룡인 낙산 줄기, 창신동의 동망봉은 검은 암산으로 표현하였다. 청계천변에 東池가 넓게 조성된 것이 보이며, 그 동편 평지에는 동관왕묘가 중앙에 자리 잡고 있다. 동묘에서 2시 방향으로 보이는 곳이 車峴이고, 원경으로 우뚝 솟은 산은 용마산이요, 그 오른쪽으로 희미하게 보이는 것은 남한산이다.

3) 성저십리의 서남부

성저십리의 서부는 도성과 용산, 서강, 마포 등의 나루를 연결하는 도로와 남대문, 서대문, 서소문에서 나와 사현, 홍제원을 거쳐 의주로와 연

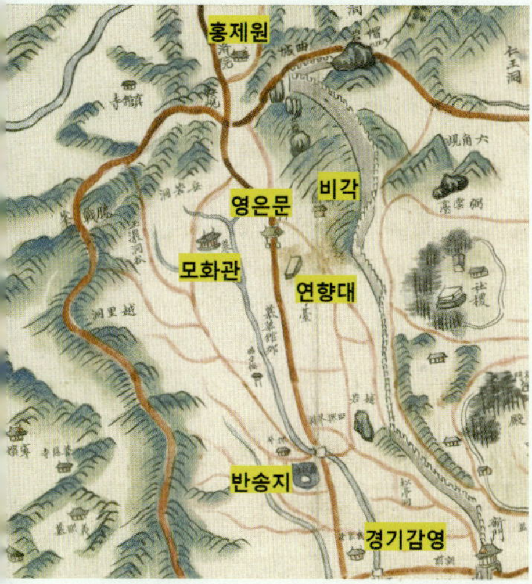

〈그림 24〉 성저십리 서부의 주요 사적 ,〈도성도〉 부분, 《여지도》(고4709-78), 18세기 후반(규장각한국학연구원)

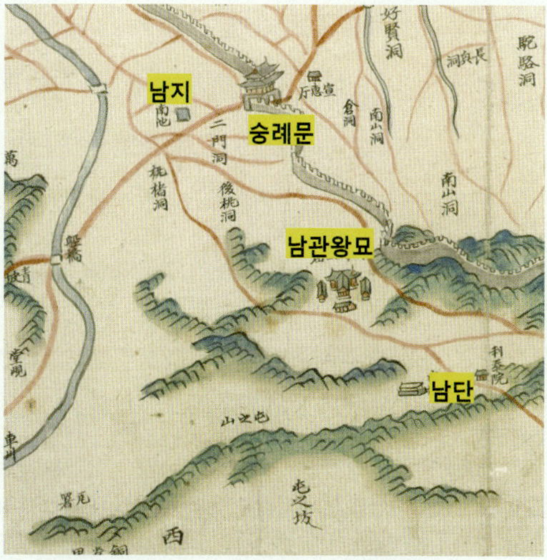

〈그림 25〉 성저십리 남부의 주요 사적, 〈도성도〉 부분, 《여지도》(고4709-78), 18세기 후반(규장각한국학연구원)

결된다. 따라서 중국으로 왕래하는 사행로였기 때문에 조서를 맞이하는 의식이 이루어지는 영은문과 모화관이 위치하였고, 무악으로 넘어가는 서교에서는 문인들의 전별연이 빈번하게 있었다.〈그림 24〉 또한 서부의 나루는 전국 조세와 물자 수송의 종착지로 지방의 강창과 연결되어 전국의 조세 수송망의 중심지 역할을 하였다.

한편 성저십리의 남부는 경복궁과 남대문을 연결하는 도로 안 도로망의 연장으로 청파역, 이태원, 전관원 등 역원을 매개로 형성되었다. 도로는 한강의 각 나루로 연결되어 성 밖에서 교통망이 가장 잘 발달한 지역이었다.〈그림 25〉 숭례문 밖 南壇은 풍운뢰우신을 제사하며 그 좌측에 중산천신, 우측에 성황신을 제사하였다. 또한 남교의 雩壇에서는 四時神과 후토신과 후직신을 제사하였다.

(1) 慕華館과 영은문

모화관은 중국사신을 맞이하고 전송하거나 군사훈련을 하던 곳으로 敦義門 밖 서북쪽에 위치하였다. 1407년(태종 7) 慕華樓를 건립, 1430년(세종 12) 慕華館이라 개칭하고 그 앞에 홍살문을 세웠다. 1536년(중종 31) 金安老의 건의에 의해 홍살문을 개축하여 雙柱 1칸의 석축에 靑瓦를 올려 '延詔門'이라는 현판을 걸었다. 그 후 1539년(중종 34) 명사 薛廷寵이 조서와 칙서가 다르다는 이유로 조서를 인도한다는 의미의 '延詔'를 고쳐 '迎恩門'이라 쓴 편액을 걸도록 하였고, 1606년(선조 39) 명나라 사신 朱之蕃이 와서 현판을 다시 썼다.[67] 모화관 앞 宴享臺는 임진왜란 때 중국에서 파견된 경리 양호와 만세덕이 군무를 보던 經理都監의 막차가 설치된 곳이었고, 평소에는 잔디가 깨끗하고 넓어 칙사를 맞이하고 보낼 때 어막을 여기에 설치하였다. 연향대 근처에 세워진 비각은 1597년(선조 30) 세운 명나라 경리 양호의 功德碑가 위치하였으나, 19세기에 혁파되었다.[68]

본래 碧蹄館에서 중국 사신들이 유숙하고 도성으로 바로 들어왔으나, 1648년(인조 26) 이후부터는 弘濟院에서 유숙하고 다음날 새벽에 경성에 들어왔다. 당시 사신 額哈이 弘濟院館을 설치할 장소를 圖形으로 만들어 접반사에게 곧 건축하도록 하여, 숭례문 내의 太平館과 仁慶宮을 철폐하고 남은 재목을 이곳에 옮겨 勅使가 留宿하는 관소를 지었다. 이후 沙峴 북쪽에 있던 조그만 정자는 없어지고 중국 사신은 홍제원에서 유숙하였다. 중국 사신 일행은 이곳에서 하룻밤을 유숙하며 공복으로 갈아입고 다음 날 모화관에서 迎詔儀禮를 마친 후 숭례문을 거쳐 관소를 들어갔다.[69]

67 《동국여지비고》 권2, 한성부, 모화관.

68 《大東地志》 권1, 한성부, 宮室.

69 이긍익, 《연려실기술》(별집) 권5, 事大典故, 詔使 ; 권16, 地理典故, 都城宮闕.

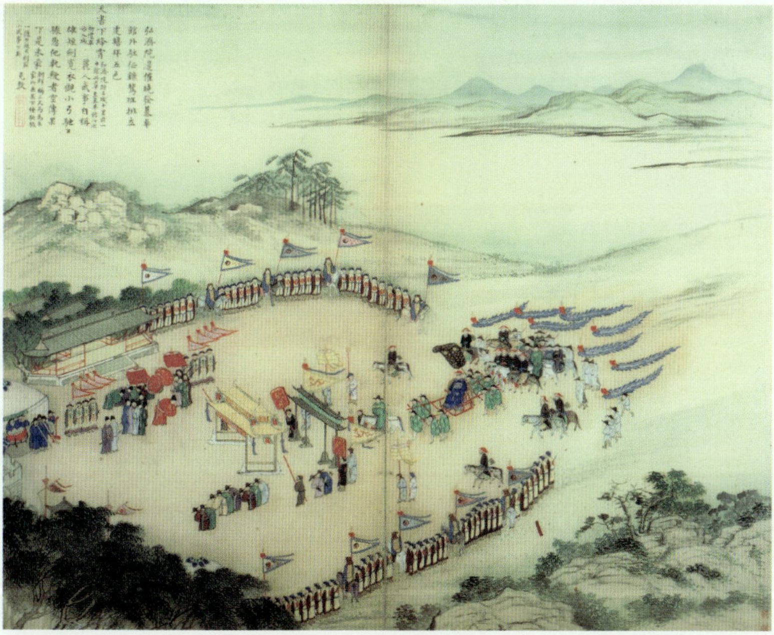

〈그림 26〉 모화관 영조의식, 《봉사도》 제14폭, 1725년(북경민족도서관)

《봉사도》의 제14폭은 1721년 모화관에서 청 황제의 칙서를 가져온 청사 阿克敦 일행을 맞이하는 왕세자의 迎勅書儀를 그린 것이다.〈그림 26〉 원접사로부터 서교에 청나라 사절이 도착하였다는 보고를 받으면, 왕은 百官을 거느리고 모화관에서 사신을 영접하였다. 모화관과 영은문의 위치는 19세기 제작된 《京畿監營圖》의 것과 비교했을 때 대체로 비슷하지만, 정면 3칸에 중첨 구조로 영은문의 실제 모습과는 거리가 멀고 중국의 牌坊을 변형시킨 형태이다. 영은문의 남쪽으로 黃帳殿과 欽差牌, 黃龍旗, 黃傘, 金立瓜 등 黃儀仗이 차례로 묘사되었다. 말을 탄 조선의 差使員이 칙서를 받들고, 청사 아극돈이 芭蕉扇이 늘어진 平轎子를 타고 들어서고 있다. 陰陽魚太極圖와 星座 문양이 복합된 오색기를 중심으로 사열한 군대는 한성부 西郊

〈그림 27〉〈모화관친림시재도〉《준천계첩》, 1760년(버클리대학교 동아시아도서관)

일대를 담당한 훈련도감 소속 군인으로 추정된다.[70]

〈慕華館親臨試才圖〉는 영조가 1760년 4월 23일에 모화관에서 각 軍門과 준천소 軍兵의 훈련 모습을 시찰하고 준천 사업에 참여한 군병을 격려하는 모습을 그린 것이다.〈그림 27〉 준천공사가 끝나고 약 1주일 후에 열린 이 행사는 창덕궁 돈화문 밖 서북쪽의 누각인 모화관에서 열렸다. 또한 활쏘기, 총쏘기 시합을 열어 성적에 따라 상을 내렸는데, 무려 4일 동안 계속되어 많은 사람들이 구경하였다. 화면 중앙의 모화관 내에는 영조의 어좌가 있고, 석축 위에 세운 영은문을 지나 그 앞으로 과녁이 준비되었고,

70 병조 관할의 훈련도감은 금위영, 어영청과 더불어 국왕호위와 수도방위의 핵심군영의 하나로 특히 모화관과 영은문 일대 肅靖門 동변 舞砂石에서 敦義門 북변까지 4,850步를 담당하였다(《영조실록》 권62, 영조 21년 7월 6일(병자)).

왼쪽 일부 과녁은 연항대 위에 설치되었다.

李春躋는 세종의 아들 영해군 李瑭의 10대손으로, 1731년 12월 進慰兼進香使의 부사로 정사 陽平君 李檣과 서장관 尹得和와 함께 연행하였다.[71] 이때 정선이 그려준 〈西郊餞儀圖〉가 국립중앙박물관에 소장되어 당시 서교에서 이들의 전별 정황을 알 수 있다.[72] 화면 좌측 상단에는 "西郊餞□ 辛亥季冬作"이라 쓰고, 백문방인으로 겸재의 호인이 찍혀 있어 1731년 12월 전별 당시 그린 것임을 알 수 있다. 화면은 사절단의 한양 출입을 위한 관문 구실을 했던 무악재로 접어드는 모습으로 당시 모화관과 영은문 그리고 전별이 이루어진 연향대에 설치한 막차가 보인다. 장막 안에는 전별을 위해 먼저 당도한 지인들이 보이고 이춘제와 연행사 일행이 말을 타고 막 진입하는 장면을 묘사한 것이다.

趙文命의 《鶴巖集》의 〈西郊餞別〉을 통해서도 조정에서 사폐한 후 사절단이 서교의 영은문 주변에서 가족 및 친지들과 이별하며 당부의 말을 주고받으면서 서로 돌아서서 울먹이며 말을 재촉하는 소리 길고, 帷幕을 파하고 떠나는 軒車가 아득하게 재 너머로 흩어지는 정황을 살필 수 있다.[73] 서교는 중국 사신이 조선에 올 때면 국왕이나 왕세자가 백관을 거느리고 사신을 맞았던 곳으로 화면에는 모악산 자락 아래로 비교적 높은 위치에

71 《영조실록》 권30, 영조 7년 12월 26일(을묘).

72 이춘제는 한성부 북부에서 태어나 인왕산 아래 옥류동에서 살았던 정선과 친교하였고, 1740년 인왕산 동쪽에 지은 자신의 三勝亭과 정자에서 조망한 한양 모습을 묘사한 〈삼승조망도〉를 정선이 그려주기도 하였다. 정자의 승경이 사천 이병연의 시와 겸재 정선의 그림을 만나 삼승을 갖추게 되었다고 하여 붙인 이름이었다(조현명, 《귀록집》 〈西園小亭記〉).

73 조문명, 《鶴巖集》 册二, 詩/燕行錄, 西郊餞別, "文書查後一行齊 延詔門邊各解携 面面親知前致語 依依家屬背含啼 唱驪歌短悲風遠 勸馬聲長落日低 回首離亭帷幕罷 軒車杳杳散平堤."

〈그림 28〉 박제신, 〈서교전별〉, 1826년(개인)

모화관이 담장을 둘러 위치하였고, 영은문은 거리를 두고 큰길에 서있다. 그리고 안산 무악재로 진입하는 길목에 유막이 설치되어 당시 서교의 주요 건축물의 면모를 자세히 살필 수 있다는 점에서도 의의가 있다.

小香館 朴齊臣의 〈西郊餞別〉은 담헌 홍대용의 손자인 洪良厚가 1826년 연행사의 일원으로 청나라에 갈 때 서대문 밖에서 배웅하는 모습을 그린 작품이다.〈그림 28〉 박제신은 정조 때 우의정을 지낸 朴宗岳의 손자로 선조들의 인연이 世交로 이어진 것을 알 수 있다. 안현을 배경으로 모화관이 있고, 그 맞은편에 연향대가 있으며, 홍제원으로 연결되는 큰길에 영은문이 서있다.

(2) 盤松坊과 西池

모화관 남쪽에 위치한 西池에서는 가물 때 비를 빌면 영험이 있었다. 서지 근처에 盤松이 수십 步를 덮었는데, 일찍이 고려 국왕이 한양에 행차하였다가 여기서 비를 피하였다. 조선 초기에도 그 소나무가 그대로 있어서 盤松池라고 하였다. 반송방이란 명칭도 이곳에 반송의 그늘이 수십 보 덮었던 데서 연유한 것으로, 盤松이 있는 곳에 정자를 세워 반송정이라 하였다.

17세기 도성에서 연꽃놀이로 유명한 곳은 남산 밑에 있던 南池였으나, 李胤永이 1745년 서지에서 이인상과 송문흠 등과 연꽃을 감상하며 문회를 가졌고,[74] 정조가 《國都八詠》에 〈盤松賞蓮〉을 포함시키면서 西郊에 인접하여 送客의 이미지가 강한 반송방에 대한 인식을 賞蓮 장소로 바꾸게 되는 계기가 되었다.[75] 이후 18세기 후반 채제공, 신광수, 정범조 등 20여 인이 결성한 詩社와 1794년 젊은 남인 출신 관료들이 결성한 竹欄詩社도 서지에서 시회를 하였으며, 19세기 성대중도 벗들과 서지를 찾아 시를 지었다.

사복시에서 관리하던 대궐의 제주마를 사복시정이 매달 반송지로 직접 데리고 가서 洗馬하였는데, 세마 행렬은 대장기를 앞세우고 북 치고, 피리 불며 도성 남문을 통과하여 서지에 이르기까지 장관을 이루었다.[76]

한편 경기감영의 新營이 돈의문 서쪽에 있고,[77] 조금 돌아 天然亭이 있

74 간송미술관에는 이때 이윤영이 서지의 연꽃을 그린 것에 이인상이 발문을 쓴 〈西池白蓮圖〉가 남아 있다. 이순미, 〈단릉 이윤영(1714-1759)의 회화세계〉 《미술사학연구》 242~243, 2004, 265·267쪽.

75 김지현, 〈18세기 문화·예술 공간으로서의 반송방〉 《서울학연구》 67, 2017, 111~127쪽.

76 정두경, 《동명집》 권9, 칠언고시, 〈洗馬歌〉.

어 巡安使가 賓僚를 이끌고 여기서 잔치를 하거나 중국으로 사행하는 사신들이 왕래할 때 卿士大夫가 송별연을 베풀어 영접하고 전송하기도 하였다. 천연정은 본래 李海重의 별장으로, 도성 근교의 연못 중 서지가 제일 넓고 연꽃이 무성하여 이백의 시구 중 "천연스러워 꾸밈이 없다[天然去雕飾]."는 뜻을 취하여 정자 이름을 천연정이라 하였다. 華峴이 紫閣峯과 함께 좌우 배경을 이루고, 西城이 앞을 두르고 백악은 성 위에 절반만 드러나 주변 승경이 매우 빼어났다. 천연정은 1793년에 창건되어 1836년 중수되었고 경계에 버드나무를 심었으며,[78] 19세기에 경기감영의 中營에 귀속되었다.[79] 문인들은 천연정에서 여름에 연꽃 구경하며 시회를 자주 가졌는데, 1873년 7월 14일 경기도관찰사 민태호의 초청으로 북촌 사는 문인들 20여 인이 모여 시회를 가졌으며,[80] 서영보와 신위 등이 여기 모여 시회를 하였다. 이윤영도 화병의 서지 연꽃을 주제로 시를 쓰고, 이인상과 임우도 함께 그 시에 차운하였다.[81]

(3) 남지의 기로회

南池는 도성의 남대문인 숭례문 밖에 있었다. 1482년(성종 13) 한명회가 경성의 주산은 火山이므로 도읍을 정할 때 모화루와 숭례문 밖에 연못을 파 그 기운을 눌렀다고 전한다. 姜浚欽은 한양 도읍을 정할 때 풍수에 의

---

77 경기감영 입지의 변화에 대해서는 이선희, 〈조선 후기 한성부 내 京畿監營의 입지 연구〉《서울학연구》45, 2011, 143~172쪽 참조.

78 김정희, 《완당전집》 권6, 記, 〈天然亭重修記〉.

79 유본예, 《한경지략》 권2, 명승.

80 김윤식, 《운양집》 권2, 詩, 北山集, 〈七月十四日閔杓庭觀察邀飮天然亭賞荷花北村詩友會者二十餘人〉.

81 이윤영, 《丹陵遺稿》 권12, 〈西池賞荷記〉.

한 火氣를 진압하기 위해 돈의문 밖에 서지를, 숭례문 밖에 남지를 팠던 역사적 사실을 말하며 서지와 남지가 한양의 눈동자처럼 보인다고 하였다. 남지를 비롯해 동지와 서지 등 성저십리의 주요 연못은 모두 掌苑署에 소속되었다. 여기서 생산되는 연밥을 수확해서 御供으로 사용하였다.

숭례문 밖 남지는 과거 김안로의 집터를 적몰한 것이었다. 〈南池耆老會圖〉는 1629년(인조 7) 6월 5일에 남지에 모두 11인의 耆老가 숭례문 밖의 남지 옆 첨지 洪思斅의 집에 모여 연꽃을 감상한 것을 기념하여 화원 李起龍이 그린 것이다.〈그림 29〉 화면 아래 참여한 인물들의 좌목에 의하면 관직보다 나이 순서로 적혀 있고, 모임은 68세의 沈惀을 제외하고 李好閔, 李貴, 徐渻 등 71세에서 81세 연령대의 정1품 숭록대부에서 정3품 통훈대부에 이른 기로들로 구성되었다.[82] 이귀는 기로들이 어릴 때부터 친구들로 늙어서도 왕래하는 행운을 가진 것을 후에 전하기 위해 그림으로 남길 것을 제안하였다.[83] 그림에는 좌측 안쪽부터 李麟奇, 李惟侃, 尹東老, 이호민, 李勸, 홍사효, 姜絪, 이귀, 서성, 姜紞, 심논이 참여하여 11인이 되었고, 柳舜翼은 좌목에만 이름을 올리고 참석하지 못하였다. 자제들이 回文을 돌려 비용을 만들어 제작한 그림 12본이 6월 29일 장황되어 납품되었고, 이에 이유간을 동행했던 아들 이경석이 나이순으로 기로와 함께 참여한 자제들

82 송나라 때 文潞公 文彦博이 西京留守로 있으면서 당나라 白居易의 九老會를 모방하여, 당시의 원로 명재상인 富弼과 司馬光 등 學德이 높은 13명의 노인들과 함께 洛陽耆英會를 결성하였는데, 사마광이 일흔이 못 된 나이로 특별히 참석했던 고사에 근거한 것이다(《石渠寶笈》 권35, 宋人耆英會圖).

83 제공의 子弟들이 侍從하였는데, 이유간, 이권의 자제는 2명, 홍사효, 이귀는 3명, 서성의 자제는 4명이 동행하였다. 자제들 중 관직이 높은 사람은 예조판서 이경직, 좌승지 서경우, 達城都尉 서경주 등이 포함되었다. 이인기의 자제인 청흥군 이중노(1577~1624)는 이괄의 난을 진압하다 전사하여 참여하지 못했지만, 좌목에는 기록하였다.

〈그림 29〉 이기룡, 〈남지기로회도〉 부분, 1629년(서울대학교 박물관)

의 이름과 관직을 좌목에 기록하였고, 李景稷이 서문을 썼다. 또한 이조판서 張維가 제시와 발문을 썼다.[84]

이후 각각의 집에 소장되던 기로회도가 1691년(숙종 17) 유일하게 이인기의 5세손 李構의 집에만 전하여 重摹하였는데, 대전역사박물관 소장 화첩에는 박세당이 발문을 적었다.[85] 한편 서울대학교 규장각한국학연구원 소장 《參議公賜宴圖帖》에 포함된 〈남지기로회도〉는 장유의 후손이 1817년

84 장유, 《계곡집》 권31, 七言律詩, 〈題耆老諸公南池賞蓮會圖〉.

85 박세당, 《서계집》 권8, 題跋, 〈書南池耆老會圖後〉.

구입한 기로회도를 서성의 8세손 서정보가 1828년 중모하고, 기문을 남긴 것이었다.[86]

남지는 기우제를 지내던 곳으로 위치가 경성의 남쪽에 치우쳐 남인들에게 응험이 있었다고 전하였다. 그러나 세월이 지나면서 18세기 말에는 연못물이 고갈되어 그 터가 습지로 남았으나, 1823년(순조 23) 성문 밖 유지들의 뜻을 모아 복구하였다.[87]

3. 京江의 문화공간과 명승

1) 明使의 한강 유람

경강은 한성부의 행정구역에 포함된 광진에서 양화진까지의 강줄기를 일컫는 명칭이었다. 즉 한성부를 끼고 도는 한강 지역, 즉 광진, 삼전도, 서빙고진, 한강도, 동작진, 노량진, 마포진, 서강진, 양화진에 이르는 구간을 말한다. 경강을 삼강이라 부를 때는 한강, 용산강, 서강이 포함되었고, 18세기 중엽부터 경강 주변 상업공간이 확장되면서 마포, 망원정을 포함하여 오강이라 불렀고, 18세기 후반부터 두모포, 서빙고, 뚝섬을 포함하여 팔강이라 불렀다.[88]

86 남지기로회도의 제작 경위와 현존 작품에 대해서는 위순선, 〈조선시대 남지기로회도 연구〉 동아대 석사학위논문, 2002, 14~24쪽 ; 윤진영, 〈이유간(1550~1634)의 〈蓮池會始終事實〉과 남지기도회도의 전승내력〉《장서각》 8, 2002, 55~91쪽 참조.

87 이규경, 《오주연문장전산고》 6책, 經史篇, 論史類, 論史, 里門興仁門辨證說.

88 경강의 명칭변화에 대해서는 고동환, 《조선 후기 상업발달사연구》, 지식산업사, 1998, 217~222쪽 참조. 조선시대 한강은 좁은 의미에서는 목멱산을 끼고 도는 한강진 주변의 물길을 일컬었고, 넓은 의미에서 그 원류인 남한강 발원지부터 북한강이 흘러 서

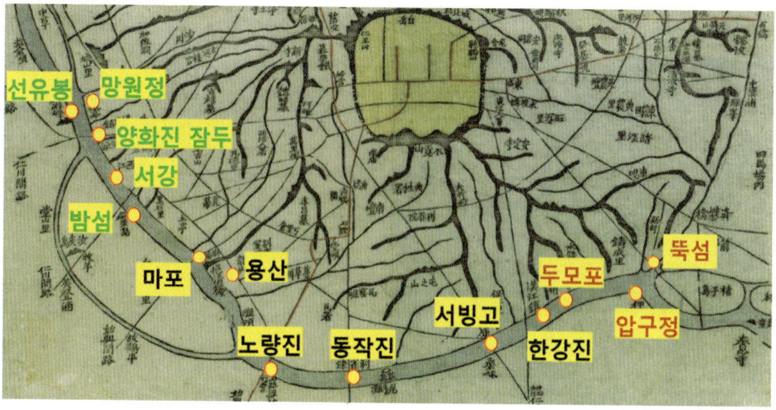

〈그림 30〉 한강의 주요 지명, 〈경조오부〉의 한강 부분, 《대동여지도》(한국학중앙연구원 장서각)

조선 초 漕運制가 정비되면서 도성을 끼고 흐르는 경강 일대에는 조운을 통해 올라오는 조세·공물 등의 각종 국가적인 물류를 하역하고 보관하는 豊儲倉, 廣興倉, 軍資監 등의 창고가 건축되었다. 마포에는 魚鹽, 서강과 용산에는 곡물, 뚝섬에는 목재가 집산되었고, 용산·마포·서강·뚝섬·두모포 등지를 중심으로 稅穀船의 집결지이자 교역의 거점으로 商船들의 상업기지가 형성되었다.〈그림 30〉[89]

또한 한강변은 도성과 거리가 가깝고, 풍광이 아름다워 왕실과 종실들의 별서와 누정을 중심으로 아회와 船遊가 동반되었다.[90] 제천정, 망원

해로 들어가는 祖江까지 통틀어 일컬었다. 본문에서 사용한 '한강'은 한성부의 행정구역에 포함된 경강의 의미로 한정한다.

89 박평식, 〈조선 전기의 도성상업과 한강〉《서울학연구》 23, 2004, 78~88쪽.

90 마포에 안평대군의 거처, 鄭士龍의 별서, 林億齡의 별서가 있었고, 용산에는 효령군 별업이, 서강에는 前司直 朴因의 집 등 종실을 비롯한 그들의 척족, 별서 등이 있었다(고동환, 〈조선 후기 경강지역 행정편제의 변동과 인구추세〉《서울학연구》 24, 2005, 1~30쪽).

정, 낙천정, 성덕정 등 관영 누정이 모두 한강변에 입지하였다.[91] 한편 사대부들에게는 別墅地와 寓居地로 각광을 받았다.[92] 한강의 주요 명소로 仙遊峰, 蠶頭峰, 楊花津 등 경치 좋은 곳이 많아 명나라 사신들이 오면 조정에서는 으레 경치 좋은 이곳으로 인도하여 詩酒를 즐기며 선유하였다. 가장 이른 시기에 제작된 한강 그림은 바로 서강나루 일대의 정경을 담은 그림으로, 한강 중에서도 西湖 일대가 한강을 대표하는 상징적 의미를 담고 있었다고 볼 수 있다. 조선 전기에는 한강 그림이 왕의 하사품으로 제작되거나, 명나라 사신접대 차원에서 漢江遊覽圖가 증정용으로 그려지기도 하였다.[93]

명 한림원 수찬 朱之蕃과 예과 급사중 梁有年이 1606년 2월 한강을 유람하고 주지번 일행의 한강유람을 그린 병풍을 제작하였다.[94] 이와 같은 명사의 한강유람과 관련하여 참고할 수 있는 작품이 국립중앙박물관 소장《行幸圖》이다. 이 작품이 주지번의 한강유람을 그린 것이라 단정할 수는 없지만, 적어도 당시 제작되었던 명사의 한강유람과 관련한 병풍 그림의 내용이나 형식을 추정할 수 있기 때문이다.

그림은 총 4폭 병풍 형식으로 亭子船을 타고 한강 일대를 유람하며 강안 풍경을 감상하며 연회를 베풀어 明使를 접대하는 광경을 그린 것이다.[95] 주변 강안과 원산의 처리에서 절파화풍이 뚜렷하게 나타나는데, 특

91 망원정은 원래 양화진 東岸에 위치한 양녕대군의 喜雨亭으로, 1464년(세조 10)과 성종연간, 1518년(중종 13)에도 이 정자에 국왕이 친림하여 水戰을 관전하였다.《대동지지》권1, 한성부, 樓亭.

92 박의제, 〈조선시대 서울 누정의 조영특성에 관한 연구〉《서울학연구》3, 1994.

93 《중종실록》권84, 중종 32년 3월 17일(병신).

94 尹暄,《白沙集》卷下, 〈漢江遊畵〉.

95 이 작품의 제목이나 연대를 추정할 수 있는 정확한 근거는 병풍에 나타나 있지 않다. '行幸圖'라는 화제는 후에 임의로 붙여진 것으로 보이며, 行幸은 왕이나 황제가 궁 밖을 遊行하는 것을 의미하지만, 여기서는 명 황제의 使者로 조선에 파견된 明使를 높이

히 제2폭 양화진 일대 잠두봉을 묘사한 부분 중 독특한 암봉을 묘사한 흑백의 명암대비에서 두드러진다. 또한 제2폭과 제3폭에 명사가 탄 한강 유람을 위한 정자선의 모습이 비교적 사실적으로 묘사되어 조선 전반기 명사를 접대하기 위해 한강에 띄운 정자선의 전모를 볼 수 있는 보기 드문 사료이다.〈그림 31〉

명나라 사신들을 접대하기 위해 한강에 띄우는 배는 '浮金'이라는 정자선으로 선상 공연과 음식을 제공하기 위한 화려한 누각 형태의 선실이 있는 접대용 선박이었다.[96] 배는 갑판과 같이 평평한 바닥을 만들고 그 위에 붉은 기둥을 세워 합각지붕 형태를 모방한 초옥을 이고 그 양옆에 차양을 길게 쳐서 공간을 넓게 조성하였다. 정자 내부에는 오사모에 붉은 공복을 입은 明使 두 명이 탁자를 앞에 두고 좌정하였는데, 《관반제명첩》에 나타나는 명사의 복식과 일치한다. 그 우측 옆으로 관반들이 한 줄로 정렬하여 중앙 무대를 향해 앉았다. 무대에서는 舞童의 공연이 한참 진행되고 그 뒤 정자 우측 차양 아래 열을 맞춰 앉은 악사들이 음악을 연주하고 있다. 정자 밖 차양 좌측에서는 사신에게 접대할 음식준비로 분주하고 선두와 선미 그리고 관반들 주위로 역원들이 조용히 앉거나 서서 대기하고 있다. 명사들과 관반이 타고 있는 대규모 정자선 주위로 차양을 친 대여섯 척의 소규모 배에는 공복을 갖춘 나머지 관반을 나눠 태우고 이동하였는데, 동원된 관반의 규모만으로도 당시 조선에서 명사에 대한 각별한 예우

는 의도가 내포된 듯하다.

96 《중종실록》 권84, 중종 32년 3월 14일(계사). 조선에서 정자선은 대동강과 한강 등에서 띄워졌는데, 그중 대동강변의 정자선에 대해 공용경과 오희맹 일행은 '乘碧亭'이라 명명하였다. 평양 대동강에 띄웠던 정자선은 국립중앙박물관 소장 傳 김홍도《平壤監司饗宴圖》 중 〈月夜船遊圖〉에 보이는 정자선의 모습을 참고할 수 있다.

〈그림 31〉《행행도》 병풍 제3폭, 17세기 초(국립중앙박물관)

〈그림 32〉《행행도》 병풍 제4폭, 17세기 초(국립중앙박물관)

를 짐작할 수 있다. 제4폭은 濟川亭에서 국왕이 명사에게 보낸 선온을 준비하는 모습으로 막차 아래에서 사신을 맞이하기 위해 분주한 조선의 접반사 일행이 보인다.〈그림 32〉 제천정은 한강진에 위치하여 명사들이 이곳에서 遊賞하거나 문인들의 전별연 장소로, 1558년(명종 13)에 국왕이 이곳에서 水戰을 관람하기도 하였다.[97] 조선 전기 한강의 희우정과 제천정 일대에서 진행된 수전은 三軍으로 나누어 매 軍船에 30여 명의 水軍을 태우고, 또 배 3~4척에 허수아비를 태워가상 敵軍으로 삼고 走火·蒺藜砲를 쏘아 격침시

〈그림 33〉〈제천정전별연도〉《무진추한강음전도》, 1508년(한국국학진흥원)

키는 훈련이었다. 임진왜란 때는 도원수 김원명이 군사 1천여 명을 이끌고 제천정에서 주둔하였는데, 이때 왜적의 포환이 정자 위에 떨어져 파괴된 것으로 보인다.[98]

이러한 정황은 1508년 가을 연천군수로 떠나는 李賢輔를 전송하기 위해 벗들이 제천정에서 열어준 송별연회 때 그려진 〈戊辰秋漢江飮餞圖〉에는 정자 구조가 정확히 그려져 있으나,〈그림 33〉 17세기 전반 제작된 것으로 보이는 《행행도》에는 정자는 없어지고, 차일을 쳐서 연회를 준비하였던 데서 확인된다.

97 《대동지지》 권1, 한성부, 樓亭.

98 《국조보감》 권31, 선조조 8, 25년 5월.

2) 조선 전기 한강의 계회 공간

(1) 동호 독서당 계회

세종대 변계량에 의해 입안된 賜暇讀書制는 학문 진작과 국가에서 필요로 하는 문학적 재능을 가진 인재 양성을 목표로, 원래 詞章學이 중심이 되었으나 사림의 힘이 커지면서 經學이 점차 중시되었다.[99] 그러나 중국 사신의 접대를 위해 여전히 사장에 능한 인재의 배양이 필요했기 때문에 사가독서제가 존치하게 되었다.[100]

세종대와 문종대 사가독서는 津寬寺, 藏義寺 등에서 이루어졌다. 1442년(세종 24) 박팽년, 이개, 성삼문, 하위지, 신숙주, 이석형 등 6인이 삼각산 진관사에서 사가독서를 하면서 자주 시회를 가졌다. 1476년 채수, 권건, 허탐, 유호인, 조위, 양희지 등이 선발되어 장의사에서 사가독서를 하게 되었는데, 이를 그림으로 그린 것이 〈賜暇讀書藏義寺圖〉이다.[101] 이후 1483년(성종 14) 폐사한 龍山의 작은 암자가 公廨로 편입되어 폐지되자 이를 홍문관에 소속시켜 사가독서의 장소로 삼았다.[102] 1488년 이의무, 이승건, 허집 등이 이곳에서 사가독서를 할 때 김종직이 찾아가 배를 타고 노닐면서 시회를 가졌다.[103]

1492년(성종 23) 독서당 건물을 세우기 시작하여 1494년(성종 25) 5월 12일 20칸 규모로 낙성식을 갖고 湖堂이라 불렀다. 1493년 신용개, 김일손, 강혼, 최숙생 등이 사가독서에 선발되어 한강 일대를 유람하였다.

99 《세종실록》 권39, 세종 10년 3월 28일(경술).
100 이종묵, 〈사가독서제와 독서당에서의 문학 활동〉《한국한시연구》 8, 2000, 5~44쪽.
101 《대봉문집》 권4, 부록 하, 諸賢寄贈[金宗直], 題賜暇讀書臧義寺圖.
102 《속동문선》 권14, 曺偉, 〈독서당기〉.
103 《점필재집》 권20. 〈시집〉.

1504년(연산군 10)에 사가독서제가 폐지되고, 1510년(중종 5) 다시 시행될 때까지 임시로 정한 사가독서 장소는 정업원이었다. 이후 豆毛浦 月松庵 인근의 齊安大君의 정자 流霞亭을 수진궁에 귀속시키고, 독서당의 건물로 사용하였다.[104] 1515년(중종 12) 동호 독서당이 완공되었다. 독서당은 正堂, 南樓, 上房 등의 중심 건물이 있었다. 건물 내부에는 사가독서를 한 이름난 문인들의 글씨가 걸려 있었고, 건물 밖 정원에 연못과 꽃나무가 아름답게 꾸며져 있었다. 남루 북편에는 寢房이 있었고, 독서당 서편으로 흐르는 맑은 개울이 소리 내어 흘렀다.[105] 그 후 독서당에는 1552년 남루 동편에 文會堂이 들어섰고, 1587년 8월 25일 다시 남루 서북쪽 못 위에 건물이 하나 더 지어졌다. 이후 독서당에서 독서하고 詩會를 즐기면서 계회도가 본격적으로 제작된다.

독서당에서 계회는 중종 때 가장 활발하였다. 1531년경 제작된 〈讀書堂契會圖〉는 산수를 중심으로 독서당 건물의 대부분을 연무로 처리한 것과 달리,[106] 1570년(선조 3)에 제작된 작품은[107] 독서당이 자리하고 있는 응봉과 독서당을 근접해서 포착하여 화면 중앙에 경물을 집중시키는 새로운 구도와 공간개념을 제시하였다.〈그림 34〉, 〈그림 35〉[108] 동호독서당은 남산의 끝자락인 응봉 근처 경사지에 젊은 文臣에게 휴가를 주어 독서에 전념하도

104 《여유당전서》 제1집, 권4, 〈夏日遣興〉.

105 독서당의 모습은 1552년경 쓴 尹鉉,《菊磵集》卷上, 雜著, 湖堂記 참조.

106 1531년경 제작된 〈독서당계회도〉는 장옥, 홍서주, 허자, 임백령, 송인수, 송순, 주세붕 등 12명의 계회장면을 그린 것이다.

107 1570년경 제작된 〈독서당계회도〉는 1567년부터 1570년 사이 사가독서한 윤두수, 정유일, 정철, 구봉령, 이이, 이해수, 신응시, 홍성민, 유성룡 등 문인의 이름이 적혀 있다.

108 박은순, 〈16세기 독서당계회도 연구 - 풍수적 실경산수화에 대하여〉《미술사학연구》212, 1996.

〈그림 34〉〈독서당계회도〉 부분, 1531년(개인)

〈그림 35〉〈독서당계회도〉 부분, 1570년(서울대학교 박물관)

록 한 인재양성책의 하나인 사가독서제를 위해 선정된 곳이다. 임진왜란 때 동호독서당이 소실되면서 사가독서제도 폐지되었다.[109] 李湜은 터만 남은 독서당을 늙은 독서당 아전에게 전해들은 내용을 다음과 같이 고증하였다.

> 독서당은 산허리에 있다. 강에서 소 울음소리가 들릴 만큼 가까이 있어 아래로 내려다보면 마치 집 바로 아래 있는 듯하다. 개울이 좌우 벼랑을 따라 흘러오는데 네 줄기이다. … 독서당 북쪽에 토봉이 하나 둥그렇게 솟아 있고, 그 위에 소나무가 있는데, 망호정이다. 정당은 모두 12칸인데, 오른쪽 西上房 3칸이 있고, 앞에 누각 3칸이 있는데 南樓이다. 왼쪽에 동상방 3

109 尹鉉,《菊磵集》의 〈湖堂記〉를 통한 16세기 전반 동호 독서당의 위치와 구조에 대해서는 이종묵, 〈윤현과 16세기 동호독서당〉《한국문화》70, 2015, 123~159쪽 참조.

칸이 있고, 앞에 文會堂 8칸이 있는데 누각과 방이 있다. 지세가 편평하게 아래로 뻗어 동방에서 그 집을 굽어보게 된다. 정당과 동방 사이 장서각 2칸이 있고, 기둥을 이어놓고 벽을 떼어 놓았다. 그 북쪽에 報漏室이 있고 그 북쪽에 測影臺가 있는데 시각을 기록하여 독서의 과제를 일깨우기 위한 것이다. 서편 담장 밖에는 바위를 따라 길이 아래로 나있다. 물을 끌어당겨 연못을 만들었는데, 수백 보 둘레인데 정자 3칸이 있다. 북쪽에 삼층 계단이 있는데 꽃나무를 심은 곳이다. 서방 담장 안에 주방 3칸이 있고, 동쪽 담장 너머 마구간 3칸, 서리의 방 3칸, 대문 1칸이다. 문아래 수십 걸음 가면 또 물을 끌어당겨 연못을 만들고 그 위에 작은 정자 2칸이 있는데 외부 손님을 기다리게 하는 곳이다.[110]

독서당은 임진왜란 때 폐지하였다가 1608년(선조 41) 유근의 건의로 다시 사가독서를 시행하면서 임시로 한강의 別營을 수리하여 독서당으로 삼았다. 그 후 1655년(효종 6) 폐허된 독서당이 중건되었으나, 독서당은 예술공간으로 큰 의미를 갖지 못하였다. 숙종 연간에도 사가독서제가 네 번 시행되었고, 1709년(숙종 35)을 마지막으로 폐지되었다. 1781년(정조 5) 유하정을 규장각에 하사하고, 전례에 따라 3월과 9월 두 차례 내각 관원에게 휴가를 주어 풍류를 즐기며 독서하게 하였다.[111]

(2) 서호의 관원 계회

현전하는 조선 전반기 한강도는 한강변에서 관료들의 계회장면을 그

110 이종묵, 앞의 논문, 2000, 33쪽 참조.
111 《한경지략》 권1, 궐내각사, 내각.

린 강변계회도류가 대부분이다.[112] 전술한 바와 같이 조선시대의 문인들은 이른 시기부터 契를 결성하고 연회를 갖기를 좋아하여 연회 문화가 매우 이른 시기부터 발달하였다. 강변의 승경지 또는 누정에서의 모임과 연회, 전별연 등은 당시 문인과 관료들 간에 유행한 풍류의 하나로 관습이 되었다. 이러한 계회도류의 그림이 당시 모임을 기념하기 위한 그림이지만 실제의 경관을 대상으로 그린 것이기 때문에 조선 전기 한강도의 특성을 반영하고 있다.

관원들이 한강에서 함께 詩酒와 승경을 즐기는 모습을 기념하거나 왕공사대부들의 별서와 그 부근의 승경처를 그림으로 남기는 등 그 제작에서 참여자들의 동류의식을 부각시킨 것이 특징이다. 특히 양화진 근처에는 조선 문인들이 別業을 짓고 교유하며 많은 시문을 남겼는데, 徐明膺이 그의 저서《保晩齋集》권1에서 西湖十景을 읊은 것이 유명하다.

조선시대 한양 근교의 제일가는 명승지였던 西湖의 경관, 즉 마포에서 서강 양화진 일대를 담은 실경산수화로는 蠶頭峯 계회를 그린 여러 점이 전한다. 잠두봉은 도성에서 양천·김포 방향으로 나가는 큰 나루터였던 楊花渡의 東岸에 우뚝 솟아있는 석봉을 일컫는다. 또한 강 건너 맞은편 나루터 옆에는 仙遊峯이 잠두봉과 서로 마주하고 있어 강산이 조화를 이루며 절경을 자랑하는 곳이었다.

잠두봉에서 바라본 서호의 경치를 그린 작품은 1583년 〈槐院長房契會圖〉와 1586년경 〈禮曹郎官契會圖〉, 1586년과 1589년 〈通禮院契會圖〉, 1606년에 그려진 〈金吾契會圖〉와 1630년대에 제작된 〈宣傳官契會圖〉 2점, 1620년

112 박은순, 〈조선 초기 강변계회와 실경산수화 : 전형화의 한 양상〉《미술사학연구》 221·222, 1999 ; 박은순, 〈조선 초기 한성의 회화 -신도형승·승평풍류-〉《강좌미술사》 19, 2002 참조.

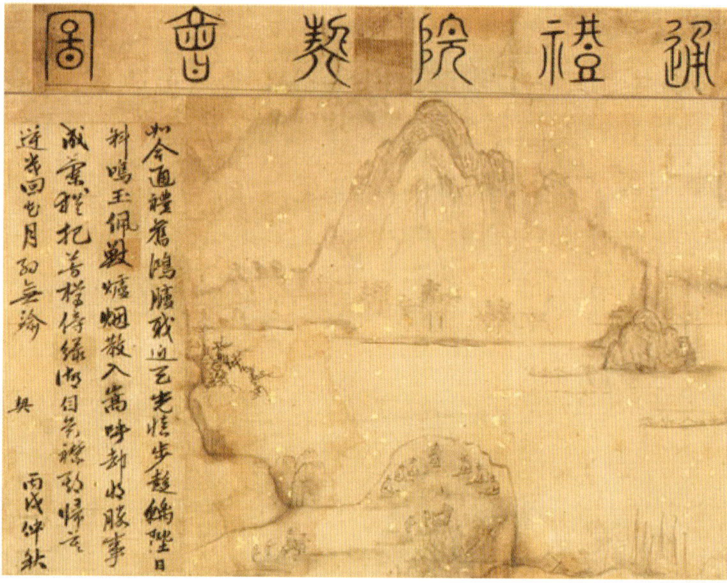

〈그림 36〉〈통례원계회도〉 부분, 1586년(개인)

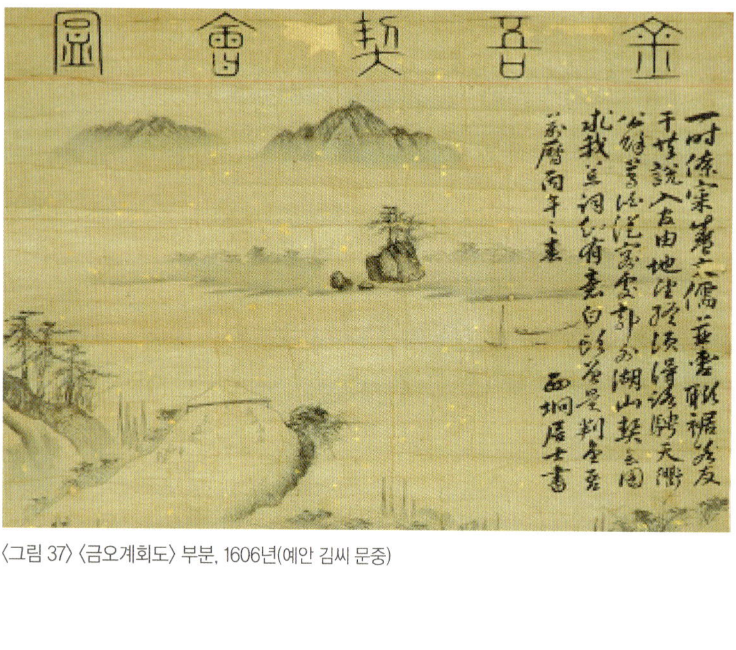

〈그림 37〉〈금오계회도〉 부분, 1606년(예안 김씨 문중)

전후에 그려진 것으로 생각되는 〈備局郎廳契會圖〉과 1656년경의 〈守門將契會圖〉 등 총 10점이 남아있다.〈그림 36〉, 〈그림 37〉 일명 '잠두봉계회도'로 통칭되는 일련의 계회도는 화면을 구성하는 기본적인 구도와 경물의 배치 등 일정한 공통점이 있다.[113] 화면 아래쪽 한편에 우뚝 솟은 잠두봉을 배치하여 그 위에 관원의 계회장면을 그려 넣고, 중경에 넓게 흐르는 한강과 잠두봉을 마주한 선유봉을 간략하게 묘사하여 실경적 요소를 갖추었으며, 원산에 이르는 확장된 공간감 등이 매우 유사하다. 조선시대 栗島와 그 주변 나루인 마포나루, 양화진, 노량진은 한강 배의 제조와 수리를 담당하던 곳이었고, 이 때문에 이들 나루에 많은 배들이 머물렀다. 따라서 잠두봉계회도에 공통적으로 묘사된 돛을 내린 배들이 정박하고 계회를 연 장소가 양화진에 있는 잠두봉이다.

한강의 東湖 두모포 인근은 고려시대 韓宗愈의 별서가 있던 곳으로, 가까이에 세종이 태종을 위하여 지은 樂天亭과 離宮이 있었다. 압구정은 저자도의 정남방에 위치하고 있는데, 앞서 살펴보았던 1531년 〈독서당계회도〉에서도 화면 중간 강 위의 섬은 저자도의 모습을 찾아볼 수 있다. 동호와 압구정을 그린 작품 중에는 1534년에 제작된 개인 소장의 〈銀臺契會圖〉, 1540년에 제작된 일본 사천사 소장의 〈司饔院契會圖〉, 16세기 중엽에 제작된 국립중앙박물관 소장의 〈平市署契會圖〉, 16세기 후반에 제작된 일본 야마토문화관[大和文華館] 소장의 契會圖 등이 있다.

3) 한강의 명승과 사적

동호의 압구정은 상당부원군 한명회의 정자로 1476년(성종 7) 11월에

113 박은순, 앞의 논문, 1999, 52~58쪽 ; 김지희, 앞의 논문, 2006, 49~66쪽.

세워졌다. 압구정은 한명회가 노후를 한가로이 보내겠다는 구실로 한강 북쪽 강 언덕 두모포에서 바로 건너다보이던 높직한 언덕배기에 조영하였다. 조선을 다녀간 중국 문인들도 《別墅狎鷗亭詩軸》을 지어 보내기도 했다. '狎鷗亭'이라는 이름은 한명회의 부탁을 받은 명사 倪謙이 지은 것으로, 그의 기문에서 그 뜻을 밝혔다.[114]

압구정 일대의 경관을 그린 그림은 정선의 《京郊名勝帖》에 있는 〈압구정도〉, 왜관수도원의 〈압구정도〉 등으로 1740년대 제작된 것이다. 왜관수도원 소장 〈압구정도〉는 근경의 언덕에 압구정을 두고, 중경에는 압구정과 바로 마주한 모래섬 저자도가 선명하게 묘사되어 있다.〈그림 38〉 멀리 물길이 따라 가서 만날 수 있는 곳은 立石浦로 중랑천과 합수되는 지점이다. 멀리 원경에는 중랑천 위 전관교가 놓였고, 그 뒤로 삼각산과 용마산이 보인다. 이에 비해 《경교명승첩》의 〈압구정도〉는 지금의 잠실·송파 부근에서 바라본 시점에서 그려진 것으로, 화면 좌측에 그림의 주요 경물인 압구정을 포치하였고, 그 언덕 앞의 넓은 수면은 화면의 상단부에서 점차 멀어져서 南湖로 이어진다. 화면의 근경에서 원경 사이 넓은 수면은 두모포이고, 압구정 맞은편에 독서당이 있었다.

남호는 본래 용산 앞을 흐르는 용산강을 일컫는 말이다. 이 지역은 강물이 비탈 아래로 잔잔히 흐르고, 그 가운데 仍火島(지금의 여의도)와 율도가 보이며, 물 건너 남쪽 원경에 관악산과 청계산이 솟아 있다. 남호 일대를 그린 그림에는 정선의 〈西氷庫望都城圖〉와 〈銅雀津圖〉, 金允謙의 〈靑坡圖〉, 張始興의 〈銅雀村圖〉와 〈露梁津圖〉, 金碩臣의 〈澹澹張樂圖〉 등이 대표적이다. 그

114 《신증동국여지승람》 권6, 廣州牧 狎鷗亭, 한림학사 예겸의 記文. 압구정을 비롯한 동호의 별서에 대해서는 이종묵, 《조선시대 경강의 별서-동호편》, 경인문화사, 2016 참조.

〈그림 38〉 정선, 〈압구정도〉, 1740년대(왜관수도원)

중 정선의 〈동작진도〉는 조선시대 한강 나루 중 남대문을 지나 과천으로 건너가는 가장 가까운 교통로였던 동작진의 정경을 그린 것이다. 서빙고는 두모포의 동빙고와 함께 관설 빙고 중 하나로 한강 가에 있던 서빙고 나루를 그린 것이다. 동빙고의 얼음은 종묘와 사직 제사에만 사용한데 반해, 서빙고의 얼음은 궁궐과 관청에 공급하였기 때문에 그 규모가 훨씬 컸다.[115]

김석신이 그린 〈담담장락도〉는 19세기 초에 그려진 것으로, 용산의

115 《만기요람》 재용편 5, 藏氷, 西氷庫. 압구정은 조선 말 개화파 박영효의 소유가 되었다가 그가 갑신정변의 주모자로 몰리면서 압구정도 허물어졌고, 현재 압구정동 현대아파트에 표지석만 남았다.

〈그림 39〉 김석신, 〈담담장락도〉, 19세기(간송미술문화재단)

별영에서 서쪽으로 100여 보 거리의 벼랑고개 꼭대기에 위치한 安平大君의 별서였던 淡淡亭의 절경을 담고 있다.〈그림 39〉[116] 지금의 마포대교 근처에 있는 강변 언덕으로, 화면 중앙에는 1777년(정조 1) 세워진 挹淸樓가 보인다. 담담정보다 규모는 작지만 누각에 오르면 한강의 경치를 한 눈에 조망할 수 있었기 때문에 1795년 정조가 별영으로 가서 읍청루에 거둥하여 공사 선박 3백여 척을 나누어 船隊를 형성한 수군 훈련을 관전하기도 하였다.[117] 읍청루 뒤편의 용산 일대에는 軍資監 別庫가 보인다.

장시흥의 〈露梁津圖〉는 용산 쪽에서 한강 건너의 노량진 일대를 바라

116 繕工副正 李命敏이 안평대군을 위해 인왕산 자락에 武溪精舍를 세우고 용산강 가에 담담정을 지었다고 전한다. 이종묵, 《조선시대 경강의 별서-서호편》, 경인문화사, 2016, 16~17쪽.

117 《정조실록》 권42, 정조 19년 3월 18일(을묘).

보고 그린 그림으로, 10여 척의 나룻배가 노량진 앞에 즐비하게 늘어서 있다. 《화성능행도》의 〈주교도〉는 1795년 윤 2월 16일 도성으로 환궁하는 정조와 혜경궁의 어가 행렬을 묘사한 장면이다. 노량진 주교사와 행궁의 모습이 선명하다.〈그림 40〉 1790년(정조 14) 서호 일대 노량진 선창에 주교를 운영하고 관리하는 舟橋司를 설치하였는데, 집무를 보는 坐起廳 8칸, 木物庫 15칸, 米庫 5칸, 고직군사의 守直間 5칸, 대문 1칸, 협문 1칸, 헛간 3칸의 규모였다. 노량은 양쪽 언덕이 마주하였고 강 한복판의 흐름은 평온하면서 깊었으며, 뚝섬이나 서빙고에 비해 지형적으로 주교를 설치하기 안성맞춤이었다. 선박은 주로 강화도에 비치한 훈련도감 待變船 10척과 아산 貢津倉의 조운선 12척, 경강의 私船 20~30척으로 구성하였다.[118] 주교의 규모는 총 80척으로 남북의 橋排船 36척을 제외한 나머지는 모두 주교 좌우로 나눠 배치하여 주교를 고정하는 데 소용되었다.[119] 주교를 이용한 輦路는 두 가지로 선릉, 靖陵, 章陵, 현륭원에 행행할 때와 溫行 시에는 노량진을 이용하고, 헌릉, 寧陵, 英陵은 廣津을 이용하였다.[120]

정선의 《京郊名勝帖》[121] 중 〈楊花喚渡圖〉는 서호의 楊花渡 일대를 좀 더 근경으로 당겨서 표현한 그림이다. 양화나루는 양천과 한성의 西江坊 唐人里를 잇는 나루로, 김포·강화까지 연결하는 주요 나루이다. 양화나루는

118 경강의 私船을 동원할 때는 충청도와 전라도 세곡을 실어 나르는 조운 시기를 배려하였다.

119 서울특별시사편찬위원회, 《국역 주교지남》, 2001, 82~89쪽.

120 서울특별시사편찬위원회, 위의 책, 2001, 100~102쪽.

121 《京郊名勝帖》은 정선이 60대 후반인 1740년 12월에 양천현령에 부임된 후 친구인 槎川 李秉淵(1671~1751)과 "시와 그림을 서로 바꿔보자[詩畵換相看]"고 한 약속에서 시작해서 1740년 겨울부터 다음해 여름까지 한강변의 명소를 중심으로, 서울 백악산 일대를 그린 그림, 故事를 그린 그림, 자화상, 자신의 거처를 그린 그림을 포함하고 있다.

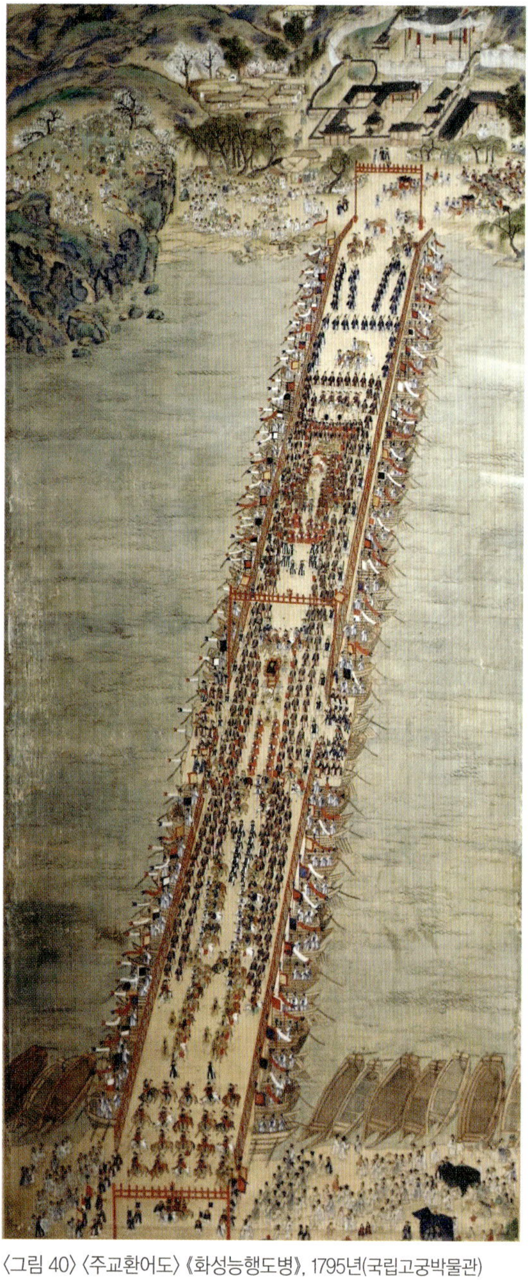

〈그림 40〉〈주교환어도〉《화성능행도병》, 1795년(국립고궁박물관)

〈그림 41〉 정선, 〈양화진도〉 《양천팔경첩》, 1742년 (개인)

〈그림 42〉 정선, 〈선유봉도〉 《양천팔경첩》, 1742년 (개인)

잠두봉이나 선유봉 쪽이 모두 삼각산으로부터 관악산에 이르는 서울 주변의 명산을 한눈에 조망할 수 있는 곳이고, 선유봉 일대의 백사장과 넓은 강물은 절경으로 꼽히던 곳이다. 〈楊花津〉은 잠두봉, 즉 지금의 절두산 일대의 모습을 담은 것으로, 나루터의 모습보다는 서호 잠두봉 일대를 묘사한 것이다.〈그림 41〉 잠두봉 아래에는 양화진을 관장하는 어영청 소속 鎭營이 들어서 있다. 이 그림 역시 주요 경물인 잠두봉이 화면의 중앙부분을 차지하고, 잠두봉을 에워싼 한강의 고요한 풍정을 담고 있다. 〈仙遊峯圖〉는 서호에서 잠두봉과 마주하는 곳에 위치하여 서호의 절경을 이루는 암봉인 仙遊峯과 그 일대를 그린 그림이다.〈그림 42〉

4. 맺음말

본문에서는 기록화 및 사료를 연계하여 성저십리의 주요 사적과 경강을 중심으로 한 문화공간을 찾아 지역별로 분류하였다. 먼저 성저십리 북부는 북한산, 인왕산, 백악, 인왕산, 안산이 연결되어 지형적으로 높은 산악의 지세를 활용하여 산성을 쌓아 도성을 호위하는 군사적 요충지로서 지역적 특징을 갖는다. 이곳의 주요 사적으로 악해독과 산천의 신주를 모시는 기우단인 북단과 여제를 지낸 여단, 조지서와 실록 찬수 후 세초연이 진행된 세검정, 창의문 밖 총융청과 군사를 조련하던 연융대, 그리고 1711년 도봉산과 삼각산 일대에 조성한 행궁과 삼군영의 留營이 있는 북한산성의 세부 모습을 확인할 수 있었다.

동부는 지형적으로 농업이 발달하여 조선 초부터 선농단, 선잠단 등 농업과 관련한 제단이 다른 지역에 비해 많이 나타나는 것이 특징이다. 동대문과 수구문 근처는 지대가 낮아 토사가 쌓여 범람하는 일이 많아 영조 연간에는 대규모 개천 준설이 있었다. 동문 밖 동관왕묘는 임진왜란을 계기로 만력제의 재정적 후원으로 세워진 무묘 숭배의 공간으로 숙종부터 정조에 이르기까지 어제비문을 세웠고, 특히 고종 말기에는 왕실의 후원으로 도성 내에서 그 영향력이 더욱 확대되었다. 그밖에 사적으로는 도성의 개천 수문, 단종의 비 정순왕후가 여생을 살았던 정업원 터, 중랑포 너머 국마를 기르던 사복시 목장 등을 기록화로 확인하였다.

서부는 사현, 홍제원을 거쳐 의주로와 연결되는 중국 사행로가 중심이 되어 조선 초기 중국사신을 영접하거나 사행에 나서는 관료들을 배웅하던 서교의 盤松亭과 西池, 중국 황제의 조서를 맞이하던 영은문과 모화관, 중국으로 왕래하는 의주대로의 첫 번째 역원인 홍제원 등의 사적을 기록화로 검토하였다. 한편 성저십리의 남부에서는 서지와 대비되어 숭례문 밖 南池가 기로회나 문인들의 아회 공간으로 부상하였다.

성저십리의 남쪽 경계인 京江은 도성과 거리가 가깝고, 강을 통한 물류 이동이 용이하여 세곡선과 상선의 집결지이자 물류를 하역하고 보관하는 대규모의 창고가 있어 상업기지가 형성된 곳이다. 한편 아름다운 강변의 경치로 왕실과 종실들의 별서와 누정이 집중된 遊宴地였고, 아회와 船遊가 빈번하였다. 특히 중국사신 접대 장소였던 한강의 제천정, 양화진을 비롯하여 문신들에게 사가독서를 실시했던 두모포 東湖의 독서당과 예조, 비변사, 통례원, 승정원 등 관원들의 계회가 펼쳐진 양화진 일대 잠두봉이 대표적이다. 이어 한강의 주요 사적은 1790년 설치되어 정조가 현륭원을 행차할 때 이용한 한강의 노량진 주교와 행궁을 비롯하여 관설 빙고 중 하나로 궁궐과 관청에 얼음을 공급한 서빙고 외에도 한명회의 정자로 유명한 압구정, 안평대군의 별서였던 담담정, 제안대군의 유하정 등 문인 別墅와 누정도를 실경산수화를 통해 파악할 수 있었다.

제6장

조선시대 성저십리의 무속

최진아(한국학중앙연구원 연구교수)

1. 머리말

조선 개국 초 천도 후보지는 여러 이견 속에 한양 외 송도와 신도 그리고 무악으로 나뉘었다. 1404년(태종 4)에 태종은 한성부의 종묘 앞에서 수도를 정하기 위해 동전 3개를 던져 그 길한 운을 파악하는 擲錢을 행하였다.[1] 한양으로의 천도는 합리적 선택의 산물이 아니라 신비적 주어짐의 결과라 할 수 있다.[2] 이와 달리 성저십리 안에서 무속에 대한 다스림은 조선시대 내내 국행제의와 음사, 치유와 規禁이 반복적으로 재생산되는 구조를 지녔다.

조선시대 왕의 궁궐이 자리 잡고 있는 한양도성은 유교의 왕도정치가 실현되는 출발지로서 순수한 공간으로 여겨졌다. 음사로 간주되는 무속문화로부터 왕도를 보호함으로써 순수한 공식종교의 정통성을 확보하는 것이 유교의 기본적인 과제였다. 개국과 더불어 진행된 무격 및 무속문화에 대한 비판과 통제는 바로 왕토의 중심지에 사대부의 종교적 이상을 실현하려는 의도에서 비롯되었다. 왕도는 善道의 땅으로서 무격이 잡거할 수 없고, 음사로 오염될 수 없는 성역으로 인식되었다.[3]

조선시대 한양 왕도는 상징적인 의미를 지닌 영역으로서, 그 경계의 지리적 범주라 할 수 있는 성저십리에도 일정한 의미를 부여했다. 선도의 땅으로 여겨졌던 조선시대 성저십리에는 종교적인 의례를 설행할 祭場이

1 《태종실록》 권8, 태종 4년 10월 6일(갑술).

2 김종서, 〈서울문화의 종교적 의미〉 《정신문화연구》 31, 1986, 129쪽.

3 최종성, 〈조선조 유교사회와 무속 國行儀禮 연구〉, 서울대 박사학위 논문, 2001, 35쪽.

존재하였으며, 이곳에서 巫覡의 주재로 국행의례를 설행하였다. 무격 주재 국행의례는 조선 초기에 집중되었다. 국행의례의 대다수는 기우와 관련된 내용이었다. 이러한 양상은 고려시대 무격의 권위를 계승한 점이 그 원인이라 할 수 있다. 조선왕조는 제사를 중시하는 유교국가로서 건국 직후부터 국가제사의 정비를 추진해왔다. 그러나 다양한 국가제사를 일시에 정비하기는 어려웠기 때문에 상당 부분 고려 제도를 답습할 수밖에 없었다.[4]

성저십리에 거주하는 무격을 효율적으로 다스리기 위한 정책은 조선시대에 지속적으로 논의되었다. 이 중 대민의료와 무격에 대한 규제 두 가지를 가능하게 하는 관부가 바로 활인서였다. 조선을 개국한 신진사대부에게 대민 의료 정책은 고려시대 이래 寺院이 행해온 의료 행위를 극복하는 것이 최대의 문제였다.[5] 이러한 대민 의료와 무격을 관리하기 위해 개국 초기에는 고려시대 東西大悲院을 그대로 운영하다가 1414년(태종 14)에 東西活人院으로 그 명칭을 변경하고, 무격에게 성저십리 안의 병자 치료를 담당하게 하였다.[6] 조선시대 활인서는 국가 입장에서는 병자의 救療와 救恤을 위해 무격을 활용하고, 더불어 무격 관리까지 가능하게 해 주는 기관이었다.[7] 국가에서 관리의 편의를 위해 활인서에 소속된 무격은 대개 그

4 서영대, 〈고려 말 조선 초의 삼성신앙〉《한국학연구》 46, 2017, 254쪽.

5 고려시대에 이어 조선 전기에도 승려들은 계속해서 활인서에 속하여 구료활동을 하든지 아니면 佛寺에서 治病 기원의 제례를 주관한다든지 하여 의료와 관련한 가장 기본적인 민중의 삶을 불교식으로 장악·유지하고 있었다(김호, 〈조선 전기 대민 의료와 의서 편찬〉《국사관논총》 68, 1996, 34쪽).

6 《태종실록》 권28, 태종 14년 9월(병자).

7 활인서의 전신은 동서대비원, 활인원이다. 활인서라는 명칭이 가장 오랫동안 쓰였으므로 본문에서는 활인서라는 명칭을 주로 사용하고자 한다.

주변에 거주하게 하였다. 활인서 주변 무격촌은 계획된 무격 거주촌이라 할 수 있다. 활인서는 당시 한양에 있었던 서민 의료기관인 혜민서와 다른 형태의 역할을 수행하였다는 점에 주목할 필요가 있다.

조선시대 성저십리는 무속제의인 神祀를 행하는 것을 정책적으로 규제하는 지리적 범위이기도 하였다. 이를 법제화시켜 무격을 규제하였으나, 한양도성의 성역화를 위한 무격과 무속에 대한 정책은 성 안과 밖에 있어서 뚜렷한 차이를 보였다. 성 안은 법을 세우고 정치를 행하는 구역인 것과 달리 성 밖 8도 360주는 교화 밖으로 두어,[8] 한양도성 이외 지역의 신사에 대해서는 규제하지 않았다. 한양도성의 성역화를 위해 무속에 대한 규금은 조선 전기부터 후기까지 계속되었으며, 좀 더 구체적인 법적인 조치들은 조선 후기에 실천되었다.

본고에서는 조선시대 한양과 성저십리라는 공간적인 범주 안의 무격과 무속신앙에 대한 정부의 다스림을 중심으로 논의를 전개한다. 이를 위해 가장 먼저 조선시대 한양과 성저십리에서 무격이 주재한 國行祭와 그 의례 공간인 祭場을 정리한다. 그 다음으로, 조선시대에는 병자 구료를 목적으로 도성 밖에 세운 활인서에서의 무격의 활동을 정책적인 다스림과 治癒의 관점에서 정리한다. 더불어 조선시대 성저십리는 무속의 神祀를 법으로 糾禁하는 다스림의 영역이라는 관점에서, 규금의 공간적인 범위와 禁令에 의한 무격의 도성 밖 黜巫의 양상을 정리한다. 마지막으로 조선시대 성저십리에서 무속은 음사와 신앙 그리고 병자 치유라는 다가치적인 시선에서 바라보았다는 점에 주목하여 이를 정리한다.

8 이능화, 〈조선무속고〉《계명》19, 1927, 29쪽.

2. 성저십리의 무격 주재 국행제와 제장

1) 무격 주재 국행제 의례 양상

조선시대 국행제로는 祈恩과 祈禳이 있다. 기은은 祈恩祭·別祈恩[9] ·別祈恩祭라 불리었다. 기은제는 國行祈恩과 內行祈恩으로 구분할 수 있다. 국행기은은 국가의 국운과 관련된 제의이며, 내행기은은 왕실과 관련된 제의이다.[10] 엄밀히 따지면, 국행기은은 국가제이고 내행기은은 개인제라 할 수 있다. 기은제와 별기은제는 성저십리 안에 위치한 山川과 神祠에서 설행되었다. 기은제에 別의 접두사를 붙인 것은[11] 別例를 지칭하는 말이었다. 별기은은 국행으로 왕실과 국가의 안과태평을 위하여 산천에서 비정기적으로 벌이는 神祀[12]에 가깝다. 고려시대에도 별기은은 무격이 주재하는 국행제로 여겨져 전국에서 행해졌으며, 고려 말에 이르러서는 음사로 금할 것을 요구하는 상소를 종종 볼 수 있다.[13]

기양제는 가뭄, 질병, 전쟁, 불행 등 일상적 세계 질서를 무너뜨리고 삶을 위협하는 상황이 닥쳤을 때 거행하는 의례이다.[14] 자연재해와 같은 천재지변의 상황이나 개인의 불행이 발생했을 때 이를 소멸하기 위해 행하는 의례로서, 무격의 주재로 특정 제단이나 명산대천 등의 祭場에서 행한 의례이다. 따라서 기양제는 비정기적인 성격이 강하였다. 조선시대 기

9 민정희, 〈조선 전기의 무속과 정부정책〉《학림》 21, 2000, 19~20쪽.
10 최종성, 앞의 논문, 2001, 42~44쪽.
11 이필영, 〈조선 후기의 무당과 굿〉《정신문화연구》 16-4, 1993, 23~24쪽.
12 이필영, 위의 논문, 1993, 23쪽.
13 《고려사》 권120, 〈金子粹傳〉.
14 이욱, 〈조선 전기 유교국가의 성립과 국가제사의 변화〉《한국사연구》 118, 2002, 185~186쪽.

양제는 바닷물이 검게 흐려진다거나,[15] 송충이가 성행한다거나,[16] 전염병이 창궐하는 것을 극복하기 위해 설행되었다.[17] 특히 전염병으로 인해 많은 사망자가 발생하였을 때에는 별기양제 혹은 別厲祭라 칭하며, 기은제와 마찬가지로 별례로 설행되었다.

조선 초기 다양한 국가제사를 일시에 정비하기는 어려웠기 때문에 상당 부분 고려 제도를 답습할 수밖에 없었다.[18] 따라서 정부는 국가의 안녕과 번영을 기원하는 국행의례에 고려의 전통을 계승하여 국무와 무녀를 제관으로 파견하였다.[19] 무격이 소속된 국가기관인 星宿廳[20]과 明通寺[21]에서 국행기은을 주관하였다.

15 《태종실록》 권29, 태종 15년 4월 24일(신묘).

16 《숙종실록》 권36, 숙종 28년 6월 2일(임자).

17 《정조실록》 권21, 정조 10년 4월 10일(계미) ; 《고종실록》 권23, 고종 23년 5월 15일(정미) ; 《고종실록》 권23, 고종 23년 6월 22일(갑신).

18 서영대, 앞의 논문, 2017, 254쪽.

19 민정희, 앞의 논문, 2000, 34쪽.

20 최종성, 〈國巫와 國巫堂〉, 《비교민속학》 21, 2001, 419~423쪽. 한편 무격기우제는 이들 기관에서 주관하였지만, 의례를 함께 주재한 무격이 모두 이들 기관에 소속되었다고 보기는 어렵다. 수십 명의 무격들이 한꺼번에 의례에 참여할 때는 성저십리 안에서 활동하는 이들이 동원되었다고 볼 수 있다. 그 예로 《祈雨祭謄錄》에 의하면, 활인서에 근무했던 무녀들을 한 곳에 모아 놓고 기우제를 설행하게 하였던 기록을 들 수 있다(《기우제등록》 1책, 인조 18년(병진) 6월 초 4일 ; 《기우제등록》 1책, 인조 22년(갑신) 5월 초 5일 ; 《기우제등록》 1책, 인조 25년(정해) 5월 초 8일).

21 明通寺에 대해서는 불교 사찰인 명통사라 보는 견해와 관서의 호칭인 명통시라 보는 견해가 있다. 따라서, 이 두 견해를 간략하게라도 언급할 필요가 있다. 조선시대 명통사는 盲僧들이 활동하던 공간으로서, 독경을 읽는 승려라 보는 것이 보다 더 적절하다는 견해(손태도, 〈서울 지역 맹인 독경의 역사와 그 특징〉, 《역사민속학》 22, 역사민속학회, 2006, 336~349쪽)가 있다. 맹격을 승려라 칭한 이유로는 이들이 머리를 삭발 하고 경문을 읽는 것에서 기인했을 가능성이 높다(《慵齋叢話》 제8권, 讀經盲類皆剃髮. 世人稱曰禪師). 사료에 승려라는 신분에 대해 언급되어 있어(《세종실록》 권29, 세종 12년 9월 1일(을해), "禮曹啓 今僧徒出入京城者, 皆考帖字. 請禪教宗僧, 則各其宗色

성수청이 國巫 소속 기관이라면, 명통사는 盲覡 소속 기관이었다. 성수청은 조선 중기까지 관료들이 기관 폐지를 빈번하게 요구하여 그 정확한 시기는 알 수 없지만 조선 후기에 들어 폐지된 것으로 추정된다. 明通寺는 조선 개국과 동시에 설립되었을 가능성도 배제할 수 없으나, 明通寺가 사료에 등장하는 시기가 1402년(태종 2)이기에 그 기간 내에 설립된 것으로 추정된다.[22] 1457년(세조 3) 의탁할 곳 없는 자들을 위한 기관 중 맹인들을 위한

掌, 各司有所任僧, 則各其司, 汗蒸僧及明通寺僧, 則仰曹皆給印信帖字, 其不留宿城中, 因公事出入者勿禁 從之"), 明通寺는 盲覡들이 소속된 사찰로 보는 것이 적합하다는 것이다. 물론 독경을 읽고 점복을 행하였다는 점에서는 정통 불교 사찰과는 구별되는 巫覡의 범주에 속한다고 볼 수 있다. 또 다른 견해인 관서와의 관련성을 살펴보면, 明通寺는 5부의 맹격이 모이는 곳으로서(《태종실록》, 태종 17년 6월 16일(경자)) 공무로 도성에 출입하는 明通寺 소속 이들에게는 인신이 찍힌 첩자를 발급해 주었다(《세종실록》 권29, 세종 12년 9월 1일(을해))는점과, 盲廳인 通明廳의 國卜에게 知中樞의 직함을 주었다(《신증동국여지승람》 권3, 비고편]는 점에서 明通寺를 관서의 일종으로 볼 수 있을 것이다. 또한 국가에서는 기우제를 지낸 이후에 明通寺에 상을 내리고(《세종실록》 권36, 세종 9년 6월 26일(계미), "賜明通寺祈雨盲人等米三十石"), 선공감에 명하여 명통사를 다시 짓게 하는(《태종실록》, 태종 17년 6월 16일(경자), "命繕工監改營明通寺, 仍給奴婢并十口, 五部盲人所會處也") 등으로 미루어, 국행제를 설행하고 점복과 관련된 직무를 수행하는 기관의 일종으로 인정했던 것으로 짐작된다. 따라서 일부에서는 명통시라는 명칭을 자연스럽게 사용하였을 가능성도 배제할 수 없을 것이다.

22 명통사의 '明通'은 明通坊이란 지명에서 따 온 것이라는 의견이 있다. 태조는 1394년(태조 3) 도읍을 한양으로 옮긴 후 1396년(태조 5) 한양을 동서남북중 5부로 나누고 총 52방을 두었다. 이 중 북부에 10坊(廣化 · 陽德 · 嘉會 · 安國 · 觀光 · 鎭定 · 順化 · 明通 · 俊秀 · 義通)을 두었는데, (《태조실록》 권9, 태조 5년 4월 19일(병오)), 이 중 하나가 명통방이었다. 따라서, 明通寺가 명통방이라는 지명에서 따왔다면, 그 설립 시기를 1396년(태조 5)에서 1402년(태종 2) 사이로 추정해 볼 수 있다(임인수는 명통사가 1394년(태조 3)부터 1402년(태종 2) 사이에 북부 11방 중의 하나의 명칭을 본따 설립되었을 것이라 주장(임인수, 〈서울 지역 맹인 독경의 역사와 그 특징〉, 단국대학교 박사학위 논문, 1987, 26~27쪽)하였는데, 이 글에서는 사료를 근거로(《태조실록》 권9, 태조 5년 4월 19일(병오)) 52방의 설립 시기를 1396년(태조 5)으로, 북부의 행정구성을 10방으로 바로 잡는다.

기관으로 명통사가 언급된 이후,[23] 그와 관련된 기록이 보이지 않아 그 이후 없어진 것으로 보인다.[24] 이와 달리 맹격은 이후로도 활동했다는 기록이 있고[25] 또한 경문을 읽는 經師도 이들 유형 중의 하나였을 것이라 본다면,[26] 그들의 국행의례 주재는 조선 중기까지는 계속되었을 것으로 짐작된다.[27]

조선 초기 국행제를 주재하는 국무는 명실공히 명산대천의 신에게 경배와 기원을 주도한 집행자였다. 즉, 국무녀는 국왕을 위해 별기은의 의례를 담당했던 총책임자였다. 개성으로 파견된 국무의 경우 정2품인 개성의 유수마저도 누를 수 있는 의례적인 위세를 행사하였다. 그로 인해, 국무의 위세는 무격을 도와 행사를 주재한 지역 수령의 위세를 압도하였다.[28] 조선 초기 국행의례를 위해 파견된 국무를 비롯한 성수청 소속의 관무들에게는 그 위계에 따라 일정한 지위를 부여한 것으로 짐작된다. 이는

23 《세조실록》 권9, 세조 3년 9월 16일(정축).

24 《오주연문장전산고》, 경사편5, 〈明通寺辨證說〉.

25 맹무기우는 조선 중기까지 《광해군일기》(중초본) 권32, 광해군 7년 5월 15일(경진)에 설행되었다.

26 《용재총화》 권7(《대동야승》 권2).

27 "경사가 경을 읽으며 기양을 청하였다."(《숙종실록》 권10, 숙종 6년 8월 2일(무오))는 내용에서 조선 중기까지 이들이 활동하였음을 알 수 있다.

28 최종성은 그러한 이유로 국무 자신이 국왕을 위하는 일을 맡은 집례자라는 자의식에서 비롯된 것이라 주장하였다. 최종성은 1478년(성종 9) 홍문관 부제학 성현 등이 당시 송악에 이르는 祈恩使 행렬에 수십 마리의 말과 짐꾼이 동원되었으며, 기은사의 행렬이 머무르는 지방의 수령은 긴장 속에서 뇌물과 아첨을 계속하였다(최종성, 앞의 글, 2001, 53~54)는 사료를 인용하여 그 근거를 제시(《성종실록》 권98, 성종 9년 11월 30일(정해))하였다. 또한 송악으로 가는 기은사 행렬은 京都에서 開城까지였는데, 그 행렬이 지나는 곳의 수령들이 이들을 맞이하였으며, 수령들은 견책 당할 것을 두려워해 이들에게 뇌물을 주는 것 뿐 아니라 절하고 무릎을 꿇는 일도 거절하지 않는 점을 부제학 성현 등이 상소하였다(《성종실록》 권98, 성종 9년 11월 30일(정해))는 내용 등으로 미루어, 당시 국무의 위세가 상당하였음을 짐작할 수 있다.

도성 안에 거주하는 國巫와 上經師 등을 비롯한 품계가 있는 무격이 진헌하는 품목의 내용으로 파악할 수 있다. 1424년(세종 6)과 1450년(세종 32)에 국무와 상경사가 진헌하는 품동이나 필마는 정·종2품의 관리와 동일하게 분정하였다.[29]

성저십리안에서 설행된 무속 주재 국행제에는 기우제, 별기은, 산천제, 성황제 등이 있다. 역사적으로 무격과 관련된 국가 차원의 의례 중에서 가장 비중 있는 의례는 별기은과 기우제였다. 국가나 왕실의 祈福을 위해 산천에서 거행된 별기은이 주로 춘추의 정기적인 기원의례로 고정된 데에 비하여, 무당을 동원한 기우제는 위기 때 수시에 거행되었으므로 횟수와 비중 면에서 별기은을 훨씬 능가하였다.[30]

기우제는 종묘·사직에서 그리고 산천에 제하는 '正祀'를 하고서도 비가 내리지 않으면 다시 소격서에서 僧巫祈禱를 하는 것이며, 나중에 원단제를 하는 것이 기우제 거행의 순차라 할 수 있다.[31] 국행기우제의 의례 주재자는 巫覡 외에, 僧徒·童男을 비롯한 예제를 담당하는 관리에까지 다양하였다. 승무기도는 무격과 승려가 행하는 기우제로, 이는 聚巫祈雨와 僧徒

29 《세종실록》 권25, 세종 6년 8월 8일(경술) ; 《세종실록》 권127, 세종 32년 1월 13일(기축). 조선 초기에 이들에게 부여된 세금제도를 통해 지위에 대한 파악이 가능하다. 조선시대 세금의 납부는 관원들의 품계에 따라 부여되었는데, 무격에게도 마찬가지로 적용되었다. 물론 이를 통해 무격의 지위가 관원들과 동일하다고 보기는 어렵지만, 성수청 소속의 관무에게는 경성 안에 머무를 수 있는 권위를 부여하고 또한 국가와 왕실을 위한 국행제 및 내행기은을 담당하게 하였다는 점에서 이들에게도 일정한 지위를 부여했을 것으로 추정해 본다.

30 최종성, 〈국행 무당 기우제의 역사적 연구〉 《진단학보》 86, 1998, 49~65쪽.

31 한우근, 〈조선왕조 초기에 있어서의 유교이념의 실천과 신앙·종교: 사제문제를 중심으로〉 《한국사론》 3, 1976, 192쪽(《태종실록》 권12, 태종 6년 7월 29일(병진) ; 《문종실록》 권7, 문종 원년 5월 15일(임자)의 내용 정리 재인용).

祈雨라 불렸다. 만약 이들이 주재하는 기우제에 蜥蜴이 사용될 경우에는 蜥蜴祈雨라 불리었기 때문이다. 조선시대 기우제는 크게 이 세 유형으로 나눌 수 있다. 1440년(세종 22)에는 이 세 유형의 기우제를 동시에 진행하기도 하였다.[32]

취무기우는 무격을 모아 기우제를 드린다는 의미인데 이 범주에는 맹인도 포함되었다. 승도기우는 승려들에게 기우제를 지내게 하는 것으로, 여러 제장과 사찰에서 기우제를 지내게 하였다. 석척기우의 석척은 용과 유사하다 여기는 도마뱀을 의례에 사용하는 것으로, 1411년(태종 11)부터[33] 1876년(고종 13)까지[34] 조선시대 내내 설행되었다. 석척기우는 용신 기우제의 일종으로, 동남이 주로 이 의례를 주재하였다. 그 외에 무격·승려·맹인 등도 석척기우를 주재하기도 하였다. 무격과 승려가 석척을 이용하여 기우제를 지낼 때에도 석척기우제라 불리었다. 무격은 또한 다른 용신 기우제의 일종인 造龍祈雨祭를 주재하였다.

2) 성저십리 무격 주재 국행제의 제장

조선시대 성저십리에는 祭場이 곳곳에 존재하였다. 제장은 국가에서 주관한 국행의례를 거행하였던 종교적 성소로서, 왕도의 다스림이 이루어졌던 한양도성 내부터 성저십리의 지리적 경계라 할 수 있는 한강까지 산재해 있었다. 이러한 제장에서는 기은제와 기양제 등의 다양한 의례가 설행되었다. 조선시대 국행제를 행하기 위해 전국에 지정된 致祭 공간의 절반 이상이 성저십리에 집중되었다. 이는 곧 한양도성을 포함한 성저십리

32 《세종실록》 권89, 세종 22년 4월 25일(정유).

33 《태종실록》 권21, 태종 11년 6월 14일(계묘).

34 《고종실록》 권13, 고종 13년 윤5월 16일(정축).

까지가 성스러운 선도의 다스림 공간임을 알 수 있게 해준다. 즉, 기원 내용에 따라 그에 맞는 제의공간이 성저십리 안에 존재하였다고 볼 수 있다.

성저십리 안팎에 존재하였던 제장 중 무격이 국행제를 주재한 제장은 山川, 神祠, 祭儀壇, 그 외의 공간으로 구분할 수 있다. 산천의 공간으로는 白岳山·三角山·漢江을, 신사의 공간으로는 木覓神祠를, 그리고 제의단의 공간으로는 雩祀壇·東方土龍壇·南方土龍壇·北方土龍壇·西方土龍壇·風雲雷雨壇·北郊壇·南郊壇·厲祭壇·馬步壇·馬祖壇[35] 등을 들 수 있다. 그 외 경회루·숙정문·창덕궁 등이 임시 제장으로 활용되었다.

먼저 산천의 祭場 중 山을 살펴보면 백악산은 北嶽山이라는 이칭을 지니며, 조선시대 4대 內四山 중의 하나이다. 한양도성의 북서 방향에 위치해 있으며, 숙정문의 서쪽에 있다. 북악이라 불린 이유는 남산에 대칭하여 불리었기 때문이다. 백악산은 1393년(태조 2)에 지리산·무등산·금성산·계룡산·감악·삼각의 여러 산과 함께 護國伯이라 하였다.[36] 1395년(태조 4)에 白岳을 鎭國伯으로 삼고 남산을 목멱대왕으로 삼아 경대부와 사서인은 제사를 올릴 수 없게 하였다.[37] 이후 백악산은 남산과 함께 국행의례만을 설행하는 제장으로 공포되었다. 이로써 백악산과 남산은 국행제의 제의장소로서만 활용되었다고 볼 수 있다. 또 다른 산인 삼각산은 도성의 鎭山이며 북한산이라 불리기도 한다. 한양도성 밖의 正北 방향에 위치해 있다. 1393년(태조 2)에 지리산·무등산·금성산·계룡산·감악·백악의 여러 산과 함께 護國伯이라 하였다.[38] 또한 山川 중 川에 해당하는 한강은 성저십리를 둘러

35 《세종실록》 권148, 지리지, 경도 한성부.

36 《태조실록》 권3, 태조 2년 1월 21일(정묘).

37 《태조실록》 권8, 태조 4년 12월 29일(무오).

38 《태조실록》 권3, 태조 2년 1월 21일(정묘).

〈그림 1〉 조선시대 성저십리 도식화

싼 강줄기로 성저십리와 다른 공간 사이의 경계지역에 위치해 있다고 볼 수 있다.

둘째, 신사로는 한양도성 남쪽 木覓山에 위치한 목멱신사가 있다. 목멱산은 지금의 남산을 말한다. 백악산과 함께 조선시대 4대 내사산 중의 하나이다. 1395년(태조 4)에 남산을 木覓大王으로 삼고 경대부와 사서인은 제사를 올릴 수 없게 하였다.[39] 남산 또한 백악산과 마찬가지로 국행의례만을 거행하는 신성한 제장으로 공포하였다. 목멱산 또한 산천의 하나지만, 이곳에 위치한 목멱신사를 별도의 제의 공간으로 분리한 이유는 목멱신사는 무격에게 중요한 성소로 인식된다는 점 때문이다. 목멱신사는 國

39 《태조실록》 권8, 태조 4년 12월 29일(무오).

祀堂(혹은 國師堂)이라 불려, 이곳에 태조 이성계를 비롯한 중요한 신격들의 神像을 봉안해 놓고 국익을 기원하였다.[40] 1925년 목멱신사가 있던 자리에 일본의 신사를 세우고 현재의 자리로 옮기게 되었다.[41] 목멱신사에서의 국행제는 국무가 주재하는 기양제와 내행기은을 주로 행했던 것으로 보이나, 사료에서는 무격의 국행제 주재와 관련해 1416년(태종 16)에 國巫堂이 목멱에 기양제를 지냈다는 기록만을 볼 수 있다.[42]

셋째, 제의단은 사대문과 사소문 밖 주변에 주로 위치해 있었다. 사대문으로는 흥인문과 숭례문 밖에 집중되었으며, 사소문으로는 창의문 주변에 집중적으로 제의단이 위치해 있었다. 한양도성의 동쪽, 즉 정동 방향에 위치한 흥인문 밖에는 평촌과 沙斤寺里에 집중적으로 배치되었다. 平村에는 우사단·동방토룡단이, 사근사리에 마보단·마조단·선목단·마사단이 위치해 있었다. 한양도성 西南의 숭례문(남대문) 밖에 위치한 屯地山에는 노인성단·원단·영성단·풍운뢰우단이 위치해 있었다. 한양도성 西北에 위치한 창의문 밖에는 북교단·북방토룡단·여제단이 위치해 있었다. 그 외 한강 북쪽에 남방토룡단과 加乙頭에 서방토룡단이 위치해 있었다.[43] 이 중 토룡단의 東壇은 先農壇 옆, 南壇은 한강 옆, 中央壇은 鐘閣 옆, 西壇은 楊花渡 옆, 그리고 北壇은 북교의 厲壇 옆에 있었다.[44] 또한 여제단은 북쪽의 상설단 외에 동서남쪽에 별여제를 위한 제단이 존재하였다. 여제는 원래 북교 외에 동교와 서교·남교에서도 설행되었으나, 북교를 제외한 제장은

40 《오주연문장전산고》, 天地篇, 〈華東淫祀辨證說〉.

41 김태곤, 〈국사당 신앙 연구〉《백산학보》 8, 1970, 81쪽.

42 《태종실록》 권31, 태종 16년 5월 25일(병진).

43 《세종실록》 권148, 지리지, 경도 한성부.

44 《연려실기술》(별집) 권4, 〈祀典典故〉.

별여제를 지내는 공간으로만 활용되었다. 별여제를 위한 제의공간인 東壇은 왕십리에, 西壇은 弘濟院에, 南壇은 석우에 있었다.[45]

넷째, 제의단 외 일시적으로 제장으로 활용된 곳으로는 숙정문·경회루·명통사 등이 대표적이다. 숙정문(북문)은 暗門이라 불리며 평소에는 열어두지 않으나, 한재에 기우제를 여러 차례 지내도 비가 내리지 않을 때 이 문을 열고 기우제를 지냈다. 숙정문을 열어 놓을 때 남문은 반드시 닫아놓았다.[46] 경회루는 그 안에 위치한 연못이 제장이 되었으며, 旱災가 계속 되어 비가 오지 않을 경우에 이곳을 제장으로 활용하였다.[47] 명통사가 처음 세워질 당시의 정확한 위치는 알 수 없다. 명통방에 존재하였다면 한양의 북부에 위치했을 것으로 추정할 뿐이다.[48] 이후 명통사의 위치는 여러 차례 이동이 있었던 것으로 짐작된다.

위에서 설명한 제장 중 한양도성 안에 위치한 곳은 백악산·목멱신사·숙정문·경회루·창덕궁·명통사뿐이며, 나머지는 모두 사대문 밖 성

45 1786년(정조 10)에 홍역이 유행하여, 북교 외의 동서남의 여단에서도 별여제를 설행하기로 위해 봉상시가《祭物謄錄》을 상고해 그에 대한 설행 사례와 공간에 대해 아뢴 내용(《정조실록》 권21, 정조 10년 4월 10일(계미5))에서 이를 알 수 있다.

46 《중종실록》 권59, 중종 22년 5월 9일(을유) ;《명종실록》 권23, 명종 12년 7월 17일(무진) ;《선조실록》 권8, 선조 7년 6월 7일(경술).

47 《중종실록》 권54, 중종 20년 6월 18일(병오) ;《중종실록》 권59, 중종 22년 5월 21일(정유).

48 1453년(단종) 호조에서 李賢老의 집을 明通寺에 주었다는 傳旨(《단종실록》 권9, 단종 1년 12월 2일(갑신))내용으로 보아, 처음 설립된 곳에서 1453년 이현로의 집으로 옮겼다가 이후 永禧殿 주변으로 옮겼을 것으로 추정된다. 이는《신증동국여지승람》에 "通明廳(盲廳)은 金自點의 옛 집터로 永禧殿 동쪽 담 밖에 있었다."(《신증동국여지승람》 권3, 비고편)는 내용과,《오주연문장전산고》에 "도성 안 남쪽 永禧殿 列聖 影幀을 奉安한 궁의 뒷골목 하마비下馬碑의 건너편에 盲廳이 있는데, 이것이 과거의 明通寺로 추측된다."(《오주연문장전산고》, 경사편5, 〈明通寺辨證說〉)는 내용을 통해 그 위치를 추정해 볼 뿐이다.

〈그림 2〉 무격 주재 국행의례가 행해진 성저십리의 제장 도식화

산　천: ① 백악산 ② 한강 ③ 삼각산
신　사: ④ 목멱신사(남산)
제의단: ⑤ 우사단·동방토룡단(東壇) ⑥ 북방토룡단(北壇) ⑦ 厲壇 ⑧ 남방토룡단(南壇)
(상설) ⑨ 서방토룡단(西壇) ⑩ 중앙토룡단(中央壇, 종각 주변) ⑪ 마보단 ·마조단 ·선목단 ·마사단
(임시)제장: ⑫ 경회루 ⑬ 창경궁·창덕궁 ⑭ 숙정문(북문)

저십리 안에 존재하였다. 성저십리의 산천에서 설행된 제의는 백악과 한강이 선호되었다. 제의 공간 중 그 종류가 가장 많은 제장의 제의단은 북문과 경회루를 제외하고는 대부분 사대문 밖에 배치되었으며, 일부만이 한강 주변에 위치해 있었다.

3) 성저십리 제장에서의 국행제 의례 내용

(1) 무격 주재 기우제

성저십리에서 국행기우제가 행해진 제장은 山川, 神祠, 祭儀壇 등이었다. 대개 백악·북악·한강·목멱신사·기우단·우사단·동방토룡단·남방토룡단·북방토룡단·서방토룡단·동교·북교에서 무격이 기우제를 설행하였다. 제의단은 국행제를 설행하기 위해 만든 상설 제장이라 할 수 있다. 그 외 임시 제장인 명통사, 경회루 연못, 창덕궁 후원, 창경궁 춘당대, 숙정문 등에서 기우제가 설행되기도 하였다.

조선시대 성저십리에서 행해졌던 무격 주재 기우제는 조선 전기에 가장 활발하게 이루어졌다. 조선시대에 선호되었던 기우제 제장은 산천이었다. 앞에서도 언급하였듯이, 성저십리의 주요 山川에는 백악·삼각·한강이 있다. 백악에서는 1406년(태종 6)에 취무기우가 설행되었다.[49] 1411년(태종 11) 백악산당에서 설행된 기우제에 동원된 무격의 수가 70여 명일 정도였던 것으로 미루어, 그 규모가 상당히 컸음을 알 수 있다.[50] 1411년(태종 11) 7월에 백악에서 또 다시 기우제를 설행하였으며, 같은 날 맹격을 명통사에 모아 놓고 기우를 행하였다.[51] 맹격은 주로 좌경을 행하는데, 이는 앉아서 경을 읽는 형식이다. 석척기우에 화룡제를 행할 때 용왕경을 읽는 이들이 대개 맹격이나 經師들이라 할 수 있다. 이후 1415년(태종 15)에 백악에서 무녀들이 취무기우를 하였다.[52] 성저십리의 또 다른 산에는 삼각산이 있다. 1416년(태종 16)에 전국의 嶽과 名山에 무를 보내 기양의례를 설행하였다.

성저십리에서 산천 중 川으로는 한강이 있다. 한강은 태종대부터 성종대까지 기우제 제장으로 선호되었다. 1413년(태종 13)에 한강에서 무격 무

49 《태종실록》 권12, 태종 6년 7월 25일(임자).
50 《태종실록》 권21, 태종 11년 5월 19일(기묘).
51 《태종실록》 권22, 태종 11년 7월 11일(경오).
52 《태종실록》 권29, 태종 15년 6월 5일(임신).

리들을 모아 놓고 기도를 드렸으며,[53] 1414년(태종 14)에 한강에 모여 기우를 기원했다.[54] 1427년(세종 9)에 2차례 한강에 무녀를 모아 놓고 기우를 행하였다.[55] 1435년(세종 17)에도 한강에 취무기우를 행하였다.[56] 1455년(단종 3)에 한강에서 취무기우를 행하였으며,[57] 1470년(성종 1)에도 한강 단에 취무기우를 행하였다.[58] 이후에도 한강단에서의 국행기우는 행해졌지만 무격은 배제되었다.

산천 외 제의단에서의 국행제는 우사단, 동교, 동·서·남·북·중앙의 오방토룡단 등에서 설행되었다. 우사단에서는 1401년(태종 원년)과 1416년(태종 16)에 취무기우제를 행하였다. 동교에서는 1423년(세종 5)과 1425년(세종 7)에 취무기우를 설행하였다. 1423년에는 3일간 무녀들이 모여 기우제를 지냈다.[59] 오방토룡단에서의 국행제는 1455년(단종 3)과 1609년(광해군 원년)과 1629년(인조 7)에 거행되었다. 1455년 예조에서 한강과 양진에서 용왕경을 독경하게 하고 석척기우와 취무기우를 3일 동안 행한 뒤에 畫龍과 중앙과 사방의 용에게 비를 기원하게 하였다.[60] 1609년 예조에서는 삼각·목멱·감악·한강·풍운뢰우·산천·우사·경회루 연못·오방토룡단 등에 각기 다른 주재자를 보내 기우제를 지내게 하였다. 이 중 맹인과 무녀에게 경회루 연못 옆 석척기우처에서 3일 동안 기우제를 거행하게 하였다.[61] 1629년

53 《태종실록》 권26, 태종 13년 7월 5일(임오).
54 《태종실록》 권27, 태종 14년 5월 27일(기해).
55 《세종실록》 권36, 세종 9년 6월 11일(무진) ; 《세종실록》 권36, 세종 9년 6월 13일(경오).
56 《세종실록》 권68, 세종 17년 5월 26일(정유).
57 《단종실록》 권14, 단종 3년 5월 19일(계해).
58 《성종실록》 권4, 성종 1년 4월 13일(신유).
59 《세종실록》 권20, 세종 5년 5월 1일(경진) ; 《세종실록》 권28, 세종 7년 6월 21일(기미).
60 《단종실록》 권14, 단종 3년 5월 19일(계해).

(인조 7)에도 예조에서는 기우제를 거행해도 가뭄이 극심해 무녀의 기우제를 3일 동안 설행하고 이후 택일하여 오방토룡제를 거행하게 하였다.[62]

위와 같이 맹인과 무녀 및 경사 등을 동원하여 기우제를 지낼 때《용왕경》을 읽고 석척과 화룡을 활용하여 의례를 설행했다고 볼 수 있다. 화룡은 용이 그려진 그림을 제단에 세워 놓고 의식을 행하는 화룡제에 활용되었다. 민간에서 용은 비를 다룰 수 있는 신으로 여겨져 용의 그림을 그려 화룡제를 행하거나 혹은 용과 닮은 도마뱀을 단지에 넣어 의식을 행하여 비가 내리기를 기원하였다. 제장 중 동서남북의 토룡단이 곧 용을 기우의 신으로 믿어 기우제를 설행하기 위해 만든 성소임을 알 수 있다. 성현의《용재총화》에 의하면, 종묘와 사직에 제사 드리고 사대문에 제를 지낸 후 오룡제를 베풀었는데 동남서북에 각각 청·적·백·흑룡과 중앙에 황룡을 그려 놓고, 도사들에게《용왕경》을 외우게 하였다고 한다.[63] 석척기우와 화룡제, 토룡단의 토룡제 그리고 한강의《용왕경》독축은 방식에는 차이가 나지만 모두 용을 움직여 비를 얻고자 한다는 점에서 용신 기우제의 일종이라 할 수 있다.[64]

旱災가 심할 때에는 항시적인 제의장소가 아닌 일시적인 제의장소로서 경회루·숙정문과 명통사 등이 제장으로 활용되었다. 1609년(광해군 1)에

61 《광해군일기》(중초본) 권7, 광해군 원년 5월 4일(갑신), "禮曹啓曰 祈雨節目 次第擧行 已過四次 而亢陽日甚 災迫熯乾 此正靡神不擧之日 依前例 行禱祀于諸處 傳曰允(盲人 巫女慶會樓池邊蜥蜴祈雨處 來初六日設行 三日而止 五方土龍祭亦擇日擧行 三角 木覓 漢江遣近臣 風雲雷雨 山川雩祀遣重臣 竝初六日設行 祀典所載松岳·五冠·紺岳等山 德津 楊津等處 遣重臣 來初八日亦爲設行 虔誠祈禱 以期昭格之心何如) 傳曰允."

62 《승정원일기》26책, 인조 7년 윤 4월 26일(신사).

63 《용재총화》권7(《대동야승》권2).

64 이욱, 앞의 논문, 2002, 188~189쪽.

예조에서 맹인과 무녀를 동원하여 경회루 연못 옆에 석척기우처에서 3일 동안 지내게 하였다[65]는 기록을 들 수 있다. 창덕궁 후원과 창경궁의 춘당대에서도 맹인의 주재로 기우제를 설행하였다. 명통사는 맹격의 집회소로, 맹격들의 국행기우제를 이곳에서 설행하게 하였다. 1402년(태종 2) 사평부에서 취무기우를 행할 때 맹인[瞽者]은 명통사에서, 승려는 연복사에서 기우제를 설행하게 하였다.[66] 1411년(태종 11)에는 백악에서 취무기우를 설행한 날 명통사에 맹격을 모아 기우제를 행하게 하였으며,[67] 이후에도 명통사에서의 맹인기우제 설행은 1443년(세종 25)까지 설행되었다.[68] 일시적인 제장 중 일부는 석척기우제 제장으로 선호되었다. 석척기우제는 동남이 주로 주재하였는데, 간혹 무격과 승려들도 이 의례를 주재하였다는 기록도 나타나고 있다. 석척기우제는 조선시대를 통틀어 동남이 주재한 빈도수가 가장 많으며, 그 외에 소수의 사례이기는 하지만 무와 승려들이 함께 행한 사례,[69] 무격과 동남이 함께 주재한 사례,[70] 무격이 주재

65 《광해군일기》(중초본) 권7, 광해군 원년 6월 24일(계유).

66 《태종실록》 권4, 태종 2년 7월 2일(기미).

67 《태종실록》 권22, 태종 11년 7월 11일(경오).

68 《태종실록》 권26, 태종 13년 7월 5일(임오); 《태종실록》 권36, 태종 18년 7월 1일(을유); 《세종실록》 권29, 세종 7년 7월 2일(기사); 《세종실록》 권32, 세종 8년 4월 27일(경인); 《세종실록》 권36, 세종 9년 6월 20일(정축); 《세종실록》 권 37, 세종 9년 7월 11일(정유) ; 《세종실록》 권101, 세종 25년 7월 6일(기미).

69 《세종실록》 권74, 세종 18년 7월 17일(경술) ; 《세종실록》 권104, 세종 26년 6월 29일(정미).

70 무격과 동남의 주재 사례는 조선 중기 이후까지 종종 나타난다. 그 사례로 1566년(명종 22) 예조에서 창경궁 春塘臺 연못가에서 석척기우를 먼저 행하고 이후에 盲巫童子에게 설행하게 하였다(《명종실록》 권34, 명종 22년 4월 19일(갑진))는 내용이 있다. 이 때 석척기우를 먼저 행한 이후에도 맹무와 동자가 함께 추가로 또 다른 곳에서 석척기우를 행했을 것으로 짐작된다.

한 사례[71] 등, 다양한 양상이 나타났다. 《용재총화》에 의하면 창덕궁 후원과 경회루 · 모화관 연못가에 석척을 띄우고 청남 동자가 석척기우 의례를 행하였는데, 이 때 남쪽 거리로 시장을 옮기고 남문을 닫고 북문을 열었다고 한다.[72] 여기에는 동자와 무격과 맹무뿐 아니라 승려도 동참했을 것이라 추정된다. 성현의 《용재총화》 저술 시기가 16세기 초인 것을 반영한다면 무격과 맹무 및 경사도 이 의례에 참여했을 가능성이 높다.

〈표 1〉 조선시대 성저십리 무속 국행제 제장 및 의례내용

<table>
<tr><th colspan="2">제장</th><th>의례내용</th><th>시기</th><th>의례주재자</th></tr>
<tr><td rowspan="4">명산대천</td><td rowspan="4">白岳</td><td>聚巫祈雨</td><td>1406년(태종 6년)</td><td>巫</td></tr>
<tr><td>聚巫祈雨(백악산당)</td><td>1411년 5월(태종 11)</td><td>74명의 女巫</td></tr>
<tr><td>聚巫祈雨(명통사)</td><td>1411년 7월(태종 11)</td><td>巫</td></tr>
<tr><td>聚巫祈雨</td><td>1415년(태종 15)</td><td>女巫</td></tr>
<tr><td rowspan="8">명산대천</td><td rowspan="7">漢江</td><td>聚巫祈雨</td><td>1413년(태종 13)</td><td>女巫</td></tr>
<tr><td>聚巫祈雨</td><td>1414년(태종 14)</td><td>女巫</td></tr>
<tr><td>聚巫祈雨</td><td>1427년(세종 9) 6월 11일</td><td>女巫</td></tr>
<tr><td>聚巫祈雨</td><td>1427년(세종 9) 6월 13일</td><td>女巫</td></tr>
<tr><td>聚巫祈雨</td><td>1435년(세종 17)</td><td>巫</td></tr>
<tr><td>요왕경 · 蜥蜴祈雨 · 聚巫祈雨, 3일</td><td>1454년(단종 2)</td><td>經師, 女巫</td></tr>
<tr><td>聚巫祈雨</td><td>1470년(성종 1)</td><td>巫</td></tr>
<tr><td>三角</td><td>聚巫祈雨</td><td>1416년(태종 16)</td><td>巫</td></tr>
<tr><td>신사</td><td>木覓</td><td>기양제</td><td>1416년(태종 16)</td><td>國巫</td></tr>
<tr><td rowspan="4">제의단(상설)</td><td rowspan="4">雩祀壇(우단)</td><td>聚巫祈雨</td><td>1401년(태종 1)</td><td>女巫</td></tr>
<tr><td>聚巫祈雨</td><td>1405년(태종 5)</td><td>女巫</td></tr>
<tr><td>聚巫祈雨</td><td>1416년(태종 16)</td><td>巫</td></tr>
<tr><td>聚巫祈雨</td><td>1426년(세종 8)</td><td>巫</td></tr>
</table>

71 《세종실록》 권85, 세종 21년 4월 21일(정유), "行聚巫蜥蜴祈雨."

72 《용재총화》 권7(《대동야승》 권2) ; 《경종실록》 권3, 경종 1년 5월 29일(기축).

제의단(상설)	北郊	聚巫祈雨, 3일	1418년(태종 18)	巫
	東郊	聚巫祈雨, 3일	1423년(세종 5)	巫
		聚巫祈雨	1424년(세종 7)	巫
	五方土龍壇	畫龍祭	1455년(단종 3)	經師, 女巫
		畫龍祭(伍龍祭)	15세기 말~16세기 초	經師
제의단(상설)	馬祖壇	마제	1434년(세종 16) 중지	巫覡
	先牧壇			
	馬社壇			
	馬步壇			
제장(임시)	명통사	盲覡祈雨	1402년 7월(태종 2)	盲巫
		盲覡祈雨	1411년 7월(태종 11)	盲巫
		盲覡祈雨	1413년 7월(테종 13)	盲巫
		盲覡祈雨	1418년 7월(태종 18)	盲巫
		盲覡祈雨	1425년 7월(세종 7년)	盲巫
제장(임시)	명통사	盲覡祈雨	1426년 4월(세종 8년)	盲巫
		盲覡祈雨	1427년 6월(세종 9년)	盲巫
		盲覡祈雨	1427년 7월(세종 9년)	盲巫
		盲覡祈雨	1443년 7월(세종 25)	盲巫
	慶會樓(연못)	盲巫祈雨	1609년(광해군 1)	盲人, 巫女
	昌慶宮(춘당대)	盲巫童子祈雨	1567년(명종 22)	盲巫, 童子

(2) 무격 주재 마제

무격은 성저십리에서 수행된 국행의례 중 기우제 외에 말을 위한 의례도 주재하였다. 마제는 한양도성 흥인지문 밖 사근사리의 살곶이[箭串]에 위치한 마조단·선목단·마사단·마보단에서 설행되었다. 이는 1434년(세종 16)에 사복시의 마제를 금하는 교지를[73] 내렸던 것에서 알 수 있다. 마제는 이후 1797년(정조 21)에 복구하였는데, 그해는 중춘의 마조제만이 설행되었

73 《세종실록》 권72, 세종 18년 5월 11일(병자).

다는 기록이 있다. 대체로 마제가 사근사리와 살곶이 인근에서 행해진 이유는 살곶이에 목장이 존재했던 것을 원인으로 들 수 있다.

마조단은 중춘에 말의 조상신에게, 선목단은 중하에 처음으로 말을 기른 사람에게, 마사단은 중추에 처음으로 말을 탄 상토에게 그리고 마보단은 중동에 말에게 재앙을 주는 신에게 제사를 지냈다. 이상의 네 단은 모두 살곶이[箭串] 안에 있다.[74] 이 단들은 모두 각각의 독립적인 단으로 구성되며, 각각의 단의 실측 크기는 넓이 9步, 높이 3尺으로 동일한 크기였던[75] 것으로 짐작된다. 무격이 주재한 말과 관련된 제의는 조선 초기에 잠시 설행되었다가 1434년(세종 16)에 중지되었다. 그러나 이전에도 무격의 설행을 중단할 것을 요청하는 요구는 계속되었다. 1413년(태종 13)에 사복시에서 무격을 시켜 말과 관련된 신에게 제사지내는 것을 음사로 규정하고, 마조와 마보 그리고 선목과 마사의 제의는 사복시 관리가 주재하게끔 요구하였다. 당시에는 그렇게 시행하게끔 하였으나, 바로 중단되지는 않고 한동안은 유지되다가 1434년(세종 16)에 무격 주재 마제는 중지되었다.

4) 성저십리의 무격 국행 주재 정책 변화

조선 전기에는 家廟와 里社制의 권장과 음사의 폐절이라는 기대 속에 사전의 개편을 보았으나, 산천 성황에 대한 무격적인 민간신앙은 그대로 전승되어 왔다. 그리하여 유교정치의 기틀이 좀 더 자리 잡혀 간 세종조에 들어서 음사에 대한 논의가 조정에서 재연되었으나, 오랜 구습이 쉬

74 《신증동국여지승람》 권2, 비고편.

75 《태종실록》 권24, 태종14년 6월 13일(갑인), 禮曹啓諸祀壇壝之制 先蠶壇 · 靈星壇高三尺 周八步四尺 四出陛 先農壇同兩壝 壝各二十五步 馬社 馬祖,先牧 馬步壇 各廣九步 高三尺 四出陛."

이 타파되지는 않았다.[76] 세종대에도 산천의 기우제가 설행되었으며, 또한 1434년(세종 16)에 마조제를 폐지할 때까지 말과 관련된 의례도 무격에 의해 주재되었다. 세종 이후 성저십리에서 무격 주재 국행제의 설행 횟수는 급격하게 줄어든다. 무당 기우제의 고대적 의미의 퇴화과정은 무당 기우제의 기반 약화, 나아가 국행제에서의 무당의 배제화와 직·간접적으로 관계되는 것이었다. 나머지 기원 위주의 무당 기우제마저도 날로 내실화되는 유교적 명분에 점차 밀려날 운명에 처하게 되었다. 이러한 의례성격의 점진적인 변화와 함께 국가의례 체계에서 무당 기우제가 점차적으로 쇠퇴해갔다.[77]

무격 주재 국행제는 조선 전기에 집중된 양상을 보인다. 1401년(태종 원년) 태종은 즉위하자마자 明의 예제에 근거하여 무격이 주재하는 음사의 수를 봄과 가을 2회로 감소할 것을 명하였다.[78] 1411년(태종 11)에는 송악과 백악 및 감악등의 기은처에 별감을 보내 유교제사를 거행하도록 하였다.[79] 태종은 즉위와 동시에 무속 제의를 축소하려 하였다. 그러나 그의 정책과는 다르게 조선시대를 통틀어 태종대에 성저십리에서의 취무기우가 가장 많이 설행되었다. 그러한 영향 탓인지는 알 수 없으나, 태종은 이후 민간에서 太宗雨라는 이름으로 기우제와 관련된 왕으로 신앙되기도 하였다.[80]

76 한우근, 앞의 논문, 1976, 183쪽.

77 최종성, 앞의 논문, 1998, 65쪽.

78 《태종실록》 권1, 태종 1년 1월 4일(신미).

79 《태종실록》 권22, 태종 11년 7월 4일(갑술).

80 1723년(경종 3)에 제조 李台佐가 입진하여 태종대왕의 忌辰日인 5월 10일에는 예로부터 비가 오는 경우가 많아 '태종우'라 이르렀는데, 금년에는 한재가 심해 비용절감을 청하였다는 기록(《경종실록》 권12, 경종 3년 5월 12일(경인))에서 태종우 관련 내

조선시대 무격의 주재로 거행된 국행기우제는 백악산, 삼각산, 목멱신사, 북교, 동교, 한강, 우사단, 북단, 남단, 동단, 서단, 중앙단 그리고 경회루 연못가와 명통사 등에서 설행되었다. 이 제장들에서 거행된 국행의례로 中祀는 우사단과 백악에서 지냈으며, 그 외 대부분 小祀의 규모로 진행되었다. 무격의 국행기우제는 조선 중기까지 그 기록이 나타나며, 특히 조선 전기에 집중되었다. 조선 중기 이후에도 별기은제 형식으로 설행되기는 하였지만, 전기에 비해 그 숫자나 규모는 비교가 되지 않을 정도라고 할 수 있다. 이는 조선 중기 이후 예제의 정비로 인해, 무격이 주재하였던 의례들을 예제 관련 관리들로 대체함으로써 나타나는 현상이라 할 수 있다.

조선 중기 무녀와 맹무의 국행기우제 주재에 대해서는 17세기까지 관련 기록이 나타난다. 여기서 주목할 만한 사실은 조선 전기에 무격의 국행기우제는 산천에 집중되는 것과 달리, 조선 중기에는 산천에서의 기우제에서는 배제된다. 이는 이후 1704년(숙종 30)에 기우제 차례를 개정하면서 제장에 따라 품계가 다른 신하를 보냈던 것과 무관하지 않다고 볼 수 있다.[81] 이와 같이 조선 중기 산천과 기우단 등의 기우제 주재는 관리들의 몫

용을 파악할 수 있다. 1764년(영조 40) 5월 10일에 비가 내리자, 영조는 陟降이 주신 것이라 하였다. 그 이유는 매년 이날 비가 내려 이를 태종우라 불렀기 때문이다(《영조실록》 권103, 영조 40년 5월 10일(신유)). 여기서의 척강은 先靈, 즉 태종을 뜻한다.

81 《숙종실록》 권39, 숙종 30년 6월 26일(갑오), "改定祈雨祭次第 初次三角山 木覓山 漢江 遣三品官 再次龍山江 楮子島 遣宰臣 三次風雲雷雨山川雩祀 遣宰臣 四次北郊 遣宰臣 社稷 遣重臣 五次宗廟, 遣重臣 六次三角山 木覓山 漢江 沈虎頭 遣近侍 七次龍山 楮子島 遣重臣 八次風雲雷雨山川雩祀 遣重臣 九次北郊 遣重臣 慕華館池邊蜥蜴童子 遣武臣嘉善 閭閻屛柳 十次社稷 遣大臣 慶會樓池邊蜥蜴童子 遣武臣嘉善 十一次宗廟 遣大臣 春塘臺池邊蜥蜴童子 遣武臣嘉善 閉南門開北門 遷市 十二次五方土龍祭 楊津 德津 五冠山 紺岳 松岳 冠岳 朴淵 禾積淵 渡迷津 辰巖焚柴, 皆令本道設行. 禮曹判書閔鎭厚 嘗言祈雨祭次序錯亂 宜加釐正 命議于大臣改定."

이었으며, 무격은 오방토룡단이나 경회루 등의 제장에서의 기우제를 설행하였다. 조선 중기 무격의 국행기우제는 용과 관련된 의례에 집중되었다고 볼 수 있다. 조선시대 내내 설행된 석척기우제는 용신기우제의 일종인데, 이 기우제는 위에서 제시한 대부분의 공간이 국행제의 제장이 되었다. 또한 무격만이 단독으로 하는 소수의 사례도 있었지만 대개는 승도와 동남 등과 함께 설행하였다. 또 다른 용신제의 일종인《용왕경》독경 및 오방토룡단 등에서의 화룡제 등을 경사나 맹격이 주재하였다.

조선 중기를 거치면서 무당 기우를 대체할 만한 국가적 작업이 본격적으로 진행되었다. 1474년(성종 5) 예조에서 기우행사의 요건 9가지를 마련하였고[82] 중종대에 한발과 같은 국가 위난에 대처하는 행동규범을 마련하기 위해 활발하게 전적으로 상고하는 시행원칙을 세워나가 17세기에는 국가적인 대책으로서의 기우제가 정례화된 모습을 갖추어 나가기 시작했다. 이후 인조연간인 1647년(인조 25)을 기점으로 무당 기우제는 국가의례에서 완전히 배제되기에 이른다.[83]

82 예조에서는 총 9가지의 기우행사 요건을 마련하였는데, 이 중 마지막 북을 치지 말 것을 제외한 8가지는 모든 성저십리의 제장과 관련된다(《성종실록》 권44, 성종 5년 윤6월 10일(계사), "禮曹啓 各處祈雨應行事件 具錄于後 依此行之何如 一 宗廟 社稷 北郊 漢江 三角 木覓 風雲雷雨 雩祀 行祈祭 一太一及雷聲普化天尊 設祈醮 一漢江楊津沈虎頭 又令道流讀龍王經 朴淵沈虎頭 一京城各戶 祀門焚香 一慕華館池邊用蜥蜴 祈禱 一造東方靑龍 南方赤龍 中央黃龍 西方白龍 北方黑龍 行祈祭 一 楮子島行畫龍祭 一 開北門 閉南門 一勿擊皷."

83 최종성, 앞의 논문, 1998, 67~70쪽 ; 최종성, 앞의 논문, 2001, 184~185쪽. 국가의례에서 이미 배제된 이후인 1745년(영조 21) 영조는 영조는 盲祭 · 巫祭 · 讀經祭의 명칭을 모두 없애고, 이미 오래전에 폐지가 정해져 그 이름만이 (奉常寺의)太常祭案에 남아있던 맹인기우와 무녀기우 및 맹인독경제 등의 기록도 모두 남김없이 없애도록 하였다(《연려실기술》 별집 권4, 〈祀典典故〉; 英祖二十一年命悉去盲祭巫祭讀經祭名號盲人祈雨巫女祈雨及移御時盲人讀經祭舊有其名停廢已久而猶載於太常祭案至是命悉去之)

3. 동·서 활인서 무격에 대한 정책과 질병치유

1) 무격관리를 위한 정책

조선시대에는 內醫院·典醫監·濟生院 등 많은 의료기관이 있었으나 서민의 구료를 담당했던 의료기관으로는 혜민서와 동·서활인서가 대표적이다. 이 두 기관은 같은 서민 대상 의료기관이지만 그 성격에 있어 약간의 차이가 있었다. 혜민서가 醫藥을 이용한 질병치료를 주로 담당하였다면, 활인서는 주로 전염병 환자에 대한 구료와 함께 飢民에 대한 구휼까지 담당하였다.[84] 활인서는 무격 소속 의료기관이라는 점을 주목해야 한다. 활인서는 1709년(숙종 35)에 혜민서에 소속되기 전까지[85] 무격을 주축으로 일반 백성들에게 질병치유와 구휼을 위한 기관으로 활용되었다.

활인서는 1392년(태조 1)에 설치되어 1882년(고종 19)까지 일시적으로 폐지된 기간을 제외하면 대략 465여 년간 존속된 의료 기관이었다.[86] 활인서는 조선시대를 통틀어 두 차례 폐지되었다가 다시 설립되는 과정을 거쳤다. 폐지 이후 다시 설립되는 과정까지 그 기간이 길지 않아, 일시적 혹은 사회적 상황에 의해 폐지되었던 것으로 봐야 할 것이다. 또한 폐지된 이후 다시 설립되었다는 것은 그만큼 활인서가 당시 성저십리에 거주하는 서민들과 빈민층에게 미친 영향력이 컸음을 반영한 결과라 할 수 있다.

활인서의 전신은 고려시대 의료 기관이었던 東西大悲院이다. 고려시대의 제도를 조선 개국 이후에도 그대로 유지해 오다가 1414년(태종 14)에 東西活人院으로 그 명칭을 변경하였으며, 주로 도성 안의 병자 치료를 담당

84 이상협, 〈조선시대 동·서 활인서에 대한 고찰〉《향토서울》 56, 1996, 69쪽.

85 《증보문헌비고》 권85, 예고, 벽이.

86 《증보문헌비고》 권223, 직관고, 활인서.

하였다.[87] 대비원은 불교의 大慈大悲에서 유래한 말로, 당시 정부의 배불 정책에[88] 의해 명칭 변경의 필요성이 제기되었다고 할 수 있다. 이후 활인원은 1467년(세조 13)에 활인서로 명칭이 변경되어 1882년까지 존속하였다. 존속 기간 중 두 차례 폐지는 1504년(연산군 10)과 1595년(선조 28)에 이루어졌고, 이후 재설치는 1512년(중종 7)과 1612년(광해군 4)에 이루어졌다. 1595년 활인서 폐지는 임진왜란이라는 사회적 상황 때문이라 할 수 있다. 그전에 1593년에 국고가 고갈되자 비용 절감을 위해 관원을 감축하고 기관을 합병시키는 등의 조치에 의해 활인서는 폐지되었다.

1504년(연산군 10)에 폐지되었던 활인서는 8년 뒤인 1512년(중종 7)에 다시 설치되었다.[89] 이후 1595년(선조 28)에 폐지되었던 활인서는 1612년(광해군 4)에 예조에서 임진왜란 중에 폐지된 동서활인서를 다시 설치하여 전염병에 걸린 사람에 대한 치료를 위한 대비책으로 삼고자 함을 아뢰자, 광해군이 이를 허락하여 다시 설치되었다.[90]

조선시대에는 활인서와 별개의 의료기관으로 무격으로 구성된 閱巫署가 있었다. 열무서에 대한 문헌기록이 거의 전해지지 않아, 그 창립과 폐지시기는 정확히 알 수 없으나 무당과 박수가 그곳을 맡아오다가,[91] 무격이 활인서에 근무한다는 이유로 열무서를 혁파하면서 그곳에 소속되었던 무격이 활인서에 병합되었으리라 추정하였다.[92] 열무서에 대한 자세한

87 《태종실록》 권28, 태종 14년 9월 6일(병자).

88 이상협, 앞의 논문, 1996, 70쪽.

89 《중종실록》 권15, 중종 7년 2월 21일(경신).

90 《광해군일기》(중초본) 권21, 광해군 4년 12월 19일(무신).

91 《신증동국여지승람》 권2, 비고편.

92 《연려실기술》(별집) 권7.

기록은 전해지지 않지만, 그곳이 무격 소속의 치유와 재액을 담당한 의료 기관이었던 것으로 추정된다.

활인서의 무격 근무와 관련된 기록이 처음 보이는 시기가 1415년(태종 15)부터이다. 1415년(태종 15)에 육조에서 올린 33조의 진언 중 安城君 李叔蕃의 진언에 의하면, 동서활인원에 나누어 소속하게 한 무격으로 하여금 병자를 돌보게 하고 매년 연말에 活人한 인원의 다소를 심사하여 10명을 살린 사람에게는 상을 주고 마음을 쓰지 않는 이는 벌을 하게 하라는 내용에서 알 수 있듯이, 1415년(태종 15)을 기점으로 그 이전에 이미 무격이 활인원에 소속되었던 것을 알 수 있다.[93] 1429년(세종 11) 성저십리 외 지역에서는 활인원의 기준에 따라 병자의 집이 가난하여 치료비가 없으면 국고로 쌀 한 되를 매일 지급하게 하였다. 그리고 각 고을의 리와 민호에 사는 무격에게 열병을 앓는 이들을 보살피고 치료하게 하였다.[94] 이는 전국의 가난한 이들을 위한 복지정책을 펼 때 활인서가 하나의 근거기준이 되었음을 알 수 있게 해준다.

활인서는 巫籍과 巫稅 납부를 효과적으로 관리하기 위한 정책의 결과라고도 할 수 있다. 성저십리 안에 거주하는 무격의 무적 등재는 1436년(세종 18)에 시행된다. 세종은 한양에 거주하는 巫를 무적에 등록하게 하는데, 이때부터 무적의 등록을 정부에서 정책적으로 시행했다고 볼 수 있다. 무격이 활인서에 소속되어 병자를 치료하는 것은 《경국대전》,[95] 《속대전》,[96]

93 《태종실록》 권29, 태종 15년 6월 25일(경인).

94 《세종실록》 권44, 세종 11년 4월 18일(계사).

95 《경국대전》권3, 예전, 혜휼조, "凡巫覡 京則本曹錄籍分屬活人署 外則本邑錄籍治療病人."

96 1746년(영조 22) 간행된 《속대전》의 호조 잡세에 경성의 무녀는 활인서에 소속시킨다(《속대전》 권2, 호전, 잡세)고 하였다.

〈표 2〉 조선시대 활인서에 대한 정책

시기	활인서 정책	종교직능인 종사자
1392년(태조 1)	고려의 동서대비원 계승	僧侶
1414년(태종 14)	활인원으로 명칭 변경	僧侶, 巫覡
1415년(태종 15)	무격에게 병자를 돌보게 함	巫覡과 일부 埋骨僧
1429년(세종 11)	활인원을 전국 병자 구휼의 기준으로 삼음	巫覡과 일부 埋骨僧
1436년(세종 18)	죄가 있는 무녀들을 활인서에 소속시키고 관찰하게 함	巫覡
1467년(세조 13)	활인서로 명칭 변경	巫覡
1474년(성종 5)	동서활인서에 무당을 시켜 전염병 환자를 치료하게 함	巫覡
1504년(연산군 10)	활인서 폐지	
1512년(중종 7)	활인서 재설치	巫覡
1517년(중종 12)	활인서 무녀를 한양 200리 이상 떨어진 마을로 분배	
1595년(선조 28)	활인서 폐지	
1612년(광해군 4)	활인서 재설치	巫覡
1687년(숙종 13)	활인서 소속의 무녀들을 축출. 도성 안 진입 금지	
1746년(영조 22)	경성의 무녀는 활인서에 소속	巫覡
1882년(고종 19)	활인서 혁파	

《대전회통》[97]을 통해, 이들의 활인서 근무가 법제화되었음을 알 수 있다.

활인서는 465여 년 동안역병의 치료와 구휼기관으로 그 역할을 충실히 수행했음에도 불구하고, 무격의 활인서 소속에 대해서는 끊임없이 논란이 되었다. 1517년(중종 12) 사헌부에서 동서활인서의 명부에 있는 무녀들과 5부에서 찾아낸 무격 등을 모두 한양에서 200리 이상 떨어진 고을에 분배하게 하고[98] 1687년(숙종 13)에는 무녀들을 활인서에서 쫓아내었으며, 그

97 《대전회통》, 활인서.

들로 하여금 성 안에 들어오지 못하게 하는[99] 금령을 내리기도 하였다. 또한 1517년(중종 12)에 신용개가 동서활인서에서 무녀의 명단을 만들어두고 세금을 거두는데 이를 고칠 것을 요청하였다.[100] 이후 1744년(영조 50)에 여자 공노비들이 내는 신공 폐지와 함께 한양 무녀들이 내는 身布도 폐지[101]하였으나, 이는 한시적인 정책이었다. 이전에 무세를 활인서에서 징수하였다면, 조선 후기에 들어서 무격은 公簿에 등록하여 무세를 징수하였다.[102] 조선시대 활인서 소속 무격에 대한 다스림은 크게 2가지로, 그들이 그곳에서 방출되어 성 밖으로 刷出되어야 한다는 것과 그들에게 걷는 무세의 폐해에 대한 것이었다. 사실, 이 두 정책은 모두 조선시대 동안 지속적으로 논의되었다고 볼 수 있다.

2) 다스림의 관점에서 본 활인서의 위치 변화

조선시대 활인서 위치에 대해서는 여러 이설이 존재한다. 즉, 사료와 고지도에 제시된 대로 사대문 밖에 위치해 있다는 점은 일치하나, 동시대의 자료라 하더라도 문의 위치와 소재지명에 있어 약간의 편차가 존재한다. 따라서 사료와 고지도를 중심으로 활인서의 위치에 어떤 변화가 있었는지를 살펴볼 필요가 있다. 사료와 고지도에 활인서는 活人·活人寺로 표기되거나 혹은 동과 서를 구분하여 東署·西署·東活人署·西活人署로 표기되어 있다.

98 《중종실록》 권29, 중종 12년 9월 14일(정해).

99 《증보문헌비고》 권85, 예고, 벽리.

100 《중종실록》 권29, 중종 12년 9월 18일(신묘).

101 《영조실록》 권122, 영조 50년 2월 14일(정유).

102 《대전회통》, 호전.

활인서의 전신인 활인원은 도성 밖에 위치해 있었다. 동활인원은 동소문(弘化門 혹은 혜화문) 밖에 서활인원은 서소문(혹은 昭德門) 밖에 두었다.[103] 《동국여지승람》에 동활인서는 연희방에, 서활인서는 용산에 있다고 하였다.[104] 1750년대 초에 제작된 것으로 알려진 〈海東全圖〉에 동활인서는 活人寺로 표시되어 혜화문 밖에 위치해 있으며, 서활인서는 서소문 밖에 위치해 있다.〈그림 3〉, 〈그림 4〉 1788년(정조 12)에 제작된 〈都城圖〉와 18세기 말기에 제작된 〈城市全圖〉, 19세기 초기에 제작된 〈漢陽都城圖〉와 그 제작연대가 대략 1801년에서 1822년으로 추정되는 〈京城圖〉에 활인서는 '活人'이라는 명칭으로 동활인서는 혜화문 밖에, 서활인서는 서소문 밖에 표기되어 있다. 1840년대 김정호가 제작한 〈首善全圖〉에 의하면, 동활인서는 광희문(혹은 水口門) 밖에, 서활인서는 서소문 밖에 표기되어 있다. 고종 초에 제작된 것으로 알려진 19세기 후반의 〈首善全圖〉와 또 다른 19세기 후반의 또 다른 〈슈션젼도〉〈그림 5〉, 〈그림 6〉에는 동활인서가 광희문 밖에, 서활인서가 서소문 밖에 위치해 있다.

〈표 3〉 조선시대 동 · 활인서의 위치 변화

동활인서 위치	서활인서 위치	시기	출처
동소문 (홍화문·혜화문)	서소문 (소덕문·소의문)	1454년	《세종실록》 권148, 지리지
연희방	용산	1481년	《동국여지승람》
혜화문	서소문	1750년대 초	〈海東全圖〉
혜화문	서소문	1788년	〈都城圖〉
혜화문	서소문	18세기 말	〈城市全圖〉
혜화문	서소문	1801~1822년	〈京城圖〉

103 《세종실록》 권148, 지리지, 경도 한성부.

104 《동국여지승람》 권2, 京都下.

동소문 밖	남대문 밖 용산강	1834년 추정	《한경지략》
광희문	서소문	김정호제작, 1840년대	〈首善全圖〉
광희문	서소문	19세기 후반	〈슈션젼도〉

동활인서의 위치 변화는 〈그림 3〉의 〈해동전도〉와 〈그림 6〉의 〈슈션젼도〉의 비교를 통해 좀 더 쉽게 파악할 수 있다. 동활인서는 〈그림 3〉에는 혜화문 밖에 위치해 있으며, 〈그림 6〉에는 광희문 밖에 위치해 있다. 동활인서는 1830년대 중반에서 1840년대 사이에 혜화문에서 광희문 밖으로 이전했을 것으로 추정된다.《동국여지승람》의 동활인서가 위치한 연희방에 대해 정확한 위치는 알 수 없으나,《신증동국여지승람》에 연희방은 東部 관할이며 또한 조선시대 홍덕사[105]가 연희방에 있었던 것으로 미루어, 현재의 혜화동 일대가 연희방이었을 것으로 짐작된다. 여기에서는 동소문 주변의 좀 더 상세한 지명을 제시했다고 볼 수 있다. 18세기 말에 제작된 〈都城圖〉, 〈城市全圖〉와 19세기 초기에 제작된 〈漢陽都城圖〉와 1801년에서 1822년에 제작된 것으로 추정되는 〈京城圖〉에 동활인서는 혜화문 밖에 위치해 있었으나, 1840년대 〈首善全圖〉에는 광희문 밖으로 이전해 있다. 동활인서의 이전시기를 정확하게 알 수 없지만, 이 지도들을 통해 동활인서는 〈首善全圖〉가 제작된 1840년대 바로 이전에 광희문 밖으로 옮겨졌을 가능성이 높다. 즉, 동활인서는 1820년에서 1840년대 사이에 광희문 밖으로 옮겨졌을 것으로 추정된다. 동활인서 인근에는 무당들이 모여 살던 神堂이 위치해 있다. 실제 지도상으로 보면 신당의 위치와 동활인서의

105 연희방에 있으며 교종에 속한 절(《세종실록》 권148, 지리지, 경도 한성부).

위치는 가까운 거리라 보기 어려운데, 조선 후기 동활인서의 위치를 신당 부근이라 말하기도 하였다.

서활인서는 《세종실록지리지》에 서술된 서소문 밖이라는 점은 동일하나, 《동국여지승람》[106]과 18세기 정조 재임기에 간행된 부지인 《한경지략》[107]에 용산이라는 구체적인 지명이 등장한다는 점을 주목할 필요가 있다. 실제 18세기부터 19세기에 제작된 한성부의 고지도를 살펴보면, 서활인서의 위치는 서소문과는 상당한 거리가 있다. 동활인서는 혜화문에서 광희문으로 그 위치를 옮겼을지라도 바로 문 가까이에 위치한 것과 다른 양상이라 할 수 있다. 따라서 서활인서의 위치에 대해서는 두 가지 관점으로 분석될 수 있다. 그 하나는 조선 초부터 19세기 말까지 서활인서가 서소문 밖에 위치해 있었으나, 그 위치가 서소문과 가까운 거리가 아니라 다소 떨어진 거리라는 점에서, 사료와 문헌 작성시 보다 잘 알려진 지명에 위치해 있는 것으로 기재했을 가능성이다. 사실 지도상으로 보면,〈그림 4〉 서활인서에서 서소문 및 남대문과의 거리차가 크지 않다. 따라서 더 유명한 지명과 서활인서와의 관련성을 부각시켰을 가능성도 배제할 수 없다.

또 다른 관점은 용산과 서소문 인근으로 여러 차례 이동했을 가능성이다. 15세기의 지리지와 19세기 부지에 서활인서는 용산으로 기재되어 있다. 그렇다면 15세기 후반 무렵에 용산에서 서소문으로 이전했다가 다시 19세기 초중반에 용산으로 다시 이전했다가 또 다시 19세기 중엽에 다시 서소문으로 이전했을 가능성이다. 그러나 이 관점보다는 이전의 관점이 더욱 설득력이 있어 보인다.

106 《동국여지승람》 권2, 경도하.

107 《한경지략》 권2, 궐외각사, 활인서.

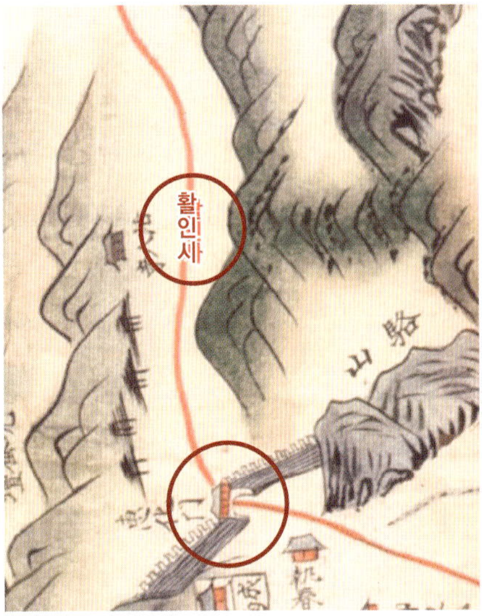

〈그림 3〉〈해동전도〉의 동활인서와 혜화문
(해동전도에 활인서는 活人寺로 표기됨)
(서울대학교 규장각한국학연구원)

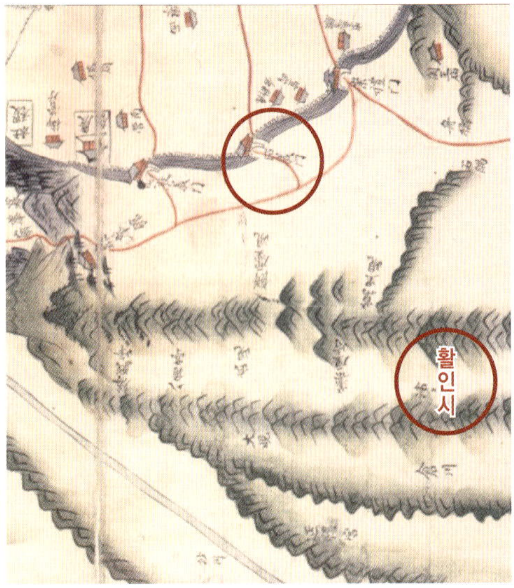

〈그림 4〉〈해동전도〉의 서활인서와 소의문
(해동전도에 활인서는 活人寺로 표기됨)
(서울대학교 규장각한국학연구원)

앞에서도 설명하였듯이 동활인서의 위치는 신당 인근이라 기재하기도 하는데, 신당과 동활인서의 거리 또한 가까운 거리는 아니다. 그보다는 광희문과 동활인서의 거리가 훨씬 가깝다. 그러한 점에서 보자면, 서활인서는 서소문 밖 그 자리에 계속 존재하였거나, 혹은 그 정확한 이전 시기는 알 수 없으나 15세기 말까지는 용산에서 위치해 있다가 그 이후 서소문 밖 아현으로 이전했을 가능성이 높다. 그 시기를 추정한다면 16세기 초 활인서를 폐지하고 다시 재설립하는 과정에서 용산에 위치한 활인서가 폐지되고 아현에 새로 만들었을 가능성을 제기해 본다.

서활인서가 위치했던 아현동 주변은 '활인새 뒤곳'이라는 마을 이름이 전해져 내려오고 있으며, 또 옛날에 염병 앓던 환자를 갖다 버렸던 산이라는 뜻의 '엠병산'이라는 지명이 남아있다.[108] 또한 19세기 후반에 제작된 〈슈션전도〉〈그림 5〉를 살펴보면, 서활인서 인근에는(남쪽) 중죄인을 처벌하던 '새남터'가 위치해 있다. 이 새남터는 원래부터 무녀들이 제사를 지내던 곳으로, 죽은 혼령을 천도하는 천도굿인 새남굿을 하는 것에서 유래한 지명이라 할 수 있다.[109] 서활인서가 위치한 서소문은 시구문이기도 하였지만, 또한 그 밖에서 죄인들의 사형을 집행하고 梟示를 행하던 공간이기도 하였다.[110] 이와 같이, 동활인서가 신당동으로 옮겨진 이유는 서활인서가 있던 주변 환경과 무관하지 않아 보인다. 즉, 동활인서의 광희문 밖으로의 이전은 서활인서 인근에 있었던 서소문[111]의 기능과 유사한 점에서 그 이유를 찾을 수 있으리라 짐작된다.

활인서는 도성 밖 동서에 설치하여 전염병의 구료와 기민에 대한 救活活動을 담당함으로써 도성 내로 유입되는 전염병의 전파를 차단하는 역할을 하였다. 즉, 활인서는 도성 안 사람들을 외부로부터 보호하는 기능을 하였다고 볼 수 있다.[112] 엄밀히 따지자면, 활인서는 선도의 땅인 한양도성에 전염병이 유입되는 것을 막는 것이 주요한 임무 중의 하나였다고 볼 수 있다. 조선시대 동활인서의 광희문 앞 즉 신당 인근으로의 이전 시기는

108 한글학회, 《한국지명총람》 I (서울편), 1966, 51쪽.

109 서울특별시사편찬위원회, 《서울지명사전》, 2009, 431~432쪽.

110 서소문 밖은 죄인을 처형한 뒤 효시를 하는 공간이었음을 《승정원일기》를 통해 알 수 있다(《승정원일기》 3책, 인조 1년 윤 10월 14일(경자) ; 《승정원일기》 659책, 영조 4년 4월 15일(무신)).

111 수구문 또는 시구문이라 불렸던 광희문과 함께 서소문 또한 시체가 드나드는 문이었다. 1534년(중종 29) 병조에서 개문과 폐문의 표신을 아뢰는 글에서, 수구문과 서소문이 장사를 지낼 때 보내는 문이라는 내용에서 이를 알 수 있다(《중종실록》 권77, 중종 29년 8월 23일(정사)).

112 이규근, 〈조선 후기 질병사 연구: 《조선왕조실록》의 전염병 발생 기록을 중심으로〉 《국사관논총》 96, 2001, 31쪽.

명확하지 않지만, 19세기에 전염병이 유행하여 사망자가 늘어남으로 인해 취해진 조치일 것으로 짐작된다.

조선시대 전염병으로 가장 많은 사상자를 낸 시기는 17세기부터 19세기이다. 19세기에는 100여 년 동안 스물두 해만 전염병이 발생하여 17~18세기보다 발병빈도는 낮았다. 그러나 19세기 전염병은 이전에 접해보지 못한 怪疾이라 불리는 콜레라가 중국과 일본으로부터 전파되어 면역력을 가지지 못하였던 당시의 사람들에게는 막대한 인명피해를 가져왔다.[113] 1822년(순조 22)에 괴질이 집집마다 전염되어 "불똥이 튀는 것보다 더 질병이 (빨리) 번진다."[114]는 내용에서, 당시 괴질로 인한 사망자 수는 급격하게 늘어났음을 알 수 있다. 인구밀집 지역과 해외와의 교역이 빈번하였던 곳에 발병빈도가 높았는데, 순조 즉위년인 1800년(순조 원년)부터 1822년(순조 22)까지 전염병의 피해가 가장 컸다.[115] 전국에서 전염병으로 사망한 이들을 위한 別厲祭가 순조 재임기간 7차례 설행되었다. 특히, 전염병 중 괴질로 인한 피해가 1822년에 가장 컸다. 즉, 사망자의 숫자가 헤아릴 수 없을 정도였으며, 또한 별여제가 1822년 한 해에만 5차례나 설행되었다[116]는 점 등으로 미루어, 전염병으로 인한 당시의 피해를 가늠할 수 있으리라 짐작된다.

광희문은 시체가 드나드는 문으로서, 전염병으로 인해 환자 및 사망

113 이규근, 위의 논문, 2001, 12~30쪽.

114 《순조실록》 권24, 순조 21년 8월 22일(기유).

115 이규근, 앞의 논문, 2001, 26~27쪽.

116 《순조실록》 권15, 순조 12년 4월 1일(계묘) ; 《순조실록》 권24, 순조 21년 9월 21일(무진) ; 《순조실록》 권25, 순조 22년 7월 3일(을해) ; 《순조실록》 권25, 순조 22년 7월 11일(계미) ; 《순조실록》 권25, 순조 22년 7월 22일(갑오) ; 《순조실록》 권25, 순조 22년 7월 26일(무술) ; 《순조실록》 권25, 순조 22년 8월 3일(갑진).

자수가 늘어남에 따라, 순조 재임 기간(1800~1834) 중 괴질이 유행했던 1822년과 그 이후 헌종 재임 기간(1834~1849) 사이에 동활인서를 돈암에서 신당 인근으로 옮겼을 가능성도 배제할 수 없다. 조선시대 신당은 화장터가 있던 곳이며 금호 주변은 공동묘지가 조성되었던 곳이다.[117] 동활인서 주변도 서활인서와 마찬가지로 죽음과 관련된 지명이나 옛터가 존재했던 것으로 보아,[118] 동활인서의 이전장소는 곧 죽은 자의 처리가 용이한 곳이 선정되었을 가능성이 높다. 이는 동활인원을 옮긴 이유가 문헌자료에 기록되지 않아, 추정할 뿐이다.

조선시대 활인서에 소속되어 있던 무격은 동소문과 아현 그리고 신당동에 집단 거주하였다. 도성 밖으로 쫓겨난 무격들이 이룬 집단 거주촌과 달리, 동서활인서 인근 지역은 국가에 의해 계획된 무격집단 거주지였다. 아현은 서활인서가 위치해 있던 곳으로 그곳에 근무했던 무격들이 그 주변에 모여 살았다. 동소문은 19세기 초반까지 동활인서가 위치해 있던 곳으로 이곳에 근무했던 무격들이 이곳에 머물렀으며, 이후 19세기 중반에 광희문 밖으로 동활인서를 옮기면서 그곳에 근무했던 무격들이 자연스럽게 신당동 주변으로 모여 살게 되었을 것으로 추정된다. 또한 신당과 금호 일대에는 활인서에 소속되지 않은 무격들 또한 자연스럽게 정착했

117 1786년(정조 10) 진휼청 당상 徐有隣과 趙時俊이 가난하고 천하여 의지할 곳 없는 이들이 광희문에 와서 장사를 지낼 때 남의 무덤을 생각지 않고 매장하는 점 등의 문제점과 광희문 밖과 아현에 몰래 매장하는 등의 문제점 등을 상언한 것으로 보아(《일성록》 정조 10년 3월 23일(정묘)), 동활인서와 서활인서는 공동묘지 주변에 위치했음을 알 수 있다.

118 동활인서는 현재 성북구 동소문동 4가 103번지에 '동활인서터'라는 석조 표석이 세워져 있으며, 서활인서는 마포구 아현동 267번지 아현중학교 자리에 '서활인서터'라는 표석이 세워져 있다(이상협, 앞의 논문, 1996, 74쪽).

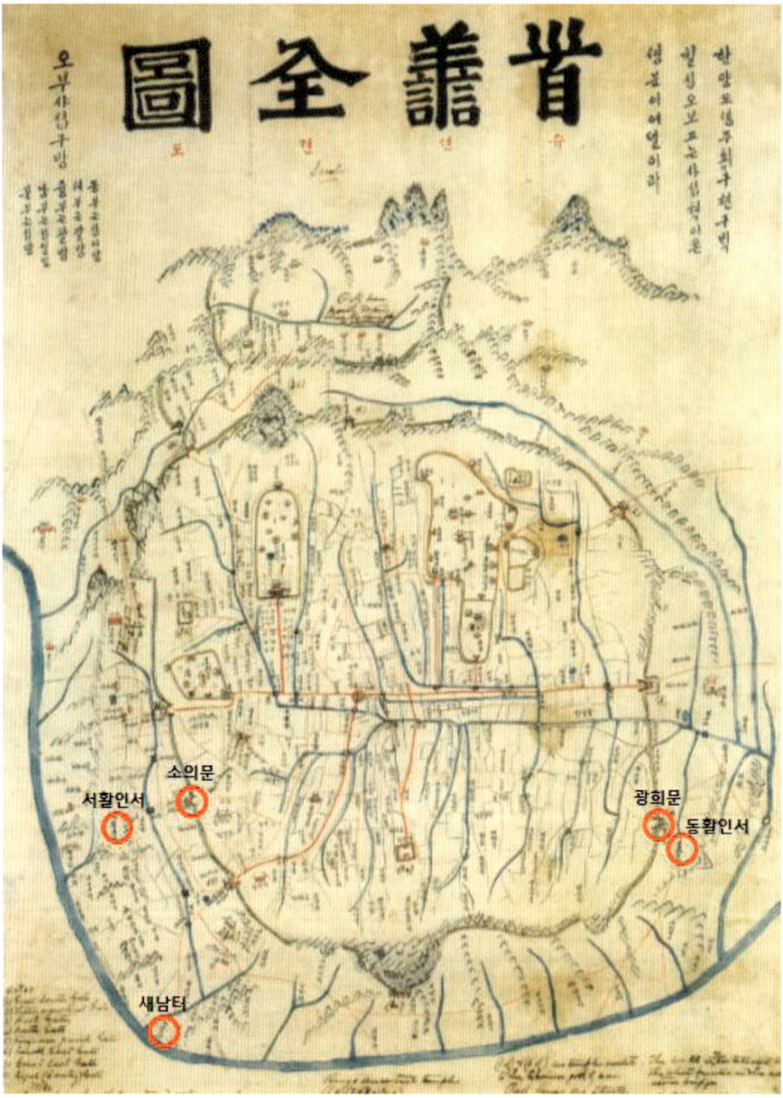

〈그림 5〉 19세기 후반 수션젼도(우: 광희문과 동활인서, 좌: 서활인서와 소의문, 새남터)
(연세대학교 박물관)

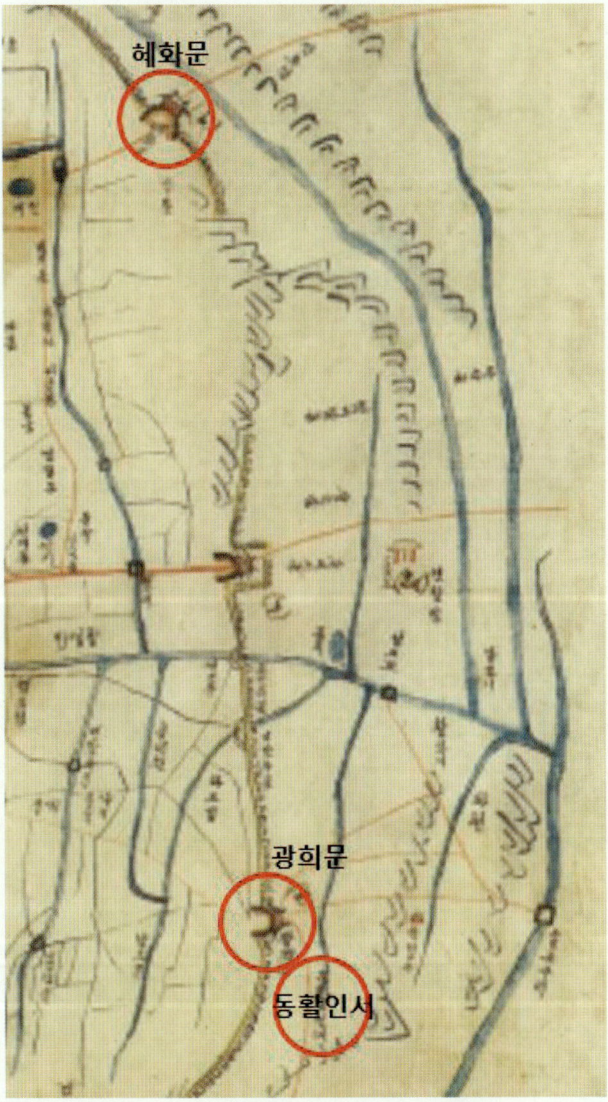

〈그림 6〉 〈그림 5〉의 좌측면 확대한 모습(혜화문, 광희문, 동활인서)
(연세대학교 박물관)

〈그림 7〉 혜화문 밖 동활인서(19세기 전기까지 위치한 것으로 추정)
A: 동활인서, B: 서활인서

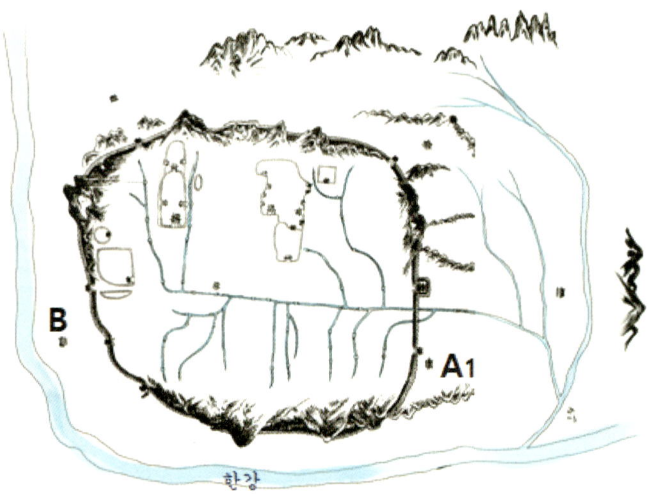

〈그림 8〉 광희문 밖 동활인서(19세기 중기 이후 이전한 것으로 추정)
A1: 동활인서, B: 서활인서

을 것이다. 그 이유는 죽은 자를 위한 예제를 중요시하던 조선시대에 이들을 위해 죽음의례를 행하는 것이 자연스러운 현상일 수 있기 때문이다.

3) 질병치유를 위한 정책

《동국여지승람》에 "활인서는 도성 안의 모든 역병 환자를 치료케 한다."는 것에서 알 수 있듯이,[119] 활인서는 역병을 집중적으로 관리하던 의료기관이라 할 수 있다. 즉, 전염병이 돌 때에 환자를 수용하여 그들을 치료하고 또 돌보는 정책을 펼쳤던 관서였다. 1474년(성종 5) 성종은 사람들이 사는 곳에 전염병이 유행하고 있으며, 특히 도성에는 인가가 즐비하므로 한 집에서 병을 앓으면 연달아 전염이 될 수 있으니 평민과 천인의 병자는 모두 동서활인서에서 치료토록 하고, 그중에서 죽은 자는 곧바로 묻어서 도성 근처에 주검을 버려두지 않도록 호조·예조·한성부에 전교하였다.[120]

활인서가 다른 의료기관과 다른 이유는 바로 무격의 존재였다. 이들은 병자와 가난한 이들에게 육체와 정신을 치유하는 의료와 사제의 기능을 동시에 수행했을 가능성이 높다. 조선시대에 의약의 혜택을 받을 수 있는 이들은 제한적이었다. 의약은 일반민들에게까지 큰 혜택이 돌아가지는 않았다.[121] 민간에서는 의원보다 마을마다 있었던 무격을 찾아 치병굿을 행하거나 벽사 의식을 행하는 것이 더 일반적이었다. 당시 한양도성의 궁궐과 명문가에서 무격에게 병과 관련한 조언을 구하거나 치병굿 혹은 피접을 행하는 것은 일반적인 양상이었다. 이는 1418년(태종 18)에 誠寧大君의 병환에 국무 加伊가 기양하여 화를 면하게 하지 못해 형조에서 죄주

119 《동국여지승람》 권2, 경도하.

120 《성종실록》 권43, 성종 5년 6월 4일(정사).

121 이필영, 앞의 논문, 1993, 29쪽.

〈그림 9〉 서활인서터 표석(서울 마포구)

〈그림 10〉 동활인서터 표석(서울 성북구)

기를 청하였다는 내용과,[122] 세종이 병상에 누운 적이 있었을 때 나인들이 무녀의 말에 현혹되어 성균간 앞에서 기도를 하자, 유생들이 이들을 내쫓았다는 내용을 통해 알 수 있다.[123] 또한 사대부의 부녀들은 問卜이나 병의 치료를 위해 머무르는 등의 이유로 공공연히 巫家에 출입하였다.[124] 무격 또한 마찬가지로 일차적으로는 도성 안의 사족들과 관계를 맺으려 노력하였다.[125]

또 다른 사례로 1478년(성종 9) 성현을 비롯한 조정의 관료들이 무격의 폐해를 지적하며 도성 밖으로 추방하는 법령이 해이해진 틈을 타 무격이

122 《태종실록》 권35, 태종 14년 2월 11일(임진).
123 《연려실기술》 권3, 〈세종조고사본말〉.
124 《세종실록》 권53, 세종 13년 7월 13일(을해).
125 이필영, 앞의 논문, 1993, 29쪽.

도성 안으로 다시 들어와 액을 물리치거나 병을 구제한다하니, 大家와 巨室이라 하더라도 이들을 불러들여 다투어가며 올바르지 못한 행위를 한다는 점 등을 언급한 상소 내용을 들 수 있다.[126] 또한 1765년(영조 41) 영조는 진연에서 시중에 질병이 있는 자는 무격을 쓰지만 결과적으로 이익이 없고 의약이 효험이 있다는 하교를 내리자, 도제조 홍봉한이 시중의 부귀한 자는 빈번하게 이런 일이 있다고 하더라도 제왕가에서는 경계할 일이라는 내용을 통해서도[127] 질병 치유에 대한 무격 의존도는 조선시대 내내 지속되었다고 볼 수 있다.

조선시대에는 질병 치유를 위해 처음부터 무격에만 의존하는 것은 아니었다. 발병 초기에는 의약이나 기타 섭생에 유의하면서, 점차 효험이 없으면 무격을 초빙하여 굿을 의뢰하였다.[128] 《默齋日記》[129]에 의하면, 이문건은 자신의 처 안동김씨가 감기로 시작하여 증세가 위태로워지자 온갖 처방을 다하여 구완하였다. 의학과 토속요법 및 점복과 무격에 의한 정신

126 《성종실록》 권88, 성종 9년 11월 30일(정해).

127 《영조실록》 권106, 영조 41년 12월 22일(계해).

128 이필영, 앞의 논문, 1993, 29쪽.

129 《默齋日記》는 李文楗이 일생 동안 썼을 것으로 추정되는 일기이다. 30여 책 중 10책이 남아있다. 이문건은 자신의 손자를 양육하면서 키운 《양아록》의 저자이기도 하다. 《묵재일기》에 등장하는 인물들은 국왕에서부터 하층민에 이르기까지 다양하다. 특히, 이문건의 생애와 관련 인물들의 출생과 질병 그리고 질병의 치유 혹은 사망에 이르는 일생이 상세하게 기록되어 있다. 《양아록》은 이문건의 손자 수봉(1551~1594)의 출생에서부터 16세의 성인이 될 때까지 성장 과정을 적은 기록으로, 당시 어린이의 질병과 치료와 관련한 내용들이 구체적으로 기록되어 있어, 조선시대 질병과 치유를 이해하는 하나의 좋은 사례가 된다. 특히, 이 두 기록물에는 질병의 치료에 있어 점쟁이와 무격의 자문을 받고 도움을 받은 내용들이 종종 등장한다(김현영, 〈조선시대 사람들의 생로병사: 의·점·무(醫占巫)〉《2012년 장서각특장자료집》, 한국학중앙연구원, 2012, 29~31쪽).

치료도 병행한 결과 그녀는 한 달 만에 기력을 회복하였다. 이문건은 의료행위뿐만 아니라 점복과 무격에 의한 치료의 영역이 엄격히 구분되지 않은 상황에서 치료행위를 하는, 말하자면 醫·占·巫의 통합적 의료행위를 병행했다고 볼 수 있다.[130] 이와 같이 조선시대에 비교적 합리적인 사고를 가졌다고 보는 사대부들도 무격을 찾는 이유는 바로 병의 원인, 즉 病因論이 귀신에게 있다고 믿는 사고 때문이었다.

조선시대 한양도성의 명문가에서는 무가에 노비를 제공하는 것이 일반적이었다. 조상의 위패를 무격가에 맡겨놓고 衛護를 바랄 때 노비를 시납하지 않으면 부모의 귀신이 후사를 병들게 한다는 속설이 존재하였다. 그와 같은 인습이 계속됨으로 인한 폐단을 막기 위해 부모의 무격 위호를 금하고 사대부녀의 무격가 출입을 금하였다.[131] 무가에 신노비와 代命奴婢를 바치면 《大明律直解》의 制書有違律에 의거해 그 가장에게 과죄하고 노비를 관가에 몰수하도록 하였다. 1478년(성종 9) 사헌부 傳旨 중 여러 음사로 규정하여 금지한 내용에 조부모와 부모의 영혼을 巫家로 불러올 때 지전이나 그림 형상을 만들어 걸어 놓고 그곳에 영혼을 맞이하여 제사를 지냈다는 것에서 알 수 있듯이,[132] 당시에는 조상제사를 무가로 직접 가 지내거나 혹은 조상의 신주를 무가에 맡겨놓고 조상의 천도를 기원하기도 하

130 이문건은 1551년 그의 처가 3월 20일부터 감모증이 있어 청심원과 삼소음, 인삼강활산을 비롯하여 월경수와 인뇨를 먹게 하고 더불어 성주의 유명한 점쟁이인 김자수를 시켜 점을 치게 했으며, 무당을 불러 기도를 하도록 하였다. 그 결과 4월 20일 기력을 회복하였다(김현영, 앞의 논문, 2012, 29·35쪽). 이문건은 의약과 점 그리고 무속의례까지 행하는 등, 정확하게 어떤 과정이 아내의 치료에 도움이 되었는지는 알 수 없으나, 여러 다양한 치료법을 강구함으로 인해 건강을 회복했을 것으로 믿었다고 볼 수 있다.

131 《세종실록》 권53, 세종 13년 7월(을해).

132 《성종실록》 권88, 성종 9년 1월 27일(경인).

였다.

조선시대에는 약재를 사용하여 병을 치료하는 것이 어려운 상황이었다. 그래서 대부분의 일반민들은 寺院이나 무격을 찾아가 기도를 하는 것이 고작이었다.[133] 조선시대에는 당시 백성들이 질병을 앓게 되면 의료시설의 미비와 의약의 고가로 인해 신령과 소통할 수 있는 무당을 통해 병이 나을 수 있다고 믿었다.[134] 조선시대에는 의원뿐 아니라 무격에게 치병의례를 의뢰하기 어려운 가난한 이들은 부적 정도를 써서 이것을 약 대신 복용하였다. 부적을 태워 이를 물에 타서 먹는 정도가 가난한 이들의 처방전이었다. 부적은 귀신의 저주를 방퇴하고 악귀의 침입을 막고 병마를 쫓아내려는 목적에서 활용되었다. 환자가 병이 났을 때 부적을 먹으면 낫는다거나 임산부가 난산일 때는 발에 '天'자를 쓰면 순산한다는 속설이 있었다. 귀신이 부적을 싫어한다는 믿음에 의해, 이것을 복용하였다. 부적을 사용하는 범위는 복통, 신경통, 정신병, 열병, 신장병, 홍역, 변비, 눈병, 두통, 전염병 등 다양하였다. 각기 다른 병의 원인에 따라 다른 문양이나 글귀가 그려진 부적을 활용하였다. 병의 진단 및 부적 필사가 모두 무격에 의해 이루어졌다는 점에서[135] 민간에서 이들에 대한 신뢰도는 현대의 우리가 생각하는 것보다 훨씬 높았을 것으로 짐작된다.

조선시대에는 무격을 활인서에 두어 병자의 치료를 맡겼는데, 이것은

133 김호, 앞의 논문, 1996, 34쪽.

134 민정희, 앞의 논문, 2000, 26쪽.

135 村山智順 지음 · 김희경 옮김, 《조선의 귀신》, 동문선, 1990, 305~364쪽(무라야마 지준의 본 저서는 1929년 간행되었다. 그는 조선총독부의 촉탁을 받아 조선민속 전반을 조사하였는데, 본 저서가 그 중의 하나이다. 조사기간이 명확하게 제시되지는 않았지만, 1920년대 중후반에 조사된 자료를 중심으로 본 보고서를 발행한 것으로 보이기에, 조선 후기 치료를 위해 부적을 사용한 사례들에 대한 파악이 가능하리라 본다).

무당이 의술과 관련이 있음을 보여주는 일례라 할 수 있다. 대개 옛날에 무당이 의약을 주관했음이 《산해경》에 보이며, 그러므로 醫라는 글자는 巫자를 따랐으니,[136] 조선시대에 무로써 병을 치료한 것은 우연한 일이 아니었다. 이는 무격이 치병을 통한 심리적인 치료뿐 아니라 질병에 대한 전통적인 치료법을 알았을 것이라는[137] 오래된 믿음에서 기인했다고 볼 수 있다. 즉, 무격에게 부여된 3가지 주요 능력과도 부합된다. 무격에게는 의례를 주재하는 사제의 기능, 미래를 예언하는 예언자적 기능 그리고 몸의 이상을 파악하고 치료하는 치료적 기능을 갖는다고 믿어져 왔다.[138] 이러한 기능에 부합되어 무격에게 치료받는 것을 좀 더 이상적으로 여겼을 것이다. 무격에게 받는 치료 중에는 정서적인 안정을 주는 정신적인 면이 환자들에게 큰 영향을 미쳤을 것이다. 성저십리의 신사 규금 정책에도 일부 무격의 神祀는 암묵적으로 인정되었는데, 활인서에게 연행되는 신사 또한 그 범주 안에 포함되었을 가능성이 높다.[139]

활인서 소속 무격은 종교사제자라는 특성으로 인해 병자 치유를 위해 긍정적인 효과를 발휘하였을 것이라는 점에서, 정책적으로 이들에게 의료기관에 근무를 명했다고 볼 수 있다. 또한 활인서에는 무속의 주재자인 무격 외에도 불교의례 주재자인 승려들도 근무하였다. 승려들은 대체로 활인서에서 사망한 이들 중 장례를 치러줄 만한 사람이 없을 경우 시신을 매장하는 역할을 주로 도맡았다.[140] 조선 전기 승려들의 활인서 근무

136 '醫'의 옛 글자는 '毉'이다(이능화 지음 · 서영대 옮김, 《조선무속고》, 창비, 2008, 142쪽).

137 조흥윤, 《무: 한국의 역사와 현상》, 민족사, 1997, 84쪽.

138 최남선, 〈살만교답기〉《계명》 19, 1927, 8쪽.

139 활인서에 근무하는 무격은 의료와 구휼 외에도 국행기우제에 동원되기도 하였다(《祈雨祭謄錄》 1책, 인조 18년 6월 초4일(경진) ; 《祈雨祭謄錄》 1책, 인조 22년 5월 초5일(갑신) ; 《祈雨祭謄錄》 1책, 인조 25년 5월 초파일(정해)).

는 고려시대에 사원이 했던 대민 의료 행위의 연속선 상에서 구료 활동을 한 것이다.[141] 이들이 담당하는 역할은 달랐지만, 엄밀히 말해 이들 또한 종교 직능자로서 환자의 임종을 지켜주고 그들의 장례를 치러준다는 점을 고려하면 심리적인 면에서 무격과 유사한 기능을 수행했을 가능성이 높다. 환자들에게 정서적인 안정의 중요성에 대한 일례로 1451년(문종 1) "도성 주위에 역병이 창궐하자 사람들은 서대문 밖에 위치한 홍제원의 석불에 몰려 들었는데 그 숫자가 천여 명을 넘었다."[142]는 내용을 들 수 있다. 이는 곧 환자들이 종교를 통해 정서적인 안정을 취하고 더 나아가 치유가 될 것이라 믿는 종교의 긍정적 기능을 잘 보여주는 사례라 할 수 있다.

4) 빈민 구휼을 위한 정책

조선시대에 한재와 전염병 등이 발병하면 지방민들이 한양도성 인근으로 몰려들었다.[143] 이 때 활인서는 이들의 구휼까지도 떠안았다. 지방민들이 대거 몰려들어 활인서에서도 수용을 못할 때에는 임시로 설치되는 賑濟所와 진제장이 그 기능을 함께하거나 혹은 병막 등을 인근에 설치하여 이들을 구제하였다. 조선시대 구황사업에서 굶주린 백성이 발생할 시마다 국가에서는 이들에게 음식을 제공하기 위해 진제소와 진제장을 설치하였다.[144] 진제소의 설치는 1395년(태조 4) 태조의 교지를 내린 것을 시작으로 1459년(세조 5)에는 普濟院, 홍제원, 利泰院에 賑濟場을 설치하여 한양도

140 《세종실록》 권3, 세종 1년 1월 27일(임신) ; 《세종실록》 권37, 세종 9년 9월 1일(병술).
141 김호, 앞의 논문, 1996, 34쪽.
142 《문종실록》 권6, 문종 1년 3월(임자).
143 이상협, 앞의 논문, 1997, 84~87쪽.
144 백철현, 〈조선시대 사회복지 정책에 관한 연구〉 《한국행정사학지》 4, 1995, 52~54쪽.

성의 백성을 구휼하였다.[145]

《세종실록》 지리지에 의하면 동서활인원에는 제조와 별좌 그리고 의원과 무당을 근무하게 하여 한양 안에 병들고 의지할 곳 없는 사람을 모두 이곳 활인원에 모아, 먹을 것과 약 및 옷과 이부자리를 제공하여 편하게 쉴 수 있도록 하였으며 만약 이들 중 죽은 이가 있으면 잘 묻어주었다고 한다.[146] 즉, 활인서는 병들고 의지할 곳 없는 사람들의 안식처가 되어 그들에게 입을 옷과 먹을 것 그리고 쉴 공간을 제공해 주었다. 더불어 이곳에 머무르다가 사망하면 장례까지도 치러주었다. 즉, 오갈 데 없는 이들의 요양기관으로서 기능하였다고 볼 수 있다.

활인서는 의료업무와 구휼 업무까지도 겸하는 기관이라는 점에서, 조선시대 구휼기관이라 할 수 있는 진제소와 歸厚署 모두 활인서의 협력 기관이라 할 수 있다. 활인서는 구휼의 업무를 맡아, 한성 내에서도 오갈 데 없는 가장 가난한 이들에게 안식처를 제공하였다. 이들은 이곳의 보살핌을 받다가 임종을 맞이하면 귀후서에서 관을 가져와 장례를 치러 주었다. 오갈 데 없는 이들이 활인서에 머무르다가 사망했을 때 관을 제공해 주고 장례와 관련된 일을 도맡아 해주던 곳이 바로 이 귀후서이다. 이 귀후서 또한 활인서와 마찬가지로 무격이 내는 세금으로 운용되던 곳이었다. 활인서와 귀후서에는 종교직능자로 무격 외에 埋骨僧이라 불리는 승려 또한 이곳에 소속되어 있었다. 장례를 치루는 과정에서 매장을 담당하는 매골승의 존재가 흥미롭다. 매골승은 동서활인서와 귀후서에 소속되어 시신을 매장하는 역할만을 담당하였다. 매골승에 대한 기록은 다음과 같다.

145 《세조실록》 권18, 세조 5년 12월 17일(을축).

146 《세종실록》 권148, 지리지, 경도 한성부.

1427년(세종 9)에 예조에서 한성부와 의논하여 매골승 10명에 6명을 충원하여 각각 8명씩에게 月料와 소금과 장을 주고 봄과 가을에 면포 1필씩을 줄 것을 장려하였다.[147] 또한 1419년 예조에서 귀후서는 제조 1명 · 제거 2명 · 별좌 2명으로 구성하고 이 중 제거 이하는 승속에서 뽑아 쓰도록 하였다.[148]

귀후서는 용산강가에 위치해 있던 기관으로, 관곽을 만들어 급작스럽게 초상을 당한 민간에게 판매를 하였다.[149] 원래는 施惠所였는데, 1414년(태종 14) 동서대비원의 명칭 변경시 歸厚所[150]로 변경되었다.[151] 명칭 변경의 배경에는 대비원과 마찬가지로 배불정책과 관련 있다고 볼 수 있다. 고려와 구분되는 대민정책을 펼치는 것이 목적이었던 조선에서 기관에 불교적인 의미가 담긴 명칭이 다소 불편했을 것이라 판단된다. 불교에서 대체로 '施'는 널리 중생에게 베푼다는 의미를 가진 용어로 주로 사용되어 왔다. 귀후서는 불교의 승려가 운영하던 것을 국가에서 관리를 하게 된 이후에도 매골승이 이곳에 종사하게 하였다.[152]

무격이 의료와 구휼기관에 종사하게 된 것은 국가에서 무격을 다스리기 위한 여러 목적이 복합적으로 내재되어 있다고 볼 수 있다. 성저십리

147 《세종실록》 권37, 세종 9년 9월 1일(병술).

148 《세종실록》 권3, 세종 1년 1월 27일(임신).

149 《세종실록》 권148, 지리지 경도 한성부.

150 《태종실록》 권28, 태종 14년 9월 6일(병자).

151 이후 歸厚所는 歸厚署로 명칭이 변경되었다. 명칭 변경의 시기는 정확히 알 수 없으나, 귀후소의 명칭이 1461년까지(《세조실록》 권33, 세조 10년 5월 28일(경진)) 기록에 나타나고 있으며, 귀후서의 명칭은 1469년(《예종실록》 권3, 예종 1년 1월 24일(기묘))에 처음 나타나는 것으로 보아, 그 사이에 명칭이 변경되었을 것으로 짐작된다.

152 《경국대전》, 호전.

에 거주하는 무격들은 무적에 등록하고 무세를 내야 했다. 또한 무적에 등록된 이들은 활인서에 근무하게 하여 그들을 통제하였다. 통제의 이면에는 무풍음사의 확산을 막기 위한 의도가 내재되어 있다. 이를 통해 무격의 통제가 수월해지자, 이를 지방에까지 확대하였다. 지방에서는 무격단체를 활인서화 하여 이들을 통제하였다. 활인서는 역병치유와 구휼의 목적 이전에, 무풍음사를 근절해 성스러운 영역인 왕도와 성저십리를 지키기 위함이 목적이었다고 볼 수 있다. 또 다른 다스림의 목적은 고려시대 불교 중심의 대민 정책을 극복하기 위한 방편으로 무격을 활인서에 근무하게 하였을 것이라 짐작해 본다. 즉 고려시대 사원 중심의 대민 의료[153] 및 구휼행위를 다른 종교의 직능자인 무격으로 대체하려는 시도를 하였다고 볼 수 있다.

4. 성저십리 신사 규금 정책

1) 한양도성 무속 신사 규금을 위한 법적 조치

조선시대에 무격에게 가해진 정책에는 국무당 停罷, 야제 엄금, 여염집 잡거 금지, 외섭취거 銹導, 사대부의 衛護 금지, 사대부 부녀의 巫覡家 출입금지, 外城黜巫令[154] 등이 있었다. 이 중에 무격에게 가장 무거운 禁壓令은 외성출무령이었다. 외성출무령은 곧 한양과 성저십리 안에서 신사를 할 수 없게 만드는 정책이기도 하였다. 조선시대에는 경성 안팎에 귀신

153 김호, 앞의 논문, 1996, 34쪽.

154 한우근, 앞의 논문, 1976, 184~185쪽.

에게 제사하는 크고 작은 음사가 있어 神祀를 규금하였으며, 그 범위는 성 밖 10리에 한정하였다.[155] 성저십리는 무속의 神祀를 법으로 糾禁하는 다스림의 영역이라는 관점에서, 규금의 공간적인 범위와 禁令에 의한 무격의 도성 밖 黜巫에 대한 정책은 무풍음사를 규제하여 선도의 땅을 지키려는 신념처럼 시행되었다.

조선시대에 성저십리 안에서 활동하는 巫覡과 그들이 행하는 신사에 대한 규금은 지속적으로 이루어졌다. 도성 안의 무격은 성저 5리에서 10리로 물리쳤다가 조선 후기에 이르러 강 밖으로까지 쇄출되었다. 규금에 대한 논란이 계속 된 이유는 쫓겨났던 무격들이 다시 성저십리의 영역 안으로 들어옴으로 인해 일어나는 현상이라 할 수 있다. 성저십리의 공간에서 행해지는 신사 규금 법령은 조선 후기에 들어 정비되었지만, 도성 내에서의 신사 금령은 조선 초기부터 후기까지 지속적으로 논의되었다.

1401년(태종 원년) 태종은 즉위 이후 무격과 음사는 번독해 앞으로 춘추 양절의 제절에는 반드시 명의 예제에 따라 설행하도록 하여 음사의 수를 감소시키고자 하였다.[156] 그러나 이러한 조치와 다르게 태종은 조선시대에 취무기우 국행제를 가장 많이 설행하게 한 왕이기도 하였다. 조선 초기에는 성내에서의 신사에 대한 규금에 무게를 두었다면, 세종대에 이르러서는 도성 내의 무를 쫓아내기 위한 정책을 시행하고 또 금령을 반포하였다. 이러한 정책의 시행과 금령은 곧 신사와 무격에 대한 탄압과 관련된다. 1431년(세종 13) 도성 안의 무격을 도성 밖에서 함께 모여 살게 하면서 동서 활인서에 소속하여 구료에 임하게 하였다. 그리고 성외에서는 일반 민호

155 《대전회통》, 형전.

156 《태종실록》 권1, 태종 1년 1월 4일(신미).

와 어울리는 것도 금하였다.[157] 1436년(세종 18)에 사헌부가 한성뿐 아니라 지방의 무속을 박멸할 목적으로 무격과 그 신봉자 및 동조자의 검속과 고발을 강화하려 하자, 세종은 3개월간의 계몽기간을 거친 뒤에 8개조에 달하는 조례를 공포하였다. 이 중 6번째 조항이 한양의 巫를 위한 내용에 해당된다. 6번째 조항에 경성에 거주하는 무를 성 밖에 내쫓고, 혹여 숨는 자는 엄하게 처벌하고 이들을 모두 무적에 등록하게끔 하였다.[158]

그러나 모든 무격을 도성 밖으로 내쫓은 것은 아니었다. 국무를 비롯한 품계를 받은 무녀들은 도성 안에서 합법적으로 거주가 가능하였다. 이들은 京中巫女라 불리기도 하였다. 이는 국무당과 국무당을 역임하였던 전 국무당 그리고 국무당의 소속 하에 있는 대략 20여 명의 무녀들이 해당된다.[159] 조선 전기 品銅과 필마 등을 진헌했던 명단을 통해 도성 안에 거주하였던 무격에는 현직 국무당, 전직 국무당, 斜付巫堂[160] 등과 현직 上經師, 전직 상경사, 부경사 등이 해당되었다.

1436년(세종 18) 조례와 함께 무격에 대한 강력한 정책을 취함에도 불구하고, 무격의 도성 안으로 진입을 막기는 어려웠다. 성저십리 안에서 신사가 성행했던 지역은 도성 아래, 산기슭, 인왕동, 소격동, 장의동 등으로 하루라도 빠지는 날이 없을 정도로 풍속의 오염이 심하였다.[161] 1478년(성종 9) 성현을 포함한 다른 조정의 관료들이 무격의 폐해로 인해 法司에게 도성

157 《세종실록》 권3, 세종 1년 1월 27일(임신).

158 《경국대전》, 형전, 금령.

159 《경국대전》, 호전.

160 《세종실록》 권25 세종 6년 8월 8일 경술 ; 《세종실록》 권127, 세종 32년 1월 13일(기축) ; 《경국대전》, 호전.

161 《성종실록》 권58, 성종 6년 8월(기축).

안에 거주하는 무격을 찾아내 도성 밖으로 내쫓게 하였는데 근래에 들어 법령이 해이해져 성 밖에서 점차 다시 들어와 술과 음식을 낭비해 액을 물리친다, 병을 구제한다 하고 있는 점 등에 대한 내용을 언급하여 용단을 내려줄 것을 바라는 상소를 올리기도 하였다.[162]

조선 중기에 무격의 성외 축출 범위는 활인서 소속 무녀도 예외는 아니었다. 1517년(중종 12)에 사헌부에서는 동서활인서의 명부에 있는 무녀들과 5부에서 찾아낸 무격 등을 모두 한양에서 200리 이상 떨어진 고을에 분배하게 하였다.[163] 1687년(숙종 13)에는 무녀들을 활인서에서 쫓아내고, 그들로 하여금 성 안에 들어오지 못하게 하였다.[164] 여기서의 성 안은 성저십리까지의 범위라 볼 수 있다. 1746년(영조 22) 간행된 《續大典》에 "한양의 무녀는 활인서에 소속시킨다."라는 것으로 보아,[165] 이전의 외성출무에 대한 정책 실행에 다소 의구심이 든다. 그러나 1774년(영조 50)[166] 여자들이 내는 신포 폐지와 함께 활인서 1년 경비의 대부분을 차지하는 여무의 신포 또한 폐지[167] 됨으로 인해 활인서 운영의 어려움이 있어, 1780년(정조 4) 활인서 제조 黃景源이 입대하여 일시적으로 활인서를 폐지해 줄 것을 요구하였으나, 정조와 조정 대신들이 이를 반대하였다. 이에 대한 대안으로, 영의정 김상철은 무녀들을 모두 호조에 예속시켜 세금을 받아들일 것을, 호조 판서 金華鎭은 이미 한강 밖으로 축출한 경성의 무녀들에 대해서도

162 《성종실록》 권88, 성종 9년 11월 30일(정해).
163 《중종실록》 권29, 9월 14일(정해).
164 《증보문헌비고》 권85, 예고 벽리.
165 《속대전》 권2, 호조, 잡세.
166 《정조실록》 권10, 정조 4년 9월 24일(기해).
167 《영조실록》 권122, 영조 50년 2월 14일(정유) : 권127, 〈영조대왕묘지문〉

거주하는 해당 읍에서 징수하여 나라에 바칠 것을 제안한 것으로 보아,[168] 1687년(숙종 13) 이후에도 꾸준히 무격의 성외 축출이 이루어졌음 짐작할 수 있다.

1785년(정조 9)에는 성저십리 안에서 활동하던 무녀를 강 밖으로 쫓아내기도 하였으며,[169] 이후에도 그와 관련된 규금 정책을 시행한 것으로 보아, 당시에 다시 성저십리 범위 안으로 무격들이 모여 살았던 것으로 짐작된다. 물론 강 밖으로 쫓겨난 무격들이 모두 성저십리 안으로 들어온 것은 아니었다. 1785년에 쫓겨난 무격들은 대부분 강 밖, 즉 강 건너인 노량진으로 이주했다. 노량진 또한 조선시대 무격촌 중의 하나로서, 일부는 이곳에 정착하고 일부는 끊임없이 성저십리 안으로 들어오려는 시도를 했다고 볼 수 있다.

조선시대에 무격의 신사 규금을 위한 정책은 신사나 야제 엄금에서, 도성 출무령, 5리 출무령, 그리고 10리 출무령으로 그 단계를 밟아나갔다. 19세기 조선 후기로 갈수록 규금 정책은 더욱 강력하게 이루어졌다.《대전회통》에 의하면, 도성 안에 무격이 거주하면 모두 적발하여 죄를 논하고, 특히 도성 안에 있는 것을 알면서도 이들을 내쫓지 않은 관원 또한 파직하여 내치며, 무녀를 첩으로 삼는 자도 형장의 벌과 귀양을 보낸다는 정책을 법제화시켰다.[170] 무격의 성외 축출 정책이 끊임없이 시행됨에도, 무격이 성저십리 범위에서 벗어나 멀리가지 못하는 이유는 무속 소비층이 도성에 존재하기 때문이라 할 수 있다.

한편, 도성 밖으로 쫓겨난 무격은 성저십리 안에 집단촌을 이루어 거

168 《정조실록》 권10, 정조 4년 9월 24일(기해).

169 《대전통편》, 호전.

170 《대전회통》, 금제.

주하였다. 이능화의 주장대로 국가에서도 성저십리의 범위를 넘어서는 신사에 대해서는 규제를 하지 않았었다. 즉, 성저십리의 지리적 범위를 하나의 신성한 성소로 규정하고, 그 안에서의 신사는 불가하지만 그 영역을 넘어선 공간에서의 신사는 관심 밖의 영역이었다.[171]

2) 규금의 공간적인 범위와 무격 집단 거주촌

조선시대에 도성에서 활동하는 무격은 조선 전기부터 지속적으로 시행한 정책에 의해 성 밖으로 쫓겨났다. 쫓겨난 무격은 도성 밖에 무당집단 내지 마을을 이루어 살며 종교 활동을 계속하였다.[172] 무격의 집단 거주촌으로는 광희문 밖 神堂洞, 금호동, 왕십리 지역과 서소문 밖 아현동, 용산 부근 노들, 남대문 밖 소머리고개[牛耳峴], 노량진 등지에 모여 살았다.[173] 이 중 남대문 밖 소머리고개와 노량진은 도성으로부터 쫓겨난 무격들의 집단 거주촌[174]인 반면, 광희문 밖과 서소문 밖의 무격 거주촌은 국가에 의해 계획된 공간이라는 점에서 차이점을 지닌다. 즉, 성저십리 내에서 무격의 활동을 규제하고, 이들을 통제하기 위해 활인서에 소속되어 근무하게 하고 그 주변에 거주하게 한 점은 무풍음사를 규제하기 위한 다스림 정책의 일환이었다고 볼 수 있다.

용산 부근 노들과 남대문 밖 소머리고개는 한때 서활인서가 위치해 있던 주변부에 무격촌이 형성되었다고 볼 수 있다. 서활인서의 위치는 《동국여지승람》에 용산으로,[175] 《한경지략》에는 남대문 밖 용산강에[176] 있

171 이능화, 앞의 논문, 1927, 29쪽.

172 이능화, 위의 논문, 1927, 29쪽.

173 이기태, 〈점복촌의 역사적 실태 연구〉《한국무속학》 13, 2006, 233~271쪽.

174 이능화, 앞의 논문, 1927, 27쪽.

다는 것으로 보아, 서활인서의 위치를 용산 근교로 규정할 수 있다. 그러나 1788년(정조 12) 제작된 〈都城圖〉와 18세기 말기에 제작된 〈城市全圖〉, 19세기 초기에 제작된 〈漢陽都城圖〉와 〈京城圖〉에 서활인서는 서소문 밖에 위치해 있다. 만약 서활인서가 용산에서 아현 인근으로 이전했다는 설이 맞다면 서활인서 주변에 형성되었던 무격촌이 활인서 이전 이후에도 유지되었을 것이다. 이와 달리, 원래부터 서활인서는 서소문 밖에 있었으나 상황에 따라 인근 지역의 지명을 논하면서 그와 같이 마치 공간 이동이 있었을 것이라는 설도 제기할 수 있다. 그렇다면 서활인서의 인근인 아현과 그보다 더 넓은 범위인 용산과 새남터 주변까지 무격의 집단 거추촌이 형성되었을 것으로 여겨진다. 따라서 동서활인서 주변으로 무격 집단 거주촌이 형성되었고, 이는 활인서의 이전 이후에도 유지되면서 성저십리 안에 무격촌이 형성되었을 가능성이 높다.

무격 집단 거주촌의 입지는 교통의 요지이면서 사람들의 왕래가 잦은 역이나 시장, 나루터라는 특징을 지닌다. 또한 종교적 의미가 깊은 곳이라는 공통점을 지닌다.[177] 여기서 활인서가 위치한 주변 환경에 관심을 가질 필요가 있다. 활인서는 광희문과 서소문 밖에 위치해 있다. 이 두 문은 모두 屍軀門으로, 조선시대 때 한양도성에서 시신이 나오는 문이었다. 따라서 이 주변에는 화장터와 공동묘지가 조성되고 더불어 이 주변으로 무격의 집단 거주지가 자연스럽게 형성되었다고 볼 수 있다.

광희문 밖은 시체들이 드나드는 곳으로서 신당동에는 화장터가 있었고 신당에서 금호로 넘어가는 곳의 언덕에 시체를 주로 매장하였다. 〈그

175 《동국여지승람》 권2, 경도 하.

176 《한경지략》 권2, 궐외각사, 활인서.

177 이기태, 앞의 논문, 2006, 233~239쪽.

〈그림 11〉 도성 밖에 위치한 조선인 공동묘지(광희문 밖 신당리 공동묘지로 추정)
(《ANNUAL REPORT》, GOVERNMENT-GENERAL OF CHOSEN, 1915)

림 11〉의 사진자료를 통해 일제강점기에도 여전히 신당동 일대는 공동묘지가 조성되었음을 알 수 있다. 광희문 주변에 위치한 금호와 왕십리, 가양 및 성수동 일대는 시체가 드나드는 화장터와 공동묘지가 있는 곳이었다. 이 인근에 무격들이 몰려 살았던 이유는 망자를 위한 죽음의례를 의뢰한 수요가 있었을 것이라는 점을 배제할 수 없다. 〈그림 6〉을 통해서도 알 수 있듯이 왕십리 일대는 이들 지역과 인접해 있을 뿐 아니라 동활인서 주변이라는 점에서, 죽음의례 관련 소비층이 많았기에 몰려 살았던 것으로 이해된다. 즉, 활인서 주변의 화장터와 공동묘지 등의 존재는 곧 망자 천도의 죽음의례를 의뢰하는 소비층이 존재할 가능성을 보여준다.

1780년(정조 4) 경성의 무격을 강 밖으로 축출하였는데,[178] 여기서의 강 밖이 노량진 부근 본동의 어느 강가 산기슭이 아니었나 생각된다.[179] 근세 서울 남대문 밖 소머리고개와 용산강의 노량진에 성 내에서 쫓겨난 무격들이 마을을 이루어 살았다는 이능화의 주장과[180] 1930년대 조선의 촌락 중 노량진 인근의 무당촌은 특수부락의 형태로 존재하였음을 조사한 젠쇼 에이스케(善生永助)의 조사 자료를 통해[181] 한양도성에서 쫓겨난 이들이 노량진에 터를 잡고 수백 호의 무격 가옥을 형성하였을 것으로 추정된다.[182] 따라서 노량진은 활인서 인근의 무격촌과 달리 한양에서 축출된 무격들에 의해 자연스럽게 형성된 집단 거주촌이라 할 수 있다.

5. 성저십리 무속에 대한 다가치적 시선

1) 무세의 부과 및 쓰임

(1) 무세 부과에 대한 이중적 잣대

조선시대에 무속에 대한 다가치적 시선 중 무세는 국가의 무풍음사 근절과 반대되는 정책이었다. 무세의 부과는 곧 무속을 근절시키기 위함이라는 표면상의 이유를 내세웠지만, 무세로 인해 무격의 존재를 인정하는 셈이 되기에 이를 폐지해야 한다는 논의가 계속되었다.[183] 무세는 무적에

178 《정조실록》 권10, 정조 4년 9월 24일(기해).

179 김태곤, 〈민간신앙〉《동작구지》, 서울특별시동작구지편찬위원회, 1990, 670쪽.

180 이능화, 앞의 논문, 1927, 27쪽.

181 善生永助,《朝鮮の聚落》, 朝鮮總督府, 1933, 300쪽.

182 이기태, 앞의 논문, 2006, 241~233쪽.

등록된 무격에게 받는 것 외에도 관무의 進獻, 神堂稅布, 退米 등이 있었다. 무세는 다양한 쓰임새를 지녔는데, 특히 활인서 운용을 위한 주요한 수입이었다고 할 수 있다. 이는 1780년(정조 4)에 활인서 운영의 어려움이 곧 한양 무녀의 신포 폐지라는 점임을 제조 황경원의 보고[184]에서도 알 수 있다.

무세의 한 양상이라 할 수 있는 국무를 비롯한 비교적 그 지위가 높은 官巫에게는 조정의 관료들과 동일하게 진헌을 받았다는 점도 주목할 필요가 있다. 국가기관에 소속된 국무와 송악과 덕적, 삼성 등과 같이 국행대제를 주관했던 무격에게는 다른 관료들과 마찬가지로 별도의 진헌을 받았다. 진헌물품은 品銅이나 匹馬와 같은 당시에 구하기 쉽지 않은 목록들이 주를 이루었다. 1424년(세종 6)에 관리들의 품동 분정 내용을 보면, 국무와 감악은 9근, 전국무·내승무당·상경사는 8근, 송악·삼성무당·부경사·전상경사는 6근 등을 진헌하였다. 국무와 경사(법사)에게 분정한 품동과 관리들과의 사례를 비교해 보면 9근은 정·종2품이, 8근은 정·종3품이, 6근은 정·종4품에게 분정한 것과 동일하다.[185]

183 이필영, 앞의 논문, 1993, 10쪽.

184 《정조실록》 권10, 정조 4년 9월 24일(기해).

185 《세종실록》 권25, 세종 6년 8월 8일(경술), "戸曹啓東西各品品銅差等收合 正從一品十觔 正從二品九觔 正三品八觔 從三品七觔 正從四品六觔 正從五品五觔 正從六品四觔 正從七品三觔 正從八品二觔 正從九品 權務一觔 前銜正從一品九觔 正從二品八觔 受田前銜正三品七觔 從三品六觔 正從四品五觔 正從五品四觔 正從六品三觔 正從七品二觔 正從八品一觔 正從九品至權務八兩 無受田前銜正從三品五觔 正從四品四觔 正從五品二觔 正從六品二觔 正從七八品一觔 正從九品權務八兩 受祿致仕正從一品九觔 正從二品八觔 受祿檢校資憲以上七觔 嘉善以上六觔 參議五觔 無受祿致仕正從一品八觔 正從二品七觔 無祿檢校資憲以上六觔 嘉善以上五觔 參議四觔 三品三觔, 四品二觔 五品一觔 六品十兩 七品九兩 八品八兩 國巫堂九觔 前國巫堂八觔 松嶽巫堂八觔 德積巫堂六觔 三聖巫堂六觔 內乘巫堂八觔 紺嶽巫堂九觔 巫堂一觔. 上經師八觔 副經師六觔 前上經師六觔 經師三觔 外方官經師二觔 經師一觔 堂巫女二觔 巫女一觔."

또 다른 사례로 1450년(세종 32)에 명나라와의 무역을 위해 말 5,000필을 교환하기 위해 말의 비용을 관리들에게 진헌하고 이를 分定한 내용을 살펴보면, 국무는 국무당과 이전 국무당과 송악과 덕적 그리고 감악과 삼성 등의 무당과 상등·중등·하등의 무당에게 그 등급에 따라 중마 1필 혹은 소마 1필에서 여럿이 중마 1필을 분정하여 진헌하게 하였다.[186] 즉 前國巫堂 2명에게 중마 1필을, 斜付 무당 6명에게 중마 1필을, 송악과 덕적 두 무당에게 중마 1필을, 內乘 무당에게 소마 1필을, 감악 무당에게 중마 1필을, 三聖 무당[187]에게 소마 1필 등을 부과하여 바치게 하였다. 이때 국무에게 부여된 중마 1필은 정·종2품의 관료가 진헌하는 것과 동일하였다. 내승과 삼성의 무당에게 소마 1필을 부여하였는데, 이는 종3품 2명이 소마 1필씩을 내는 것과 동일하였다. 이는 곧 조선 전기에 국무와 상경사의 지위를 가늠할 수 있는 근거가 된다고 볼 수 있다. 즉, 국무와 상경사의 지위가 정·종2품 관리의 자격을 주었을 것이라는 짐작이 가능하다. 관료 중 유일하게 전직 국무당과 상경사에게는 진헌을 부여한 것으로 보아, 관에 소속된

186 《세종실록》 권127, 세종 32년 1월 13일(기축), "議政府據兵曹呈啓 : 朝廷易換馬 旣定以五千匹 謹考丁未年例分定. 正從一品二 并中馬一匹 各小馬一匹 正從二品中馬一匹 正三品二 并中馬一匹 從三品二 并小馬一匹 正從四品四 并中馬一匹 正從五品四 并小馬一匹 正從六品六 并小馬一匹 正從七品八 并小馬一匹 正從八品十 并小馬一匹 正從九品十二 并小馬一匹 權務十八 并小馬一匹 以上竝從職事. … 國巫堂 中馬一匹 前國巫堂二 并中馬一匹 斜付巫堂六 并中馬一匹 松嶽 德積二巫堂 并中馬一匹 內乘巫堂小馬一匹 紺嶽巫堂 中馬一匹 三聖巫堂 小馬一匹 件巫堂上等四 并中馬一匹 中等六 并中馬一匹 下等十 并中馬一匹. 上副經士 并中馬一匹 前上經師二 并小馬一匹 件經士八 并小馬一匹."

187 삼성무당은 명산대천과는 무관한 삼성을 모시는 무당을 말한다. 삼성에는 여러 설이 존재하는데, 중국 복건성에서 탄생해 해상신으로 신앙되고 있는 媽祖와 그 두 부하인 千里眼과 順風耳라는 설과, 마조를 포함한 3명의 여신이라는 설이 전해진다. 그러나 부하와 함께 세 명의 신으로 모셔졌다는 설은 세신의 격이 동일하거나 유사하지 않다는 점에서 받아들여지지 않고, 그 보다는 마조를 포함한 출산의 신인 임수부인과 또 다른 여신일 거란 설이 보다 유력하다(서영대, 앞의 논문, 2017, 276~285쪽).

무격에게 부여된 진헌이 다른 관료에 비해 과중하였음을 알 수 있다.[188]

이후 도성 안에서 활동하는 상등·중등·하등 무녀에게 부여하는 진헌은 좀더 부담이 덜어진 것으로 나타났다. 《대전회통》에 의하면, 한양 안의 부녀 중 上等의 경우 白苧布와 黑麻布 각 3필, 中等은 각 2필, 하등은 각 1필은 진헌할 것을 법제화 시켰다.[189] 무세의 폐지는 1744년(영조 50)에 여자들이 내는 신공 폐지와 함께 한양 무녀들이 내는 신포도 폐지하였다.[190] 그러나 무세의 폐지는 한시적인 정책이었다. 조선 후기에 들어서는 무격을 公簿에 등록하여 무세를 징수하였다.[191]

(2) 활인서의 운용자금으로 활용된 무세

무격에게 걷은 무세는 다양한 용도로 활용되었다. 앞에서도 언급하였듯이, 무격이 소속된 활인서의 자금으로 사용되었다. 이는 정부의 지속적인 규금책과 달리 병자 치유와 빈민 구휼의 업무를 수행하는 무격에게 활인서의 경비까지도 지불하게 하였다는 점에서 무격에 대한 정책은 모순된다고 볼 수 있다. 실제 활인서의 폐지는 무격의 한강 너머 축출 원인도 있지만 좀 더 근본적인 원인은 무세 철폐에 있다는 점에 주목할 필요가 있다. 1780년(정조 4)에 경연에 입대한 활인서 제조 황경원이 활인서에 원래 재력이 없어 한양 무녀들의 신포를 활인서에서 거두어들여 직원들의 1년 급료를 지급해 오다가 1774년(영조 50)에 여자들이 내는 신공 폐지와 함께

188 더불어 송악과 덕적, 감악 및 삼성 등은 조선 초기 산천에 국행제를 지내던 곳으로서, 이곳의 의례를 주관하는 관무가 존재했음을 알 수 있다.

189 《대전회통》 예전, 진헌.

190 《영조실록》 권122, 영조 50년 2월 14일(정유).

191 《대전회통》 호전.

한양 무녀들의 신포도 폐지되면서 운영의 어려움이 있음에 일시적으로 활인서 폐지를 요청해 줄 것을 바라는 내용이 그에 대한 근거라 할 수 있다.[192]

활인서는 대비원에서 활인원으로 명칭 변경의 과정을 거쳤다. 앞에서도 설명하였듯이 활인원으로의 명칭 변경은 배불정책에 의해 불교에서 유래한 대비원의 용어를 사용하지 않기 위함이었다. 그러나 활인서에 대한 다스림 정책에 있어 이상적인 가치관과 실제 활용에는 일치를 이루지 않는 면모를 보였다. 배불과 무풍음사 퇴치를 주장하지만 불교에서 운영하던 대비원과 시혜소의 대민정책을 가져왔음에도 불구하고, 그 배경을 지우기 위해 명칭을 가장 먼저 변경하였다는 점 또한 모순된다고 볼 수 있다.

한양도성의 구휼기관인 활인서와 진휼청 그리고 귀후서에는 무격 외에 승려들도 이 기관들에 소속되어 근무하였다. 물론 무격에 비해 그 숫자는 제한적이었다. 1419년(세종 1)에는 귀후서의 일부 소속인원을 승속에서 뽑아 쓰게 한 기사[193]와 1427년(세종 9) 매골승 충원과 이들에게 주는 월료 등에 대한 기사[194]에서 이를 알 수 있다. 조선시대에는 이 두 종교 모두 배불과 음사라는 명목으로 배척되었음에도 불구하고, 이들에 대한 처우는 달랐다. 즉 문헌에는 이들이 내는 무세를 활인서의 운용비용으로 사용하는 문제점을 제기하는 논쟁이 계속되는 것에 대한 기록이 존재하는 것과 달리, 그 어디에도 활인서에 근무했던 무격에게 월료를 주었다는 기록은 존재하지 않는다. 활인서에 근무하는 무격에게 녹이 주어졌는지는 명

192 《정조실록》 권10, 정조 4년 9월 24일(기해).

193 《세종실록》 권2, 세종 1년 1월 27일(임신).

194 《세종실록》 권3, 세종 9년 9월 1일(정미).

확하지 않으나, 활인서에 근무했던 무녀는 무임금 봉사를 행하고 무세까지 부과했다는 점에서 당시 무격의 위상을 가늠할 수 있다.

무적에 등록된 무격이 내는 무세는 활인서 뿐 아니라 귀후서의 운용 비용으로도 사용되었다. 결론적으로 무격은 역병의 치료를 담당하고 빈민들에게 안식처와 먹거리를 제공해 주는 일을 담당하면서 동시에 해당 기관의 운영비용까지도 지불한 것이다. 또한 이들의 장례비용까지도 무격의 몫이었다고 볼 수 있다.

2) 무풍음사 정책에 반하는 무속신앙 지속

(1) 관청의 각사에 설치된 부군[195]

조선시대 부군당은 官廳을 의미하는 各司의 부속공간으로 존재하였다.[196] 부군당은 성저십리뿐 아니라 조선 전체에 분포되어 있었다. 각 관청 안에 모두 신을 모시고 제사를 지내는데 이를 付根이라 하였다.[197]《오주연문장전산고》에 지금 서울의 각사에 神祠가 있으니, 이를 付根堂이라[198] 하였으며, 《증보문헌비고》에 서울지역[都下]의 官府에는 으레 작은 집 하나를 설치하여 그 안에 지전을 무더기로 걸어 놓고 이를 府君이라 칭하

195 문헌자료에 부군은 '符君'·'付根'·'府君'·'附君'·'富君' 등으로, 부군이 모셔진 공간은 부군사(府君祠·符君祠)·부군당(府君堂·付根堂·符君堂) 등으로 다양하게 표기되어 있다.

196 오문선, 〈서울 부군당제 연구〉, 한국학중앙연구원 박사학위논문, 2009, 1쪽.

197 《중종실록》 권29, 중종 12년 8월 13일(병진).

198 《오주연문장전산고》 권43, 〈화동음사변증설〉, "今京師各司有神祠 各日付根堂 訛號府君堂 一祀所費 至於累百金 或日付根 乃宋氏姐所接 四壁多作木莖物以掛之 甚淫褻不經 或日 付根者 旣爲官司之根 而其懸木莖者 以寓人之根爲賢莖 故作莖物以象之(也) 外邑亦祀之 中宗己卯 罷各司付根神祠 先是國俗 各司付根 其來己久 至是先焚紙錢 傳關各司 皆焚之 禁其祠 人多稱快."

였다[199]고 하였다. 부군당은 중앙 관청과 지방 관현의 관청에 아전이 머무는 청 옆에 설치되었다.[200]

각사의 부군당은 神堂이라는 명칭으로 존재했다. 이는 〈그림 12〉와 〈그림 13〉의 〈宿踐諸衙圖〉를 통해 알 수 있다.[201] 〈그림 12〉는 1838년에 제작된 濟用監의 〈숙천제아도〉이며, 〈그림 13〉은 1861년 제작된 것으로 宣惠廳의 〈숙천제아도〉이다. 이 외에도 司僕寺, 戶曹, 工曹, 宗廟署, 宗親府, 都摠府 등의 〈숙천제아도〉에도 신당이 모두 있는 것으로 보아,[202] 조선시대 각 관서의 한 공간에 신당이 존재했던 것은 광범위한 현상[203]이었다고 볼 수 있다. 이와 같이 19세기 제작된 도판 자료들을 통해, 성저십리 안 각사에 설치된 부군신앙은 조선 후기까지 지속되었음을 알 수 있다.

부군당에 봉안된 府君은 주립에 호수갓끈을 단 모습의 神像 그림으로 가시화하여 이를 '부군'이라 부르거나[204] 혹은 紙錢을 봉안해 놓고 이를 부군이라 칭하였다.[205] 조선시대 부군당에서는 사헌부와 같은 국가 기관이나 지역의 행정 부서 내에 설치되어 신앙되었다. 새로 부임한 관리들은 반

199 《증보문헌비고》 권64, 〈예고 음사조〉.

200 《연암집》 권1, 〈연상각선본〉, "今之百司. 外而州縣. 其吏廳之側. 莫不有賽神之祠. 皆號府君堂. 每歲十月. 府史胥徒醵財賄. 醉飽祠下. 巫祝歌舞鼓樂以娛神. 然世亦不識所謂府君何神. 而所畫神像. 朱笠貝纓揷虎鬚. 威猛如將帥或言高麗侍中崔瑩之神."

201 오문선, 앞의 논문, 2009, 29~34쪽.

202 이찬·양보경 저, 《서울의 옛지도》, 서울학연구소, 1995, 111~117쪽.

203 오문선, 앞의 논문, 2009, 34쪽.

204 《연암집》 권1, 〈연상각선본〉.

205 《동각잡기》, 〈동각잡기상〉, "正統年間 有爲地理說者建言 當於宮城北路 築堵作門 以限往來 且於城內 補土爲山 明堂之水 禁投穢物 魚孝瞻上疏 極言不可 英廟覽而嗟賞 遂絀術者之說 都下官府 例置一小宇 叢掛紙錢號曰府君 相聚而瀆祀之 新除官必祭之唯謹 雖法司亦有之 孝瞻爲執義 下人告以古事 孝瞻曰 府君何物也 令取紙錢焚之 前後所歷官府君之祀率皆焚毁之." ; 《증보문헌비고》 권64, 예고, 음사조.

드시 부군에게 제사를 드리며 인사를 하였는데, 이는 法司를 담당하던 기관도 예외는 아니었다.[206] 부군에게 제사를 드리는 것은 곧 복을 기원하기 위한 목적도 있었다.[207] 또 정기적으로 부군에게 제사를 지냈음을 기록을 통해 알 수 있다.《신증동국여지승람》에 符君祠는 아전의 청방 옆에 두고, 매년 10월 1일에 제사를 지냈다고 하였다.[208]《연암집》에도 "매년 부사에 巫를 불러 굿을 하며 제를 지냈다."고 전하며,[209]《오주연문장전산고》에는 "제사를 지내는 데 비용이 수백 금에 이른다."[210]는 것으로 보아, 전국의 각사에서 일반적으로 10월 1일에 무격을 불러 부군에게 제를 올렸던 것을 짐작할 수 있다.

한편, 조선시대에는 사헌부와 같은 중앙의 기관과 지방 관청의 부근당의 제사를 정책적으로 금하려는 노력이 지속적으로 제기되었고, 또한 부군 신앙을 음사로 여긴 개인이 부군의 상징물을 태우는 등 좀 더 적극적인 행동을 취하기도 하였다.

1517년(중종 12)에는 憲府에서 各司의 付根을 혁파하면서 먼저 지전을 불사르고 제사를 금지하라는 關文을 보냈다는 기사가 전해진다.[211] 또 다른 일화로 어효첨이 사헌부의 전례대로 그 안에 작은 사당을 세우고 그곳에 지전을 걸어 놓고 신임 관원을 비롯하여 정기적으로 제사를 지냈던 것이 이름 없는 귀신에 제사지내는 음사라 근절시키고 지전을 불태웠다[212]

206 《증보문헌비고》 권64, 예고, 음사조.

207 《지봉유설》 권17, 인사부, 제사조.

208 《신증동국여지승람》 권3, 한성부, 비고편.

209 《연암집》 권1, 연상각선본.

210 《오주연문장전산고》 권43, 〈화동음사변증설〉.

211 《중종실록》 권29, 중종 12년 8월 13일(병진).

212 《해동잡록》 권3, 本朝 魚孝瞻(1405~1475).

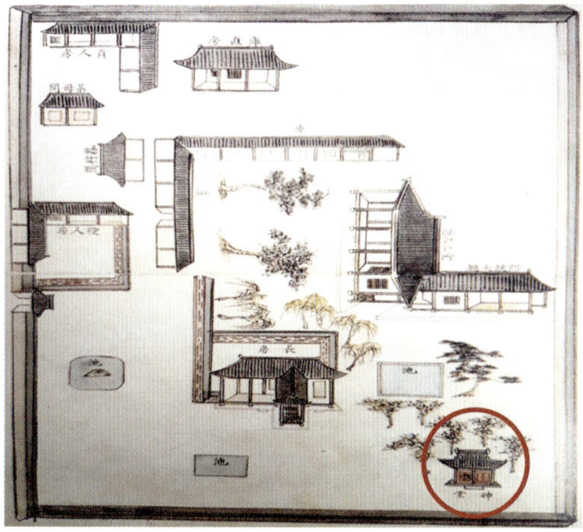

〈그림 12〉 제용감의 신당(하버드대학교)

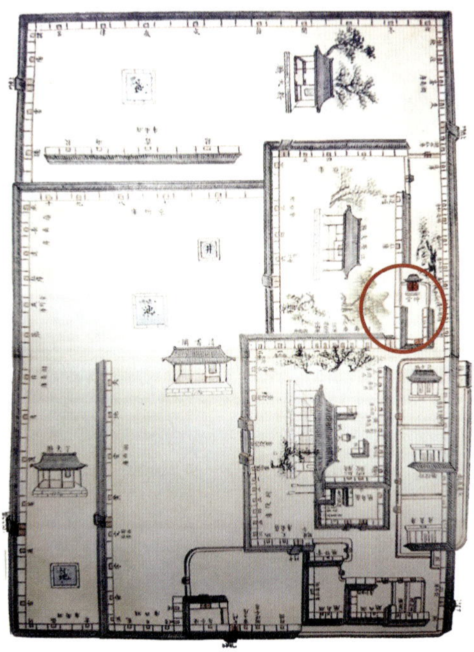

〈그림 13〉 선혜청의 신당(하버드대학교)

는 기록이 전해진다. 어효첨이 부군당에 제사를 지내는 것을 이름 없는 귀신에 제사지내는 것이라 주장하였지만, 여기에서 모신 신이 바로 '府君'이다. 지전이 곧 부군의 신체를 상징한다는 점은, 어효첨이 세종에게 올린 상소가 기록된 《동각잡기》에서 그 근거를 찾을 수 있다. 어효첨은 서울의 관청에는 작은 집을 따로 설치하여 지전을 걸어놓고 '부군'이라 부르며 제사를 지냈다고 하여, 이것을 태워 버리고 그가 지나온 전후로 관청의 부군당을 다 불태우고 헐어버렸다고 한다.[213]

어효첨이 지전을 불태웠던 시기가 15세기였으며, 이후 1517년(중종 12)에도 정책적으로 부군당을 없애려고 하였으나, 조선왕조를 통틀어 부군당을 공식적으로 철폐한 적은 없었다. 폐지는 커녕 낡았을 경우에는 오히려 중건하였다. 1707년(숙종 33) 사역원의 부군당처럼 중건하면서 원래보다 규모를 더 늘린 예도 있다. 부군당은 조선왕조 말기까지 명맥을 유지하다가 1898년(광무 2) 무렵 모두 철폐되었다. 그러나 소속 관원들이 신벌을 두려워하여 감히 철폐하는데 나서지 못했던 것으로 미루어 조선시대에 부군신앙이 얼마나 뿌리깊었는지를 짐작할 수 있다.[214]

(2) 성저십리에서 지속된 마을과 개인의 무속 신앙

① 각사 부군신의 지역수호신화

성저십리 안의 무풍음사를 규제했던 것과 달리, 사대부를 포함한 민간에서 무속신앙은 좀처럼 사그라들지 않았다. 각사의 부군당의 철폐가 19세기 말에 들어서야 이뤄졌던 바와 같이 관청의 신당 또한 쉽게 폐하지

213 《동각잡기》, 〈동각잡기상〉.

214 서영대, 〈조선 후기 類書類에 나타난 민속종교 자료〉《역사민속학》 33, 역사민속학회, 2010, 57~60쪽.

못한 것은 부군에게 복을 비는 등 개인의 기복발원의 대상이기도 하였다는 점이 그 원인이라 할 수 있다.

조선 후기에 들어서 관아 부군당의 일부는 관아가 없어진 이후에도 민간신앙의 명맥을 유지하거나, 마을제당의 명칭으로 부군당을 사용한 경우도 있다. 부군당은 민속종교에 영향을 미쳐 지역의 수호신으로 명명되거나 원래 관아 부근에 존재했던 부군당이 마을 祭堂으로 명맥을 유지하였다. 서울의 한강변에 위치한 마을제당의 명칭에 부군당이 많은 것은 이러한 사실을 반영한다.[215] 즉, 조선 후기에 들어 각사의 부군은 마을수호신과 결합하여 지역 수호신으로 신앙되었으며, 특히 한강변에 위치했던 관청에 그러한 경향이 두드러졌다고 볼 수 있다.

조선시대 성저십리뿐 아니라 전국의 관청에 존재하였던 부군의 유래에 대해서는 여러 이견이 있다.[216] 상고시대 광명숭배 기원설과 성기숭배 등의 기원설[217]을 지니며, 정치와 종교가 미분화되었던 시기의 유제로서, 조선시대 이전부터 관아에 설치되었을 것이라는 주장이 제기되기도 하였다.[218] 부군당에 봉안된 부군은 고려의 시중이었던 최영 장군의 청렴함을 아전과 백성들이 사모하여 그를 신으로 모셨다는 견해가 일반적이며, 각 지역마다 최영 장군을 모시는 부군사가 있다[219]고 전해진다.

215 서영대, 앞의 논문, 2010, 57~60쪽.

216 여기서 주목할 점은 각기 다른 이설이 존재하는 이유로, 각기 다른 한자를 사용한다는 점에 있다. 다른 한자의 사용에 대한 이유는 付根堂이 와전되어 府君堂으로 전해진다고 《오주연문장전산고》에 나타나 있다(《오주연문장전산고》 권43, 〈화동음사변증설〉).

217 광명숭배설은 최남선에 의해(최남선, 〈불함문화론〉《육당최남선전집2 - 한국사Ⅱ》, 현암사, 1973, 59쪽), 성기숭배설은 김태곤에 의해(김태곤, 《한국민간신앙연구》, 집문당, 1983, 157~159쪽) 주장되었다.

218 서영대, 앞의 논문, 2010, 58~59쪽.

성저십리 안 각사에 봉안되었던 부군은 고려시중 최영 장군이라는 설과[220] 송씨처녀라는 설[221] 등 여러 이설이 있다. 이능화는 해당 임지에서 사망한 지역의 수령을 부군으로 모셨음을 주장하였다. 이능화는 刑曹의 송씨부인, 典獄의 동명왕, 그 외 諸葛武侯 文天祥과 고려의 恭愍王 등, 각사에 봉사하는 부군당의 신이 각기 다르다는 점을 강조하며 대개 지역마다 존재하였던 부군당의 신은 그 지역에 근무하다 임지에서 죽은 수령인 경우가 많았다고 주장하였다.[222] 이처럼 각사의 부군신은 지역의 수호신으로 추앙되기에 좋은 조건을 가졌다고 볼 수 있다.

성저십리 안에서 최영 장군과 송씨부인 그리고 고려의 공민왕을 부군으로 신앙하였음은 일제강점기의 자료를 통해서 확인이 가능하다. 무라야마 지준의 《부락제》에 1930년대 경성부에 위치한 한강정의 부군당·용강정 명덕당·대흥정의 광덕당·창전정의 부군당·외독도면 화양동의 산신당 등의 사진자료가 제시되어 있다.[223] 이 중 〈그림 14〉와 〈그림 15〉의 용강정의 명덕당과 대흥정의 광덕당에는 최영 장군 부부를 봉안해 놓았으며, 〈그림 16〉의 창전정의 부군당에는 공민왕 및 그 왕비를 모셔놓았다. 외독도면 화양동의 산신당에는 당종왕비 송씨가 봉안되어 있다. 이들 동제당이 모두 부군당이라는 명칭을 사용하지는 않지만, 각사에 모셔진 부군이 최영 장군, 공민왕, 송씨라는 점에서 부군과의 관련성을 제기할 수 있다. 물론 이 중 창전정과 외독도면 화양동은 조선시대 성저십리의 지리

219 《신증동국여지승람》 권3 〈한성부 비고편〉.

220 《신증동국여지승람》 권3, 한성부 비고편 ; 《연암집》 권1, 연상각선본.

221 《오주연문장전산고》 권43, 〈화동음사변증설〉.

222 이능화, 앞의 논문, 1927, 52쪽.

223 村山智順, 〈部落祭寫眞目次〉 《部落祭》, 朝鮮總督府, 1937, 1~34쪽.

〈그림 14〉 최영 장군 부부 경성부 용강정 명덕당

〈그림 15〉 최영 장군 경성부 대흥정 광덕당

적 범위 안에는 포함되지 않지만, 성저십리 주변에까지 부군신앙이 영향을 미쳤음을 보여주는 사례라 할 수 있다.

민간에 영향을 미쳤던 부군신앙은 조선 후기에 특히 한강변을 따라 무격이 주재하는 마을신앙의례로 편입되었던 것으로 해석된다. 부군은 지역 수호신이라는 점에서 그 주관은 지역민들이 하지만, 제의의 주재는 무당이 행한다. 그러한 맥락에서 부군신앙은 한강변을 중심으로 조선 후기에 들어 마을제의와 무속제의가 혼합된 형태로[224] 전승되었을 것으로 여겨진다.

② 개인의 기복발원 공간 숙정문과 인왕산

사대문 중 하나였던 숙정문은 북쪽에 위치한 탓에 북문이라 불리었

224 최진아, 〈지전의 유래와 의미의 다양성〉《역사민속학》45, 2014, 249~250쪽.

〈그림 16〉 공민왕 부부 경성부 창전정 부군당

다. 조선시대에는 이 문을 열면 변고가 일어난다 믿었기 때문에 항상 닫아 두었다.[225] 풍수지리상 이 문을 暗門[226]이라 불렀으며, 한재가 심할 때 기우제를 지내던 곳이기도 하였다. 특히, 기우제를 여러 차례 지내도 비가 오지

225 《오주연문장전산고》 권43, 〈화동음사변증설〉.

226 조선시대에는 사대문 안에서도 吉凶의 공간을 구분해, 풍수지리학상으로 흉하다 여겨지는 공간과 관련된 문은 평소에도 열어 놓지 않고 닫아 놓았다. 또한 그 기운에 따라 광희문을 시체가 드나드는 문으로 삼았다. 그로 인해, 그 인근이 공동묘지를 이루고 또한 화장터가 그곳에 존재하였다. 숙정문 또한 풍수지리학상으로 흉한 暗門에 해당되었다. 숙정문은 한양도성의 正北쪽에 위치하여 북문이라 불리며, 평소에는 닫아두었다. 이 문을 열면 도성 안에 변고가 일어날 것이라는 속설 때문이다. 즉, 가뭄이 들어 기우제를 아무리 지내도 비가 내리지 않을 때는 남문을 닫고 남문의 시장을 모두 북문으로 옮긴다. 그리고 북문을 열고 기우제를 지냈다(《광해군일기》(중초본) 권7, 광해군 원년 6월 24일(계유)). 천재지변이나 자연재해와 같은 상황에서 비일상의 일탈 상황을 만들면 비가 내릴 거라는 믿음에 기인하여, 이와 같은 의식을 행하였던 것으로 짐작된다.

않을 때 경회루와 함께 제장으로 활용되던 공간이었다. 평소 문을 닫아두는 것과 달리, 기우제를 지낼 때는 문을 열어 두고 시전을 남문으로 옮겼다.

북문은 성저십리에 거주하는 개인들에게 기복발원의 공간이기도 하였다. 평소 이 공간을 개방하지 않음으로 인해 그 주변이 오염되지 않아 오히려 성스러운 공간으로 인식되었던 것이 그 원인이라 할 수 있다.《경도잡지》에 의하면, 도성의 북문은 늘 닫아 두고 사용하지 않아 주변의 시내와 골짜기가 맑고 그윽하여, 정월 대보름이 되면 이 지역 부녀자들이 이 문에 세 번 정도 놀다가 가는데 그 이유는 액을 막기 위해서였다고 한다.[227]《오주연문장전산고》에 의하면, "신년 초가 되면 도성의 부녀자들이 숙정문으로 모여 들어, 그곳 문기둥에 諸神의 신상을 걸어 놓고 복을 기원하였다."고 한다.[228]《연려실기술》에 의하면, "1588년(선조 21) 근세에 숙정문 밖 바위틈에서 액체가 밖으로 흘러나오는데 맑기는 술과 같고 그 濃度는 떡과 같아, 사람들이 경쟁하듯이 가져가 먹었다."고 한다.[229] 이는 곧 숙정문이 신성한 공간이라는 인식에서 그와 같은 현상이 일어났을 것이라 짐작된다.

사대문의 북서쪽에 위치한 인왕산의 신당 또한 개인의 기복발원을 위해 도성의 사람들이 자주 찾는 곳이기도 하였다.《오주연문장전산고》에 의하면, "인왕산 칠성암에는 신당이 있어, 매일 그곳으로 기도를 하러 오는 사람들의 발길이 끊이지 않았다."고 하는데, 만약 선비가 재계하고 기도를 하면 반드시 과거에 급제한다고 믿어져 유생들도 가서 기도를 하였

227 《경도잡지》 권2, 상원.

228 《오주연문장전산고》 권43, 〈화동음사변증설〉.

229 《연려실기술》(별집) 권15, 〈재변과 상서〉.

다고 한다.[230]

북문과 인왕산은 곧 도성 안에 거주하는 이들이 주로 찾았던 기복발원 공간이었을 것으로 짐작된다. 신년 초에 북문을 찾는 부녀자들이 직접 신상을 걸어놓고 복을 기원하지는 않았을 것이다. 즉, 제신은 곧 기복발원의 직능을 지닌 신들로서, 이러한 신상을 지니고 있는 이들은 무격이었을 가능성이 높으며 무격들이 이들과 함께 동행하여 한 해의 액운을 막아주고 복을 기원해 주었을 것이라 여겨진다. 따라서 단순히 신상만을 걸어 놓고 기복을 기원하기보다는 무격의 神祀를 병행했을 가능성이 높다. 또한 인왕산에 위치한 칠성암에 기도를 하러 다니는 이가 부녀자들이 아니라 유생들이라는 점도 흥미롭다. 유생들은 무속을 음사로 여겨, 이에 대한 부정적인 시각을 지녔음에도 불구하고 과거 급제를 기원하며 신당을 찾았다는 점에서 그러하다. 이는 무풍을 음사로 규정하면서도 국가에 재난이 닥쳤을 때 무격을 동원하는 정부의 다가치적인 다스림 정책과 유사한 맥락으로 이해된다.

6. 맺음말

본문에서는 성저십리 안에서 무속을 다스렸던 정부의 정책과 이에 대한 신앙행태에 대해서 다가치적인 관점에서 살펴보았다. 조선시대 성저십리는 무속과 이를 주재하는 무격에게도 다스림의 공간이었다. 국행제를 행했던 공간이 성저십리 안에 존재하였으며, 또한 정책적으로 신사

230 《오주연문장전산고》 권43, 〈화동음사변증설〉.

를 금하는 규금의 지리적인 범주가 성저십리까지였다. 조선시대에 한양 도성을 유지하기 위한 정책에 있어서 음사를 행하는 무속은 선도의 땅에 존재해선 안 될 대상으로 여겨졌다. 도성 안에서의 무속 신사를 규금하고 성 밖으로 쫓아내는 정책을 조선시대 내내 지속적으로 시행하였다. 이러한 정책과 달리, 천재지괴의 상황에 처했을 때 조선 정부는 무격에게 국행제를 주재하게 하고, 무격을 활인서에 소속시켜 병자치유 및 빈민들을 구휼하게 하는 일을 담당하게 하였다.

조선 전기 무격은 고려의 영향으로 국행제를 주재하며 일정한 지위를 부여받았었다. 무격은 주로 기우제를 주재하였다. 조선 전기에는 산천과 제의단에서의 국행제를 주재하였다. 이들의 활동이 활발할 당시에는 70여 명 이상의 무녀를 동원하여 기우제를 지내기도 하였다. 조선 중기에 들어 산천에서 이들이 주재하는 국행제는 찾아볼 수 없으며, 일시적으로 제의장소로 활용되는 공간에서의 기우제를 주재하였다. 이마저도 무격이 주재하는 의례는 점차 줄어들었다. 이는 조선 중기 이후 예제의 정비로 인해 무격은 국행제에서 배제되었다고 볼 수 있다.

조선시대에 무풍음사를 규제하기 위해 무격을 무적에 등록하고 이들을 효율적으로 관리하기 위해 활인서에서 역병 병자를 치료하고 빈민을 구휼하게 하였다. 활인서는 무격을 효율적으로 관리하기 위한 다스림의 정책에 유용한 기관이었다. 활인서는 당시 한양에 있었던 서민 의료기관인 혜민서와 다른 형태의 역할을 수행하였다. 즉, 무격이 질병치유 외에도 역병에 특화된 의료기관이며 또한 사회 빈곤층을 돌보고 장례까지 치러주는 사회복지 기관이라는 점에서 혜민서와는 차별화된 기관이라 할 수 있다. 활인서는 무격의 사제적 기능과 치료적 기능을 적극적으로 활용한 기관이었다. 당시에는 병의 원인이 귀신에게 있다고 믿어지던 사고가 일반적이어서, 도성 안에 거주하는 명문가의 사족이라 하더라도 의료행위뿐 아니라 점복과 무속의례를 함께 행하였다. 이는 내적·외적 치유를 통해 병을 다스리려 함이 목적이라 할 수 있다.

활인서에 근무하는 무격들은 서소문, 혜화문, 그리고 광희문 밖 인근에서 주로 거주하였다. 이곳은 정부에 의해 계획된 무격집단 거주촌이었다. 거주공간의 제한은 무격을 한곳에 모아 관리하기 위한 국가 정책의 일환이라 할 수 있다. 더불어 활인서 주변에서 그 지리적인 범위를 더욱 확장한 무격 거주촌이 형성되었다. 서활인서 주변으로는 아현에서 멀리는 용산과 새남터까지 무격들이 모여살았다. 동활인서는 광희문 주변의 신당과 왕십리 금호동 일대에 무격마을이 형성되었다. 서소문과 광희문은 모두 시체들이 나가는 시구문이라는 점과 그 주변으로 죽음과 관련된 요소들이 곳곳에 존재하였다는 공통점을 지닌다. 서소문은 조선시대에 죄인의 사형을 집행한 장소였으며, 아현 주변은 역병환자들의 공동묘지가, 광희문 밖은 공동묘지와 화장터가 있었다. 이러한 주변환경은 곧 죽음의례를 의뢰하는 소비층과 쉽게 접할 수 있고, 그러한 이유로 인해 무격들이 그 주변에 모여 살게 하는 요인이 되었으리라 본다.

조선시대 무속은 음사로 규정되어, 이를 혁파하자는 논의가 끊임없이 있었다. 성저십리 안에서의 신사를 규금하고, 무격과 소통하는 이들에게까지도 벌을 내리는 강한 규제를 하였다. 또한 선도의 땅을 만들기 위한 노력의 일환으로 국가에서는 도성 안 무격의 刷出 및 신사를 금하는 정책을 지속적으로 시행하였다. 이러한 정책의 일환으로 조선 중기까지 무격의 거주에 대한 제한은 단계적으로 이루어졌다. 조선 전기부터 중기까지 巫黜은 사대문 안에서 사대문 밖, 성저 5리, 성저 10리로 단계적으로 이루어졌다. 도성 안에서 무속제의를 행한 무격은 성 밖으로 쫓겨나 성저십리 안에 집단을 이루어 거주하였는데, 조선 후기에는 더욱더 강력한 제재로 인해 강 밖으로 刷出되었다. 심지어 활인서에 근무하는 무격은 도성 밖 200리에 있는 마을로 내쫓는 정책을 따라야만 했다.

조선시대 성저십리의 무풍음사를 금지하려는 정책이 끊임없이 논의되었음에도 불구하고, 그러한 정책과 모순되는 양상이 지속되었다. 당시 무속을 바라보는 부정적인 시각과 무격에게 부여된 사회적 낮은 지위에 반해, 무격에게 부여한 무세는 정부의 주요한 수입원이었다. 활인서에 근무하는 무격은 모두 무적에 등록되어 무세를 부담해야 했고, 이들이 낸 무세가 곧 활인서와 귀후서의 운영자금으로 사용되었다. 활인서는 잠시 폐지되었다가 다시 설치되는 과정을 두 차례 거치기는 하였지만 조선시대 동안 대략 465여 년간 운영되었던 기관이었다. 이곳의 폐지는 크게 두 가지 이유를 들 수 있다. 그 하나는 무세 혁파로 인한 운영자금의 고갈, 다른 하나는 활인서에 근무하는 무격을 강 밖으로 내쫓음으로 인한 인력난을 들 수 있다. 이와 같이 활인서에 근무하는 무격들은 제대로 된 처우개선은 부여받지 못한 채 의무만이 주어졌다.

조선시대 무풍음사의 정책과 달리 무속은 왕실에서 행해지는 내행기은과 관부에 소속된 부군당 및 마을신앙과 개인신앙으로 지속되었다. 성저십리에 위치한 각사에는 부군신을 봉안한 부군당이 존재하였다. 부군당은 새로 부임한 관리라면 반드시 인사를 드려야 하는 곳이었다. 이곳에서는 매년 10월 1일에 무격을 초대해 복을 기원하는 의례가 설행되었다. 부군당 폐지 논의는 조선시대 내내 제기되었으나, 조선 후기까지 존속되었다. 부군의 신격에 대해서는 여러 이설이 있으나 각 각사마다 달리 모셔졌다. 조선 후기 각사의 부군은 지역수호신으로 신앙되어, 민간에 영향을 미쳤다. 특히, 한강변에 위치한 각사의 부군당에 부군이 지역수호신으로 명명되거나 관아 부근에 존재했던 부군당이 마을 제당으로 변화하는 양상을 보였다. 또한 성저십리 안에는 숙정문과 인왕산에 개인의 기복발원을 위한 신앙 공간이 형성되었다. 숙정문은 연초에 재액초복을 기원하는 공간으로, 인왕산은 유생들이 과거급제를 기원하는 공간으로 선호되었다. 즉, 이 공간들은 특정한 시기에 액운을 막고 길운을 기원하거나 혹은 특정한 기원이 있을 때 찾는 공간이었다.

이와 같이 성저십리에서 무속은 왕실과 정부기관에서 신앙의 대상으로, 또 한편에서는 음사로 규정하여 신사를 규금하고 성저십리에서 刷出해야 하는 대상으로 여겨졌다. 무속은 각자 다른 시선으로 인식되어, 신앙자들에게 무속은 避凶趨吉과 災厄招福을 위해 신앙되었으며, 정부에서는 무격에게 국행제를 주관하게 하고 활인서에서 소속되어 병자를 치유하게 하였다. 이는 정책적으로 무풍음사를 근절하기 위해 노력했던 음사의 논리에 반하는 다스림으로, 조선시대 내내 무속을 바라보는 이러한 다가치적인 시선이 반복되었다고 볼 수 있다.

제7장

조선시대 성저십리의 농업

이민우(서울대 규장각한국학연구원 학예연구사)

1. 머리말

조선시대 한양의 지리적 공간은 도성과 도성에서 10리까지인 성저십리를 포함하는 지역으로 구분되었다. 도성 안과 성 바깥의 성저십리는 단순히 성곽을 경계선으로 하는 행정적 차원의 구분을 넘어 지리적·기능적 차원에서 각각 도시와 농촌적 형태로 구별되는 특징을 보였다. 이 글에서는 성저십리 농업경제의 특징과 변화 과정을 한양의 도시적 성격과 연결시켜 살펴보고자 한다. 도성 안과 비교할 때 성저십리 지역이 상대적으로 농촌적 특성을 보인다는 점에서 이 지역의 농업경제에 대한 검토는 도성 안과 구별되는 성저십리의 지역적 특성을 확인하는 데 기여할 수 있다.

성저십리는 한양이라는 도시 외곽에 위치한다는 점에서 전국 어느 지역의 농업 상황과도 비교하기 어려운 독특한 성격을 갖는다. 성저십리의 농업이 어떠한 성격을 갖는가를 검토하기 위해서는 한편으로는 도성 안과 성저십리 외곽 경기 지역의 상황과 비교가 필요하며, 다른 한편으로는 한양을 제외한 다른 지역 주요 도시 근교의 상황에 대한 이해도 필요하다. 또한 시기별 변화의 특징을 포착하기 위해서는 시기에 따른 조선 농업 전반의 변화상도 함께 고려할 필요가 있을 것이다. 마지막으로 성저십리 내부의 지역에 따른 차이 역시 충분히 검토해야 한다. 그러나 이러한 과제들을 충분히 수행하기에는 필자의 역량도 모자랄 뿐 아니라 관련한 연구 성과들이 아직 부족한 형편이다.

그동안 성저십리의 농업경제에 대한 관심은 조선 후기 한양의 경제 변화를 설명하는 중요한 사례로 18세기 이후 이 지역에서 한양 주민을 대상으로 하는 상업적 근교 농업이 성장했다는 사실을 규명하는 데 한정된 경향이 있다. 18세기 이후 도시화가 급속하게 진전되면서 한양 주민의 대다수는 일용할 찬거리를 시장에서 구입해서 먹는 도시민으로 바뀌었기 때문에, 성저십리로 대표되는 교외에 이 수요에 부응하는 상업적 성격의 채소·과수 농업이 발달하였다는 것이다. 이러한 상업적 근교 농업은 미곡 농사보다 훨씬 많은 이익을 가져다주었고, 이로 인해 도성 밖 성저십리의 둔전이나 미개간지들은 대부분 채소밭으로 변해 갔다고 한다.[1]

18세기 이후 성저십리 지역이 상업적 근교 농업의 공간으로 변화하였다는 설명은 조선시대와 도시 근교 농업에 대한 우리의 역사적·사회적 상식과도 크게 어긋나지 않는다. 그러나 성저십리 농업에 대한 이러한 설명에는 크게 두 가지 의문이 든다. 하나는 성저십리에 도성 안을 대상으로 하는 상업적 근교농업이 발달한 것은 18세기 이후의 현상인가 하는 점이다. 한양의 경우 이미 형성 초기부터 10만에 가까운 대규모 인구가 밀집해 있었고, 왕실과 국가기관의 막대한 수요에 부응해야 했기 때문에 조선 후기에 새롭게 성장한 다른 도시들과 달리 이미 채소와 과일의 수급체계가 안정적으로 갖춰져 있었을 가능성이 높다. 한양의 도시적 성격과 관련하여 성저십리에 채소·과수 농업은 언제부터 자리 잡았던 것일까?

두 번째 의문은 성저십리의 농업적 특성을 도성 안을 대상으로 하는 상업적 채소·과수 농업으로 한정할 수 있는가이다. 한양도성과의 인접성으로 인해 이 지역에 채소·과수 농업이 다른 지역에 비해 발달했을 가능성이 높은 것은 사실이다. 그렇다고는 해도 성저십리의 농업에 대한 기존

1 고동환, 〈제5장 조선 후기 서울의 생업과 도시문화〉《조선시대 서울 도시사》, 태학사, 2007, 175~179쪽.

의 이해에서 마치 이 지역 전체가 18세기 이후 상업적 성격의 대규모 근교농업단지로 변모한 것처럼 묘사하는 것은 지나치다는 생각이다. 한양의 인구 규모는 조선에 한정해서는 압도적인 위상을 갖지만, 같은 시기 중국·일본 대도시의 상황과 비교해 보면 대규모 근교농업을 부양할 만하다고 여겨지지는 않는다. 성저십리 농업의 성격을 이해할 때 채소·과수 농업을 빼놓아서는 안 되겠지만, 이 지역의 전반적인 농업 실태에 대한 다각도의 접근이 필요하다. 그렇다면 성저십리의 농업에서 식량 작물과 채소 작물의 비율은 어느 정도로 평가할 수 있을까?

이 글은 조선시대 성저십리의 농업적 성격을 이해하기 위해 기왕에 제기된 견해에 대한 두 가지 의문을 갖고 출발한다. 조선시대 한양이 갖는 독특한 지위와 성격을 고려했을 때, 성저십리의 농업경제는 한양이 형성된 이래 매우 복합적인 면모를 지닌 채로 한양의 역사적 변화와 궤적을 함께 하였을 가능성이 크다. 18세기 한양의 인구 성장과 상업 발달이 성저십리의 농업경제에 끼친 효과는 조선 역사 전 시기에 걸친 성저십리 농업경제의 더 큰 궤적 안에서 검토되어야 한다. 그렇지만 앞서 언급한 바와 같이 이러한 의문에 온전한 해답을 제시하기에는 연구사적 여건이 아직은 미흡하다.

이 글의 목표는 일단 성저십리의 농업을 이해하기 위해 필요한 기초적인 전제들과 시사점을 제공해줄 만한 몇 가지 사례들을 검토하는 것으로 한정하고자 한다. 우선 성저십리의 지역적 경계와 지리적 특성을 간략하게 살펴보고, 이어서 조선 건국으로 한양이 수도가 되기 이전에 이 지역의 농업이 어떠했는가를 검토한다. 그리고 성저십리 지역 내에 주요 농업지대들을 꼽아 각각의 특성과 시기에 따른 변화상을 살펴본다. 마지막으로 한양도성 안의 채소·과일의 공급과 성저십리의 관련성을 개략적으로 검토하고자 한다.

2. 성저십리의 농업 조건

1) 성저십리의 지역적 경계

조선시대 한양의 성저십리는 도성을 경계로 도성에서 10리까지의 거리를 포괄하는 지역이다. 성저십리의 지역적 범위는 명목상 도성으로부터 '10리'로 한정되었지만, 실제로는 한양의 교외 지역을 물리적 거리로 한정하지 않고 강이나 하천, 산과 같은 자연 지형을 기준으로 설정한 것이었다. 이로 인해 행정적 차원에서도 성저십리의 경계선이 명확하지는 않아 조선 전기 이래 한양 주변의 양주·고양 등 군현과 경계 구분 및 주민 관할에 대한 분쟁이 있기도 하였다. 또한 조선 후기 이후 한양의 인구가 성장하고 도시 영역이 확대됨에 따라 국가와 한양 및 주변 주민들이 생각하는 성저십리의 지역적 범위 역시 유동적으로 변화할 수 있었다.[2]

성저십리의 지역적 경계에 대한 최초의 규정은 《세종실록》 지리지에서 확인할 수 있다. 여기에 규정된 경계는 동쪽으로는 양주의 松溪院과 大峴에 이르고, 서쪽으로는 楊花渡와 고양의 德水院에 이르며, 남쪽으로는 한강과 露渡(노량진)에 이르는 것이었다.[3] 이때에 북쪽은 특별히 정하지 않고 북한산 주변을 경계로 삼았다. 이후 猪噬嶺에서 延曙와 石串峴의 두 하천이 합류하는 곳이 경계로 정해졌다고 하며, 이후 1727년(영조 3) 주민들의

2 조선 건국 이후 성저십리의 설정 및 법률적·행정적 의미에서 경계에 대한 보다 자세한 설명은 이 책의 2장 참조.

3 《세종실록》 권148, 지리지, 京都 漢城府.

상언에 따라 瓮巖 서쪽 沙川까지 경계가 조정되었다.[4]

한양도성 외곽 성저십리의 지리적 경계는 한양을 둘러싼 四山에 금표를 설치한 지역을 통해서도 살펴볼 수 있다. 《속대전》에 실린 入葬을 금하는 京城十里의 경계는 《세종실록》 지리지에 실린 성저십리의 지역적 경계를 반영하는 동시에 보다 명확하고 구체적으로 지리적 한계를 명시한다. 여기에 규정된 경계는 동쪽으로는 大菩洞·水踰峴·牛耳川·上下伐里·長位·松溪橋에서 中梁浦에 이르러 하천을 경계로 하며, 남쪽으로는 中梁浦·箭串橋·新村·豆毛浦에서 龍山에 이르러 하천과 강을 경계로 하고, 북쪽으로는 大菩洞·普賢峰·猪噬峴·峨嵋山·延曙舊館基·大棗里에서 石串峴 서남쪽으로 합류하는 곳에 이르러 산등성이를 경계로 하며, 서쪽으로는 석관현·時威洞·沙川渡·城山·望遠亭에서 麻浦에 이르러 하천과 강을 경계로 한다.[5] 禁葬의 범위를 규정하기 위한 것이기는 했지만, 성저십리의 경계를 연속적인 지리적 지점들로 포착한다는 점에서 조선 후기에 이르러 성저십리의 경계에 대한 인식이 훨씬 더 명확해지고 구체적으로 변화하였음을 확인할 수 있다.

김정호가 편찬한 전국 지리지 《대동지지》에는 한성부의 강역이 실려 있어서 19세기 중엽 성저십리의 지역적 범위에 대한 인식을 확인할 수 있다. 여기에 실린 한성부 강역은 동쪽으로는 양주의 경계까지 15리이며, 동남쪽으로는 광주의 경계까지 20리이고, 서남쪽으로는 시흥의 경계까지 15리이며, 서쪽으로는 양천의 경계까지 15리이고, 서북쪽으로는 고양의 경계까지 20리이며, 북쪽으로는 양주의 경계까지 20리, 동북쪽으로도 15

4 《영조실록》 권11, 영조 3년 5월 25일(경진).

5 《속대전》, 形典, 禁制, 京城十里內.

리이다.[6] 한양의 강역을 외곽 군현과의 경계를 기준으로 명확히 거리로 표현하였다는 사실은 성저십리의 행정적 구분이 한층 분명해진 상황을 보여준다. 《속대전》에 실린 경성십리의 경계가 대체로 15리라는 점과 비교하면,[7] 이 시기에 이르러 성저십리의 지역적 범위가 확장되었다는 사실도 확인할 수 있다.

한편 17세기에 유형원은 군현제를 다루는 글에서 한성부의 행정구역 개편을 주장하였다. 유형원이 구상한 한성부의 행정구역은 비록 국가적 차원의 규정은 아니었으나, 주민들의 생활공간으로서 성저십리의 지역적 범위를 보여준다는 점에서 큰 의의를 갖는다.

> 지금 한강의 여러 리는 비록 경성 땅이지만 또한 양주에 매인 까닭에 세를 양주에 바치며, 용산이 고양에 대하여도 또한 그러하여 人戶와 田稅를 두 곳에서 나누어 맡으니 타당한 줄을 알지 못하겠다. 이러한 땅은 마땅히 전부 한성부에 넣어야 한다. 양주의 西山 밖으로부터 淨土 등지 및 樓院, 노원, 康泰陵, 茁洞, 乾元陵으로부터 王山川을 한하고, 광진, 삼전도를 도는 이내의 땅을 잘라 넣는다. 고양의 昌敬陵, 鴨島, 행주 근처 등지를 또한 넣는다. 鴨鷗亭, 沙平坪으로부터 狐峴에 이르는 안쪽의 땅과 또 동작으로부터 양화도에 이르는 강의 남쪽 10리의 땅을 잘라 넣으니, 곧 과천 북면의 반과 금천의 동쪽 경계이다. 노량 등지는 한강 밖의 지면에 매어 있으나 경성에 지극히 가까우니 대개 땅을 나누어 고을을 세움에 비록 산천으로 경계를 삼는 것이라 하더라도 실로 인사의 편의한 바를 위주로 삼아 한성에 붙이

6 《대동지지》(규장각한국학연구원 古4790-37) 1책, 경도 한성부.
7 양보경, 〈서울의 공간확대와 시민의 삶〉《서울학연구》 1, 1994, 59~60쪽.

는 것이 옳다.[8]

유형원은 여기에서 한강 남쪽에서 경기도의 광주, 과천, 금천과 한강 북쪽의 고양, 양주의 일부를 포괄하는 지역까지 한성부의 관할을 확대할 것을 주장하였다. 유형원은 군현의 경계는 산천을 기준으로 하는 것이기는 하지만, 한성부의 경우 '인사의 편의'를 기준으로 하는 것이 옳다고 하였다. 그가 기준으로 삼은 인사의 편의는 군사·행정·경제·교통 등 여러 가지 방면에서 생각할 수 있는 것인데, 애초에 논의가 人戶와 田稅의 관할에서 출발한 것으로 고려하면 실질적인 경제 생활권으로서의 의미를 갖는다고 볼 수 있다.

인사의 편의를 기준으로 삼은 유형원의 개혁안은 현재의 서울시 행정구역과 비교하더라도 동쪽, 서쪽, 북쪽 부분은 오히려 더 넓은 편이다.[9] 더욱 주목되는 점은 앞서 살펴본 성저십리의 경계들이 대개 한강을 경계로 하는 반면에 한강 남쪽으로도 10리 정도를 한성부 강역에 포함시켰다는 사실이다. 유형원이 개혁안을 통해 제시한 한성부의 지역적 범위는 비록 법률적 의미의 규정은 아니지만, 17세기 중반 한양의 교외로서 성저십리의 실질적 경제 생활권을 포괄한다고 이해해도 무리는 아닐 것이다. 유형원의 개혁안이 농업 경제를 근거로 한 것만은 아니지만, 성저십리의 실질적 경제 생활권을 반영한다는 점에서 성저십리의 농업경제를 다룰 때에 유형원이 제시한 구역까지를 포괄하여 언급할 것이다.

마지막으로 동서남북의 郊 지역과의 비교를 통해 농업 공간으로서 성

8 《반계수록》, 郡縣制, 補遺.

9 양보경, 앞의 논문, 1994, 51쪽.

저십리의 경계를 검토할 수 있다. 일반적으로 도성을 기준으로 100리 이내를 교라 하고, 그 안에서 50리를 경계로 안쪽을 근교, 바깥쪽을 원교로 본다는 점에서 교는 성저십리보다 더 넓은 지역을 가리킨다. 이와 같이 교 지역은 성저십리와 구분이 되지만, 조선 전기에서 후기에 걸쳐 주로 한양 주변의 農形을 살피는 과정에서 언급되는 서교와 동교 지역들은 성저십리의 농업 성격과 관련해서 주목할 필요가 있다.

조선 전기 국왕은 농형을 살피기 위해 주기적으로 서교와 동교 지역으로 觀稼를 나섰는데, 이때 서교 방면으로는 연희궁에서 홍제원을 넘었다가 望遠亭에서 일정을 마무리하는 사례가 보이며,[10] 동교 방면으로는 적전 쪽으로 나갔다가 보제원에 머물렀다는 기록이 보인다.[11] 조선 후기에는 국왕이 신하를 파견하여 농형을 살피게 하고 보고를 받은 기록을 확인할 수 있는데, 이때 서교 지역으로는 梁鐵坪·沙石·佛光里·淸潭,[12] 延曙·礡石·黔巖·新院·고양읍 내 惠音峴[13] 등이 거론되고, 동교 지역으로는 적전을 지나 往十里에서 渼陰·平丘 내외·崇陵 금표에서 石串까지,[14] 鼓巖里·石串里·軺軒峴·蘆原下契·海東村[15] 등이 언급되었다.

국가가 농형을 파악하기 위해 지정한 교 지역은 원교까지를 포함하기보다 대개 성저십리의 외곽 경계로부터 근교 이내로 한정되는 것을 확인할 수 있다. 물론 이들 지역은 당대에도 성저십리와 분명하게 구별되

10 《성종실록》 권194, 성종 17년 8월 23일(을미).
11 《중종실록》 권9, 중종 4년 9월 10일(기해).
12 《승정원일기》 1167책, 영조 35년 4월 15일(을축).
13 《일성록》, 정조 17년 5월 17일(무신).
14 《일성록》, 정조 17년 5월 17일(무신).
15 《일성록》, 정조 17년 5월 17일(무신).

고 있었기에 성저십리의 지역적 범위 안으로 파악할 수는 없다. 그렇지만 여기에서 함께 언급되는 지역들이 농업지대로서 유사한 성격을 지녔으리라는 점에서 성저십리의 농업적 성격을 이해하는 데 함께 고려할 필요가 있다.

2) 성저십리의 지리적 특성

성저십리는 도성 안의 도시적 공간과 비교하여 농촌적 공간이라는 공통의 속성을 지닌다. 그렇지만 성저십리의 설정은 행정적인 차원의 조치이므로 그 내부는 자연 지형과 도성 안과의 관련을 따라 독자적인 특성을 갖는 지역들로 구분된다. 성저십리의 농업경제를 구체적으로 검토하기 위해서는 성저십리로 포괄되는 지역들 내부를 지리적 특성에 따라 구분하여 살펴볼 필요가 있다.

성저십리 내부의 공간을 나누는 가장 단순한 방법은 동서남북의 방향을 따라 4구역을 설정하는 것이다. 애초에 성저십리의 경계를 구획할 때, 동서남북의 4방향을 따라 경계를 정했다는 점에서 가장 자연스러운 방법이기도 하다. 한양의 행정구역을 5부로 구분한 데에 따라 성저십리 역시 각각 동부·서부·남부·북부로 나뉘어 편제되었으니, 행정적 차원에서 성저십리는 동서남북의 네 지역으로 구분되었던 것이다.[16]

성저십리를 동서남북으로 구분하는 것은 단순히 행정적 차원에 그친 것은 아니었다. 1753년(영조 29) 영조는 한양 교외를 동서남북의 4교로 구분하여 동교·남교·서교·북교마다 각각 1명의 농민을 불러 각자 자신이 거주하는 지역의 농사 현황이 어떠한가를 물은 적이 있었다.[17] 각 지역이 서

16 고동환, 앞의 책, 2007, 300~303쪽.

로 농업 경제적 조건이 다르고, 같은 지역은 조건이 비슷하다고 여겼기 때문일 것이다. 성저십리에 대한 연구들에서도 이 지역을 동서남북의 네 구역으로 구분하여 각각의 지리적 특성을 검토하는 것이 일반적이다.[18]

그렇지만 성저십리의 동서남북 4구역은 그 내부에서도 하천과 산 등 자연지형에 의해 지리적 특성과 농업 경제적 조건 및 인접 지역과의 관련성이 서로 크게 달라지기 때문에 이 지역의 농업경제를 상세하게 살피기 위해서는 다른 접근이 필요하다. 최완기는 한양의 경제 권역을 모두 9개로 구분하여 검토한 바 있다. 그가 제시한 9개 권역은 ① 종로와 운종가, ② 중구의 칠패장, ③ 용산, 마포의 유통기지, ④ 동대문 밖의 적전, ⑤ 서대문 밖의 菜田, ⑥ 성동 일원의 목장, ⑦ 성북 지역의 상가, ⑧ 송파장, ⑨ 강남과 영등포이다.[19] 이 가운데 도성 안에 해당하는 ①, ②와 성저십리 외곽지역에 해당하는 ⑧과 ⑨를 제외한 ③~⑦까지가 성저십리 지역에 해당한다.

최완기가 제시한 구분은 서부를 ② 용산, 마포와 ⑤ 서대문 밖으로, 동부를 ③ 동대문 밖, ⑥ 성동 일원, ⑦ 성북 지역으로 하면서 북부와 남부에 속하는 지역들은 각기 인접 지역에 따라 적절히 나누어 배치한 특징을 갖는다. 이러한 구분법은 동서남북 4부의 행정 경계를 그대로 반영하지 않는다는 단점이 있음에도 불구하고, 실질적인 경제적 특징과 지역적 관련을 잘 보여준다. 또한 서부와 동부에 해당하는 지역들이 성저십리의 경제적 중심을 이룬다는 사실도 이 구분법에서 확연히 드러난다.

17 《승정원일기》 1095책, 영조 29년 6월 11일(을미).

18 이현군, 〈조선 전기 한성부 성저십리의 지리적 특성에 관한 연구〉 《지리학논총》 30, 1997, 60쪽.

19 최완기, 《조선시대 서울의 경제생활》, 서울학연구소, 1994, 4~8쪽.

이 글에서는 성저십리를 단순히 4방위에 따라 구분하기 보다는 지리적 환경과 실질적인 경제권을 기준으로 한 최완기의 구분법을 적극적으로 참고하여 성저십리의 경제권을 크게 서부지역과 동부지역으로 나누고, 각각을 북에서 남으로 다시 세 구역으로 나누어 살펴보고자 한다. 이러한 구분법은 서부지역과 동부지역의 차이를 부각시키는 한편, 한양과 그 주변 지대가 북쪽의 산악 및 구릉지대로부터 남쪽의 한강 유역 저습지에까지 고도 차이에 따라 지리적 특성이 구별된다는 점을 반영할 수 있다는 장점이 있다.

(1) 서부지역의 특성

성저십리 서부지역은 남대문에서 서대문까지의 성 밖 지역, 통칭하여 '삼문 밖'이라고 일컬었던 지역을 중심으로 하여 북으로는 북악산과 북한산을 동쪽 경계로 하는 한양 서북 지역과 남으로는 한강 서쪽의 성산·망원부터 서강·마포·용산에 이르는 지역을 포괄한다. 도성 서부는 동부에 비해 산악과 구릉이 곳곳에 점철되는 특성을 보이며, 구릉 사이를 흐르는 불광천·모래내·봉원천·욱천을 따라 부분적으로 평야가 발달하였다. 성산에서 마포·용산 일대는 한강에 인접하여 배후에 넓은 저습지대가 형성되었으며, 지리적으로는 동부 지역 한강변 유역과 유사한 성격을 지닌다.[20]

三門은 숭례문, 소의문, 돈의문이며, 보통 삼문 밖이라고 불렀던 지역은 남대문에서 서대문까지의 성밖 지역을 가리킨다. 삼문 밖 지역의 중심이 서소문이었기 때문에 삼문 밖은 서소문 밖이라고 부르기도 했다. 삼문

20 최완기, 《조선시대 서울의 경제생활》, 서울학연구소, 1994, 104~106쪽, 165~166쪽.

밖이라고 불렸던 지역은 이미 1396년(태조 5)에 한성부의 행정편제를 5부 52방으로 제도화할 때, 동부의 숭신방·인창방과 함께 盤石坊과 盤松坊이 설치되었을 만큼 성저십리 가운데에서는 일찍부터 인구 밀집도가 높은 곳이었다. 삼문 밖 지역은 조선 초기에 이미 상당수의 인구가 거주하던 지역이었고, 조선 후기에는 칠패와 서소문 밖 시장 등이 들어서는 곳으로 성저십리 가운데에는 일찍부터 가장 도시화가 진전된 지역이었다.[21] 양반층이 거주하는 경우도 많았으며, 조선 후기에는 文會의 장소로도 손꼽히는 지역이었다.[22]

지금의 서대문구와 은평구 지역에 해당하는 한양 서북 구역은 18세기 말에 이르러 북부의 常平坊·延禧坊·延恩坊으로 새롭게 편제된 지역이다. 북부에 속하기는 하지만, 북악산과 북한산을 경계로 하여 그 동쪽과는 사실상 경제적 관련성이 크지 않은 반면, 서부에 속하는 반석방 및 반송방과 지리적으로 더욱 밀접하였다.[23] 18세기 중엽 한양 주변 농형을 확인하는 과정에서 북교에서 온 농민이 懿昭墓 앞에 산다고 자신을 소개하자, 영조는 의소묘와 연희궁이 북교에 속하는가라는 질문을 던진 일화가 있다.[24] 행정적인 편제와는 달리 당대인들의 지리적 감각으로도 이 지역이 서부에 가까웠다는 사실을 잘 보여준다. 西郊라고 불리었던 홍제원과 그 너머는 삼문 밖 지역과 비교하여 농촌적 특성이 강하게 나타나는 곳으로, 조선 전기에 걸쳐 국왕이 농정을 살피기 위해 자주 찾았던 지역이기도 하다.

21 고동환, 〈조선 후기 서울 삼문 밖 지역의 특성〉《서울학연구》 59, 2015, 165~172쪽.

22 김지현, 〈18세기 문화·예술 공간으로서의 반송방〉《서울학연구》 67, 2017, 121~123쪽.

23 장지영, 〈조선시대 漢陽 西郊지역의 邦墓 조성과 피장자 신분〉《한국학논총》 39, 2013, 121~123쪽.

24 《승정원일기》 1095책, 영조 29년 6월 11일(을미).

서부지역의 남쪽 한강 유역에는 조선 후기에 西江坊·龍山坊과 屯芝坊·漢江坊이 새로 설치되었는데, 이 가운데 서강방과 용산방은 행정적으로 서부에 해당하고, 둔지방·한강방은 남부에 해당한다. 행정구역이 서로 다른 두 구역을 한데 묶어서 검토하는 까닭은 서강방·용산방이 한강 유역의 저지대라는 지리적 환경뿐만 아니라 주민 구성과 생업이라는 측면에서 성저십리 가운데 같은 서부에 속하는 반송방과 반석방보다 남부에 속하는 둔지방·한강방과 훨씬 더 유사한 성격을 보이기 때문이다. 삼문 밖 지역 사람들이 조선 초기에 서울과 경지 지역에서 이주한 주민들인데 반해, 서강방과 용산방을 비롯해 남부의 둔지방·한강방에는 전국 팔도에서 몰려든 유민들이 주로 거주하였다고 한다.[25]

(2) 동부지역의 특성

성저십리 동부지역은 현재의 동대문 밖과 성북·성동 지역을 포괄한다. 대체로 지금의 정릉천 정도의 경계를 말하지만 실제로는 중랑천을 넘어선 지역까지 포괄하여 일컬었다. 도성에서는 모두 세 개의 문, 즉 돈화문, 흥인문, 광희문을 통해 도성의 동쪽으로 나갈 수 있었는데, 실제로 이 지역을 세 방향을 따라 동북, 정동, 동남 영역으로 구분할 수 있다.[26] 동부권 내의 3지역은 각기 서로 다른 특징을 보이기는 하지만, 이들 지역 전체가 성저십리의 다른 지역에 비해 농업이 발달했다는 특징이 있다. 삼문 밖 지역과 동문 밖을 비교한 연구에 따르면, 도시화가 진전된 삼문 밖에 비해 동문 밖은 상대적으로 채소 등을 재배하는 농경지가 중심을 이루었다고

25 고동환, 앞의 논문, 2015, 165~172쪽.

26 박희성, 〈조선 선농단 훼손 과정으로 본 동교의 도시재편 양상〉《향토서울》81, 2012, 251~253쪽.

한다.[27]

도성 밖 정동 방향으로 동대문 밖 지역은 조선 초에 仁昌坊이 설치되었던 곳으로 다른 성저십리 지역에 비하면 동대문에 인접하여 약간의 취락이 형성된 편이었다. 이곳은 도성 외곽 남북서 방향에 비해 평지가 발달하였고, 중랑천이 정릉천과 만나 한강으로 유입되는 지역으로 하천 주위에 충적지가 길게 형성되어 농업에 유리한 조건을 갖추었다.[28] 조선시대 籍田이 설치된 곳이 이 지역이기도 하다. 또한 조선 전기 국왕이 농정을 살피기 위해 觀稼를 하러 동교로 나아간다고 했을 때, 대개 이 지역을 방문하였던 것으로 미루어 농업이 활발하게 행해지고 있었음을 확인할 수 있다.[29]

도성 밖 동북쪽은 조선 초 동부 崇信坊이 자리 잡은 곳으로부터 북부 외곽의 방제에 편입되지 않은 지역까지를 포괄한다. 현재의 성북구에서 강북구·노원구로 이어지는 지역으로 산간지대가 대부분이라 농사보다는 과수 재배가 발달하였다. 구릉 사이로 흐르는 안암천·중랑천·우이천 일대는 평야 지대가 부분적으로 형성되었는데, 이 지역의 토지는 비옥도가 높기로 이름이 높았다.[30] 도성 밖 동남쪽은 현재의 성동구에서 아차산을 경계로 뚝섬 일대를 포괄하는 지역으로 조선 후기에 豆毛坊이 설치되었다. 서부지역의 남부와 마찬가지로 동쪽에서 흘러오는 한강과 인접하여 범람원과 하중도로 이루어진 저습지대라는 지리적 특성을 보이며, 홍

27 고동환, 앞의 논문, 2015, 179쪽.

28 이현군, 앞의 논문, 1997, 61쪽.

29 《세조실록》 권24, 세조 7년 6월 21일(경인) ; 《성종실록》 권243, 성종 21년 8월 28일(무신) ; 《중종실록》 권36, 중종 14년 5월 15일(정미).

30 최완기, 앞의 책, 1994, 214~218쪽.

수 피해가 자주 발생하는 지역이기도 했다.

3) 조선 건국 이전 한양 주변 지역의 농업 양상

조선 건국 이후 한양이 새로운 수도가 되면서 도성 안은 도시 공간으로 성격이 완전히 탈바꿈하였을 뿐 아니라 법률에 의해 공식적으로 경작이 금지되었다. 이에 반해 도성 밖 성저십리는 이러한 제약을 받지 않았기 때문에 도성 안과는 다른 모습을 띄게 되었다. 한양도성의 도시적 성격은 성저십리에도 곧바로 직접적 영향을 끼쳤겠지만, 성저십리에는 한성부가 설치되기 이전의 양상이 여전히 남아 있었을 가능성이 크다. 따라서 성저십리의 농업적 성격을 이해하기 위해서는 조선 건국 이전 한양과 그 주변의 농업 상황을 살펴볼 필요가 있다. 이와 관련하여 고려 말 조선 초 고려 지배층의 別墅 조성과 관련한 연구들은 고려 말 한양 주변 지역 농업의 특징적 양상을 검토하는 데 시사점을 제공한다.

별서는 본래 本第와는 구분되는 일정한 장소에 마련된 건물을 의미하는 용어인데, 고려시대의 경우 대개 건물에 부속한 농경지가 함께 마련되었기 때문에 田廬·田舍·田莊·農莊 등으로 불리기도 하였다. 고려 후기 지배층들은 개경에 거주하는 것을 최우선으로 하는 가운데 개경 인근에 일종의 '별장'의 기능을 하는 별서를 마련하는 경우가 많았다. 고려 후기 별서의 조성에 대한 연구에 따르면, 별서의 조성 장소는 대개 개경과 근접하면서 교통이 편리하고 토질이 비옥한 지역이 선호되어 대체로 경기지역의 驪興, 平壤, 龍山 등에 별서를 마련한 사례가 보인다고 한다.[31]

31 이정호, 〈고려후기 별서의 조성과 기능〉《한국사학보》 27, 2007, 220~232쪽.

용산은 본래부터 산수의 즐거움이 있다고 여겨졌다. 토지 또한 비옥하여 오곡을 기르기에 적합하다. 강에는 배가 운행하고 땅에는 수레가 다니니 이틀이면 京都에 도달할 수 있다. 貴人들이 그런 까닭에 여기에 별업을 많이 마련한다.[32]

위의 기록은 고려 말 한강 유역 용산 지역에 지배층의 별서가 많이 조성되었음을 보여준다. 고려 말 지배층의 별서 조성은 비단 용산 지역에 한정되지 않고 한양과 그 주변 지역 전반에 걸쳐 있었다.

선조대의 기록에 따르면, 한강 유역 밤섬의 채소밭은 고려 말 조선 초의 재상 趙胖이 태종대에 봉상시에 특사한 것이라고 한다.[33] 이 토지가 봉상시 소속이 된 것은 조선 건국 이후이지만, 조반이 밤섬에 토지를 마련한 것은 아마도 조선 건국 이전이었을 가능성이 크다. 한강 동쪽의 楮子島에는 고려 때 韓宗愈의 별서가 있었다고 한다.[34] 세종대 衍禧宮을 조성할 당시에는 그 자리에 延昌尉 安孟聃의 菜圃(채소밭)이 있어 사복시가 주관하는 땅으로 보상해주었다는 기록이 있다.[35] 안맹담은 조선 건국 이후의 인물이지만, 그의 가계를 고려할 때 이 지역 토지는 이미 고려 말에 마련되었을 가능성이 크다.[36]

동문 밖에 마련된 동적전 역시 고려 말 이래 지배층이 조성한 농경지

---

32 《동문선》 권76, 〈秋興亭記〉.

33 《선조실록》 권160, 선조 36년 3월 11일(정묘).

34 《신증동국여지승람》 권2, 한성부 산천.

35 《단종실록》 권6, 단종 1년 5월 21일(정축).

36 안맹담의 조부는 공민왕 定妃의 아버지인 안극인이다. 안맹담 본인은 세종대 貞懿공주와 혼인한 인물이기도 하다.

였을 가능성이 크다. 동적전의 토지를 어떻게 마련했는가에 대해서는 기록이 남아 있지 않지만, 개성에 위치한 서적전의 경우 고려 말 임견미와 염흥방으로부터 몰수한 토지라는 기록이 있다.[37] 조선 건국 초에 100결 규모의 적전을 빠른 시일 안에 새로 개간하기는 쉽지 않았을 것이므로, 동적전의 경우도 고려 말에 이미 형성된 전지를 몰수한 것이었을 가능성이 크다.

고려 말에 이르러 별서의 조영에서 경제 기반으로서의 기능이 한층 부각되어 나타난다는 점에 주목할 필요가 있다. 이는 고려 후기 이래 정치 변동과 맞물려 주로 개경에 거주하던 지배층의 거주지가 향촌사회로 이동하는 현상이 증가하면서 점차 개경 밖의 별서가 정규적인 생활공간으로 자리 잡았던 사정에서 비롯되었다. 이로 인해 별서는 자급자족적 농업공간으로서의 경제적 기능이 더욱 강화되었다.[38] 나아가 일부 별서에서는 식량 작물을 재배하는 것을 넘어 각종 채소나 과일, 고기, 수공업 원료 등을 자급할 뿐 아니라 채소류, 과일류, 화훼류 등을 시장에 공급하는 일종의 근교농업의 성격까지 나타나고 있었다고 한다.[39] 일부 사례를 지나치게 과장할 필요는 없겠지만, 앞서 살펴본 고려 말부터 연원하는 한양 주변 지배층의 토지 가운데 채소밭이 자주 등장하는 것을 보면 지배층의 별서에서 채소 경작이 적지 않은 비중을 차지하였음을 짐작할 수 있다.

한양과 주변 지역은 고려 지배층이 별서 조성에 있어서 선호하는 지

37 《중종실록》 권19, 중종 8년 11월 1일(을축).

38 이정호, 〈여말 선초 경제·별서·향제의 조성과 생활공간의 변화〉《한국중세사연구》 25, 2008, 104~112쪽.

39 정용범, 〈고려 중·후기 별서의 운영과 도시근교농업의 발달〉《역사와경계》 99, 2016, 86~95쪽.

역 가운데 하나였다. 이러한 점에서 조선 건국 이전 시기에 한양 주변에 조성된 별서들의 경제적 속성 역시 크게 다르지 않았을 것이다. 고려 말 한양 주변에 조성되었던 지배층의 별서는 조선 건국 이후에도 대개 그대로 유지되었으며, 이제는 성저십리로 성격이 변화한 이 지역에 새로 별서를 조성하는 사례들도 찾아볼 수 있다. 앞서 살펴본 저자도에 위치한 한종유의 별서는 세종이 정의공주에게 하사하였다가 이후 공주의 아들 안빈세에게 상속되었다고 하며, 용산 立石里에는 孝寧大君의 별업이 조성되었다고 한다. 또한 徐居正은 한강 변 廣津에 별업을 마련하였는데, 그 주변에는 그를 비롯한 여러 관료층의 별업이 소재했다고 한다.[40]

한양 주변 성저십리 지역에는 고려 말 이래 조선 초에 이르기까지 지배층의 별서가 다수 소재했던 것으로 보인다. 조선 건국과 함께 한양과 그 주변의 도시적·행정적 성격이 변화하면서 이 지역에 위치한 지배층의 별서들 역시 여러 변화를 겪지 않을 수 없었다. 그럼에도 불구하고 이 지역에 고려 말 이래 지배층의 별서가 위치했다는 사실은 이후 성저십리의 농업을 이해하는 데 반드시 고려할 필요가 있다.

3. 성저십리의 주요 농업 지대

1) 성저십리의 식량 작물 경작

성저십리의 농업 연구는 주로 상업적 성격의 채소·과수 재배에 대한

40 이정호, 〈여말선초시기 개경과 한양의 별서에 대한 고찰〉《서울학연구》 58, 2015, 105~115쪽.

관심에서 비롯되곤 했다. 그렇지만 원칙적으로 식량 작물의 재배가 금지되었던 도성 안과 달리 성저십리 일대에서 논농사를 비롯한 식량 작물의 경작 역시 매우 활발하게 이루어졌다. 앞서 살펴본 바와 같이 고려 말 이래 한양 주변에 형성된 지배층의 별서에서는 채소·과수 재배 및 목축도 함께 행해지고 있었지만, 오곡을 비롯한 식량 작물의 경작이 여전히 중심적인 지위를 차지하였다. 조선시대 기록에서 묘사되는 성저십리의 농업 경관은 오히려 이 지역에서 논농사의 비중이 더 컸을 것이라는 인상을 준다.

조선 전기 이래로 국왕은 농형을 살피기 위해 여러 차례에 걸쳐 도성을 벗어나 주변 지역으로 觀稼를 나서곤 했다. 국왕의 관가는 대개 서교나 동교 혹은 남교 방면으로 이루어졌는데, 성저십리를 포괄하여 그 너머 지역까지 순행하는 경우가 많았다. 관가에 나선 국왕의 주된 관심은 논농사의 상황을 살피는 것이었기 때문에 관가와 관련된 기록은 주로 논농사를 비롯한 식량 작물에 집중되기 마련이다. 그럼에도 기록에 나타난 논농사의 정황이 매우 구체적이어서 논농사를 중시하는 이념적 시각에서 실제 경관을 왜곡한 것이라 보기 힘들다.

18세기 후반 영조대 관가의 사례는 이 시기에도 여전히 도성 밖에서 멀지 않은 지역에서 식량 작물의 재배가 활발했음을 보여준다. 영조는 자주 남교로 관가를 나서 靑坡 아래 石隅에서 농정을 살피곤 했다. 영조의 관심은 주로 논농사의 農形을 살피는 데 있었는데, 농부가 이앙하는 모습이나 보리밭 풍경을 보며 신하들뿐만 아니라 청파 일대의 농부들을 불러 농형에 관해 매우 구체적인 대화를 나누었다.[41] 정조는 직접 관가를 나서기

41 대표적으로《승정원일기》1220책, 영조 39년 7월 16일(신미) ;《승정원일기》1317책,

도 했지만, 주변 지역으로 신하들을 파견해 농형을 살피게 하는 경우가 많았는데 이때에도 역시 그의 주된 관심은 논농사에 있었다.[42]

성저십리 일대에서는 18세기 후반에 이르러서도 여전히 논농사를 비롯한 식량 작물의 재배가 활발하게 이루어지고 있었다. 후술하듯이 이 지역에서 채소 재배의 비중이 다른 지역에 비해 높았던 것은 분명한 사실이지만, 식량 작물 경작의 위상을 소홀히 해서는 안 된다. 이와 관련하여 명종대의 기록으로 전곶 목장 내에 위치한 채소밭에 대해 주목할 만한 언급이 있다. 이곳에는 국가 기관과 관료층이 채소 재배를 명목으로 절수받은 토지들이 많은데, 실제로는 대부분의 토지에서 보리를 재배한다는 비판이 제기된 것이다.[43] 이 사례는 성저십리에서 식량 작물에 비해 채소 재배가 반드시 선호되었던 것은 아니며, 겉으로 드러난 명목이 채소밭이라 할지라도 경작의 실상은 다른 경우도 상당했으리라는 사실을 잘 보여준다.

2) 서부 지역의 주요 농업 지대

(1) 연희궁 주변의 채소밭과 잠실

성저십리 서부 지역의 특징적인 농업 지대 가운데 하나로 연희궁 일대를 꼽을 수 있다. 연희궁은 1420년(세종 2)에 도성 밖 서쪽 무악산 아래에 건립한 離宮으로[44] 1764년(영조 40)까지 유지되다가 영조의 후궁 영빈이씨의 묘를 조성하면서 폐지되었다.[45] 현재 연세대학교 캠퍼스 내에 그 터가 있

영조 47년 5월 13일(계축).

42 대표적으로《일성록》, 정조 17년 5월 17일(무신).

43 《명종실록》 권20, 명종 11년 4월 27일(을묘).

44 《세종실록》 권7, 세종 2년 1월 2일(신축).

45 《영조실록》 권104, 영조 40년 9월 3일(임자).

었던 것으로 추정하는데, 연희궁은 궁이 지어진 뒤에도 벌레와 뱀이 많고 소나무가 울밀하게 자랐다는 평이 있을 정도로 주변의 농촌적 경관이 그대로 남아 있는 곳이었다.[46]

연희궁 일대 역시 앞서 살펴본 바와 같이 16세기 중엽에 이르기까지 식량 작물의 재배가 활발히 이루어지고 있었다. 세조대에는 연희궁에서 어가가 머무르면서 習陣을 하는 과정에서 군사들이 곡식을 밟아 상하게 하자 주서를 시켜 곡식을 밟은 것이 얼마나 되는지를 물어 값을 쳐주었다는 기록이 있다.[47] 중종대에도 국왕 행차 도중 연희궁을 지나가다 농사짓는 것을 보고 농부들에게 술을 대접하여 그 중에 취한 자가 있었다고 한다.[48]

그렇지만 연희궁 주변은 국가적인 차원에서 채소와 과일이 재배되고 잠실이 설치되는 등 국가 기획의 농경 단지로 활용되었다는 점에서 일반적인 농촌지대와 구별된다. 궁이 지어지기 이전부터 이 주변에는 대규모 채소밭이 있었던 것으로 보이는데, 연희궁 옆에 延昌尉 安孟聃의 菜圃가 있어 이를 사복시가 주관하는 목장 내의 둔전 근처 땅으로 보상해주었다는 기록이 있다.[49] 궁의 조성 과정에서 안맹담의 채소밭이 유지되었는지 여부는 확실하지 않으나, 이 일대가 국가적인 농경단지로 활용되었던 것으로 미루어 상당 규모가 채소밭으로 남아 있었을 가능성이 크다. 1428년(세종 10)에는 서울 안에 果樹가 부족하다는 지적에 따라 長生殿·蓮花院 등과 함께 연희궁에도 과목을 심어 국가의 수용을 돕게 하였다는 것으로 보아 이 지

46 《세종실록》 권107, 세종 27년 1월 28일(임인).
47 《세조실록》 권31, 세조 9년 8월 3일(기축).
48 《중종실록》 권15, 중종 7년 5월 11일(갑인).
49 《단종실록》 권6, 단종 1년 5월 21일(정축).

역에는 과수단지도 조성되었던 것 같다.[50]

세종대에는 연희궁에 잠실을 두고 뽕나무를 기르도록 하였는데, 《경국대전》에 기록된 서잠실이 바로 이곳 연희궁에 위치한 잠실을 가리킨다.[51] 세종 초에 경복궁과 창덕궁에 잠실을 설치하여 뽕나무를 길렀는데, 1423년(세종 5)에 이미 경복궁 안에 3,590주, 창덕궁 안에 1,000여 주, 밤섬 안에 8,280주가 자라고 있었다.[52] 1431년(세종 13)에 연희궁에서 뽕나무를 기르고 있으나 아직 부족하다는 언급이 등장하는데,[53] 그 뒤에 성종대에 이르면 낙천정과 연희정 두 곳에 잠실이 설치되었음을 확인할 수 있다.[54] 성종대에는 1472년(성종 3)과 1475년(성종 6)에 걸쳐 뽕나무 재배와 잠실 관리에 대한 절목을 마련하고 잠실 관리에 노력을 기울였다.

성종대 후반에는 잠실 운영이 큰 성과 없이 폐단을 보이자 잠실 운영을 중단하기도 하였다. 연산군대에는 연희궁을 연회 장소로 사용했던 것으로 보아 잠실을 정상적으로 운영하지 않았던 것 같으며, 이후 중종대에 이르러 다시 잠실이 복설되었다.[55] 이후에는 연희궁 잠실에 대해 별다른 기록이 남아 있지 않다. 영조대에 서잠실이 한강변에 있었다고 한 기록으로 보아 이 시점에는 연희궁 잠실에 대한 기억마저 남아 있지 않았을 정도로 오래 전에 잠실 운영이 중단되었음을 짐작할 수 있다.[56]

50 《세종실록》 권42, 세종 10년 12월 9일(병술).

51 《경국대전》, 工典, 栽植. 제읍칠목상목. 같은 곳에 등장하는 동잠실은 후술하겠지만, 낙천정에 설치된 잠실을 가리킨다.

52 《세종실록》 권19, 세종 5년 2월 16일(정묘).

53 《세종실록》 권52, 세종 13년 4월 13일(정미).

54 《성종실록》 권15, 세종 3년 2월 11일(무인).

55 박경룡, 〈잠실고〉《향토서울》 43, 1985, 61~66쪽.

56 《영조실록》 권89, 영조 33년 5월 23일(계축). 여기에서 언급된 서잠실은 성종대에 만

잠실로 쓰이지 않게 된 연희궁은 아마도 다른 지역의 잠실 사례로 보아 채소밭으로 활용되었을 가능성이 높지만, 기록으로 확인할 수는 없다. 그렇지만 이 지역에는 조선 후기에 이르러 채소밭이 많이 분포했던 것으로 보이는데, 아마도 연희궁 주변에 채소밭이 대규모로 조성되었던 사정과 무관하지는 않을 것이다. 연희궁 일대에는 고추·부추·해채 등이 재배되었다고 하며,[57] 연희동의 배추밭과 홍은동의 호박밭 등은 조선시대에도 이름이 났다고 한다. 연희동 배추밭은 낙산 아래 방아다리 배추밭과 함께 널리 알려진 곳이었고, 홍은동의 호박밭은 호박넝쿨이 매우 무성하여 사람들이 이 일대를 호박굴이라 부르기도 했다고 한다. 한편 현재의 연희동에서 남가좌동으로 넘어가는 고개를 밤고개라 했는데, 부근에 밤나무가 많았기 때문이라고 하며, 대조동은 대추나무가 많아 대추말이라 하여 한자로 大棗라 했다고 한다.[58]

(2) 한강 유역의 밤섬

여의도 맞은편에 위치한 밤섬은 한강 유역의 저습지대로 앞서 살펴본 연희궁 일대와 유사하게 조선 전기 이래 국가 농업 단지로 활용되었다. 지리적으로는 후술할 전곶목장에서 낙천정·아차산·뚝섬을 아우르는 동부 지역의 한강 저습지와 유사한 곳이다.

밤섬에는 조선 초기에 연희궁과 낙천정 잠실이 설치되기 이전부터 뽕나무가 대규모로 재배되는 한편, 그 주변에 여러 관서의 채소밭이 자리잡고 있었다.[59] 문종대에는 정책적으로 밤섬에 뽕나무 이외에 다른 경작

들어진 신잠실로 추정된다.

57 《연암집》 권8, 放璚閣外傳, 〈穢德先生傳〉.

58 최완기, 앞의 책, 1994, 172~182쪽.

을 금지하는 한편, 甘草를 집중적으로 재배하는 실험을 하기도 하였다.[60] 밤섬에는 연희궁의 서잠실, 낙천정의 동잠실과 같이 별도의 명칭을 붙이지는 않았으나, 이후에도 정책적으로 대규모 뽕나무 재배가 이루어졌다.[61] 밤섬의 토지는 여타의 잠실과 마찬가지로 점차 국가 차원의 뽕나무 재배가 사실상 중단된 이후 奉常寺와 司圃署, 훈련도감 등 국가 기관에 채소밭으로 절수되었는데, 이들 기관들 사이에 채소밭의 소관을 둘러싼 분쟁이 자주 발생하였다.[62]

흥미로운 사실은 봉상시에서 자신들의 소속 밤섬의 채전이 고려 말 조선 초의 재상 趙胖이 자기 소유의 토지를 태종대에 봉상시에 특사한 것에서 비롯한다고 주장했다는 것이다.[63] 앞선 연희궁 사례와 함께 고려 말 이래 성저십리 지역에 위치했던 지배층의 별서 혹은 농장이 조선 건국 이후 국가로 수용되는 양상을 보여준다.

(3) 삼문 밖의 채소밭

삼문 밖 지역은 성저십리 가운데 가장 일찍부터 상대적으로 많은 인구가 거주하고 도시화의 진전이 빨랐던 곳이다. 그럼에도 동대문 밖과 함께 서울에서 상업적 농업이 가장 성행한 지역으로 손꼽혔다. 서소문 밖의 芹洞은 명칭에서 드러나듯이 미나리가 유명하였으며, 숭례문 밖 청파에서도 마찬가지로 미나리를 많이 재배하였다. 청파의 미나리는 박지원의 〈예

59 《세종실록》 권19, 세종 5년 2월 16일(정묘).
60 《문종실록》 권7, 문종 1년 5월 1일(무술).
61 《성종실록》 권52, 성종 6년 2월 16일(을미).
62 《선조실록》 권56, 선조 27년 10월 1일(을사).
63 《선조실록》 권160, 선조 36년 3월 11일(정묘).

덕선생전〉에 언급되기도 하였다. 서소문 밖의 藥峴에서는 염료로 쓰이는 홍화 등이 재배되었고, 만리동 일대는 복숭아 등의 과일이 재배되었다고 한다.[64]

삼문 밖 지역의 상업적 채소 재배는 이미 조선 초부터의 현상이었던 것 같다. 1415년(태종 15) 한성부 내 화재 방비를 위해 일부 가옥을 헐어내는 과정에서 집이 헐린 사람들에게 새로 집을 지을 땅으로 지급할 토지 가운데 반송방·반석방의 藍田과 靑苔田 등의 菜地가 언급된 것을 확인할 수 있다.[65] 15세기 초반에 구체적인 재배 작물까지 명시될 정도로 이 지역의 채소 재배가 활발했음을 보여준다.

또한 1481년(성종 12)에는 불법적으로 지은 집을 철거하는 논의가 있었는데, 이때에 집을 철거당한 사람들에 대한 대책으로 남대문 밖에 빈 땅이 많으니 이곳에 채소밭을 만들게 하여 이익을 취하게 하자는 건의가 제기되었다.[66] 물론 이때에 비로소 남대문 밖에 시장 판매를 목적으로 한 채소밭이 조성된 것은 아니다. 남대문 밖에서 이미 상업적 성격의 채소 재배가 활발하게 이루어지고 있었기 때문에 한성부의 주거대책 가운데 하나로 언급되었을 가능성이 크다. 그렇지만 다른 한편으로 남대문 밖에 빈 땅이 많다는 언급이나 채소밭 조성이 집이 헐린 사람들에 대한 대책이었다는 점으로 미루어 조선 전기의 채소 재배는 영세한 규모였던 것으로 보인다.

64 고동환, 앞의 논문, 2015, 179쪽.

65 《태종실록》 권30, 태종 15년 9월 21일(을묘).

66 《성종실록》 권125, 성종 12년 1월 27일(임인).

3) 동부 지역의 주요 농업 지대

(1) 동적전

동대문 밖에는 조선 건국 직후에 籍田이 조성되었다. 이 지역의 적전은 개성의 서적전에 대비하여 동적전으로 일컬어졌는데, 조선 초기 동적전의 규모는 100결로 추산한다. 적전이 설치된 시기는 정확하지는 않으나, 적어도 1405년(태종 5)과 1406년(태종 6) 사이에는 적전이 마련되었던 것으로 보인다.[67] 적전을 이 지역에 설치한 까닭은 《禮記》 祭統편에 따라 천자는 남교에서, 제후는 동교에서 친경한다는 데 근거하여 제후의 적전이 동교에 입지한다는 의미로 해석되었기 때문이다.[68] 그럼에도 동교 가운데 적전이 이 일대에 위치한 것은 이곳에 실제 넓은 평야지대가 자리 잡고 있었기 때문일 것이다.

동적전의 토지를 어떻게 마련했는가에 대해서는 기록이 남아 있지 않지만, 서적전의 경우 고려 말 임견미와 염흥방으로부터 몰수한 토지라는 기록이 있다.[69] 조선 초에 100결 규모의 적전을 새로 개간하여 마련하지는 않았을 것이므로, 동적전의 경우도 이미 형성된 전지를 근거로 하였을 가능성이 높을 것이다. 직접적으로 관련되는 사례는 아니지만, 15세기 중반 남이의 옥사에 연루된 이들의 토지를 몰수하는 과정에서 정숭로의 동대문 밖 토지에 대한 기록이 보이는데,[70] 아마도 당시에 공신들 가운데 이 지역에 대규모 토지를 보유한 이들이 있었던 듯하다.

67 박희성, 앞의 논문, 2012, 258~262쪽.

68 장지연, 〈고려~조선 초 선농적전단의 변화와 그 특징〉《서울학연구》 44, 2011, 60쪽.

69 《중종실록》 권19, 중종 8년 11월 1일(을축).

70 《예종실록》 권4, 예종 1년 3월 14일(무술).

(2) 한강 유역의 마장

도성 밖 동남쪽은 현재의 성동구에서 아차산을 경계로 뚝섬 일대를 포괄하는 지역으로 한강과 인접한 지역의 범람원으로 이루어진 저습지대이다. 이곳에는 조선 초부터 국가가 운영하는 牧馬場이 설치되었다.

건국 직후 전곶(살곶이벌)에 목장이 설치되었는데, 아차산 서쪽으로 현재의 동대문구 답십리동을 거쳐 성동구의 살곶이 다리에 이르고 남쪽으로 한강에 이르는 넓은 구역이 이에 해당한다. 1413년(태종 13)에는 전곶목장을 500결 규모로 크게 증수하고[71] 1414년(태종 14)에는 흥인문 밖에 마장을 수축하였다.[72] 그러나 이미 세종대에 목장 내 일부 토지가 채소밭을 명목으로 절수되기 시작하였고, 연산군대 이후로는 마장으로서의 기능이 크게 축소되었다. 1846년(헌종 12) 천장산에 있던 익종대왕 능인 수릉을 살곶이 목장으로 천봉하면서 폐지되었다가 1855년(철종 6) 수릉을 동구릉으로 옮기면서 목장으로 복구되었으나 이후 1904년 결국 폐지되었다.[73]

목장 내의 토지는 조선 전기부터 채소밭으로 활용되는 경향이 나타났다. 세종대 이후로 점차 대신·내관들에게 절수되기 시작하였고,[74] 시간이 지남에 따라 정상적인 목장 운영을 저해하는 지경에 이르게 되었다.[75] 연산군대에는 말을 기르는 것보다 진상을 위한 채소와 과일을 기르는 것이 더욱 중요하다고 하여 목장의 토지를 대거 內農圃에 소속시키기도 하였다.[76] 목장 안이 왕실과 양반들의 채소밭으로 변해가는 상황은 중종

71 《태종실록》 권25, 태종 13년 3월 18일(정유).

72 《태종실록》 권27, 태종 14년 6월 23일(갑자).

73 홍석주, 〈전곶장의 경관변화〉《문화역사지리》 18-1, 2006, 111~115쪽.

74 《세종실록》 권23, 세종 6년 2월 29일(을해), 3월 13일(기축)·14일(경인).

75 《단종실록》 권6, 단종 1년 5월 21일(정축).

대에 이르러도 계속되었다.[77] 한편 명종대에는 채소밭을 명목으로 절수받은 토지가 채소 진상이라는 명목마저 잃고 보리밭으로 변하였다는 기록이 있다.[78]

전곶목장은 목장으로서의 기능을 상실하지는 않았으나, 이곳에 형성된 왕실과 양반들의 대규모의 채소밭은 조선 후기에 걸쳐 지속적인 논란을 야기하면서도 그대로 지속되었다.[79] 1895년 궁내부 내장원에서 경기도에 소재한 5개 목장의 토지를 타량하여 작성한 양안이 규장각에 남아있는데, 이 가운데 전곶목장의 상황도 기재되어 있다. 전체적인 토지 규모를 파악할 목적에서 작성된 양안인 탓에 개별 필지의 정보를 기재하지 않아 구체적인 경영상태를 파악할 수는 없으나, 이 시기까지 목장 내에 국가관서와 궁방의 대규모 채소밭이 그대로 명목을 유지하고 있음을 확인할 수 있다.[80]

(3) 아차산과 낙천정의 잠실

전곶목장을 기준으로 동북쪽 아차산 아래와 남쪽 樂天亭에는 국가가 운영하는 잠실이 설치되었다. 이곳은 앞서 살펴본 연희궁 잠실과 같은 시기에 설치되어 이른바 동잠실로 불리운 곳이다. 연희궁 잠실과 마찬가지로 세종대 조성되었을 것으로 보이는데, 세조대에는 아차산 잠실만 언급

76 《연산군일기》 권47, 연산군 8년 12월 24일(임술) ; 《연산군일기》 권53, 연산군 10년 윤4월 27일(정해).

77 《중종실록》 권34, 중종 13년 8월 9일(병자).

78 《명종실록》 권20, 명종 11년 4월 27일(을묘).

79 대표적으로 《영조실록》 권76, 영조 28년 5월 4일(갑자).

80 《京畿牧場量案》(규장각한국학연구원 奎19124) 1책, 箭串場.

되다가[81] 성종대에 이르러 낙천정 잠실이 함께 거론됨을 확인할 수 있다.[82] 잠실을 언급할 때, 연희궁·낙천정 두 곳이라 하기도 하고, 연희궁·낙천정·아차산 세 곳이라 하기도 하는 것으로 보아 낙천정과 아차산 잠실은 서로 구분되기는 하였으나 지리적으로 인접하여 한곳으로 여겨지기도 했던 것으로 짐작된다.

낙천정과 아차산 잠실 역시 앞선 연희궁 잠실의 사례와 마찬가지로 중종대 이후 사실상 운영이 중단되었던 것으로 보인다. 연희궁 일대에서는 잠실 운영이 중단된 이후의 사정을 정확히 알 수 없는 것과 달리 낙천정·아차산의 잠실은 치폐된 이후 궁방을 비롯한 각종 관서의 채소밭으로 변화하였음을 확인할 수 있다. 이 지역의 토지는 인접한 전곶의 목장과 함께 궁방과 왕실, 고관들에게 채소밭으로 절수되었다.[83]

이러한 사실은 봉상시에서 1764년(영조 40)에 작성한 양안인 《太常位田畓改量案》과 1789년(정조 13)에 작성한 양안인 《太常菜園菁根田新定量案》에서 분명하게 확인된다.[84] 이들 양안은 왕실 제사에 소용되는 물품을 진상하는 기관인 봉상시에서 소속 전답에 대해 기록한 것인데, 이 가운데에는 전곶 목장 내 토지를 비롯하여 아차산과 낙천정 주변 지역 토지들이 대거 포함되어 있다. 봉상시 소속 토지만을 대상으로 한 양안이기는 하지만 개별 필지의 四標에 봉상시 이외에 사포서, 충훈부, 사헌부 등 다른 관서들의 토지가 나타나 있어 이곳에 채소밭을 마련한 기관이 봉상시에 한정되지 않

81 《세조실록》 권28, 세조 8년 4월 18일(계미).

82 《성종실록》 권15, 성종 3년 2월 11일(무인).

83 《광해군일기》 권25, 광해군 2년 2월 22일(무진) ; 《인조실록》 권2, 인조 1년 5월 27일(병진).

84 《太常位田畓改量案》(규장각한국학연구원 奎18992) ; 《太常菜園菁根田新定量案》(규장각한국학연구원 奎18993).

았음을 보여준다. 菜園菁根田이라는 명칭을 사용한 데에서 알 수 있듯이 이곳의 토지는 채소밭을 명목으로 절수되었다. 《태상위전답개량안》에는 18세기 후반에 이르러서도 세를 미나리로 받는 토지들도 다수 남아 있었다.

아차산 일대는 국가 기관의 대규모 채소밭이 존재하는 것과 동시에 일찍부터 양반들의 농장 역시 많이 소재했던 지역일 가능성이 높다. 명종대 申潛은 기묘사화 이후 아차산 아래에서 20년간 은거했다고 하며,[85] 광해군대 李溟의 경우도 이이첨과 대립하다 관직을 삭탈당한 이후 아차산에 물러가 있었다고 한다.[86] 당시 양반들이 관직에서 물러나 세거하는 지역에 대개 농장을 갖고 있었다는 사례로 미루어 그들이 아차산으로 물러난 까닭은 이곳에 농장이 있었기 때문일 가능성이 크다. 또한 1696년(숙종 22)에 飢民을 구휼하는 과정에서 한성부 동쪽의 진휼소에 있는 5,000~6,000명의 기민들은 대개 경성 사대부가의 앙역노비라는 기록이 보인다.[87] 이로 미루어 이 지역 일대에는 적어도 고려 말 이래 한양에 거주하는 양반들의 대규모 농장이 발달하여 17세기 말까지도 지속하고 있었던 듯하다.

(4) 동문 밖 채소밭

동대문 밖 일대는 서쪽의 삼문 밖과 함께 상업적 채소 재배가 성행한 지역이었다. 《동국여지비고》에 따르면, 청계천·중랑천·정릉천·홍릉천에 연한 답십리, 중화동, 제기동, 청량리동 일대는 채소밭으로 유명했다고 한

85 《명종실록》 권17, 명종 9년 12월 13일(기묘).

86 《연려실기술》 권29, 인조조 고사본말, 인조조 명신 이명.

87 《승정원일기》 363책, 숙종 22년 2월 14일(경자).

다. 답십리 일대에서는 미나리와 배추, 중화동 일대에서는 미나리, 제기동 일대에서는 토란과 배추, 청량리동 일대에서는 미나리가 유명하였다.[88] 동부의 채소 시장은 칠패의 어물 시장과 함께 한성의 판매 물종을 대표하는 것으로 손꼽혔다.[89] 성균관에 채소밭으로 절수된 동대문 밖 토지 가운데에는 土卵浦라는 이름이 확인된다.[90]

특히 동남쪽 저습지대와의 경계에 위치하는 왕십리 일대에는 채소밭이 넓게 형성되었다. 왕십리에서 상업적 채소 재배가 활발하다는 사실은 국가에서도 이 지역 주민들이 채소를 팔아 생계를 꾸려 가는 이가 많다고 여겼다는 데에서 짐작할 수 있다.[91] 왕십리 일대에서 판매를 목적으로 채소를 재배하는 이들 역시 삼문 밖과 비슷하게 대개 영세한 이들이었던 것 같다. 왕십리의 민인들은 조선 후기에 陸契를 결성하여 강민의 얼음 채취와 납부를 대행하기도 하였는데, 왕십리 근처 미나리밭에서 얼음을 채취했기 때문에 얼음의 질이 좋지 않았다고 한다.[92] 대규모 얼음의 채취가 가능할 정도로 왕십리 일대에 미나리밭이 많았음을 보여주는 한편, 미나리밭을 조성한 이들이 대개 영세한 이들이었음을 짐작하게 하는 사례이다.

한편, 박지원의 〈예덕선생전〉에는 도성 안 민가의 똥을 수거하여 근교의 상업적으로 채소를 재배하는 이들에게 제공하는 일을 업으로 삼는 인물이 등장한다.[93] 이 글에서는 상업적 농업의 대표 사례로 왕십리의 무

88 《동국여지비고》 권2, 한성부, 田野.

89 《京都雜志》 권1, 舖肆.

90 《명종실록》 권6, 명종 2년 8월 2일(경진).

91 《승정원일기》 363책, 숙종 22년 2월 14일(경자).

92 고동환, 〈조선 후기 서울 주민의 역제 변화〉 《조선시대 서울 도시사》, 태학사, 2007, 254~257쪽.

93 기호철·배재훈·신동훈, 〈조선 후기 한양도성 내 토양매개성 기생충 감염 원인에 대

를 들고 있기도 한데, 흥미롭게도 영조대 공초 관련 기사에서 왕십리에 사는 거름 지는 사람과 채소 파는 여인이 인골을 가지고 온 기록을 확인할 수 있다.[94]

(5) 동북 지역의 과수 재배

현재의 성북구에서 강북구·노원구로 이어지는 동북 지역은 산간지대가 대부분이라 농사보다는 과수 재배가 발달하였다고 한다.《한경지략》에 따르면, 현재의 성북동 일대에는 맑은 계곡과 얕은 언덕을 끼고 사람들이 모여 사는데, 복숭아를 심어 생업을 삼고 있으며, 이 지역의 복숭아꽃 꽃구경은 한양십경 가운데 하나로 꼽혔다고 한다. 현재의 길음동의 큰 돌산 앞에는 앵두나무와 배나무가 많아 앵두나무골 또는 뱃골이라 했다고 하며, 현재의 하월곡동에는 밤나무가 많아 율곡이라는 이름이 남아 있다고 한다.[95]

도성 외곽 동북쪽이 농경보다 과수 재배가 활발했다고는 하지만, 이 지역의 논밭이 비옥하기로 이름이 높았다는 기록 또한 전해진다.《동국여지비고》에 따르면, 태종과 朴訔 사이에 북바위 전답에 대한 일화가 전한다. 태종이 박은의 집을 몰래 찾았다가 그의 청빈함에 놀라 박은에게 동대문 밖 북바위 전답을 하사하였는데, 북바위 부근의 전답은 소출이 많기로 유명하였다는 것이다.[96] 북바위는 현재의 종암동 부근이라 하는데, 동북

한 역사 문헌학적 고찰〉《의사학》22-1, 2013, 111~122쪽에서는 한양도성 안 토양 시료가 기생충 알로 많이 오염되었다는 사실로부터 도성 주변에서 인분을 비료로 사용한 채소 재배가 활발하게 이루어졌을 것이라고 추정하였다.

94 《영조실록》권25, 영조 6년 3월 12일(경진).

95 최완기, 앞의 책, 1994, 226쪽.

96 《동국여지비고》권2, 한성부, 田野.

지역의 아래쪽으로 동대문 밖의 평야에서 이어지는 지대이다. 태종과 박은 사이의 북바위 전답 일화는 성저십리의 동부 지역에 고관들의 대규모 전답이 소재하였음을 보여주는 사례로 이해할 수 있다.

4. 도성 안의 채소 공급과 성저십리의 관련성

1) 조선 전기 도성 안의 채소 공급

조선 건국 과정에서의 한양 기획에는 수도 한양의 국가기구와 왕실, 주민들이 필요로 하는 물품을 체계적으로 공급하기 위한 방안이 당연히 마련되어야 했다. 이 글에서 다루고자 하는 채소와 과일의 경우 반드시 필요한 물품임에도 장기간에 걸친 보관과 운송이 불가능하기 때문에 조선 전기에도 이미 한양의 채소와 과일 수요에 대응하는 것이 도시 생활의 안정적인 지속에 상당히 중요한 문제였다. 다른 물품과 마찬가지로 채소와 과일 역시 국가 기구를 통한 공급과 시장을 통한 공급의 두 가지 방법이 있었을 텐데, 조선 전기 기록을 살펴보면 예상했던 것보다 국가 기구를 통한 공급의 비중이 상당했던 것으로 보인다.

우선 첫째로 국가 부세체계를 통해 공물의 형태로 국가와 왕실에 필요한 채소와 과일이 전국 각처로부터 한양으로 직접 공급되고 있었다. 채소와 과일은 보관과 운송이 어렵기 때문에 지방에서 해당 물품을 직접 거두기 어려울 것이라는 예상과는 달리, 채소와 과일이 전국 각처에서 한양으로 직접 공급되었음을 보여주는 기록을 쉽게 찾아볼 수 있다.

1473년(성종 4)에 성종은 채소 진상에 대해 흥미로운 지시를 한다. 성종은 경기·충청도·강원도·황해도의 관찰사에게는 채소를 진상할 때 미처

자라기도 전에 흙을 그대로 단 채로 올려 보내는 것이 좋지 않으니, 앞으로는 다 자란 뒤에 봉진하라는 지시를 내린다. 그리고 같은 날 동시에 경상도·전라도 관찰사에게는 채소를 진상할 때 멀리 날라 오는 폐단뿐만 아니라 말라서 맛을 잃기도 하니, 앞으로는 月令薦新 외에는 각전에 모든 채소를 봉진하지 말라고 지시한다.[97]

이 기사를 토대로 확인할 수 있는 사실은 다음과 같다. ① 성종대에 경기·충청도·강원도·황해도뿐만 아니라 전라도·경상도에서까지 한양으로 직접 채소가 공급되고 있었다. ② 당시에 경상도와 전라도에서 한양에 채소를 공급하는 것은 어려운 일이었다. ③ 경기·충청도·강원도·황해도에서는 채소를 제철보다 이른 시기에 한양으로 공급하기 위해 흙은 그대로 둔 채 운송하는 방법을 사용하기도 하였다. ④ 성종은 경기·충청도·강원도·황해도에서는 제때에 맞추어 다 자란 채소를 한양으로 공급하는 데 문제가 없다고 판단하였다. ⑤ 이 날의 조치로 경상도와 전라도에서 한양에 채소를 진상하는 것은 중단되었다.

경기·충청도·강원도·황해도와 전라도·경상도에 각기 어떠한 채소가 얼마나 배정되었는지 확인할 수 없기 때문에 이 날의 조치가 이후 지방으로부터 한양으로 진상되는 채소 공급에 어떠한 영향을 주었는지 정확히 알 수는 없다. 그렇지만 적어도 성종대까지 전국 각처로부터 다양한 채소가 한양으로 직접 진상되었으며, 채소를 싱싱하게 진상하기 위해 흙을 그대로 둔 채 이른 시기에 수확하여 운반하는 것과 같이 복잡한 운송법이 강구되었다는 사실을 확인할 수 있다. 이와 함께 이후로도 경기뿐만 아니라 충청도·강원도·황해도에서는 여전히 채소가 직접 진상되었다는

97 《성종실록》 권28, 성종 4년 3월 14일(갑진).

점을 분명히 확인할 수 있다.

성종의 지시가 내려진 이후에도 채소에 흙을 붙여 뿌리 채로 운송하는 관행은 여전히 계속되었다.[98] 연산군은 성종과는 반대로 경기감사에게 순나물[蓴菜]·파[葱]·마늘[蒜]·상추[萵苣]와 같은 채소를 봉진하게 하면서 뿌리 채로 흙을 붙여 마르지 않게 운반하라고 직접 지시하기까지 하였다.[99] 또한 채소뿐만 아니라 철쭉[倭躑躅]·치자[梔子]·柚子·石榴·冬栢·薔薇와 같은 화초들까지도 같은 방법으로 운반하도록 했는데, 화초 진상은 전국 팔도를 대상으로 한 것이었다.[100] 연산군대의 사례는 조선 전기에 경기에서 순나물·파·마늘·상추와 같은 채소가 직접 진상되었으며, 화초의 경우에도 다양한 종류에 걸쳐 전국 모든 지역으로부터 직접 진상되었음을 확인할 수 있다.

채소 공급 상황이 이러하다면, 채소에 비해 보관과 운송 형편이 더 나은 과일의 경우는 지방에서 서울로 직접 공급되는 비중이 더 컸을 가능성이 높다. 과일 공급을 담당했던 관서인 掌苑署에서 1794년(정조 18)에 작성한 것으로 보이는《掌苑署謄錄》이 남아 있어 한양으로의 과일 공급의 실상을 파악하는 데 크게 도움이 된다.[101]《장원서등록》의 各道詳定式에는 과일의 종류별로 각도에 얼마씩 거두는가가 상세히 기재되어 있다. 물론 이 책이 작성된 시기는 대동법 시행 이후이므로 여기에 규정된 물종을 장원서에서 직접 거두지는 않았으며, 장원서는 여기에 기록된 물종을 토대로 계

98 《성종실록》 권53, 성종 6년 3월 17일(병인).

99 《연산군일기》 권57, 연산군 11년 3월 25일(경술).

100 《연산군일기》 권57, 연산군 11년 4월 9일(갑자).

101 《掌苑署謄錄》(규장각한국학연구원 奎15060). 이하의 서술에서는 별도의 인용 표기는 생략하였다.

산한 상정가를 지급받았을 뿐이다. 그렇지만 여기에 기록된 과일의 종류와 규모, 배정 원칙은 대동법 이전 시기 수취 규정을 그대로 반영하는 것이다.

《장원서등록》에 기재된 과일은 배·홍시·생율·모과·석류·유자·은행·호두·대추·황율·진자·잣·건시·비자·명저 등 전국 8도에 배분된 15종과 제주도에 분정된 감자·유감·동정귤·금귤·청귤 등 5종이다. 도별 분정량만이 기재되어 있기는 하지만, 전국적으로 대략적인 분정의 추이를 살필 수 있다. 대부분의 과일은 주로 충청도·전라도·경상도 등 삼남지역에 많이 분정되었고, 경기에는 생율 한 종류만이 분정되었다. 이 책의 내용대로라면, 조선 전기에 한양으로 공급되는 과일은 경기가 아니라 주로 충청도·전라도·경상도에서 올라오고 있었던 것이다.

다른 기록들을 통해 지방에서 한양으로 과일 공급이 위 책에 기재된 것과 같이 실제로 이루어지고 있었음을 확인할 수 있다. 중종대의 기록에 의하면, 貢案에 기록된 배의 개수는 모두 1만 5,000개인데 이 중에 5,000개는 장원서 과원에서 재배하여 올리지만 나머지 1만 개는 각 고을에서 진봉하는 것이라 하였다. 장원서에서는 장원서 과원의 나무들이 추운 날씨에 얼어 열매가 잘 열리지 않았다는 사실을 근거로 지방에서도 마찬가지 사정으로 1만 개의 몫을 제대로 올리기 어려울 것이라고 보고하였다.[102] 성종대에도 이와 비슷한 사정이 논의되었고,[103] 세종대에는 반대로 장원서의 전신인 상림원의 과원에 배가 많이 열었으니 지방에서 바치는 배의 수량을 반으로 줄이자는 기록이 있다.[104] 이러한 사례들은 중종대까지 적

102 《중종실록》 권65, 중종 24년 7월 26일(기미).

103 《성종실록》 권281, 성종 24년 8월 27일(기축).

104 《세종실록》 권41, 세종 10년 9월 19일(무진).

어도 배의 경우는 지방에서 서울로 직접 공급되고 있었음을 보여준다.

전국 각처로부터 부세 체계를 통해 도성으로 공급되는 경우 이외에도 앞서 살펴본 바와 같이 왕실과 국가기관은 방대한 규모의 채소밭과 과수원을 갖추고 필요한 채소와 과일을 직접 재배하였다. 그렇다면 한양도성에 위치한 왕실과 국가 기관이 필요로 하는 채소와 과일을 재배하기 위해 마련한 토지는 대개 어느 지역에 위치하였을까?

1415년(태종 15)에 도성 안에서 화재가 발생하는 것을 염려하여 조밀하게 붙인 인가를 헐고 이들에게 집을 지을 땅을 대신 나누어주자는 논의가 있었다. 이때 집을 지을 터로 지급할 토지를 마련하는 방안으로 성 안 各司·寺院의 채소밭과 성 안의 射廳·沈藏庫의 菜地가 거론되었다.[105] 이 기사는 도성 안에 각사와 사원이 보유한 채소밭 역시 상당하였음을 알려준다. 그밖에 도성 각부에 존재하는 學堂 역시 학생들을 공궤하는 데 필요한 채소밭을 각각 1결 20부씩 보유하고 있었다.[106]

채소밭을 가장 많이 보유한 관서는 채소 재배와 진상을 책임지는 司圃署였을 것이다. 사포서의 전신인 침장고 단계에 이미 도성 안에 채소밭을 갖고 있었다는 사실이 위에서 살펴본 기사에서 확인된다. 사포서의 채소밭은 성저십리와 그 외곽 지역에도 소재하고 있었다. 돈화문 밖에 사포서가 관할하는 內農圃가 존재했으며, 高陽에도 사포서의 채소밭이 존재하였다.[107] 앞서 살펴본 바와 같이 성저십리의 밤섬과 전곶목장, 낙천정 등에도 사포서의 대규모 채소밭이 존재하였다. 이들 지역의 토지는 일찍이 세종대부터 사포서를 포함한 여러 관청에 채소밭으로 절수되기 시작하였

105 《태종실록》 권34, 태종 17년 10월 26일(무신).

106 《세종실록》 권25, 세종 6년 8월 18일(경신).

107 《중종실록》 권103, 중종 39년 5월 10일(정미).

고, 연산군대를 거치면서 사실상 잠실 혹은 목장으로서의 기능을 제대로 하지 못할 정도로 대규모 토지가 절수되었다.

과수 재배와 진상을 담당하는 장원서 역시 도성 안팎으로 대규모 토지를 보유하고 과수를 직접 재배하였다. 앞서 살펴본 《장원서등록》에는 장원서가 보유하고 있는 동산의 목록이 기재되어 있다. 장원서의 동산은 ① 도성 안에 위치한 장원서 길 건너편 토지를 포함하여 中學·광화방 뿐만 아니라 ② 성저십리에 해당하는 한강·용산과 ③ 그 외곽의 양주·통진·부평·교하·고양·강화·가평·남양·개성부 등지에까지 분포해 있었다.[108] 이는 서울 안의 과수원이 창덕궁 서쪽 좁은 땅에 한정되므로, 연희궁과 장생전, 연화원·강화 등에 과수를 재배하게 하였다는 세종대의 기록과도 일치한다.[109] 중종대 공안에 기록된 배 1만 5,000개 가운데 장원서의 과원에서 나온다고 한 5,000개의 배가 여기에서 재배되었을 것이다.

왕실 제향에 소용되는 물품을 담당하는 봉상시의 사례 역시 비슷하다. 앞서 살펴본 《太常位田畓改量案》과 《太常菜園菁根田新定量案》은 봉상시가 관할하는 토지를 기록한 양안인데,[110] 여기에 실린 토지들은 전곶목장과 뚝섬 주변 이외에도 왕십리·광주·양주 등지에 걸쳐 있다. 봉상시의 토지는 도성 안에 해당하는 지역에는 분포하지 않으며, 성저십리와 그 외곽에 걸쳐 있었다. 봉상시가 이들 토지를 조선 전기부터 확보하고 있었다는 사실은 앞서 살펴본 사포서와의 분쟁을 다룬 기록에서 확인할 수 있다.

국가 기관과 왕실이 마련한 채소밭과 과수원은 어느 한곳에 한정되

108 《장원서등록》(규장각한국학연구원 奎15060).

109 《세종실록》 권42, 세종 10년 12월 9일(병술).

110 《태상위전답개량안》(규장각한국학연구원 奎18992) ; 《태상채원청근전신정양안》(규장각한국학연구원 奎18993).

기보다는 도성 안을 비롯하여 성저십리 및 그 외곽 지역에까지 폭넓게 분포했던 것으로 보인다. 국가 기관의 채소밭과 과수원은 경기를 벗어나지 않는 범위에서 ① 도성 안, ② 성저십리, ③ 성저십리 외곽 경기 지역에 골고루 소재하였다. 성저십리 지역 곳곳에는 조선 초부터 국가 기관이 보유한 채소밭이 대규모로 자리 잡고 있었지만, 이들의 채소 경작은 성저십리로 한정되지 않고, 도성 안과 성저십리 외곽 경기 지역까지 넓게 펼쳐져 있었다. 이 지역들 사이의 비중이 어느 정도인가는 지금으로서는 알 수 없으나, 성저십리의 위상이 가장 크다고 단정하기는 어려울 것이다.

양반 관료층을 포함한 도성 주민들의 채소 공급 역시 국가 기관 및 왕실과 비슷한 상황이었을 가능성이 크다. 한양도성 내에서는 경작이 공식적으로 금지되었지만, 이는 벼와 보리 같은 곡물에만 해당하는 것이었고, 채소는 예외였다. 한양 주민들은 대개 주택을 짓고 남은 공간을 채소밭으로 활용하였다. 한양도성 안에서는 채소를 기르는 행위뿐만 아니라 채소밭을 소유하고 이를 매매하는 행위가 모두 공인되고 있었다. 1424년(세종 6) 토지 매매에 관한 기사에서는 한양에서 주택을 건설할 기지와 채소를 기르는 채소밭의 방매가 허가되고 있다는 점을 들어 외방에서의 토지 매매를 금하지 말자고 하였다.[111] 규장각에 소장된 한성부 토지매매문기는 대개 집터를 거래한 것인데, 그 가운데에는 채소밭을 포함하고 있는 경우를 확인할 수 있다.

도성 안에 과일을 재배하는 과수원을 두는 것 역시 공인되었는데, 1423년(세종 5)에 한성부에서 科外의 과수원에 대해 다른 사람의 진고를 허용하지 않도록 하자는 요청에 대해 세종이 과외의 평지 과수원에 대해서

111 《세종실록》 권23, 세종 6년 3월 23일(기해).

는 진고를 허락하라는 지시가 있었다.[112] '과외'의 과수원에 대해 진고를 허락할지 여부를 논의하고 있는 것으로 보아 과수원의 경우 일정한 규모로 제한을 두는 동시에 등록된 과수원에 대해서는 정부가 경영과 소유를 공인하고 있었음을 알 수 있다.

실제로 도성 안에서 자족적 성격의 채소밭 경영을 넘어 토지를 확대하고자 하는 사례는 일찍부터 있었다. 한양으로 환도한 지 얼마 지나지 않은 1407년(태종 7)에 이미 집을 지을 토지를 받은 이후에 친족의 이름으로 다시 집터를 받아서 채소밭을 늘려가는 사람이 있으니, 다른 사람이 진고하여 집을 짓게 하라는 요청이 제기되었다.[113] 집을 지을 대지를 받지 못한 주민이 있는 가운데에도 채소밭을 확보하기 위해 거짓으로 집터를 받는 상황은 시장 판매를 목적으로 채소밭 경영을 확대하기 위해서였을 것이다.

품계가 높은 관리의 경우 굳이 추가로 집터를 더 확보하지 않더라도 집을 짓고 남은 토지에서 충분히 채소밭 경영을 시도할 수 있었다. 광해군대의 인물인 李沖은 겨울철이면 자기 집에 커다란 土室을 마련하여 그 안에 채소를 심고, 경작한 채소로 만든 요리를 국왕에게 바쳐 총애를 받았다고 한다.[114] 겨울에 온실을 만들어 채소를 경작하는 방법은 세조대 어의였던 전순의가 지은《山家要錄》에 등장하는데,[115] 이충이 채소밭 경영에 들인 공이 얼마나 큰 것이었는가를 짐작할 수 있다. 이충의 채소 재배는 선물을 마련하기 위한 것이긴 하지만, 도성 안 채소밭 경영이 자족적 성격을 넘어

112 《세종실록》 권20, 세종 5년 4월 21일(신미).
113 《태종실록》 권13, 태종 7년 4월 20일(갑진).
114 《광해군일기》 권11, 광해군 즉위년 12월 10일(계해).
115 이호철, 〈조선 전기 "동절양채(冬節養菜)" 농법의 탄생 -채소농법과 온돌기술의 결합을 중심으로-〉《농업사연구》 2-1, 2003, 56~61쪽.

서 있음을 잘 보여준다.

도성 주민 대부분은 집을 짓고 남은 공간에 채소를 기르는 것만으로 자신과 가족의 수요를 충족시키기에 충분하였을 테지만, 양반 관료층의 경우 성저십리와 그 외곽 지역에 위치한 농장으로부터 채소를 들여오는 경우도 많았을 것이다. 고려 말 이래로 성저십리에는 지배층의 농장이 다수 소재하였고, 여기에서는 도성 안으로 공급하기 위한 채소와 과일의 재배가 이루어졌다. 양반들의 농장은 전국에 걸쳐 분포하였으므로 국가 기관 및 왕실과 마찬가지로 대개 경기 외곽 지역에 위치한 농장으로부터도 도성 안으로 채소와 과일이 공급되기도 했을 것이다.

2) 채소 재배 기술의 발달과 지역별 특성화

조선 전기 성저십리 지역에는 대규모의 채소밭이 조성되었으나 이는 대개 국가 기관과 왕실의 수요를 충족시키기 위한 직접 경작지에 가까웠다. 한양 주민과 국가 기관의 채소·과일 수요는 도성 안에서 상당 부분 충족되었으며, 성저십리 외곽 지역에서 공급되는 양도 상당하였다. 도성 안팎을 비롯한 여러 지역에서 이루어진 채소 재배는 이미 조선 전기에 상당한 기술 수준과 품종의 다양화를 이룩하고 있었을 뿐만 아니라 지역별 특성화까지 나타나고 있었다.

세조대 어의인 전순의가 저술한 《山家要錄》은 조선 전기에 재배된 채소의 품종과 채소 재배 기술 수준을 잘 보여준다. 이 책에는 과일 14종, 나무 8종, 채소 26종의 재배법뿐만 아니라 조리와 옷 만들기, 염색 등의 활용법까지를 포괄하였다. 관련 연구에 따르면, 전순의는 책의 저술에서 《농상집요》를 참조하는 가운데 조선의 현실을 반영하여 내용을 취사선택하고 자신의 의견을 집어넣었는데, 특히 과실 부분에 대한 설명에서 자신

〈표 1〉《산가요록》에 등재된 채소, 과일, 나무의 종류

과일	배[梨], 감[柿], 능금[林檎], 밤[栗], 대추[棗], 복숭아[桃], 앵두[櫻桃], 포도, 자두[李], 매화와 살구[梅杏], 석류, 모과[木瓜], 은행, 등자와 귤[橙橘]	14종
나무	대[竹], 소[松], 아가위[棠], 닥[楮], 홰[槐], 버드나무[柳], 오동, 옻[漆]	8종
채소	참외[瓜], 수박[西瓜], 동아[冬瓜], 박[瓠], 토란[芋], 아욱[葵], 가지[茄], 순무[蔓菁], 무[蘿葍], 갓[芥子], 생강[薑], 마늘[蒜], 파[蔥], 염교[薤], 버섯[菌], 상치[萵苣], 근대[莙薘], 미나리[芹], 지치[芝草], 홍화[紅花], 쪽[藍], 치자[梔子], 지황, 국화[菊], 양귀비[罌粟], 배추[菘]	26종

의 의견을 집어넣은 부분을 확인할 수 있다고 한다.[116]

〈표 1〉은《산가요록》에 등재된 채소와 과일, 나무의 종류를 나타낸 것이다.《농상집요》를 참고하면서도 작물 품종의 취사선택이 이루어졌다는 점에서 여기에 실린 품종들은 당시에 실제 널리 경작되는 것이었을 가능성이 크다. 또한 이 책에는 온실을 활용하여 겨울에 채소를 기르는 방법이 수록되어 있는데, 이는 당시 사포서와 장원서 등 국가기관에서 실제로 행해지고 있었다.[117]

채소 재배 품종이 다양해지고 기술 수준이 발달하는 것과 함께 지역별로 작물의 특성화 현상도 나타나고 있었다. 17세기 초반 許筠의《屠門大嚼》은 그가 귀양을 가서 거친 음식만을 먹게 되자 전에 먹었던 맛있는 음식들을 떠올리며 종류별로 식품의 특징과 명산지에 대해 서술한 것이다. 당대 조선의 지역별 품종과 음식의 특성을 잘 보여주는 자료이다. 이 책에는 떡과 어류 등을 제외하고 과실류 28종과 채소류 21종에 대한 설명이 등장하는데, 이들 품종의 명산지는 전국 각처에 분포해 있었다. 이 가운데

116 염정섭, 〈《산가요록》 농서 부문의 편찬과정과 서술방식〉《지역과 역사》 28, 2011, 86~100쪽.

117 《명종실록》 권13, 명종 7년 1월 12일(을미).

〈표 2〉《도문대작》에 실린 한양 주변의 채소와 과일

앵두[櫻桃]	저자도에서 나는 것이 작은 밤만큼이나 크고 맛이 달다.
살구[唐杏]	서교에서 나는 것이 가장 좋다.
오얏[綠李]	서울에서 많이 나는데(京中多有) 서교에서 나는 것이 가장 좋다. 자황도는 모두 작아 외지에서 나는 것보다 못하다.
盤桃	금양과 과천 두 곳에서 많이 났었는데, 지금은 없다. 내가 어렸을 때 친척이 안양에 살았는데, 냇가에 많이 심어 따 보내주곤 하였다. 맛이 매우 좋았는데 지금은 얻을 수가 없어 안타깝다.
고사리, 아욱, 콩잎, 부추, 미나리, 배추, 송이, 참버섯	어디 것이든 모두 맛이 좋으므로 구별하여 쓰지 않았다.
여뀌[蓼]	이태원에서 나는 것이 가장 좋다.
가지, 외, 호박, 무	어디서나 나며 맛도 좋다.
토란[芋]	서울 지방에서 나는 것은 맛은 좋은데 작다[洛河味好而小].

한양도성 주변에 해당하는 것들을 표로 제시하면 〈표 2〉와 같다.

이러한 내용을 통해 고사리, 아욱, 콩잎, 부추, 미나리, 배추, 송이, 참버섯과 가지, 외, 호박, 무 등의 채소류는 전국 어디에서나 재배될 뿐만 아니라 어느 지역에서 나는 것이라 해도 품질 수준이 확보되어 있음을 확인할 수 있다. 다른 한편으로는 지역별로 특정한 품종의 특성화가 이미 이루어졌다는 사실도 알 수 있다. 여기에 기재된 품종들이 조선 후기에 등장하는 상업적으로 특성화된 작물들을 모두 포괄하는 것은 아니지만, 17세기 초반에 이미 전국 각처의 수십종의 과일과 채소가 지역별 특성화 현상을 보이고 있었다.

3) 조선 후기의 사회변화와 성저십리 농업의 변모

17세기 이후 한양에는 채소와 과일의 수요·공급과 관련하여 두 가지 커다란 변화가 발생하였다. 첫째는 17세기 이후 한양의 인구가 빠르게 증가하기 시작하여 임진왜란과 병자호란으로 인한 침체를 극복하고 20만 명 이상으로 조선 전기에 비해 두 배 가까이 늘어났다는 사실이다. 둘째는 대동법의 시행으로 지방에서 서울로 채소와 과일이 직접 공급되는 체계가 중단되었을 뿐만 아니라 한양 주변에서 이를 대체하기 위한 새로운 공급처가 필요하게 되었다는 사실이다. 이러한 두 가지 변화는 모두 한양의 채소와 과일 공급의 성격에 큰 영향을 끼쳤을 것이다.

조선 후기 한양의 인구 증가가 분명한 사실이기는 하지만, 이를 바로 채소·과일에 대한 상업적 수요 증가와 연결 짓기는 어렵다. 1789년(정조 13) 한양의 인구는 모두 18만 9,153인으로 파악되었는데, 이 가운데 도성 안의 인구가 11만 2,371인, 성저십리의 인구가 7만 6,782인을 차지했다. 한양의 인구 증가를 주도한 것은 도성 밖 성저십리 지역으로 도성 안의 비농업 인구는 조선 초와 비교하여 거의 변화하지 않았다. 성저십리에 새로 정착한 주민들 대부분은 한양에 군영이 새롭게 설립되면서 급격하게 증가한 군인들과 경강 유역의 상업에 종사하는 이들이었다.

17세기 이후 지방에서 승호군으로 뽑혀 한양으로 올라온 대규모 군인집단은 이전 시기 한양 주민들과 여러모로 성격이 달랐다. 이전 시기 한양도성 안의 주민들이 대개는 자가 경작하는 채소밭을 갖고 있었다는 점과 비교하면, 새로 한양으로 올라와 불안정한 주거를 영위하던 군인집단들이 충분한 채소밭을 확보하기는 어려웠을 것이다. 더욱이 이들이 정부정책에 의해 집단 거주지를 형성하였다는 점은 이들로부터 상당한 규모의 채소 수요가 발생하였으리라 짐작할 수 있다. 이들은 한양에서 하층민의 범주에 든다고 하겠으나, 최소한의 급료를 지급받고 있었으며 대개는 본인이나 가족이 상업에 종사하였기 때문에 일정 수준의 구매력 또한 확보하고 있었다.[118] 경강변에서 상업에 종사한 인구들은 군인들보다 열악한 경우가 대부분이었을 것이다.

성저십리를 중심으로 새로 정착한 군인과 상업 종사자들은 과연 이 지역의 농업에 어떠한 영향을 끼쳤을까? 이들 새로운 주민 집단들의 불안정한 주거는 이전 시기 한양 주민들에 비해 채소 시장의 수요를 증가시키는 요인이었을 수도 있지만, 이들의 낮은 구매력으로 인해 채소 시장에 별다른 영향을 주지 않았을 수도 있다. 오히려 이들의 정착으로 인한 성저십리의 도시화가 농업지대를 축소시켰을 가능성도 있다.

조선 후기 한양의 인구 증가의 영향을 확정하기 어려운 것과 마찬가지로 대동법 시행의 효과도 일률적으로 말하기 어렵다. 대동법 시행이 한양 주변에서 채소와 과일의 상업적 수요를 급격하게 증가시켰을 것이라 추측하는 것은 충분히 근거가 있다. 그러나 확대된 시장의 수요는 성저십리뿐만 아니라 도성 안과 성저십리 외곽 지역에 동일한 자극을 주었을 것이다. 교통과 상업의 발달이 함께 이루어지고 있던 것을 고려하면, 성저십리의 농업은 오히려 수요가 증가한 만큼 외곽지역으로부터의 더 큰 경쟁에 직면했을 가능성도 크다.

실제로 조선 후기 도성 안팎에서 확인되는 농업의 양상 역시 일률적인 방향을 보이지 않는 것 같다. 우선 도성 안의 채소밭 경작은 한양의 인구 증가에도 불구하고 19세기 말까지 여전히 지속되는 경향을 보인다. 18세기 후반에 이르러 도성 안에서 채소밭을 제외한 곡물의 경작 금지 원칙이 다시 확인되는 현상은 이 시기에도 도성 안에서 채소뿐만 아니라 벼와 같은 곡식의 경작이 이루어지고 있었음을 보여준다.[119] 나아가서는 도성

118 최주희, 〈18세기 중후반 훈련도감의 立役 범위 확대와 도감군의 상업 활동〉《한국사학보》 71, 2018, 94~100쪽.

119 《승정원일기》 1166책, 영조 35년 3월 21일(신축).

안에서 스스로 집을 철거하고 채소밭을 만드는 사례도 확인할 수 있다.[120] 1874년(고종 11)에 고종과 박규수의 문답 가운데에는 한양도성 안의 주민들이 담이나 집이 무너지면 채소밭을 만드는 경우가 많다는 언급이 보인다.[121]

도성 안에서 채소밭 경영을 확대·지속하려는 경향과 반대로 도성 안과 성저십리 주변에 걸친 채소·과수 재배를 포기하는 경향도 확인할 수 있다. 과일과 화초 공급을 담당하던 부서인 장원서의 기록에 따르면, 18세기 후반 이후 대동법 시행으로 과일을 직접 조달할 필요가 없어지면서 한양과 성저십리 및 그 외곽에 걸친 과수원에서 과수 경작을 사실상 중단하였음을 확인할 수 있다. 《장원서등록》에 기재된 동산 목록을 보면, 18세기 후반에 이미 도성 안의 과수원은 家垈로 전환하여 家垈稅를 징수하는 토지로 바뀌었음을 확인할 수 있다. 성저십리와 그 외곽 과수원은 일정한 금액의 화폐를 징수하는 지역으로 변모하였다.[122] 장원서가 필요로 하는 과일은 시장에서 구입하였을 것이므로 수요 자체가 사라진 것은 아니지만, 장원서 소유의 과수원이 과일 재배를 중단한 것은 분명한 사실이다.

다른 한편으로 성저십리에 자리 잡은 국가 소속의 채소밭 가운데는 19세기 말에 이르러서도 직접 채소를 납부하는 면모를 그대로 간직하고 있는 곳도 보인다. 장원서의 도성 안 과수원이 가대로 완전히 모습을 바꾼 것과 달리, 전곶목장의 봉상시와 사복시가 관할하는 채소밭에서는 18세기 말에도 재배하는 채소의 명칭을 그대로 유지하면서 미나리 등의 채소를 직접 바치고 있었다.[123] 실제로 18세기 말에 사복시와 봉상시가 이 지

120 《승정원일기》 712책, 영조 6년 10월 11일(병오).

121 《고종실록》 권11, 고종 11년 2월 10일(계미).

122 《장원서등록》(규장각한국학연구원 奎15060).

역에서 채소를 경작하여 직접 공상하였음을 확인할 수 있다.[124]

5. 맺음말

지금까지 살펴 본 내용을 토대로 성저십리의 농업 성격을 분명히 규정하기에는 여전히 미흡하다. 그렇지만 이 글에서 검토한 바를 간략하게 정리하면 다음과 같다.

도성 안에서 식량 작물의 재배가 금지되었던 것과 달리 성저십리에서는 논농사를 비롯한 식량 작물의 재배가 여전히 매우 중요한 지위를 차지했던 것 같다. 그럼에도 불구하고 다른 지역과 비교해서 성저십리의 농업에서 채소 경작의 비중이 매우 높은 편이었던 것은 분명한 사실이다. 비록 이 일대를 단일 채소 작물을 대규모로 경작하는 근교농업단지로까지 묘사하는 것은 지나치다고 하더라도 다른 지역에 비해 상업적 성격의 채소 재배가 차지하는 위상은 매우 컸다.

성저십리 지역의 채소 재배는 조선 후기, 특히 18세기 이후 본격적으로 성장하였다기보다는 조선 전기 이래로 지속되어 온 것일 가능성이 높다. 도성 안의 채소 수요와 관련된 한양의 인구 규모 및 주민 구성과 한양의 도시적 성격은 조선 건국 직후부터 이미 확고하였다. 도성 안의 채소 수요에 부응하기 위한 채소밭의 형성과 재배 기술의 발달 역시 조선 전기

123 《태상위전답개량안》(규장각한국학연구원 奎18992) ; 《태상채원청근전신정양안》(규장각한국학연구원 奎18993). 이 지역 필지 대부분은 화폐로 세를 바치는 형태로 변화하였으나, 그 가운데 여전히 채소를 직접 세로 바치는 필지가 남아 있었다.

124 《영조실록》 권76, 영조 28년 5월 4일(갑자).

부터 나타난 현상이었으며, 조선 후기 기록에서 언급된 작물의 지역별 특화 역시 17세기 이전으로 소급한다.

성저십리의 채소 재배는 처음부터 상업적 성격을 가졌다기보다는 왕실과 국가 기구 및 도성 안에 거주하는 관료층의 자족적 성격에서 출발하였을 가능성이 크다. 왕실과 국가 기구 및 관료층은 조선 초부터 도성 안을 비롯해 성저십리 지역에 자신들이 필요로 하는 채소를 공급하기 위한 대규모 채소밭을 보유하고 있었다. 그러한 가운데에서 도성 밖 서부지역과 동부지역에는 조선 전기부터 시장 판매를 목적으로 한 채소 재배가 활발하게 행해지고 있었는데, 대개 영세하고 빈한한 농민들이 중심이었던 것 같다.

18세기 이후 사회 변화와 한양의 인구 증가 및 상업 발달은 성저십리의 채소 재배가 갖는 상업적 성격을 보다 확대시키는 계기가 되었을 가능성이 크다. 그렇지만 이 시기 사회 변동이 성저십리 농업에 끼친 영향은 다각도에서 검토할 필요가 있다. 성저십리에 거주하는 비농업 인구의 증가는 채소를 비롯한 농업 생산물의 시장 수요를 증가시키는 요인이기도 했으나, 다른 한편으로 성저십리의 도시화는 농업지대로서의 성격을 약화시키는 원인이기도 했다. 또한 한양의 수요 증가는 도성 안과 성저십리 외곽 경기 지역에서 성저십리 지역과 경쟁하는 상업적 농업의 발달을 자극하였을 개연성이 있다.

도성 안 및 외곽의 경기 지역과 비교하여 성저십리 지역의 농업 성격을 파악하기에는 여전히 불확실한 면이 많다. 선불리 종합을 이끌어내려 하기보다는 토지 경작과 경영 및 매매의 구체적인 사례들에 대한 검토를 통해 세부적인 사실들을 하나씩 구축하는 것이 앞으로의 과제이다.

제8장

조선시대 문학작품으로 본 성저십리

진윤정(고려대 박사수료)

1. 머리말

조선시대 한성부의 관할 구역은 북악산, 남산, 낙산, 인왕산을 연결한 都城과 城底十里로 이루어졌다. 성저십리란 한양도성을 기준으로 성 밑 또는 성 밖으로 약 10리에 해당하는 지역을 뜻한다.

성저십리는 王京 주위에 畿輔 지역을 두던 전통과 연관된다고 할 수 있다.[1] 도성 밖의 일정 범위를 한성부의 관할 하에 두어 도성과 지방 사이의 완충 지역으로서 도성을 보좌하도록 한 것이다. 이는 성저십리의 지리적 특성에서 기인한 것이라 할 수 있는데, 4대문(흥인문, 돈의문, 숭례문, 숙청문), 4소문(홍화문, 소덕문, 광희문, 창의문)[2]에서 연결되는 육로와 한강에 형성된 나루들을[3] 통해 교통 및 유통의 요지가 될 수 있었고, 따라서 도성과 지방을 잇는 중요 장소로서 역할을 담당했던 것이다.

성저십리에 대한 연구는 한양도성 안의 연구 성과에 비하면 매우 소

1 한성부의 관할 구역이 도성 밖 성저십리까지 포함하고 있는 것은 고려시대의 개성부에서 그 전례를 찾을 수 있다. 고려시대의 수도로 919년(태조 2) 開州가 설치되었다가 995년(성종 14) 개성부로 바뀌었는데 이때의 개성부는 개경 5부와 적현(6)·기현(7)을 포함하고 있었다(박용운, 《고려시대 개경 연구》, 일지사, 1996).

2 동북의 弘化門은 후에 혜화문, 속칭 동소문, 남서의 昭德門은 소의문, 속칭 서소문, 동남의 光熙門은 속칭 수구문, 서북의 彰義門은 속칭 자하문이다.

3 한강을 중심으로 연결된 전국의 수운망은 도성과 지방을 연결해 주는 역할을 하였고, 한강은 일찍부터 廣津, 三田渡, 西氷庫津, 漢江津, 銅雀津, 露梁津, 麻浦津, 西江津, 楊花津 등의 나루가 발달하여 도성에서 한강 이남으로 가는 교통의 중심지 역할을 하고 있었다(이현군, 〈조선 전기 한성부 성저십리의 지리적 특성에 관한 연구〉《지리학논총》30, 1997).

략한 실정이지만,[4] 2000년대에 들어서 역사·외교·지리·사회·예술(회화) 등의 분야에서 연구 성과를 내고 있다. 한양 집경시 연구에서 찾아볼 수 있다. 대표적인 한양 집경시인 〈漢都十詠〉, 〈城詩全圖詩〉 등과 〈한양가〉에는 도성 안뿐 아니라 성저십리의 풍경도 담고 있어서 이를 통해 당대 성저십리의 모습을 살펴볼 수 있다. 하지만 주로 문학적 해석에 중점을 두어 작품을 분석하거나[5] 도성 안을 중심으로 당대 사회생활상을 파악하는 데 중점을 두어[6] 성저십리의 지역적 특색이나 공간 인식이 어떠했는지에 대해서 자세히 알기는 어렵지만, 당대 도성 밖 한양의 모습을 보여주는 작품이기에 의미가 있다. 이 밖에도 한양을 중심으로 활동했던 詩社나 文會에 관한 연구가 있다.[7] 이 연구들 또한 초점이 장소가 아닌 작품이나 단체에

4 유승희, 〈조선시대 서울 연구의 흐름과 과제〉《서울과 역사》 100, 2018은 1950년대부터 현재까지 서울을 대상으로 한 연구 성과를 정리하여 발표한 논문이다. 이 논문에서는 그동안의 연구성과를 다섯 가지 주제, '한양의 형성과 도시계획', '주요 시설과 한성부 도시 공간', '한성부의 인구문제와 도시 기능의 전환', '서울의 수도성과 개경과의 관계', '한양의 이미지와 서울 주민의 생활상'으로 분류하여 정리하고, 선행연구의 한계와 과제에 대해 기술하였다. 그동안의 서울 연구는 지역적으로 편중되어 연구의 대부분이 4대문 안에 집중되었기 때문에 서울의 다양성에 주목하지 못하는 경향을 보인다고 지적하면서, 공간의 폭을 넓혀 연구할 필요가 있음을 강조하였다.

5 〈성시전도시〉의 대표적인 연구로는 안대회, 〈성시전도시와 18세기 서울의 풍경〉《고전문학연구》 35, 2009와 박현욱, 〈성시전도시의 유형과 18세기 서울의 경관-13종 성시전도시를 중심으로〉《향토서울》 90, 2015가 있다. 두 논문에서는 〈성시전도시〉를 '작가가 어떠한 관점으로 묘사하였는가'에 중점을 두어 분석하고 분류하였다.

6 〈한양가〉는 한양의 경관과 풍물을 사실적으로 묘사해 조선 후기 변화된 한양의 모습을 잘 살펴볼 수 있는 자료로서, 서지학, 역사학, 문학 등 다양한 분야에서 많은 연구가 이루어져 있다. 선행연구로는 이병기, 〈한양가에 나타난 서울의 모습〉《향토서울》 1, 1957 ; 최은숙, 〈「한양가」에 나타난 한양 경관과 장소애착성〉《한국문학과예술》 10, 2012 ; 남정희, 〈「한양가」에 나타난 공간의 의미 탐색〉《한어문교육》 26, 2012 등이 있다.

7 시사는 조선 초기에 시회나 계회 등의 모임에서 시를 짓는 데에서 비롯되었고, 조선 중기에 사대부 계층에서 본격적으로 시작이 되었으며, 이러한 모임이 중인층에까지

있는 것이 대다수이지만, 작품의 소재가 성저십리의 공간이기 때문에 주목할 만하다. 특히 이종묵의 연구를 참고해볼 수 있다. 이는 조선시대 연회의 공간으로 비중있었던 한강에서의 연회를 중심으로, 연회에서의 시회와 그 기록화가 제작되는 양상을 살핀 연구이다. 16세기 한강에서 열렸던 연회와 시회의 주요 공간과 향유층에 대해 고찰하고 있어, 당대 한강이 지닌 공간적 의미에 대해 살펴볼 수 있는 것이다.[8] 또한 최근 들어 성저십리의 주요 관청 및 명승에 중점을 두고 문학작품을 토대로 하여 그 공간적 의미를 분석한 연구물이 등장하고 있어 주목할 만하다.[9]

본고에서는 성저십리라는 공간을 조선시대 사람들이 어떻게 인식하고 이해했는지를 문학작품을 통해 정리하고 분석하고자 한다. 문학의 관점에서 성저십리의 시간·공간·역사적 의미를 구명하고자 하는 것이다.

이 글에서 주로 다룰 문학작품은 문집에 실린 시와 일기, 산문, 필기류 등이다. 사대부가 향유한 장르인 문집을 통해, 지배층의 시선에서 바라본 성저십리의 모습과 그들이 지녔던 공간 인식에 대해 살펴볼 것이다. 더불어 조선 중기 이후 중인문학의 대표라 할 수 있는 옥계시사의 작품들을

확산되면서 급속하게 발전하였다. 그간의 시사 연구는 조선 후기 중인층의 시사에 집중되었으나 최근에는 사대부 계층의 시사를 돌아봄은 물론, 시사와 관련 있는 그림, 풍류 등 예술과 문화 등으로까지 확대되었다(윤호진, 〈詩社 연구의 회고와 전망〉《한문학보》 25, 2011, 3~32쪽). 윤호진의 논문에는 시사 연구 목록을 주제에 따라 분류하여 제시하고 있어 참고할 수 있다.

8 이종묵, 〈16세기 한강에서의 宴會와 詩會〉《詩歌史와 藝術史의 관련 양상(한국시가학회 연구총서 2)》, 2002, 9~30쪽.

9 김지현, 〈18세기 문화·예술 공간으로서의 盤松坊〉《서울학연구》 67, 2017은 성저십리에 해당하는 '반송방'의 공간적 의미에 대해 고찰한 연구이다. 조선 전기와 조선 후기의 반송방의 장소적 의미 변화와 당대 한양 사람들이 반송방을 향유한 방식 그리고 이러한 모습이 시문에서는 어떻게 형상화되었는지에 대해서 살폈다.

함께 검토함으로써, 시대와 신분에 따른 공간 인식의 차이가 관찰되는지도 함께 고찰해볼 것이다.[10]

이를 위해 먼저 성저십리에 있는 주요 장소 목록을 정리하고자 한다. 이는 성저십리의 주요 장소가 문학작품 속에 등장하는 용례를 분석하여 그 장소의 의미를 파악하기 위함이다. 이 글에서는 장소의 성격에 따라 '국가시설물', '종교 공간', '자연', '명소와 명승', '행정구역' 등의 다섯 부류로 나누어 살필 것이다. 성저십리에 존재했던 다양한 장소를 두루 살핌으로써 당대 성저십리라는 공간을 좀 더 종합적으로 바라보고 고찰할 수 있을 것이라 생각한다.

첫째, 국가시설물은 국가의 필요에 의해 세워진 건물로서 관청, 국가 제사를 위한 건물, 그 밖의 여러 기관이 이에 해당한다. 국가시설물은 곧 당대 조선이 성저십리를 어떠한 방식으로 다스리고자 했는지, 그 의도를 나타내고 있기 때문에 유념해서 살펴볼 항목이다. 둘째, 종교 공간은 사찰을 말한다. 조선시대 사찰은 대개 성저십리 북부에 밀집되어 있었다. 승려들의 공간이자 당대 사람들의 삶과 밀접히 연관된 종교 공간이 어떤 모습과 의미로 존재했는지 살펴보고자 한다. 셋째, 자연은 성저십리의 산천으로 삼각산이나 북악산, 한강변, 전관교(동교, 살곶이벌) 등과 같은 곳이다. 한양을 둘러싼 수려한 자연이 조선 사람들의 삶에 어떠한 모습으로 자리하고 있었는지 살펴보도록 하자. 넷째, 명소와 명승은 주요 유람지나 누정

10 옥계시사는 규장각의 서리들이 중심이 되어 그들의 집중 거주지인 인왕산 기슭 옥류계를 중심으로 활동했던 시회로, 이들의 작품은 주로 도성 북부 지역의 자연을 소재로 하고 있다. 물론 주된 활동지가 도성 내부이긴 하지만, 인왕산이 도성 안팎에 걸쳐 있다는 점, 이들 작품을 통해 한양의 북부 지역을 두루 살펴볼 수 있다는 점에서 이 연구에 포함하여 고찰하기로 한다. 이에 대해서는 주로 정옥자, 〈정조대 옥계시사의 결사와 진경시화〉《일지사》, 2002를 참고하였다.

을 말한다. 이들은 특히 京江이라 불리던 한강 일대에 밀집되어 있었는데, 이 글에서는 특히 한강의 누정에 초점을 두어 살피고자 한다. 조선시대 한강의 누정은 뛰어난 경치를 감상할 수 있어서 주로 지배층의 풍류 공간으로 존재했다. 이곳에서 이루어진 많은 문회활동 및 작품들이 이를 반증한다. 그렇지만 누정이 단순히 풍류의 공간으로서만 의미가 있던 것은 아니다. 사신을 접대하거나 유람하는 등의 외교적 공간으로도 쓰였다. 문화와 역사 면에서 의미있는 공간이었던 이곳 누정의 모습을 살펴보자. 다섯째, 행정구역은 坊制를 말한다. 한성부의 행정구역은 조선 초에 5부 52방으로 시작하여 시기에 따라 변화하였다. 이 변화는 성저십리 지역에 대한 한성부 체제 내의 포함 여부에서 보이는 변동으로, 이를 통해 성저십리의 변화와 발달 양상의 차이 및 특징을 살펴볼 수 있다.

이 글의 2장에서는 성저십리의 주요 장소 및 공간을 정리하여 그 목록을 제시한다. 3장에서는 문학작품의 용례를 중심으로 각 장소의 의미를 밝히고, 이를 바탕으로 조선시대 성저십리의 의미를 종합·정리해보고자 한다.

2. 성저십리의 주요 장소

성저십리는 위치, 자연환경, 지리적 여건 등에 따라 각기 다른 발달 양상을 보인다. 먼저 동부 지역은 중랑천을 비롯하여 여러 하천이 흐르는 지역이고 하천 주위에 충적지가 길게 형성되어 있어 농업 발달이 이루어졌다. 그렇기 때문에 농업 장려책의 시범 구역이 되고 농업의 번성을 기원하는 각 제단들이 설치되었다. 한편 서부 지역은 도성의 인접 지역이면서도 한강변이 있어 성저십리의 지역 중 상업적으로 가장 발달하였다. 취락이 조밀하게 형성되어 있었으며, 특히 용산, 마포, 서강 등 한강 인근의 나루들은 전국 물산의 집산지 역할을 하였기 때문에 세곡을 저장하는 창고들이 위치하여 전 국토의 물자를 장악했던 곳이었다. 남부 지역도 서부 지역과 마찬가지로 교통의 요지였다. 도성 밖 남부지역은 한성부 밖과 도성을 연결하는 교통의 결절지로서 도성 안으로는 숭례문에서 경복궁까지 직접 연계성을 지니며 외방으로는 한강 이남의 전 지역과 육상으로 연계되었다. 마지막으로 북부는 삼각산, 백악, 인왕산, 안산, 노고산이 연결되어 있어 전반적으로 고지대에 속하고 통행이 불편하여 취락이 형성되지 않았다. 또한 왕도의 보존을 위한 주맥 보호라는 목적 하에 원칙적으로 개발이 금지되어 있어서 북부는 여타 지역과 달리 많은 발전을 이루지 못했고, 혜화문(동소문) 밖이 그 역할을 대신하였다.[11]

이렇듯 성저십리는 지리적 특성에 따라 발전 양상이 달랐을 뿐만 아니라 도성과의 연계성에 따라 설치되는 관청 및 명소들에도 차이를 보인다. 따라서 이 장에서는 먼저 장소의 성격에 따라 다섯 부류로 나눈 다음, 성저십리의 위치에 따라 동부, 서남부, 북부로 구분하여 그 목록을 제시할 것이다. 이를 통해 위치에 따른 각 장소의 분포 특징을 관찰할 수 있을 것이다.

1) 국가시설물

성저십리에 설치된 국가시설물은 관청과 기타 기관 그리고 의례를 행하던 장소로 나누어 살펴볼 수 있다. 먼저 성저십리에 있던 주요 관청과 기타 기관은 아래 〈표 1〉과 같다.

11 이현군, 앞의 논문, 1997, 60~65쪽.

〈표 1〉 성저십리의 국가시설물: 관청과 기타 기관

지역	명칭	현재 위치	설명
동부	東活人署	성북구 동소문동4가	의료 · 구휼 기관
	普濟院	성북구 안암동	여행자의 숙소, 구휼 장소
	箭串院	광희문 밖	여행자의 숙소
서남부	慕華館	서대문구 현저동	사신을 영접하던 장소
	迎恩門	서대문구 현저동	모화관 앞에 세웠던 문
	軍資監	용산구 원효로2동	군량미 · 군수품 저장 관리 기관
	京畿監營	종로구 평동	경기관찰사의 업무 공간이자 관하의 수령을 지휘 · 감독했던 관청
	西活人署	서대문구 아현동	의료 · 구휼 기관
	梨泰院	용산구 용산동	여행자의 숙소, 구휼 장소
	弘濟院	서대문구 홍제동	여행자의 숙소, 사신들의 공간, 구휼 장소
	歸厚署	용산	장례 관련 관청
	典牲署	용산구 후암동	국가 제사에 사용되는 가축에 관한 일을 맡았던 관청
	司畜署	숭례문 밖 추정[12]	여러 가축에 관한 일을 맡았던 관청
북부	造紙署	종로구 신영동	종이를 만들던 관청
	摠戎廳	종로구 신영동	조선시대의 중앙 軍營
	行宮	북한산	유사시 사용된 국왕의 別宮

먼저 東西活人署이다. 동서활인서는 혜화문 근처에 있었던 동활인서와 소의문 근처에 있었던 서활인서를 통틀어 이르는 말로, 고려시대의 東西大悲院을 계승하여 가난한 사람들의 의료를 맡아보던 기관이다. 활인서에는 정식 관원 외에 한의원과 醫巫, 행정적인 일을 맡아보는 幹事僧, 시신을 처리하는 埋骨僧 등의 실무 인원들이 배치되었다.

동부의 보제원과 전관원, 서남부의 이태원과 홍제원은 공무여행자에

12 《東國輿地勝覽》에는 '母岳 남쪽'이라고 기록되어 있고, 《영조실록》에는 "옛 연희궁의 동남쪽에 있었다."고 되어 있으며, 《만기요람》에는 "옛 숭례문 밖에 있었으나 뒤에 美洞으로 옮겼다."고 되어 있다. 정확한 위치는 알 수 없다.

게 숙식을 제공하기 위하여 각 요로에 설치된 공간이다. 驛과 같은 장소에 설치되는 경우가 많아서 역과 원을 합하여 驛院이라고 부르기도 한다. 주된 역할은 공무여행자의 숙소였지만, 사신을 전송하는 장소이기도 했고 耆老宴의 장소가 되기도 했다. 특히 동부에 위치한 보제원과 전관원은 도성 밖 동쪽의 농사 상황을 파악하기 위한 장소가 되기도 했으며, 보제원과 이태원, 홍제원은 賑濟場으로 사용되기도 했다.[13] 조선은 큰 흉년이 들어 굶주려 죽는 백성이 많아졌을 때 진제장을 마련하여 다스렸는데, 외방에는 따로 진제장을 마련하였고 한양에서는 활인서가 그 역할을 담당하게 했다. 하지만 빈민들이 병자와 함께 있는 것을 꺼려해 문제가 발생할까 하여 이곳 원들을 진제장으로 만들어 이용한 것이다.

귀후서는 조선시대 棺槨 판매와 禮裝에 필요한 물품을 공급해주는 일을 담당하던 관청이다. 1406년(태종 6)에 좌정승 河崙의 건의로 용산 한강변에 설치된 관곽소가 그 시초이나, 실제로는 그 이전에 한 승려가 용산 강가에 절을 짓고 사사로이 관곽을 갖추어놓고 판매한 것에서 그 기원을 찾을 수 있다. 귀후서는 죽은 사람에게 후하게 하면 백성의 덕이 후한 데로 돌아간다는 뜻에서 붙여진 이름이라고 한다.

전생서는 조선시대 궁중의 祭享·賓禮·賜與에 쓸 가축을 기르는 일을 맡았던 관청이다. 고려시대의 掌牲署를 계승해 1392년(태조 1) 典廏署를 설치

13 《國朝寶鑑》 권10, 세조조 1, "호조에 하교하기를, '작년에 흉년이 든 관계로 京外에 곡식이 귀하여 기민 가운데 구걸하는 자가 많다. 외방은 이미 여러 고을로 하여금 賑濟場을 마련하도록 하였지만, 서울의 경우는 동서활인서로 나누어 보내어야 하겠다. 다만 빈민들이 병자와 섞여 지내는 것을 싫어할지도 모르니, 普濟院, 弘濟院, 利泰院 세 곳에 별도로 진제장을 설치하고 사람을 뽑아 감독할 것이며, 또 五部 관리로 하여금 날짜별로 돌아가며 왕래하면서 단속하고 조사하여 어기는 자를 처벌하도록 하라.' 하였다."

했고, 1460년(세조 6) 전생서로 개칭하였다.

사축서는 조선시대 雜畜을 기르는 일을 관장하기 위해 설치했던 관청이다. 고려시대 전구서를 계승한 것인데 예빈시에 합쳐져 분예빈시라 하다가, 분예빈시와 사련소를 합속시켜서 사축소라 칭하기도 했다. 1466년(세조 12) 분예빈시를 사축서라 개칭하였다.

모화관은 조선시대 태평관, 남별궁과 더불어 중국 사신을 맞이하던 영빈관의 하나인데, 조선 초기에는 慕華樓라 하였다.[14] 모화루는 1430년(세종 12)에 2층으로 개축한 후 모화관으로 이름이 바뀌었다.[15] 모화관이 서부 반송방에 위치한 이유는 義州路가 중국의 사신이 한양으로 들어오는 使行路였기 때문이다. 명나라와 청나라의 사신들은 매년 10회 정도 燕京(지금의 북경)에서 출발해 의주를 거쳐 한성까지, 의주로를 따라 1,000리 길을 와서 이곳을 거쳐 입성했다. 하지만 모화관이 중국 사신을 영접하는 장소로만 쓰였던 것은 아니다. 조선의 사신을 배웅하거나 외부에 나갔던 사신을 맞이하는 장소로도 쓰였을 뿐만 아니라 이곳에서 기로연이나 연회를 열기도 했으며 무과시험장으로도 쓰였다.

迎恩門은 모화관의 서북쪽에 있던 중국 황제의 勅書를 맞이하는 문이다. 영은문의 본래 이름은 홍살문(또는 홍전문)이었는데 영조문으로 불리기도 하다가[16] 영은문이 되었다.[17] 영은문에 대한 것은 《林下筆記》에서도 확인할

14 서울시사편찬위원회, 《서울육백년사》 문화사적편, 1983, 684쪽.

15 모화관은 본래 모화루였는데 1430년(세종 12)에 누를 고쳐서 관으로 하고, 紅箭門을 설치하였으며 1535년(중종 30)에 이를 고쳐서 雙柱門을 세우고 迎恩門이라고 이름을 지었는데 명나라 사신 朱之蕃이 글씨를 써서 편액을 걸었다(《林下筆記》, 권13, 文獻指掌編 各司).

16 《중종실록》 권83, 중종 32년 1월 2일(임오).

17 그 외에도 영은문은 迎送詔門, 迎詔之門, 延詔門, 延恩門 등으로도 불렀다.

〈그림 1〉 모화관과 영은문의 모습(《경기감영도》)(호암미술관)

수 있다.[18] 처음에는 帳殿을 설치하고 장전 앞에 홍문을 세워 오색비단으로 꾸며 놓은 것이었다가,[19] 돌기둥, 나무기둥을 세우고 우진각 지붕에 청와를 올려 세운 형태가 되었다. 〈그림 1〉에서 영은문의 모습을 확인해 볼 수 있다.

군자감은 조선시대 군사상에 필요한 물자를 관장하기 위하여 설치했던 관청이다. 1413년(태종 13) 4월에 종래의 監庫가 협소하여 저장과 운송에

18 중종 34년의 일이다. 慕華館 앞길에 예전에는 紅箭門이 있었는데, 嘉靖 15년(1536, 중종 31)에 相臣 金安老가 아뢰기를, "중국 사신을 보내고 맞이할 때 일의 체모에 있어 공경함이 부족하니 다시 외기둥의 한 칸 대문을 세워 '延詔門'이라 써서 현판을 거소서." 하였다. 이때 이르러 중국 사신 薛廷寵이 말하기를, "맞이하는 것에는 詔書도 있고 勅書도 있고 賞도 있는데 연조문이라고만 하면 한쪽으로 치우친 듯하다." 하고, '영은문'이라 써서 그것을 걸도록 하였다. 설정총이 써 준 현판은 언제 훼손되었는지 알 수 없고 지금은 朱之蕃이 써 준 글자로 현판을 내걸고 있다(《임하필기》 권17, 文獻指掌編, 迎恩門).

19 《세종실록》 권1, 세종 즉위년 9월 2일(기유).

유리했던 용산강에 새로 分監을 지어 본감과 분감으로 구분하였다. 용산강 분감은 그 중요성이 높아 江監이라고도 불렸다. 군자감의 물자는 한양 도성과 성저십리에 대한 구휼로 쓰이기도 했다.

경기감영은 조선시대 경기의 民政, 軍政, 司法 등의 업무를 총괄하던 관청이다. 1393년(태조 2)에 설치되어 1896년(고종 33, 건양 1)에 수원으로 이전할 때까지 이곳 돈의문 밖에 있었다.

조지서는 조선시대 종이 만드는 일을 담당하였던 관청이다. 1415년(태종 15)에 서울의 창의문 밖 장의사동(현재의 세검정 근처)에 조지소라는 명칭으로 설치되어 1446년(세조 12)에 조지서로 바뀌었다. 楮貨紙·表·箋과 咨文(중국과 왕복하던 문서) 그리고 서적에 필요한 여러 가지 종이를 제조·관리하였다. 司紙·別提·提調 등의 관원을 중심으로 이루어진 편성 인원은 필요에 따라 여러 번 바뀌다가 1882년(고종 19)에 폐지되었다.

총융청은 조선 후기에 설치된 중앙 군영이다. 1623년(인조 1) 인조반정 후 後金과의 관계가 악화된 가운데 이듬해에 일어난 李适의 난에서, 그 반군이 수도 외곽인 경기도의 방어망을 쉽게 뚫고 서울을 점령하게 되는 등 도성 방어의 취약성이 드러난 것을 계기로 설치되었다.

성저십리 북부에 위치한 북한산성 내 양주행궁은 임진왜란과 병자호란을 겪고 난 후 도성의 방위 체제를 강화하기 위해 북한산성을 축성하고 임금이 거처할 수 있도록 만든 행궁으로, 숙종 대에 내정전을 비롯한 총 129칸 규모의 행궁이 건설되었다. 행궁에 직접 오른 국왕은 숙종과 영조뿐이었는데, 숙종은 행궁이 완성되기에 앞서 세자였던 영조의 배호를 받으며 행행하였고, 영조는 1772년(영조 48)에 당시를 기념하기 위해 다시 북한산 행궁에 올랐다고 한다. 고종 대에는 행궁이 궁궐의 책보봉안소(왕실서고)로 이용되기도 했다.[20]

〈표 2〉 성저십리의 국가시설물: 의례를 행하던 장소

지역	명칭	현재 위치	설명
동부	東關王廟	종로구 숭인동	촉한의 장수 관우의 사당
	先農壇	동대문구 제기동	先農祭를 지내던 제단
	先蠶壇	성북구 성북동	누에농사의 풍년을 빌던 제단
	馬祖·先牧·馬社·馬步壇	성동구 사근동	馬社와 馬步에게 지내는 제사단
	雩祀壇	흥인문 밖 (동대문구)	하늘에 비를 빌어 풍년을 기원하는 제사를 지내던 제단
	東方土龍壇	동대문구 제기동	하늘에 비를 빌어 풍년을 기원하는 제사를 지내던 제단
서남부	南關王廟	용산구 동자동	촉한의 장수 관우의 사당
	風雲雷雨山川城隍壇	숭례문 밖 둔지산 (용산구)	풍운뢰우와 산천, 성황을 향사하는 제단
	靈星壇	용산구 한남동	풍년을 기원하며 별에게 지내는 제사단
서남부	老人星壇	숭례문 밖 둔지산 (용산구)	老人星에게 지내는 제사단
	司寒壇	성동구 금호4가동	司寒祭를 지내는 제단
	南方土龍壇	용산구 후암동	하늘에 비를 빌어 풍년을 기원하는 제사를 지내던 제단
	西方土龍壇	마포구 합정동	하늘에 비를 빌어 풍년을 기원하는 제사를 지내던 제단
북부	厲祭壇	창의문 밖의 일대	厲鬼에게 지내는 제사단
	白岳神祠	북악산 정상	白岳山神을 모신 사당
	北郊壇	창의문 밖	郊祭를 지내기 위하여 쌓은 제단
	北方土龍壇	창의문 밖	하늘에 비를 빌어 풍년을 기원하는 제사를 지내던 제단

다음은 성저십리에 있던 의례를 행하던 장소이다. 다음의 〈표 2〉를 보면, 풍년을 기원하는 제단과 날씨와 관련된 신의 제단이 가장 많은 것을 확인할 수 있는데 이는 농사를 중요시 여겼던 조선의 문화와 밀접한 관련

20 김선희, 〈조선의 행궁〉《고궁문화》9, 2016, 131쪽.

이 있다. 나라의 운영에 가장 중요한 문제였던 만큼 그 중요성과 간절함이 제사로 드러난 것이다. 한편 동서남북의 지형에 따라 제단에서도 차이가 나타나기도 하는데 북부는 산이 많아 산신에게 드리는 제단이 따로 있었고, 동부는 넓은 평야지대가 있어 농사가 잘 되길 기원하는 제단이 더 많이 있었다.

성저십리에 있던 제단의 대부분은 날씨나 무속 신앙과 같이 백성의 실생활과 밀접한 공간이었는데, 이와 성격이 다른 제단도 있었다. 곧 촉한의 장수인 關羽를 숭배하기 위해 건립된 묘당인 關王廟이다. 관왕묘는 임진·정유의 왜란 때 명나라 군사들에 의해 건립되었다. 남관왕묘는 1598년(선조 31)에 숭례문 밖에 명나라 장수 陳璘에 의해 세워졌는데, 관왕묘가 건립된 이후부터 명나라의 여러 장수가 조선을 출입할 때마다 참배하였고 관왕의 탄생일인 5월 13일에는 사당에서 제례를 올렸다. 동관왕묘는 흥인지문 밖 영도교 옆에 터를 정하고 1602년(선조 35)에 준공되었다. 중국의 건축양식에 따라 지어져 남관왕묘와는 차이를 보인다.[21]

동서남북과 중앙에는 기우제를 지내는 토룡단이 있었는데 이것을 오방토룡단이라고 한다. 오방토룡단은 土龍을 만들어 하늘에 기우제를 지내던 곳으로 동단은 동대문구 제기동 일대 선농단 옆에, 서단은 楊花渡 근처, 남단은 한강변에, 북단은 북교의 厲壇 옆에, 중앙단은 종각 옆에 있었다. 제사를 지낸 뒤에도 가뭄이 오래 계속되는 것은 용이 게으른 탓이라 하여 회초리를 가지고 용을 때려서 警責하는 풍습도 있었다고 한다. 그러나 1753년(영조 29)에 왕명으로 교지를 내려 토룡제는 가뭄이 극에 달하였을 때

21 정은주, 〈한양도성의 동문, 흥인지문과 주변 이야기〉《미술사와 문화유산》 5, 2016, 91~92쪽.

마지막으로 쓰는 방법이고, 용을 매질하는 것은 제사의 참뜻이 아니며 불손함이 심하다고 하여 금지시켰다고 한다.

마조·선목·마사·마보단이 동부에 있었던 것은 그곳에 살곶이 목장이 있었기 때문이다. 살곶이 목장은 임금이 타는 御馬, 왕실에서 사용할 말, 도성 및 국토를 방위하는 데 쓰는 戰馬, 중국에 보낼 進獻馬 등을 사육하던 곳이었기 때문에 이곳에 제단을 만들고 馬社와 馬步에게 제사를 드렸던 것이다.

한편 마보단에서는 이외에도 사람과 사물에게 災害를 주는 신에게 액을 막고 복을 줄 것을 빌던 酺祭가 행해지기도 했다. 한양과 제주 두 곳에 있었는데, 한양에서는 따로 제단을 만들지 않고 마보단에서 지냈다.

노인성단은 노인성을 제사 지내기 위해 쌓은 제단이다. 노인성은 남극 노인성으로 옛날부터 사람의 수명을 관장하는 별이라고 하여서 남부 屯地山에 제단을 만들고 제사를 지냈다고 한다.

여제단은 厲鬼에게 제사 지내는 제단이다. 제사를 지내 줄 자손이 없거나 억울하게 죽은 귀신을 '여귀'라고 하는데, 여제는 이러한 여귀를 위해 제사를 지내는 것을 말한다.

백악신사는 백악산신을 모시는 사당으로 조선 왕조가 들어선 후에 세워졌다. 조선시대에 들어와 북악산을 白岳山이라고도 불렀는데 이는 이 백악신사에서 붙여진 이름이다.

2) 종교 공간

〈표 3〉 성저십리의 종교 공간: 사찰

지역	명칭	현재 위치	설명
북부	重興寺	경기도 고양시	북한산 露積峰 남쪽 산록, 장군봉과 구암봉 사이에 위치. 창건 연대는 정확히 알려지지 않았으나 조선 후기에 대대적인 축성사업을 일으켜 대규모 사찰의 규모를 갖춤
	文殊寺	종로구 구기동	1109년(예종 4) 坦然이 창건
	金仙寺	종로구 구기동	조선 초 무학대사가 창건
	僧伽寺	종로구 구기동	756년(경덕왕 15)에 秀台가 창건

조선시대 종교 공간인 사찰은 대체로 성저십리 북부의 북악산, 인왕산, 삼각산 자락에 위치하고 있었다. 위의 〈표 3〉에 나타난 사찰 가운데 중흥사는 가장 큰 규모의 사찰로서, 조선 후기 숙종 때 임진왜란·병자호란의 양란을 겪은 후 도성의 방어를 위하여 외각에 대대적인 축성 사업을 일으켜 대규모의 사찰이 되었다. 중흥사는 龍巖寺·輔國寺·普光寺·扶旺寺·圓覺寺·國寧寺·祥雲寺·西巖寺·太古寺·鎭國寺의 10개의 사찰을 관장하였다. 당시 승군은 왕명으로 8도 사찰에서 1년에 6차례 교대로 義僧을 뽑아 올리게 하여 11개 사찰에 주둔시켰다. 승군의 정원은 360명이고, 11개 사찰에는 각각 首僧 1인과 僧將 1인을 두었으며, 이들을 총지휘하는 본부로 僧營을 두고 僧大將 1명을 임명하여 八道都摠攝을 겸하게 하였다. 중흥사는 도총섭이 머물던 북한산성의 승영이었다.

한편 문수사는 북한산 남장대 앞 문수봉 아래에 자리한 사찰로, 북한산 안에 있는 사찰 가운데 주위 경관이 좋기로 손꼽히는 곳이다. 가깝게는 동쪽으로 보현봉이, 서쪽으로는 비봉이 절을 감싸고 있으며 좀 더 멀리 시야를 넓혀 보면 남쪽으로 관악산이 한눈에 들어오고, 또 멀리 서쪽으로는 한강 하류와 인천 앞바다가 펼쳐진다. 그런 까닭에 많은 시인문객들이 풍류를 좇아 이곳을 찾아 시를 읊곤 했다고 한다.

3) 자연

성저십리의 자연은 산천을 말하는 것으로 북부의 주요 산인 북악산, 인왕산, 삼각산과 동·서·남부의 한강이 이에 해당한다.

북악산은 서울의 主山으로 예로부터 인왕산·남산·낙산과 함께 서울을 둘러싸고 있는 자연방벽 역할을 해왔다. 북악산은 白岳山·面岳山·拱極山이라는 이름으로 불리기도 하였다. 白岳이라는 명칭은 1395년(태조 4)에 북악산 정상에 백악산신 鎭國伯을 모신 백악신사를 세운데서 유래된 것이다. 面岳은 일찍이 고려시대 때부터 사용되었다고 하는데, 《증보문헌비고》에서도 백악을 일명 면악이라 하고 도성의 북부에 있다고 하여 같은 산임을 밝히고 있다. 拱極은 조선 중종 때 명나라 사신 龔用卿이 북악산을 '拱極山'이라 하고 인왕산을 '弼雲山'이라 한 데서 나온 명칭이다.[22]

〈표 4〉 성저십리의 자연: 산천

지역	명칭	현재 위치	설명
북부	北岳山	종로구 팔판동·삼청동·부암동 청운동·궁정동과 성북구 성북동에 결쳐 있는 산	한양의 主山
	仁王山	종로구 옥인동·누상동·사직동과 서대문구 현저동·홍제동에 결쳐 있는 산	조선조의 명산으로 서울의 鎭山 중의 하나
	三角山(北漢山)	경기도 고양시와 서울시에 결쳐있는 산	한양의 祖山·宗山

22 서울역사박물관, 《한양사람들의 멋과 풍류-바위글씨展》, 서울역사박물관, 2004, 12쪽.

동부	살곶이 들판	성동구 성수동	한양의 동쪽에 있던 넓은 들판으로 東郊라고도 함
	立石浦	성동구 응봉동	동호의 나루
	豆毛浦	성동구 옥수동	동호의 나루
서부	楊花津	마포구 합정동	서호의 나루 군사·유통의 요충지
	蠶頭峯	마포구 합정동	지금의 切頭山의 옛이름
	仙遊峯	영등포구 양평동	지금의 선유도에 있던 봉우리
남부	銅雀津	동작구 동작동	남호의 나루

인왕산은 북악산의 서쪽에 있어서 조선 초기에는 西峯·西山으로 불렀다고 한다. 《광해군일기》에 인왕산이라는 이름은 仁王寺가 있기 때문에 유래된 것이라고 밝히고 있어, 이미 조선 중기 이전에는 인왕산이라는 명칭이 정착된 것으로 보인다. 인왕산은 일명 '필운산'이라고도 불렀는데, 이는 명나라 사신 공용경이 오른쪽에서 임금을 보필한다는 뜻으로 '필운'이라 한 데서 유래된 것이다.[23]

삼각산(북한산)은 金尙憲의 시조에 등장해 우리에게 익숙한 산으로, 한강수와 함께 한양의 산수를 대표한다. 풍수지리상으로도 서울의 祖山 또는 宗山으로 알려져 있다. 조선의 수도 한양은 북악산을 주산으로 하고 그 뒤로 연결된 삼각산을 祖宗으로 했기 때문에 삼각산이 한양의 머리가 된다. 삼각산은 북한산의 수십여 산군 중에서 북쪽에 우뚝 솟은 세 개의 산봉우리, 白雲臺, 仁壽峰, 萬景臺 삼봉을 가리키는 이름이다. 주봉인 백운대를 중심으로 북쪽의 인수봉과 남쪽의 만경대가 삼각형으로 자리 잡고 있어 삼각산이라 불린다.[24]

23 서울역사박물관, 앞의 책, 2004, 42쪽.
24 김학범, 《(보고 생각하고 느끼는) 우리 명승기행 2》, 김영사, 2013, 20~25쪽.

살곶이 들판은 한양의 동쪽에 있는 들로 그 땅이 평평하고 넓은 곳이다. 물과 풀이 매우 넉넉하여[25] 울타리를 쳐 나라의 말을 기르는 목장이 있었다.[26] 또한 1483년(성종 14)에는 살곶이와 왕심리평에 각기 다리를 하나씩 놓았는데 살곶이에 있는 다리를 濟盤橋 또는 箭串橋라 하였고, 왕심리평에 있는 다리를 永渡橋라 하였다.[27] 살곶이 다리 서북쪽으로는 箭串院이 있어 여행자들의 숙소로 쓰이기도 했다.

입석포는 두모포 상류지역의 작은 나루를 말하며 한강변의 큰 바위들이 사람처럼 서 있다고 하여 이름이 지어졌다. 입석포 뒤로는 鷹峯이 높이 솟아 있고, 강변 곳곳에 기암이 있으며 앞에는 楮子島가 있어 경치가 뛰어나 예로부터 시인들이 풍광을 예찬하는 시를 짓기도 하였다.[28]

두모포는 도성 동남쪽에 있으며 입석포의 서쪽 지역을 가리킨다. 두모포는 경치가 좋고 성내에서 멀지 않아 많은 누정이 세워져, 조선 초기부터 많은 사람들의 연회장소로 애용되었다. 특히 1517년(중종 12년)에는 東湖讀書堂이 설치되었는데, 이를 통해 동호 일대의 아름다운 경치를 예측해 볼 수 있다.

양화진은 楊花渡라고도 하는데, 서울에서 양천을 지나 인천이나 강화로 가려면 반드시 이 나루를 건너야 했기 때문에 교통의 요충지였다. 또한 경상·전라·충청·경기도에서 올라오는 곡물을 서강 광흥창까지 운반하

25 《홍재전서》 권168, 日得錄 8에 "상이 이르기를, '箭郊의 목장은 샘이 달고 풀이 풍성하여 말을 기르기에 가장 알맞으니 곧 우리나라의 沙苑과 汧渭이다[箭郊牧場 泉甘草豐 最宜養馬卽我國之沙苑汧渭].'"라는 기록이 있어 살곶이의 자연환경을 잘 보여준다.

26 《신증동국여지승람》 권3, 한성부.

27 정은주, 앞의 논문, 2016, 97쪽.

28 입석포, 두모포, 양화진, 잠두봉, 선유봉, 동작진에 대한 설명은 김현정, 〈조선시대 한강변 명승의 향유 방식〉, 한국교원대학교 석사학위논문, 2015를 참고하였다.

는 조운 항구로서 중요한 지점이기도 했으며, 군사적으로도 중요한 기능을 담당하여 진대를 마련하고 鎭將을 둔 곳이기도 했다. 양화진 일대는 한강에서도 가장 경치가 아름답고 정자가 많았던 곳이다.

잠두봉은 마포구 양화나루 동쪽 한강가에 돌출된 봉우리로 현재 일컫는 절두산의 옛 이름이다. 잠두봉은 특이한 지형적 특징으로 빼어난 승경을 이뤄 중국 사신들이 즐겨 찾았던 유람의 장소이자 문사들의 詩會 공간으로도 이름난 곳이었다.

선유봉은 현재 선유도에 있었던 산으로, '신선이 놀던 산'이란 뜻의 이름에서 짐작되듯이 한강의 수려한 경치를 즐길 수 있는 승경 중 하나였다. 특히 조선시대 선유봉은 강 북쪽의 잠두봉과 함께 뱃놀이 코스로 인기를 끌었으며, 특히 중국 사신들이 오면 제천정에서 연회를 시작하여 배를 타고 양화진, 잠두봉, 선유봉을 오가며 시를 짓고 술을 마시며 즐겼다고 한다.

마지막 동작진은 현재 동작대교가 놓여 있는 부근으로, 조선시대 서울에서 과천·수원·평택을 거쳐 호남으로 내려가거나 서울로 들어오는 사람들이 배를 타고 건넜던 교통의 요지였다.

4) 명소와 명승: 한강의 누정

한강은 위치에 따라 東湖, 西湖, 南湖로 나뉜다. 동호는 뚝섬에서 옥수동까지, 서호는 마포에서 서강까지, 남호는 龍湖라고도 하는데 용산 일대의 한강을 말한다. 한강은 교통과 조운의 기능을 담당하는 요지이기도 했지만 아름다운 경치를 즐기는 장소이기도 했다. 한강변에 세워졌던 수많은 누정의 목록들이 이를 반증한다.[29] 이 글에서는 한강의 누정 가운데 경

29 한강에 있었던 누정의 목록은 이 책의 1장을 참고하기로 한다.

관을 즐기는 장소로 손꼽혔던 곳을 이 글에서는 한강의 누정 가운데 경관을 즐기는 장소로 손꼽혔던 곳을 살펴보기로 한다.

〈표 5〉 명소와 명승: 한강의 누정

지역	명칭	현재 위치	설명[30]
동호	濟川亭	용산구 한남동	왕실의 별장, 외국 사신들이 즐겨찾던 장소
	狎鷗亭	강남구 압구정동	韓明澮의 정자
	華陽亭	광진구 화양동	세종이 별장 용도로 지은 정자
서호	淡淡亭	용산과 마포의 경계	申叔舟의 별장
	榮福亭	마포구 성수동	讓寧大君의 별장
남호	月波亭	동작구 노량진동	문사들의 詩會 장소로 각광받던 곳
	龍驤鳳翥亭	동작구 본동	정조가 세운 행궁
	秋興亭	용산구	고려 말 金奉翊의 별장
	三湖亭	용산구	조선 후기 金德喜의 별장

먼저 동호의 누정을 살펴보자. 제천정은 한강 북쪽 용산구 한남동 한강변 언덕에 있던 정자이다. 왕실의 별장이자 외국 사신들이 한강의 경치를 즐기기 위해 자주 찾던 곳이다. 조선 초기까지는 한강정 또는 한강루라 불렸고 1456년(세조 2)경부터 이름이 제천정으로 바뀌었다고 한다.

압구정은 강남구 압구정동에 있는 조선 초기의 정자로 韓明澮가 지은 것이다. 이 정자의 이름은 중국 명나라 한림학사 倪謙이 지었는데, 이 이름에는 "항상 소박하고 겸허한 마음으로 부귀공명을 다 버리고 강가에서 한가로이 갈매기와 벗하며 지낸다."는 뜻을 담고 있다고 한다. 그러나 정자의 주인인 한명회는 세조 이후 최고의 권력을 누렸던 사람이기에, 후대에는 한명회의 이중성을 비판한 사람들도 많았다고 한다.

30 누정에 대한 설명은 이상배, 《서울의 누정》, 서울특별시 시사편찬위원회, 2012를 참고하였다.

화양정은 광진구 화양동에 있었던 정자로 세종이 살곶이 들판에 있던 말 목장을 조망하고자 세운 것이다. 세종이 이곳에 정자를 지은 목적은 크게 두 가지였던 것으로 보이는데, 하나는 수천 마리의 말이 넓은 들판에서 한가로이 노니는 경치를 즐기기 위한 것이고, 다른 하나는 전근대 군사적으로 가장 중요한 말의 양육 상태를 관리·감독하기 위한 것이다.

다음은 서호의 누정이다. 담담정은 마포 북쪽 언덕, 용산과 마포의 경계를 이루는 곳에 있던 申叔舟의 별장이다. 기록에 따르면 처음에는 안평대군의 정자였으나 계유정난 이후 안평대군이 유배 간 후에 신숙주가 하사받은 것이라고 한다.

영복정은 마포구 상수동 일대에 있던 정자로, 讓寧大君이 만년에 지은 별장이다. 정자의 이름은 세조가 지어 준 것으로 "한평생을 영화롭게 살며 한평생 복을 누리라."라는 뜻이라고 한다. 이곳은 경치를 즐기는 장소이기도 했지만 관리들이 조운선을 점검하는 곳이기도 했다. 1468년(세조 14)에는 신숙주·한명회 등 대신들이 영복정에 나가 조운선을 점검하였는데, 세조가 이들에게 특별히 음식을 하사하여 노고를 치하하였다고 한다.

망원정은 지금 양화대교 북단, 즉 양화진 서쪽 강변북로 옆에 자리 잡고 있는 孝寧大君의 정자이다. 망원정은 낮은 언덕 위에 서남향을 하고 있어서 이곳에 올라서면 멀리 선유도가 보이고 가까이로는 맑은 한강의 수려한 경치를 볼 수 있다. 이곳의 또 다른 이름은 '喜雨亭'이라고 한다.

마지막으로 남호이다. 월파정은 용산구 노량진동에 있었던 정자로, 달빛이 부서지는 물결을 바라볼 수 있는 곳이었다. 이 정자는 조선 중기 이래 뛰어난 문사들의 시회처로 각광을 받던 곳이었는데, 달 밝은 밤에 정자에 앉아 한강 물을 바라보거나, 한강에 배를 띄우고 달구경을 하면서 시를 읊는 등 낭만의 공간이었다.

추흥정은 고려 말 용산강변에 있던 고려말의 문관인 金奉翊의 정자이다. 이 용산강 일대는 이곳은 경치가 좋아 일찍부터 산수를 즐기고자 별장을 마련하는 사람이 많았다고 한다.

삼호정은 용산강변의 원효로에서 마포로 넘어가는 곳에 있던 정자로 조선 후기 헌종 때의 문신인 金德喜의 별장이다. 삼호정은 김덕희의 첩이었던 기생 錦鶯을 필두로 한 조선 후기 여류 시인들이 모여 시를 읊던 장소로도 유명하다. 조선시대 여류 시인들의 활동 공간이었다는 점에서 문학적으로 큰 의미가 있는 곳이다.

5) 행정구역

조선 초 한성부의 행정편제는 5部로 나뉘고 그 안에서 다시 坊이 나뉘어졌다. 성저십리 지역은 본래 한성부의 관할 구역이 아니지만, 조선 초에는 동부, 남부, 서부의 일부가 한성부 관할 구역에 속하기도 하였다. 그리고 坊制는 다음의 〈표 6〉과 같이 시기에 따라 변모한다.

〈표 6〉 한성부 坊制의 시기별 변화[31]

시 기	방 수	중 부	동 부	남 부	서 부	북 부
1405년	52방	정선, 경행, 관인, 수진, 징청, 장통, 서린, 견평	연희, 숭교, 천달, 창선, 건덕, 덕성, 서운, 연화, 숭신, 인창, 관덕, 흥성	광통, 회현, 명례, 태평, 훈도, 성명, 낙선, 정심, 명철, 성신, 예성	영견, 인달, 적선, 여경, 인지, 황화, 취현, 양생, 반석, 신화, 반송	광화, 양덕, 가회, 안국, 관광, 진장, 순화, 명통, 준수, 의통
15세기 중엽 (세종대)	49방	변동 없음	변동 없음	변동 없음	인달, 적선, 여경, 황화, 양생, 반석, 신화, 반송	변동 없음

31 고동환, 〈조선 후기 경강지역 행정편제의 변동과 인구추세〉《서울학연구》 24, 2005, 14쪽.

1751년	44방	변동 없음	숭교, 창선, 건덕, 연화, 숭신, 인창	광통, 회현, 명례, 태평, 훈도, 성명, 낙선, 명철, 두모, 한강, 둔지	인달, 적선, 여경, 황화, 양생, 반석, 반송, 용산, 서강	변동 없음
1789년	48방	변동 없음	숭교, 창선, 건덕, 연화, 숭신, 인창, 경모궁	변동 없음	변동 없음	광화, 양덕, 가회, 안국, 관광, 진장, 순화, 명통, 준수, 의통, 상평, 연희, 연은

위 표를 보면 방제가 17세기 후반 이후 크게 변모한 것을 확인할 수 있다. 남부의 경우 성신방과 예성방이 폐지되고 둔지방, 두모방, 한강방이 신설되었고, 서부는 반석방이 폐지되고 용산방과 서강방이 신설되었다. 그리고 마지막으로 북부는 연희방과 연은방이 신설되었다. 특히 서부와 남부에 신설된 둔지방, 두모방, 한강방, 용산방, 서강방은 모두 경강변으로, 경강의 사업이 발달함에 따라 이곳에 신생 촌락들이 생겨났기 때문이다. 방제의 변화는 서울의 도시공간이 조선 초기 도성 안을 중심으로 했다가 조선 후기에 이르러 점차 도성 밖으로 확대되면서 나타난 변화였다.[32]

지금까지 성저십리의 주요 장소에 대해 살펴보았다. 성저십리의 위치·지리·환경적 조건에 따라 장소의 성격에도 차이를 보이는 것을 확인할 수 있었다. 성저십리는 수려한 산천으로 둘러싸여 풍류의 공간이면서 도성과 인접하여 다스림의 공간이기도 했다. 뛰어난 자연 경관을 감상할 수 있던 한강이나 북부 지역은 종교 공간, 주요 명승, 누정이 밀집되어 있

32 고동환, 앞의 논문, 2005, 16쪽.

었고 도성과 인접한 4대문 밖은 주요 국가 기관들이 위치해 있었다. 특히 사행로가 있었던 숭례문 밖은 외교 공간들이, 넓은 평야가 있던 동부에는 제단들이, 서남부에 위치한 나루에는 여러 창고들이 설치되어 있었다.

3. 문학작품에 표현된 성저십리와 공간적 의미

이 장에서는 성저십리의 위치적 특성에 따라 주요 장소를 동부, 서남부, 북부 지역으로 분류하여 제시하고, 문학에서의 용례를 분석하여 당대 조선 사람들이 가지고 있던 공간 인식 및 의미에 대해 고찰하고자 한다. 2장에서 제시한 장소 목록 가운데 詩文에서의 출현이 빈번하거나 그 의미를 주의 깊게 살펴야 할 항목을 대상으로 할 것이다.[33] 문학작품은 한국문집총간을 대상으로 검토할 것이며 문집[34]에 담겨 있는 다양한 종류의 기록들 가운데 주로 시와 일기[35]를 선정하여 살필 것이다.

1) 동부 지역

동부에서 꼽을 수 있는 주요 장소는 동관왕묘, 동활인서, 보제원, 살곶이 들판, 선농단과 선잠단, 입석포와 저자도, 제천정 등이다.

33 2장에서 제시한 목록 가운데 행정구역은 연구 대상에서 제외하기로 한다.

34 일반적으로 한국에서 '문집'이라는 용어의 개념은 한 사람이나 또는 두 사람 이상의 문장이나 시부 등을 모아 편집한 책으로서, 세고(록)·연방집(고)·합고(집)·유고(집)·일고(집)·전집·전서·대전·실기 등을 포괄하여 일컫는 용어라고 할 수 있다.

35 일기는 일반적으로 문학 장르로 인정되지는 않지만 史料와 달리 개인의 창작물이라는 점에 함께 검토할만하다고 판단하였다.

(1) 관왕묘[36]

《甲辰漫錄》은 조선 후기 문신 尹國馨의 수상록으로, 〈표 7〉 예문은 남관왕묘와 동관왕묘를 건립한 사건을 기록한 것이다. 촉한의 장수인 관우를 숭배하기 위한 목적으로 각각 남대문 밖, 동대문 밖에 세워졌다. 한편 《東槎錄》, 《海槎錄》, 《海遊錄》을 보면 관왕묘가 관우의 사당으로서만 쓰인 것이 아님을 알 수 있다. 고국을 떠났던 使臣이 다시 돌아와서 조정에 나아가 復命할 때 관왕묘에 들러 의복을 갈아입고 정비하기도 하고 고국을 떠나는 사신을 배웅하기도 하여, 사신들의 공간이 되기도 하였다.

관왕묘는 19세기 말까지 꾸준히 한양 및 전국에 지어졌는데,[37] 이는 청나라가 집권했음에도 불구하고 조선이 명을 사대하기로 결정했던 역사적 배경과 관련된다. 또한 이는 나관중의 소설 《三國志演義》가 18세기에 크게 유행하여 여러 판본이 간행된 사실과도 밀접한 관계가 있다. 17세기 말에 명·청 교체라는 전통적 중화질서의 붕괴 속에서도 조선은 관념적으로나마 기존의 질서를 고수하려고 했고, 이러한 시대적 분위기는 문학 분야에도 영향을 끼쳐서 蜀漢정통론이라는 시대적인 상황과 부합하는 메시지를 가지고 있었던 《삼국지연의》가 유행하게 된 것이다. 사실상 이는 자연스러운 유행이라기보다는 이념 정착을 위해 집권층이 문학을 교화의 수단으로 이용한 것이라 볼 수 있다. 《삼국지연의》에 등장하는 촉한 인물들의 영웅담이 당시 시대가 표방하는 이념과 맞물리면서 한문본, 한글 번

36 성저십리의 남부지역에 위치한 남관왕묘는 여기에서 함께 다루기로 한다.

37 임오군란 이후 명성황후가 1883년 송동(현 종로구 명륜동)에 북묘를 세웠고, 1904년 엄비(순헌황귀비)에 의해 서대문구 천연동에 서묘가 세워졌다. 전국적으로 1874년 동래 관왕묘, 1883년 평양 관왕묘, 1884년 강화 남관제묘, 1885년 강화 동관제묘, 1892년 강화 북관운묘, 1894년 전라도 지도군 관왕묘, 1895년 전주 관성묘, 1897년 개성에 건립되었다(정은주, 앞의 논문, 2016, 95쪽).

〈표 7〉 關王廟가 나타난 문집의 용례

문집명	내 용	문집 제작 시기
《甲辰漫錄》	1598년(선조 31, 무술년) 봄과 여름 사이에 명 나라 군사가 많이 왔을 때, 남대문 밖 都祭庫峴에 關王廟를 세웠는데, 대소의 장수들이 예를 드리지 않는 이가 없었고, 심지어는 성상께 예를 드리도록 청하기까지 하였다. 기해년 전쟁이 끝나 군사가 돌아갈 적에, 聖旨를 받들었다 하고, 동대문 밖에 사당을 세우는데 관원 한 사람을 두어 공사를 감독하게 하였다. 그 비용을 비록 중국에서 지급한다고 하지만, 그 액수는 얼마 되지 않았고, 공사가 커서 모두 우리 나라에서 財力을 동원하게 되니, 그 수는 만 냥도 넘었다. 공사가 끝난 다음에는 국가에서 관리를 두어 지키도록 하였다.	1604
《東槎錄》	1625년(인조 3, 을축년) 3월 23일(신미) 한강을 건너 關王廟에 들어가서 세 사신이 관대를 고쳐 착용하고, 대궐에 나아가 復命하니, 대신 이하가 모두 사람을 보내어 위문하였다.	1624
《海槎錄》	1636년(인조 14, 병자년, 숭정 9) 8월 11일(임오) 대궐을 나와 南關王廟에 갔는데, 內乘 辛宗述이 먼저 와서 기다리고, … 東陽尉 申翊聖이 와서 모였다. 畿伯이 술자리를 베풀었는데, 동양위가 말하기를, "이번에 만 리 먼 곳으로 사신을 가는데, 어찌하여 배웅하는 손님들이 드문가?" 하였다. 오후에 한강에 도착하니, 준비된 배가 12척이었다. … 배에 들어와서 작별하였다.	1636~1637
《海遊錄》	1720년(숙종 46, 경자년) 1월 24일(신묘) 아침에 한강을 건너니, 太常寺의 하인 몇 사람이 미리 와서 기다리고 있었다. 세 사신의 행차가 일제히 城南 關王廟에 도착하여 紅團領으로 고쳐 입고 차례로 말을 타고 서울에 들어가서 復命하였다.	1681~1752

역본들이 대량 간행되었고, 이야기꾼들에 의해 구전의 형태로도 퍼져나가 조선의 모든 계층이 향유하는 문학이 되었다. 이러한 유행은 군담 소설을 비롯한 다른 형식의 문학형태로 전환 및 재창조되면서 지속적으로 조선 후기 사회에 영향을 끼쳤다.[38]

38 허태용, 〈17세기말~18세기초 尊周論의 강화와 《삼국지연의》의 유행〉 《한국사학보》 15, 2003, 150쪽.

(2) 활인서[39]

조선은 무속억제책의 일환으로 무격들을 성 밖으로 축출하였고, 그들은 도성 주변에서 巫覡里·巫覡村을 형성하여 살았다.[40] 활인서에 무격들이 배치된 것 역시 무격의 城外逐出令에 따른 하나의 방편이었는데, 이들을 성 밖 활인서에 있게 함으로써 국가 입장에서는 병자의 救療와 구휼을 위해 무격을 활용하고, 더불어 무격 관리까지 가능하게 했다.[41] 《己卯錄補遺》의 용례는 무격의 성외축출과 활인서의 의무로 있었던 당대의 상황을 잘 보여준다.

《明齋遺稿》, 《다산시문집》, 《弘齋全書》 등은 활인서가 국가적 차원에서 마련된 기관이었음을 알게 해준다. 백성뿐만 아니라 행인, 위급한 환자, 고아, 빈민들까지, 활인서는 치료 기관이면서 의식주를 제공했던 구제 기관이었던 것이다. 심지어 이곳에서 치료를 받다 죽은 백성의 장례까지 치러주었는데 매골승이 그 역할을 담당했다.

동서활인서와 유사하게 무격들이 구병을 맡게 했던 기관으로 閱巫署도 있었다. 열무서의 창설연대는 미상이지만 李肯翊의 《燃藜室記述》 내용을 통해 열무서가 활인서의 전신이었거나 혹은 활인서에 폐합된 것으로 짐작할 수 있다.[42]

39 성저십리의 서부 지역에 위치한 서활인서는 여기에서 함께 다루기로 한다.

40 성외로 쫓겨난 무격들은 시간이 흐르면서 일부 도성 안으로 거처를 옮기기도 했는데, 이는 조선이 國巫를 공인하고 있고, 國行祭儀나 왕실에서 필요로 하면 언제든지 사제로서 소임을 다해야 했기 때문이다. 따라서 城外逐出令은 國巫와 그 아래의 여러 명의 助巫를 제외한 범위에서 시행되었다(민정희, 〈조선 전기의 무속과 정부정책〉 《학림》 21, 2000, 37쪽).

41 이 책의 7장 참조.

42 《연려실기술》(별집) 권7, 官職典故, 革罷諸司, 活人署, "본조에 閱巫署가 있었는데, 그 창설하고 폐지한 시대는 자세하지 아니하나, 지금은 무당들이 활인서의 소속으로 되

〈표 8〉 活人署가 나타난 문집의 용례

서 명	내 용	문집 제작 시기
《己卯錄補遺》 上	〈崔淑生傳〉 1517년(중종 12, 정축년)과 1518년(중종 13, 무인년) 사이에 대사헌이 되어, 도성 안에 거주하는 무녀들에게 모두 나가서 東西活人署에 모이도록 하였다. 성 남쪽의 尼舍를 철거하고 불상을 허물어서, 중들이 도성에 발을 붙이지 못하도록 하였다.	조선 전기
《明齋遺稿》 권45	〈이조 판서 松谷 趙公 행장〉 1675년(숙종 1, 을묘년) 士族이나 고아와 과부 및 늙고 병들어 무력한 자 가운데 와서 먹지 못하는 사람은 漢城府로 하여금 뽑아내서 식구를 계산하여 식량을 지급하게 하고, 活人署의 유행성 전염병을 앓는 자는 날마다 식량을 지급하고 또 藥物을 만들어 구제하였다. 비가 오면 郎屬으로 하여금 쌀과 거적을 싣고 가 두루 살펴보고 나누어 주게 하였다.	1732
	〈호조 참판 李公 행장〉 1678년(숙종 4, 무오년) 서울에 있을 때 과거 보러 온 시골 선비 2인이 객지의 잠자리에서 병에 걸려 빈사 상태가 되었는데, 이웃에 勢家가 있어 염병인가 의심하여 活人署로 내보내게 하고 들것에 실어다 길옆에 두었다. 공이 듣고서 불쌍히 여겨 寓居로 돌려보내게 하고 종에게 약물과 음식을 가져가서 보살피도록 하였으므로, 두 사람이 모두 죽음을 면하였다.	
《다산시문집》 권9	策問, 〈荒政策〉 더구나 우리 聖朝에서는 제작이 많았는가 하면 규모도 정연하여, 惠民署·活人署·宣惠廳·均役廳과 동북쪽의 交濟倉, 서남쪽의 常賑穀 등이 전후 서로 계승되고 안팎이 서로 관련되어, 창고 저축의 풍부함과 시행의 주밀함이 夏·殷·周 三代를 앞지를 만한 점도 있었다.	1636~ 1637
《弘齋全書》 권27	綸音 2, 〈字恤 윤음〉 국가에서 活人署와 惠民署를 설치한 것은 죽을 처지에 놓인 사람들을 醫藥으로 치료하려는 뜻이었다. 질병이 있는 백성도 관서를 설치해서 구제하는 판인데, 더구나 돌아다니며 구걸하거나 내버려진 이 어린아이들은 질병이 있는 사람들에 비해서 긴급한 정도만이 아니다. 廣濟院이나 育嬰社의 좋은 법과 아름다운 제도는 고금의 사정이 다르므로 하루아침에 두루 시행하기 어렵겠지만, 서울은 팔방의 표준이 되는 곳이니 대략 남아 있는 규정을 본떠서 먼저 여기에서부터 시작해서 차차 취하여 법 삼을 수 있는 여지를 마련한다면 실로 仁政의 權輿가 될 것이다.	1681~ 1752

었으니, 폐지할 때 활인서에 병합시켰던 것인가. [本朝有閱巫署刱革年代未詳而今則巫覡屬於活人署革罷時或併活人署]”

(3) 보제원

보제원의 주된 역할은 공무 여행자의 무료 숙소였지만, 함길도·강원도로 가는 사신을 전송하는 장소이기도 했고, 도성 밖 동쪽의 농사 상황을 파악하기 위한 장소이기도 했으며, 耆老宴의 장소가 되기도 했다.

《四佳集》, 《秋江集》, 《樂全堂集》의 예를 보면 보제원이 나그네의 숙소 혹은 길을 떠나는 사신의 배웅 장소로 사용된 것을 확인할 수 있다. 또한 《疎齋集》을 보면 보제원에 누각이 있는 것을 확인할 수 있는데, 이 누각은 사신을 배웅할 때 잔치를 베풀었던 장소이기도 했고, 기로연의 장소이기도 했다. 《국조보감》에 따르면, 세조 때 이곳에서 기로소 신하들에게 연회를 베풀고 술과 음악을 하사했다는 기록이 있다.[43]

〈표 9〉 普濟院이 나타난 문집의 용례

서 명	내 용	문집 제작 시기
《四佳集》	〈의정부 영의정 上黨府院君 韓公 신도비명〉 계미년(1463)에 좌의정으로 승차되었는데, 네 도를 순찰하러 갈 적에 東宮에게 명하여 普濟院까지 나가 전송하게 하였다.	1488
《秋江集》 권7	雜著, 〈冷話〉 백원(百源)은 타고난 자질이 세상에 으뜸이어서 서사(書史)를 읽지 않았으나 시문을 지은 것이 크게 기이했다. 일찍이 普濟院에서 나를 전별할 때에 빈객이 모두 스스로 노래하고 춤추었다.	1510
《疎齋集》 권1	〈普濟院〉 삼각산 돌아갈 생각 재촉하여라 歸思催三角 나그네가 사방 유람에 지치었네. 遊人倦四方 보제원의 누각에 올라서는 登樓普濟院 왕심역 들판을 바라보노라. 望野枉心場 낙선방은 남부에 속해 있고 樂善爲南部 건천동엔 북당이 계시는데, 乾川是北堂 응당 알괘라 사당에 아뢰고 나면 應知告廟後 제매들이 안강하시다 말하겠지. 弟妹說安康	1602

43 《국조보감》 권10, 세조조 1.

《樂全堂集》 권7	記, 〈遊金剛小記〉 성을 나서는 날에 비가 심하게 내렸다. 關王廟에 도착하니, 天章 李明漢 형제와 建中 洪柱元이 맞이하여 술을 마셨다. … 건중이 普濟院까지 나를 따라왔다. 빗속에서 우산을 펴고 풀을 헤치고 앉아 술잔을 들어 권했다.	1681~1684

(4) 箭串 들판

《사가집》, 《용재집》, 《신증동국여지승람》에는 箭串(살곶이) 들판을 소재로 한 시들이 수록되어 있다. 서거정이 지은 《사가집》의 압구정부는 모두 압구정에서 전경을 바라보며 노래한 시로, 넓게 펼쳐진 푸른 들판과 목장을 뛰노는 준마의 모습에 대한 감상을 담고 있다. 《신증동국여지승람》의 한성부조 화양정 항목에 실린 양성지의 시문은 살곶이벌 푸른 들판에서 봄맞이 소풍을 가 술 한잔 하며 좋은 경치를 구경하자는 내용이다. 《용재집》은 容齋 李荇의 시문집으로 살곶이 목장 근처에 있던 화양정 정자의 모습과 그곳에서 살곶이 목장의 관원들이 노닐었던 모습 그리고 목장 마구간 말들의 훌륭한 자태를 노래하고 있다.

화양정은 태조가 목장으로 만든 넓은 들판의 살곶이벌에 세운 정자이다. 1432년(세종 14)에 세종은 목장 전체를 조망할 수 있는 높은 위치에 별장의 용도로 정자를 짓도록 하였고, 그 이름을 화양정이라 하였다.

또 이곳에는 樂天亭이라는 행궁 역할을 하는 정자가 있었다. 낙천정은 《동문선》의 기록에 의하면 태종이 왕위를 물려준 뒤 離宮을 동쪽 교외 대산에 새로 짓고 그 위에 정자를 세웠는데, 朴訔이 《주역》 〈繫辭〉의 '樂天' 이란 두 글자를 따서 지었다고 한다.[44] 卞季良의 《춘정집》에 보면 낙천정과

44 《동문선》 권80, 〈樂天亭記〉.

〈그림 2〉 화양정의 모습〈進獻馬正色圖〉, 1663년(국립중앙도서관)

관련된 시문이 남아 있다. 이 시문은 낙천정을 지은 태종의 업적을 소개하고, 이제 바쁜 정사에서 한 발짝 물러나 한 인간으로서 여유를 갖게 된 것을 축하하는 의미를 담고 있다.[45]

45 이상배, 앞의 책, 2012, 254쪽.

〈표 10〉 箭串이 나타난 문집의 용례

서 명	내 용	문집 제작 시기
《四佳集》	《四佳詩集》 권1, 賦類, 〈狎鷗亭賦〉의 일부 삼전도를 질펀히 흐르다가 演漾三渡 세차게 흘러 백 번 꺾여져서 奔流百折 더욱 제멋대로 쏟아져 흐르도다. 益肆以注 저자도는 희미하게 눈에 들오고 島楮子兮熹微 새매들의 늪은 빙 둘러 있도다. 藪鷂兒兮回互 큰 들은 손바닥처럼 편평하고 鉅野掌平 살곶이 교외의 주위에는 箭郊周遭 말 목장이 빙 둘러 있는데, 沙苑盤回 물과 풀이 매우 넉넉하여 水草肥饒 검고 누런 준마의 떼가 驪黃騄駬 아침놀의 무늬를 이루어 雲錦成章 바람을 따르고 번개를 쫓는 듯 追風逐電 매우 날래서 날아오를 듯하도다. 天驕騰驤	1488
《墉齋集》 권3	五言詩, 〈司僕寺契會圖〉 드넓게 펼쳐진 살곶이 들판이요 漫漫箭串野 장엄히 우뚝 선 화양정 정자로세. 翼翼華陽亭 말 기르는 관원들 모임을 가지니 同會以馬曹 한바탕 웃음에 모두 반가운 눈길. 一笑俱眼靑 궁중 마구간엔 용마를 기르나니 天閑豢龍種 털과 골격이 어찌 그리 헌걸찬지. 毛骨何駉駉 길길이 뛰며 여물을 배불리 먹고 軒騰飽芻豆 때로 교외에서 몸 씻고 소제한다. 刷濯時郊坰	1522
《新增東國輿地勝覽》, 漢城府	梁誠之의 시문 한가한 틈 타 말 가는대로 세상 밖을 나오니 承閑信馬出紅塵 저 멀리 들판 풍경 새롭고 산뜻하네. 極目郊原物像新 하늘 닿은 먼 산은 그린 눈썹 같이 짙푸르고 天外遠山靑似黛 비 온 뒤 꽃 풀은 사철쑥같이 푸르네. 雨餘芳草碧如茵 꾀꼬리 오르락내리락 아침 햇볕에 울고 鶬鶊上下鳴初日 소와 말떼 부산하게 사방으로 흩어지네. 牛馬紛披散四垠 호탕한 봄바람에 삼월도 저무니 浩蕩春風三月暮 술 가지고 나가 시절 즐기기에 거리낌이 없네. 不妨携酒賞良辰	1530
《東閣雜記》 上	本朝璿源寶錄 宣德 병오년(1426, 세종 8) 9월에 임금이 箭串에서 크게 열병식을 하였는데, 平明에 車駕가 출동하자 백관들이 갑옷과 투구를 갖추고 모셔 따랐다, 거가가 막사로 들어오자 병조에서 아뢰고 信砲를 놓았다.	1549 ~ 1607

《춘정집》 권3, 〈題樂天亭〉

낙천정에 쾌청한 가을이 또 오고	樂天亭上又淸秋
성군이 계신 곳에 좋은 기운이 떠오르네.	地戴明君佳氣浮
부슬비 속 갈매기는 마포 어귀를 날고	疎雨白鷗麻浦曲
지는 노을 기러기는 한산 위로 날아가네.	落霞孤鶩漢山頭
호탕하고 자애로운 기풍 사람들이 휩쓸리고	仁風浩蕩草從偃
뻗어가는 성상 은택 홍수처럼 질펀하지.	聖澤瀰漫水共流
정사 보고 난 여가에 사물을 감상하니	宵旰餘閒觀物象
인간의 그 선경을 어디서 또 구하랴.	人間仙境更何求

한편 살곶이의 드넓은 초원은 양마장 뿐만 아니라 군사 훈련의 장소나 임금의 사냥터로 쓰이기도 했는데,[46] 위 《동각잡기》의 내용을 보면 세종대에 군대의 열병식 장소로 사용된 것을 알 수 있다.

(5) 선농단과 선잠단

《慵齋叢話》의 내용을 통해 선농단과 선잠단의 위치가 각각 동대문 밖, 동소문 밖임을 확인할 수 있다. 〈표 11〉에서 언급되는 觀耕臺는 아마도 보제원에 있었던 누각이 아니었나 짐작된다. 적전은 농경국가에서 권농책으로 국왕이 친히 농경의 시범을 보이기 위해 의례용으로 설정한 토지를 말하는데, 조선시대에는 개성 교외에 설치한 서적전과 이곳 흥인문 밖 동적전이 있었다. 《홍재전서》와 《임하필기》에서 임금이 친히 행차하여 親耕을 하고, 때로는 왕후도 親蠶을 하였다는 기록을 보면, 이곳이 다스림의

46 《성종실록》 권120, 성종 11년 8월 12일(기미)

공간이었던 것으로 이해할 수 있다. 풍년을 기원하고 임금이 친히 백성과 함께 하는 모습을 보임으로써 善政을 베푸는 모습을 보이기 위함인 것이다.

신광하의 〈성시전도시〉에서는 소, 양, 돼지를 올려놓고 先農祭를 드리는 선농단의 모습을 묘사하고 있다. 정조의 명으로 창작된 시이기 때문에 봄, 화합, 좋은 날, 검은 쟁기 등 임금의 친경 행사를 미화하여 묘사했다는 점이 있지만, 선농단과 선농제의 모습을 비교적 자세히 묘사하고 있어 흥미롭다.

〈표 11〉 先農壇과 先蠶壇이 나타난 문집의 용례

서 명	내 용	문집 제작 시기
《慵齋叢話》 권10	祭壇은 社稷을 귀중히 여겨 성 안에 있고, 성 밖에도 여러 곳 있다. 先農壇은 동대문 밖 普濟院 東洞에 있는데, 觀耕臺가 있다. 성종이 籍田을 몸소 갈 때 여러 번 거둥하시었고, 정월에는 풍악을 써서 제사지냈다. 先蠶壇은 동소문 밖에 있는데, 3월에 풍악을 써서 제사지내고, 圓壇은 한강 西洞에 있는데 세조가 일찍이 가서 하늘에 제사 지냈다.	1525
《弘齋全書》 권26	綸音 1, 〈觀耕臺 粢盛 곡식의 觀刈日에 내린 윤음〉 仲夏의 시절에 적전의 보리가 익었다는 보고가 올라왔기에 본월 8일에 대신을 보내어 먼저 先農壇에 제사 지내고, 새벽같이 어가를 달려 관예의 의식을 거행하게 되었는데, 百畝의 황금빛 이삭에서 풍년을 징험할 수 있었다. 이에 농기구를 구비하여 저 보리를 수확하고는 농부를 올라오게 하여 社酒로써 위로하고 樂章을 갖추어 연주하며 사람들과 하나가 되어 즐겼다.	1814
《林下筆記》 권10	〈典謨編養民〉 성종조에 친히 先農壇에 제사하고 마침내 몸소 籍田의 밭갈이를 하였으며, 왕비가 世子嬪과 內外命婦를 거느리고 親蠶을 하였다. 상이 이르기를, "몸소 밭갈이를 하는 이유는 粢盛을 마련하기 위해서이니, 지금의 동서 적전이 이것인바 조금의 실효가 있다. 친잠을 하는 이유는 祭服을 마련하기 위해서인데, 그 의식은 있지만 실효가 없다. 지금 안에서 길쌈을 하려 하니, 베틀을 만들고 또 길쌈을 하는 여자를 가려서 들이라." 하였다.	1872

신광하의 〈城市全圖詩〉 중에서

봄이 되어 임금 계신 곳 화합한 기운 맞이하여	左介乘春迎協氣
좋은 날 적전에서 검은 쟁기를 밀고	上日籍田推玄耜
모나고 둥근 터에서 구농에 제사하는데	方圓丘祇祈九農
소 한 마리 양 한 마리에 다시 돼지 한 마리 올렸구나.	牛一羊一復一豕

(6) 입석포와 저자도

입석포와 관련된 시문으로는《漢都十詠》[47]의 〈立石釣魚〉가 있다. 이곳은 동쪽에서 흘러오는 한강과 북쪽에서 흘러오는 중랑천이 합쳐져 천연의 낚시터로도 유명했고, 세종이 아버지 상왕을 모시고 종종 낚시 구경을 오기도 하였다고 한다.[48]

서거정의 〈立石釣魚〉

시냇가의 괴석이 사람처럼 섰는데	溪邊怪石如人立
옥 같은 가을물이 푸르게 비치었네	秋水玲瓏照寒碧
낚싯대 들고 와서 풀밭 깔고 앉으니	把釣歸來藉綠蕪
은실 백 자 끝에 금잉어가 뛰것다	百尺銀絲金鯉躍
잘게 저며 회치고 끓여 국을 만드니	細斫爲膾烹爲羹
모래 위에 쌍옥병이 연방 거꾸러지는구나	沙頭屢臥雙玉甁
취하여 다리를 치며 창랑을 노래하니	醉來鼓脚歌滄浪

47 《한도십영》은 서거정을 중심으로 강희맹, 성현과 같은 당대의 유명한 사장파 문인들과 월산대군, 부림군 이식과 같은 왕족이 동참하여 창작한 작품으로, 서거정이 지은 《한도십영》의 次韻詩라는 점이 특징적이다.

48 김현정, 앞의 논문, 2015, 19쪽.

만고의 기린각 이름을 무삼하리오　　　　不用萬古麒麟名

강희맹의 〈立石釣魚〉

긴 냇물이 언덕을 넘치고 돌이 우뚝 섰는데　　長川嚙岸石獨立
벼랑 밑 맑은 물엔 마름이 푸르구나　　崖下泓澄藻荇碧
새털처럼 가볍고 실낱같이 가늘은 미끼　　羽輕縷細餌偏香
큰 고기는 못에 잠기고 피라미는 뛰어노네　　大魚潛淵小魚躍
큰 고기를 잡아 어서 국을 끓이라 재촉하니　　得雋傳呼催作羹
진주가 쏟아지는 듯 술이 병에 가득차네　　眞珠瀉下春滿瓶
비낀 바람, 가랑비에 취해 아니 돌아오니　　斜風細雨醉不歸
강호에 내 성명이야 남아 알거나 말거나　　一任江湖知姓名

"입석포에서 고기를 낚는다."라는 의미의 이 두 편의 시는 입석포 경치의 아름다움, 낚시의 역동적인 모습과 즐거움, 술 한잔의 풍류와 강호한 정의 태도를 잘 표현하고 있다. 특히 마지막에 술에 취해 아름다운 강의 모습을 감상하며 한가롭게 즐기는 모습이 인상적이다.

입석포 앞에 있던 저자도 역시 경치가 절경이어서 왕족이나 양반들의 개인 누정과 별서들이 많이 있었다. 저자도에 있던 風月亭의 기록인 〈風月亭記〉에는 그 풍경을 자세히 기록해 놓았다.[49] 또한 조선 후기 문인인 申光洙가 지은 시도 한 편 전한다.[50]

49 《白軒集》 권3, 〈風月亭記〉.
50 《石北集》 권3, 〈楮島夜泊〉.

〈楮島夜泊〉

4월의 강물 푸르게 넘치니	四月靑靑水
매 위의 밝은 달이 외롭다	野航明月孤
초가 八九채 넘는 곳에	茅茨八九屋
버드나무 몇 그루 서 있다	楊柳數二株
오늘 밤은 여기서 자려고	今夜不回棹
이웃 배에서 물고기를 사 온다	隣舟初買魚
닭 우는 소리 들으며 언덕 위로 올라가니	聞鷄岸上去
초창한 모습 서호가 여기라네	怊悵是西湖

이 시에는 달이 강에 비치는 봄밤의 운치가 고스란히 담겨져 있다. 8~9채의 집이 있는 한적한 마을 저자도에서 하룻밤 묵기 위해서 이웃배에서 물고기를 사왔다는 표현이 정겹다. 저자도의 언덕에 올라 바라본 서호의 모습이 초창하게, 즉 한탄스럽고 구슬프게 느껴진다는 구절은 화자의 마음을 반영하고 있는 듯하다.

(7) 제천정

제천정은 왕실의 별장이지만 외국 사신들이 한강의 경치를 즐기기 위해 자주 찾던 외교적 공간이기도 했다. 명나라 사신인 倪謙이 이곳에 올라 지은 한강기문도 전하는데, 이 기문에는 외국 사신들이 조선의 대신들과 함께 모여 시문을 주고받으며 경치를 논하고 여흥을 즐기는 모습이 잘 묘사되어 있다. 제전청은 아름다운 자연의 정취를 만끽하던 장소였기 때문에 이를 소재로 지어진 시문도 다수 전해진다. 아래는 《한도십영》에 실린 〈濟川玩月〉이라는 시이다.

서거정의 〈濟川玩月〉

만이랑 가을빛이 유리처럼 고요한데 秋光萬頃瑠璃靜
화동·주렴이 차갑게 비치었네 畫棟珠簾蘸寒影
하늘은 씻는 듯 구름 한 점도 없고 長空無雲淨如掃
앉아서 기다리노라니 달 떠온다, 황금 송편 坐待月出黃金餠
천지의 맑은 기운이 뼈에 사무치고 乾坤淸氣骨已徹
밝은 빛에 머리칼을 하나하나 셀 만하네 明光一一數毛髮
밤이 길어 갈수록 더욱 기절한 경치 吾夜深深更奇絶
열두 구비 난간을 두루 기대어 보았네 倚遍闌干十二曲

차가운 가을밤의 달빛을 표현한 이 시는 비유가 아주 뛰어난 작품이다. 황금 송편에 비유한 달, 머리칼을 하나씩 셀 만한 밝은 달빛, 열두 난간을 두루 기대어 볼 만큼 뛰어난 절경이라는 구절들은 제천정 달빛의 아름다움뿐만 아니라, 한가롭고 고요하게 자연을 즐기는 화자의 모습을 잘 표현하고 있다.

2) 서남부 지역

서남부 지역에서 꼽을 수 있는 주요 장소는 모화관과 영은문, 반송정과 반송지, 망원정, 삼호정, 남관왕묘, 서활인서 등이다.[51]

51 南關王廟와 西活人署는 '1) 동부 지역' 참조.

(1) 모화관과 영은문

〈표 12〉 慕華館이 나타난 문집의 용례

서 명	내 용	문집 제작 시기
《薊山紀程》 권1	出城, 1803년(순조 3, 계해년) 10월 아침에 행장을 단속하여 敦義門으로 해서 迎恩門의 慕華館에 당도하였는데 세 사신은 表文을 받으러 가서 아직 나오지 않았다. 나는 곧장 弘濟院의 店舍로 향했다. 넷째 형과 생질 南君은 이미 작별하고 먼저 돌아갔으며, 장인 역시 班荊의 정을 나눴다. 잠시 후에 사신 일행이 일제히 당도하여 차례에 따라 길을 떠났다.	미상
《石潭日記》 上	1570년(선조 3, 경오년) 임금께서 慕華館에 나오셔서 武士들에게 시험을 보이고, 저녁 때 환궁하였는데, 대궐문에 미처 들어가기 전에 저녁 鐘이 울리어 扈衛하던 신하들 가운데 집이 三門 밖에 있는 사람들은 종소리를 듣고는 흩어져 요란하게 달려가니 識者들이 놀라고 해괴하게 생각하였다.	1565~1581
《東閣雜記》	《東閣雜記》 上, 本朝璿源寶錄 計稟使 恭寧君裀과 副使 都統制 元閔生이 금·은의 貢物 면제를 청원할 일로 출발하게 되었는데, 세종이 친히 慕華館까지 가서 전송하였다. 裀 등이 황제의 칙서를 받아 가지고 왔는데, 금·은 貢納을 면제하되, 토산물로써 정성을 표시할 것을 허락하였다.	1549~1607
	《東閣雜記》 下, 本朝璿源寶錄 2 1539년(중종 34, 기해년)에 興聖蔣太后가 돌아갔으니, 바로 世宗皇帝의 생모였다. 湖廣에 장사지내는데 황제가 따라 行幸하였다. 상이 欽問使를 보내려 하니, 조정 의론이 혹은 보낼 필요가 없다고 하였으나, 임금이 마침내 李淸을 사신으로 보내었더니, 그가 돌아올 때에 칙서를 내려 칭찬하고, 또 龍衣를 주었다. 상이 모화관까지 나가서 마중하고, 백관에게 품계를 올려주고 別科를 보여 인재를 뽑았다.	
《西厓集》	《서애선생 연보》 권2, 1594년(선조 27, 갑오년) 어가를 수행하여 慕華舘에서 진법을 익혔다. 상이 모화관에 거둥하여 훈련을 친히 사열하고 난 뒤, 상이 匹段 2封을 선생에게 하사하며 말하였다. "지금 진법 연습을 보니 우리나라에서는 없었던 일이고 또한 이미 연습이 숙달되었으니, 이것은 영상의 공로이므로 이것으로 표창한다." 선생이 사양하며 말하기를, "이는 모두 이덕형과 명나라 장수가 권장한 힘입니다. 신이 이 은사를 받기란 미안합니다." 하니, 상이 말하기를, "미안하게 여기지 말라." 하였다.	1633

《林下筆記》 권10	《성호전집》 권63, 墓誌銘, 〈曹參議權公墓誌銘 并序〉 신미년(1691, 숙종17)에 교서관 교리를 겸하였다가 수찬으로 옮겨졌다. 임금이 친히 慕華館에 임하여 문무관을 시험 보였는데, 공은 應製에서 2등을 차지하였다. 또 활쏘기에서도 합격하니 모두 풍성하게 상을 내려 주었다. 또 여러 번 옮겨져서 이조 정랑이 되어 수어청 종사관과 지제교를 겸임하였다가 부응교로 옮겨졌다.	1774

《薊山紀程》과 《東閣雜記》는 모화관이 배웅과 마중의 공간으로 쓰였음을 보여주는 용례이다. 《계산기정》처럼 사신이 사행을 떠날 때 모화관에서 가족과 친지들의 배웅을 받기도 하고, 때로는 《동각잡기》처럼 임금이 직접 모화관으로 나가 사신을 마중하기도 했다. 《동각잡기》 下는 중종 때의 이야기로, 명나라의 흥성장태후가 죽자 임금은 안부를 묻기 위해 李淸을 欽問使로 보냈는데 명 황제가 이청에게 칙서를 내리고 용의를 주었고, 이청이 조선으로 돌아올 때 임금이 모화관에 가서 직접 그를 맞이했다는 내용이다. 또 앞서 언급했듯이 모화관은 무과 시험장이나 군사 훈련소의 공간으로도 쓰였는데, 《경연일기》, 《서애집》, 《성호집》을 보면 이를 확인할 수 있다. 《경연일기》와 《성호집》은 모화관에서 임금이 친림하여 무관의 시험을 보게 한 내용이고, 《서애집》은 모화관에서 명나라 장수로부터 진법을 익히고 군사 훈련을 했던 내용이다.

(2) 반송정과 반송지 그리고 천연정

盤松坊은 돈의문 밖에 위치한 한성부 서부 9방 중 하나로, 도성 밖 지역 중에서 5부에 편입된 지역이다. 반송방이라는 지명은 이 근방에 盤松이 많았던 것에서 이름 붙여진 것인데, 조선 초기에도 연못가에 소나무가 있어 그 연못을 盤松池[52]라 불렀고, 정자를 세워 盤松亭이라 하였다.[53]

연꽃이 활짝 핀 연못과 그 옆에 있는 정자 그리고 이곳을 둘러싼 소나무는 자연을 노래하기에 좋은 경관이었다. 그래서 이곳은 한양의 아름다운 절경으로 꼽혀 시의 소재가 되었고, 많은 이들이 이곳을 향유하며 시를 읊었다. 한편 이곳은 이별의 공간이기도 했는데, 모화관과 더불어 먼 길을 떠나는 가족이나 친구를 전송하고 전별연을 하는 곳이었다.

〈표 13〉 盤松亭이 나타난 문집의 용례

서 명	내 용	문집 제작 시기
《海東雜錄》	通亭 姜淮伯의 〈盤松亭時〉 푸른 소나무여 푸른 소나무여, 길섶에 나서　蒼松蒼松生逍左 가려 주는 덕이 있어 외롭지 않구나.　數個連陰德有隣 가는 가지 뻗쳐 푸른 장막을 치니　細枝連揚張翠帷 햇볕을 가리어 서로들 모여드네.　遮斷白日相依因 옛일이라 어느 때인지 아득하나　人言邃古無何時 임금이 진시황처럼 예서 비를 피하였다네.　君王避雨如嬴秦 그러므로 이 나무를 봉하여 장군을 삼으니　因封此樹爲將軍 지키는 자 대대로 녹을 받아 성은을 입는구나.　守者代俸霑王仁	1670
《澤堂集》	《택당선생 속집》 권4, 詩 〈李와 尹 두 분 사신의 행차에 뒤따라 부치다〉 餞別 자리 미적대다 성 밖에 나가질 못했는데　城外無端出餞遲 우동이 홀연히 전하는 소식 지금 떠나신다고요.　郵童忽報二星馳 조정 관직에 얽매여서 밤을 꼬박 새다 보니　官拘晝省仍留夜 반송의 송별시 역시 시간을 맞추지 못했네요.　詩到盤松亦後期 關山의 길목에는 비 그치고 서늘 바람　關路雨收涼吹動 禁苑엔 이른 가을 구슬픈 벌레 소리.　禁林秋早候蟲悲 중년의 이별 어렵다고 예로부터 칭했는데　古稱中歲難爲別 더군다나 우리 두 분 벌써 노년임에리까.　何況諸公各已衰	1674

52 반송지는 모화관이 세워진 이듬해, 사신을 접대하기 위한 용도로 모화관 바로 남쪽에 만들어진 것이다(《태종실록》 권15, 태종 8년 5월 7일(을묘)). 서대문 밖에 있다고 해서 '西池'로도 불렸다.

53 김지현, 앞의 논문, 2017, 112쪽.

<table>
<tr><td>《竹石館遺集》</td><td>《竹石館遺集》 책1, 詩,
〈묘군이 옥류·자하·소음과 천연정에서 모일 적에, 나는 公務로 참석하지 못했는데, 제군이 운을 나누면서 죽 자를 나에게 배속하였다.
반송의 정자에는 더운 기운 사라지고　盤松亭子無暑氣
초록빛 방죽에는 몇천 섬의 맑은 물.　綠陂淸水千千斛
이 못의 연꽃은 온 나라에 소문났나니　此池荷花一國聞
푸른 잎 붉은 꽃이 잔물결에 어리비치네.　膩碧粉紅寫漪縠</td><td>조선 후기</td></tr>
<tr><td rowspan="2">《容齋集》</td><td>《용재집》 권2, 五言律,
〈庚辰十月之望 謹奉大用 元之兩公行次 用博旅中一噱〉 二首
만리 먼 길 떠나는 그대 보내며　萬里唯吾子
이별 앞에 인사 한마디도 못했지.　臨分闕一辭
나태한 태도야 나의 허물이지만　疎慵吾過矣
안온한 자세 그대 어찌 그러한고.　安穩子何其
가을이 다 가도 사람은 여전히 멀고　秋盡人猶遠
하늘은 텅 빈데 달은 저리 둥글구나.　天空月正規
몇 줄의 글을 봉하여 보내오니　題封數行字
애오라지 이로써 그리운 정 달래길.　聊且慰相思</td><td rowspan="2">1589</td></tr>
<tr><td>훈풍이 부는 저녁 이별하고　分手薰風夕
백설 내리는 아침 편지 쓰노라.　裁書白雪朝
세월은 어찌 그리도 빠른지　年光何草草
변방 땅 너무도 멀기한 하구나.　關海極遙遙
삼사에 어찌 편안할 겨를 있으랴　三事寧遑處
벗의 마음 속절없이 그리워한다오.　朋情謾鬱陶
반송정 아래 길에서　盤松亭下路
어느 때나 술 취해 나란히 말 탈꼬.　幾日醉連鑣</td></tr>
</table>

《海東雜錄》의 시는 고려 말 조선 초의 문신인 통정 姜淮伯이 지은 것이다. 고려왕이 남경에 행차했다가 갑작스러운 비에 이 곳 소나무 밑에서 비를 피했다는 이야기가 전해지는데, 강회백이 이 반송정의 소나무는 과연 높고 커서 수십 보를 가릴 만하다면서 가림막이 되어 주는 소나무의 덕과 높고 울창한 모습을 노래하고 있다. 《竹石館遺集》은 조선 후기의 문신 徐榮輔의 시문집으로 위 시는 반송정과 소나무, 연꽃의 아름다움을 노래한 작품이다. 한편 《澤堂集》과 《容齋集》은 이별 공간으로서의 반송방의 모습을

잘 보여준다. 《택당집》의 시는 미처 전별연에 나가지 못한 상황에 떠난다는 소식을 듣고 사신으로 떠나는 두 동료에게 송별시를 부쳐 보낸다는 내용이다. 비가 그친 후 서늘한 바람과 이른 가을 구슬픈 벌레소리가 이별의 아쉬운 마음을 잘 표현하고 있다. 《용재집》도 마찬가지로 먼 변방 땅으로 떠난 벗에게 보내는 송별시이다. 가을이 다 가도 사람은 여전히 멀리 있고, 세월은 빠르지만 여전히 변방이 멀다고 하는 말에서 벗을 그리워하는 작가의 마음이 나타난다.

반송지 주변에는 天然亭이라는 정자도 있었다. 1793년(정조 17)에 처음 신축되고, 1836년(헌종 2)에 중수되었다. 정자 이름을 천연정이라 한 것은 반송지가 못으로써 이름났으며 도성 가까이 있는 것 중에 제일 크고 또 연꽃이 많으므로 李白의 "천연스러워 꾸밈을 벗어났다[天然去雕飾]."라는 시구에서 의미를 취하였다고 한다. 이곳은 반송정처럼 이별의 공간이기도 했지만 연꽃을 감상하고 잔치를 벌이는 유희의 공간이기도 했다.[54] 아래 정약용의 시를 보자.

《다산시문집》 권4, 詩, 〈夏日遣興〉

성을 끼고 길게 뻗은 서교로 가는 길	西郊馳道夾城長
한여름에 그 길 따라 시원한 참에 댈라치면	朱夏追隨趁晩涼
사통오달 덩그런 집 깊은 골에 열려 있고	四達軒楹開僻巷
한 무리 말 탄 손님 꽃못에 비치느니	一群鞍馬照芳塘

54 이에 대해 김지현은 반송방의 장소적 의미가 조선 전기 이별의 공간으로서 고착되어 있다가, 18세기에 들어서 변화했음을 알 수 있다고 하였다. 18세기에 들어 文會와 詩會를 즐기는 문화예술의 공간으로 확장되면서, 시인 묵객들이 즐겨 찾던 '모임'의 장소로 변화되었다는 것이다(김지현, 앞의 논문, 2017, 128쪽).

사대에 날 다스워 잔디싹이 푸르르고　　射臺日煖莎苗綠
어함에 부는 미풍 연꽃이 향기로워　　魚檻風微菡萏香
오얏 담그고 외 띄우고 웃으며 즐기다가　　沈李浮瓜欣笑午
언제든지 석양이 다 되어서야 돌아왔지.　　常時歸影逼斜陽

[天然亭在義門外] [천연정은 돈의문 밖에 있다.]

《다산시문집》 권2, 詩, 〈遊西池〉

연잎은 시퍼렇고 연밥은 여물었는데　　蓮葉靑靑蓮子團
연꽃이 시든 지금 보는 사람 그 누구뇨.　　蓮花零落有誰看
버들 끝에 매미 울어 가을 아직 빠르고　　蟬吟高柳秋聲早
높은 성에 새 내리니 석양빛이 저무누나.　　鳥下層城返照殘
서늘한 언덕 잡초 산기운에 젖었고　　涼墺草含山氣濕
저녁 소반 오이조각 수정마냥 차갑구나.　　晩盤瓜劈水精寒
아마도 두메산골 바위 골창 마을에는　　遙知峽裏門巖里
누런 벼이삭 거두어 올벼밥 지을 만하리.　　紅稻離離可早餐

첫 번째 〈여름날 흥풀이[夏日遣興]〉는 세검정, 천연정, 유하정, 서향각, 읍청루, 망해정, 군자정, 세심대 등을 주제로 한 8수 중 천연정을 읊은 시이다. 시인은 천연정에서 꽃못이 된 서지의 아름다움과 연꽃의 향기에 취해 석양까지 머물렀음을 이야기하고 있다. 두 번째는 〈서지를 노닐다[遊西池]〉란 제목의 시이다. 여름에서 가을로 넘어가는 즈음, 연꽃이 진 서지의 모습을 표현하고 있다.

(3) 망원정

망원정이 있는 서호의 경치는 아름답기로 유명하였다. 강희맹은 “서호西湖는 도성과의 거리가 10리도 못 되는데, 산이 푸르고 물이 푸르러 형승形勝이 우리나라에서 제일간다.”라고 한 바 있으며[55] 서호의 절경 8곳인 ‘서호팔경’이 있었다. 서호팔경은 龍湖霽月(용산강 물 위로 뜨는 달), 麻浦歸帆(마포 포구로 돌아오는 돛단배), 栗島明沙(밤섬의 깨끗한 모래벌), 籠岩暮煙(농바위 마을의 저녁 연기), 牛山牧笛(와우산에서 은은히 들려오는 목동들의 피리 소리), 楊津落照(양화나루의 낙조), 冠岳晴嵐(맑은 날의 관악산 아지랑이)이다.[56]

효령대군의 정자인 망원정의 본래 이름은 ‘喜雨亭’인데 이는 세종과의 일화에서 유래되었다. 전국적인 가뭄이 계속되어 근심하던 세종이 교외로 순시를 나간 길에 효령대군을 만나기 위해 망원정을 찾았다. 이곳에서 함께 술 한 잔을 기울였는데 때마침 하늘에 비가 내려 세종은 ‘기쁜 비를 만나게 해준 정자’라는 의미로 ‘희우정’이라는 이름을 지어주고 현판을 걸게 했다고 한다. 이름이 망원정으로 바뀐 것은 1484년(성종 15)으로 월산대군이 쓰러져가던 정자를 다시 세우고 이름을 바꾼 것이다. 당시 월산대군이 지은 시가 전한다.

월산대군 李婷의 《風月亭集》 권2, 〈暮春日 與伯胤同遊望遠亭 有題〉

망원정 앞 삼월 저물녘에	望遠亭前三月暮
그대와 봄옷 잡혀 술을 마련하였네.	與君携酒典春衣
하늘 가로 산이 멀고 빗발은 끝없이 내리고天	邊山盡雨無盡

55 《신증동국여지승람》 권3, 한성부.

56 이상배, 앞의 책, 2012, 243쪽.

강 위로 날던 제비는 돌아가지만 사람은 앉아 있구나.	江上燕歸人未歸
사방으로 바라보는 풍경 흥이 절로 나는데	四顧雲煙堪遣興
갈매기 해오라기 따라와서 세상일을 함께 잊는다.	相從鷗鷺共忘機
풍류생활로 마음 편한 것 나의 평생 소원	風流似慰平生願
인간 세상 살면서 시비일랑 배우지 마세나.	莫向人間學是非

비 내리는 3월 저녁, 봄 옷을 맡기고 마련한 술을 마시며, 경치에 취해 흥이 난다는 구절에서 월산대군의 풍류를 느낄 수 있다. 세상의 일에서 벗어나 자연 속 풍류를 즐기는 대군의 삶이 한가롭고 소박하다.

(4) 삼호정

삼호정이 있던 남호 또는 용호는 경치가 아주 아름다운 까닭에 여덟 곳을 선정하여 용산팔경이라 하였다. 용산팔경은 淸溪朝雲(멀리 용산강 건너 구름이 낀 청계산의 아침 모습), 冠岳晩霞(용산강에서 바라보는 관악산의 저녁노을), 蔓川蟹火(만초천에서 게를 잡는 등불), 銅雀歸帆(동재기 나루로 돌아가는 돛단배), 栗島落照(밤섬의 낙조), 黑石貴僧(흑석동으로 동냥중이 돌아가는 모습), 露梁行人(노량나루의 사람들이 왕래하는 모습), 沙村暮景(모래마을의 저녁 경치)이다.[57]

삼호정은 조선 후기 문신인 김덕희의 기생 錦鶯을 필두로 한 여류 시인들이 모여 시를 읊곤 했던 장소로 유명하다. 금앵은 1817년(순조 17)에 원주에서 태어났고 호는 錦園이며, 三湖亭詩壇의 동인이다. 금앵은 김덕희 소유의 별장인 삼호정에 살면서 같은 처지의 벗들과 어울리고 그들을 규합하여 시문을 지으면서 시단을 형성하였다. 남성 중심의 사회에서 여성들

57 이상배, 앞의 책, 2012, 241쪽.

만의 문화 공간을 만들었다는 점에서 삼호정은 큰 의미가 있다. 《호동서락기》에 금앵의 〈三湖亭詩〉가 전한다.

금앵의 〈三湖亭詩〉

안개 자욱한 강 가없이 넓고 하늘엔 갈매기 날고	燃波浩蕩白鷗天
난간에 비스듬히 기대 온 밤 지새우는데,	斜倚欄干夜不眠
강 건너서 때때로 사람 소리 들리나니	隔江時聞人語響
달 밝은 남포로 가는 배인가 보다.	月明南浦有歸船
발을 들어 올리니 물은 하늘 끝에 닿고	簾幕初開水國天
열두 굽이 그림 난간에 봄바람이 불어오네.	春風十二畵欄前
강 건너 복숭아 오얏꽃과 강가의 버들가지	隔江桃李淞江柳
가랑비에 온통 희뿌옇하네.	盡入溟濛一色烟

복숭아 오얏꽃과 버드나무 가득한 한강의 봄 경치가 잘 표현되어 있으며, 새벽녘 안개가 자욱하고 가랑비가 내리는 강가의 모습이 잘 묘사되어 있다.

3) 북부 지역

북부에서 뽑을 수 있는 성저십리의 주요 장소는 조지서와 세검정, 행궁과 산영루, 인왕산과 山寺 등이다.

(1) 조지서와 세검정

조지서는 조선시대 종이 만드는 일을 담당하였던 관청이다. 1415년(태종 15)에 서울의 彰義門 밖 藏義寺洞(현재의 세검정 근처)에 조지소라는 명칭으로 설치되어 1466(세조 12)에 조지서로 바뀌었다.[58] 楮貨紙·表·箋과 咨文(중국과 왕복하던 문서) 그리고 서적에 필요한 여러 가지 종이를 제조·관리하였다. 司紙·別提·提調 등의 관원을 중심으로 이루어진 편성 인원은 필요에 따라 여러 번 바뀌다가 1882년(고종 19)에 폐지되었다.

조지서가 있던 이곳은 삼각산과 백악을 바라보는 경관이 매우 아름다운 곳이었다.《하곡집》의 내용을 보면 폭포수와 맑은 물이 흐르고 경치가 좋아 산간의 絕勝이라고 하였고, 이 근처에 위치한 세검정과 탕춘대 역시 많은이들이 자연을 감상하고 벗삼아 노닐던 장소였다. 그렇기 때문에 조지서는 종이를 제조하고 관리하는 관청으로서만 쓰이지 않고 자연을 향유하고 노니는 장소로도 이용되었고,《용재총화》의 시와《青莊館全書》의 기록이 이러한 사실을 잘 보여준다.《용재총화》의 시는 조지서를 둘러싼 산과 떨어지는 폭포 등의 아름다운 절경을 표현하고 있다. 한편《청장관전서》는 조지서의 일꾼에게 중요한 일을 앞두고 휴가를 주어서 잔치를 벌이고 놀게 하였다는 내용의 기록인데, 이는 洗草宴과 유사한 성격으로 보인다. 한 왕에 대한 실록의 편찬이 끝나고 나면 이에 참여했던 신하들이 모두 세검정에 모여 정자 아래 흐르는 물에 史草[59]를 씻어내는 행사를 하였는데, 이를 세초라 한다. 모든 세초가 끝나면 왕이 그동안의 노고를 치하하기 위해 잔치를 베풀어 주었는데, 이것이 바로 세초연이다.

58 정선영, 〈조지서의 관제와 관리〉《서지학연구》 50, 2011, 94쪽을 보면, 1504년(연산군 10)에 조지서를 장의사동에서 홍제원 위쪽으로 옮겼다는 기술이 있다(《연산군일기》 권54 연산군 10년 7월 14일(임인)). 그런데 문집의 용례를 보면 조지서가 移設된 내용을 찾아볼 수 없고 조선 후기의 기록까지 모두 검토해본 결과 조지서의 본래 위치는 세검정 근처에 있었던 것으로 짐작된다. 홍제원 위쪽으로 이설되었다는 것은 다시 검증되어야 할 내용이 아닌가 의심된다.

59 사초란, 실록·일기 등 역사 편찬의 첫 번째 자료로서 史官이 매일 기록한 원고를 말한다.

〈표 14〉 造紙署가 나타난 문집의 용례

서 명	내 용	문집 제작 시기
《慵齋叢話》 권4	장의동 造紙署에서 잔치를 벌였는데, 기생 수명과 스님 수명이 있었다. 제공이 모두 시를 지을 제, 화중이 또한 글을 짓기를, 꽃이 있고 술이 있고 또 산이 있으며 有花有酒仍有山 손과 주인이 기뻐하고 스님 또한 기뻐하도다. 賓歡主歡僧亦歡 취한 뒤에 두 귀가 붉어짐을 사양하지 아니하니 不辭醉後兩耳熱 떨어지는 폭포 낯을 스쳐 사람을 차게 하도다. 飛泉洒面令人寒 하니, 백고가, "'사람을 차게 하도다[令人寒]'를 '소리소리 모두 차도다[聲聲寒]'라고 고치는 것이 좋겠다." 하였다.	1525
《白沙集》 권2	啓辭 평상시에 모든 罪人들을 해조에서 造紙署에 定配하여 擣砧軍으로 삼아 왔으니, 지금도 이 규정에 의거하여 모든 죄인들을 일일이 본시에 정배하고 옛 규정을 대략 변경시켜서, 3년 한도로 정배된 자가 2인을 雇立시켜 줄 경우에는 만 1년 반 만에 석방을 허락하고, 2년 한도로 정배된 자가 2인을 고립시켜 줄 경우에는 만 1년 만에 석방을 허락하며 …[60]	1629
《浦渚集》 권15	啓辭, 〈승려들에게 포목을 거두는 일을 논한 狀啓〉 그리고 승려들이 한가히 노닌다고 말할지도 모르겠습니다마는, 이들 역시 하는 일이 없는 사람들이 아닙니다. 南漢山城이나 남쪽 지방의 각처에 있는 산성을 수축할 때에는 모두 승려들을 동원해서 쓰고 있는데, 지난번 山陵의 공사 때에도 승려들을 동원한 것이 적지 않았습니다. 또 해마다 남한산성과 각처의 산성에 義僧을 立役시키는 일과 造紙署에 입역시키는 일로 三南 지방의 크고 작은 사찰에서 모두 포목을 징수하여 자금으로 보내고 있고, 심지어는 외방의 白綿紙를 마련하는 것까지도 모두 승려들에게 내도록 요구하고 있으며, 각 營과 각 官에서 불법으로 강제 징수하는 일도 엄청나게 많습니다. 그러고 보면 승려들에게 가해지는 부담이 무겁다고 말할 만하고, 그 부담이 또 고통스러울 정도라고 말해도 좋을 것입니다.	1692

60 《白沙集》 권2, "平時凡有罪者 該曹定配於造紙署 爲擣砧軍 今依此規 凡有罪之人 一一定配於本寺 而略變舊規 限三年定配者 雇立二人 則滿一年半許放 配二年者 雇立二人 則滿一年許放."

《靑莊館全書》 권71	附錄 下, 1790년(정조 14, 경술년) 4월 13일, 웅어 1두름을 하사받았다. 24일, 웅어 1두름을 하사받았다. 蕩春臺를 유람하였다. 이 대는 彰義門 밖에 있는데 이곳에는 또 造紙署가 있다. 장차《무예도보통지》를 찍을 종이의 마련을 앞두고 편찬에 관계하는 사람들을 휴가를 주어 놀이를 나간 것인데 좋은 술과 안주를 갖추었고, 여러 기생들은 번갈아가며 竹枝詞를 부르고 칼춤을 추는 배우는 모두 겨우 舞勺을 배울 어린 아이들로서 사랑스러웠다. 이들은 음악을 연주하며 술을 권하는데 이름하여 童子樂이라 불렀다.[61]	1741~ 1793
《荷谷集》	詩書類, 記 拾遺, 〈蕩春臺記〉 오른쪽 산 밑이 案臺이며 廨이 있으니 造紙署라 하였다. 조지서 위에는 폭포수가 있어서 거꾸로 내려오니 곧 냇물의 근원이었다. 물은 바로 탕춘대를 싸고 왼쪽으로 두 골짜기를 끼고 흐른다. 대체로 그 구렁은 모두 돌이며 반석이요 지면은 모두 모래인데 희였다. 돌인 때문에 물은 골골히 울며 흐르고 모래인 까닭에 물은 맑고 깨끗하며 비록 흔들어도 흐려지지 않으니 모래와 돌은 또한 물과도 서로 잘 만났다. 그런 까닭에 모두 매끈하여 갈아 놓은 것 같으며 밝고 빛나서 햇빛과 모래 빛이 환히 서로 비치었다. 맑은 바람과 소나무는 운치를 이루었으니 참말로 산간의 絕勝이었다.	1856
《林下筆記》 권9	典謨編, 〈君道〉 세조 때에 承傳宦官 李得守에 대해서 公事를 지체한 일 때문에 告身을 빼앗고 造紙署 搗砧軍으로 배속하였다. 상이 筵臣에게 이르기를, "세종조에는 승전 환관 崔濕과 田畇이 가장 교활하였고 金忠이 그다음이었는데, 오늘날 이득수는 이들보다 더 교활하니, 지극히 현명한 자가 아니면 간사한 짓을 분변할 수 없을 것이다. 그러나 내가 어찌 그의 술수에 빠지겠는가. 유익한 교훈이 되지 않는 말은 오직 부인과 내시의 말이니, 예로부터 나라를 망친 자들은 반드시 이러한 사람들이었다." 하였다.	1872

조지서의 일꾼들은 어떻게 조달되었을까?《白沙集》,《浦渚集》,《林下筆記》는 죄수와 승려를 데려다가 조지서의 일꾼으로 쓴 경위를 기록하고 있다.《백사집》과《임하필기》는 죄인을 擣砧軍[62]으로 배속시켜 일을 시킨 내

61 《靑莊館全書》권71, "四月十三日 葦魚一級祗受 二十四日 葦魚一級祗受 遊蕩春臺 臺在彰義門外 亦有造紙署 將擣砧武藝通志摺本也 編纂諸人 休暇讌飮 置名酒 具肴核 羣妓迭唱竹枝詞 又劒舞伶人 皆年僅舞勺 手茸可愛 吹竹彈絲以侑之 名曰童子樂."

용을 담고 있는데, 역을 부과하는 대신 죄의 연한을 줄여주기도 했음을 알 수 있다.《임하필기》의 내용은 벼슬을 지낸 환관이 죄를 지어 조지서에서 일을 하게 된 사연으로, 죄인 중에서도 사대부의 자제에게는 제외된 도침군 배속이[63] 환관에게는 이루어졌음을 알 수 있는 대목이다. 마지막으로《포저집》의 내용은 동서활인원과 마찬가지로 국가에서 승려를 여러 분야의서 역을 부과해 일꾼으로 활용했음을 보여주는 것으로, 승려의 입장을 대변하고 있다.

또한 이곳의 풍경을 읊은 시조도 다수 있는데, 그중의 하나가《國都八詠》의〈洗劍冰瀑〉이다. 겨울 세검정 일대의 모습이 잘 표현되어 있다.

〈洗劍冰瀑〉

세검정 앞에는 온갖 도로가 빙판이고	洗劒亭前百道冰
낭떠러지 깊은 구렁엔 눈서리 얼어붙으니,	懸崖倒壑雪霜凝
유리는 삼천 세계에 어지러이 펼쳐졌고	琉璃錯布三千界
붕학은 구만 층의 창공으로 날아오르누나.	鵬鶴飛冲九萬層
맨발로 걷노라면 여름 갈증이 사라지고	赤脚踏來消夏渴
얼음은 캐어다가 주릉으로 들인다오.	玄陰鑿盡納周凌
성인이 임리에 밝은 경계를 남기었기에	聖人臨履存昭戒
여기 이르니 내 마음 갑절이나 두려워지네.	到此吾心倍戰兢

그리고 이와 비교해서 살펴볼 수 있는 것이 다산 정약용의〈遊洗劍亭〉

62 도침이란, 피륙이나 종이 따위를 다듬잇돌에 다듬어서 반드럽게 하는 일을 말하며 도침군은 그 일에 종사하는 사람을 말한다.

63 《성종실록》 권98, 성종 9년 11월 4일(신유).

라는 시이다. 정약용이 어느 날 친구들과 술잔을 기울이고 있는데 갑자기 먹구름이 몰려와 소나기가 내릴 것 같았다고 한다. 세검정의 뛰어난 경치는 소나기가 쏟아질 때 폭포를 보는 것이라 하여 그는 친구들과 함께 세검정에 올라 쏟아지는 폭포를 구경했는데, 이 시가 바로 그때 지어진 시이다. 여름 세검정의 모습과 웅장한 폭포를 잘 묘사하고 있다.

〈游洗劍亭〉

서로 만난 두 비탈 있지 않으면	不有雙厓合
뭇 골짝 흐르는 물 어찌 맡으리.	那專衆壑流
장마비 시름한 지 오래인지라	祗緣愁雨久
성문 나와 놀이를 한번 가졌네.	故作出城游
날리는 물거품에 반석 차갑고	飛沫盤陀冷
푸른 그늘 어두워 난간 그윽해.	蒼陰伏檻幽
문틀 위에 서렸네 군왕의 기운	楣頭有御氣
임금 글씨 명루를 제압하누나.	宸翰鎭名樓
높은 성곽 복도가 어렴풋이 보이는데	層城複道入依微
종일토록 시내정자 속물이란 드물구나.	盡日溪亭俗物稀
흥건한 바위 안개 일천 나무 촉촉하고	石翠淋漓千樹濕
어지러운 물소리 두세 뫼가 나누나.	水聲撩亂數峯飛
어두운 시내 골짝 한가로이 말 매두고	陰陰澗壑閒維馬
바람드는 격자창에 옷을 벗어 걸었다네.	拍拍簾櫳好挂衣
우두커니 오랫동안 앉아 있기 안성맞춤	但可嗒然成久坐
시 비록 이뤄져도 금방 아니 돌아가리.	不教詩就便言歸

한편 이덕무도 세검정 부근의 풍경을 시로 표현했는데, 아래 '붉은 정자'가 바로 세검정이다. 세검정 근처에는 조지서가 있었는데, 세검정에 있으면 종이를 다듬는 방망이 소리가 들렸었는지 그 소리가 울린다고 표현한 대목이 인상적이다.

이덕무의 〈城市全圖詩〉 중에서

붉은 정자 세검천으로 둘러싸여 있고	紅亭繞以洗劍川
빈 골짝에 백추지 다듬는 방망이 소리 울리네.	空谷砧鳴白硾紙
샘은 두 갈래로 갈라져 빗소리 내는데	丫字泉分作雨聲
오래 앉았으니 차가운 기운이 뼛속까지 씻는 듯하네.	坐久冷冷欲洗髓

(2) 행궁

행궁은 국왕이 幸行시 머물기 위해 건립된 궁이다. 국왕은 陵行이나 비상시의 動駕 및 巡行 등의 이유로 궁 밖으로 행차를 나가는 경우가 있어 한양의 法宮 외에도 행행 시 머물기 위한 임시 거처가 필요했다. 그래서 조선시대에는 대부분 군현의 관아에 국왕이 머물 공간을 따로 마련하여, 국왕 일행이 지방 행차 길에 오르면 일정한 거리마다 행궁이 운영되도록 하였다. 행궁은 다음의 표와 같이 이용 목적에 따라 크게 4가지로 분류할 수 있다.[64]

이 가운데 성저십리 지역에 있는 행궁은 노량[용양봉저정], 양주[북한산성], 정릉동, 낙천정이다. 수선전도에 표기된 행궁은 양주행궁을 가리킨다. 여기에서는 양주행궁과 정릉동 행궁에 대해서 살펴보기로 한다.[65]

64 김선희, 앞의 논문, 2016, 112~145쪽.

〈표 15〉 행궁 분류

능행 행궁		온행 행궁	전란대비 행궁	상왕거처 행궁
북쪽	검암, 고양, 분수원, 파주(광탄), 임진, 장단(통제원), 판문평, 개성, 풍덕	온양, 진위, 직산, 천안, 초수, 배천, 이천, 고성	강화, 광주(남한산성), 양주(북한산성), 의주, 영유, 박천, 영변, 해주 월미, 부안(격포), 전주, 정릉동, 평양(풍경궁)	낙천정, 풍양궁, 연희궁, 화성행궁
동쪽	여주, 이천			
남서쪽	노량(龍驤鳳翥亭), 시흥, 과천, 양천, 김포, 부평, 안산, 안양, 사근참, 낙생			

북한산성 내 양주행궁은 임진왜란과 병자호란을 겪고 난 후 도성의 방위 체제를 강화하기 위해 북한산성을 축성하고 임금이 거처할 수 있도록 만든 행궁으로, 숙종 대에 내정전을 비롯한 총 129칸 규모의 행궁이 건설되었다. 행궁에 직접 오른 국왕은 숙종과 영조뿐이었는데, 숙종은 행궁이 완성되기에 앞서 세자였던 영조의 배호를 받으며 행행하였고, 영조는 1772년(영조 48)에 당시를 기념하기 위해 다시 북한산 행궁에 올랐다고 한다. 고종 대에는 행궁이 궁궐의 책보봉안소로 이용되기도 했다.[66]

한편 정릉동 행궁(현재의 덕수궁)은 한양의 정릉동에 있던 월산대군 후손의 집이었다. 임진왜란이 끝나고 한양으로 환도한 선조는 궁궐 대부분이 파괴되어 거처할 곳이 마땅치 않자 그나마 제 모습을 갖추고 있던 월산대군 후손의 집을 행궁으로 삼았다고 한다.[67]

65 낙천정은 '1) 동부 지역 ② 살곶이[箭串] 들판' 참조.

66 김선희, 앞의 논문, 2016, 131쪽.

67 김선희, 위의 논문, 2016, 136쪽.

〈표 16〉 북한산성 행궁이 나타난 문집의 용례

서 명	내 용	문집 제작 시기
《玉吾齋集》 권13	記, 〈遊北漢記〉 잠시 누대 위에서 쉬다가 다시 중흥사 길을 통해 돌아왔다. 國寧寺와 元覺寺가 元曉峰 아래에 있었지만 바빠서 미처 들르지 못했다. 오는 길에 中城 門樓에 올랐는데, 산의 한가운데에 자리 잡고 있었다. 가운데에 水門을 설치하였는데, 이곳의 물과 바위 그리고 골짜기의 경치는 이 산에서 가장 아름답다. 甑峰 아래에 새로 지은 扶王寺가 있는데, 소나무와 회나무 사이로 사찰의 금색과 푸른색이 보였다 말다 하여 눈길을 끌었다. 돌아오는 길에 산영루를 지나 行宮에 도착하여 주위를 둘러보았다. 드디어 왔던 길을 되돌려 남문을 나와 돌아왔다. 아들 必煥과 사위 閔通洙가 탕춘대의 새로 지은 숙소에서 기다리고 있었다.	1760
《다산시문집》 권2	詩, 〈望行宮〉 연로는 사자재로 뚫려 있고요 輦路通獅嶺 별궁은 기러기재 인접하였네. 離宮接雁峯 진경은 검각 잔도 의지하였고 秦京依劍閣 연부는 거용 요새 믿었고말고. 燕府恃居庸 좁은 벼랑 사다리 경사 심하고 窄壁雲梯急 굽은 골짝 쇠사슬 겹겹이로세. 回谿鐵鎖重 그런대로 열흘은 버틸 만한데 堪爲旬日計 이곳에 몇 사람을 수용할 건고. 能得幾人容 묘당에서 짜낸 지혜 치밀하였고 廊廟謨猷密 백성들 불평없이 부역 응했네. 黎元力役恭 올라보니 가슴에 감개무량해 登臨有感慨 저녁종 울릴 때까지 홀로 서 있네. 獨立到昏鍾	1934~1938

《玉吾齋集》은 조선 후기의 문신 宋相琦의 문집으로 위의 내용은 북한산을 유람하며 기록한 내용이다. 위의 기록을 통해 행궁 옆에 산영루가 있고 남쪽으로는 북한산성의 남문이 있었음을 알 수 있다. 山映樓는 아름다운 북한산의 모습이 물가에 비친다고 해서 붙여진 이름의 누각인데, 조선 중기의 문신 任叔英이 지은 시가 있다. 늦가을 단풍이 짙은 가을 북한산의 모습과 비어있는 누대의 쓸쓸함을 보여준다.

〈山映樓〉

학은 공중에서 잠들고 달빛은 나무숲에	月光穿樹鶴樓空
바람이 일 때마다 서리 맞은 단풍잎이 떨어진다	霜葉蕭蕭乍有風
빈 누대에 밤은 깊어가고 찬 이슬은 젖어들고	虛閣夜深涼露濕
오색 구름 사이로 옥피리 소리 멀어진다	玉笛聲撤彩雲中

《다산시문집》은 정약용이 북한산성에 있는 행궁을 바라보며 지은 시로, 한양이 북한산을 등에 업고 의지하는 것이 진나라의 서울인 장안이 검각을, 북경이 거용을 믿고 의지하는 것과 같다고 이야기하고 있는 내용이다. 전란을 대비하여 지어진 행궁인 만큼 군사적 요충지로서 훌륭했음을 중국에 비유하고 있는 듯하다.

(3) 인왕산과 山寺

백악산과 인왕산을 배경으로 자리잡은 北村은 문화와 예술의 중심지였다. 조선 전기에는 성저십리의 북부 지역이 주맥보호라는 입장에서 발달이 제한되고 군사적 요지로서 기능을 주로 감당한 반면에 후기에는 이곳이 뛰어난 풍류의 공간으로 변모하였다. 자연경관이 매우 뛰어나 전기부터 명문세가들의 저택과 별장이 자리 잡았으나 후기 중인계층과 여항문인들이 찾게 되면서 문화와 풍류의 공간으로 자리매김하게 된 것이다. 특히 이곳을 중심으로 활동했던 옥계시사 시인들의 작품이 전하는데, 아래에서 살펴보기로 하자.[68]

68 여기에서 살펴보는 시는 정옥자, 앞의 논문, 2004, 25~56쪽에서 제시한 작품과 설명을 참고한 것이다.

창석 이인위의 시[69]

西臺에 백가지 꽃 붉으니	西臺百花紅
이를 함께 즐기리	正是同玩賞
어린이는 새 옷 입고	少者成新服
늙은이는 대지팡이 짚었네	老者扶竹杖
붉고 푸른 만 가지 모양	紫紅呈萬狀
누대 위에서 바라보기 시원하네	樓臺相望敞
봄놀이하기 좋은 곳,	春遊觸處成
향기로운 풀 한가로이 따라가네	芳草遊閒往

송월헌 임득명의 시[70]

장마 비 열흘 만에 개니	積雨經旬今日晴
온 산의 雲水 맑기 이를 데 없네	一山雲水不勝淸
처음 골짜기 찾아 군과 함께 노래하며	初尋洞壑同君詠
바람에 절은 내 갓끈을 씻네	久在風塵滌我纓
아지랑이 천 길 허공을 떠돌고	野馬遙空千丈色
꾀꼬리 우는 깊은 숲엔 온갖 새소리	林鶯深處百般成
西城에 해지니 나뭇짐 지고 내려가며	西城日晚擔樵下
부르는 高歌 한 곡 有情하구나	一曲高歌亦有情

69 《玉溪社修禊帖》(삼성출판박물관 소장본), 〈동고상화〉 편.

70 위의 책, 〈임류탁영〉 편.

이인위의 시는 인왕산을 봄을 노래한 시이다. 필운대에 올라 갖가지 봄꽃을 감상하며 한가롭게 주변의 경치를 즐기는 화자의 모습이 눈에 그려진다. 임득명의 시는 오랜만에 장맛비가 개어 청명한 인왕산 골짜기에 아지랑이 아롱거리고 온갖 새소리가 어우러진 정경을 노래하고 있다.

공공자 장륜의 시[71]

山色은 성히 십리에 뻗쳐 있고	山色氣氳亘十里
단풍 든 나무 孤寺에 숨은 듯 보이네	紅樹隱映見孤寺
계곡 입구 범종 저녁 구름에서 나온 듯,	谷口鐘梵出暮雲
숲 향기 푸른 허공에 흩어지네	林端香氣散空翠
石門의 이내 낀 달 아름답고	石門霞月有餘好
맑은 가을 풍경은 일치할 것이 없네.	淸秋風景非一致
스님 몇 분이 탁주를 갖고 와	尼僧數人携濁醪
멀리 왔으니 밤새 함께 취해보자 하네	問我遠行供夜醉

장륜의 시는 깊은 산속 외따로 있는 산사의 가을 풍경이 잘 묘사되어 있다. 단풍 나무가 숨은 듯 보인다는 것과 석문에 낀 달이라는 표현을 보면, 자연의 풍경을 소박하게 드러내어 감상하는 화자의 마음을 느낄 수 있다. 또한 숲 향기가 흩어지는 것을 범종이 저녁 구름에서 나온 것처럼 묘사하여 은은함을 더해 인상적이다.

지금까지 성저십리의 주요 장소가 문학작품에 나타난 용례들을 살펴보았다. 이상의 내용을 종합해보면, 조선시대 성저십리의 공간적 의미는

71 위의 책, 〈산사유약〉 편.

크게 다스림의 공간과 풍류의 공간으로 나누어 정리할 수 있을 듯하다.

성저십리는 도성과의 근접성과 교통의 요지라는 지리적·위치적 특성에 따라 도성을 보좌하는 기보지역으로서의 의미를 갖게 되었다. 성저십리에 세워진 구체적인 다스림의 공간은 관청과 여러 기관들, 의례를 행하는 제단, 국가적인 목적으로 이용된 종교 공간 및 명승 등이다. 사행로가 있던 성저십리의 서부에 외교 공간으로 세워진 모화관과 영은문, 왕이 친림하던 적전이 있던 동부에 세워진 선농단과 동부 넓은 들판에 있던 목장 그리고 도성 밖 성저십리에 거주하는 백성을 위해 동서활인서와 같은 구휼기관이 곳곳에 배치된 점 등은 조선이 성저십리를 다스림의 공간으로 인식하고 있었음을 알 수 있게 한다.

그러나 이러한 국가시설물 뿐 아니라 한강의 누정이나 종교 공간 역시 다스림의 공간으로 활용되기도 했다. 한강의 누정은 사신들이 유람하는 외교 공간으로, 북부의 사찰은 군사적인 목적으로 사용되었는데, 특히 중흥사가 그러했다. 승군을 뽑아 북부의 사찰에 배치하고 훈련시킨 것과 더불어 활인서나 귀후서 등의 국가 기관에 승려들이 인력으로 배치된 것은 조선이 승려를 다방면으로 활용했음을 보여준다. 대체로 국가의 재력과 인력이 미처 미치지 못한 분야인 공공복지 및 관영수공업 업무에 활용되었는데, 활인서나 혜민국과 같이 환자를 직접 치료하고 처방하는 의료기관 외에도 일종의 요양기관으로서의 汗蒸所와 여행객의 휴식을 돕는 院宇의 경영에도 승려들이 참여하였다.[72]

한양은 수려한 산과 아름다운 강이 둘러싼 수도였기 때문에 성저십리의 산천은 일찍부터 풍류의 공간으로 자리매김했다. 한강에 세워진 수

72 민순의, 〈조선 초 불교 社長의 성격에 대한 一考〉《역사민속학》 50, 2016, 153~155쪽.

많은 누정과 각 산천에서 열린 시회·문회의 기록들이 이러한 사실을 잘 드러내준다. 아름다운 자연 경관은 문학작품의 주요 소재로 등장하며, 시문을 통해 당대 사람들이 산천을 향유한 방식을 엿볼 수 있다. 때로는 일상에서 잠시 벗어나 자연이 주는 한가로움에 위안을 느끼는 개인적 공간이기도 하고, 때로는 벗과 함께 자연을 벗삼아 노니는 풍류의 공간이기도 했다.

조선 전기 성저십리의 자연은 왕족과 양반 사대부층의 전유물이었다. 한강에 있던 누정이나 산에 있는 별장의 대부분이 그들의 소유이고 이곳을 배경으로 한 시문들도 대부분 그들의 창작물인 것이다. 하지만 조선 중기 이후에 들어서면서 이 공간은 중인계층으로도 확대되었다. 특히 북악산과 인왕산을 중심으로 시회, 문회, 아회, 악회, 가회 등의 활동과 시사, 가단으로 이어지는 풍류모임이 생겨나면서 중인문학이 발달하였다. 이 글에서는 성저십리의 북부 인왕산을 중심으로 형성된 옥계시사의 작품들을 살펴보았다. 한편 한강유역에 형성된 중인문학의 장소는 '삼호정'이 대표적이다. 여류시인의 활동 공간이었던 삼호정은 남성 중심의 사회에서 여성들만의 문화공간을 만들었다는 점에서 큰 의미가 있다.

조선 전기 지배층의 시문과 조선 중·후기 중인층의 시문에는 어떤 차이가 있을까? 이혜순[73]은 한도십영과 같은 시에서는 한양이 이미 의식주의 일상의 문제를 넘어 고상한 풍류, 심미적인 것을 지향하는 儒者들의 閑趣를 살릴 수 있는 美의 공간으로 표현되었다고 지적한 바 있다. 또한 자연과 감상에 대해서는 현재 관인의 삶을 살고 있는 그들이 서울에서도

73 이혜순, 〈漢詩에 나타난 서울의 형상〉《문학 작품에 나타난 서울의 형상》, 한국고전문학회, 1994, 9~26쪽.

관인과 처사의 삶 두가지를 모두 공유할 수 있음을 보여주기 위함이었을 것이라 언급하였다. 한편 조선 중·후기의 작품은 발달한 한양의 모습을 사실적으로 묘사하였다고 하였다. 〈성시전도시〉나 〈한양가〉를 보면 상업 사회로 전환되어 활력있는 시장의 모습이나 주민들의 생활상이 잘 드러나고 있는 것이다. 또한 자연을 대하는 태도나 표현 방법도 사대부의 작품과는 차이를 보이는데, 앞서 살펴본 옥계시사의 작품을 보면 소박하고 겸손한 태도로 자연을 감상한다던가, 자연과 더불어 일상적인 주변의 모습을 묘사하고 있다.

4. 맺음말

이 글은 조선시대 문학작품을 바탕으로 성저십리의 의미를 고찰하고자 한 것이며, 지금까지 성저십리의 주요 장소들이 문학에 표현된 용례를 바탕으로 당대 성저십리가 어떤 의미로 인식되고 향유되었는지를 살펴보았다.

'국가시설물', '종교 공간', '자연', '주요 명승: 누정', '행정편제'의 다섯 부류와 '동부', '서남부', '북부'의 세 부류로 성저십리의 주요 장소를 분류하여 제시하였고, 각 장소에 대한 문학 용례를 검토하였다. 그 결과 성저십리는 위치·지리·환경적 조건에 따라 장소의 성격에도 차이를 보임을 확인하였다. 뛰어난 자연을 감상할 수 있던 한강이나 북부 지역은 종교 공간, 주요 명승, 누정이 밀집되어 있었고, 도성과 인접한 4대문 밖은 주요 국가 기관들이 위치해 있었다. 특히 사행로가 있었던 숭례문 밖에는 모화관, 영은문과 같은 외교 공간이, 넓은 평야가 있던 동부에는 말목장,

적전, 풍년을 기원하는 제단이, 서남부에 위치한 나루에는 각 지방에서 올라오는 세곡을 저장하는 창고와 이를 맡아보는 관청이 설치되어 있었다.

위치나 환경적 조건에 따라 주요 장소가 구분된 것과 마찬가지로 성저십리의 공간적 의미도 구분되었다. 도성과 인접한 곳은 다스림의 공간으로서, 수려한 자연이 펼쳐진 곳은 풍류의 공간으로서 의미를 지니는 것이다. 조정의 업무를 보좌하기 위해 설치된 여러 관청은 물론이고, 임금이 동부 지역에 적전과 제단을 두고 농업에 종사하는 백성을 살피며 성저십리 거주민들의 생활을 위해 구휼 기관을 설치하고 그들을 돌보도록 하는 등의 사실은 조선이 성저십리를 다스림의 영역으로 인식하고 있었음을 보여준다. 한편 풍류의 공간적 의미는 자연을 소재로 지어진 여러 시문에서 찾아볼 수 있다. 조선 전기 한양의 자연은 지배층의 전유물로 존재했는데, 이들의 작품은 주로 아름다운 자연에 초점을 두어 그에 대한 고상하고 심미적인 감상이 드러낸다. 반면 조선 중·후기에 발달한 중인 문학은 자연에 대한 담백한 감상과 소박한 일상이 표현되어 있으며 사실적인 묘사가 두드러진다. 이처럼 조선시대 성저십리의 풍류 공간은 시대와 신분에 따라 차이가 나타난다.

이 글에서 다룬 성저십리의 장소와 문학의 범주가 제한적이긴 하나, 사료가 기술하는 성저십리와 문학이 표현하고 있는 성저십리를 비교하여 살피고 문학을 바탕으로 의미를 고찰해봄으로써, 조선시대 성저십리의 공간적 의미에 대한 이해를 넓힐 수 있었다고 생각한다.

찾아보기

ㄱ

ㅈ

ㅊ

ㅋ

ㅌ

ㅍ

ㅎ

서울역사 중점연구 05

조선시대 다스림으로 본 성저십리

발행인	서울역사편찬원장 이상배
발행처	서울역사편찬원(history.seoul.go.kr)
	서울특별시 송파구 올림픽로 424 올림픽공원 내(전화 02-413-9622)
기획 · 편집	박명호(시사편찬과장), 김웅호, 장경호, 김중권
발행일	2019년 6월 3일
판매가	10,000원
편집 · 인쇄	경인문화사(전화 031-955-9300)

발간등록번호 51-6110000-002034-01

ISBN 979-11-6071-067-0 94910

979-11-6071-023-6(세트)